教育部人文社会科学研究青年基金项目(13YJC751036)
内蒙古自治区高等学校"青年科技英才支持计划"项目
(NJYT-18-B16)

陆有富 著

文廷式年譜長編

中华书局

图书在版编目(CIP)数据

文廷式年谱长编/陆有富著. —北京:中华书局,2020.11
ISBN 978-7-101-14836-7

Ⅰ.文… Ⅱ.陆… Ⅲ.文廷式(1856~1904)-年谱 Ⅳ.K825.6

中国版本图书馆 CIP 数据核字(2020)第 197734 号

书　　名	文廷式年谱长编
著　　者	陆有富
封面题签	徐　俊
责任编辑	齐浣心
出版发行	中华书局
	(北京市丰台区太平桥西里 38 号　100073)
	http://www.zhbc.com.cn
	E-mail:zhbc@zhbc.com.cn
印　　刷	北京瑞古冠中印刷厂
版　　次	2020 年 11 月北京第 1 版
	2020 年 11 月北京第 1 次印刷
规　　格	开本/787×1092 毫米　1/16
	印张 29¾　插页 5　字数 500 千字
国际书号	ISBN 978-7-101-14836-7
定　　价	148.00 元

文廷式(1856—1904)

文廷式像,杨鹏秋摹绘
选自《清代学者像传》

山川不藉骚人兴，天地能知狂
者心愿仗经损一枝草子
懐无古六无今

《知过轩诗钞》手稿

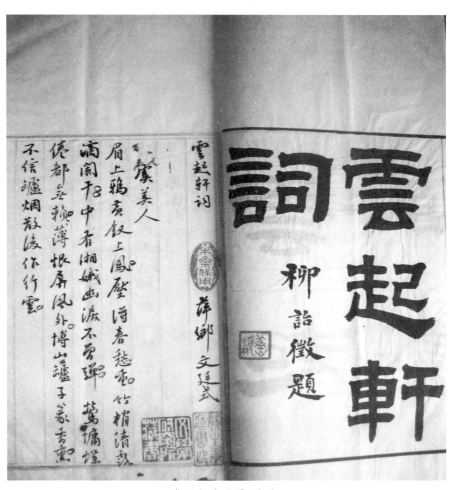

《云起轩词》手稿

文廷式手札

发　凡

一、本谱是关于文廷式的一部个人编年史。以文廷式一生行迹、交往与诗文唱和活动为中心。起自文廷式出生，即清咸丰六年丙辰，迄文廷式逝世，即清光绪三十年甲辰。相关历史事件及师友行事等，亦酌情叙入。

二、本谱叙述中，凡称"先生"，皆指谱主，其余出现的友朋亲属均直书其名，对于不能详考其名者，则以字或号称之，在行文叙述中不作区分。

三、谱主所经历之时代，日常皆用阴历，谱中文献所署日期亦为阴历，必要时标注阳历日期，以便参照。公元纪年于换岁处与阴历不能悉合，读者宜有以辨之，不复于文中一一注明。对于只能大体确定月或季或年之事件，均系于该月或季或年之末。

四、谱中所录相关文献，未曾发表或较为重要之内容则多录或全录；早期报刊则视具体情况酌录。友朋赠答唱和之诗词书札，凡有年份可稽，能反映谱主性情才识和生平经历，或足觇师友往还情谊者，亦多采录。

五、谱中凡有考论、质疑、说明等，随文酌加按识，辨识文献、考证异同、补充材料，以便参考。

六、谱中所录文献若存多个版本，尽量选取早出之本作为底本，若有文字脱误，据他本补正，行文中不加按识。所录译文，若存在多个译本，以简明畅达之译本为要。族谱、县志等文献资料有时非一人一时之作，引录时统一不加作者。

七、谱前附有谱主简单家世履历，谱后附当时或后世文人所作谱主小传，以及与谱主交往相关人物之小传，以供检阅。谱中参考过录谱主生平行实及相关文献资料甚多，谱后参考书目仅列其主要者。

八、本谱参考了钱仲联《文廷式年谱》、汪叔子《文廷式年表稿》，在行文按语中简称为《钱谱》、《汪表》。

九、本谱于文献之访查搜求、材料之判断取舍、年月之考订编次、句读之推敲议定，必有疏漏之处，诚望海内博雅君子不吝赐教。匡正谬误，补苴罅漏，请俟来日细考。

目 录

谱　前

文氏始祖翁,蜀郡守。

基祖时,唐指挥使、轻车都尉,镇守江西,籍隶吉安永新。事迹载《人文纪略》。

始迁湘东祖必达,明正德间,自永新固塘徙居萍乡湘东。

曾祖守元,原名岐元,字定斯,号融谷。附贡生。诰封奉直大夫,晋赠朝议大夫,诰赠资政大夫。著有《请业录》二卷、《融谷诗草》一卷、《四塞纪略赋》一卷、《试帖课存》一卷。

伯祖爔,优增生,敕赠征仕郎。著有《叠字双名赋》。

伯祖烜,福建福安县知县。

伯祖燕,早夭。

伯祖骞,郡附生。诰赠奉直大夫。

伯祖鳣,早夭。

祖晟,守元六子,字梧生,号叔来。嘉庆己卯(1819)举人。生于乾隆五十六年(1791)辛亥九月初四日巳时,殉难于咸丰九年(1859)己未二月十六日卯时。曾考取景山官学教习。大挑一等,以知县用,分发广东。授茂名县知县,历任东安、连平、清远、海阳、嘉应、鹤山、归善、新会、南海各州县,调补番禺县知县,升补南雄直隶州知州,特授惠州府知府。咸丰九年(1859),署嘉应州事。逆匪陷城,力战殉难。奉上谕,照道员例从优议恤,给予全葬银两;入祀京师昭忠祠,并准于该州城内及本籍建立专祠,春秋致祭;世袭骑都尉、恩骑尉罔替;赐谥壮烈,御制碑文,宣付史馆。旌赠中宪大夫。著有《宜亭诗草》四卷、《系言》两卷、《经解》一卷。

　元配刘氏,同邑己酉(1789)探花、经筵讲官、太子少保、吏部右侍郎刘凤诰次女,诰封宜人,晋赠恭人,晋赠夫人。生于乾隆五十七年(1792)壬子三月二十五日巳时,殁于道光三十年(1850)庚戌二月二十一日子时。侧室吴氏,旌赠孺人,晋赠宜人。生于嘉庆二十一年(1816)丙子十一月初九日申时,殁于光绪六年(1880)庚辰九月初十日酉时。侧室傅氏,旌赠孺人,晋赠宜人,附祀壮烈专祠,生于嘉庆二十五年(1820)庚辰十二月初六日未时,殉难于咸丰九年(1859)己未二月十六日卯时。

叔祖鸿,字宾叔,道光乙酉(1825)举人。考取景山官学教习。大挑一等,以知县用,分发东河。历任泉河通判、济宁州州判,借补陈留县县丞。著有《味澹轩诗草》。

叔祖鹄,恩贡生。六品衔候选直隶州州判。

叔祖鸾,廪贡生。选用训导。历署南昌、鄱阳、乐平等县训导,九江府教授。

伯父运贵,早夭(刘出)。

父星瑞,晟次子,字树臣,号奎垣。道光甲辰(1844)恩科举人。生于道光五年(1825)乙酉二月初八日辰时,殁于光绪八年(1882)壬午九月三十日子时。分发福建同知。军功保升知府,奏留广东。岁己未(1859),晟殉难嘉应。星瑞复城有功,署罗定州知州,保升道员,加盐运使衔,署高廉分巡兵备道,袭骑都尉世职。诰封中议大夫,晋赠资政大夫。著有《啸剑山房诗草》(亦作诗钞)十三卷(刘出)。

元配彭氏,太和县广东候补知县历任阳江、东安县知县彭巽长女,诰封淑人,晋赠夫人。生于道光三年(1823)癸未十一月二十八日卯时,殁于同治九年(1870)庚午三月十一日子时。侧室简氏,诰赠夫人。生于道光二十三年(1843)癸卯十二月二十八日吉时,殁于光绪十二年(1886)丙戌五月初一日亥时。又侧室简氏,诰赠宜人。生于咸丰七年(1857)丁巳三月初四日吉时,殁于光绪十五年(1889)己丑六月二十一日亥时。

叔父星辉,广东博茂场盐课大使,在任候选通判,钦加盐提举衔(刘出)。

叔父田寿,早夭(侧室吴出)。

叔父星昭,广西横州知州,补用同知直隶州,钦加知府衔(侧室傅出)。

叔父吟寿,早夭(侧室傅出)。

伯兄廷俊,字观生,号雪门。太学生,候选郎中,承袭骑都尉世职。

（彭出）。

　　仲兄�生，早夭（彭出）。

　　廷式，星瑞三子，字道希（或作道溪、道兮、道羲、道燨），又字芸阁（或作云阁），晚号纯常子。生于咸丰六年（1856）丙辰十一月二十六日辰时，殁于光绪三十年（1904）甲辰八月二十四日子时。《清史稿》和《清史列传》中无传（彭出）。

　　元配陈氏，湖南郴州人，广东广州府通判调署嘉应直隶州知州陈善圻三女，诰赠夫人。生于咸丰九年己未（1859）三月十二日丑时，殁于光绪二十五年（1899）己亥三月初十日丑时。继配罗氏，广东人，生于同治十二年（1873）癸酉十一月十三日吉时，卒年失考。外室龚氏，湖南人，生卒年失考。

　　四弟廷伟，早夭（彭出）。

　　五弟廷桡，又名彤，字润生，号霞浦，光绪癸巳（1893）举人，直隶州州同（彭出）。

　　六弟廷彦，字喜生，号旭阶，太学生，捐分广东，补用盐课大使（侧室简出）。

　　七弟廷秀，应即廷英，字悦生。监生（侧室简出）。

　　八弟廷华，字高生，号实甫，光绪丁酉（1897）举人，江苏候补知县（侧室简出）。

　　九弟廷楷，又名龢，号法和。光绪甲午（1894）举人，官至资政院议员（侧室简出）。

　　十弟廷雄，出继星耀为子，改名廷直，字迪光，号颂平。星耀，燨次子（又侧室简出）。

　　十一弟廷采，亦作廷寀，又名启，字明生，号威明，安徽候补知县（侧室简出）。

　　长姊贞秀，适庐陵萧厚植（彭出）。

　　二姊静芳，适鄱阳王庆康（彭出）。

　　三姊某某，殇（彭出）。

　　四姊某某，殇（彭出）。

　　五姊蕙芳，适南昌梅任元（彭出）。

　　六妹晚芳，适永明周銮诒（彭出）。

七妹某某,适善化何柱臣(彭出)。

八妹某某,适南昌喻恭孚(侧室简出)。

九妹某某,殇(侧室简出)。

十妹某某,适萍乡彭树华(侧室简出)。

长子永誉,字宝书,号公达。附荫生。历保知县,分发江苏试用。咨调奉天,保补缺,后以直隶州用。娶江苏吴县费念慈长女(陈出)。

次子敦书,早夭(陈出)。

三子永谐(龚出)。

四子永诚,号公毅(龚出)。

五子永谛,字克俭,号公直(龚出)。

女一某某,适仪征李九龄(陈出)。

正　谱

文廷式年谱长编卷一

咸丰六年丙辰（1856年），先生一岁

十一月二十六日（12月23日），先生生于广东潮州，为文星瑞第三子。

《萍乡文氏族谱》：（文廷式生于）十一月二十六日辰时。

《文道希先生遗诗》诗题云：王可庄前辈得十二辰属象画，索人分题，余生丙辰，属值龙，题画龙长句一首。

《纯常子枝语》卷二：先壮烈曾任番禺。咸丰初，嘆夷攻城时，适赋闲寓城内……余是时未生，先君暨先母均暂寓潮州。闻于胡氏姑，得知大略，故谨记之。

汪曾武《萍乡文道希学士事略》：君为观察公第三子。

汪叔子《文廷式传略》：（文廷式）清咸丰六年十一月二十六日（公元1856年12月23日），生于广东潮州府，时其祖文晟正署该府知府事。以父、祖久宦粤省，遂亦自幼生长岭南，曾自咏有"岭南即是吾乡"之句。

咸丰七年丁巳（1857年），先生两岁

先生祖父文晟咸丰五年已调任潮州，本年任潮州知府。

陈坤《粤东剿匪纪略》卷二：（咸丰五年）（六月）十二日，潮州府文晟因普宁县潘铭宪连次告急，分派官弁兵勇，分为四队，驰往攻剿，并饬揭阳县王皆春等带勇八百名一同前进。

《番禺县志》（同治）：文晟，字叔来。江西萍乡人，由大挑知县分发广东，历任东安、连平、清远、海阳、归善、番禺等州县，及嘉应州、潮州府。所至，以振兴学校，表扬节义为务，并疏水利，以济农田，筑堤防以捍潦涨，擒

捕盗贼,息讼安民,卓著循声。咸丰九年(1859),三次委署嘉应州事。值发逆自闽窜扰大埔,晟闻警,亲率练勇防守三河。侦知贼由间道袭州城。复驰回勉励绅民,婴城固守,躬自督战,杀贼数百。贼攻益急,援绝饷匮,晟以死自誓。二月十六日,贼用地雷轰塌西城十余丈。晟麾勇巷战,手刃十余贼。力竭遇害。奉旨照道员阵亡例优恤。准州城建立专祠。

《萍乡县志》(同治):文晟,字叔来。己卯举人。

咸丰八年戊午(1858 年),先生三岁

先生祖父文晟、父文星瑞在嘉应剿匪有功,州民乞留署州事,文晟府摄嘉应州篆,先生随往。冬日,先生祖父文晟有诗云:"白首何归今倘在,丹心未死又重生。"先生父文星瑞捐纳同知,分发福建,至嘉应助先生祖父剿匪。

《纯常子枝语》卷二:(咸丰八年戊午二月)嘉应州戕官之案起,先壮烈慷慨请行,获其罪魁,事已大定,逾年而殉粤匪之难。先壮烈三任嘉应,与民亲犹骨肉。咸丰八年戕官之案,先是州民有从贼者,自江南归,凡千余人,颇有劫掠余资,聚赌甚豪。州牧王某,贪酷吏也。闻之,率勇围逼,索贿二万,许以半,不得请。赌者故惯贼,遂反;执王某支解之,乘势欲据州城,州中绅民急禀督抚,求复任先壮烈,督抚问肯此行否? 需勇几何?先壮烈曰:"吾知嘉应民义不从乱,请只身往,足了此事。"即夕遂发,时先君子侍行,不半月,获匪首戮之,州民安堵如故。(按行述,此案莠民之魁为王亚四、徐凤观等。先壮烈先往办案,后总督黄宗汉由闽入粤,经州境,州民乞留署州事,总督允其请也。)

陈坤《粤东剿匪纪略》卷二:(二月)十三日匪党数千扑入新墟,王□修阵亡,惠潮道赵畇、潮州府文晟调募兵勇,并委候补同知陈昂接署州篆,派饬福建候补同知文星瑞、补用布经历陈坤、都司卓兴等各带兵勇分起进剿。匪党万余人窜扰嵩山等处,因嵩山为进剿松源要路,有匪屯踞。

陈坤《粤东剿匪纪略》卷二:(二月)二十七日嘉应文星瑞拔营前进,直迫松口驻扎。

《纯常子枝语》卷二:戊午冬日,嘉应州署中白山茶花忽变为红,同人咸赋诗,先壮烈诗有云:"白首何归今倘在,丹心未死又重生。"明年二月

而遇难,咸以为诗谶也。

咸丰九年己未(1859年),先生四岁

正月,太平军围攻嘉应州;二月初二日合围,情势危急;二月初六日夜,先生母彭氏携文廷俊与先生出亡避难,后先生祖父文晟力战殉难,谥壮烈。时先生父星瑞以福建同知入都引见,其后以军功保升知府,奏留广东剿匪。

  《纯常子枝语》卷二:己未正月,逆匪石郭宗等,拥众数万,自闽之龙岩永定,窜扰大埔。先壮烈闻警,率兵驻三河坝拒之,贼知官出,谋趋间道,袭州城,先壮烈乃急撤兵回城,严守备,贼陷大埔,辄由松口来攻,于二月初二日合围。先壮烈率官弁绅民登陴固守,贼百计进攻,不得其便,死者甚众,游击潘某以接战为名,缒城逃走,援兵亦竟不至。是时先君子以引见入都(叔父星辉公在广州),而廷式方四龄,与兄廷俊(时年十七),随先母在署,先壮烈于诸孙中,笃爱廷式。初五日围急,或劝诣朝接战不利,即走谒总督乞援(时总督黄宗汉驻惠州),先壮烈按剑叱之曰:"城亡与亡,吾誓死久矣!毋多言。"既而呼先母告之曰:"事已亟,二儿不在署,汝等无必死之理,可携两孙预谋生计也。"初六夜,先母携廷俊、廷式行。凡器物、资财悉留备军需,间关危险,仅达潮州,而城陷之信至矣。贼猛攻城凡十五日,至二月十六日由地道轰塌西城,先壮烈方守陴亟率兵应敌,贼已大至,犹鏖勇巷战,力竭遇害。贼弃尸于江中,越四日,流二十里至西洋堡,触委员章君嘉树之舟,章君为先叔母之弟,惊视辨识,亟命捞起,面目如生,凡左肩一枪伤,右胁下一槊伤,达于腹,呜呼!惨矣。汗衫遍钤嘉应州印数十,盖预期必死,而恐无以辨别也。(此事喻君作行状遗之。己巳春,廷式在京师,州人黄公度观察遵宪为述之,乃得其详。)

  陈坤《粤东剿匪纪略》卷三:十六日,福建窜匪用地雷攻破嘉应州城,知州文晟及二妾死焉。

  谢国珍《嘉应平寇纪略》:丁巳十六日黎明,地雷发,西城坍三十余丈,城内人声沸腾,守垛者奔逃,贼于三面蚁附而登,城遂陷。知州文晟、州同陈炳谦死之,男妇死者四千余人,事闻,诏于嘉应建文晟专祠,予谥

壮烈。

陈坤《粤东剿匪纪略》卷三：（二月）是月有江西信丰逆匪二三万人窜扰和平、龙川边界，所至鸱张。尔时总督黄宗汉驻扎龙川，督剿汀州窜匪，兵勇不满五千，幸统带兵勇之署惠州府海廷琛、东莞绅士已革广西臬司张敬修严密布置，该匪分屯犁头嘴、东水等处，相持旬日。适兴宁解围，余匪窜江西，游击何云章、都司卓兴、同知文星瑞各军调回龙川，分派战守……文星瑞带兵勇二千余名扎营老隆。

陈坤《粤东剿匪纪略》卷三：（二月）二十七日……卓兴、文星瑞各军由河源登塔进，何云章各军由河源高车进，上下夹击该匪，果由黄沙忠信墟至河源顺天湖，我军亦赶到。

《文道希先生遗诗·畅志诗》自注：咸丰己未年，余四岁，先祖壮烈公殉嘉应州难，时先君方以福建同知入都引见。二月初二日贼已合围，筮之知不吉，家人无允行者，独令先母携廷式走避，曰："余此孙将来有用，一代管一代，不留汝同殉也。"明日行，出入贼中，幸而获济。

咸丰十年庚申（1860年），先生五岁

先生父文星瑞在粤东剿匪失利。

陈坤《粤东剿匪纪略》卷三：是月初间，陈金缸等匪突奔广宁，转窜四会。二县连年兵燹，团练单弱，贼遂肆驰，西路延至高要县境，北路扰及清远县境，四会县城困攻甚急，方耀一军由清远太平市进韶州府，段喆由蒋岸进，文星瑞、黄铺两军由高要莲塘进。二十日，肇郡西路文星瑞莲塘失利。

咸丰十一年辛酉（1861年），先生六岁

先生父文星瑞署罗定州知州事，先生随往。

《文道希先生遗诗·畅志诗》自注：七八岁时，先君署罗定州事，逆贼陈金刚凡三次围城，皆濒于危。

同治元年壬戌（1862 年），先生七岁

先生父文星瑞署罗定州知州事，在粤东剿匪。贼陈金刚三次围城，幸得幕友
　李君解救，得以退贼。先生虽幼小，然鼓角之声、仓皇之状已能历历记之。

　　《文道希先生遗诗·畅志诗》自注：……壬戌之冬，先君方赴广州请
饷，而贼数万人奄至。先姚彭夫人集幕僚议，曰："贼已大至。吾家人应
死，诸君何苦？愿去者，已具舟城东，可先去也。"时幕友惟李君不去。因
部置州兵千人守城，撤钗珥飨之。令悬爆竹于大堂，嘱门者：贼破城即燃
放，俾闻警得以自裁也。余虽幼小，然至今鼓角之声、仓皇之状犹在耳目。
呜呼！可以悲已！贼围三日，竟去。后获其人，言每夜见城中灯火旗帜，
如三四万人，盖默荷神祐也。

　　陈坤《粤东剿匪纪略》卷四：（同治元年）罗定股匪经侯勉忠暨知州文
星瑞自六月至十月分路剿散。

同治二年癸亥（1863 年），先生八岁

先生父文星瑞署理罗定直隶州知州。后保升道员，加盐运使衔。署理高廉
　兵备道。

　　金武祥《粟香随笔》：文树臣观察……名星瑞，萍乡人，甲辰举人。先
随其尊公宦粤东，尊公殉嘉州之难，以同知仕粤，署罗定州，擢道员，署高
廉道，被议罢官。余与识于镜海观察座中，即出赠其《啸剑山房诗钞》，道
劲豪迈，殆如《北江诗话》所云"剑气多而珠光少"也。集中《白云谣》《阳
朔看山歌》纵横排宕，咏史之作尤多。

　　　按，《昭萍志略·人物志》：树臣先生署高廉道，未详何年，统系
　于此。

同治三年甲子（1864 年），先生九岁

先生父文星瑞署理罗定直隶州知州、候补知府，在粤东剿匪。

陈坤《粤东剿匪纪略》卷四：（十二月）冈边之匪逃回，假扮巡船四出劫掠，即饬靖安水师营总兵王朝治、前潮州府海廷琛、补用知府文星瑞、顺德协副将黄贤彪、龙门协都司许连升等督带巡船、三板船会同东莞、新安、香山各县围捕。

郭嵩焘《拿获新安县属海盗片》：一载以来，沿海稍为安靖。兹访闻冈边村贼匪陆续逃回，复出劫掠，并假扮巡船，白日四出，亟应设法围捕，以除地方之害。臣复饬署顺德协副将黄廷彪、龙门协右营都司许连升、靖安水师左营记名总兵王朝治，并前任潮州府海廷琛、补用知府文星瑞，督带巡船及三板船只，会督东莞、新安、香山各县，前往围捕。

同治四年乙丑（1865年），先生十岁

十二月，先生父文星瑞以道员留于广东补用。

郭嵩焘《郭嵩焘日记》：所有单开之前任潮州府知府留于广东补缺后以道员补用海廷琛着免补知府，仍以道员补用；候补知府补缺后以道员补用文星瑞着免补知府，即以道员留于广东补用……

本年某日，先生与同学为试律课会，作诗有"凉风起燕赵，秋水隔江淮"一联，冯少蘅许为诗人吐属，并赠以御墨锦匣。

《怀旧绝句》序文：仁和冯植甫，与余幼同笔研。稍长，精绘事，同人称之，风度雅令。年十九卒。所聘张氏女，梦其来谒，告以死状，要以守贞。张氏竟践其言。先是植甫之大门中少蘅先生与先大夫诗酒至契；余十岁时，同学为试律课会，先生以"鸿雁几时到"命题，余诗有"凉风起燕赵，秋水隔江淮"一联，先生许为诗人吐属，赠以御墨锦匣数事。今闻张氏女为植甫立嗣，浙江乱后，近属无人。两世故交，悯其不祀，追怀童丱，恻怆于怀。

同治五年丙寅（1866年），先生十一岁

先生父文星瑞在任廉州，请林昌彝为其《啸剑山房诗钞》作序。江西巡抚刘

坤一为先生祖父文晟请于原籍萍乡建立专祠。

> 林昌彝《小石渠阁文集》卷二：柔兆摄提格之岁，余掌教廉州海门书院。时昭萍文树臣观察奉檄廉州，五年渴想，相见甚欢，把臂天涯，诗筒遂启。因出其近作诗数百首，商订并嘱为之序。

> 刘洪辟等《昭萍志略》：同治五年，江西巡抚刘岘庄坤一请于晟原籍萍乡为晟建立专祠。四月十三日，奉旨着照所请。

同治六年丁卯（1867 年），先生十二岁

先生父亲文星瑞纂辑旧作成《啸剑山房诗草》一卷，在穗刊成。

> 按，文星瑞《啸剑山房诗草》一卷有清同治六年（1867）广州刻本。

同治七年戊辰（1868 年），先生十三岁

同治八年己巳（1869 年），先生十四岁

先生父文星瑞赴惠州、潮州办理匪患事宜。

> 《清实录·同治朝实录》（同治八年）：广东潮州府属，素有抢掳械斗之案。经瑞麟督饬藩臬出示晓谕，各属械斗，稍知敛迹。而匪类仍未捆交，该督因派总兵方耀、道员文星瑞带兵先赴惠州所属之陆丰，再赴潮郡，相机办理。

本年，承父命初谒徐灏，谈论至洽。

> 《通介堂经说》题记（光绪十八年冬）：远翁，浙江绍兴人。自其父游幕广东，遂习刑名。历佐岭南节度使幕。晚年仕广西，官至候补知府升用道，曾一署庆远府知府。年七十四卒。生平著述甚多。有《说文段注订补》、《说文部首考》、《乐解考》等书；《经说》凡数十帙，已刊者仅十三卷；又有《灵洲山人诗录》六卷，已刊。余年十四五，先君命见翁，谈论至洽……壬辰冬日，萍乡文廷式记。

> 按，远翁，即《通介堂经说》作者徐灏，字子远。广东番禺人，原籍

浙江钱塘。号灵州,别号灵州山人、通介老人,斋堂为通介堂、寄云楼、学寿堂。久居广西巡抚幕府,累官道员。

同治九年庚午(1870年),先生十五岁

三月,母彭氏卒(族谱),年四十八。先生初学词,作数十阕,仅记《望江南》二阕。

> 龙榆生《重校集评云起轩词》:庚午初学词,凡数十阕。今仅记此二阕;虽不佳,姑存之以志岁月。(《望江南》词序)词尾按"徐刊无此二阕"。

先生父文星瑞《啸剑山房诗钞》在穗刊成。

> 按,文星瑞《啸剑山房诗钞》八卷有清同治九年(1870)羊城刻本。

编年词:《望江南》(秋色好)二阕。

同治十年辛未(1871年),先生十六岁

先生读书勤奋,颇有诗名,为李文泰所赏识;伯兄文廷俊由秘鲁归来,事兄周至。

> 李文泰《海山诗屋诗话》卷七:近时英俊迭出,余所见者,黄芑香、文云阁、于晦若,皆奇才也。云阁名廷式,萍乡诸生。树臣先生令子。十六岁时,余览其所作七古,惊避三舍。
>
> 《致冈鹿门函》:……至于域外之谈,仆家兄即曾游米国,转徙欧洲;友人中亦多经涉裨海者,闻之已稔。……文廷式再拜。
>
> 《钱谱》:伯兄廷俊由南美洲秘鲁国倦游归来,伤足不良于行。先生平时,但知读书,不亲细务。而事兄周至,助著衣履,扶持行步,乃过于自为,举家惊异。(文永言《道希三叔父逸事》述王氏姑母语云:"时先生年才十六七。"又云:"永言幼时,随先雪门公流寓广州。彼时三叔作京官,盖亦贫困,而常常来书,馈贻不绝。")

同治十一年壬申(1872 年),先生十七岁

五月十五日(6 月 20 日)午时,先生八弟文廷华(实甫)生(族谱)。

本年秋,先生父文星瑞解任高廉道,濒行,妇孺挤拥相送。李文泰与诸绅走饯,先生父亲掩泪而别。

　　李文泰《海山诗屋诗话》:观察文树臣先生摄篆高廉,以壬申秋解任,郡民张灯结彩,奔走五昼夜不绝。濒行,妇孺挤拥不得前。先生有诗云:"六街灯火锦棚开,五夜笙歌沸似雷。一队香花一樽酒,不教容易出城来。""五里亭前暂驻鞍,临歧无奈涕汍澜。丈夫自古轻离别,如此民情别亦难。"余时与诸绅走饯,先生下舆,掩泪而别。目击民情,而知古之留靴卧辙非虚语也。

本年,先生与温仲和、陈伯陶、汪兆铨从陈澧学于广州菊坡精舍,季课大考,四季皆第一。幼时学无师法,读钱大昕《潜研堂集》,乃得门径。于式枚在精舍东居住经年,先生往来其间。

　　《文道希先生遗诗·畅志诗》云:吾师陈京卿,履蹈清且醇。浓哜康成藏,清挹紫阳芬。匪徒作调人,盖为君子群。十年依函丈,于学未识津。皇皇事三礼,纫缀徒殷勤。

　　　按,陈澧卒于光绪八年正月,诗云"十年依函丈",则从陈澧游,始于本年也。

　　《南轺日记》:余幼时学无师法,读钱辛楣先生《潜研堂集》,乃得门径。今途中复读此书,服其用力之勤,见闻之博,非洪景庐、王伯厚之所能及,无论余子也。记陈兰甫师云,辛楣先生舆地、职官之学,不独前无古人,兼恐后无来者,岂不信然耶?

　　林慧儒、陈侣笙《任公大事记》:卓如十七岁从学海堂专科生,季课大考,四季皆第一。自有学海堂以来,自文廷式外,卓如一人而已。

　　梁鼎芬《节庵先生遗诗》卷五《答杨模见赠之作》:君初渡南海,修礼谒灵光谓东塾师。高第推于式枚文廷式,结交为辈行。抠衣甫一岁,起起公不祥。二子既分逝,君亦返所藏。我时简往还,但亲讲席旁。蠢蠢十年

余,识面在他乡。四十尚僶勉,不遇能有常。贶我琅玕篇,字字剜肝肠。吾师体大雅,所学造明光。菊坡接学海东塾师为学海堂长数十年,至老为菊坡精舍山长,成就难具详。胡锡燕赵齐婴启始秀,踵起有廖廷相王国瑮。谭宗浚黎永椿饶二林国赓、国赞,各以一诣张。马贞榆沈葆和最朴洁,教广陶福祥,禺山书院山长与杨裕芬,两湖书院经学分校。后来富俊彦,略记温仲和陈伯陶汪兆铨。哀哉冯孝子峻光,陈树镛生共悲伤。薪火已亲执,夭年竟不长师殁前数日,以遗书付陈树镛庆笙编次,庆笙孝亲无年,死才三十耳。巍巍崇雅楼师辟夷乱,居横沙村,取《诗》孔疏"小雅不可不崇"之意以名楼,肃肃传鉴堂《东塾集》有《传鉴堂记》,以先世读《资治通鉴》,故云传也。心知治乱故,处士不敢扬。著书正学术,考古定乐章。所怀在明备,梦寐游虞唐。发挥七篇秘,明白一世盲。恒于侍坐时,言语闻慨慷。惟中有束缚,同舍罕一狂。亭林有异同亭林生乱世,其言切;师生平世,其言安。《日知录》言治术,《读书记》言学术,古之政教无彼此也。"博学于文,行己有耻",亭林举之于前,师书之于后,博约交至,融会贯通,其心一也,二田岂颉颃师尝语门弟子曰:"吾所学近程瑶田、王白田两家。"殆以程考订博核,王为紫阳之学耳。然瑶田无其大,白田无其精,恐是逊词也。吾友记未尽,空来泛雷塘庆笙欲仿《雷塘庵弟子记》书例详述师一生学术,后又欲撰年谱,鼎芬均助之,未及成。尝偕拜墓门,同一哭也。当年松庐侧,十三叹孤□同治十年,师编外太祖南康公诗略成,秋祭日,师亲至亲水濠故居,以初印本焚座前,鼎芬随祭。追随逮东塾鼎芬年十九受业东塾,得一每十忘。承先词郑重二伯祖著有《守鹤庐经说》,壬辰程侍郎典试粤东,以通郑学拔取,庚子会试为胡文忠公所荐,师年较少,恒来问难,情谊日笃,遂与三伯祖、六叔祖为姻,于吾家至厚密,责望鼎芬亦倍于他人,可愧也,守节心惭惶庚辰冬,晦若归,述鼎芬事,后谒经席,师曰:"汝得庶常甚好,吾粤数十科所未见也。"鼎芬自是守节之意益坚。祭田二十亩,春秋以蒸尝鼎芬既归里,与同门集资得钱百万文,为师置祭田。文孙如小同,不比解凡将师长孙庆龢从游端溪、广雅三年,学有家法,品行温雅。所愧一士贱,不称百炼钢。君才甚英迈,曾蓻南丰香。流连天人策,倘亦念畿疆。还思无咎室师读《易》处在精舍东,晦若居经年,云阁尝往来其间,中铺六尺床。偃仰不再见,见亦非故房。世事如一棋,小者先莫量。黑白苟未判,败乱岂有央。山中头陀盦,寄林散间芳。凉月隔新醉,只雁忘故创。江流日如此,旧学嗟茫茫。

同治十二年癸酉(1873 年),先生十八岁

先生入都,应顺天乡试,不售。秋间初过江南,曾作《浣溪沙》二阕。

《闻尘偶记》:俞荫甫《茶香室四抄》言,道光间,三品卿以上无不用后挡车旁开门者;至光绪丙戌重至京师,则后挡车已绝迹。百年之间,车制之变如此。余记同治癸酉、光绪乙亥两次入都,后挡车旁开门者尚络绎于道,壬午犹间有之,至乙酉则不复见矣。其沿革仅在十年内外耳。

《闻尘偶记》:孝哲毅皇后性好书,尝节省宫中用费,以万六千金购《古今图书集成》一部。余时应试在京,此书乃"宝名斋"所售,故知之。

《纯常子枝语》卷五:十余年前为友人书扇,顷复见之,乃当时所作《浣溪沙》词二首也。感其藏弄之久,姑录存之。词云云。是词癸酉秋间初过江南作。时克复未久,故有旧树新巢之感也。

编年词:《浣溪沙》(十里杨花接谢桥)(银汉西流月色阴)二阕。

同治十三年甲戌(1874年),先生十九岁

四月初四日(5月19日),先生九弟文廷楷(法和)生(族谱)。

本年,以家贫薄游江浦,客庐江吴长庆总兵幕中。

陈诗《文道希先生遗诗序》:初家贫,薄游江浦,客吾邑吴武壮军中,武壮为荐入粤督张靖达幕。

《钱谱》同治甲戌下云:先生以家贫,薄游江浦,客庐江吴筱轩长庆总兵幕中。陈诗《文道希先生遗诗序》云:"初家贫,薄游江浦,客吾邑吴武壮军中。"按:陈序未详年月。据《清史稿·吴长庆传》,长庆以同治九年驻扬州,寻复移屯江浦、江阴。光绪元年,授直隶正定镇总兵,仍留防江南,率士卒浚江浦黑水河、四泉河、玉带河,两年始毕工。六年,擢浙江提督云云。是先生客武壮幕,在此数年中。兹姑系之本年。

本年,先生父文星瑞修净慧寺花塔。

陈澧《陈澧集·东塾集外文》卷六序言:昔沈伯眉广文得东莞资福寺南汉旧柱,欲斫为琴久已。同治甲戌,文树臣观察修净慧寺花塔,取旧楣木,合而成之。

光绪元年乙亥(1875年),先生二十岁

八月,先生父文星瑞照部议革职。

> 翁曾翰《翁曾翰日记》:八月十四日(9月13日)晴,英翰、裕庚、文星瑞、陈澍霖均照部议革职。

> 《清实录·光绪朝实录》:本日已明降谕旨,将英翰交部议处,开缺来京,听候部议,并将道员裕庚、文星瑞,知县陈澍霖,交部严加议处矣。

本年,北上入都,过金陵,寓姻丈江宁布政使司梅启照署中,偕梅氏子侄游览乌龙山,观所筑炮台及机厂。

> 《东游日记》光绪二十五年十二月十七日(1月17日):阴。平明过芜湖,巳刻过江宁。又三十里许,见乌龙山新修炮垒,用本山土筑,色与山同。先是光绪初元,余游江宁,寓梅筱岩姻丈署中(时官江宁布政使司),曾偕其子侄同至乌龙山,观所筑炮台及机厂;时统兵者为吴筱轩提督(长庆)。后炮台屡改,机厂亦移。前时用黑色,兼在山下;今则两层各有炮座。若以西法论之,未知今昔优绌若何? 然使敌舰得攻此垒,则金陵已在掌握中矣。薄暮抵镇江。

本年,入都,与徐灏同寓保安寺,凡五阅月。

> 《闻尘偶记》:余记同治癸酉、光绪乙亥两次入都,后挡车旁开门者尚络绎于道,壬午犹间有之,至乙酉则不复见矣。其沿革仅在十年内外耳。

> 《通介堂经说》题记:远翁,浙江绍兴人。……乙亥至京师,与翁同寓保安寺,凡五阅月。晨夕讲贯,精神矍铄。不久归广西,即闻其殁故。遗书恐悉散落矣。今于木斋前辈斋中见此,如对先友,为之黯然! 壬辰冬日,萍乡文廷式记。

本年,陈夫人来归。

> 《陈氏族谱》:魏氏(1837—1871),邵阳人,前高邮州知州魏公源之三女,诰封恭人,晋封淑人。生子四:为铎,廪贡生;为镒,优贡;为鳞,盐经历;为鳌,殇。生女六:长适郎中巴陵方大熙;次适邵阳魏恒;三适光绪庚

寅科榜眼翰林院编修萍乡文廷式;四适教谕廪生清泉杨琦;五适广东候补通判附贡生清泉杨绳武;六适江西候补知县黄纯坛之长子如琯。

《萍乡文氏四修族谱》卷三:配湖南郴州任广东广州府通判调署嘉应直隶州知州陈善圻三女。

　　　　按,据先生《丙子日记》记载及文永昌《读三伯父文廷式遗作札记》推断,陈夫人来归可能在乙亥年,时先生年方弱冠。故系于本年。

编年诗:《湘妃怨》。

光绪二年丙子(1876年),先生二十一岁

正月初一日(1月26日),读书有得,成《史通通释》数卷。

　　　　《丙子日记》:阴,大风。是岁,余春秋二十有一矣。顾视光景,良用惕然。礼先及叩贺大人讫,闲论读书,得《史通通释》□〔二十〕卷。

正月初二日(1月27日),暇日读书。

　　　　《丙子日记》:阴,仍大风,震撼林木。读《元史·世祖纪》一卷、《通典》一卷。

正月初三日(1月28日),作《新春》诗一首。

　　　　《丙子日记》:阴,午间晴。作《新春》诗一首,敬和大人用东坡韵之作。

　　　　按,此诗不见诸集中。

正月初四日(1月29日),暇日读书。

　　　　《丙子日记》:晴。读《通典》一卷、《日知录》二卷。

正月初五日(1月30日),随父下省,过三姊,夜宿豫章会馆。

　　　　《丙子日记》:晴。随大人下省。遂往三姊处。夜宿豫章会馆,与二母舅谈至夜分。

正月初六日(1月31日),谒母亲灵于永胜寺,过王存善。

　　　　《丙子日记》:晴。具□□谒母亲灵于永胜寺。归途往王子展处,托

其代觅人抄补《大清会典·事例·兵部》九十八卷。夜宿六姑母家。阅《南汉春秋》二卷。

正月初七日(2月1日)，早过于穆若、二母舅。归东滠。得江南信，知五姊消息。

　　《丙子日记》：晴。早往于穆若家，知晦若已成亲，月杪可回省。往二母舅处。早餐于江西会馆。遂归东滠，携《大清会典》两函归，到已薄暮矣。(是日得江南信，知五姊又育一女。)

正月初八日(2月2日)，暇日读书。拟于二十一、二下省晋谒外舅陈善圻。

　　《丙子日记》：晴。阅《海国图志》数十页、《大清会典·图》数百翻，读《元史·成宗纪》一卷、魏默深《禹贡图说》一本、杨懋建《禹贡新图说》数则。懋建称昆仑即须弥，与魏默深《海国图志》不合。其说魏氏为长。又读《通典》一卷(《选举五》)，见泽州刺史赵匡《选举议》，知赵氏虽出新说以攻三《传》，究不能废《传》以谈经，犹胜宋孙、刘以后横生异说也。是日，林妈自省回，言陈京圃丈人两日间可到。拟于二十一、二下省晋谒。

正月初九日(2月3日)，暇日读书。代父文星瑞拟信致英翰。

　　《丙子日记》：阴。点《隋书·高祖纪》、《炀帝恭帝纪》凡五卷。读《元史·成宗纪》一卷。夜读《韩诗》。亥刻，大人自省回，言已谒刘制军，许为设法。夜，为大人拟致英官保信。

正月初十日(2月4日)，先曾祖母忌日。得江宁来信，旋即回复。

　　《丙子日记》：阴晴各半。大人饭后回省。是日立春，又先曾祖母忌日。拜祀毕，点《隋书·礼仪志》三卷，阅《海国图志》数十翻。入夜雨。是日得江宁来信，即写回信。

正月十一日(2月5日)，读书论学。程大姑夫来访。

　　《丙子日记》：阴。读《元史·成宗纪》一卷，点《隋书·礼仪志》二卷。翻近人方濬师子严《蕉轩随录》一过。其间载国朝案牍，时有可观。至如考证，非其所长。如称宇文护母阎氏书，谓或云北齐令人代作，是并未读《周书》。又颇不满于阎百诗，恐子严所学，未能窥百诗之涯涘也。又谓阮芸台依附和珅,亦是齐东野语。是日朝,程大姑夫自□包下省,绕道来,刻许便去。

正月十二日(2月6日),暇日读书。

《丙子日记》:阴,天气晦昧。遣苏喜下省送信。点《隋书·礼仪志》一卷,读杜氏《通典》二卷、《元史·成宗纪》一卷。翻近人王韬所著《普法战纪》一周。其中用"乘舆"等字,颇非体例;又文章冗杂,无甚足取。惟其谓中国当备俄罗斯,尚为有见,然亦林文忠公所曾言者。至所载普国之强、俄国之渐窥东方,与欧洲诸国之强弱,尚足以资循览。夜,读《文选》十余篇。

正月十三日(2月7日),读书论学,于时事颇为留意。代父文星瑞致信英翰。

《丙子日记》:阴。偶翻《玉海》,见其中所引《旧唐书》,颇有校勘记所未经引证者。因以三书对核,凡补正者六七条。迟日再当全校之。因念《太平广记》中所引《唐书》,皆在未修《新唐书》以前,他日亦当校勘。至《广记》卷三百二十九所记苏循事,云出《唐书》,则恐出薛居正《五代史》之《唐书》,非此本也。点《隋书·礼仪志》一卷、《音乐志》一卷,读《文选》数篇。阅《邸报》,知今上于今年四月入学读书,以翁同龢、夏同善为师傅。并见两江总督沈葆桢为福建巡抚王凯泰请恤事。夜,为大人缮寄英官保信。阅近人李光廷《汉西域图考》七卷。其地球全图作方形,与他家异;其所考证,亦鲜有特识。

正月十四日(2月8日),致信大姊。作《咏镜》诗一首。

《丙子日记》:阴,风雨。写寄大姊庐陵信一封。读《通典》一卷。其言汉至唐"宰相"之职极典核,惟"平章政事"不详所始。阅《四库提要》,盈一卷。读陈兰师《东塾类稿》一卷,其例颇丛杂,盖非以为成书也。午间,大人自省回。缮信一封。作《咏镜》诗一首。

正月十五日(2月9日),是日上元,侍大人玩戏半日,夜观火戏。

《丙子日记》:阴晴各半。侍大人玩戏半日。是日祀先牧像。夜观火戏,闲谈,至四更始歇。

正月十六日（2月10日），乘船下省，过三婶母，归豫章会馆。祝慕尧来访。

《丙子日记》：晴。偕凝禧侄步行至花埭，呼艇至省。半途憩畅福园，池馆为花埭冠，惜已零落。大人亦携荣姨下省。是日往三婶母家，坐片时，归豫章会馆。翻《大清会典·事例》数十本，颇有所得。高邮王尚书云："修此书与《周官》并行"，洵夫信矣。是日，祝慕尧来。

正月十七日（2月11日），午间过魏叔平、陈铁山、冯吉执谈。访陈澧，入夜始归。沈慰苍来访。

《丙子日记》：晴。午间往魏叔平家，见京圃岳丈。遂往陈铁山家、冯吉执师家。归，步行往兰浦师处，谈二时许，论四部书，颇闻精理。入夜始归。仍翻《大清会典·事例》数本。高宗纯皇帝论建储事及授受大典，洵旷古卓绝之事。录居内务府官属，今皆不见《缙绅》，谨录副纸。是日，沈慰苍来。

正月十八日（2月12日），归东滘。作《古渡》诗一首。

《丙子日记》：晴。归东滘，竟日坐谈无事。作《古渡》诗一首。

正月十九日（2月13日），论学读书。

《丙子日记》：晴。偶检《杜诗》。忆昔日闻于晦若云：《杜诗》七律无并句用同上、去、入者。今考之，殊不然也。如："定有文章惊海内""竟日淹留佳客坐""内""坐"皆去声；"篱边老却陶潜菊""雪岭独看西日落""菊""落"皆入声；"却看妻子愁何在""白日放歌须纵酒""在""酒"皆上声；"沧海未全归禹贡""朝廷衮职虽多预""贡""预"皆去声；"春水船如天上坐""娟娟戏蝶过闲幔""坐""幔"皆去声。可证晦若之误。然晦若云本之朱竹垞，他日当检竹垞原说观之，恐未必如是也。点《隋书·音乐志》二卷，读《元史·成宗纪》一卷。读《韩诗》十余首，皆上口。

正月二十日（2月14日），暇日读书。

《丙子日记》：晴。点《隋书·天文志》二卷。阅《通典》一卷，以之校勘《唐书》，颇有异同。君卿为唐人，位至宰辅，其言本朝事，当必可据。又以《玉海》所引《旧唐书》考证，凡得十余条。

正月二十一日（2月15日），读书论学。为五弟文廷桡改文。

　　《丙子日记》：晴。点《隋书·天文志》一卷。阅辛楣先生《养新录》一本。检郑夹漈《通志·艺文略》，极称隋《志》，擢之马、班之上，未免过当。然称其极有条绪，自是公论。又《校雠略》谓秦焚书而书存、诸儒穷经而经绝，亦务为高论。读《文选》十余篇。为五弟改文。

正月二十二日（2月16日），得文廷俊信。读陈澧所著《声律通考》二卷，入夜复大哥信。

　　《丙子日记》：晴。内子下省省亲。得大哥京师来信，知病已痊愈，所事已将有成。六十日未得信，至是为之一快。点《隋书·五行志》二卷、《食货志》一卷。阅兰甫师所著《声律通考》二卷，略解三分损益之理。是书凡十卷，师自谓用功最深；其《跋》撮举大意，盖师所自作，而托名于殷君者。读《元史·武宗纪》一卷。夜，作京师回信。

正月二十三日（2月17日），暇日读书，夜作《古画》诗一首，《即景》诗二首。

　　《丙子日记》：阴。读《通典》一卷。点《隋书·刑法志》一卷、《百官志》一卷。《通典·职官类》引干宝《周礼注》凡三条，又有纠《隋书》及赵岐《三辅决录》皆误者。略翻《文献通考》，其按语均多精核。夜作《古画》诗一首，《即景》诗二首。

正月二十四日（2月18日），暇日读书，父文星瑞及荣姨归东渚。

　　《丙子日记》：阴，风雨。大人及荣姨自省回。点《隋书·百官志》二卷。读《汉书》十余篇。阅《礼记注》一卷、《海国图志》数卷。

正月二十五日（2月19日），暇日读书，临帖一纸。

　　《丙子日记》：阴。点《隋书·地理志》二卷。读《元史》十页。临帖一纸。

正月二十六日（2月20日），暇日读书。

　　《丙子日记》：阴。点《隋书·地理志》一卷、《经籍志》一卷。

正月二十七日（2月21日），暇日读书。作《三国志小乐府》十首。

《丙子日记》:风雨。读《通典》二卷,点《隋书·经籍志》二卷。作《三国志小乐府》十首。

正月二十八日(2月22日),暇日读书。作《三国志小乐府》四十首。

《丙子日记》:风雨。阅《中外见闻录》八卷。作《三国志小乐府》四十首。

正月二十九日(2月23日),暇日读书。作《三国志小乐府》二十八首。颇留意时政。

《丙子日记》:阴。点《隋书·经籍志》一卷。读温飞卿、元遗山诗各数首。作《三国志小乐府》二十八首。是日阅《邸抄》,知奉天将军改同总督,府尹改同巡抚,治中裁去,改作奉驿巡道,悉依崇实所奏;唯不裁兵部耳。台湾新设台北府,淡水、新竹二县。

正月三十日(2月24日),下省,午过魏叔平,晚过于式枚,夜宿文子锡家。

《丙子日记》:阴雨。是日,内子自省回。下省,到会馆。食于魏叔平家。夜,食于于晦若家,宿于子锡四哥家。(晦若初由潮州回。)

二月初一日(2月25日),于书坊购书二部,过王存善,弈棋数局,夜宿文子锡家。

《丙子日记》:阴雨。往书坊,购得徐文公《初学记》一部、乐莲裳《耳食录》一部。食于王子展家,围棋数局。仍宿于子锡家。

二月初二日(2月26日),代人作文一篇。归东淈。

《丙子日记》:阴雨。"粤秀"题为"君在传揱"三句;代人作文一篇。归东淈。

二月初三日(2月27日),暇日读书。

《丙子日记》:阴雨。点《隋书·列传》三卷。读《昌谷集》数页、《温飞卿集》数页。

二月初四日(2月28日),暇日读书。作诗一首。

《丙子日记》:阴雨。点《隋书·列传》二卷。读《通典》一卷。作诗一首。翻《宋名臣言行录》数卷、《国朝先正事略》数卷。

二月初五日(2月29日),暇日读书。

　　《丙子日记》:阴雨。读《元史·武宗纪》一卷。点《隋书·列传》六卷。读《苏文忠集》十余篇。

二月初六日(3月1日),暇日读书。习字一开。

　　《丙子日记》:阴雨。点《隋书·列传》五卷。习字一开。

二月初七日(3月2日),二母舅暨凝禧来访。

　　《丙子日记》:阴雨。二母舅暨凝禧侄来,大人祝寿之日。是日,点《隋书·列传》二卷,读《通典》一卷。

二月初八日(3月3日),大人寿辰之日,魏叔平、祝慕尧、沈誉华来,文子锡、月亭前来。代人作文一篇。

　　《丙子日记》:阴。大人寿辰。魏叔平、祝慕尧、沈誉华来,子锡、月亭兄俱来。是日,"菊坡"甄别;代人作《赵充国论》一篇。

二月初九日(3月4日),随父及二姊下省,应王存善约,途中遇雨,却回会馆。

　　《丙子日记》:阴。随大人下省,二姊亦去。午后,欲应王子展约,与二母舅同行,至大彰街遇大雨,却回会馆。阅小说数卷。是日,始闻雷声。

二月初十日(3月5日),入城,过二舅及于晦若,宿文子锡家。

　　《丙子日记》:雨。入城,到二舅处。夜饭于晦若家,宿子锡家。是日惊蛰。

二月十一日(3月6日),见徐灏,过魏叔平、祝慕尧等处谢寿,至陈善圻家,夜宿三姊母家。

　　《丙子日记》:阴雨。见徐子远翁。饭后往魏、祝、□数处谢寿,遂至外舅陈京圃家。夜宿三姊母家。

二月十二日(3月7日),归东淀。作《读李长吉歌诗题后》一首。

　　《丙子日记》:阴。归东淀。午刻大雨。作《读李长吉歌诗题后》

一首。

二月十三日(3月8日),暇日读书。

《丙子日记》:阴雨,下午偶晴。点《隋书·列传》五卷,读《文选》
数篇。

二月十四日(3月9日),得二姊信。改文二篇。

《丙子日记》:阴。得二姊信。遣芗祥下省种痘。为国藩司改文二
篇。点《隋书·列传》四卷。涉猎《满汉名臣列传》数传;知四川总督始于
黄文襄也。是日高祖母生忌。

二月十五日(3月10日),暇日读书。

《丙子日记》:早雨,辰刻晴。不见日久,鸟鹊之声喜甚。点《隋书·
列传》六卷。阅近人李次青《国朝先正事略》数卷。是书固是传作,惜伤
未备。如于文襄、成克巩之相业,张文毅之节操,皆未见书也。

二月十六日(3月11日),得二姊信及诗稿。作制艺一篇。

《丙子日记》:阴。祖壮烈公忌日。大人自省回。得二姊信并诗稿,
抄录凡千余字。作制艺一篇,文颇奇恣,但使事拉杂、用笔粗疏耳。题为
《学而优则仕》。

二月十七日(3月12日),点书三卷,习字数百。亥时,先生十弟文廷雄生。

《丙子日记》:阴。点《隋书·列传》三卷。习字数百。大人下省。读
《文选》数页。夜亥刻尽时,琼姨育一弟,甚肥白可爱。

二月十八日(3月13日),点《隋书》毕。作字数百。

《丙子日记》:阴雨。点《隋书·列传》十四卷。《隋书》毕。作字
数百。

二月十九日(3月14日),二舅、凝禧、祝慕尧来访。

《丙子日记》:阴。二母舅暨凝禧侄来,祝慕尧亦来。大人自省回。
十弟取名廷雄,字光生。读《明史》四十一卷、《通典》二卷。读熟《文选》
诗十首。

二月二十日(3月15日),读书习字,并作《听莺曲》一首。

　　《丙子日记》:阴雨。读《明史》七卷。作《听莺曲》一首。作字数百。始读《论语注疏》,以皇氏及《注疏》本,合朱子《集注》读之。其不备者,考诸《四书释地》、《乡党图考》诸书。皇氏标名云,袁宏字叔度。案《晋书》:袁宏字彦伯。疑莫能明。而《释文》又云:袁乔字彦叔。疑别一人也。每日读四五章而已。

二月二十一日(3月16日),读书论学。

　　《丙子日记》:大雨竟日。先祖母忌辰。读《元史·仁宗纪》一卷、《明史》十七卷、《论语》三章。按:邢昺疏"道千乘之国"章,释马融称名包氏不称名之例,则知凡注皆本称名,如皇氏,后人妄删之耳。又如"鲜矣有仁",多"有"字,已从皇氏为是。阮宫保《校勘记》亦云。又程子云人性中只有仁义礼智,曷尝有孝弟来?终是语病,无怪为人攻讦。又朱子谓"道千乘"章其义循环相因,亦牵强。又读卢学士《钟山札记》、《龙城札记》数页,其录徐□信《月令辨》亦似强词也。阅《史通通释》一卷,其《世家》一篇极明畅,不知文达何以不全取。

二月二十二日(3月17日),随父下省,过二舅谈。

　　《丙子日记》:阴。读《明史》四卷。随大人下省,往四哥处送行。与二舅谈至夜分。阅小说数卷。

二月二十三日(3月18日),携芗祥自省回,过于式枚谈。

　　《丙子日记》:阴雨。携芗祥自省回。读《明史》三卷毕,往于晦若处,谈二时许。见林明仲所作《晋书部曲督考》,甚详博;晦若为之驳正,尤典核也。

二月二十四日(3月19日),读书作诗。

　　《丙子日记》:阴。读《明史》四卷。始习《说文》,每日写六十字。读《通典》一卷。作诗咏檀道济、谢晦事,有句云:"虚有夷吾容里克,竟教周勃讨陈平",自诩确论。

二月二十五日(3月20日),暇日读书。

《丙子日记》：阴。读《明史》六卷。读《论语》，见皇氏颇有胜朱子处，且非邢《疏》所及。如"慎终追远、信近于义"等，咸具别解，颇能融洽也。

二月二十六日（3月21日），暇日读书。父亲携二姊自省回。

《丙子日记》：早晴。大人携二姊自省回，带回先祖大人日记，至己未二月十二，盖十六则嘉应州城陷殉难矣。又赎先母大人遗物回。是日读《明史》六卷。

二月二十七日（3月22日），暇日读书。

《丙子日记》：阴。读《明史》四卷。二姊生日。闻故友冯植甫明日葬，急于下省。适四哥将往湖南，船行止花埭，因与二嫂、四嫂另呼艇来东滘话别，附其艇到花埭。夜，因大雨不克至省。谈至五更。闻二哥被劾，为之不欢。

按，"闻故友"三字旁有"此二十八事"批注。

二月二十八日（3月23日），故友下葬，急于下省。附艇至花埭，因大雨未果。

《丙子日记》：阴雨。到省，始知植甫非葬日，盖其聘妻张氏过门守贞，因即其柩成服也。往吊慰其家，未遇，回至东滘。读《明史》二卷。

按，"到"字旁有"此廿九日事"批注。

二月二十九日（3月24日），往吊未遇，回归东滘。作诗四首。

《丙子日记》：阴。读《明史》五卷。作《读赵孟𫖳传》诗四首。是日大人下省。

二月三十日（3月25日），暇日读书，作七绝四首。

《丙子日记》：晴。读《明史》十三卷。阅赵瓯北《二十二史札记》数十页。作《读王昭仪〈满江红〉词》七绝四首。

三月初一日（3月26日），暇日读书，作时文一篇。

《丙子日记》：阴。读《明史》六卷。是日大风。作时文一篇。阅朱竹垞词一卷。

按，作者于三月下批注云：每日读《论语》、写《说文》，不具录。

三月初二日(3月27日),暇日读史。

　　《丙子日记》:阴雨。大人自省回。读《明史》六卷。读《元史·成宗纪》一卷。

三月初三日(3月28日),暇日读史。

　　《丙子日记》:阴。读《明史》六卷。阅《通典》一卷。阅《宋史》一卷。

三月初四日(3月29日),得二舅信,并寄《剑南集》回。作文一篇。

　　《丙子日记》:阴。读《明史》五卷。二舅有信自省来,并寄《剑南集》回。作《宦官女谒论》一篇,议论颇畅,凡一千字。

三月初五日(3月30日),读书作诗。

　　《丙子日记》:读《明史》十卷。读《文选》数页。作《元世祖》诗一首。诗云:"辑难同起孰能当,扫荡群雄统驭长。历定《授时》天有度,图成《王会》地无疆。百年制度兼夸夏,一代威皇迈汉唐。气数莫将常理论,佳兵好货亦兴王。"起二句尚嫌苶弱,俟改。

三月初六日(3月31日),读书写字。

　　《丙子日记》:阴。阅《明史》八卷。写字一开。

三月初七日(4月1日),读书写字。致信文廷俊。

　　《丙子日记》:大雨竟日。阅《明史》七卷。写字一开。观《杨诚斋集》半部。作书寄大哥京师。

三月初八日(4月2日),暇日读书。

　　《丙子日记》:阴,入夜雨。读《明史》十一卷。阅近人郑献甫诗集,运辞自然,寓意深稳,亦成一家言。

三月初九日(4月3日),暇日读书。得大姊庐陵信。

　　《丙子日记》:大雨竟日。读《明史》六卷。阅杜氏《通典》一卷,知骑都尉乃仪同三司所改。接大姊庐陵信。

三月初十日(4月4日),清明家祭。

《丙子日记》：阴。读《明史》六卷。是日清明。家祭毕，阅《苏文忠公集》数十页。入夜雨。

三月十一日（4月5日），同五弟、六弟、平侄下省拜祭先母，过陈善圻、二舅谈，偕回会馆。

《丙子日记》：阴。先母忌日。偕五弟、六弟、平侄下省，拜应讫，往京圃丈处，谈一时许。往二舅处，偕回会馆。入夜小雨。是日在船中读《明史》七卷。

三月十二日（4月6日），得大哥信。作《红梅》诗。辰刻返东滘。

《丙子日记》：阴。接大哥信，知所事已成。作《红梅》诗。辰刻回东滘。是日内子生日。饭后大人下省。读《明史》四卷。

三月十三日（4月7日），读书作诗。

《丙子日记》：晴。夜见月，五十日以来所未有也。读《明史》十卷。作《柳线》诗一首。

三月十四日（4月8日），偕二姊及内子下省。过五舅母、于式枚。于王存善处观弈。夜宿文子锡家，与文耀南谈至五更。

《丙子日记》：晴。偕二姊及内子下省。阅《明史》一卷。往五舅母处送行。遂往于晦若处。夜饭后，往觅王子展于竹平安馆，观弈一枰。归宿文子锡家，与文耀南谈至五更。

三月十五日（4月9日），同于晦若、林国赞谒陈澧，往倪仲麟家弈棋，夜宿文子锡家。

《丙子日记》：阴。偕于晦若、林明仲往陈兰浦老师处，谈至五点钟，遂往倪仲麟家弈棋。饭后入□海门，仍宿文子锡家。阅《明史》一卷。

三月十六日（4月10日），早饭后返归东滘。

《丙子日记》：阴雨。早归会馆。饭后偕二姊及内子并携六弟、七弟、八弟归东滘。阅《明史》四卷。

三月十七日（4月11日），文子锡来访。作诗一首。

《丙子日记》:晴。十弟弥月。是日子锡四兄来,大人自省回。读《明史》六卷。作诗一首。

三月十八日(4月12日),暇日读书,致信萍乡。

《丙子日记》:晴,饭后阴。读《明史》五卷。作信一封寄江西萍乡。是日五舅母舟行,陈裕及简妈附,往庐陵接大姊来粤,因其家事棼如也。

三月十九日(4月13日),暇日读书。

《丙子日记》:阴雨。大人下省。阅《明史》八卷。读《杜诗》数页。

三月二十日(4月14日),读书作诗,致信叶家。

《丙子日记》:晴。阅《明史》十卷。作诗一首。温《文选》诗数十首。写寄叶家信一封。

三月二十一日(4月15日),暇日读书。陈氏坠胎。

《丙子日记》:晴。内子坠胎。阅《明史》八卷。

三月二十二日(4月16日),暇日读书。

《丙子日记》:晴,饭后大风雨,下午晴。阅《明史》十五卷。

三月二十三日(4月17日),暇日读书。

《丙子日记》:晴,饭后大风雨,下午晴。阅《明史》十六卷。

三月二十四日(4月18日),暇日读书。读《明史》毕。作制艺一篇。

《丙子日记》:晴,饭后大风雨,下午晴。阅《明史》十卷,是日《明史》读毕。作制艺一篇。读《元史》四卷。夜四更尽五更始,荣姨得一妹。

三月二十五日(4月19日),读书作诗。

《丙子日记》:晴,饭后大风雨,倾刻晴。先祖母生日,拈香讫。大人自省回。读《元史》四卷。作《阅桂林霜传奇》七绝四首。

三月二十六日(4月20日),暇日读书。

《丙子日记》:阴。读《元史》三卷。脚生疮。

三月二十七日(4月21日),暇日读书。致信文廷俊。木生来访。

《丙子日记》:晴。脚疮甚剧。读《元史》二卷。阅《海国图志》数十页。见《元史》伯颜请尽杀汉人张、王、刘、李、赵五家,殊可笑也。写寄大哥信一封。木生来,谈数时。伊自潮州十九到广东,即久欲往,以事未暇也。

三月二十八日(4月22日),携凝禧下省,访二舅不遇,往宿文子锡家。

《丙子日记》:晴。脚疮小愈。饭后凝禧来,偕之下省。遂入城,往二舅处,二舅他往不见。遂往宿子锡四哥家,四哥已往顺德矣。是日二嫂等往水东启程。

三月二十九日(4月23日),与于式枚往菊坡书院,听陈澧讲。过木生,归往二舅家。夜与祝慕尧食,遂访王存善,与倪仲麟、于晦若弈,章子良来访。夜宿文子锡家。

《丙子日记》:晴。早往于晦若处,偕往菊坡书院,听兰甫老师讲。到者五十余人,林明仲、饶辅心咸在焉。往回看木生兄。归往二舅家。夜与祝慕尧食面于饭馆;遂往王子展家。与倪仲麟、于晦若弈,章子良亦来,仍宿子锡家。

四月初一日(4月24日),与二舅、凝禧归东滘。

《丙子日记》:晴。与二舅、凝禧侄还东滘。

四月初二日(4月25日),读书论学。

《丙子日记》:晴。读尤西堂《明史小乐府》数十章,皆尽;事出《明史》外者甚多,其时《明史》犹未修成也。读《元史》十卷;见《河渠志》"卑职"二字凡两见。

四月初三日(4月26日),陈宗侃、陈宗颖、于式枚、于穆若、王存善、林国赞来访,畅谈竟日,五点始散。

《丙子日记》:晴。读《元史》六卷。陈孝直、孝坚、于晦若、穆若、王子展、林明仲皆来,畅谈竟日。大人赠之以诗,与之饭,五点钟始散归。

四月初四日(4月27日),暇日读书。

《丙子日记》:晴。读《元史》四卷。读《文选》数十页。

四月初五日(4月28日),暇日读书。

　　《丙子日记》:晴。大人下省。读《辽金元三史国语解》一卷、《元史》三卷。读钱竹汀《潜研堂诗集·元史杂诗》二十首,略能上口。

四月初六日(4月29日),得大人信。致信江西。

　　《丙子日记》:晴。大人有信回,云见刘制军商议往广西事。遂作寄江西信一封。读《元史》四卷。阅《国朝先正事略》数十页。

四月初七日(4月30日),暇日读书。

　　《丙子日记》:微雨。读《元史》十卷。阅《国朝先正事略》数十页。脚疮已渐次尽愈矣。

四月初八日(5月1日),读书作诗。

　　《丙子日记》:晴。午后大人自省回。阅《杜诗》数十页。读《元史》六卷。作《素馨斜吊古》诗一首。

四月初九日(5月2日),读书作字。

　　《丙子日记》:晴。读《元史》十五卷。检书。阅吴任臣《十国春秋》数卷。作字数百。

四月初十日(5月3日),二舅来谈。夜打网,所获颇丰。

　　《丙子日记》:晴。读《元史》三卷。二舅来,坐谈时许。阅《礼记注疏》十余页。夜打网,颇得鱼虾。

四月十一日(5月4日),读书并为五弟改文。韩某来访,陪坐时许。

　　《丙子日记》:晴。读《元史》七卷。为五弟改文数篇。韩某来,陪坐时许。

四月十二日(5月5日),暇日读书。木生来访。

　　《丙子日记》:晴。读《元史》六卷。阅《思适斋集》数卷。是日木生来。

四月十三日(5月6日),下省,过二舅、陈善圻,饭于式枚家,弈棋数局。

《丙子日记》:晴。有事下省,遂往二舅、京圃外舅家。饭于晦若家,弈棋数局。

四月十四日(5月7日),与二舅同往购眼镜及诗集,过大姑母、六姑母。早饭于二舅家。入夜泛舟。

《丙子日记》:晴。与二舅同往购眼镜三具,《陶渊明集》《柳宗元集》各一卷。是早,往大姑母、六姑母家。早饭于二舅家。带回胡丹山诗数本,以为笑剧,即作"南华李可作顶戴"、"尿壶压得死蜈蚣"者也。夜,泛舟沿溪行。

四月十五日(5月8日),读书作诗。表兄邱某来谈。

《丙子日记》:晴。读《元史》十卷。表兄邱某来谈良久。作诗一首。读《诚斋集》数卷。(是日六妹始病。)

四月十六日(5月9日),未与棋会。搬寓楼下。

《丙子日记》:晴,大风。本日棋会于许稚麟家,而以风色不佳不往。读《元史》二十余卷。是日搬寓楼下。

四月十七日(5月10日),暇日读书。《元史》读毕。

《丙子日记》:晴,仍风。读《元史》八卷,《元史》于是日读毕矣。

四月十八日(5月11日),暇日读书。

《丙子日记》:晴。读《金史》八卷。拟作《金史宰辅表》,以补其阙。阅《皇极经世》一卷,知邵子所算十二万年由积时起。

四月十九日(5月12日),暇日读书。作制艺一篇。

《丙子日记》:晴。读《金史》七卷。作制艺一篇。

四月二十日(5月13日),岐山来访。偕岐山、治平与六弟泛舟游览。薄暮始归。入夜于门前罾鱼,炊煮侑酒。

《丙子日记》:晴。岐山来。荣姨做满月,侍饮毕。偕岐山、治平与六弟泛舟港边。沿港而上,得花园,略有树木,回荡对岸,有树荫亩许。于其旁罾鱼,不得;扶石拾螃蜞,得十余。更登树而坐,薄暮归。阅《金史》三卷。夜仍于门前罾鱼,得蝙鱼一尾、鲈鱼一尾,大人烹而食之;得虾几一斛。四更余,有微雨,始休;仍肆炊煮小鱼而侑酒。大人作七绝二首,命和。

四月二十一日(5月14日),作书寄省。

《丙子日记》:雨。大人偕岐山偫下省。阅《金史》七卷。作小札,寄省三函。

四月二十二日(5月15日),得于式枚、陈善圻信。阅黄冈书院甄别卷五十篇。

《丙子日记》:晴。苏喜自省回。大人有信,知省中因旗人闹事,几生罢市。晦若书来,知代购得《通典》、《续通典》矣。京圃外舅有书来,命代觅西席,并黄冈书院甄别卷四百余命阅定甲乙。阅《金史》十四卷。阅卷五十篇。

四月二十三日(5月16日),读书阅卷。

《丙子日记》:晴。阅卷五十篇。读《金史》二卷、《四库提要》数十页。

四月二十四日(5月17日),读书阅卷。

《丙子日记》:晴。阅卷四十篇,《欧阳文忠集》数十页。读《金史》三卷。是日六妹生日。

四月二十五日(5月18日),读书阅卷。

《丙子日记》:阴,有风;大雨。阅卷二百余篇。读《渔洋菁华录》数十首、《金史》一卷。

四月二十六日(5月19日),读书阅卷。

《丙子日记》:阴,仍风。阅卷数十篇,读《金史》三卷。偶翻《提要》至金王寂集,谓其出守蔡州、未详本末。愚案:事见《金史·河渠志》也。

四月二十七日(5月20日),阅卷毕。午间偕内子下省。过于式枚,夜访王存善。与于晦若、张子良各弈一局。宿文子锡家。

《丙子日记》:晴。大人自省回。早起编定甲乙。午间偕内子下省。

遂往晦若处。夜往子展处。阅《持静斋书目》百余页、《铁崖乐府》十余页。与晦若弈一局、张子良弈一局。夜宿子锡家,不成寐,五更始安卧。

四月二十八日(5 月 21 日),访菊坡书院,归歇于式枚家。独谒先母枢于东门,夜宿陈善圻家。

　　《丙子日记》:晴。早起,已十一点矣。遂往菊坡。归歇于晦若家,偕孝直行。独出东门谒先母枢。归宿于外舅家。

四月二十九日(5 月 22 日),过二舅,同出城。夜宿会馆。阅新闻报纸,于时事颇为关心。

　　《丙子日记》:晴。早起,往二舅处,同出城。是夕宿于会馆。阅新闻纸数十张。知俄罗斯已取霍罕;又香港泊夷人兵船数十艘,甚可异也。又闻京师亢旱如常;久不得大哥书,良悒悒。又闻四川已拆去夷人天主堂,汉口又将拆却,差强人意。

五月初一日(5 月 23 日),偕内子、凝禧回东湑。见龙船出港。

　　《丙子日记》:晴。饭后,偕内子回东湑,凝禧侄亦来。到顷许,龙船出港,因得暂观。

五月初二日(5 月 24 日),暇日读书。见龙船入港。

　　《丙子日记》:阴。入夜大雨。读《金史》三卷。阅《提要》数十页。亦有龙船一条入港。

五月初三日(5 月 25 日),凝禧回省。作诗一首。又见龙船三条入港。

　　《丙子日记》:晴。凝禧去。作诗一首。有龙船三条入港,颇喧嚷。读《金史》二卷。

五月初四日(5 月 26 日),暇日读书,仍见龙船三条。

　　《丙子日记》:晴。仍有龙船三条。读《金史》五卷,《文选》、《玉台新咏》数页。

五月初五日(5 月 27 日),凝禧来。见龙船二条入港。

　　《丙子日记》:晴。祀先毕,行贺礼。是日有龙船二条入港,不过楼下,然近可睹亦佳。大人作叶子戏竟日。夜仍作叶子戏。是日凝禧来。

五月初六日(5月28日),凝禧回省。暇日读书。

> 《丙子日记》:晴。凝禧去。阅《金史》六卷、《提要》数十页。是日,龙船入、谢酒,凡六条。

五月初七日(5月29日),程家老表来,谈至深夜。

> 《丙子日记》:晴。阅《金史》二卷。程家二只老表来,留之住,谈至夜分,兼打鱼。

五月初八日(5月30日),同二表、三表下省。夜饭大姑母家。宿文子锡家。

> 《丙子日记》:晴。饭后偕二表、三表同下省。夜饭于大姑母家。宿于子锡家。夜坐至晓。

五月初九日(5月31日),过陈善圻,早饭于二舅家。过于式枚谈。同访王存善。遂过张子梁,同往徐蓉夫处弈棋。夜宿文子锡家。

> 《丙子日记》:晴。晨往京圃外舅家。早饭于二母舅家。遂往于晦若处,谈良久;同往王子展处。遂往张子梁处。遂同往徐蓉夫处,弈棋一局。夜宿子锡家。

五月初十日(6月1日),与二舅、文子锡回乡。

> 《丙子日记》:晴。晓起,与二母舅、子锡四哥同回乡。三点钟始去。阅《四库全书提要》数十页。

五月十一日(6月2日),暇日读书,写殿卷一开。

> 《丙子日记》:晴。二姊及荣姨下省。写殿卷一开。阅《金史》三卷。

五月十二日(6月3日),读书习字。

> 《丙子日记》:晴。阅《金史》三卷。习字一开。阅《提要》数十页。

五月十三日(6月4日),读书并为内子陈氏写扇一柄,作《游仙》诗二十二首书之。

> 《丙子日记》:晴。午后大雨。夜饭后二姊暨荣姨回;闻三叔已寄回叶氏所托寄银,甚喜。读《金史》一卷。为内子写扇一柄,顺作《游仙》诗

二十二首书之。

五月十四日(6月5日),为二姊写扇一柄,作论宫闱诗二十八首书之。

　　《丙子日记》:晴。读《金史》三卷。为二姊书扇一柄,现作论宫闱诗
二十八首书之,皆随作随写,无一字经稿也。

五月十五日(6月6日),暇日读书。作制艺一篇。

　　《丙子日记》:晴。读《金史》五卷。作制艺一篇。阅《提要》十余页。

五月十六日(6月7日),下省遇雨。到会馆,入城。饭于二舅处。宿文子
　　锡家。

　　《丙子日记》:晴。下省,至中途忽风雨,顷仍晴。到会馆,入城。饭
于二母舅处。宿于子锡兄处。

五月十七日(6月8日),早往大姑母处拜寿。遂过于式枚,弈棋数局。午饭
　　其家。夜过倪鸿处弈棋。宿文子锡家。

　　《丙子日记》:晴。早往大姑母处拜寿。遂往于晦若处。热甚,不复
行,上"学海堂"竹阴中弈棋数局,即饭于其家。夜往倪云癯处,有三数人
在座,亦弈棋数局。夜仍宿子锡兄处。

五月十八日(6月9日),辞陈宗侃邀约,返归东滘。

　　《丙子日记》:晴。饭后回乡。是日陈孝直诸君约饭学海堂,辞之。
读《金史》二卷。

五月十九日(6月10日),读书作诗。

　　《丙子日记》:晴。读《金史》三卷。阅《提要》一卷。作诗五首。读元
遗山诗盈二卷。

五月二十日(6月11日),读书习字。

　　《丙子日记》:晴。读《金史》六卷。习字一张。

五月二十一日(6月12日),读书习字。作诗四首。

　　《丙子日记》:晴。读《金史》五卷。习字一开。作诗四首。

五月二十二日（6 月 13 日），读《金史》毕。凝禧、二老表来，旋去。

　　《丙子日记》：晴。读《金史》十六卷，是日毕。凝禧来，旋去。二老表同来，顷刻亦去。

五月二十三日（6 月 14 日），暇日读书。

　　《丙子日记》：晴。午间大雨。读《旧五代史》二十卷。检书竟日。

五月二十四日（6 月 15 日），暇日读书。

　　《丙子日记》：午后□雨，早晚晴，读《五代史》十八卷。检书竟日。

五月二十五日（6 月 16 日），读书习字。

　　《丙子日记》：晴。午间大雨。读《五代史》十八卷。习字一开。

五月二十六日（6 月 17 日），下省。过于式枚，与于穆若谈。又过陈善圻谈。宿文子锡家。

　　《丙子日记》：晴。下省。于舟中读《五代史》四卷。遂往晦若处。晦若已行；与穆若谈良久。京圃外舅促予往，亦往谈时许。宿子锡家。阅《鲒埼亭外集》十余卷。

五月二十七日（6 月 18 日），午后访陈澧，请为先母作碑铭。归宿文子锡家。

　　《丙子日记》：晴。午间乍雨，广东人谓之"白撞雨"者也。午后往兰甫师处，托其为先母作碑铭。归仍宿子锡家。

五月二十八日（6 月 19 日），出东门谒先母枢。饭后过二舅处，遇大雨，薄暮始晴。乘船返归东潆。

　　《丙子日记》：晴。出东门，谒先母枢。遂定漆工，与凝禧侄同往。饭后拟回东潆，至二舅处，忽又"白撞雨"，俄遂大雨，薄暮始晴。呼船回东潆，水紧船缓，几夜始到。是日阅《五代史》十卷。

五月二十九日（6 月 20 日），读书写字。

　　《丙子日记》：晴。阅《五代史》二十卷。写字一开。

五月三十日（6 月 21 日），写信二封。得沈芷邮信，遂复信。

《丙子日记》:晴。夏至。阅《五代史》三十五卷。写信二封。得沈芷鄌来信,伊亦甚不得意也;遂作回书。夜尤热。阅《鲒埼亭集》数十页。

闰月五月初一日(6月22日),读书论学。《五代史》阅毕。

《丙子日记》:晴。阅《五代史》二十五卷,是日薛《史》阅毕矣。读孔巽轩《礼〔经〕学卮言》十余页;《公羊通义叙》一篇,义蕴宏深,若其永年,钱、戴不克专美矣。

五月初二日(6月23日),简妈自江宁来。暇日读书。作信寄五姊夫。

《丙子日记》:早起,大风雨,顷许间晴。大人下省。简妈自江宁来,言彼处事甚悉。作寄五姊夫信一封。阅金榜《礼笺》、程瑶田《禹贡三江考》、《戴东原集》、全谢山《经史问答》各数十页。

十月十五日(11月30日),李菊存、陈十洲、朱小樵来访,未遇。熊小垣来,坐良久,邀往其寓食午饭,谈甚畅。赠余诗集一部并具其父所作时文。致信李菊存。读书写字。

《丙子日记》:辰时起,丑时卧。天时:大风、无雨、淡月、微凉、薄晴。人事:是日,李菊存、陈十洲、朱小樵来,皆未遇。熊君小垣(名福镛,新昌人)来,坐良久,邀往其寓、食午饭,谈甚畅,其寓及余舍相邻。是日赠余《莛仙诗集》一部,并具尊翁所作时文。致李菊存书。看《南史》二卷、《谭天》一卷。读《文选》数页。写字三百。无恙、不劳。

十月十六日(12月1日),李菊存来访,同往熊小垣处。同李菊存、熊小垣、黄栎材访陈十洲不遇。致信广东。读书写字。作诗数首。

《丙子日记》:巳时起,丑时卧。天时:大风、微雨、有月,甚凉,午后阴,晨薄晴。是日较前数日寒气愈深,渐可衣裘。人事:辰刻菊存来,同往小垣处。欲往回候十洲,未遣人探之,已外出。即归,黄豪伯亦同往。致广东家书。看《元诗选》十余页、《南史》二卷、《谭天》一卷、时文数篇。读《小畜集》数页。写字一开。作《读史》诗四首(七绝)、《秋忆》诗三首(七律)、《题张雄臣竹里调弦图》一首(七古)。无恙、渐劳。

十月十七日(12月2日),朱小樵、熊小垣来,坐竟日。留二君晚餐,二更后始散。致信李子为。读书写字。

《丙子日记》：辰时起，丑时卧。天时：终风。夜见深月。重阴。人事：熊小垣来，坐竟日。早间小樵亦来，言菊存押书画事已将妥。遂留二君晚餐，二更后始散。致李子为书。看《南史》二卷、《皇朝通典》一卷、时文数篇、熊小垣诗一卷、《微尚斋诗》数页。（凡四卷，代州冯志沂撰。）又读《集》一卷。写字一开。临北魏碑一开。闻朱小樵述殷竹坞、宋□□（湖北）、熊某（湖北）学问甚深。无恙。

十月十八日（12月3日），早起访李菊存未遇。菊存来邀同往朱小樵处，不遇。闻小樵在范辛陪处，同往觅之，食于范君家。致书朱小樵。读书写字。

《丙子日记》：辰时起，丑时卧。天时：大风终日。重阴。人事：早起往菊存处，未遇。菊存来，邀同往小樵处，不遇，少待。闻小樵在范辛陪处，便往觅之，遂留饭范君家，啖羊、鸭。菊存押书画事又少变，听之而已。致朱小樵书。看《谭天》一卷、《南史》三卷、时文数篇、《经义述闻》二十余页。读凌次仲《梅边吹笛谱》数页。读《后汉书》一卷。写字一百、行书一百。无恙。

十月十九日（12月4日），朱小樵、李菊存、龚祝将、梅同苏、熊小垣皆来访。龚、梅先去，朱、李饭后去。熊谈至二更后乃去。致书李菊存、朱小樵。得熊小垣《和秋怀》诗三首。读书写字。

《丙子日记》：辰时起。天时：无风无雨。明月。半阴、薄晴。人事：朱小樵、李菊存、龚祝将、梅同苏、熊小垣皆来，便留食饭。同苏、祝将先去，小樵、菊存饭后去。小垣二更后良久乃去；谈其旧日办团练事甚畅。致李菊存、朱小樵书。得熊小垣《和秋怀》诗三首。看《申报》六张。孙麟趾《好玉词》、《继鸳词》、《凤箫词》、《叩门词》凡数十首，亦稍有可取者，惜非名家之技。麟趾又有《说梦》、《秋露》、《折柳》、《倚阑》、《问鹤》等词各一卷，未暇阅也。（麟趾字清瑞，苏州人。）《南史》四卷。《数理精蕴》一卷。读《庚子山集》十余页。写楷书二百余、行书百余。静坐少时。无恙。

十月二十日（12月5日），袁山来访，邀至同寓。饭后李菊存来。菊存即去，与袁山谈竟日。晚饭后朱小樵来，近三更始去。得朱小樵书。

《丙子日记》：辰时起。丑时卧。天时：早微雨。有月。浓阴，半晴。人事：巳刻，袁山兄到，由南康初三起程；便邀至同寓。饭后菊存来，云小樵见约，辄去，盖仍押书画事也。菊存即去。与袁山兄谈竟日。晚饭后小樵来，近三更始去。到小樵书。看《南史》十页、《墨余录》数页、《几何原本》二十页。读《小谟觞馆集》数页。因袁山兄来，未写字。无恙。

十月二十一日（12月6日），华少云早来。午后，李菊存、熊小垣来访。夜与二君同过朱小樵，归后与黄枡材谈良久。得李菊存、朱小樵书。旋复李菊存。《南史》阅毕。读书写字。

《丙子日记》：巳时起，丑时卧。天时：有月。薄晴。人事：午后，菊存、小垣来。夜，与二君同往小樵处，便归，与豪伯谈良久。华少云早来，由抚州十三起程，昨日始到。其弟未起早，尚未到也。少云昨来相觅未得云。到菊存、小樵书。作菊存复。看：《南史》二卷，《南史》毕。陈恪勤《沧洲集》数页。《国朝先正事略》数十页。阅《几何》数段。写楷书三百。

十月二十二日（12月7日），同熊小垣、黄枡材访华少云，酌于苏香居，夜谈良久。陶稚箕偕新建胡君来，李菊存亦来。又往浣薇轩。得朱小樵书。读书作诗。

《丙子日记》：辰时起，丑时卧。天时：有月。日晴。人事：偕小垣、豪伯同访华少云，便酌于苏香居，夜谈甚久。陶稚箕偕新建胡君（忘其号）来；菊存亦来。是日爽楼生日也。又往浣薇轩。阅《西沚集》数页。到小樵书。看《几何》数则。《两歧成案》数十页。读《小谟觞馆集》数页、宋诗数首。作诗一首（《萤火》，七律）。无恙。

十月二十三日（12月8日），早小坡、熊小垣、华少云、幼云来。小坡邀夜饭，同席者黄枡材、李菊存、朱小樵、袁山诸人。席散，返寓中谈至夜深。得李菊存书，旋复。读书写字。作七律一首。得熊小垣赠诗二首。

《丙子日记》：巳时起，丑时卧。天时：夜大风。朗月。日晴。人事：早起，小坡来；小垣来；华少云、幼云偕来，幼云即将往粤就亲矣。小坡邀夜饭，同席者豪伯、小坡、菊存、小樵、家兄袁山也。散席后仍至寓中，谈至夜深。到菊存书。作菊存复。看《西沚集》数页。《几何》数则。《申报》

四张。《笔算便览》数页。写楷书三百。作《蚊雷》七律诗一首。得熊小垣兄赠诗二首。无恙。

十月二十四日（12月9日），过梅家，晤华少云、幼云，同饭其处。偕少云访小樵，遇黄楙材、朱意如。致家信一封。得李菊存书，旋复。读书及时文。为梅宅写春联十余付。

　　《丙子日记》：辰时起，丑时卧。天时：大北风。日晴。人事：往梅家。晤华少云、幼云，遂同饭于其处。又偕少云同往小樵处，适豪伯在座，俄顷朱意如亦来，便同豪伯同归。致家信一封。到菊存书，借《海国图志》。作菊存复。看《笔算便览》数页。《槐厅载笔》两卷。袁山兄时文二十余篇。读：时艺十余篇。《徐孝穆集》十页。写春联十余付，为梅宅写也。无恙。

十月二十五日（12月10日），李菊存、华再云来访。与再云谈论学问，借《词律》一部于再云。朱小樵亦来，稍坐片刻。致书华少云。读书写字。

　　《丙子日记》：辰时起，子时卧。天时：息风。寒凉。大晴。人事：菊存来。华再云来；再云便留住，与谈学问中事，伊甚有意，因借《词律》一部携去，盖其两日内即将启程矣。小樵亦来，坐片刻。致华少云书。看：《汉学师承记》一卷。《绝妙好词》、《词律》各数十页。《几何原本》数则。读《曝书亭集》十余页。写楷书一百。

十月二十六日（12月11日），偕李菊存同访张缦卿，不遇。过李秀峰谈良久。晚饭于朱小樵处。归遇欧阳既斋。读书作诗。有和熊小垣赠七律二首。

　　《丙子日记》：辰时起，丑时卧。天时：大晴。人事：闻学院荐豪伯事已成。偕菊存同访张缦卿，不遇。因访李秀峰，谈良久。晚饭于小樵〔处〕。归遇欧阳既斋，颇有奇趣，不意太行之崭绝如是也。看：《笔算便览》数页。《汉学师承记》数页。《防海新论》十卷。制艺十余篇。作：和熊小垣兄赠七律二首云："读罢莛仙诗六卷，斯文今复见斯人。羡君才调书衔凤，愧我词章檀作麟。胜业因耳闻凤慧，华严劫后有闲身。索居卒得依王翰，千万何须更买邻。""五十平头犹跌宕，可怜君亦是奇颠。曾游鄂渚经三醉,忆别扬州又几年。红烛夜倾桑落酒,紫骝春袅柘枝鞭。如何不向蓬山去,潦倒江湖作散仙。"

十月二十七日(12月12日),傍晚李菊存来访,至二更去。读书写字。

《丙子日记》:辰时起,子时卧。天时:半阴。日晴。人事:傍晚菊存始来,至二更方去。欲谋赎书之举,实以方窘,未能全应命也。看《笔算便览》数页。时艺数篇。《汉书》数篇。《微尚斋诗》数页。读《全唐文》两卷。写楷书三百。

十月二十八日(12月13日),饭后如约与朱小樵弈棋二局,黄楙材亦来,与之同路回。得李菊存、朱小樵书。读书写字。

《丙子日记》:辰时起,丑时卧。天时:大晴。人事:菊存、小樵并着人来邀。饭后即往,遂如约与小樵弈棋二局,皆败,盖彼已进矣。适晚饭边豪伯亦来,遂与之同路回。到菊存、小樵书。看《数学心得》数页。《化学鉴原》一卷。读《皇朝经世文编》数页。时艺数篇。《全唐文》数十篇,约二卷。写楷书五百余。

十月二十九日(12月14日),暇日读书写字。

《丙子日记》:辰时起,子时卧。天时:甚晴。人事:是日绝无往来之客,惟小坡在家兄处稍坐片刻耳。看《笔算便览》数页。《谈天》数页。《化学鉴原》二十页。时艺数篇。写字二千,为袁山兄钞本。

十月三十日(12月15日),李菊存、凌云来。闻熊小垣病重,与李菊存同往视疾。晚袁山招饮,褚季斋亦来同饮。席散归家,读书写字。

《丙子日记》:巳时起,丑时卧。天时:夜大风。微雨。日晴。人事:菊存、凌云来。早间闻熊小坡云小垣病重,即与菊存同往视疾,疑为夹阴伤寒也。便与小坡、袁山议遣丁告其家,促其子来。晚,袁山兄设馔,遂与小坡同饮;褚季斋亦适来,便亦同饮。豪伯往学院处,知奏保事已定矣。夜风飕然,读书掩卷,喟然叹寡过之未能,恐修名之不立也。且数日以来,夜寐而不能夙兴,弥以滋愧。看:桐城相国《语录》二卷。《化学鉴原》数页。写字七百余。

十一月初一日(12月16日),与黄楙材谈良久,李菊存、朱小樵来访,吃午饭,二更后始散。

《丙子日记》:天时:大风。人事:是日,与豪伯谈良久;菊存、小樵皆来;吃午饭,二更后始散。年事已迫,百为无成,抚枕伤怀,怅然何已! 看:《数学精详》数页。《申报》二张。时文数篇。《阴符经》十余页。读《扬子法言》十三篇、《文中子》五卷。写字一千二百。

十一月初二日(12月17日),午后偕黄楙材访张谨甫,晚饭食于其家。饭毕,过朱小樵谈。适朱意如、李菊存在坐。三更始归。路遇梅华卿、同苏,便同回寓,谈顷许始去。读书写字。

《丙子日记》:辰时起,子时卧。天时:日晴。人事:午后偕豪伯同往张谨甫处,遂留吃晚饭;人甚儒生,阅其所藏书目,亦良富已。饭毕,往小樵处,适意如、菊存在坐。三更始归。路遇梅华卿、同苏,便同回寓,谈顷许始去。看:《全唐文》元稹所作十余页。《微尚斋诗》数页。时艺二篇。写字八百。

十一月初三日(12月18日),早李秀峰来,谈一时许。午杨岳斌招饮,同席七人,二更许始散。与袁山谈良久。致书李菊存。得李菊存复。读书论学。

《丙子日记》:辰时起。天时:日晴。人事:杨厚庵表姊丈邀午饭,同席者凡七人,无足谈者;肴甚丰美,二更许始散。与袁山兄坐谈良久。是早,李秀峰来,谈一时许。致菊存书。得菊存复。看《数学精详》十数页。《微尚斋集》数页。《宋学渊源记》三卷,其《李因笃传》卷上九页四行,云昆山顾炎武至关中,主其家,甲申、乙酉之间,与炎武冒锋刃,间关至燕,言两谒愍帝攒宫。而任景曜《跋》云:张石洲《阎潜邱年谱》称是书载李天生于甲申、乙酉间云云,今《李天生传》无此语,或石洲所见为郑堂未定之本欤? 云自刻之而忘之,可笑也。闻:粥厂昨日踣死十四人,今晨复毙一人;丁抚杀小安始末;袁山兄述刘声渠及岘庄寒苦事。无恙。

十一月初四日(12月19日),早饭后朱小樵来,同往华少云处,不遇。便自往李菊存处。晚饭后,过朱小樵处借《算学精详》、徐氏《算书》归。

《丙子日记》:辰时起,子时卧。天时:日晴。人事:饭后小樵来,因同往华少云处,不遇。便自往菊存处。晚吃点心于某馆。遂到小樵处借《算学精详》、徐氏《算书》归。是日杨晖山尚未归也。看:《算学精详》数页。《汉学师承记》数十页。《宋学渊源记》二卷。《练兵实纪》六卷。

十一月初五日(12月20日),朱小樵遣人来邀,杨晖山约晚饭。座中见李菊存。至夜与朱小樵同归,小樵三鼓始去。得朱小樵书。

　　《丙子日记》:辰时起,丑时卧。天时:半阴半晴。人事:饭时,小樵遣人来邀往,盖杨晖山已归也。晖山便约晚饭,遂至夜始归。于座见菊存。夜与小樵同归,小樵三鼓始去。到小樵书。看:《饮水词》全帙。《古微堂诗集》数十首。《数学精详》数页。

十一月初六日(12月21日),饭后朱小樵来坐片刻,朱小樵去后,杨晖山来访。是日与袁山谈甚久。得梅爽楼南安来书。读书写字作词。

　　《丙子日记》:辰时起,丑时卧。天时:大晴。冬至。人事:饭后,小樵来,坐片刻。小樵去,晖山即来,袁山兄附其船已定矣。是日与袁山兄谈良久。到爽楼南安来书。看:《饮水词》数首。孔顨轩《大戴礼注》数页。《笔算便览》三页。《数学精详》七页。《道德经》数页。《全唐文》数十页。殿试策近人作者数本。读《全唐文》皮日休作、孙樵作数十篇。写小楷二千二百有奇。作词一首。无恙。

十一月初七日(12月22日),朱小樵、杨晖山、李菊存来访。李菊存晚饭后始去。与袁山谈坐良久。到熊小垣处视疾。得家书。读书写字,作词一首、七绝一首。

　　《丙子日记》:辰时起,丑时卧。天时:淡月。甚凉。天阴。人事:小樵来。杨晖山来。菊存来,晚饭后始去。与袁山兄坐良久,因其将去也,为之拉晖山伴,晖山亦将解贡入京耳。得家中信,知一切了却。□晦若已去四川者矣,别愈远矣。是日到小垣处看病,其子已到。到家书。看:《数学精详》数页,夜至五更后,思之多不通者。《全唐文》十余页。写字一千一百有奇。作《题王楚溪湖上采菱图·木兰花慢》词一首,《蕉斋集印图》七绝一首。

十一月初八日(12月23日),过朱小樵。约杨晖山饭。于新丰行小酌,夜深始散。读书写字。

　　《丙子日记》：辰时起，丑时卧。天时：天阴。人事：袁山兄下船，三点钟去。便往小樵处，约杨晖山饭。遂行至"新丰行"小酌，夜深始散。看：《湖海文传》十余页。《数学精详》十余页。写字四百。

十一月初九日（12 月 24 日），与袁山于往漳江门船上坐谈良久。过建德观杨家。到李菊存处，坐久始归。致信四川于式枚。致信京师梅启熙、沈芷鄜、志钧、志锐。

　　《丙子日记》：辰时起，子时卧。天时：日晴。人事：往漳江门船上，与袁山兄坐谈良久。遂往建德观杨家。即到菊存处，坐良久，始归。致晦若，四川；梅少岩、沈芷鄜、志伯愚、仲鲁，京师书。看：《墨子》数十页。《数学精详》十余页。读《全唐文》十余页。无恙。

十一月初十日（12 月 25 日），过朱小樵约杨晖山，不到。同蔡东孙往陶稚箕处送行，适陶稚箕来辞行。后与蔡东孙到松隐道人处弈棋二局。遣人约王晋侯，不到。路遇陶稚箕，邀归晚饭，畅谈；李菊存亦来。读书作诗。

　　《丙子日记》：辰时起，丑时卧。天时：大雾。日晴。人事：往小樵处；约杨晖山，不到。与蔡东孙同往陶稚箕处送行，适稚箕来辞行，相左。即与东孙到松隐道人处弈棋二局。闻王晋侯常往此处，遣人约之，不到。路遇稚箕，邀归晚饭，畅谈；菊存亦来。看：《数学精详》十余页。试帖十余页。《全唐诗》数十页。作《步陶稚箕留别韵》五律四首。

十一月十一日（12 月 26 日），午赴陶稚箕招饮，同席者章绶、蔡东孙、欧阳元熙等诸人，三更始散。李秀峰来谈。致书杨岳斌。读书并作《浪淘沙》词一首。

　　《丙子日记》：辰时起，寅时卧。天时：日晴。人事：陶稚箕邀午饭，同席者章滁山、蔡东孙、欧阳元熙、并三四人。谈至三更许始散。是日李秀峰来，亦坐良久。致杨厚庵书。看：陶稚箕骈体数篇。《数学精详》十余页。《数理精蕴》数页。《湖海文传》二卷。作词一首《浪淘沙》："窗下叶声干，时入深寒。乍闻云雁响前滩，似诉天涯风雷旱。行路原难。　　斗转玉缸残，细数更阑。月光斜透卷帘看。却恐嫦娥应笑我，一样愁单。"

十一月十二日(12 月 27 日),早饭后于漳江门外送袁山、晖山行。顺即往陶稚箕舟上送行,谈片刻。读书写字。

　　《丙子日记》:辰时起,子时卧。天时:无风。晶晴。冬已深矣,犹未下雪,重裘则汗,殊为可异。人事:早餐后,到漳江门外送袁山及晖山行。顺即往稚箕舟上送行,谈片刻。稚箕盖由九江往湘江也,同行者为萧仲谟。仲谟,芗泉之子。余闻芗泉宏奖善类,今其子几虑饥寒,彦昇绝交之论所由作也。看:《湖海文传》数卷。《数学精详》十余页。《沧洲诗集》数首。写字百余。无恙。

十一月十三日(12 月 28 日),晚饭后李菊存来访,同过朱小樵谈,夜深始归。李秀峰来舍辞行,未遇。读书写字。

　　《丙子日记》:天时:大雾。大月。日晴。人事:晚饭后菊存来,踏月同到小樵处,夜深始归回。秀峰亦踏月到我处辞行,惜未遇也。看:《数理精详》十余页。《赵瓯北集》十余页。写字三百余。

十一月十四日(12 月 29 日),同黄枺材访李秀峰,不遇。同往李菊存处。午后,仍偕李菊存访李秀峰。晚饭毕,与李秀峰过朱小樵,弈棋一局,踏月而归。

　　《丙子日记》:辰时起,子时卧。天时:无风。大月。日晴。人事:同豪伯往秀峰处,不遇。即往菊存处。午后,仍偕菊存往秀峰处,因秀峰将归都昌也。晚饭毕,便与秀峰步回,到小樵处,着棋一局,踏月由东湖堘归。看陈用光《太乙斋文集》(凡十卷)。数十篇。《前汉纪》二卷。读:《文选》数篇。

十一月十五日(12 月 30 日),张缦卿来访,早饭始去。致家书一封。读书写字。

　　《丙子日记》:天时:大晴。人事:缦卿来,早饭始去。致家书一封。看《北史》三卷。《数学精详》数页。写字二百。

十一月十六日(12 月 31 日),章绥来谈。读书写字。

　　《丙子日记》:巳时起,寅时卧。人事:章滁山来。滁山者,名绥,能作草书,年已七十一矣。在稚箕处同席,今来见诒也。谈及陈懿叔事,甚了了。尚步行,健甚。看滁山所著诗数十首。《北史》二卷。读《文选》数篇。写楷书二百。

十一月十七日(1877 年 1 月 1 日),往西山一行,傍晚始归。胡铁庚来访,未遇。

　　《丙子日记》:辰时起。丑时卧。天时:日晴。人事:是日到西山一行,傍晚始赶入城。闻铁庚来访。未之遇也。看:《北史》一本。时艺数篇。写行书数纸。

十一月十八日(1 月 2 日),得华少云书,言行将去矣。约少云桂华斋小酌。二更后始归。

　　《丙子日记》:辰时起。子时卧。天时:日晴。人事:华少云书来,言行将去矣。恐相见未必何日,辄约往桂华斋小酌,意良殷然,二更后始归。离合之感,频日送行,甚黯然也。看:《汉书》数页。《全唐文》数页。《数理精蕴》十余段。《代微积拾级》十余页。

十一月十九日(1 月 3 日),同黄梾材、朱小樵过张谨甫。又同过朱小樵谈良久。致书李菊存。读书写字。

　　《丙子日记》:辰时起。丑时卧。天时:日晴。人事:同豪伯、小樵到张谨甫处,便同到小樵处,坐良久,始归。致菊存书。看:《数学精详》十余页。写字一百有余。

十一月二十日(1 月 4 日),桂佩蘅来谈,片刻即去。读书作诗。

　　《丙子日记》:巳时起,寅时卧。天时:北风。大晴。人事:数日已来,豪伯行期已定,为之黯然。桂靖如来小坐片刻,即去。看:《全唐文》十余页。《北史》二卷。《数理精蕴》十余页。作:拟《咏怀》诗一首,不工,不复作。

十一月二十一日(1 月 5 日),与黄梾材、胡铁庚、范辛陪在朱小樵处同饮。致书李菊存。读书写字。

　　《丙子日记》:辰时起,寅时卧。天时:北风。日晴。是日始觉较冷于前矣。人事:约与豪伯送行,便在小樵处小酌。胡铁庚适来,遂邀范辛陪,同小饮。夜久始归。致菊存书。看:《数理精蕴》数十页。《北史》二卷。《算式》十二页。读制艺数篇。写字一开。

十一月二十二日(1月6日),朱小樵来谈,片刻即去。读书论学。作《阮芸台十三经注疏跋》。

> 《丙子日记》:辰时起,子时卧。天时:大风。日晴。人事:小樵来,坐片刻即去。看《李迈堂集》数百篇。迈堂文本不高,然由苦功入,终胜他辈,惜未成耳。见其论张江陵事,甚佳。又力劝庐陵欧阳氏刻《五代史记注》,意亦可美。并跋《钱辛楣集》,亦颇佳。考陈友谅伪印,亦甚核。读《北史》四卷。作《阮芸台十三经注疏跋》。

十一月二十三日(1月7日),早过李菊存,与黄枞材、李菊存同过朱小樵,又同往松隐道人处弈棋。桂佩蘅来,留夜饭。读书写字。

> 《丙子日记》:辰时起,子时卧。天时:日晴。人事:与豪伯同往小樵处。早往菊存处。合小樵到松隐道人处,弈棋二局,一胜一负。闻王晋侯已去广西矣。桂靖如来,遂留夜饭。看:《算式》数页。《数理精蕴》数页。读《文选》数页。写字一开。

十一月二十四日(1月8日),桂佩蘅来,饭后始去。往杨家,与程氏大表姊嫁况家者谈二时许。晚饭后,桂佩蘅仍来,同过朱小樵,三更始归。

> 《丙子日记》:辰时起,子时卧。天时:大晴。人事:桂佩蘅靖如饭后始去。便往杨家,见程氏大表姊嫁况家者,谈二时许,乃归。晚饭后,靖如仍来,同往小樵处,三更始归。看:《申报》五纸。《浙西六家词》数首。《中西纪事》一本。

十一月二十五日(1月9日),晚与黄枞材过朱小樵久谈。

> 《丙子日记》:豪伯将启程,因趋船不及,仍来借榻。是日因风寒小恙。晚〔间〕与豪伯往小樵处,坐良久。阅:《同馆爵里谥法考》一本。《先正事略》数十页。《粤氛纪事》一本。

十一月二十六日(1月10日),早送黄枞材行。访李菊存,同过朱小樵,朱小樵约移寓同居,晚饭后始归。赴梅宅拜寿。

《丙子日记》：辰时起，子时卧。天时：微风。稍燠。日晴。癸未。人事：是日廷英生日。早送黄君豪伯行。遂访李君菊存，即同到朱君小樵处。小樵约移寓同居，已许之矣。晚饭后始归。是日亦到梅宅拜寿。致杨厚庵书。看：《穆天子传》五卷，全阅一过。孙渊如《芳茂集》十余页。王采薇《长离阁集》数页。《抱朴子》二十页。《尸子》、《牟子》各数页。读：《吴梅村集》数页。《浙西六家词》数首。静坐一次。微有恙。自逸。

十一月二十七日（1月11日），蔡东孙来谈良久。书店伙计来索账，未有以应。致书朱小樵、李菊存。得李菊存复。读书写字。作《六幺花十八·旅馆咏灯花》词一首。

《丙子日记》：辰时起，子时卧。天时：北风，夜大北风。日晴。三更后浓云密布，急风怒吼，知冬深矣。甲申。人事：蔡东荪〔孙〕来，谈良久。"周同福"书店伙计来索账，未有以应也；伊亦良久乃去。心不能定，读书未有入处。岁已暮矣，将如之何？致朱小樵、李菊存书。得菊存复。看：顾亭林《大清一统志案说》一卷。是书凡十六卷，题曰"顾亭林先生原本，徐乾学健庵纂，吴兆宜显令钞"，乃道光丁亥张青选以排字板印于邢上者。虽工议论，恐非出自亭林也。欧阳忞《舆地广记》二卷。《代微积拾级》五页。《数学精详》数页。读《北史》三卷。制艺数篇。《梅村集》十余页。写小楷二页。作《旅馆咏灯花》词一首，调寄《六幺花十八》："小寒中帘幕，风声峭，霜华薄。情怀落寞，闷想阑干约。金缸似解愁人意，深红开一萼。　　飞蛾休扑，紫钗休拨，寒宵伴人不落。料无好事，报来比灵鹊。锦衾闲却薰炉冷，此间浑是错。"

十一月二十八日（1月12日），先生母亲忌日，到定慧庵拜叩。陈榕卿、张缦卿来访，良久乃去。步至浣薇轩小坐。过东湖边。得李菊存、朱小樵书，分别复之。

《丙子日记》：辰时起，丑时卧。天时：飓风。甚凉。午后阴。薄晴。乙酉。人事：是日先慈忌日，具衣冠到定慧庵拜叩。回，陈榕卿、张缦卿偕来，坐良久乃去。步至浣薇轩小坐。过东湖边，浪高二三尺，转忆江海劳人也。到菊存、小樵书。作两处复。看：《北史·列传》二卷。制艺数篇。《东白堂词选》数十页。《国朝先正事略》三十余页。读：《吴梅村集》十许页。孙星衍《今文尚书疏》三卷。写字二百,行书一百有余。无恙。

十一月二十九日(1月13日),陈榕卿、李菊存、朱小樵来访。同往浣薇轩,到朱小樵处,薄暮始归。得《申报》七张。读书写字。

《丙子日记》:辰时起。天时:稍息风。日晴。丙戌。人事:晨,陈榕卿来。俄李菊存、朱小樵来。同往浣薇轩,仍到小樵处,薄暮始归。得《申报》七张,有数快事:一英官保起用乌鲁木齐都统,一新疆已将次一律肃清,一俄罗斯与英吉利仍构兵端。看:汪衡斋《算学》十余页。《东华录》十余页。书已全检起,故所阅特少。读孙星衍《书疏》五卷。《抱朴子·外篇》二十页。写楷书一百六十余,行书百余。无恙。

十二月初一日(1月14日),因搬家往李菊存借钱,未果。同过朱小樵。二更始归。作家书一封。深夜始寝。

《丙子日记》:卯时起,丑时卧。天时:大风。薄晴。丁亥。人事:是日早起欲搬屋,钱不足。往寻老菊,值伊亦迫促。因同到小樵处。二更始归宿。作家书一封。深夜始寝。看《北史·列传》二卷。时艺数篇。读《文选》数篇。

十二月初二日(1月15日),饭后拜访胡廪鸿,约明日同往西山。旋即往谦吉升,未遇主者,便归。读书并作群书跋语数篇。

《丙子日记》:辰时起,丑时卧。天时:尖风。四更雪。浓阴。午晴。戊子。人事:饭后往拜胡廪鸿,盖精青乌术者也。约明日同往西山。其年七十五矣,新建人。旋即往谦吉升,其主者已他出矣,便归。看《国朝先正事略》数十篇,《随园随笔》数十卷,及沈豫所著书百余页。作群书跋语数篇。

十二月初三日(1月16日),早起到杨家,欲偕胡廪鸿往西山。因胡君怕风,未能成行。坐谈良久。于杨家早餐后,到李菊存处。过朱小樵不遇,便归。闻朱小樵来过。

《丙子日记》:辰时起,丑时卧。天时:大风。巳刻至午刻密雨。浓阴。己丑。人事:早起到杨家,欲偕胡君往西山。胡君怕风,不克去,便谈剧良久。早餐杨家,毕,到菊存处。便往小樵处,不遇。归,闻小樵已来过,并送借款来。岁暮旅人,得此深可感也。看《皇朝武功纪盛》四卷。《陔余丛考》二卷。《申报》数纸:知崇朴山已故,斯人才识甚高,大非俗比,年寿不永,可惜也。读周稚圭词数阕。微恙。

十二月初四日(1月17日),移居与朱小樵同住。程榕卿来,顷去。朱意如亦来,朱小樵为设午馔。寄书箱三具往梅宅。得小樵书。读书写字。

　　《丙子日记》:辰时起,丑时卧。天时:息风。朗晴。庚寅。人事:是日移与小樵同居。程榕卿来,少选去。朱意如亦来,小樵为设午馔。是日将书箱三具寄梅宅。到小樵书。看《词综》数十页。李四香《天元勾股细草》五页。《北史》三卷。读《全唐诗》数页。写小楷二百。微恙。

十二月初五日(1月18日),早偕朱小樵过李菊存,便回。饭后蔡东孙来,良久乃去。杨氏兄弟来,夜始去。读书写字。

　　《丙子日记》:辰时起,丑时卧。天时:息风。午后、晚间雨。天阴。辛卯。人事:早偕小樵到菊存处,便回。饭后蔡东孙来,久之去。看坟杨氏兄弟来,夜始去。看:《北史》三卷。《邹征君遗书》十余页。李四香《开方说》十页。《天元勾股细草》数页。读《文选》数篇。写楷书二百。

十二月初六日(1月19日),早间书店伙计来索书债,仍无以应也,良久乃去。晚与朱小樵同谱天元三乘方一纸。读书写字。

　　《丙子日记》:辰时起,丑时卧。天时:凄风。苦雨。沉阴。壬辰。人事:早间,书店伙计同福来索书债,良久始去,仍无以应也。晚间,与小樵同谱天元三乘方一纸。看《北史》一卷。《天元开方》数页。《定例汇编》十余本。读《周稚圭集》十余页。写楷书二百。

十二月初七日(1月20日),范辛陪来,顷去。与朱小樵谱棋。傍晚朱意如来,顷去。遣人约符灵峰明日往西山。读书写字。

　　《丙子日记》:辰时起。天时:息风。有月。天晴。癸巳。人事:范辛陪来,顷去。与小樵谱棋片刻。朱意如傍晚来,顷即去。遣人约符君明日往西山。看《天元开方》数页。《则古昔斋算学》数页。《汉魏百三名家集》数十页。读时艺二十篇。写楷书一百。

十二月初八日(1月21日),早迎符灵峰来,与朱小樵同往西山。

《丙子日记》:卯时起,子时卧。天时:午后北风。日晴。甲午。人事:早迎符灵峰来,遂与小樵同到西山。历观十余处,至厚冈垄小憩,仍渡河回寓。是日,有道士同往其处看地。灵峰之言,半皆操纵,乃欲于山腰寻穴,弥为可笑。但终是七十七老翁,故敬之。看:《天元开方》一卷。《北史》一卷。读《文选》十余页。

十二月初九日(1月22日),早与朱小樵同往火神庙,寻形家廖某不遇。午间又访舒悦山。过梅家。归,购得红梅二株。得梅滋圃江南书。读书写字。

《丙子日记》:辰时起,子时卧。天时:微风。日晴。乙未。人事:早与小樵同往火神庙,觅形家廖某,不遇。午间又闻顾节侯荐舒悦山精堪舆,仍步数里觅之。彼乃有河图合九之言。小樵云:斯真谬说,惟闻"合十",何得减一乎? 是日至梅家。归,购得红梅二株。到梅滋圃江南书。看:《天元开方》十余页。时艺数篇。《北史》二卷。写小楷三百。

十二月初十日(1月23日),觅形家数人,无肯入山。乃备糇粮,为自行入山之计。晚间李菊存、朱意如来访,皆辄去。致书杨岳斌、黄楙材。读书写字。

《丙子日记》:卯时起,子时卧。天时:大风。半阴,半晴。丙申。人事:是日仍觅形家数人,皆无肯往西山者。遂乃备糇粮,为自行入山之计。晚间菊存、意如来,皆辄去。致杨厚庵、黄豪伯书。看:《北史》四卷。《算术》十页。读《文选》一卷。写小楷五百。

十二月十一日(1月24日),决意往西山。渡江,午刻至长春道院。与老道人立峰谈。饭毕,纵览各山,约十里许。夜与道人谈山中事。宿道院。作《感事》诗一首。

《丙子日记》:卯时起,亥时卧。天时:大风。夜密雨。有雪。浓阴。丁酉。人事:天沉阴,小樵欲止,余决意往。渡江,午刻至长春道院。(约二十里。)二杨已在。道士名清凡;有老道人名立峰,盖小樵二十年前之友也,叙旧始识。遂饭毕,纵览各山,约十里许。北风浩然,振举衣袂。墟墓之间,阒无生气。暝深乃返。所察之地,皆鲜当也。同二杨往耳。夜与道人谈山中事，并及鸟兽尯尯，谓六月间《申报》云南昌有野马，盖真也。看梁茝邻《退庵随笔》数卷。其学甚杂，盖承芸台、晓岚、覃溪之绪余，故不能画一。至偏袒《古文尚书》，则用苏斋之短矣。惟纪河漕诸事，为身所经历，故有可取。作《感事》诗一首，得之枕上：效尤谁遣售前欺，金币频年饲岛夷。唐室终当擒颉利，柔然宁复使牟提。珠盘玉敦风流重，蜃市鲛宫变幻迷。海水万重天咫尺，几时都护出安西。

十二月十二日(1月25日)，早饭后，仍入山。遇豺，数人呼而逐之。归宿道院。

《丙子日记》：寅时起，亥时卧。天时：大风。晨微雨。深阴。戊戌。人事：早饭后，始略行。近山，风猛甚，峰巅几可掀人。约上下山得二十里，行越山头盖四五十。有名为形势者，半属似是而非。惟闻观对岸之地，曾有浅殡八十年而衣服绝无损败，毋论骨肉，则地气似厚，或可免水蚁，姑存之。薄暮仍行数山，过方姑娘葬处，又观夏氏之坟，又阅明坟七八处。至交几山，有豺卧于范某坟前，欠伸而起，数人呼而逐之。其行甚速，俄越数峰。其初起时，同符小狗，至此辄大于洋狗矣。花面獠牙，形弥恶也。回院言之村人，则云：前十余日才食一十三岁之男，昨日又杀两猪也。仍宿道院。看：《退庵随笔》数十页。《数学精详》十页。

十二月十三日(1月26日)，晨起见日。同朱小樵跑至李家埔莲花山。午饭后仍行十余里，渡河归。道士亦同回寓。

《丙子日记》：卯时起，子时卧。天时：大风。薄晴。己亥。人事：晨起见日，喜甚。同小樵跑至李家埔莲花山。望形势绝佳，惟闻难购。西山积雪，白入云际，日力尚薄，相映弥朗，亦一佳景。饭后仍行十余里，渡河归。摩挲娄妃墓碣，盖咸丰四年邓仁堃所立，仍复拆毁，毋论第二碑矣。道士亦同回寓。看《申报》三纸。《四元玉鉴》数页。

十二月十四日(1月27日)，读书写字。

《丙子日记》：辰时起，子时卧。天时：北风。大雪。沉阴、沉晴。庚子。人事：道士在寓中，不能出。寒甚，吃药酒数杯。绝无余事矣。竟日大雪，夜未息。看《北史》一卷。时文数篇。读《文选》十余页。写字近一百。

十二月十五日(1月28日),饭后访李菊存,良久乃回。道士来,说买地事。得家信,知五姊夫到广东消息。得家书及梅爽楼书。

《丙子日记》:辰时起,子时卧。天时:大雪。浓阴。辛丑。人事:饭后到菊存处,良久始回。道士到,说买地事,似有成。大雪竟日,平地尺许,亦大观也。得家信,知五姊夫于十一月初五日到广东。到家书及爽楼书。看:《抚豫宣化录》一卷。时文数篇。

十二月十六日(1月29日),得萍乡来书,促回家应试,定期十九日归萍乡。得文景垣书。复家书。

《丙子日记》:辰时起,丑时卧。天时:止雪。见月。小晴。壬寅。人事:晨作家书毕。道士回,则熊姓已增价至百吊矣。俄接萍乡来书并银十元,促回家应试,便定期十九日归萍乡。到景垣叔书。作家书复。看:《形家言》数十页。《海国图志》数页。

十二月十七日(1月30日),晨检书籍。饭后过梅家、杨家、李家。夜,李菊存前来饯行,三更始去。致书文子锡、陈澧、陈善圻。

《丙子日记》:卯时起,丑时卧。天时:北风。竟日雨。无月。浓阴。癸卯。人事:晨检书籍。饭后到梅家、杨家、李家,归。夜,菊存携四肴来饯行,三更始去。道士还山。致子锡兄、兰甫师、岳丈书。看:时文数十篇。律赋数篇。读《徐孝穆集》十余页。

十二月十八日(1月31日),过梅宅、李菊存。将书寄放杨家。傅亦凡来小坐。致书厚斋。读书并写家信三封。

《丙子日记》:辰时起,子时卧。天时:微风。久雨。微月。沉阴。甲辰。人事:往梅宅及菊存处。将书都寄杨家。傅亦凡来小坐。借到杨宅银十两。致厚斋书。看:时文四篇。律赋三篇。《四书集注》一卷。写家信三封。

十二月十九日(2月1日),启程回萍乡,同行者萍乡来人李某。燕子窝打尖,寓斜浦上谌店。沿途避雨,行四十八里。

《丙子日记》:卯时起,亥时卧。天时:北风。竟日雨。固阴。乙巳。人事:启行。因雪后筠州道阻,故由临江。车一辆,同行者萍乡来人李某而已。燕子窝打尖,寓斜浦上谌店。沿途避雨,行四十八里,未出南昌界。是日车行石道,甚劳,衣尽沾雨。看:时文十余篇。律赋数篇。

十二月二十日(2月2日),早起大雨。饭后启行。路途艰难,行十二里,至侯敦铺,寓茂生店。

《丙子日记》:寅时起,亥时卧。天时:大北风。大雨。密阴。丙午。人事:早起大雨。饭后启行。泥深尺许,陷车,加之大雨,衣衾尽湿。行十二里,至侯敦铺,寓茂生店。因天阴,不敢行;亦竟无雨。尚是南昌界。看:时文数十篇。《对数比例》数页。

十二月二十一日(2月3日),早起微雨,即行。渡水后,大雨。行十八里,宿广福禧—广生店。与长沙朱仁荣略谈。读文作字。

《丙子日记》:卯时起,亥时卧。天时:大风。大雨。丁未。人事:早起微雨,即行。渡水后,大雨,衣衾尽湿,遂至夜不止。行十八里,宿广福禧—广生店。有长沙朱仁荣同寓,略谈,即款。持簿手中作字,故不能楷。看:时文数十篇。

十二月二十二日(2月4日),早起竟晴,打尖于大江口;行五十里。寓于丰城县内怡和店。道中遇饥民,良可悼叹。

《丙子日记》:寅时起,戌时卧。天时:大北风。无雨。见月。竟晴。戊申。人事:是日早起竟晴,喜甚。打尖于大江口;寓于丰城县内怡和店。行五十里。车夫欲搭船,余不允。道中遇饥民,携男牵妇,良可悼叹。看:时文数十篇。

本年,曾返赣,经清远、英德。归试南昌,见章绶。

《舟行清远英德宿雨新霁山川晴峭》自注:余自丙子曾行此水,今十六年矣。

《怀旧绝句》序文:上元章滁山茂才(绶),初久游江西,又寄籍为南昌县附生。能篆书,曾授读戴可亭相国家,及见余外曾王父刘金门先生。丙子归试,见之南昌,年八十九矣。

编年诗:《感事》(效尤谁遣售前欺)、《三国志小乐府》五首。

编年词:《六幺花十八·旅馆咏灯花》(小寒中帘幕)、《浪淘沙》(窗下叶声干)。

　　按,作于本年而佚失的诗词有:《新春·敬和大人用东坡韵》一首、《读赵孟頫传》四首、《读王昭仪〈满江红〉词》四首(七绝)、《柳线》诗一首、和大人作七绝二首、《游仙》诗二十二首、《论宫闺诗》二十八首、《读史》诗四首(七绝)、《秋忆》诗三首(七律)、《题张雄臣竹里调弦图》诗一首(七古)、《萤火》一首(七律)、《蚊雷》一首(七律)、《蕉斋集印图》一首(七绝)、《木兰花慢·题王楚溪湖上采菱图》、《步陶稚箕留别韵》四首(五律)、《拟咏怀》一首、《三国志小乐府》七十三首。

文廷式年谱长编卷二

光绪三年丁丑(1877年),先生二十二岁

十月二十二日(1月24日)寅时,十一弟文廷采(明生)生(族谱)。

秋,病卧东湖刘氏学圃,章绶来视。

  《怀旧绝句》序文:丁丑秋间,余病卧东湖刘氏学圃,滁山来视,扶杖至榻前曰:"余老羸不任登陟,十年来不上楼矣,今日为君故自强力也。"年九十三卒。八法健整,兼通小学,志书家者幸勿遗之。

秋,由江西回粤,始识陈树镛。

  《怀旧绝句》:新会陈庆笙秀才(树镛),少余三岁。丁丑秋,余由江西回粤,问陈东塾师:"近得佳士否?"师告余曰:"新会陈庆笙,年少,深通经学,后来之彦也。"因得与交,论古今学术流变,往往相视而笑,莫逆于心。庆笙孟晋迫群,殆罕其匹,于汉学为专门,而尤服膺宋儒,律己之严,家门跬步,必于礼法。父丧,服麻衣三年不除。常与余同纂《三代会要》,发凡起例,规模粲然,惜因人事而辍。

本年,与梁鼎芬、陈树镛同学于陈澧门下,相互砥砺。

  梁鼎芬《节庵先生遗诗》卷五《答杨模见赠之作》:"君初渡南海,修礼谒灵光(谓东塾师)。高第推于(式枚)文(廷式),结交为辈行。"又云:"追随逮东塾(鼎芬年十九受业东塾),得一每十忘。"

   按,梁鼎芬生于咸丰九年己未(1859)六月。

  梁鼎芬《节庵先生遗诗》卷四《追悼陈三》诗注云:庆笙住居大石街,去菊坡精舍百步,先师陈先生课日,余与云阁每诣庆笙家,同往侍座。……生平学精三礼,尝著《饮食考》一篇,云阁叹为精深。

本年,同李文泰访于式枚。

> 李文泰《海山诗屋诗话》卷十:诗话将成,偕芸阁访于晦若,案有谭叔誉太史诗册,喜录数章。

本年,初见张鼎华于光孝寺,遂订交。

> 《追悼番禺张延秋编修鼎华》自注:君美丰神,幼慧。五岁时于客座中,有以"两仪生四象"索对句者,君应声曰:"五岳视三公。"客叹诧,以为得未曾有。十三岁应戊午京兆试,中式副榜;十六遂举京兆,时人咸以卫玠目之。余识君在粤东,君误采时名,见顾于光孝寺,时年三十余,犹白皙少年也。

> 按,《钱谱》云:"张延秋本年盖三十二岁,识先生当在此时也。"

本年,客广州将军长善幕府,与志钧、志锐交好,并舆张鼎华、于式枚、梁鼎芬等为壶园之常客。

> 《读芝隐室集追怀乐初将军》:"征南幕府久相依,作赋论兵自一时。跌宕琴尊狂客聚,雍容裹带士人师。"并自注云:"公任广州将军,署有壶园,亭馆极美,花树华蔚。公又好客,公子侄伯愚、仲鲁两翰林,皆英英逾众。宾从多渊雅之士,如张编修鼎华、于兵部式枚、梁编修鼎芬,暨予,皆尤密者也。"

> 汤志钧《戊戌变法人物传记》:文廷式客广州长善署在光绪三年,时瑾妃才四岁,珍妃仅二龄,焉得受学?

本年,与粤中名士叶衍兰、陈宗侃、陶福祥、许其光、颜培瑚、李文田、姚礼泰、林国赞、林国庚、许天倬、陈树镛等多所往还。

> 《霜叶飞》词序:丁酉冬间,闻粤中故人,如叶兰台、陈孝直、陶春海辈,先后凋谢。余少长岭南,一时名流,咸得款接,如许涑文侍讲、颜夏廷兵备,则父执也;李仲约侍郎,久相契识,后为余朝考师;张延秋、姚柽甫两编修,林扬伯、明仲昆季两主事,许天倬副贡,陈庆笙秀才诸人,并文酒追从,乐数晨夕。

光绪四年戊寅(1878年),先生二十三岁

十月,先生父亲文星瑞序李文泰《海山诗屋诗话》。

　　文星瑞《海山诗屋诗话序》：论诗之作，其最著者自钟嵘《诗品》后，唐则有孟初中《本事诗》、宋则有欧阳文忠《六一诗话》、司马温公《续诗话》、叶水心（梦得）《石林诗话》、杨文节《诚斋诗话》、严仪卿《沧浪诗话》、刘潜夫《后村诗话》，明则有李文正《怀麓堂诗话》、杨升庵《诗话补遗》，皆钩玄抉隐，为艺事之津梁。国朝诗教，超轶前代，王文简之《渔洋诗话》、朱锡鬯之《静志居诗话》，人尤宗之。乾嘉以来，袁简斋、王春融、洪稚存、赵瓯北皆有斯作。然或专论古人，或随宜标举，惟孟初中、王春融多论时人。门人李生小严作《海山诗屋诗话》，于二家为近。其例专取时人而不论古人，揽华撷秀而不连篇累牍，充其所至，可以蕲至前人，非泛滥无鉴裁者可比。余与小严，以诗交者也。忆庚午岁初识于子虎座中，维时小严方就省试，绿衫末座，轩轩霞举。阅阄作，决其必售。其和子虎七古一章，尤为击节。余和诗有"即看一举出风尘"之句，揭晓而小严果捷，咸以为诗谶。于今忽忽十年矣，子虎既下世，余亦以事罢官，而小严屡蹶春闱，侘傺无聊，昔时文酒之欢，邈不可得。今览斯刻，悯然感激电之难迫，怆抟沙之易散，盖一弹指间，而人事变迁已如此矣。小严所录拙诗过多，殆不免阿其所好，然余亦乐其能道余之苦心也。尔来海内人才辈出，其卓然名家者，外此当不乏人。益望小严博采而兼收之，俾数十年风雅之传赖以不坠，则其为功于诗教者岂浅鲜哉？光绪岁次戊寅十月友生文星瑞序。

光绪五年己卯（1879年），先生二十四岁

六月上旬，在南昌始与陈三立交。

　　陈三立《文道希先生遗诗序》：余始逐试南昌，得交君，俱少年耳。……君箕踞挥麈，高睨大谈，往往揣君声音笑貌，浓眉皤腹，辟易千人之概以自壮。

　　　按，当时陈三立二十七岁，文廷式二十四岁。

　　陈三立《与廖树蘅书》：前月奉惠书，懒未即答，日间朱君至，复承寄示，敬谂动止嘉娱，颂仰无已。拙文数首，谬荷崇奖非分，徒滋愧疚。《赠杜秀才序》，首段过于繁冗，诚如高论，然此文前后皆属凑衍成篇，诚不仅"友也者"三语而止也。大诗绵芊都雅，风格在元遗山、高青邱之间。其

颇有率意处,足下但再三苦吟,矜炼而出之,仆知其必有合矣。隆山人诗稿,日内可告成功,惟山人自宁夏寄家君七律四首,敝处又将原函失去,今欲以此诗补续卷尾,无从据录。忆从者当钞有底稿于日录,如此稿尚未失落,即乞于一二日内惠录原诗,迅速递寄,便付手民,至为跂祷。三立年来已绝意百家,殚心一艺,然制举文究只作得十数篇,甚矣趋时合变之学之难也!先生文兴当有佳胜,愿暂无以吟咏易之,其可乎?近日时局略有更变,想早知闻。敝乡李雨翁,以明洋务起家,号为干练,其莅节湖湘,或总署以上年有洋人交涉之故耶?然此君当必能以综核之术一变混沌之风也。蓬洲大令,果毅有为,诸吏中罕其伦比,而以治益阳,尤当乱国任重典之义,教化整齐,良有厚望。足下通才远识,委蛇其间,倘果可补阙拾遗,亦似不必过深出位之思。昔人有言,一命之士,苟存心于利物,于人必有所济。君子之自待待人,诚有非流俗所能识也。三立归试,拟在六月初旬。家君还辙,亦在秋节差后。实君数次寄书,必问讯足下,顷又奉台从一书及二语合篇四本,今送上二本,乞登存之。又隆山人诗刻,邮寄较难,如贵居停胥役有来城者,即属其至闲园取上,庶为妥便。烈日炎风,挥汗如雨,喋喋布达,不尽所怀,伏维裁察。

按,陈三立中举为壬午年(1882),三年前之乡试即为本年。

本年及上年,寓广州光孝寺写白折、作试帖。

《寄于晦若》:采生兄长如晤:……弟与熊余波、李木斋两乡人,日日在广济寺,写白折,作试帖;恍然忆戊寅、己卯间光孝寺光景,然观河皱面矣。天下事何足控抟?

本年,张鼎华初识康有为,或因张氏之推荐,先生始识康有为。

康有为《康南海自编年谱》:居樵山时,编修张延秋先生(讳鼎华),与朝士四五人来游樵山,张君素以文学有盛名于京师者,至是见之,相与议论,不合,则大声呵诋,拂衣而去,然张君盛称之,语人曰:"来西樵但见一土山,惟见一异人。"自是粤中士夫,咸知余而震惊之。吾感其雅量,贻书予之,张君盛誉谓粤人无此文,由是订交焉。……自是来城访张君谈,则竟夕申旦,尽知京朝风气,近时人才及各种新书,道、咸、同三朝掌故,皆得咨访焉。

光绪六年庚辰(1880年),先生二十五岁

本年,与陈树镛诣康有为。

> 康有为《陈庆笙秀才墓志》:光绪六年,君与萍乡文道希诣余,始识君。

光绪七年辛巳(1881年),先生二十六岁

二月初七日(2月26日)申时,先生长子文永誉(公达)生(族谱)。

> 按,文永誉,字宝书,号公达,娶吴县费念慈长女。

先生以吴长庆之荐入两广总督合肥张树声幕。与张树声子张华奎相得甚欢。

> 陈诗《文道希先生遗诗序》:初家贫,薄游江浦,客吾邑吴武壮军中。武壮为荐入粤督张靖达幕。居积年,文檄敏赡,同辈推服。

> 《张蔼卿兵备同年挽诗》小序:兵备名华奎,合肥人,与余壬午顺天乡试同年。己丑成进士,官至四川川东道兵备,为两广总督靖达公子。余在靖达幕中期年,相得甚欢。

> 按,《钱谱》云:"《清史稿·疆臣年表》记张树声之任两广总督在光绪六年四月,至八年三月迁,九年六月回任,十年四月病免。《文道希先生遗诗》张蔼卿兵备同年挽诗小序称在靖达幕中期年,而八年春先生在广州有词,则始客树声幕,度必在本年春矣。"

七月初二日(7月27日),致书李智俦。

> 《致李智俦书》:洛才我兄大雅阁下:六月初旬,得读五月初九都中惠书,敬悉德与日增,以钦以慰。又得贤主人朝夕与处,闭户读书,艳羡何似! 弟明岁亦拟北行,或可定相见之期。届时握手纵谈,倾累年之积愫,正未知乐何如耳。比来时政颇觉一变。我兄在京,见闻较捷,尤望随时示知。直隶水利,办理若何? 滹沱、永定,为患近畿,数百年矣。一旦使之安流顺轨,诚恐不易。国朝四案,历历可稽。怡贤亲王之垦田,或谓当时误信方望溪言,遂致过多功少。许周生《鉴止水斋集》亦深谓西北土性迥异

东南,垦田似非所宜。然力持可行者指不胜屈。弟未经大小,泛及直隶河道,诚未知其何若。忆前岁阅湘阴相国复奏张佩纶请拨八旗兵屯田新疆一奏,以为旗民未谙耕种,不如先令开直隶沟洫,然后渐教之农桑,待其既习,则渐移之陕、甘,渐移之西域。此论诚高掌远跖。又不知此次直隶水利,曾拨旗兵否。我兄如有所闻,尚望示知。承命钞梅侍郎水师一折,此间绝无钞手;钞三日,而字数太多,一时未能录寄,容候续竹。弟离都六年,当时少贱之交,落落可数,今亦多已出京。其在京者又复碌碌,诚不足以为介绍。迩来士气峥嵘,豪杰间出。我兄所新交卓荦奇士,尤望示其大概。比阅报中,知郑香山将接吴川之任。老伯素与交好,未知肯屈为其参赞否。窃谓近日清流,动以出使及总理衙门为污浊之所,弃而不居。试思今之亟者,孰如洋务?贤人君子不思尽其才智、竭其身命,以为国家宣力,岂阘冗龌龊者转可胜其任乎?此为不忠之大者。去岁得读李凤苞致两广制军之书,亦谓:领事等官,断不可使商贾为之,致令外人轻视中国。斯言诚有谓也。湘阴在枢廷,颇闻以刚直不谐于众,不知能安其位否。洋药一事,信今日之亟务。然恐税项一重,则走私愈多;私盐之利,尚不及其一二;铤而走险,何以制之?是可虑也。窃思每年漏卮,以中国之货与洋药相抵外,犹不下流出一千余万。夫银不从天降,不从物变,循是不已,民穷财尽,可以豫期。惟矿出于山,为天地自然之利。此而不取,更将何待?而比来大臣持议,言官进言,皆不敢及此,又所未喻也。前闻制造局绘各国地图近三十本,将呈御览之后以之发刻。今又一二年,而未之得见,岂真汗青无日耶?吾兄如致信雪村诸君,不妨代为一问。粤省西学馆十月可以开办。制军张公力邀于君晦若督办,而晦若谦不敢当,只愿居其副。其章程则尚未定也。弟别后毫无长益,加之家事渐迫,憯憯未知何极,深以为忧。若遂止于如此,我兄视之,岂不可惜?鸿雁满天,惟望在远不遗,时惠好书,不胜感祷!灯焰烛尽,不及多书。祇请大安。诸惟为道自爱,不一一宣备。廷式顿首。七月初二夜。如有来信,仍望寄至天平横街广粮署为要。

秋,撰《拟汇刻历代史志凡例》。

　　《拟汇刻历代史志凡例》:史之有志,所以纪一代之政事,备来者之鉴观。《世本·作篇》已开其例,沿及后世,风流弥繁。然既各为一书,咸裁独见。或此因而彼创,或古有而今无。错综缪迷,深难综核。爰资英杰,将膺总录,聚万钱而作贯,障百川而俱东。此为旷代之希遇,学流所尸祝。然使尽属原文,略无增损,则全史既刻,无待重规。若乃"封禅"入录,辄删"郊祀"之辞;"典午"成篇,遂剪"彭城"之志。删其复出,稍事补苴,窃恐既异原书,又非改撰,不乌不鹊,将贻览者之讥。谓宜校理旧闻,括囊大典,洪炉所锻、铅矿并发其英,大匠爰施、欐栌各呈其用,庶几得失之林备、专门之学精,宏取法于后王,甄定论于曩哲。宏达君子,谅乐于斯;粗识眇闻,式存扬榷。

光绪八年壬午(1882年),先生二十七岁

正月,陈澧卒,年七十三。

正月二十五日(3月14日),北上赴试,途经天津,拜会徐建寅,相谈甚欢。

　　《寄于晦若》:……弟前于天津见徐君仲虎。其人虽仅一面(前在上海时,曾屡见其尊人雪村甫。故在天津,遂往晤之。一谈甚畅也),其论各国之大势,水师之利弊,窃谓一时无两。其忠诚朴实,尤所罕睹。……廷式叩头。五月十九夜四更泐。

　　　　按,正月先生自粤北上赴试。

五月十九日(7月4日),致函于式枚。欲撰"食货通考"。

　　《寄于晦若》:食货通考,古今未有成书。私意欲尽为网罗,勒成巨帙,未尝不可单行也。日来天气殊热,绝少出城,颇有读书之暇耳。振帅到津,当有一番布置。可否举其大事无庸秘密者,见示一二,以扩见闻?前碧鸡一奏,欲为丰润高张声价。然曲直所在,人人洞悉。且丰润不考差而卖骡子,谁不知其有出京之志?名士不可恃,固至此乎?可为一笑者也。议处系罚俸九月,正不知所援何例。近今人才稀乏。谈时事者,大抵虚骄恃气之人多,缠绵悱恻之人少。观其论议,必有所为,不独较之陆宣公、李忠定有所不逮,求其于近日王子槐者,亦不可得。经术既浅,忠诚亦薄,但觉其锋芒犀利而已。谈洋务者,大半犹是外行。前数日间,闻宝竹坡侍郎有一封奏,言高丽事,未知议论若何。(前闻张翰卿说,宝侍郎近弹

劾南皮,谓色厉内荏,断不胜封疆之任。此论未知确否;然南皮一举五十九人,亦未免太不检矣。)又闻广东复奏越南一事,大致以谓无与我事,此则谬矣。弟前于天津见徐君仲虎。其人虽仅一面(前在上海时,曾屡见其尊人雪村甫。故在天津,遂往晤之。一谈甚畅也),其论各国之大势,水师之利弊,窃谓一时无两。且其忠诚朴实,尤所罕睹。此人至今未尝通信,又未知尚在津否?我兄襄赞戎幕,留心人才,如此才者,宁数数觏哉?若扬于王庭,将来必有所补益。惟闻其与李丹崖不甚融洽,是以东旋。慎毋以先入为主也。长夜无事,偶论人物,聊一及之,非有荐举之意。此等议论,亦在"水香园"、清水壕时之妄发者,谅习闻之,不足为怪也。次舟书来,甚悒悒,自谓公罪恐在所不免。豹岑中丞书来,嘱代索其诗集,系兰甫师点定者。暇时可否检出寄去?星海至今未到。闻叶氏兄弟云,伊于四月二十五动身,亦未知确否?伯愚五月初十到粤。前奉家君谕云,曾托我兄带下一信,便中望转寄来,不胜至幸至幸。梅生先生今岁作冯妇否?三日骤车,九日琐院,未为苦也。杨、顾二君同来直隶否?晤时均望代为致意请安,至祷至祷。《朔方备乘》一书,闻已刊成。能为我致一部否?尤所盼也。手此。祗请留安。不一一。廷式叩头。五月十九夜四更泐。

六月二十一日(8月4日),致函于式枚。

《寄于晦若》:晦若大兄执事:前发一函,计登台座。龚二叔到京,得读赐书,借悉一切。即欲奉复,而旬有余日,目上患疡,竟未能执笔,歉仄殊甚。今始渐愈矣。穆、渊两弟,何以至今未到?闻杭雪云,已代为觅一寓。(三叶竟月余未见;大理则尚未往拜也。)想自有信达签掌矣。星海亦未知何以耽阁未到。频得粤中书,知其家为本家挤出,移居司后街。又通守为次舟搪账说结了,竟率领厘局营勇将索账之康姓捆送南海;调停不下,竟为康姓所告。叫做裕宽的大怒,遂将通守差事撤去,听候审讯云云。此事通守勇于为友,自是观过知仁,然亦稍涉卤莽。伊光景如此,尤为之慨然。现闻通守已递亲供,但未识可以无虑否?想吾兄得粤信时,必已详悉,祈示知为望。前来示中嘱钞并州牧荐举全单。现各处访求未得;惟于侍从之下,探得有阎尚书,丁总督,卞巡抚,升阁学,曾副宪,张提督,吴太仆,方耀、郑绍忠两总兵,胡辑五员外(刑部司员),鹿、边两藩司,合之翰林中人,可知者已近半。且闻每人名下皆注明宜任某官。此系陈古灵荐举司马君实、文潞国等三十三人旧样,而闻者为之骇然,可谓多见其"不知灯笼火把"也。此次弹劾葆、王二人,则因长沙侍御先有一折专劾东湖;且云,南皮专爱优待文士,恐其徇隐云云。故遂不免矣。日来无事,偶检箧中书,得旧抄我兄诗文十数篇。反复玩读,信当今之巨材,文苑之壮观,自可高掩五代,上迫汉、唐。低首宣城,平生之愿。近日未知尚有所作否。他日跻我朝之德于隆周之表者,非公而谁?断不可以此席让人也。又我兄于经济一事,恒谦让未遑。然以弟察之,我兄之才,尽足以斡旋世运,振兴学术,非儒柔无用者可比。且天下大事方多,不可及吾身见之,而束手无所表见。伊尹,圣之任者。苟有此志,当为此学;既有此学,当有此言。岂与矜饰自奖者同其讥哉!黄豪伯由川来。前累次保举,皆以不肯用部费,尽被驳去。此次奉特举,以知县发云南。现举总理衙门,堂官遇之甚厚。其所著《印度札记》诸书(现著伊绘越南图甚急,而苦无底本。不知吾兄能谋一份稍详者否)。今谨寄上各乙部。(书仅得乙部,弟尚未阅毕,迟日再寄矣。)尚有《汉唐西域志补注》,总理衙门已交排印,印成当续寄。此人品介学博,议论名通,尤不类吾江人拘隘之习。与徐君仲虎,皆近日谈洋务之英材矣。水师闻俟铁甲到日始办,然否?将来外海水师提督,似断不可不设;闻将于闽、广裁一水师提督而为之,未知然否。伊犁久已接收,而改设行省之旨未下,当作罢论矣。主考已将放完;惟吾江两主考皆系己卯主文衡者,余则并无连差。大约主调剂之说,不欲苦乐不均也。《朔方备乘》是否已成?并日来有何大作?皆望随时示知,以慰渴想,不胜至幸。相去至近,通讯非难,尤冀时惠我书,以开茅塞,幸甚幸甚。太仆兄近上恭邸一书,论越南事甚详。惜其时目疾正剧,未得一读也。余容续布。祗请撰安。廷式顿首。六月二十一夜。梅生、延卿两君晤时,皆望致意。仲鲁嘱笔请安,恕不另函云云。

七月初八日(8月21日),致函于式枚。

《寄于晦若》:晦若大兄执事:前发两函,计登签掌。比维德与时进,欣慰无似。日来恒盼穆、渊两弟及星海来京,而至今未见,不知何以濡滞若是。粤东亦久无信息。然闻子展信,大是不妥。其批语中有"胆大妄为"字样,且是悬牌批出。诚不意子展何以一时卤莽至此,又不得其详,甚悬悬也。京师无甚新闻。惟湘乡相国因淮盐一事为言官所劾,(李鸿逵其一也。并闻尚不止一二人云。)已交苏抚查复;想已知之。又如罗田御史无故劾奏银台(亦交查办矣),而问其所以然,则彼亦不甚了了。此则无谓之尤矣。高丽一事,现在办法,可云毫发无憾。然闻庙算仍以不战为高,此自是正论。兵者凶器,惟不得已而用,乃可有功,从无开手议论,便打算寻衅道理。又此时铁甲未到,水师更无把握,少迁缓之,未为非计也。(威妥玛初五日在总署对诸堂官云,越南之事,我劝中国不必派兵,盖深知法必不要越南土地,又中国必非法敌。至如今日高丽一事,则中国断不宜置之不问。若又照琉球漠视,则几不成大国举动矣。此言亦真实也。)兵事若何,不敢预闻。至如高丽情形若何,日本举动若何,如有所闻,务祈略示一二,以开茅塞。黄君豪伯奉旨发往云南,以知县用。道出津门,夙慕我兄大名,欲得一见。豪伯貌陋而神清,才大而心细,推步算法,边徼形势,皆洞若指掌,不可失之士也。又其来时,川督丁公嘱其晋谒合肥相国。弟以谓清河尚书,自是一时人杰,亦宜瞻瞩光采。如日内政事稍暇,我兄可以偕之进见。或为之先容,一询西北边务,及印度、南洋情势,必能大有裨益。豪伯人品甚介,弟与相处一载,见其一无所求,诚非游客妄谈恫愒进身者所能企其千一也。所著四种,谨送上乙部,祈察收。我兄览之,必有以称许之也。霭青员外,承其过访,旋复趋拜,皆未遇。延卿到京后,亦未一见。初一日考,到听点名时,有呼"顾锡爵"者。弟亟呼延卿而未见应,恐是日竟未到也。迟日出城,当再访之。我兄近日想诸事纷繁,八月初来京之说,恐断不能如愿。然赞画戎幕,其乐何似,只令人羡耳。夜来烦溽,三更许风稍清冷,挑灯执秃笔书此。故人胡铁庚谓弟书札中有骈体,有案牍,有白话,有古文,夹杂不成文理。每自审之,亦良可笑也。余容续布。手此。祇请留安。廷式顿首。七月初八夜。

七月二十二日(9月4日),致函于式枚。欲作"辽金元三朝会要"。

《寄于晦若》:晦若大兄执事:二十日欣奉复书,备悉一切。日来欲访穆弟,未知寓处。而杭雪远隔东城,又以雨未及见。冯七先生到京,昨始一见,匆匆未及详问粤事。星海在江南稍可,为之欣喜。但阅其致龚二叔信,则到京恐在八月后矣。高丽一事,当初起之时,幕府遣师船前往,决机应变,群服其神。果闻日本之兵亦同日到高丽,此得弈者之先着矣。及召临淮之时,咸以为缓不济急,且以幕府调度合宜,故仍欲专倚以集事。微闻幕府有才庸辞卸之奏，又闻吴、丁二提督亦有不合，朝廷深以未能协和为虑。且多谓临淮一出，实成缀旒，将来恐以署大学士专办北洋水师云。年来俄国改约之事，法国越南之役，日本琉球之举，廷臣皆交章论奏。而高丽此举，尤为切近之灾，然言臣无一言，讲官无一策，咸帖然以谓办理之尽善，则幕府之勇于赴机，实毫无可议。亦以见廷臣非好为论奏，有异于明人之妄议辽事也。南丰仍加恩留任，自是意中。此老赴粤，虽无望振作，自应远胜衣服架子耳。越南事亦已了；闻不能撤防者，恐法人责辞，谓防彼有迹也。豪伯南旋之志甚急，然其论说已详于所作《游历刍言》中，我兄曾一览否？闻作《唐藩镇表》甚善。《唐文粹》已带在行箧，到京时可以奉还，然远不及《全唐文》之该备也。张君祥龄，前闻廖叔谣言其在京，甚欲见之，而未知其寓处。我兄批其所作《方镇表》，拾遗订误者不下数十条。前在明仲处见之，为人攘去，致可笑也。今若自成一书，锓之板片，当无可再攘者。弟甚欲作辽金元三朝会要，苦于无书，无写手。他日终当成之；然如近年之仆仆无定居，则未易言著述也。兰师入《儒林传》，自足千古；然何以粤省至今未见奏到？使幕府在粤，此举岂在融斋后哉？直隶人才，较广东何如？天津洋务纷繁，恐未易及此。然吾兄访察所及，有能中四科之选者否？望详示一二，以扩闻见。薛三知府，广东粮道谓远不如季怀，然自是一时之选。明年恐要充参赞，将来必为李京卿之继矣。周荇农阁学前示我以《两汉书补注》，所得甚多，然讹误亦甚不少，随笔十数条复之。旋即改正，其从谏正不可及。闻长沙祭酒作《两汉书集注》，未知近有成否。近来楚人文学，亦颇擅长，可谓人材之盛。弟场后亦拟到津候榜。兄若不来，八月亦必见矣。延卿终未一晤，歉甚。尧臣奄然物化，怛怆何如！前与延兄言，若以书法论，此人不当即逝。前人相字，亦不尽应耶？子展事未知究竟若何；然经此一波，未知能搪得住否。如搪得住，将来骨干苍老，转是可用之材。此则在其学力矣。目前闻将卖书还账，挈眷还籍，大可慨也。三叶一齐丁忧，想已知之。仲叔两人，以病一时未能到粤；老叶将挈大叶于八月朔日南旋云。梁少亭于六月十三卒于禺山，知否？柽甫近亦未见，红扰能食著与否，未限定也。家兄雪门，近仍寓南横街徐主事家。木生昆仲寓半壁街吕祖阁，房甚华美。渊若南闱大是得法，必步阿兄后尘矣。近闻大南皮致书力戒小南皮，谓"经营八表"一语，京师传为笑谈；山西近来吏治，虽经整顿，然恐水清无鱼，难以持久等语。此等皆是废话，徒为乃弟所笑耳。葆亭依然未到，尚在扬州放子母炮，非一戌所能蔽辜。满洲大员中，近如成孚、治缄之流，何比比皆是？贪劣庸猥，不一而足矣。直隶水利，我兄近来颇讲求否？信如延兄所言，断无可办否？永清河形势若何？两溪尚足节宣否？统望随时示知，不胜拜祷。水师近开办，章程若何？甚愿得知一二，然恐关于军政，不便宣泄，故又不敢请也。尊体畏寒多病，务祈加意调摄。水果自宜少食；若得好药酒，自能百倍裨益精神。我辈之事，万分未得其一，非惟不可死，亦不敢死也。余容续布。祗请大安，不一一。廷式顿首。七月二十二日。仲鲁嘱笔请安。

八月二十日（10月1日），致函于式枚。

《寄于晦若》：晦兄如晤：十九日奉到来示，一切具悉。日来场事已毕。二场题，《尚书》则出伪古文，然犹有《左传》曾引之，可说也。三场策题，开口第三句，便问"淮南王安采荀爽九家注"。（此为《策学大全》所误。《大全》标目有《淮南王九家易注》云云，《大全》并不误也。）弟在闱得题纸，不禁大笑。此误不止于"第五伦"作"第五昉"矣。世有潘云阁，必又将见之奏牍也。如此看来，二、三场系断断不看。闱中虽亦满卷，而实一笔挥写，毫不经意。今谨录首二艺寄上。（传观似可不必。吾兄肯为点定批下，则幸甚矣。）三篇太庸腐，不录矣。来示以拟大作广西闱墨，此则深知不如，诚有虎贲中郎之叹，勿为过誉也。前有在津候榜之说，实因屡次听榜，心胆俱碎，故约友人稍出避之。今得来示，自应不去；则拟登西山，陟巉岩之峰，决不敢在琉璃厂看红录也。都中诸事，无甚新闻。惟嵩参议以四百金卖去一官（系张观准转送生意），可发一笑。太仆寺来信，谓湘乡制军在粤，诸事不理，自云：吾为人守印耳。此非大臣所宜出，殊令人嗤其器小也。吾兄十月到津，仍回粤否？望示知。窃谓既是留馆后尚需请假，则此行可不亟亟也。昨与杭雪同局，闻穆若自欲赴津，未知日来肯动身否。伊与杭雪亦无真话也。大理寺八股甚佳（星海说），可中。冯七三场无恙。木生昆仲皆在此等榜。余容续布。此上。祗请留安，不一一。廷式顿首。二十晚。仲鲁嘱笔请安。

八月二十四日（10月5日），夜读《诗·节南山》篇。始撰《知过轩日钞》。

《知过轩日钞》:壬午八月二十四日,夜读《诗·节南山》篇:"家父作诵,以究王讻。"《传》云:家父,大夫也。《疏》云:作诗刺王而自称字者,诗人之情,其道〔不一〕,或微加讽谕,或指斥愆咎,或隐匿姓名,或自显官字,期于申写下情,冀上改悟而已。此家父尽忠竭诚,不惮诛罚,故自载字焉。嗟乎! 尹氏秉均,姻亚膴仕,国既卒斩,而谏书不闻。家父独披露上陈下情,伏死而谏,信乎龙、比之亚矣。王肃邪佞,恶足语此? 乃引人臣不显谏之说,巧为诋諆,谬哉!

　　按,此为《知过轩日钞》正文第一则,据此,可知正文撰作时间为壬午八月二十四日。

八月,以附监生领顺天乡荐,中式第三名。

《张蔼卿兵备同年挽诗》小序:兵备名华奎,合肥人,与余壬午顺天乡试同年。

李慈铭《荀学斋日记》:顺天乡试揭晓,第三江西人文廷式,云是近日有文誉者。

八月,与善化皮锡瑞相识,二人同榜。

《念奴娇·乙未答皮麓门同年见赠之作,麓门善化人,原籍江西清江。时掌教江西经训书院》:十三年事,似波流电激,不堪重揽。几度京华联客袂,几度江乡清醮。

皮名振《皮鹿门年谱》:秋赴顺天乡试,中式第□名举人。座师汉军徐荫轩桐、寿州孙燮臣家鼐、蒙古乌拉喜崇阿达峰。南北榜萍乡文道希廷式、溵阳忠愍公端方、衡山陈梅生嘉言、长沙余尧衢肇康、善化李荔村梦莹、沈小岚世培、义宁陈伯严三立、宁乡程海年颂芳、桂阳陈复心兆葵,皆与同科。

八月,在京晤兄长文廷俊。

文廷俊《京师喜晤芸阁弟》诗其一:昔别在长安,迢迢会面难。遭逢仍此地,悲喜各无端。累岁恩书重,今宵布被宽。絮言问亲旧,窗外雨声漫。其二:天子开金马,仙人赐玉麟育弟之前,先母梦神人赠玉麒麟。吾家千里足,会遇九方堙。客舍须眉旧,中年骨肉亲。高堂期望切,奋逸出风尘。

《京师遇雪门大兄和作》诗：我兄本豪杰，强仕忽蹉跎。四海飘零久，平生涕泪多。赋传疑雨幻，诗为履霜讹。谁见光芒起？龙渊与太阿。

按，本年九月三十，先生父亲卒于粤，十一月上旬先生偕其兄返粤奔丧。可知本年先生与其兄在京时相遇，而此次在京师相遇为先生平生中唯一之一次。又据文廷俊《京师喜晤芸阁弟》诗中所言之"天子开金马，仙人赐玉麟"、"高堂期望切，奋逸出风尘"，当在八月中式前。

九月二十七日（11月7日），致函于式枚。

《寄于晦若》：晦若大兄翰林执事：二十一日捧读手书，敬悉一切。楚庭文社，今岁尚有起色。然仍当努力，冀可步我兄后尘耳。天倬限于一名，不能上京相见，尤为憾事。沈桐已中，知否？广西榜迄今未见，亦未知渊弟获隽与否，念甚。式名次本定第一，以卷在寿州手，而乌总宪以名位在上，不欲他人我先，故遂更定。然得此以为幸矣。昔翁文端不得会元，而名位远过于吕龙光。顾援此以自解，或稍僭否？一笑。今岁拟即在京度岁，不复他往矣。台驾何时来京？比来常写字否？明年来时，当寓何处？皆望一一示知。前闻当以十月赴津，想未必成行也。都中近来无甚举动。惟天气甚寒，南人初来，加以冬衣未备，颇觉不便。保定纬度相同，想我兄早披重裘，刺促于密室中也。然否？星海近来写字甚勤，又能不逛相公，其操定竟大有长进。惟尚未见其作赋耳。麻兄与式同房，何时来京，亟为悬望。木生兄弟已于二十一日南旋。惟冯七先生以筹办资斧，迟逗至今，闻亦将于明后日去矣。闻通守功名尚可无恙；南海县樊某已死，署其任者张琮也。式久未接广东信，我兄常得信否？有事时尚望告我。余容续启。手复。祇请留安，不一一。弟志钧、廷式同顿首。九月二十七日。一切前言已详，不另书。非懒也，乃忙耳。此次我与云阁如愿以偿，且得与麻兄同年，乐何如哉！行将出门矣，匆匆附书于此。钧白。

九月二十九日（11月9日），先生父文星瑞卒。

《上张树声书》：……孤子在京师得家人手告，痛悉家君于九月二十九日弃世。

十一月初四日（12月13日），致函于式枚。

《寄于晦若》:采生大兄执事:前日于星海处得读来书,具悉一切。久欲奉笺,缘无甚要事,故未上也。麻兄近日蛰于吕祖阁,一步不出,诚人所难。都中诸事想已尽悉。惟近日琅邪枢密两为似中堂者所弹,而另有一奏,则因星变地震,弹劾中外大臣者,想亦知之也。(穆若在津,闻不肯走,又不肯前,究竟如何,可虑之至。)我兄所作《主善为师赋》,蹊径极似宋四六;惟其中长句太多,又对仗句法皆与时下花样不合。虽豪杰之士,原不必屑屑于绳墨(非真绳墨,时下之滥调耳),而深虑不入阅卷者之目,奈何?昨与星海细看谈论("为"字韵一段最合时),未知星海详细奉复否耳。弟之大卷,写得绝不象样,竟恐不能进功,亦深恨用力之迟。欲看则必请正,寄则断不寄矣。星海近日非常用功,律赋已做得极合式,可谓一日千里。而前月之课,竟以十人而居第九,则诚不可解也已。都中已大雪一次,严寒日甚;正未知保定何如。近日亟好天算书,而苦无处请正,又不欲见生人。仰观圆穹,若茫若昧,深以为愧。我兄日来除用功外,所看何书?务望示知。弟尝谓宋儒书多浮辞支辞,而其说至要处,则令人懔然名教之大闲。此《韩诗外传》所云:儒者于三纲之道,则日切磋而不能舍也。此真儒家之术。我兄何妨加意体察,其得益自当胜弟等百倍。(此论甚迂。然譬之日对一迂人,自可稍沮非僻之念。我兄以谓然否?)先师所云,根本甚茂,而发扬无穷。吾兄前致星海书所云,士大夫立身自有本末。我辈诚守志弥敦,虽忌者如牛毛,曾何足虑哉?勉之而已。弟日来自念丛过甚多,正未知若何湔祓,尚幸有以教之也。近来风气,自有较胜于前者,然察诸人,皆于本原处未尝致力;观其所为,甚嚣且尘上矣。来札论周编修,真所谓"正如我意所欲言"者。至云汲汲于为名,终胜于汲汲为利,此又公允之至者也。仲鲁新有世母之丧,终日在白庙。近一二日,始能少暇矣。夜寒不及多写。(煤气熏人,头痛心跳,殊不堪也。)祇请大安,不一一。弟制廷式顿首。十一月初四日。糟鱼近来心病尤甚,至云:孙侍郎本欲以女字之,因误信星海言辞却。可笑之至。近又欲令孙侍郎荐入振帅幕中,然邪,否邪?总之一孙侍郎可以令此人发狂而死,良可抵掌耳。又,顷得粤中消息:曾帅以右胁生疡(闻系虚证,甚重),已一月不能见客;且有疏请开缺之信。未知确否。狗头师爷之东家,亦有告病之说。粤省火警纷起。(多由种火,非天火也。)闻近日始得雨,人心稍安。京师前月二十二地震,有觉有不觉。闻保定之震尤甚,然否?湖北兵变,竟不奏报,闻已为人弹劾,业交查办云。《朔方备乘》,价银如何,何处可售,望示复。手泐,再请留安。廷式又及。

十一月上旬,偕长兄文廷俊奔丧回粤。

《南诏日记》:余壬午十一月奔丧回粤,偕雪门长兄同行,及今十二年,如一梦耳,人生如白驹过隙,世事如傀儡登场,何足苦控抟邪?

按,先生父树臣公九月三十卒于粤。

十一月二十一日(12月30日),自李家庄启程,途中遇灵輀。

《南诏日记》:记壬午十一月二十一日,自李家庄启程,途中遇灵輀,题湖北候补道官衔,比至红花铺入栈,则壁间题字犹湿,凡绝句四首。第二首云:朝夕从亲十八年,吟诗学赋绿窗前。何期转饷扬州去,一旦暌离隔九天。余时荒遽,亦不甚记忆,雪门长兄志之。又其旁注云:余父之渊,需次湖北十余年,今年夏以解饷赴扬州,卒于差所云云。末署"渤海女史张秀君题",知为张香涛中丞之胞侄女也。

十二月初八日(1月16日),抵广州。

《上张树声书》:……遂乃见星奔驰,泣血就道。于腊月初八,甫抵羊城。

十二月十九日(1月27日),朱启连来吊唁。

朱启连《远暇室日记》:唁文道希。

编年诗:《京师遇雪门大兄和作》。

编年词:《临江仙·壬午广州旧作》、《临江仙·广州舟中作》。

光绪九年癸未(1883年),先生二十八岁

二月初九日(3月17日),上书张树声。

《上张树声书》:孤子文廷式稽颡再拜奉书,宫保年大人阁下,孤子在京师得家人手告,痛悉家君于九月二十九日弃世。发函伸纸,捶胸击心。伏念先君中丁家难,身历戎行。晚际道屯,漂浮南北。未臻中寿,旅殁他

乡。孤子万里择官,冀营禄养,何图殃咎灾我所天,邈绝山河,承衾无自。呜呼!鬻子之闵,鲜民之痛,凡有血气,莫不同之。乃生不侍疾,殁不亲含,罪积衅深,百身何赎!遂乃见星奔驰,泣血就道。于腊月初八,甫抵羊城。适先人灵榇,亦归东省。三虞卒哭之后,便当扶榇回籍,择期安葬。伏惟年伯大人厚赐敛含,广为嘘植。俾逝者无妻孥之虑,生者蒙煦妪之温。感激之忱,匪能言喻。殒身为报,未知所期。犹复过蒙德音,勉其敦品励学。此则古人之谊,尤为近世所难。敢矢凤心,敬承高义。撰成博议,虽远愧于东莱;自悟褊心,愿近同于孙子。庶几不诒羞于先子,亦以仰答于仁贤,惟薄植重殃,终恐未知所届耳。伏愿旂常益懋,科第联翩。天佑德门,岂惟私祝?顾灵魂游岱,谅回旋以知恩;衔恤仰天,待衔环之何日?镂肝刻骨,无可言谢。谨扶力奉疏,荒迷不次,伏祈矜鉴!孤子文廷式稽颡再拜启。二月初九日。

三月十三日(4 月 19 日),在粤,谒朱启连,邀徐赓陛。

朱启连《远暇室日记》:道希继至,驱之去,道希邀次舟,近状原未久矣。

三月十五日(4 月 21 日),与朱启连、汪兆铨遇陈树镛。

朱启连《远暇室日记》:偕道希、莘伯,遇庆生。

四月初四日(5 月 10 日),过朱启连谈。

朱启连《远暇室日记》:道希来,始知次舟于初二日已行。余于次老聚首一年,几于无日不见,迨次老迁居城北,犹月数见。去年除夕,寒谈至三鼓始归。

五月二十日(6 月 24 日),致函于式枚。

《寄于晦若》:晦若大兄阁下:前得改部电音,悒悒者数日。迩来尝向府中探问,复云并无家信,正未知行止若何。连日得星海、伯愚书,始知签分兵部,仍留京师,为之稍慰。明年可考军机,机会正不可失。兄不留词馆,当国者宜任其咎,非一人之牢骚也。学士闻报之后,云:可惜可怜,如何令晦若执铜笔帽侍人意旨乎?闻翁叔平亦与看卷(此言确否?),是其罪也。此足见公论。故弟亦不复作宽慰语,更不作愤懑语矣。现时闻尚与星海同居,将来接眷入都否?直隶仍常去否?念甚,祈示知为祷。浙江至今未有复音,想彼已作罢论矣。麻兄仍住京否?消息如何?祈示一切。(一切承费心,叩感而已。晤时祈代致一切,至幸至幸!)今岁失此人,亦憾事也。粤东无事。惟雨峰卧病奄奄,镇此岩疆,大不满人意。如越事日棘,边衅将开,则此邦其殆哉。都中议论若何?有所闻否?弟近接家信,家兄回江后,已将烟瘾戒断,将来或可归心,是一幸事。惟葬事不能不亟办,而江省砖石奇贵异常,非四百金不可,一时正未易筹划耳。知念并及。伯母在粤西,闻亦久无信,想已起程东返矣。兄今日所处为极难。我辈受此困厄,或彼苍见顾之重,欲增益所不能耶?所望顺承之,则成就尤大。是所深祷耳。余不尽述,祇请大安。弟制廷式顿首。五月二十日。

五月二十九日(7月3日),致函于式枚。

《寄于晦若》:采生大兄阁下,前五日由大顺信局寄上一信,由伯愚处转交,未审得入览否。旋闻兄已赴津,恐此信竟不能速达。日来诸事已定,弟之愤悁亦已稍平。我兄身当其境,虽未免仍有歉然;弟前信所云,固已详尽,且《明史》一部,大学士不由编、检者殆居大半,揆以仕路,固无或异。即我朝近事,麟文端以传胪散馆高引,犹蒙宣庙改部,谓为有用才,不欲仅以文章见之也。其他比拟,无待繁称。我兄尝自云,欲得刑部,以考世轻世重之法。今乃得兵部,岂大刑用甲兵,果宜合志耶?惟闻部事较简,恐无以尽其才耳。伯母大人闻为其梁亲家所留,一时未能回粤。府上俱安吉,弟过问十数次。可抒远念。弟承我兄暨麻兄、梅生先生过爱,为之推彀浙中。其时以芷邻未归,葬事未办,故不得不延至六月。当时即由唐君处转寄复信,计已登览。今芷邻已回,力劝弟即赴浙。惟至今尚未接彭城处消息,未知嫌其来迟已得人耶?弟月内或下月初,稍凑川资,便拟归葬。务祈我兄速赐回信。或即先赴浙江,或径可不去,以定行止。至幸至幸!越事近无所闻。惟此间雨公,卧病已久,大有开门揖盗之意。省中根本空虚,沿海一无布置,而事事远听朝廷。即如近日遵文华来电,派方耀统千五百人赴镇州(合肥在远,只据地图,此则当以理折之者),此即非事理所应有:地则迂而弗良,勇则驱市井乌合者为之,而每月縻万金。试问破一钦州,有何关碍?且佛兰西岂肯涉山跋岭,穿林箐以入不毛之地?则必无之事也。河内之人日望,寇今有由然矣。弟谓法人如不惧中国,则中国之救越南与否,伊不必问。昔唐太宗以窦建德之救王世充为喜,今法人以我之救越南为忧,其情事可以想见。其攻越南之广安,则犹道光时扰定海之故智。林文忠所谓"狡变之情虽在意外,而穷蹙之象已在目中",正此时之谓矣。但不知我朝能中外一心,长执定见以御之否;不然,则制海外之狡夷易,制朝中之朋党难,昔人深慨之矣。谬妄之见,恃我兄之过爱,故敢纵谈及之。至弟之行止,总在一月内外。专俟吾兄来信,急祈拨冗复我一音,至祷至祷!此非善地,欲去之速也。余容续启,此请大安。弟制廷式叩头。五月二十九日。

七月初八日(8月10日),致函于式枚。

《寄于晦若》:采生大兄赐览,六月三十日,得接惠函,旋即奉复,由乐帅处寄津;想幕府南旋,未必达览矣。顷已定本月十五六起程。惟届期运署干脩,未知能否送到,殊为可虑。异时犹望我兄致书幕府时,代为述及也。初三日,伯母大人暨渊弟、四弟皆回至东省。弟往晋谒,仰瞻精神,尚无行路之色,惟觉较常健旺,足慰远念。惟虑我兄病体未知如何,亟为悬念,欲遣渊弟赴京一看我兄病状。弟立意阻止,以为若病果深,渊弟何能为力?若其不甚要紧,又何必虚此一行?诚不如待吾兄来信,行止如何,或径将嫂夫人送进京师,转可成一局面。如伯母能离粤东,亦可到京就养;即欲往四川,亦可到京后再为筹画。(又是渊若的好主意。四川非不可去;若系别人主持,则断断不去。)未审兄以为然否?此时仍不可不谋一扎硬寨打死仗之法;若仍前散漫,恐未易收拾也。属在至交,故敢尽言。想兄必早已筹及,此行不来广东,便迥出侪辈,可钦佩也。越事当有所闻,总之法国竭蹶已极。其报所言六月十六之捷(与探报大异,与徐晓山禀亦大异),竟属子虚。张此虚词,以为恫喝,亦知其无能为矣。兄到京后居何处?祈示知,至幸。弟到浙后,拟即开手做《元史会要》,惟书籍未备,如有可资考核者,祈随时为我留心,至盼至盼。倬弟近钞《十八家晋书》颇踊跃,此可幸也。沈云阁来,次舟案当可解。其近日信来,亦愿到案;近尚居震泽也。浙江书籍大佳,兄有所需否?当代办也。温家近日刻丛书,杂史颇多,系学士主之,将来必有可观。兄撰三国(史志)职官一门,洪氏书已见否?可用否?《三国》既成之后,以次递为否?明仲在顺德,久不见,日来过岁考,未知下省否?此真史学专家。未知其欲成何书,兄知之否?

望示及也。余不赘及。手此。敬请大佳。弟制廷式顿首。七月初八日。渊弟云,未知兄住址,故未发书也。

七月十一日(8月13日),访朱启连,与其论学。

朱启连《远暇室日记》:道希、庆生、子政及许天倬、于渊若来,凤楼、小亭、张庚生来。二鼓与道希论学。众候榜。

七月十七日(8月19日),听榜,见朱启连、汪兆铨、陶邵学等人。

朱启连《远暇室日记》:与莘伯、景梧赴子政听榜,道希亦至。

八月十六日(9月16日),致函于式枚。

《寄于晦若》:采生大兄赐鉴,蔼卿到粤,得悉尊况,虽有小恙,而饮啖如恒,可无虑也。此时想当回京;闻与翰卿(即君哲否?)同居,未知系何衔名,实不能记忆。考军机当在今年。兰台云,兄必不能当军机。弟则以谓不然。兄真军机才调,既明事理,又复熟于掌故,枢廷中岂易见斯人哉?弟濒行时,屡次谒见伯母大人,仰见精神焕发;渊弟学养深纯,亦复迥异去年。兄家心大可少纾,一意做官,天下事未有为其事而无其功者也。弟承官保、将军两年伯坚留,本当在粤听命,又免独行之苦;惟我兄所引张君诗,每一读之,即为汗下。朱子云:身劳而心安者为之。所以决然浙行,不复他计也。刘侍郎情意殷厚,正自可感;惟弟未经世故,又百无所能,其能竟留浙与否,则不敢自决矣。都中近日气象何如? 法、越事有主见者,祈随时示我。粤中电报来浙云,民人滋事,拆毁洋行(本日亦见《申报》)。此事不知如何是了,又恐不免费国家数十万金钱矣。兄办《三国志会要》,能成大概否? 一年可成书否? 刘侍郎嘱作《通鉴注地理今释》,此书亦颇可;然窃谓用功既不能少,则不若径作《历代舆地通考》矣。兄以为然否? 此间湖山佳丽,人材渊薮,以弟粗莽之材,居此良不称耳。初到匆匆,不及细述。专此敬请大安,不一一。弟制廷式顿首。八月十六日。

七八月间,由粤赴浙。

《南辂日记》:余于癸未由粤赴浙道中,阅王西庄《蛾术编》八十余卷。

按,据八月十六日寄于晦若函可知,启行赴浙当在七八月间。

九月初十日(10月10日),先生祖父晟专祠建成,经江西巡抚潘蔚奏请,列入萍乡县祀典,正式由地方官春秋致祭。

> 刘洪辟等《昭萍志略》:九月初十日,奉旨:著照所请。

秋,客居杭州,拟着手作《元史会要》、《通鉴注地理今释》。作有《高阳台·西湖感旧》词。

> 《知过轩日钞》:癸未秋间,余客居杭州,偶于书肆中购得秀水朱建子《丧服制考》一本(《四库》列书目)。观其篇目,此书当有八卷,此仅其前四卷耳。

> 《云起轩词手稿》:《高阳台·西湖感旧》有"癸未"作。

本年,钞录法人晁西士加尼所撰《印度支那探查记》。

> 按,国家图书馆还藏有《知过轩随录》九册,系郑振铎旧藏而捐公,第一册署"癸未阳月道希氏录于两广节署"。此《知过轩随录》则是钞录法人晁西士加尼所撰《印度支那探查记》十六卷。

编年诗:《赠朱棣垞》。

编年词:《采桑子·记西湖旧游》(水西山北闲游处)、《高阳台·西湖感旧》(落叶侵愁)。

光绪十年甲申(1884 年),先生二十九岁

九月二十九日(11 月 16 日),经沪抵粤。

> 《致于式枚书》:晦若大兄赐览:上海曾发一函,计已收到。弟于九月二十九到粤。

十月二十日(12 月 7 日),致书于式枚。

> 《致于式枚书》:晦若大兄赐览:上海曾发一函,计已收到。弟于九月二十九到粤。星海、子展皆已数见。子展事已转致,甚感。伊为"偃也"所窘,得此或可解免。星海竟无着落;如南菁等书院,伊皆不愿。将浪迹沧江,无所底止,殊可感叹。粤中家眷,又弃之如遗。其勇决可羡,其浮泊尤可念也。奈何奈何!弟在粤无所事事,将以十一月由内地回江。借资稍宽,足可料理先人窀穸;已函致舍弟,先办一切矣。次舟意在起废,尚无

赴鄂之信,伊自有一函,想是求救之意。其才近更稳练,惟结习未除耳。蔼兄赴川后,当有信来。弟有信欲托兄转寄,得否?粤中盗贼太横,将来不知若何?离城一里便是畏途,非可久居。江浙大水,闽省苦旱,惟吾江稍安耳。弟明岁欲移家,意中有维扬、秣陵、剡溪、南昌四地(或径归萍乡),兄为我决之。菊坡之馆已裁,闻为兄改谋一干脩,想已知悉。书院、书局、钱局皆已游观(钱局必大失本。如此生意,我不能做。一笑)。南皮则未往谒也。夜渐寒冷,不及多作。祗请撰安。弟廷式顿首。十月二十日。巽之来粤否?盼甚。容民处祈致意。

十二月三日(1885年1月18日),携徐赓陛过冈千仞谈。

冈千仞《观光纪游》:微阴。出观市街。……归舍,二客来见:一徐次舟(赓陛),一文希道〔道希〕(程〔廷〕式)。曰:见贵著于亦槎氏,不禁佩服。余曰:域外人疏远,聊因所著为通名姓之资耳。二人曰:贵国学欧、米,以三千年礼义之邦,一旦弃其旧,不可痛惜乎?余曰:弊〔敝〕邦国是,在取万国之长,而补其短。试言一端:弊〔敝〕邦改服制。弟野人、野服,新旧唯其所欲;弟不欲趋时,故用旧服。此服长袖缓带,坐作不便。且立国尚武,此服第一不可手火枪。故断乎废旧服,一仿欧、米。曰:欧、米戎事精练,工艺巧妙。唯伦理纲常,东洋自有万古不可易者,不可一日弃我而取彼。余曰:伦理纲常,圣人之所以继天立极。我东洋各国之卓出万国,实在于此也。此外东西互有长短,平心夷考,东洋短所十中七八,西洋短所十中一二。此弊〔敝〕邦之所以取彼长而补我短也。问我邦神道古典,及西教行否,余一一书实以答。既而二人太息曰:祖宗辟国日千里,威武行于海内外。而上下恬熙,不见兵革,二百年于今,一旦海警,致是狼狙。不可长息乎!谈至日晡。馆人曰,二人皆孝廉,以才学闻。

十二月五日(1月20日),午后携徐赓陛过冈千仞,同访李文田。

冈千仞《观光纪游》:午后,希道〔道希〕、次舟来访。共过李若农(文田)。不在,入室以待。希道〔道希〕问韩事,语渐犯人。余曰:此事不足为异。若使天不开火枪、轮舰、电信诸机器,则东西二洋,国锁其疆,民安其业,各乐百年无事,征之二三十年前可知也。今也欧人破此天荒,此蒙叟所谓凿破浑沌七窍者。试见机器未开以前,欧人岂能航九万里之波涛,大舰巨炮,吓东洋各国,以充其欲壑如今日乎?而今也东洋开此器,资此用;朝鲜蕞尔小国,势不能自立。自今而后,此等变,旦暮接踵,亦不可知!希道〔道希〕默然。已而若农出见。

十二月十日(1月25日),访徐赓陛,逢张焕斗、冈千仞,共赴王观察招饮。

　　冈千仞《观光纪游》:冒雨,过次舟。亦槎、希道〔道希〕在。供点心。共赴王观察之招。见一山突起,为越秀山。山有五层楼大悲阁,为城中胜地。希道〔道希〕曰:不雨,则一临极万里之目。至,则观察弟某出接。就一室与三人笔话。余问中土街衢逼仄,古来如此否。希道〔道希〕曰:唐宋以后,城市之制败坏,遂致今日。余曰:在昔英京,街巷狭窄,风气郁塞,恶疾盛行,人民死亡略尽。遂一变城市之制,今伦敦是也。曰:城中多瘟疫,实如所论,此不可不一变者。唯如朝野惯习为常何!希道〔道希〕有俊才,好论时事,反复究论,言言剀切。唯涉外事,茫在五里雾中。余正辞直答,彼愈激。余直曰:《大学》一书,修己治人之道悉矣。而论其修己,则曰"格致"、曰"诚正";论其治人,则曰"新民"、曰"作新民"、曰"日日新"。说"新"字,不一而足。而中人不讲格致之学,唯旧之守,余不知何谓?希道〔道希〕不复言。盖中人死执经书,若悬空论事,则纷然驳击;退引经书一二语折之,不敢妄争。纳谏自牖之义,不可不知。

十二月二十六日(2月10日),过冈千仞处送行。

　　冈千仞《观光纪游》:……希道〔道希〕来别,曰:自今书信往来,永订文字之交。又曰:法人某自柬埔寨探南掌缅甸,入中土,历滇、蜀数省,草游记,翻译方成;奇事百出,极为珍籍,惜未刻。此间所见士人,唯希道〔道希〕才气俊发,议论慷慨,尤用心家国之事,必为他日伟器。

十二月,致书冈千仞。

　　《致冈鹿门函》:鹿门足下,前日得惠赐《美利坚志》,拜嘉之至。昨接来函,一切均悉。《广东图说》凡九十四卷,近时所修,又有简本,装订三册,仆家向有之,近已运回原籍。今检得《广东通志》一部,凡百余本,中或残缺一二卷,然大致完备。阁下取以考证形势,综览古今,亦略备矣。仆日内治装,将赴沪渎,明春即至京师。书肆搜罗,时则不暇。广东所刻书目,问之陈君即了然(西湖街义仓内初见者是),并可赠刻本也。李学士将以十八日邀阁下聚王子展家,想已通知。至于域外之谈,仆家兄即曾游米国,转徙欧洲,友人中亦多经涉裨海者,闻之已稔。阁下能举古今政术、列邦利弊见告,固所至愿。若徒变成法、习艺事,如此数端,则仆不独知之,且深筹之,此时不能与阁下谈也。仆年岁尚壮,十年内当为环球之游,以拓其闻见。阁下如有西行之志,庶可同乎! 此复,顺颂时安。文廷式再拜。又,贵国有涉俄国形势掌故之书否?祈举一二书目见示。

十二月,在广州为番禺汪瑔作《随山馆诗序》。

《随山馆诗序》:尝读钟嵘《诗品》,于诸家之诗,必实其源自何人。论者或疑其附会,不知此古人分别流派之盛心也。然予犹惜其能辨文章之流别,而未能辨学术之流别。是以渊明之诗,儒家之言也,其意淡泊而有守;子建之诗,杂家之言也,其气荡佚而无制;许询近于道家;王俭近于礼家……如斯之流,未之分晰,遂使千载而下,篇章既佚,考索为难。斯读者可以深慨也。汪丈穀庵,今之隐君子也。其立身行志,皦然不欺,出于儒家;而其退然自居,不欲为天下先,则又得之于道家。故其为诗也,称物芳而志弥洁,出辞婉而情弥深。渊乎有忧世之心,而在言愈逊;泊乎有高世之概,而与物无争。《易》曰:"遁世无闷。"《老子》曰:"上德若谷。"三复斯编,殆于兼之矣。余以谫陋,无所通解。然读君之诗,知君之志;又辱君两世交,闻其绪言。因以悉其学术之所在,故敢怂恿付梓。而君督之序,亦泚笔而不辞焉。夫风雅道微,辀轩不采,下情无以上达。而作诗者又不能原本学术,考察民隐,淆然为无谓之辞,或仅仅雕锼虫鱼,极命草木,而诗学几为天下裂。顾安得如君者一二辈,起而振之。书至此,不禁三叹。亦愿后之读斯编者,推求至隐,以余言为喤引焉。光绪十年十二月,萍乡文廷式谨序。

十二月,泛海入都,汪瑔以诗送之。

汪瑔《送文芸阁孝廉(廷式)泛海入都》:我昔少年日,掉鞅翰墨场。委怀托油素,结纳多老苍。中岁交游半湖海,类矜气节能文章。卅年感旧渐零落,眼明忽见文家郎。文郎逸气陵秋颢,弱冠挥毫富华藻。人言谢朓膏腴盛,我识苏端名誉早。南武亭前数往还,考古论文互倾倒。偶闻雄辩

惊四筵,使我欣然不知老。老人迩日无好怀,见君磊落胸为开。束书告别
何太遽,修途直指黄金台。湖海昔尝谦知己,乾坤今岂无奇才。衰年良友
不易得,念此未免中心摧。方今寰海犹多事,明诏求贤语深至。会呼鹰隼
击高秋,肯使骐骥走平地。看花一日自有期,汗竹千秋讵无意。乘时未可
薄功名,报国非徒在文字。扶桑日照海上霞,送君远泛沧溟楂。临觞片语
欲持赠,愿以秋实涵春华。艺林一代文学传,乔木百年忠孝家。(君祖叔
来太守殉难嘉应,君父树臣观察以孝廉从军,杀贼复仇。)要知侧身北望意
无尽,尚有故人白发天之涯。

　　按,此诗录自汪瑔《随山馆稿》卷十诗癸,清光绪随山馆全集本,注
为甲申作。

　　编年诗:《夜泊香港》。

光绪十一年乙酉(1885年),先生三十岁

春夏间,入都,名动公卿,有"小刘金门"之目。与郑孝胥齐名。并与盛昱、
　　蒯光典、张謇、沈曾植、梁鼎芬、志锐等游。

　　《闻尘偶记》:余记同治癸酉、光绪乙亥两次入都,后挡车旁开门者尚
络绎于道,壬午犹间有之,至乙酉则不复见矣。其沿革仅在十年内外耳。

　　汪曾武《萍乡文道希学士事略》:公车入都,名动公卿,有"小刘金门"
之目。

　　叶参、陈邦直、党庠周《郑孝胥传》:二十三岁,中光绪八年壬午科本
省乡试第一名,……三上春官不第。光绪十五年己丑,考取内阁中书,以
经济文才,有声于时。先后与萍乡文廷式、义宁陈三立、南通张謇等齐名。
郑孝胥《海藏楼诗·闻文芸阁同年以八月二十四日卒于萍乡感赋》诗有
"公车回首齐名日"句。

　　蒯光典《郁华阁遗集》序:余与文芸阁、张季直同试礼部日,尝借寓意
园旬余。撰者按,据此,则相识当俱在乙酉。

　　内藤虎次郎著,吉川幸次郎译《意园怀旧录》:伯熙家在意园,饶林亭
之胜,一时英才计偕入都者,多主伯熙家。先生(文廷式)及李仲约、沈子
培、张季直、梁节庵、王正孺、志伯愚等皆意园坐上客。伯熙熟掌故之学,

大至朝章国宪,小至一名一物之细,皆能详其沿袭改变之本末,而因以推见前后治乱之迹。先生自谓二百年来事随举可答,盖渊源自伯熙也。

六月初七日(7月18日),赴梁鼎芬邀约,盛昱、张謇同席。

　　张謇《张謇日记》:写字,作"由也问闻斯行诸"四句题。星海邀饮,见文云阁、盛柏希。

六月十八日(7月29日),张謇来访。

　　张謇《张謇日记》:写字。诣云阁、子培、子泉。文云阁廷式,江西萍乡人,读书甚富。是日谈,知常熟深沉有城府。

六月二十二日(8月2日),过张謇。

　　张謇《张謇日记》:写字。作录科题。文云阁、星海来。

六月二十四日(8月4日),与梁鼎芬等唱和,曾作《齐天乐·咏荷》(几时不到横塘路)一阕慰赠梁鼎芬,时梁氏罢官将出都,委家于先生。

　　梁鼎芬《台城路》小序:乙酉六月二十四日,为荷花生日,越八日,姚桎甫丈约云阁与余,往南河泡看荷花,各得词一首。时余将出都矣。

　　刘禺生《世载堂杂忆》:梁节庵鼎芬师,胡子名满天下。胡子原委,人多未知。梁自参劾李鸿章封事上后,革去翰林,归南海,委家于文芸阁,年二十七,即乙酉岁也。

　　郭则沄《清词玉屑》:相传梁节庵与道希凤善,其罢官归,以眷属托之,后遂有仳离之恨。栖凤宅改,迸泪飞花,食鱼斋寒,惊心覆水,亦可慨已。节庵室为长沙龚氏,亦能诗。

　　按,《钱谱》云:"时节庵罢官将出都,并以眷属托先生。"其后钱仲联又撰年谱补正,引叶遐庵云:"托眷无其事",因删末句。吴天任撰《梁节庵先生年谱》云:"托眷之事,近人言者凿凿,恐非无因,遐翁或为贤者讳耳,姑录存以备考云。"托眷之事并非空穴来风,在晚清流传甚广,吴趼人《二十年目睹之怪现状》也曾影射此事。叶恭绰为先生弟子,为师者讳,自是理所当然。

七月初,得读于式枚手札。先生在京寓志锐家。

于式枚手札:节庵吾弟如晤……云弟系寓志五兄家,想常见,在津见黎心泉,坚认我为云弟,而子亮亦谓我神气酷类道希,其好说大话亦相似。回忆庚辰岁,丁三叔亦云我二人似兄弟,其相似在神不在形,相处之深,彼此浑化,真有不自觉者,而旁人能知之。昔延丈谓人生母有凭据,而父无凭据,即云相肖相处久耳。其言偏宕,而奇情重理,要不可废,此即我三人类兄弟之证也。然今日视吾两弟,相去千里,自惭形秽矣。

　　按,此札无年份,但其中提到"去岁有人传弟封事,历诋朝贵"等语,当谓梁鼎芬参劾李鸿章事,故系在本年。又先生在七月十八日又致函于式枚,故此信约为五六月间作。

七月十八日(8月27日),致函于式枚。

　　《寄于晦若》:晦若大兄执事:叶叔达到京,始悉台驾已至津门,深以为慰。前十日许,于仲鲁处得读来书,一切祇悉。星海之事,大出意外。事隔年余,忽然发作,加膝置困;时异势殊,故有此变邪?若延陵之先有申饬,一年之后,又复议处,国朝二百年来,有成案否?星弟处之泰然,极为难得,惟穷窘特甚。现定于八月回南,谋潮惠书院一席,如能如意,明正乃接眷属。此亦至不得已之计。推其才分,必不终于沦弃,得寂寥十年,读书养气,然后再出,未为晚也。渊弟在粤,盼尊讯甚切,到津后曾发书否?蔼卿兄闻当以八月来津,办专祠一事,未知确否?弟来京时,本非久计,乃以事淹滞,又南归亦无所图,只可暂住。现租寓崇文门下椅子胡同,如有来信,照寄当可收到。仲鲁殇其子,而乐帅于月初病脾颇剧,近始小愈,想未回信。延秋到苏时,闻星弟事曾发电来;复闻扬州来信,谓赢不堪。此行一无佳兆也:同辈数人,潦倒落拓,殆颇相类。前路如漆,奈何奈何!和议已定,善后之策若何?铁路、水师,二者尤亟。如有所闻,望书寄我。草此奉复,余容续布。祇请大安。弟廷式顿首。七月十八夜。

七月二十二日(8月31日),过张謇谈。

　　张謇《张謇日记》:写字。云阁来谈,说南皮方回避不与,试时告人曰:即不翰林亦足千古,但非翰林不能耸动一时,以科名耸动一时,便是务外。为人少日,志趣如此,成就有限矣,声名日蹙,何怪焉。

八月八日(9月16日),送张謇入场。

张謇《张謇日记》：申刻入场。保之、铁山、粤耆、礼卿、旭庄、星海、云阁、子培皆送场。

八月十七日（9月25日），与梁鼎芬向张謇索闱稿。

张謇《张謇日记》：索稿者纷如，亦可见人之望我者殷矣。星海、云阁尤拳拳，可感也。子培、黼卿置酒。

九月九日（10月16日），梁鼎芬招饮于枣花寺，盛昱、杨锐、李慈铭等二十九人同席。

张謇《张謇日记》：节庵集伯希、云阁二十九人，会于枣花寺，见招未与。

九月十一日（10月18日），二更后，与梁鼎芬、于式枚过张謇谈。

张謇《张謇日记》：听录。二更后，节庵、云阁、晦若来，知中第二，亚甫落第。

九月二十八日（11月4日），赴张謇、沈曾桐招饮，志锐、志钧、刘岳云、费念慈、杨锐、屠晋三、周铣诒、赵于密、王仁东、濮子潼、蒯光典同席。

张謇《张謇日记》：与子封置酒，请伯愚、仲鲁、道希、黼卿、屺怀、叔乔、晋三、荔樵、伯藏、旭庄、止潜、礼卿。

十月初四日（11月10日），次子敦书生。

十月初六日（11月12日），致函于式枚。欲倩志锐借《永乐大典》读之。

《寄于晦若》：采生大兄赐览：前月十七日曾发一函，计已登览。旋于二十一日得奉手书，并承惠寄重资。（弟于前日得一子，并以奉闻。）以吾兄景况之窘，乃复存恤及之，又适济其极乏，感深欲涕，非可名言。即欲作书，以事因循，又忽半月。昨接星弟来信，知在上海耽阁数日，即附公司船回粤。延兄有电，云在粤相见，则必请假矣。其书院事，闻为"望江"所不肯，恐不甚妥也。粤榜明仲获售，辛伯、雨生亦一一在录，为之狂喜。惟吾江榜尚未见，但知亲戚中无获售者耳。高丽、越南两处事又棘手，未知若何。有闻，望时示我。通守虽危，然必无碍；次舟事准减矣。日来欲倩伯愚借《永乐大典》读之，亦残年一乐也。余时时通函，不多及。祇请大安。

弟廷式顿首。十月初六日。

十月十一日(11 月 17 日),过张謇谈。

　　张謇《张謇日记》:写字。文道希来,乃定却仲莱之聘,闻其人狂妄也。

十一月二十一日(12 月 26 日),过张謇谈。

　　张謇《张謇日记》:写字。知朝鲜罪臣金玉均将逃回作乱,道希云。

十二月一日(1 月 5 日),张謇来访,不遇。

　　张謇《张謇日记》:写字。子封来,同诣苏龛、爽秋、道希不直。

十二月六日(1 月 10 日),晚与袁昶宴集,沈曾植、黄绍箕、朱一新、濮子潼、
　张謇同席。

　　袁昶《袁昶日记》:夜子培、仲弢、鼎父、止潜、季直、芸谷小集。

十二月二十四日(1 月 28 日),访张謇。

　　张謇《张謇日记》:写字。子培来。芸阁来。

本年,为赵尔巽草奏请发翻译总理衙门所存道光朝俄罗斯进呈书籍图说。

　　《纯常子枝语》卷三:道光朝俄罗斯进呈书籍图说,今存总理衙门者,
　凡六百八十本。光绪乙酉,余为赵次山御史(尔巽)草奏,奏请发出翻译,
　旋据总署复奏,以为旧书不如新书之详备,俄书立论又不如英、德、法三
　国,可不必译,事遂中止。

　　编年词:《齐天乐·咏荷》(几时不到横塘路)。

光绪十二年丙戌(1886 年),先生三十一岁

正月初三日(2 月 6 日),次子敦书殇。

正月二十八日(3 月 3 日),赴沈曾植之招,袁昶、李文田、黄绍箕、朱一新、张
　謇在座。

　　袁昶《袁昶日记》:阴。仲约先生、鼎父、季直、仲弢、芸谷同集子培秋
　曹家,筱珊、止潜、荦卿不至。二更归。莼老送越祠先贤表目至。

京师会试时,与陈三立、易顺鼎、杨锐、顾印愚、曾广钧等人为诗钟之会,诗酒流连。

易顺鼎《诗钟说梦》:丙戌会试入都,四方之士云集。如陈伯严、文芸阁、刘镐仲、杨叔乔、顾印伯、曾重伯、袁叔舆辈,友朋文酒,盛极一时。每于斜街花底,挑烛擘笺,以歌郎梅云辈为上官昭仪,选定甲乙。至今余箧中尚存残笺数纸,觉酒香烛泪,微有黯淡旧痕也。一日大会于陶然亭,以"楚""檀"雁足命题,佳卷甚多。而刘镐仲以"高闉何人能相楚,长城今日竟悲檀"一联,由余阅卷,哀然举首。镐仲去世久矣,思之曷胜忼然。是会为丙戌三月也。乃有绝大关系于戊戌八月者。其事甚奇,不可不记。同人拈得"来""本"鹤膝,佳卷甚多,而杨叔乔一联,亦由余阅卷,哀然举首。其句云:"抽刀我思来叔壮,横刀人诧本初雄。"时在座诸人,但争赏其属对之工称,隶事之精切耳,岂知遂成戊戌之谶耶? 言念故人,潸然涕泪。伯严是时于此体尚不甚工,"来""本"鹤膝所作一联云:"如我更多来日感,劝君莫作本朝文。"在伯严特游戏为之,以发同人之欢噱者,然至今日亦俨成诗谶矣。

四月十四日(5月17日),致书于式枚。会试落第。

《寄于晦若》:采生大兄如晤:前日得接惠书,今日又读兄致蔼兄书,用意深厚,殆逾骨肉。弟卷为吴桥王编修所抑,仅阅首艺耳。评云:小讲与后文不合,布局欠酌也。今岁所取,知名士甚多,闱墨亦极有佳者,固不必我得而后誉也。千余年来,以此耗士人精力,风会既成,人争趋之,得丧之间,动关身世。我辈生此时,亦何能不鹜? 然窃谓场前宜用功,入场宜尽力,如是而已。至如不得,无可言也。若仍欲之,则当更为致力,如战者之败,益励吾戈矛、修吾营陈而已。如不欲也,决然舍去,亦无可恋者。弟今时盖仍当复战之时也。十日以后,便拟加意读书写字,不荒不废,以副亲友责望之意。于今岁之不得,已邈然如浮云之已过矣。惟先人窀穸事至急,家计益窘,至足可虑。候仲鲁来后,夏末秋初,辄当南行。礼卿前言,未必能从;然诸君遇我厚,肺腑之感,不能忘也。王山长致徐侍郎书已送去,收信单付寄。又,弟有一私意,以为凡兵事,周、秦以前,皆关学问;汉至国朝中叶,则不尽然。自此以后,九变复贯。非深知学不足言兵。中国兵法,仅明大意,至于实事,茫若雾雾。及年岁之未晏,倘得在外五年,于外洋用兵,必能十得八九,归时才四十耳。但有一二真实本领,不愧于人,用与不用,不复计较,胜于仅仅读数卷书,便令人称知名士也,非惟不祥,亦复不雅。兄谓如何?吾意中欲言之事,笔难尽陈,兄当知其大略,非以不登第之故,为穷无复之计也。蔼兄中,至可喜,与巽之均可登入词馆。明仲书法略逊,然以其绩学,亦必为知者所录也。日来无事,心亦闲暇。然为下第诸君所困;乔茂谖以为群不逞之徒,亦足发噱。余容续布。专复。祇请台安。不一一。弟廷式顿首。四月十四夜。

四月上中旬,以太监李莲英将随醇亲王奕譞视师天津事,商于志锐,欲得人谏止之,又作书劝盛昱上言。因此事晤李文田。朱一新拟上疏劾李莲英,亦以疏稿见示先生。

《志林》:太监李双喜随醇王视师天津。余与志伯愚锐商,欲得人言之。伯愚未觅人,而自作书与其姐夫谟贝子,云:姐夫何不以口舌争之,挽回体制不少。谟贝子以伯愚原书示醇王。王云:此我自误,我自请之。今时不能争也。余遂作书劝盛祭酒昱言之。祭酒回余书云:所事创闻,岂谰语邪?余后问之周荟生銮诒妹夫。荟生云:伊殆知之。然此事出太后本意,故未敢争也。当太后命醇邸携行时,王不甚愿,奏谓李太监系三品顶戴,职分较大,大似不便。太后曰可令以六品顶戴随行也。旋晤李仲约文田学士,亦谓此说为然。然则醇王对谟贝子之言,乃不可言而自引为过也。此事亦大可虑矣。……朱容生示我以劾李莲英折,词甚伉直,引唐监军之祸亦切当。其附片请开言路,则尤触怒之甚者也。

按,光绪十二年(1886)四月十三日,李莲英随醇亲王奕譞抵达天津,会同李鸿章一起乘军舰出海检阅巡视。

四月中下旬,会试不第,欲出都南归,与长善作别。

《读〈芝隐室集〉追怀乐初将军》自注:予丙戌落第出都,与公别。公曰:"吾年暮多病,尔无事早来!虑不及相见也。"

四月二十四日(5月27日),与沈曾植、志钧饯张謇南归。

张謇《张謇日记》:子培约仲鲁、道希于其斋饯别。

四月二十八日(5月31日),新进士朝考。先生是日出都。过志钧稍坐,与长善谈,午饭其家。出东便门,得《蝶恋花》词一首。酉刻乘车到通州。换船。同行者汪兆铨、朱开懋、姚敬熙、陈三立等。夜与陈三立、汪兆铨谈至四更。是日,杨锐、张謇、张祖笏、华辉、李翊煦来送行。

《南旋日记》:出都。是日晴。早起发行李,巳刻开车。到志仲鲁家稍坐,剃头、吃饭、下棋。长乐初都统出谈,谓余"何以急行"?自言"身衰发白,恐不再见",颇凄然也。午尽伯愚回,知仲鲁留饭,颇可熹。知今日朝考题亦太泄漏矣;题为徐用仪所拟,用仪非进士出身,而拟题亦向来所无也。出东便门,得词一首:"九十韶光如梦里,寸寸关河,寸寸销魂地。落日野田黄蝶起,古槐丛荻摇深翠。　惆怅玉箫催别意,蕙些兰骚,未是伤心事。重叠泪痕缄锦字,人生只有情难死。"调寄《蝶恋花》。酉刻到通州。昨书致张楳君,已代定四舟:吾与莘伯同舟,内人一舟,陈伯严一舟,约同行者有朱利斋(开懋)、姚敬熙等又一舟。价发官价,颇可省,然甚不忍,已允舟人重赏矣。夜与伯严、莘伯谈至四更,甚畅。是日杨叔峤(锐)、张巽之(孝谦)、张勉堂(祖笏)以及华再云(辉)、李谦六(翊煦)来送行,皆见。

《光绪宣统两朝上谕档》:光绪十二年四月十八日奉旨:新进士著于本月二十八日在保和殿朝考。钦此。

四月二十九日(6月1日),早到通州署,过张兆丰谈一时许。早餐后始归舟。午刻开船,到苏庄泊舟,晚饭。与陈三立、汪兆铨谈竟日。晚饭后同登岸,步行三里许。舟仍开行,二更始歇。

《南旋日记》:早到通州署,晤张楳君(兆丰),谈一时许,遂早餐始归舟。午刻开船,到苏庄泊舟,晚饭。与伯严、莘伯谈竟日;晚饭后同登岸,步行三里许。远树人家,天涯芳草,轻风扑面,浅水映衣,皆年来红尘马粪中未有之景致,足乐也。舟仍开行,二更始歇,泊马头。是日行九十里。

五月初一日(6月2日),是日早餐泊香河县。行舟百一十里,泊柴村。夜与陈三立谈达旦。五月初一日亥时,庶母简夫人卒。年四十四(族谱)。

《南旋日记》:晴,夜雨;晚西北风颇顺。舟行百一十里,泊柴村,在河心未近岸也。夜与伯严谈达旦。是日早餐泊香河县。

五月初二日(6月3日),早饭泊杨村。晚避风雨泊桃花口。与陈三立诸人
　　谈竟日。与汪兆铨联句五古一首。夜与朱开懋、汪兆铨谈,三更始歇。

　　　　《南旋日记》:早阴,午晴,傍晚大风雨。早饭泊杨村。晚避风雨泊桃
　　花口,乡人赛神演剧,以雨而散。与伯严诸人谈竟日。是日舟行一百里
　　许。与莘伯联句五古一首。夜与利斋、莘伯谈,三更睡。

五月初三日(6月4日),到天津,换乘"海晏"轮船。未刻上船,得房舱两间。
　　泊土坝。致信志伯愚、仲鲁。

　　　　《南旋日记》:早晴。行三十余里到天津。栈伙到船,言"海晏"轮船
　　今日入口。乃与舟人商,驳至轮船边上船,每船加以四千文。作致志伯
　　愚、仲鲁信一封。追念来时与六妹至此,初离轮舟,喜泛小水,昕夕谈论,
　　琴书可娱。余谓之云:今去广东已六千里,人生行止安有定期? 回忆前
　　尘,恍如昨梦。妹闻斯语,有恻于怀;同望南云,潸焉欲涕。孰意飘轮不
　　停,尺波电谢,兰蕙犹在,馨尘已灭。重履斯境,恻怛如何! 沉郁不怡,殆
　　将累日;欲为追悼词一首,尚未成也。近日水浅,轮船不能泊紫竹林,泊土
　　坝。未刻上船,得房舱两间:家眷一间,余与伯严、莘伯同一间。夜大风
　　雨,二更息。

五月初四日(6月5日),巳刻开船,未刻出口。作《瑶台聚八仙》词一首。与
　　朱开懋谈西边事。

　　　　《南旋日记》:晴。巳刻开船,未刻出口。得词一首:"水远天长,重到
　　处,风景触目堪伤。旧愁新恨,并作一片凄凉。海水万重摇绿影,星河不
　　动夜苍苍。感琴亡,有谁知我元鬓成霜? 　凭栏所思何限,叹鸾飘凤
　　泊,莫问行藏。破帽临风,南来北去相将,防身雄剑尚在,只牛斗无灵漫吐
　　铓。归来也,咏纫兰旧赋,不尽怀湘。"调寄《瑶台聚八仙》。此词顺笔直
　　书,未经琢磨,俟暇日改定也。伯严病两日,今日小愈。是日风甚定,同舟
　　无晕眩者。与朱励斋(开懋)谈西边事。励斋谓青海中皆游牧无种植,圣
　　祖闭玉门已绝其来路也。又云左文襄所设义塾,惜奉行者不善,回子肄业
　　者皆募人代替也。

五月初五日(6月6日),船巳刻过烟台,夜过黑水洋。作《拟古宫词》一首。

作象戏数局。

　　《南旋日记》:晴。辰刻起。巳刻过烟台,未停轮。夜过黑水洋;海水如镜,新月一钩,北洋七度,此为最安恬矣。得《拟古宫词》一首:"秋鹰劲翮帚波旋,喜见云章第一篇。秘殿乌毫尖褪损,河阳才笔总如泉。"是日作象戏数局,无聊特甚。

五月初六日(6月7日),船到上海。

　　《南旋日记》:晴,忽雾,午后始散;稍风。船亦尚安。夜子初到上海,以夜不入口。

五月初七日(6月8日),辰刻泊岸。林有来接。择宿长发栈。与陈三立、汪兆铨早饭聚丰园。午间晤钱徵于申报馆,游静安寺。未刻回栈。觅李希朗,见之;觅李智俦,不遇。夜往鸿桂轩观剧。

　　《南旋日记》:晴。辰刻泊岸。宿"长发栈"。林有在上海,乃外舅陈公遣来见接者,甚佳也。与伯严、莘伯早饭"聚丰园"。午间到申报馆晤钱昕伯秀才,游静安寺。未刻回栈。觅李希朗,见之;觅李洛才,前五日始回江也。夜往"鸿桂轩"观剧。游申园时遇旧歌者,观剧时因召之,然心绪恶劣,强欢不怡,姜白石词云"老夫无味已多时",殆为我道也。

五月初八日(6月9日),辰刻赵于密、江瀚、易顺豫过访。申刻偕陈三立、汪兆铨同游张园、申园。

　　《南旋日记》:晴,有风。辰刻赵伯藏(于密)、江叔海(瀚),易由甫(顺豫)来。申刻偕伯严、莘伯同游张园、申园。夜大风雨。

五月初九日(6月10日),夜赴赵于密招饮,四更始归。作《拟古宫词》一首。

　　《南旋日记》:大雨竟日。夜伯藏招饮,四更归栈。得《拟古宫词》一首:"新制冰床学水嬉,海龙华服称銮仪。的卢跃过檀溪后,愁绝东风解冻时。"

五月初十日(6月11日),赴易顺豫招饮,王韬亦见招。夜赴陈三立宝树街招饮,三更始归。杨锐坐武昌轮自京来。作家信及致志锐、志钧信。

　　《南旋日记》:阴,午间薄晴。易由甫招饮,王子诠亦见招。夜伯严招集至宝树街,三更归栈。叔翘由京来,云坐武昌轮船甚苦。"广利"船到,先下行李。作家信及致志伯愚、仲鲁信。

五月十一日(6月12日),与汪兆铨、陈三立同到虹口阅外国马戏。晚饭聚丰园,送陈三立登船。四更始回。易顺豫招饮,不赴。

　　《南旋日记》:阴,午间薄晴。"广利"轮船以货未齐,十三乃开行也。与莘伯、伯严同到虹口阅外国马戏。驰骤敏捷,颇足观览。象虎驯伏,失其威重,令人不喜。有阿非利加洲之狮,狭面长目,毶毛不厚,绝无可畏,异于图画;昔黄豪伯(枞材)尝告我如是,不虚也。晚饭"聚丰园",送伯严下长江轮船,四更始回。易由甫招饮,不赴。

五月十二日(6月13日),杨锐来访,同往书铺。杨锐之兄杨聪亦同行。遇浙人查燕绪,得赠张裕钊《濂亭文钞》。见张燮,得赠所著《翻切简可编》二卷。购《汪氏学行记》一部。易顺鼎到,往候不遇。又偕同江瀚、杨锐、汪兆铨到格致书院。共乘马车游静安寺、张园,薄暮始归。

　　《南旋日记》:晴。数日皆颇凉,人多衣绵、夹者,余独不耐,衣夏衣,然殊为人诧也。叔峤来,同往书铺;叔峤之兄听彝(聪)亦同行。购得《汪氏学行记》一部,乃汪喜孙所辑当时誉美汪中之语及往还手札。实甫到,往候之不遇。又偕同江叔海(瀚)、叔翘、莘伯到格致书院。旋共乘马车游静安寺、张园,薄暮回栈。听彝谓剑阁乃上古人功所为,其土皆三合土也。又谓蚩尤雾,盖如今之黄烟。今之世乃颇似五帝之世耳。此说自不悉非。又遇浙人查燕绪字翼甫者于书铺,赠以其师张裕钊所著《濂亭文钞》。此书余固曾见之,乃一平平学语者耳,然张季直诸人方奉为家法、尊为本师也。见张燮,承赠所著《翻切简可编》二卷,分阴、阳、上、去、入,而不知上、去、入皆有阴阳,不足取也。

五月十三日(6月14日),早杨锐来唔,是日将乘船回蜀。偕杨聪、杨锐、汪兆铨同到各书铺购书。与汪兆铨酉刻登舟,舟未启行。

　　《南旋日记》:晴。早叔峤来,亦于是日下"江孚"轮船取道回蜀矣。偕听彝、叔峤、莘伯同到各书铺购书数种。酉刻登舟,微雨,舟仍未启行也。听彝为余言,宰我乃墨家,其短丧、论社、昼寝之说皆极似;此自有见。

余尝谓樊迟近农家,子贡近纵横家,冉伯牛近道家,子路近法家,九流之长皆萃于孔氏之门也。听彝又云:撰《尧典》者乃彭祖畴。盖畴即彭祖之字伯寿也,孔子愿比老彭即指此;谓为八百岁者,其子孙传至商,享国八百年也。伊尝为文以考之,此自可备一说。

五月十四日(6月15日),巳刻开船。

　　《南旋日记》:阴雨。巳刻开船。出口后风浪颇剧,入夜尤甚,舟中多呕吐者;四更许大风忽起,颠簸不安。

五月十五日(6月16日),晚泊温州。读书作诗。得《海上对月》诗一首。

　　《南旋日记》:寅刻风浪极烈,余与莘伯幸皆不吐;午间稍定。舟傍山行,不敢放大洋也;以载米故绕至温州。是晚泊温州口,月色尚佳,云物颇恶,仍虑有风也。温州民多开山田,种薯芋,地力之尽如此,大吏犹以谓荒未尽垦,误矣。阅释圆通(日本人)《佛国历象编》二卷。此书谓地有恒高、天动地静,皆拘守旧说;其谓回历、西历皆出于梵历,则不刊之论也。偶得《海上对月》诗一首。夜四更有雾。

五月十六日(6月17日),午刻泊船温州。与汪兆铨、赖鹤年登岸自北门入,同饭徐振兴酒楼。作《拟古宫词》一首。

　　《南旋日记》:阴雨。巳刻入温州口,午刻泊船。此邦山水雄秀,足壮南服;炮台守御,未便详悉也。申刻雨止。与莘伯、赖云芝(鹤年,广西乙亥举人)同登岸,入自北门,街衢泥泞,艰于行步。同饭徐振兴酒楼,有馔不佳,亦各饱饫也。夜浓云密布,不见月色。又得《拟古宫词》一首:"内廷宣入赵家妆,别调歌喉最擅场。羯鼓花奴齐敛手,听人演说蔡中郎。"

五月十七日(6月18日),辰刻,偕汪兆铨命小舟游江心屿。近午,船出温州口。入夜舱中暑热,不能成寐,望月达旦。作《登江心屿谒先信国祠》五古一首。

　　《南旋日记》:晴。辰刻,偕莘伯命小舟游江心孤屿。东为龙翔寺;西为兴庆寺,宋高宗驻驿之所;中为江心寺。皆未能深入。江心寺之东稍偏为先信国公祠,有塑像,又刻石像,有阮文达、谢蕴山、秦小岘、杨炳诗刻,有明吴自新诗刻。阮文达诗七律一首,后四句云:"朱鸟西台人尽哭,红羊南海劫全收。可怜此屿无多地,曾抵杭州与汴州。"祠之东为浩然楼故址,今为英国领事所居矣。又有卓忠贞祠,故明兵部侍郎也。又有陆公祠,不能入。屿之尽处为谢公亭。亭甚小,石刻谢康乐像,云本之宋刻,未知类否?轮舟将发,与莘伯急归,未暇留题也。得《登江心屿谒先信国祠》五古一首:"孤屿悬中流,光灵肃遗庙。维舟申严谒,往迹恻追吊。炎宋昔将烬,义烈奋才效。间关奉屏主,奔窜穷海峤。终类青城悲,莫赴黄幡召。柴市血犹碧,西台哭谁告?凄风历朝代,余烈激忠孝。先臣殉程乡,旧俗还祠祷。同揆耿在昔,名节诚继绍。时危砥柱折,天定溟渤沼。蘋蘩荐芳馨,矢怀向神诰。"时近午初出温州口,南风波平,舟不摇簸。入夜月色更佳。舱中暑热不能成寐,望月达旦;水程过福州矣。

五月十八日(6月19日),船傍晚过厦门。

《南旋日记》:晴。天光晶明,渔舟满海。傍晚过厦门。夜阴,三更后月色颇佳,望月不瞑,暑热弥甚。

五月十九日(6月20日),戌刻抵达香港,与汪兆铨同登岸,寓泰来栈。

《南旋日记》:晴。戌刻到香港。遂偕莘伯同登岸,寓泰来栈,行李眷属亦俱下船,三更许始定。此数日皆无风浪之恶,不易得也;惟在舟中舱,暑热可畏,亦是一苦。

五月二十日(6月21日),在香港暂息一日,汪兆铨下省。读书论学。作《拟古宫词》一首。

《南旋日记》:晴。余在香港暂息一日,莘伯先下省。午初食荔枝、香蕉,离粤已一年余矣。闻长少伯谓回回及俄人多呼中国人为"乞塔",按此即《元秘史》之"乞塔"。"乞塔"者,"契丹"之转音也;英吉利语呼中国为"差泥","差泥"者,"支那"之转音也。由西域通者呼中国为"契丹",由印度通者呼中国为"支那",皆从其朔也,而译音者往往讹误,不得其解矣。因阅翻译书,有未谛者,故附识于此。读日本人撰《六物新志》,中"木乃伊"一种,乃数千年之骷髅也,其订陶宗仪《辍耕录》之误甚详,可广异闻。余此行出温州,时薄暮,见江豚数百腾掷吹浪,而数日来天色清朗,风定波平,可知物性之占,有时不验。又得《拟古宫词》一首:"鼎湖龙去已多年,重见昭宫版筑篇。珍重惠陵纯孝意,大官休省水衡钱。"

五月二十一日(6月22日),附汉口轮船至广州。见大哥及新生之侄。赴梁
鼎芬、张鼎华邀约,往同兴居酒馆一叙。王存善、于式枚在座。饭后,与梁
鼎芬、于式枚同宿于张鼎华所寓之烟浒楼,谈至天明。赋《蝶恋花》词
一首。

　　《南旋日记》:晴。附汉口轮船到广州。已刻开行,申初抵西城内陶
家巷旧寓。将泊舟时忽大风雨,顷刻止。入室触目戚心,殊难为怀。星
海、延秋闻余到,邀往"同兴居"酒馆一叙。子展在坐,晦若由广西回才四
日,亦在座。故雨重逢,亦客中一乐也。遂与星海、晦若同宿于延秋所寓
之烟浒楼,谈至天明。赋得《蝶恋花》词一首:"密雾浓云围绣幕,常替花
愁,忍向花轻薄?但愿西风吹不落,不妨鸾凤长飘泊。　梦里姑山看绰
约,九折肠回,应有香魂觉。万种间愁无处着,黄昏雀踏金铃索。"见大哥
神气如昨,新生之侄亦颇肥大,可喜。

五月二十二日(6月23日),谒陈善圻。归烟浒楼,同宿者仍昨夜四人,天明
始寝。妻弟陈为镒来,不遇。

　　《南旋日记》:大雨。往谒外舅陈公京圃,谈二时许,仍回烟浒楼。同
宿者仍昨夜四人,天明始寝。妻弟朴诚来,不遇。

五月二十三日(6月24日),赴陈善圻邀饮,傍晚回寓早宿。赵季和、王存
善、朱启连来,皆不遇。

　　《南旋日记》:晴。午间大雨。外舅邀饮,傍晚回寓早宿。几日来延
秋诸人发电问姚柽甫病,未得回信也。顷连日赵季和、王子展、朱棣垞来,
皆不遇。又,赵伯藏忽来粤,异甚。

五月二十四日(6月25日),申刻过潘子祥。旋过王存善。赴朱启连晚餐之
邀,座有张延秋、梁星海、于晦若、汪莘伯、陈孝直、王秉恩。晤汪琼谈。散
后与于式枚同宿梁鼎芬处。

　　《南旋日记》:晴。申刻到潘子祥处;其女出见,自失母后尤觉可怜。
到王子展处。朱棣垞邀晚餐,座有延秋、星海、晦若、莘伯、孝直,暨川东人
王雪丞、杨叔峤所誉也。晤汪(美)〔芙〕生,谈顷许。散后与晦若同宿星

海处,夜热多蚊,皆不成寐。

五月二十五日(6月26日),同梁鼎芬访赵于密,旋访徐赓陛、陶邵学。又偕
　　陶邵学同过陈庆笙,谈至傍晚。赴梁星海邀约,聚同兴居,同席者张延秋、
　　陈孝直、王存善、汪兆铨诸人。三更散归。

　　　　《南旋日记》:早雨旋霁。偕星海同访伯藏,遂访徐次舟、陶子政,皆
　　见。又偕子政同访陈庆笙,谈至傍晚。星海邀聚"同兴居",延秋、孝直、
　　子展、莘伯皆同席。星海征一歌者,次舟、子展、伯藏皆有所征;惜来此呆
　　坐,无复闻清歌,有异沪上耳。晦若以未满服故不来。三更散归。

五月二十六日(6月27日),夜访王中之。

　　　　《南旋日记》:晴。巳刻大雨即止。热极,未出门。夜往王中之家,伊
　　新丧偶不能来也。

五月二十七日(6月28日),未刻梁鼎芬过访,同到红棉寺清谈。陈善圻约
　　晚饭,同席者张延秋、梁星海、赵于密、魏叔平、陈起倬,二更始散。致京信
　　二封。作《拟古宫词》一首。复五叔父信。午赵季和来,不遇。

　　　　《南旋日记》:晴。未刻星海来,同到红棉寺清谈一晌。外舅约食晚
　　饭,同席者延秋、星海、伯藏、魏叔平及现署番禺县陈汉章(起倬),二更
　　散。夜热尤甚,不能成寐。夜作京信二封。复得《拟古宫词》一首:"玉叶
　　琼花写碧绡,上清粉本试兰翘。词臣未解长秋意,拟就题诗愧舜韶。"赵伯
　　藏以明日早行,不及送之矣。张延秋赠我七十金,遂决同行。作答五叔父
　　信一封。午赵季和来,不遇。

五月二十八日(6月29日),饭后拜访陈宗侃、念孙、冯萼楼、俞秀珊、陶福
　　祥、石德芬。旋过梁鼎芬,同到陈树镛处。赴赵季和约同兴居晚饭,王存
　　善、梁鼎芬同席,三更散归。

　　　　《南旋日记》:晴。饭后往拜陈孝直、念孙、冯萼楼、俞秀珊、陶春海、
　　石星巢,皆见。转入梁星海处;同到陈庆笙处。季和约同兴居晚饭,子展、
　　星海同席,仅四人。三更散归。

五月二十九日(6月30日),检点书籍,以备行程。往拜倪文蔚、于式枚、渊
　　若、沈泽棠。往吊王中之。过外舅寓小坐。同人公祝张鼎华生日于王存

善家,于式枚、陈宗侃、石德芬、冯萼楼、赵季和、朱启连、汪兆铨、梁鼎芬、王存善皆在座,三更始归。

《南旋日记》:晴。往拜倪豹岑侍郎(文蔚)、于晦若、渊若、沈芷邻,往吊王中之,皆见。到外舅寓小坐。延秋生日,同人公祝于王子展家,在坐者:晦若、孝直、石星巢、冯萼楼、赵季和、朱棣垞、汪莘伯、星海、子展,三更散归。是日检点书籍,务少携,以行踪无定,省盘费也。延秋谓我必于今年回粤,可谓失其用心。陈庆笙谓天下之事无过于气,此为未识本原。倪豹岑乃为龚易图不平,言其被劾,尚有余愤。又云不考中书恐妨捐纳,此是政事当然之理。又云冯子材侥幸一战,朝廷不知其罪。如此等论,可谓无识之至。

五月三十日(7月1日),黄杰夫、冯萼楼招饮,不赴。发行李交张鼎华处。

《南旋日记》:晴。黄杰夫、冯萼楼招饮,不赴。午后大风雨,入夜不止。发行李交延秋处。

六月初一日(7月2日),表姊来。沈泽棠、于式枚、陈宗侃过访。往汪兆铨、陈树镛、陈善圻处辞行。闻"富顺"船已开行,须改搭他船。

《南旋日记》:早晴,午后大风雨。表姊来,病尚未愈也。芷邻、晦若、孝直来,皆见。往莘伯、庆笙、外舅处辞行。闻"富顺"船已开行,须改搭船也。

六月初二日(7月3日),妻弟陈为镒来。饭后过三婶,旋往烟浒楼访张鼎华不遇。往拜冯萼楼,又到梁鼎芬处,逢张鼎华。偕梁鼎芬往王存善处视疾。张鼎华约晚饭同兴居,于式枚、陈宗侃、冯萼楼同席,四更散归。归后闻邻人喧呼捉贼。

《南旋日记》:晴。朴臣来。饭后去往三婶处,旋往烟浒楼,延秋已他出。拜冯萼楼,见之;折入星海处,延秋到,约晚饭"同兴居"。"福山"轮船,或云尚可,或云不佳,议论不定。晦若、孝直、萼楼同席,四更始散。子展病疟甚,偕星海看之,嘱其请假,而子展以疑谤之时,有所不敢。外官之难如此,可叹也。隔墙闹贼已屡。余四更归,甫食许,而邻人喧呼捉贼。缉捕之废弛可见矣。自回粤以来,心绪虽恶,然佩菊有心,飞遁已筮,故身世之感转觉怡然。此近日所得，前此未有。盖天花着身，而禅心亦定矣。如是求益，岂有涯量！

六月初三日（7月4日），往陈善圻处辞行。过梁鼎芬、汪兆铨、陈树镛处小坐。偕汪兆铨、陈树镛登观音山，入红棉寺稍坐。入夜归。

《旋乡日记》：晴。往外舅处辞行。即过梁星海、汪莘伯、陈庆笙处小坐。莘伯、庆笙同我登观音山，入红棉寺稍坐。入夜归。

六月初四日（7月5日），卯刻过烟浒楼。偕张鼎华、于式枚、梁鼎芬、陈宗侃同到黄埔。登"福山"轮船。夜子刻，轮船开行。俞秀珊送至黄埔，备饭饯行。陈逸山复邀饭实学馆。作家书。

《旋乡日记》：晴，热。卯刻到烟浒楼。偕张延秋、于晦若、梁星海、陈孝直同到黄埔。登"福山"轮船，船极小，且热，又行李甚少而勒我补水脚，非所愿也。作家书，遂决意改搭法公司矣。俞秀珊送至黄埔，备饭饯行。陈逸山又邀饭实学馆。勉强应酬而已。夜子刻，轮船开行。所住舱近火舱，热不可耐。迁席蓬面，又受驱逐。真平生未有之苦也。

六月初五日（7月6日），辰刻到香港。与梁鼎芬、于式枚登岸。入鸿安栈。早饭万芳楼。是夜，三人同宿栈中。欲搭法公司船。

《旋乡日记》：晴。辰刻到香港。与星海、晦若登岸。入"鸿安栈"。早饭"万芳楼"。晦若探法公司未到。余决意上栈稍住待之。是夜，三人同宿栈中。

六月初六日（7月7日），同人公祝梁鼎芬生日于品升楼。与于式枚未登"福山"船，留待他船。

《旋乡日记》：早晴。星海生日，同人公祝于"品升楼"。未刻，大风雨。申刻，"福山"船开行。余与晦若遂留待他船也。

六月初七日（7月8日），与于式枚由香港渡返省。申刻至陶家巷寓所。与大哥谈至四更，始寝。

《旋乡日记》：阴雨，西风甚大。余与晦若由香港渡回省。申刻到陶家巷寓宅。与大哥谈至四更，始寝。

六月初八日（7月9日），同于式枚、渊若附渡船到香港。申刻到港，夜宿鸿
安栈。明日欲搭法公司船启程。

　　《旋乡日记》：仍同晦若附渡船到香港；渊若亦来。东南风大作，大
雨。申刻到港，见日光矣。闻法公司船已到，明日开行。是夜，仍宿"鸿
安栈"。

六月初九日（7月10日），饭后，偕于式枚、渊若同游港中兵头花园。申刻，
登法公司"亚华"船。

　　《旋乡日记》：阴晴不定。饭后，偕晦若、渊若同游港中兵头花园。申
刻，上法公司船，船名"亚华"。夜，东南风大作，月色乍阴。

六月初十日（7月11日），寅刻启行。酉刻过汕头。

　　《旋乡日记》：阴雨，东南风。寅刻启行。酉刻过汕头。船稍颠簸。

六月十一日（7月12日），申刻过福州头。风力较大，夜不能寐。

　　《旋乡日记》：晴，东北风。申刻过福州头。夜，风力较大，不能成寐，
阅《汉书》三卷。

六月十二日（7月13日），申刻至吴淞口。与于式枚搭书信船，夜到沪，寓
"泰安栈"。张鼎华将入都，与梁鼎芬邀饯张鼎华，酣饮达旦。赵于密亦
在座。

　　《旋乡日记》：晴，风定。申刻至吴淞口。余与晦若搭书信船，夜到
沪，寓"泰安栈"。延秋、星海已于初十日到。是日，延秋行李已上"顺和"
轮船，将入都矣。余与星海邀饯延秋，酣饮达旦。伯藏亦在沪，因并邀之。

六月十三日（7月14日），早送张鼎华登船。午后与梁鼎芬乘马车游申园、
张园。晚赴孔静航招饮。读《申报》，见"明年亲政"之谕。

　　《旋乡日记》：晴。早送延秋上船。午后与星海同乘马车游申园、张
园。孔静航邀晚饮，赴之。读《申报》，见"明年亲政"之谕。

六月十四日（7月15日），与于式枚同去看"高升"船。下午同梁鼎芬、于式
枚乘马车游览。饯于式枚于聚丰园。夜，送梁鼎芬登船；复与梁鼎芬乘马
车游申园、张园。夜深始寝。

《旋乡日记》:晴。"高升"船到,与晦若同到看船。下午同星海、晦若仍乘马车浪游。夜,晦若上船;月色甚佳,复与星海乘马车到申园、张园一游。夜深始寝。饯晦若于聚丰园。

六月十五日(7月16日),与于式枚晚饭聚丰园。应梁鼎芬邀,观剧于"天仙"茶园。四更始寝。

《旋乡日记》:晴。风甚大。日中未出门。晚与晦若同饭"聚丰园"。星海邀观剧于"天仙"茶园。夜月微暗,四更始寝。

六月十六日(7月17日),早与梁鼎芬送于式枚开船。早饭于聚丰园。饭后同到张园。薄暮始归。夜间游至二更归栈。作《拟古宫词》一首。

《旋乡日记》:晴,热。早与星海送晦若开船。早饭于聚丰园。饭后,同到张园,避暑、午睡。薄暮归。夜间游至二更归栈。得《拟古宫词》一首:"锦绣堆边海子桥,西风黄叶异前朝。朱墙圈后行骢断,十顷荷花锁玉娇。"王祎《华川卮辞》亦颇有一二可采,而惜其所见者浅。

六月十七日(7月18日),与梁鼎芬游书肆。晚饭聚丰园。夜与梁鼎芬乘马车游静安寺。四更始归。作信二封。作《拟古宫词》一首。

《旋乡日记》:晴。作信二封。与星海游各书肆。晚饭聚丰园。夜,月色大佳,复与星海乘马车游静安寺。四更归栈。得《拟古宫词》一首:"窄袖蛮靴学试鞍,娇羞常怯转旋难。更看戎服离奇处,翠顶朱缨异样冠。"

六月十八日(7月19日),赴梁鼎芬邀约,二更始散。后应赵于密约,乘车踏月游静安寺。作《长相思》词一首。

《旋乡日记》:晴。以星海回粤尚未有船,暂留两日。星海约饯妓者王雅卿家,二更散。伯藏约乘车踏月,遂复至静安寺一游。得词一首,调寄《长相思》。词云:"君意深,妾意深,两意相同莫两心。愁多恐不禁。待他生,耐今生,待得他生愿始成。如何忘得卿?"

六月十九日(7月20日),与梁鼎芬联句,得词三首,一寄张鼎华,二寄志钧,一寄易顺鼎。作家信三封。致信志钧、陈树镛、易顺鼎。读书阅报。

《旋乡日记》:晴,酷热。与星海联句,得词三首,一寄延秋,二寄仲鲁,一寄实甫。作家信三封;致仲鲁、庆笙、实甫信各一封。是夜星海入城住。余兴会萧索,独坐旅馆,遂不他出。阅《说文发疑》毕。张君读《说文》甚精细。其论"假借"、"转注",乃适与我意合,可熹也。寄仲鲁一词,颇有本事,姑录于此。调寄《绿意》,词云:"湘花梦影,可西风昨夜、几回吹醒?(星海)曾记盈盈,楼上黄昏,瞥见游春鞭镫。(道羲)开窗笑语红襟燕,道莫负海棠栖稳。(星)天涯别有桃源,误了琼枝芳信。(羲)太息琴丝笛谱,纵弹尽、不似旧时人听。(星)幕雨萧萧,此日江南,帘卷疏花微病。(羲)香炉薰彻相思字,又半晌月明更静。(星)只无聊、白雁横天,说与凄凉风景。(羲)"此词为平康朱秀卿作。朱,常熟人,风致流动。十年前一见仲鲁,以身许之,坚约再三,终以不果。后归常熟纪某。今又新寡,重来沪上,偶于歌筵见之。笃想故人,愿传芳信。嗟乎!萧萧风雨,岂梦花梢?絮果泥因,顿成飘泊,此亦至无聊之事矣。销暑无㤅,与星海拈而咏之。篇中"桃源",盖仲鲁有妾,旧名阿桃,因以调侃之也。阅《申报》,知诸王大臣吁请暂缓撤帘,不允。圣德母仪,无待韩琦之请,可以高轶古人。惟忆同治十二年,下诏归政,当时惟协办大学士全庆奏云:"圣学未成,请暂缓撤帘。"折入留中,遂鲜知之者。然深识者皆许其乃心社稷也。是日热至九十五度。

六月二十日(7月21日),梁鼎芬出城,约今日同下船。搭"泰和"轮船。晚饭饯梁鼎芬于兆荣里。亥刻,梁鼎芬送先生至船上,谈至夜深始归。

《旋乡日记》:晴。星海出城,闻"谏当"船是夜将开,约我今日同下船。遂定搭"泰和"轮船。捡行李半日。夜饭,余饯星海于兆荣里。亥刻,星海送我上船,谈至夜深,星海始归,"谏当"船亦以明日寅刻启程矣。劝星海以"沉思读书、虚心应世",伊皆不以为然,惟欲以聪明颠倒时人,盛气凌隶一世而已。此才亦良可惜,为之浩叹。知四月十四日"安信"寓处甚乐。

六月二十一日(7月22日),丑刻舟行。辰刻过通州、江阴。戌刻到镇江。

《旋乡日记》:丑刻舟行。辰刻大风雨,舟过通州、江阴。傍晚薄晴。夜大雨,戌刻到镇江。舟行甚缓。闻颖州、宁国两府,三四年来,种罂粟甚

多。颍州尤得法,每年销至五六十万金。又闻中国南土如不参假,色味即
与印度来者所差无几。惜业之者多参以芝麻汁,故每个只得六七成,所以
不能与外来者为敌也。

六月二十二日(7月23日),卯刻舟过江宁。午刻小泊芜湖。未刻复行。戌
亥间过大通。作《蝶恋花》词一首。

　　《旋乡日记》:晴。卯刻过江宁。午刻小泊芜湖。得《蝶恋花》词一
首:"绛树容仪谁得比? 月魄晶莹,况有他生慧。剪取秋波天意思,罗衣暮
雨娇云腻。　　恼杀西窗红蜡泪,未到天明,已是心将碎。袖里彩鸾书一
纸,伯舆自可为情死。"未刻舟复行。读《孙子》、《吴子》,点勘一过。校订
数处,皆凭臆说,无书可检也。戌亥间舟过大通。姚配中《周易阐元》,其
释"元"字,颇有思致。惟未尽举《易》中所有"元"字释之,是其一病。且
"元"与"一",固有不同,姚亦未能晰也。

六月二十三日(7月24日),辰刻舟过安庆。酉刻到九江。寓长发栈,剃头
洗澡,亲检行李,夜分始寝。作信一封。

　　《旋乡日记》:晴。辰刻过安庆。连山迭青,平田绚绿,又将到吾乡
矣。十年踪迹,泛梗浮槎,靡知所届。酉刻到九江。寓"长发"栈,甚逼
仄。剃头洗澡讫,因将由旱道入省,亲检行李,夜分始寝。作信一封。卧
不成寐。

六月二十四日(7月25日),辰刻启行,过湖三十里。午打尖沙河镇。过南
桥、枫树岭。夜宿会新店。是日傍庐山行。水陆共行七十里。夜不成寐,
补录旧作《菩萨蛮》一首,

　　《旋乡日记》:晴。辰刻启行,过湖三十里。俗名"七里湖"、"八里
湖"。水宽十余里;庐山在其东。景色致佳,然烈日当空,船狭人众,山川
之娱不敌行役之苦也。午尖沙河镇。过南桥、枫树岭。夜宿于王老门"会
新"店,未出德化县界。天气酷暑,舆夫茧足。每一名到省定价二千四百
文,复为行栈刻(叩)〔扣〕以助差事,殊为可悯。稻田自本月初四后未得
雨,村民祈求者甚多。是日傍庐山行。岚光纯黛,处处扑目。较己卯年冬
日过此,积雪满山,又是一景。山灵笑人,诚所不免;东坡默祝,余亦效之

耳。计程,水陆共行七十里。夜不成寐,补录旧作《菩萨蛮》一首:"春风
二月花秾处,木兰开拆香如雾。此际最魂销,此时云意娇。　　红霞深夜
嚼,芳凤灵犀觉。何以报君情? 锦衾秋月明。"

六月二十五日(7月26日),卯刻启行。行十五里,至马皇岭早餐。旋至马
　　颈,入德安县界。又行十余里,过五扇门。复渡江舟行八里许,到德安县
　　城,自迎恩门入。午餐于隆盛店。又行三十里,入建昌界,至伊兰宿。是
　　日行八十里。

　　　　《旋乡日记》:晴。卯刻启行。山风送凉,朝日未上,飘然作出尘想。
　　行十五里,至马皇岭,早餐。米色至恶,食不下咽。又数里至马颈,入德安
　　县界。又十余里,地名五扇门。渡江舟行八里许,到德安县城,入迎恩门。
　　午餐于"隆盛"店。记前八年于县中宿"清和"馆避雪,一日未行。今重过
　　此,徘徊店门,无复识之者。余犹忆当时寓其东房,房至湫隘;闷坐阅《圆
　　觉经》,至"一身归四大"数语,稍有所悟。观河皱面,可慨人也。又行三
　　十里,至伊兰,入建昌界,宿焉。是日行八十里。得《望庐山有作》一首:
　　"十年南北劳车马,销铄幽兰悲旷野。朅来又复思故乡,笋舆更过庐山下。
　　庐山高高高入云,奇秀远从衡霍分。下浸明湖纯黛色,上干紫极拥祥雾。
　　密祷明神发深契,梦中赠我金如意。谁能发书为占梦,为吉为凶竟何用。
　　人生三十非少年,前程浩荡总关天。会从乐奏钧天后,重忆书求宛委前。"

六月二十六日(7月27日),卯刻启行。早餐张水铺。午打尖建昌县。由杨
　　绿亭过渡,行二十里。舆夫病痧,止宿三歇渡,未出建昌界。是日行五十
　　里。批阅张惠言《词选》一过。

　　　　《旋乡日记》:晴。卯刻启行。早餐张水铺。午尖建昌县。由杨绿亭
　　过渡,行二十里。天气酷热,舆夫病痧颇甚,遂止宿三歇渡,未出建昌界
　　也。是日行五十里。沿途草树丛杂,而半属不才。疑种植之利未尽也。
　　又土人云:九江、建昌二府不能种罂粟,盖未得种法耳,非民之知本务也。
　　《孙子》"行百里而争利"数语,盖教人疾行趋利之法。"擒三将军"、"蹶上
　　将军",自属敌言;魏武谓为擒云云,不得其解。吾乡山水清拔,风俗醇茂,
　　为南省之冠。而近时人物,特为颓靡。盖自戴文端开妨贤病国之风,曹振
　　镛继之,秉钧者二十年,天下实受其弊。其后如潘世恩、彭蕴章之流,皆一

脉相传者也。庸回柄国,其不亡者,恃德泽之厚耳。至吾乡后起之士,亦颇沿大庾之遗风。程矞采之谬妄、李鸿宾之奸邪、陈孚恩之党附、胡家玉之贪黩,固不足道。即有叨窃恩命,内列卿贰、外膺疆寄者,皆无寸功之可录,无一事之可书。处非其据,莫甚于此。今其来者,抑又滔滔。而乡人犹谓省运不佳,或又谓巧宦之无术,而不自愧人才之消乏、节气之颓败、从仕者之庸妄负国家,可耻孰甚!因览庐阜之嵚崎,而太息于人才之不竞,故附记于此。连日南风,幸由陆行,若附船则此时犹未出姑塘也。批阅张皋文《词选》一过。是第二次评本也,当时点勘语浑不记忆矣。建昌之南,于二十四日得雨,稻田颇佳。

六月二十七日(7月28日),寅刻起,循行江边。卯刻启行,渡江十里,打尖于塔树。过梨子冈,午打尖于慈姑汛。过落花,夜宿皋桥村。是日道行八十里。

《旋乡日记》:晴。寅刻起,循行江边,有童子趋而歌曰:"郎有心来妾有心,不怕山高水也深。"此亦近时之谣谚也。《庄子》每用"来"字为语词,此其遗音欤?卯刻行,渡江十里,尖于塔树。又十里,为梨子冈;过此,则新建界矣。午间稍歇于慈姑汛。过落花,问望江湖地名,惟"长发"店妇人知之,云此此去仅十里许,有小港,见勒少仲河督葬处,乃在道旁,可谓违葬法矣。晚宿皋桥村。是日酷暑,殊不可耐,想过一百分矣。道行八十里。

六月二十八日(7月29日),行二十里,渡江,到省。访李智传,不遇。于西大街喻三盛店卸车。旋过访王氏姐家、梅氏姐家。回三眼井寓所。过梅启照谈。

《旋乡日记》:晴。行二十里,渡江,到省。询李洛才,已往上海。遂于西大街"喻三盛"店卸车。旋到王氏姐家、梅氏姐家,皆见。回三眼井寓所。九弟聪颖可爱;余家事则不可问也。晤梅筱岩侍郎,谈刻许。

六月二十九日(7月30日),谒定慧庵先考妣寄庄。过王晋侯姊丈。早餐后往拜署布政使,未见。到梅爽楼姊丈处,夜宿。

《旋乡日记》:晴。谒定慧庵先考妣寄庄。回,到晋侯姊丈家。早餐毕,往拜署布政使,未见。回,至爽楼姊丈处;夜宿。

七月初一日(7月31日),于梅爽楼家与二姊、五姊斗牌竟日。三更始寝。
作信四封。

　　《旋乡日记》:晴。在爽楼家,竟日与二姊、五姊斗牌。夜三更始歇。
作信四封。闻九弟前岁作联,能以"既克商二年",对"先立夏三日",颇有
巧思。冀其他日有所成就。

七月初二日(8月1日),早到江边雇船,回"三顺"客店发行李。回梅宅早
餐,旋到三眼井寓宅。梅爽楼、王晋侯来送行,谈二刻许。未刻船行。泊
生米汛。水程三十里。

　　《旋乡日记》:早晴。自到江边雇船,得官板子一只。船主姓颜,莲花
厅人;价十一千,实船行扣其一千也。回"三顺"客店发行李。回梅宅早
餐,旋到三眼井寓宅,遂下船。爽楼、晋侯来送行,谈二刻许。连日酷热南
风,登舟后忽起北风,甚爽利。未刻开。行半时,西方雷电风雨大作,维舟
避之。俄顷风雨满江。雨止,仍行。泊生米汛(有厘金卡),新建界。水
程三十里。复阅《吕氏春秋》。毕《校》简陋之甚,且有谬误可笑者。读
《元和姓纂》,云晋有樗里播著《春秋土地记》三卷。此条当补采入余所著
《补晋书艺文志》中。然恐是"京相璠"之误,林氏偶误记也。俟考。

七月初三日(8月2日),舟过内江,小泊四栅。途中三受稽查。作《点绛唇》
词一首。

　　《旋乡日记》:早阴颇凉。舟行内江,无风浪之苦,又酣睡初足,倚篷
窗读书,尽十余卷,为出门以来最适之境。惟风从西南来,舟行极迟,亦是
一闷。申刻晴,行三十里至四栅,南昌界,小泊,大风忽作,俄而大雨,遂止
不行。忆丙子年五月过此维舟,飓风竟夕。今泊此又大风,亦可异也。此
处有厘金卡。自开船至此行六十里,已三受稽查矣。阅《姓纂》一过、《吕
氏春秋》五卷,皆加墨。《吕氏春秋·序》意与《史记》叙传同意。而后半
羼入他篇文字,致不可解。卢氏已言之。毕《校》未言其故。未知刘氏、
梁氏、陈氏补校曾及之否? 夜雨萧瑟,篷窗听之,清人肺肝。惟感时之心、
怀人之思怅触纷纭,不能自已。西窗剪烛,重话斯时,又增他日一番回忆

耳。得《点绛唇》词一首:"倦客萧然,缁尘已失荷衣素。五湖何处,欲买扁舟去? 况有知音,未觉琴心苦。空江雨,有人愁绪,伴我征魂住。"

七月初四日(8月3日),江行遇雨,维舟避之。过丰城。泊王三坝。亥刻风顺,舟仍开行。泊黄景山。作《拟古宫词》一首。补录庚午年旧作,复和一首。

　　《旋乡日记》:晴,西南风。终日纤行。申刻大雨,维舟避之。雨稍止,风转东北来,舟行稍适。行六十里,过丰城。夜行五里,泊王三坝。唐德宗时天下兵七十六万,穆宗时至九十九万,而唐乃弥弱。宋太祖时兵才三十七万,真宗时至一百二十五万,而宋乃浸衰。盖自古兵多未有不贫、贫则未有不弱者。且额兵之无用,几千年于此矣。食民之食,夺民之利,其害乃过于游民。是以乾隆增兵,而阿文成争之,诚有远见。然蠹国之甚者,尤莫如旗兵。养育兵额已屡增矣,生息之银已屡发矣,而生计之蹙日甚,伎艺之不息、风气之偷惰亦日甚。咸丰间以国用支绌,裁其半饷,虽权宜之制,适足以示旷废之罚。而往岁薛允升署兵部侍郎,希醇亲王重视旗人之旨,乃奏请复王公奉饷、旗兵全俸。谕令各省筹画,复奏者多有难词。边宝泉由陕抚调豫抚,奏对复力陈外省之支绌、民生之穷蹙。事几不行矣。而鹿传霖调任陕抚,适于宝泉召对之次日奏到,云陕西可节省银十万以听指拨。山西巡抚刚毅者,鄙小人也,亦愿旗丁之充裕,奏对时亦力陈之。于是太后乃不信外臣,特降明旨,俸饷全复旧制。阎敬铭虽庸陋,犹力争之。而额勒和布、孙毓汶等承旨退矣。每年所费共多二百八十余万,而户部所存之款闻不及七百万。额勒和布语人云:我等为两年计,岂必顾其后乎? 于时赵御史尔巽嘱余属稿,约朝臣辞俸;余又另为具疏请争之,事皆不行。今检行箧中得旧稿残纸,因录其事之大略如此。此事之行也,惟惇亲王力辞加俸,不允;徐桐欲辞而未敢发。盛伯希谓余云:"此所谓回光返照者",然亦竟不敢争也。得《拟古宫词》一首:"千门锁钥重严宸,东苑关防一倍真。二十载垂衣勤俭德,愧无椽笔写光尘。"阅《吕氏春秋》二十一卷,皆加墨。陈云庄谓"此书欲为秦制法",信也。盖秦以兵农法术取天下,而不韦欲其既得之后以道家儒家治之也。孰意收其效者,乃在刘氏哉! 补录庚午年旧作,《绝句》云:"折得幽兰学楚吟,秋风秋雨一庐深。碧云易暮琴音寂,每对明灯惜此心。"搜求故纸,怅触新怀,复和一首,诗云:"鬟丝禅榻自沉吟,花落无端丈室深。夜静灯寒一惆怅,天龙与我共初心。"亥刻风顺,舟仍开行。又十五里,泊黄景山,有炮船。大雨,五更不止。

七月初五日(8月4日),辰刻舟行,行二十里泊于前港。

《旋乡日记》:阴;午后晴、热。南风甚燥,意颇不适。辰刻舟行,至午刻才十里耳。又十里,泊于前港。夜子,大风雨,舟漏。卧不成寐。

七月初六日(8月5日),是日行二十里,泊樟树镇。读书作诗。作《七夕用李义山诗韵》一首。

《旋乡日记》:晴,南风甚厉。体颇不适,连日服藿香丸,乃稍畅耳。意急、行缓。余行役每如是,殆命欤?未刻雨,西风大作,行二十里,泊樟树镇。(有厘金卡。)《七夕用李义山诗韵》:"采葛诗成怨别离,天孙况是隔年期。乍看银汉波平夜,更忆红巾泪溢时。阊阖风高前路远,支机石赠此生迟。天池易涸相思在,拚结春蚕死后丝。"阅《四十二章经》钞本。尼慧禅《注》,标举名理,援引释典,颇有可观。慧禅,顾姓,吴人,嘉庆间出家;又尝为《楞严四本论》,未之见也。

七月初七日(8月6日),舟行入袁江。旋过临江府治。泊大王庙。

《旋乡日记》:晴,申刻暴雨,顷刻复晴,南风甚大。行十里,入袁江。又二十里,过临江府治,未停船。又五里,泊大王庙。是日烦躁稍愈;惟腹泻数次,此求而得之者。夜不成寐。

七月初八日(8月7日),小泊滩头。泊长阑。

《旋乡日记》:晴,酷热大苦。行二十五里,小泊滩头。所过墟市瓦屋鳞次,山水清丽,田畴开辟,自是锦绣之区。惟当盛暑之时,阻风逆水,日仅二三十里,余性卞急,诚所不耐。虽山川淑姿,未遑领略耳。又二十里,泊长阑。余旧录希姓为一卷,续《皇朝通志·略》之后。如番禺之神姓、羽姓,南宁之鸡姓,平凉之道姓,直隶之酒姓,皆罕见之尤者。日来阅《元和姓纂》,因检光绪丙戌春季《缙绅》簿,则有赏姓(直隶吴桥县丞赏文辉,庐陵人)、介姓(邢台西黄司巡检介尚志,山西永济人)、邰姓(宝应教谕邰长濬、东台教谕邰长安,皆江宁人)、密姓(邹平训导密云祥,沂州人)、矫姓(青城教谕矫希廉,莱州人)、降姓(平定乐平乡教谕降荣,汾州人)、雒姓(闻喜典史雒祥光,陕西泾阳人)、智姓(兰仪教谕智照之,陈州人。前录中已载元氏之智寿格,此复载)、兀姓(密县训导兀焕勋,陕州人)、虎姓(汝宁训导虎载阳,开封人。前录已载虎坤元,此复载)、信姓(金县训导信中选,平凉人)、暨姓(邵武训导暨锡畴,建宁人)、仰姓(浙江开化县金竹岭巡检仰朝瑜,安徽无为州人)、竺姓(淳安训导竺士彦,宁波人)、宾姓(瑞州府经历宾承培,湘潭人。又□平训导宾显益,桂林人)、炳姓(湖南清泉县新城司巡检炳遂,湖北荆州人)、庐姓(湖南永兴县典史庐汝湘,四川汉川人)、幹姓(雅安教谕幹纪崇,成都人)、撒姓(花县典史撒圣徽,直隶庆云人)、山姓(封川知县山民,黄县人)、奕姓(广东石城县凌绿司巡检奕福臻,会稽人)、玉姓(广西永宁州学正玉琢光,浔州人)、自姓(云南开化府同知司狱自福庆,四川会理人)、青姓(邵阳县典史青玉祥,绵竹人)皆近时之希姓也。又奉天有太史姓:光绪乙酉举人太史桂。汉军有回姓:光绪癸未进士回长廉。宝庆有喝姓,贵州有茍姓(自云与“苟”异),南宁有犬姓,直隶有建姓,长沙有俞姓。谱牒之学,唐以前专门之学也。虽附会攀援,谅所不免,而类族辨物之意深焉。元、明以来,门第不讲,朝廷猥陋,家世芜秽者往往入仕。(如今仕宦中之吴树梅、吴树荣、柏锦林,皆身家不清者也。)郡县之姓氏,天子不知;有报民数者,亦循例造册,未尝稽查也。嗟乎! 后非民不立,其不相通贯如此,非士大夫不学使之然哉! 故余谓定氏族、正方言,皆勒为成书、颁之天下,皆天子所有事也。今时则四民之业且犹不讲,守御之方尚犹不知,固未暇及此矣。夜不成寐。

七月初九日(8月8日),自晨至晌午,到黄土镇,旋过铁树下、水北墟、牛爪湾、老鸦堰。止泊。

《旋乡日记》:晴。无风,天气尤热。舟子负纤,其苦可知。余虽焦急之至,亦不忍过于督饬也。自晨至晌午,到黄土镇,才十里。又纤行五里。舟人多病暑,偃息不行。俄得东北风,张帆颇迅。二十里,过铁树下。又五里,过水北墟(巡检驻处。俗名罗坊司)。又十里,过牛爪湾,已暝矣。又十里,至老鸦堰,止泊。作《李德裕论》一篇,凡四千言,文多不录。

七月初十日(8月9日),过郭家湾至石碑塘,登岸小憩。旋又行近新喻县治,风大,暂泊避之。纤行至新喻县。夜行至叶家坝止泊。作杂诗一首。

《旋乡日记》:晴,热,无风。十里至郭家湾。又十余里至石碑塘。登岸小憩。有勇台祠,不知所祀何神也。申刻微雨。又纤行十里许,西北风大作;行十里许,近新喻县治,风愈大,遂暂泊避之。仍纤行,至新喻县,有厘卡。南风大起。风定,仍饬夜行,又五里,泊叶家坝。月色水光,上下辉映,天气新凉。清安之境,亦颇增人累欷耳。道旁见傀儡戏,得杂诗一首:"寓人面目太寒酸,赢得村童拍手看。如此登场殊不愧,可怜不及沐猴冠。"读《庄子郭象注》五卷。

七月十一日(8 月 10 日),自卯至午,到白米渡。泊袁家渡。作杂诗一首、《江上见月》五古一首。

《旋乡日记》:晴。舟行,自卯至午,到白米渡,得三十五里。以昨午增纤夫二人,故稍速也。江程有滩,雨后水长,不甚高峻。水清见石,游鱼可数。杂树连山,异香时发。酷暑未退,舟人邪许之声与蝉鸣相间矣。又三十里,泊袁家渡,有二樟树,乃新喻、分宜分界处也。得杂诗一首:"仙家酒沼金茎露,梦里华雕玉叶云。吹彻参差秋未老,好将明月寄湘君。"《江上见月》五古一首:"千里命严驾,江路正夷犹。夕阴停归楫,明月照清流。颢气远相接,沧波渺难收。层山若障列,遥树似烟浮。微微玉绳转,肃肃金飙遒。孤情感逝川,高思驰林丘。兰芷芳已歇,桂华不可求。揽衾怅遥夜,关河良阻修。"读《庄子》五卷、《管子》二卷,皆加墨。

七月十二日(8 月 11 日),卯刻启行。午间至分宜县。又过仓山、赏钱湾,泊卢家堰。夜不能寐,独起看月。

《旋乡日记》:晴。卯刻开船。午间至分宜县。分宜之山,雄秀绵密,非临江所能及。又二十里至仓山,有厘卡。有仓山娘子庙,闻香火极盛也;有桥,名春晖桥。又十里,至赏钱湾,舟子举故事,不足记录。又五里,泊卢家堰。读《管子》十六卷,皆加墨。《管子》纯法家言,而间推本于道家。陈振孙谓"似非法家",蒙所未喻。如谓"君必蕲于胜民"之类,颇觉太驳;然读《八观》一篇,为之心折,管子真天下才也。夜,独起看月,不寐。

七月十三日(8 月 12 日),过滨江、江山村,入宜春界。到石壁村止泊。独坐玩月,四更始寝。作《江行遇雨》五律一首。

　　《旋乡日记》:晴。行五里,至滨江。水浅开驳,以舟人尚载盐七引故也。申刻大雷雨,顷刻开霁。又二十里到江山村,入宜春界。又三十里到石壁村,止泊。明日可到府城,计行期十三日矣。读《管子》六卷,皆加墨。《江行遇雨》五律一首:“昔年风雨夕,往往梦江湖。及此新秋序,兼之旅客孤。滩声惊午枕,云影暗深芦。举目悲身世,浮沉雁鹜俱。”袁州,在唐为文人之渊薮。不独卢肇、易重以科名取重当世,如郑谷、唐廪,其文集选本皆著录《唐书·艺文志》。先曾王父曾偕友人搜采袁州唐人集,尚哀然得十六卷,可谓盛矣。而宋以后,转不及吉、抚诸郡。此由教法不立,而吾乡民食富饶、闭户自给,故少游学之士,风气不开,学术尤陋。余于丙子回籍,时由陆路,箧书甚简,欲假《汉书》,而县中竟不可得。制举之误人,士夫之不学,殆当两任其咎。而学政之奏陈江西文风者,则每举萍乡为最,此尤可愧也。重履斯境,嘉山川之清雄,懿人材之颖秀,畅田野之垦辟,而惜乎寂寥无声,冀后来之迈往也。东南数十州,蕴而未发,而其气郁勃可以骞踔者,以吾袁为最,意其有待乎? 一路滩坝甚多,故两日风顺,而未能畅行。夜月色如白昼,独坐玩之,四更始寝。

七月十四日(8月13日),过萝冈,到袁州府治。读书作诗。四更后始寝。得杂诗二首。

　　《旋乡日记》:晴。行十里,至萝冈。水尤浅,又开驳船。农家筑坝过多,舟行苦之,然水不遗利,亦可美也。又三十里,到袁州府治。阅《楞严经》。此书余前阅之,已十年矣。观河皱面,深用自惊。然此书引譬之理,大半儿戏,证之以实,有无俟驳难者。盖后来释子贪于作文,又晋、宋间人习尚元谈,崇有体无,衍为烦说,其委尽归之佛。故精深之旨,每泪于华妙之文。达摩不立文字,盖由深鉴此弊。朱子谓“一桶水倒来倒去”,犹未知其致此之由也。得杂诗二首:“大地山河本妙明,狂华客慧偶然生。美人赠我苕华玉,皎皎婵娟鉴至诚。”“天上星辰自有灵,森森万颗嵌空青。此身那及东方朔,骑取蚩龙入杳冥。”泊秀江桥下。夜移泊北门外。袁江本名秀江,俗名为袁江也。有厘卡。夜月色正佳,惟无风。四更后始稍凉,暂得甘寝。已雇空车轿,明晨启行。

七月十五日（8月14日），打尖于萝冈。到分界铺，入萍乡界。宿于新六铺。

《旋乡日记》：晴。午间薄阴。西风送凉，肩舆中尚不甚苦。行四十里，尖于萝冈。又十里，到分界铺，入萍乡界。又三十里，宿于新六铺。袁州不雨四十余日，田禾半槁。若再十日不雨，宜春将报荒矣。萍乡则水田多不忧旱，稻田犹甚美也。沿途烟馆极多，以妓女卖烟者至强拉行客。风气败坏至此，而地方官漠若无闻。此余前十年归时尚不至此者也，为之一叹。店铺中卖饭之米亦不如前矣。夜雨。

七月十六日（8月15日），早餐于芦溪司。过云居铺，遇七弟。留谈片时，赠以行资，作书致五弟。入萍乡县城。到家，各房伯叔父及兄弟皆见。呼廷飏来访。赴剑寿伯晚饭之邀。夜与佐才兄、金生兄、喜生弟谈，四更尽始寝。

《旋乡日记》：阴雨竟日。屡入茶亭避雨，行李亦少沾濡。早餐于芦溪司。至云居铺，于舆中与七弟相遇，问之，云昨接其母信，遂以今日启程回省云。留谈片时，赠以行资，作一书致五弟。行六十里，入县城。到家，各房伯叔父及兄弟皆见。闻余至，甚喜；又闻明日将行，皆谓太速。余云：八九月即来，当久住也。呼廷飏来，问大姊家事。伊云昨接大姊信，已和息。颇为之慰。剑寿伯邀食晚饭。夜，与佐才兄、金生兄、喜生弟谈，四更尽始寝。夜雨甚大，晚稻必丰收矣。先壮烈祠，以经费不足，尚未特建，仅于老祠堂中分一席地，不足以符圣旨"专祠"之制。蘦然内疚，愧汗无极。

七月十七日（8月16日），寅刻起。景云叔邀食早饭。巳末启行。过湘东、黄花铺。谒先曾祖妣林恭人墓。至牛汤铺止宿。蚊虫太多，夜不能寐。阅《漱玉词》，作《点绛唇》一阕。

《旋乡日记》：阴。寅刻即起。景云叔邀食早饭。巳末启行。三十里至湘东：余祖迁萍时初居于此。又五里，至黄花铺。又一里许，为先曾祖妣林恭人迁葬之所，以香烛修谒。又十五里，至牛汤铺，止宿。是日天气颇凉，舆中尚不觉苦也。阅李清照《漱玉词》，拟作《点绛唇》一首："惜别经年，惜惜长忆卿知否？依偎罗袖，蜜意花房逗。　　借看钗鸾，私掐纤纤手。端详久，眉痕依旧，只是黎涡瘦。"夜蚊虫太多，达旦不寐。

七月十八日(8月17日),寅刻起。至新关早饭。午尖醴陵县治。又过源泉亭。宿清江铺。二更始宿。作《好事近》词一首。

《旋乡日记》:晴,热。寅刻起。行十五里至新关下,早餐。过关,即湖南醴陵界。行二十五里,至醴陵县治,午尖。县无城廓,街衢尚热闹,田野尚垦辟,与吾乡大致相近。茶馆以女鬻茶,亦同于昨日。又二十里,过源泉亭。又二十里,宿清江铺。道路极平整修洁,问之土人,云廪生周立铨者为之,可嘉也。是日役夫颇疲,余极力敦促,加以酒钱,始行八十里,然投宿时日已暝矣。拟龚定庵词一首,调寄《好事近》,词云:"一片碧云西,梦里瑶姬宛在。整顿平生心事,向婵娟低拜。　　鲛绡别泪凝红冰,犹忆旧时态。道是不曾消瘦,但频扯罗带。"夜二更宿。天将明时颇凉,渐有秋意矣。

七月十九日(8月18日),卯初启行,至捎冈铺早餐。过湘潭县界石,憩朱田铺。又过招真铺。宿马家山。

《旋乡日记》:晴,热。卯初启行,十里至捎冈铺,早餐。又十四里许,入湘潭县界,有界石。又十六里许,憩朱田铺。又三十里至招真铺。此三十里道程甚长,殆近四十里矣。舆夫力弱,余时步行,始得少速。又七里,宿马家山。沐浴更衣,已昏黑矣。是日行七十七里,去长沙尚六十三里。湘潭晚稻极佳。年丰则民气自靖。吾乡六月间村民肆掠,乃因禁用小钱、办理不善所致,非因饥也。(朱田铺再行十里,为龙头铺。龙头铺再三里许,有一桥,过桥即善化界。)

七月二十日(8月19日),卯初启行,六十三里至长沙府治。

《旋乡日记》:晴。卯初启行,六十三里到长沙府治。长沙城小而促。洪匪之乱,围攻南门而不能拔,则守将之得人,非地理之胜也。萍乡之水,独归洞庭,而山势亦趋长沙。故元时改为州,隶湖广行中书省,此因山水之自然也。

七月二十一日(8月20日),见《客湘日记》。

《旋乡日记》:以后,另为《客湘日记》。

按,《客湘日记》今未见,存佚不详。

八月初五日(8月23日),郭嵩焘访先生,不晤。

郭嵩焘《郭嵩焘日记》:微雨,郁热。午后大风,稍凉……适回讲舍,便过陈右铭及陈伯严、文道溪,道溪他出未晤。杨琴堂自县至,家人赶足追回。

八月初九日(8月27日),偕陈三立过郭嵩焘谈。

郭嵩焘《郭嵩焘日记》:晴而凉气加甚。接胡其祥、周砺松、王辰丽三信。杨汝襄、陈筱皆、蔡竹泉枉见。文道溪、陈伯严来谈。

八月二十二日(9月19日),偕陈三立、曾广钧往游岳麓,晚宿屈子祠。

陈三立《秋八月壬午偕文孝廉廷式曾公孙广钧渡江游岳麓晚宿屈子祠》:披风溯江涛,搴云陟退境。暖暖余日光,恢恢羁虑永。遵陇始邅迱,逾阪遽陵猛。谷势涵霄长,林容卫秋静。蜺气挫玄观,寥天带帆影。寻芳庇幽祠,明灯向清耿。申感惓怀沙,流吟托哀郢。凉宵梦各深,苍涛合重岭。游心拂朝霞,鸡鸣滞曚景。

按,八月壬午即八月二十二日。

《偕陈大曾大游岳麓山》:岳麓山高秋气爽,客心矗矗层霄上。招邀幸得贤主人,襄胜携榼成遇往。潇湘渺渺清无边,扁舟凌泛方浩然。屈子祠中更留宿,秋兰摇落不成妍。夹道松杉荫交翠,蜿蜒细路盘深邃。诸天但访琳琅宫,残碑莫问龙蛇字。孤怀远逐云鸟飞,人民城廓望中非。九嶷参差不可见,千里沧浪何处归?灵雨沾衣催客返,人家一带炊烟晚。五湖三江行路难,使我回头望云巇。

《屈子祠怀古》:大夫昔怀忠,侘傺终不遇。皇灵眷纯命,谅节守初度。蛾眉惜余芳,象骒感中路。踌躇故国思,恻怆怀沙赋。平生读楚辞,流涕沾绢素。非无乔松术,宁待哲王悟。废已存世教,驰精高天步。灵光齐日月,直道敷岁暮。荒祠神讵依,微祷心已屡。明发通遥诚,飘飘惬轻驭。

八月二十三日(9月20日),与陈三立、曾广钧游爱晚亭、吹香亭、青枫峡、万寿寺、白鹤泉、云麓宫、禹碑等处,归途遇风雨,至龙望市乘船归。

《爱晚亭》:磴道萦磐石,幽寻惬素襟。密林含雨气,回岭束秋阴。落叶寒方始,归云感已深。萧然咏《招隐》,钟磬有遗音。

《吹香亭》:四山暝色合如雨,一角野亭危破烟。解衣方作洛生咏,濯足爱此在山泉。飞雁浴凫自来往,渚蒲岸柳共婵娟。惜无明月照对酒,更和南飞乌鹊篇。

陈三立《归途遇风雨至龙望市候渡》:看山未许携山去,但向山头觅归路。云外钟声逐断鸿,犹记林泉旧游处。芳芜一径陂陀远,霞光作丝白日晚。细柳幽花娇向人,牛背平看牧童饭。秋风吹雨不吹晴,荒郊雨急行人惊。拂衣岚雾苍崖隔,张盖烟霄翠霭横。两生骁捷还相及,跣足泥涂短襦湿。十里空劳黄叶飞,咫尺江亭见颜色。亭畔胡姬恰妙年,殷勤劝酒不论钱。客心匆匆渡江水,山光人意共如烟。

按,陈三立《归途遇风雨至龙望市候渡》中言"霞光作丝白日晚"。可知此次游览在八月二十三日黄昏时结束,据《郭嵩焘日记》知:长沙八月二十三日午后雨,当即陈三立所言之"归途遇风雨"。先生《知过轩诗钞》稿本中《偕陈大曾大游岳麓山》后有《爱晚亭》、《吹香亭》、《屈子祠怀古》三首,当为此次游览之纪游诗。陈三立作于此次游览的纪游诗有《爱晚亭是入山渐高处柯木映蔽青苍窈然》、《青枫峡》、《于万寿寺经白鹤泉遂登云麓寺望湘水》、《望禹碑作》,可与先生诗作相互印证。

八月二十七日(9月24日),晚赴郭嵩焘招饮,王闿运、陈三立等人在座。

郭嵩焘《郭嵩焘日记》:接蒋幼怀信……晚邀王壬秋、文道溪、陈伯严、李云乔、涂次〔稚〕衡、黄子厚小酌。

九月十九日(10月16日),参与郭嵩焘碧浪湖展重阳诗社活动,王楷、陈海鹏、陈三立、涂景涛、罗正钧、朱振镛、曾广钧、曾广铨、李长檀、易钟岐、龚尚毅、周㴎麟、胡棣华、释芳圃、释敬安、释来因等同集。

郭嵩焘《郭嵩焘日记》:……荔云、寄禅开碧湖诗社,王壬秋两次枉约,皆未能赴,是日以展重阳之会,属离欲为治三席,到者王雁峰、陈程初、陈伯严、文道溪、涂稚衡、罗顺循、朱次江、曾重伯、曾履初、李石仙、易赞周、龚果斋、周稼舫、胡少卿及荔云、寄禅、来因三僧而已。吾携英儿前往,途遇杏农、咏民、炎儿、顺孙。尚未能满三席也。是日阴,下午微雨。

按,社集之后,郭嵩焘辑刊诸人唱和诗作成《碧湖吟社展重阳会诗》，作者依次是：李桢、易钟岐、黄式沅、胡棣华、左干青（以上五古）、郭嵩焘、熊兆松、文廷式、涂景涛、陈三立、朱振镛、罗正钧、曾广镕、郭立敷、郭本谋、僧芳圃、僧增老（以上七古）、王楷、李长檀、龚尚毅、郭立锳、僧敬安（以上五律）、曾广钧、陈海鹏、周黼麟、胡元达、戴式洵、饶智元、李绳甲、郭立辉、郭汉超（以上七律）。

李桢《碧湖吟社展重阳会诗叙》：光绪丙戌秋九月，郭筠仙侍郎以十九日展重阳于长沙北城外之开佛寺，寺临碧浪湖，陈程初镇军新建亭于此为诗社。是日会者二十三人，列宴于亭中。

朱振镛《碧湖吟社展重阳会诗叙》：光绪丙戌夏，湘潭王先生始集同人于其地，为碧湖诗社，相咏歌甚欢，一时耆贤咸在座右。而侍郎湘阴郭公郁闷时之孤抱，发写忧之退心，独以人事纠牵，无休暇之日以赴。至秋九月既望之四日，始克征朋合姻集于斯地，仿唐太和故事，为展重九之会。

郭嵩焘《碧湖吟社展重阳会诗跋》：丙戌夏，笠云、寄禅两僧开碧湖诗社，王壬秋孝廉两集诸名彦觞于湖上，会暑甚，嵩焘病不赴也。始以九月十九日续为展重阳会，会者二十余人，人各一诗，而嵩焘为之倡次韵者，文道希孝廉、熊鹤邨光禄不赴会，亦补次韵。王壬秋社约以次韵非古，禁之。嵩焘于此宽其例，意得佳诗而已，无禁约也。一日之会，老弱扶携，即景撼怀，存此以冀诗社之日昌。即两僧之诗，神趣志量，亦非仅如贯休、齐已辈。生挽近衰敝之世，为靡靡之音，徼取一时诗名已也。光绪十有二年丙戌九月，玉池老人郭嵩焘谨识。

涂景涛《丙戌展重阳郭筠仙侍郎招饮碧浪湖》：湘城九日无风雨，黄花初胎娇不吐。瑟居独酌殊寡欢，一尊谁作湖山主。玉池老人逸兴横，碧湖湖上重置觥。指麾豪俊入坛坫，韵事步武唐开成。楚骚已古风流歇，五马开疆事征伐。天策空传学士名，会春园圮蒿莱没。今日重新祓禊亭，水纹山黛摇空青。簪裾甫掖肆游燕，争挹紫霞倾绿醽。吾曹莫惜杯中酒，卝角须臾成白首。灵光独见二老存（坐中惟郭丈筠仙、王丈雁峰为父执），我生四十犹奔走。去年醉舞歌舞冈（乙酉九日余客张孝达制军戎幕，与赵滨彦、严开元同登歌舞冈），今年公宴嘉宴堂。人生欢会偶然耳，越台楚殿同荒凉。

《碧浪湖展重阳燕集步郭筠仙侍郎韵》：我从萍川泛湘水，色然心为山川起。高才凌替灵光存,再拜独识鬓眉紫。乾文耀胸森有芒,暖气煦物春初阳。挂冠五载梦安隐,每赋《九辩》悲微霜。高秋久晴足遨玩,绵邈四海舒一盼。澄观龙虎杂蛙黾,拔擢杞梓到藜苋。小亭向山僧所栖,沧波环带来无蹊。草枯烟远望不极,急雨忽送凉风凄。九州阴瞳万灵叫,大块噫气号无穷。老人默守天门雌,顾我抢攘愧年少。元龙数极黎民痛,天上大老需人扶。愿公未要谋息壤,精金跃冶玉待沽。旁观诙嘲我未识,何人得似江东鲫。侯生求鱼志未衰,终有璜玉时相值。

释敬安《九月十九玉池老人招集碧浪湖展重阳因赋》:老人兴不浅,飞盖入烟霞。展作重阳会,还劳长者车。清言契尊酒,高咏动鸣鸦。莫怅岁华晚,篱边菊未花。　　偶寻莲社约,似接竹林游。细雨林塘晚,微风草树秋。湖山得佳赏,车马此淹留。惆怅烟钟动,独归池上楼。

释敬安《挽文芸阁学士》:十五年前碧浪湖,展重阳会记还无。侍郎白发曾携酒,野寺黄花共饭菰。沪渎停云劳忆汝,潇湘落月渺愁吾。凄凉旧社几人在,支许神交老益孤。自注云:"丙戌秋,郭筠仙侍郎于长沙碧浪湖作展重阳会,一时英耆俱集,公与余均与斯会,去年公在沪上,作怀人诗,尚齿及余。"

十月初二日(10月28日),郭嵩焘接先生信。

郭嵩焘《郭嵩焘日记》:大雨,风,寒。接陈伯严、文道希、朱次江各信。

十二月十三日(1月6日),致函于式枚。

《寄于晦若》:采生大兄赐览:连发两函,久未奉复,怅惘无似。于次亮、巽之、苏龛处,屡候起居,借知近状。未审比来又复何似。依人之难,令人悒悒。严尹幕忠,终非善地也。可叹!琴弟到粤,曾有信致尊处,想已收到。延秋于十月二十六到粤,寓烟浒楼养病,闻尚未能行步。都中时事,津门咫尺,当已深悉,无俟赘言。惟于俸饷复故一层,议者皆恐后难为继。有欲争论者,有欲辞禄者,"秀才造反,三年不成",近来又帖然矣。海军经费,闻当捐之海关,此亦何可长也。弟在京尚无不适。惟周氏妹于十一月间物故,心绪不怡者阅月。是以音问疏阔。琴弟得惠州馆,系潘孺初所辞之席,每年可五百金。杨叔峤已回粤。明仲有信来否?启程当在何时?弟在京,有问粤榜人才者,弟必首举明仲。非独私交,亦公论也。

明仲著述,已有成稿。不独远在弟上,恐吾兄高才赡学,而成书之速,亦当逊之。回忆十二年前,读书一会,前尘昨梦,只觉依稀;如是数次,便就衰老。观河皱面,与一念刹那,殆无分久暂也。蔼兄到家,有信来津否?家居庐江何处?亦未寄信。何梅生北游之意若何?季直近亦常见。永嘉学派,桐城文格,将来当荟萃于江南。惟红豆家风,将即陵替。孰得孰失,非弟所能断也。天寒关寂,专盼赐书。无论心绪如何,必祈见惠一函,以当面觌,至幸至幸!余俟续布。专请撰安。弟廷式顿首。十二月十三日。

十二月二十五日(1月18日),致函于式枚。

《寄于晦若》:采生大兄赐览:二十三日得接来翰,一切祗悉。明岁冰融,便当南下,计由广西回时,当下八九月矣。琴弟得惠州书院是确信;近不得来书亦逾月矣。昨于粤人处,知琴弟之同祖弟霞宇者又复病故。此子向从陈磬生,颇能读书,致为可惜;岁暮谪宦,尤难为怀矣。洛才信来,其本家之愿婚者,仍欲得一纸书,以为相待之券。弟回书已略言兄之无意于此。然非得君言,彼意仍未已;或亦径可许。专盼回信也。黄河复南,延胡索自是妄说。若云有主之者,恐不其然。十月封事不过十件耳,而言河务者乃至六七,大是可笑。蔡钧不特不能杀,且恐即当用之。延疏劾之,并及所著《出使须知》,乃奉谕传蔡钧到总署申饬,此真有"肃中堂亲口骂王八旦"之荣矣。迩来察之人事,证之旧闻,遂令百念灰冷,非独岁暮之忧而已。次山得贵州已可虑;闻调首府者乃石阡员凤林,将来必补所遗。八千九百里,黄山谷"鬼门"之诗,未为愁苦也。江南水师,本非有用;然稽查内匪,肃清江面,亦正有所长,裁之恐有他变。而近日司农仰屋,乃欲责未垦已荒之田,复承平之税额,何论此等;将来田地,亦几不可置,虽欲为农夫,不可得矣。串票花费之外,征信册费,又不知凡几。上海办赈捐之法,乃为计臣经国之谟,诚可痛悼!乌髭药折见否?闻其中词语,毁誉参半。燕国大王之怒,所谓"是将及我"也。闻部议以二十一中,亦大非例矣。苏龛见三四次,貌似穆若,性情亦宜相类,或不至如穆若之戾耳。子封计已到津;朝夕相晤,亦颇快。《大典》钞数卷,亦恒辍手,劳而无功,学者所深戒也。烟浒楼中人,久无音问,此不足怪;独怪通守不来信者殆将半年;次舟事已,亦不复我一函,此可恶耳。都中过年,此第一次。牢落之概,殆非所任。季直云,伊有信致张廉卿,谓"在北多一日,则心灰一日"。季直湖海人,当不至是;殆恰如我意耳。余不一一。复请年安。弟功廷式顿首。二十五日。

夏,张之洞欲开译局,托先生及康有为任其事,既而不果。

　　　康有为《康南海自编年谱》:时张之洞督粤,春间令张延秋编修告之曰:"中国西书太少,传南雅所译西书,皆兵医不切之学,其政书甚要,西学甚多新理,皆中国所无,宜开局译之,为最要事。"张香涛然之,将开局托吾与文芸阁任其事,既而不果。吾乃议以商力为之,事卒不成。

　　　　按,据文氏日记,此事当系在本年五月二十一日至六月初四日先生在粤之时。

本年,为《雁来红图卷》作词。

　　　《雁来红图卷》跋:光绪乙酉十一月,梁节庵丈鼎芬罢官归里,先伯莘伯先生招同杨叔峤丈锐、王子展丈存善、朱棣垞丈启连、陶子政丈邵学集越秀山学海堂,酒半,过学海堂。时雁来红盛艳,梁丈首倡此词,先伯因嘱余子容丈士恺绘《雁来红图》,各题所为词于后。翌年,徐巨卿丈铸、文道希丈廷式、易实甫丈顺鼎、石星巢丈德芬与家大人咸有继声。

编年诗:《偕陈大曾大游岳麓山》、《爱晚亭》、《吹香亭》、《屈子祠怀古》、《碧浪湖宴集和郭筠仙侍郎韵》、与莘伯联句五古一首、《拟古宫词》(秋鹰劲翮帯波旋)一首、《拟古宫词》(新制冰床学水嬉)一首、《拟古宫词》(内廷宣入赵家妆)一首、《登江心屿谒先信国祠》五古一首、《拟古宫词》(鼎湖龙去已多年)一首、《拟古宫词》(玉叶琼花写碧绡)一首、《拟古宫词》(锦绣堆边海子桥)一首、《拟古宫词》(窄袖蛮靴学试鞍)一首、《望庐山有作》一首、《拟古宫词》(千门锁钥重严宸)一首、《绝句》(折得幽兰学楚吟)(鬖丝禅榻自沉吟)二首、《七夕用李义山诗韵》一首、《杂诗》(寓人面目太寒酸)(仙家酒渴金茎露)(大地山河本妙明)(天上星辰自有灵)四首、《江行遇雨》五律一首。

编年词:《蝶恋花》(九十韶光如梦里)、《瑶台聚八仙》(水远天长)、《蝶恋花》(密雾浓云围绣幕)、《长相思》(君意深)、《长亭怨慢·联句寄怀易硕甫并示由甫》(更谁识天涯芳树)、《绿意·联句寄仲鲁编修志钧即咏其事》(湘华梦影)、《蝶恋花》(绛树容仪谁得比)、《菩萨蛮》(春风二月花秾处)、

《点绛唇》(倦客萧然)、《点绛唇》(惜别经年)、《好事近》(一片碧云西)、《卜算子》(午枕怯轻寒)、《贺新郎·丙戌都中与汪莘伯联句之作,迄丙申秋,乃于汉口志仲鲁前辈书中,得此故纸,词虽不工,姑录存之,以志鸿爪》(天末春将老)。

光绪十三年丁亥(1887年),先生三十二岁

正月十九日(2月11日),致函于式枚。

《寄于晦若》:晦若大兄执事:上海一别,倏经半年。薄游湘中,旋归萍乡。今岁正月初间,始回江省。所云"往来无成"者,殆不出我兄所料。惟竭蹶谋之,相地计当可得,余亦勉强求其集事,但不知能如愿否耳。中年牢落,所处艰窘异常,故久不致书;加以萍乡南北不通,寄江西、广东书皆不达。此我兄前所云"极不得意之时",则音信疏阔,固其理也。去岁九月,计应服阕。未知已进京供职否,抑仍居幕府?都中久无信息,莫从得知。此信仍寄天津,想尚能达也。弟近岁以来,颠沛尤甚。今春甫到江省,即接粤信,知妇翁调署赤溪;家眷在粤,无人照料,不得已函促回江。而莫名一钱,仍欲贷之亲友,未知能否集事。即能来江,而衣食之资,殊恐不给。将来或寓萍乡,或居江省,尚在未定。"苌楚"之诗,殆为我咏。兄之所处,真人生自如之境,不足慨矣。在湘时晤王壬秋、郭筠仙诸人,皆所谓一时之彦。壬秋疏疏,貌类道士,肉髻隆起,虽才锋顿尽,犹为菰芦中可爱人。筠丈朴拙,如古钟鼎为锈所蚀,然善聆音者知其中有宫音。余子枨枨,或能闯门而入,或竟触阃而颠,各视其才,未能论定也。夕秀未振,大树凋零,言采芷兰,未盈一掬。吾乡则尤寥落如曙后星。遂令鲁阳挥戈之心,转为孟津捧土之惧。翠微山之旧址,倘容寄居,便当从此逝矣。二月间当往郴州迎眷,商量住处。四月当可启程入都。都中近事如何,海军章程如何,能见示一二否?我兄当差,与幕府不相妨否?陈容民、汪仲伊,皆当世才也。碧沼红莲,艳开并蒂。其著作何书,能代钞见示否?河冰未开,书当迟到。如有回信,请寄江西省城筷子庵梅宅,可收到也。专此。祇请大安。不一一。廷式顿首。正月十九日。穆、渊两弟近日踪迹如何?念念。

按，据信中所言"去岁九月，计应服阕"和公去岁薄游湘中晤王壬秋、郭筠仙诸人事，系于本年。于式枚父于丹九卒于光绪十年（1884）。

二月二十二日（3月16日），赴长沙短暂停留，晤陈三立，后又营葬南昌，贫不可支。陈三立致信许振祎，请为先生谋一差遣。

陈三立《与许振祎书》：仙屏世丈方伯大人钧览：京师游从，披挹德辉，清风回翔，引为至幸。违别未几，旋悉诏旨畀藩南都。南都地大物博，山川雄丽，明公英姿伟略，填抚其间，当愈益发舒，效其素抱。吾乡之不振久矣！道、咸以还，硕公巨卿发名成业者不数觏。公则声望超隆，颇已曜神县而溢方甸。康时宏道，恢张大猷，以综群伦，以开风运，名世之业，会有所归。江天在望，颂祷以之。三立谬举礼科，以楷法不中律，格于廷试，退而习书。既返湘庐，便遭家弟之变，念之惨痛。家公近虽抵粤，勉应明诏，亦庄生所谓"与之委蛇"而已。兹有干请一事，内兄俞恪士明震，山阴人。年逾弱冠，饥驱出门，省舅于钟山之下。恪士才思不俗，作为词章，大都雅丽。恪士与其弟，明岁皆须赴京兆试，而游费无所出。其本志盖在早有所获，以为进取之资而已。意欲为营一栖止，如关局之类，冀岁入稍丰，了其贫累，且以洒年来束手坐视之耻。明公弥纶万变，必有以推爱及之也。恪士才器，亦为曾重伯所素知，已告重伯，述其微旨矣。骧云有志行而好言文章，书记翩翩，颇足自娱。不拉杂抒臆，伏惟鉴察，敬叩政躬百宜。世小侄期陈三立上启。花朝后十日。又：文道希小留湘上，近营葬南昌，贫不可支，公能稍披拂之否？道希霸才横绝，与毛实君、刘镉仲、陈次亮同为乡国后起之彦，乃皆以饥驱无所就，可念也。三立再上。

春，与郑文焯、张祥龄等结词社于苏州壶园。

戴安常选编《近代蜀四家词选·张祥龄小传》：适郑文焯在苏抚幕，共结词社。十三年有《吴波鸥语》和白石词一卷，凡八十余首，皆叔问、祥龄、顺鼎弟兄及成都蒋鸿文联句之作。

按，冒广生《小三吾亭词话》云："由甫兄弟尝与文道希、郑叔问、蒋次湘、张子苾结词社于壶园。"即指此。壶园者，乃叔问所居也。

易顺鼎《吴波鸥语叙》：今年春（按：光绪十三年），与叔问、子苾、叔由举词社于吴，次湘自金陵至。四子皆嗜白石深于余，探幽洞微，穷极幼眇。

藩使署有西楼三楹,城堞缺处,可望灵岩上方诸山,视城外沙鸟风帆,皆自眉睫间过。叔问所居小园,命之以壶,才可数弓。然有石,有池,有桥,有篱,有栏,有梅、竹、桃、柳、棕、楠、木樨、芙蓉、芳树、杂华,有鱼,有鹤。数人者非啸于楼,即歌于园,蝶晚蝉初,花晚叶初,星晚露初,云晚月初,宾主杂坐,竹肉相娱。当是时,辄和白石词以为乐。

五月初,赴长沙,与王闿运等游处,尝登王闿运之湘绮楼,被目为异客。

王闿运《湘绮楼日记》:文廷式道溪来,约会谈陈寓,待课毕往,则已出游矣。与长者期约不信,未必自知其非也。

按,时王闿运在长沙。

王闿运《湘绮楼集外文·湘绮楼记》:湘绮楼者,余少时与妇同居之室,僦居无楼,假以名之。丙子秋,始得陈氏故庐,撤屋作楼,始题旧名。与余游者,莫不登焉。女士则曾彦,杂家文廷式,楼客之异者也。

夏,常往来陈宝箴、陈三立父子所居之蜕园,文酒相从。

徐一士《一士类稿·谈廖树蘅》:光绪十三年丁亥四十八岁,是岁馆罗氏。时义宁公父子居蜕园,相距甚近。罗顺循、曹骏庵、杜元穆、王伯亮、陈伯涛、文道希常来陈宅。文酒之会,几无虚日,每会必驰函相召。

八月十五日(10月1日),至京,寓志钧处。

《寄于晦若》:途中与麻兄朝夕谈谐,致足乐也。十五日到京,寓仲鲁处。……廷式叩头。八月十八日。

八月十八日(10月4日),致函于式枚。

《寄于晦若》:晦若大兄如面,途中与麻兄朝夕谈谐,致足乐也。十五日到京,寓仲鲁处。见伯愚已代致一切。见延秋述致意。延兄云:为吾兄办起复事,印给已在抽替,但必须亲来,今日到京,明日便可起复也。仲约学士未见。麻兄事复游移,想已有信。专请撰安。廷式叩头。八月十八日。

九月八日(10月24日),赴李文田招集天宁寺,沈曾植、袁昶、王颂蔚、盛昱、刘岳云、蒯光典在座。

　　　袁昶《袁昶日记》:仲约学士招集天宁寺,预约为登高之会。至者蒿隐枢部、伯希祭酒、子培秋曹、佛青户部、芸谷孝廉、礼卿检讨,主宾共八人。是日景气澄霁,林皋疏明。

十一月二十二日(1888年1月3日),夜赴袁昶招集,王颂蔚、易顺鼎、沈曾植、刘云、冯煦、黄绍箕同席。

　　　袁昶《袁昶日记》:夜招蒿隐、实甫、芸谷、子培、佛青、梦华、仲弢小集,二更散归。

本年,在京师曾借读《永乐大典》三百余册,并抄录部分内容。

　　　《纯常子枝语》卷三:《永乐大典》今存于翰林院者仅八百余册。余乙酉、丁亥在京时,志伯愚(锐)詹事方协办院事,曾借读三百余册。其可采之书惟宋元地志为最夥,惜未募写官,不能尽录。惟集《经世大典》,得六七卷;又钞其诗文及说部之冷僻者,得千余纸,为《知过轩随录》而已。他时当补读所未竟者,宋元文献犹可持扯百一也。

编年诗:《和杜写怀》二首、《赠铁西湄户部》。

光绪十四年戊子(1888年),先生三十三岁

光绪十四年戊子正月二十日(1888年3月2日),往徐桐、李仲约、缪筱珊、乔树枏、李向五等处辞行,回拜潘祖荫。入城与刘孚京小坐,得外洋舆图一册。

　　　《湘行日记》:晴。往徐尚书师、李仲约学士、缪筱珊编修、乔茂萱户部、李向五中书等处辞行,又回拜潘伯寅尚书。入城到刘镐仲同年处小坐,得外洋舆图一册,其兄鹤伯所遗也。余取之以求译者,庶可通晓。夜检书,阅《江村销夏录》三卷。闻武清有李见讨者,为在礼党之首。(一县之首耳,恐非合数省而言。)去岁法人诱之入天主教,李见讨不从。其名甚奇;"在礼"一教之用意亦未易测也。(又闻其教所诵经,惟"观世音菩萨"五字。饭毕必横置其箸,不饮酒,不吸烟,其暗号甚多。延序堂以为必为患,盛伯希不谓然,沈子培则以为将来恃以抗天主教者,赖此等人也。各说不同,并录之以俟其后。)

正月二十一日（3 月 3 日），乔树枏、赵季和、晋锡侯、延暄来访。延暄赠以洋枪。赴黄绍箕、袁昶、沈曾植松筠庵招饮，同席者志钧、王颂蔚、蒯光典、刘岳云、王仁东。申刻，潘衍桐、区湛森、沈敬甫、沈锡晋、孔镜航招饯于区湛森家，同席者志锐、志钧、张鼎华、姚礼泰。夜四更入城。得梅爽楼河南信，知来京消息。

《湘行日记》：乔茂萱、赵季和、晋锡侯、延煦堂来。煦堂赠我以洋枪，可喜也。黄仲弢、袁爽秋、沈子培招饯于松筠庵，仲鲁、莆卿、蒯礼卿、刘黼卿、王旭庄同席。申刻，潘峄琴侍读、区鹏霄、沈敬甫两中书、沈笔香员外、孔镜航郎中招饯于鹏霄家，伯愚、仲鲁、延秋、柽甫同席。夜四更入城。接梅爽楼河南信，知其将来京，然予已不及待矣。茂萱言西藏事甚亟，文树南尚能不贪财，不好色；然午间阅邸报，已著来京矣。

袁昶《袁昶日记》：与子培、中弢饯文芸阁，志仲鲁，薄暮始归。

正月二十二日（3 月 4 日），李向吾、袁昶、刘孚京、李文田、孚馨来访。乔树枏赠书，孚馨赠赆。赴盛昱、润斋、西湄、敏斋、锡侯富庆堂招饯，志锐、志钧、延暄同坐，二更始散，诸君仍到寓稍谭乃去。与长善诸人等校射二时许。夜检书至四更。蒯光典招饯，不克赴。

《湘行日记》：晴。李向吾、袁爽秋、刘镐仲、李仲约学士、孚伯兰员外来，茂萱赠书，伯兰赠赆，皆可感也。宗室伯羲祭酒、润斋吏部、瓜尔佳氏之西湄户部、敏斋工部、锡侯员外招饯于富庆堂，伯愚、仲鲁、煦堂同坐，二更散。诸君仍到寓稍谭乃去，情意殷挚，良慰旅情。是日仍与乐初年伯诸人等校射二时许。夜检书至四更。蒯礼卿招饯，不克赴。

正月二十三日（3 月 5 日），乔树枏、景澧来送行。午刻与志钧同出都。宿俞家围"东升"客店。与村民谈。

《湘行日记》：晴。乔茂萱、景东甫来送行。午刻与仲鲁同出都，行二十余里，宿俞家围"东升"客店。与村民谈，言前岁大水，有大龟三由村中过，可异也。

正月二十四日（3 月 6 日），早尖于安平，晚宿于蔡村洪德店。晚饭后与志钧偕行，观村民演剧。车中得《贺新郎》词一首。

《湘行日记》:晴。早尖于安平,晚宿于蔡村之"洪德"店,行百三十里。晚饭后与仲鲁偕行,观村民演剧。车中得《贺新郎》词一首:"别拟《西洲曲》,有佳人高楼窈窕,靓妆幽独。楼上春云千万叠,楼底春波如縠。梳洗罢,卷帘游目。采采芙蓉愁日暮,又天涯芳草江南绿。看对对,鸳鸯浴。　　侍儿料理裙腰幅,道带围近日宽尽,眉峰常蹙。欲解明珰聊寄远,将解又还重束。须不羡,陈娇金屋。一霎长门辞翠辇,怨君王已失茗华玉。为此意,更踟蹰。"此词拟苏,窃自谓有数分肖之也。

正月二十五日(3月7日),早餐浦口之"魁元"店,夜宿天津紫竹林之佛照楼。阅《时报》知云南地震消息。

《湘行日记》:微阴,有风。行八十五里。早餐浦口之"魁元"店,夜宿天津紫竹林之佛照楼。计此路往来凡十一次矣,自癸酉迄今已十六年,不独观河皱面,吾今非昔,即世事之推迁,亦诚有不可知者,岂独鲁史之怪颓岸、沮授之慨黄河已哉。中宵怅触,可胜三叹。阅《时报》,云南地震,死者万人。

正月二十六日(3月8日),作信数封。陈允颐、汪洵来。

《湘行日记》:晴。作信数封。有温州船到津,乃由香港开行者,无房舱,故不搭。陈养源知府(允颐)、汪子渊孝廉(学瀚)来。子渊为人辑《皇朝经世文续编》,已阅近人著述二百余种,当有可观;惜所为者非其人也。

正月二十七日(3月9日),回拜汪洵、陈允颐。赴汪洵、陈允颐德顺酒馆招饮,李金镛、余思诒、余昌宇诸人同席,二更始回。致书于式枚。

《湘行日记》:晴。回拜汪子渊、陈养源,皆见。子渊、养源招饮"德顺"酒馆,李秋田(金镛)知府、余翼斋主事(思诒)、余澂甫(昌宇)诸人在坐,二更回寓。见子渊所辑《经世文续编》底稿,尚有法。李秋田言东北事甚悉,闻漠河开厂事,不能调兵,颇谓棘手。

《与于晦若》:晦若长兄如晤:初十日得复函,即拟奉答,匆匆未有暇也。旋由仲约学士处,得粤电见招,掌教惠州。其地为先人旧治,山水方滋,固大佳事。然陶兄同游之约已定,年前不能决然舍去。又,私意尚有一说:南皮非心之所服,掌教非才之所堪;粤东士气嚣杂,变故方起,亦非可以久居。故已函致星海,嘱其代辞。如必不可辞,则弟与陶兄薄游后,到粤当在四月,为之勉效半年,断不作淹留之想。吾贫旧矣,岂能以升斗故任人招择耶? 惟学士与星海之意则可感耳。二十五日到津,惜不一见,又当作一年别矣。来书有绝婚宦意,亦可不必。少长仕族,耕农行商,皆非所长。宁能遁逃世外? 乘流得坻,一听造化,不必先设成心也。今春天气暖而多雪,若山、陕如此,黄河于桃汛便不可问。如闻俄、英将有战事,中国殆有池鱼之及乎? 南皮尚书于此时乃方开书局,聚文士,作书院,其不为鲁两生所叹,庾子山所哀者,盖几希耳。弟极不才,然不愿以《诗》、《礼》发冢,其素志也。迩来尤不爱文士,恶其浮言无实,是己非人,断断于不可知之事以相胜负。此则气质之一变而近于谬者。聊为吾兄言之,不可以告人也。事趋于密,文趋于繁,不独中国为然,外国亦有此弊,所不逮者虚实之间耳。如此决非久远之道;荡涤邪秽,删除烦苛,将安赖哉?轮舟将发,不及尽言。崇此。祇请撰安。不一一。弟廷式顿首。正月二十七日。彦民、巽之、伯术诸君子,乞代致意。又,弟有所恳:近阅舆图,多所未解。如东三省及西藏、印度及南洋各岛屿有详细地舆,务祈饬人代摹一份见寄,感且不朽。如正二月有信见寄,请寄"湖北武昌府李香沅转交",当可收到。

正月二十八日(3 月 10 日),午间同志钧访汪洵,旋回寓。晚饭陈允颐家,李金镛、余昌宇、余思诒来,不晤。夜与志钧、汪洵同至余思诒处,观所携德国所绘舆图,又观英国所绘海道图。

　　《湘行日记》:晴。午间同仲鲁访子渊,旋回寓。晚饭养源家,李秋田、余澂甫、余翼斋来,不晤。夜与仲鲁、子渊同至翼斋处,观所携德国所绘舆图,共九十五张,极精,惜不能通其文字。又观英国所绘海道图,于天津、烟台一带,皆中国海图所未核。余翼斋新送快船由外国回,言水师学生极有用。陈养源述崇厚在俄情形,言其初尚能持论,后乃急于蒇事,有请皆从;又以俄索兵费不多,喜出望外,自谓不世之功,急于还京,且冀不次之赏矣。此其大端之最谬者。至谓与白彦虎同宴会,与受逼迫而成约等词,皆不当,事情出于附会云。养源当时同在俄国,所言当得其实。

正月二十九日(3 月 11 日),晚饭后与志钧同登"高升"轮船,余思诒来谈良久。

　　《湘行日记》:晴。午刻"高升"轮船到。晚饭后与仲鲁同上船,搭客尚不多,甚宽敞也。余翼斋来谈良久。其言多陈因,惟谓江西瓷器当另开一窑,专仿西式,为发售外洋之用,此语颇可采。

正月三十日(3月12日),卯刻启行。至大沽口,待潮一时许。未刻出口。

　　《湘行日记》:晴。卯刻开行。至大沽口,待潮一时许。未刻出口,风静波平,舟行稳速;丑刻,北风大作,簸荡异常。

二月初一日(3月13日),晨过烟台。

　　《湘行日记》:晴。午刻风止。晨过烟台。夜微有雾,黑水洋中波浪甚静。

二月初二日(3月14日),夜午到上海,寓洋泾桥泰安栈。得《桂殿秋》词一首。

　　《湘行日记》:阴。夜午到上海,寓洋泾桥"泰安"栈。得《桂殿秋》词一首:"吹玉笛,倚江干,十分春思已阑珊。晓风残月无多地,便作天涯柳絮看。"(余前岁与梁星海、伯严、由甫、辛伯诸人游此,去岁复来,及今访之,则余与伯严、星海、辛伯诸人之故人皆已他去,故有柳絮之慨也。)

二月初三日(3月15日),与志钧同访钱徵诸人。夜观剧。作信二封,寄菜子、药物往广东。傍晚游申园。

　　《湘行日记》:晴,有风。与仲鲁同访昕伯诸人。夜观剧。作信二封,以菜子、药物寄广东。傍晚游申园,车马已稀;旁有西园,余所未到。格局略近申园,绝无邱壑。夜温《周易·下经》一册。天将曙,微雨、轻雷。

二月初四日(3月16日),作五古一首。赴志钧清和坊招饮,一更始归。见陈家仆黄泰,知家中事。作五古一首。

　　《湘行日记》:阴雨,甚寒。写小楷二千余。仲鲁招饮于"清和坊",一更回寓。闻有沈姓者来招饮,不知何人也。见陈家仆黄泰,知家中安稳。惟赤溪地太僻左耳。温《周易》毕。夜雨止。阅《申报》,言黄河春水已发,中牟以下岌岌可危,心甚忧之。作五古一首。近岁稍涉世事。每多怅触,欲拟白香山《秦中吟》,为新乐府以写之,卒卒未暇,姑先列其题于此,俟他日补作焉。《修三苑》,讽土木也。《鼎折足》,讥在位者非其人也。《特奏官》,讥海军报效也。《弃朝鲜》,讥失高丽也。《卫西藏》,惧失时也。《购铁舰》,虑将帅也。《郑州叹》,罪张曜、成孚也。《薪不属》,惧危难也。《民教争》,防世变也。(此事必贻祸数百年,戕害万千亿,知之而不可奈何。)《污池鱼》,惩朘削也。《虎当关》,惩关吏也。《父子博》,讥阎敬铭之理财也。《越甲鸣》,讥李鸿章之款敌也。《开琼州》,虑武事也。(武事不振。琼州、台湾终为人有,故虑之。)《白头叹》,思变帖括也。《中原菽》,恐失民也。(洋人诱民以教、用民以财,较之威逼,尤为深狡,故诗以警之。)《大婚礼》,虑宦官之渐进也。《观不解》,讥部例之太繁也。(则例太繁,则权在胥吏,故讥之。)《太阿柄》,刺赏罚失宜也。(近岁台湾、越南之役,赏罚未当,故刺之。)《反舌鸣》,刺言官也。(初失之杂,而是非混淆。近失之怯,而菇世不敢。加以朝廷慁谏已甚,一无所采,故两讥之。)《洋税增》,讥失利权也。《怀魏公》,思韩琦之贤也。《贺循议》,虑失礼也。《胡三制》,戒服妖也。《墨学兴》,戒邪说也。(近世每以洋学附会墨学,岂无相近,而推之于古,亦贤之过也。)此所拟题,尚有未尽,亦尚有未定者。加以深微之思,出以沉警之笔,播诸后人,亦一代得失之林也。

二月初五日(3月17日),晚赴陈左定招饮。夜宿"元和"轮船。

　　《湘行日记》:阴,午后薄晴;夜雨。陈锡荣参将(左定)招晚飧,途中同舟相识者。夜上"元和"轮船宿。

二月初六日(3月18日),寅刻开行。过通州、江阴,夜午至镇江停泊。

　　《湘行日记》:大北风,早雨,甚寒。寅刻开行。过通州、江阴,夜午始至镇江停泊。

二月初七日(3月19日),到江宁。未刻自水西门入城。寓平市街广聚客栈。夜读书,四更后寝。

　　《湘行日记》:晴。巳初到江宁。未刻小舟到水西门。入城,寓平市街"广聚"客栈。夜阅放翁诗、《盐法纪略》,四更后寝。

二月初八日(3月20日),偕志钧至秦淮茶馆。王德楷来访不见,觅至茶馆。

易顺豫、黄仲方来，遂同回寓。晚餐"新兴楼"。夜王德楷、易顺豫皆宿寓中，联句联词。

《湘行日记》：晴。偕仲鲁同至秦淮茶馆。王木斋来寓不见，觅至茶馆，相见甚欢。俄而，易由甫、黄仲方来，惊喜之至。遂同回寓。晚餐"新兴楼"。由甫登舟后忽来。夜木斋、由甫皆宿寓中，联句联词，天明未瞑，亦客中一乐也。

二月初九日（3月21日），偕易顺豫、王德楷谒曾文正祠。旋谒诸葛忠武祠。易顺豫夜始登舟，王德楷二更后始去。作忆俞明震诗三绝句。

《湘行日记》：晴。偕由甫、木斋同谒曾文正祠，祠不甚壮丽，楹联亦绝无佳者。旋谒诸葛忠武祠，有陶靖节附祀，不可解也。由甫夜始登舟，木斋二更后去。作《忆俞恪士》诗三首："才士谁如恪士清，一生惆怅为多情。晓风残月江头路，长忆骖驹送我行。（去岁余由江宁入都，恪士、木斋策马追至下关，为余送行，时轮舟将发矣。）" "月娥缥渺更婵娟，不落楞严第二仙。我为梅花甘下拜，云光十色护鸾笺。" "同是华严悟后身，天花如雨亦微尘。惟留一种心光在，翻尽天池见此人。"余久欲作一七言古诗以赠恪士，心繁意杂，恐不足状其云光五色也。重到江宁，怅触不已，聊写三绝，未尽所怀，然沧海微禽，吾心不化，读至此恪士亦当为之挥泪不止矣。惟是羲之笔法，略本之卫夫人，而禊帖一篇，终不及和南数字，殊自愧凡拙耳。

二月初十日（3月22日），往拜易顺豫舟中，途中相遇，同回寓中。饭后同登雨花台。入城游胡氏愚园。归寓，恽龄来访，与易顺豫、王德楷谭至夜分始去。

《湘行日记》：晴。往拜易由甫舟中，适将来，遇诸途，同回寓中。饭后同登雨花台，一城形势历历可指，遥望三山在隐约间。（同游者尚有梅采，字石卿，武陵人。）入城游胡氏愚园，堆石颇多，失之迫窄；池水已绿，梅、柳致佳。园主呼丁献茶果，意颇不恶。归寓，恽麓生（龄）已来，与由甫、木斋谭至夜分始去。连日鞍马尚不甚疲，惜由甫将行，游兴减矣。阅汪梅村《悔翁笔记》六卷，言地理颇有可采（如"秦三十六郡"、"唐府兵"诸条），余未宏博。

二月十一日（3月23日），易顺豫来，即登舟。饭后拜访许振袆、梁庆和、恽
龄、刘毓麟。赴王德楷招饮，志钧、刘毓麟同席。由甫亦来，二更后始散。
许振袆、梁庆和来，梁庆和赠倭刀一柄。王德楷赠书数种。

《湘行日记》：晴。由甫来，即登舟。饭后往拜许仙屏布政、梁亚甫
（庆和）大使、恽麓生同知、刘宝真（毓麟）拔贡，皆见。木斋招饮家中，仲
鲁、宝真同坐。由甫忽自舟中驰马来，欢甚。二更后散。仙屏、亚甫来，亚
甫赠倭刀一柄，甚佳。木斋赠余书数种，皆近人著作，有足采览。

二月十二日（3月24日），赴许振袆布政招饮，二更散。胡聘之同席。作《台
城路·为江宁高氏题〈瓮芳录〉》词一首。

《湘行日记》：晴。许仙屏布政招饮，二更散；前太常寺少卿胡聘之在
坐。阅管同异之《因寄轩文集》、徐鼒《未灰斋文集》，皆有可采。为江宁
高氏题《瓮芳录》，词一首，调寄《台城路》。

二月十三日（3月25日），同刘可毅、王德楷游卧佛寺、四松园、薛庐、清凉山
诸处。

《湘行日记》：阴，大风。偕刘宝真、王木斋同游卧佛寺、四松园、薛
庐、清凉山诸处。遂登城，芜湖之山，近在眉睫，回望钟阜，云气苍然，亦壮
观也。宝真言去年云南有与英吉利战事，盖彼欲袭我腾越，守边者知而御
之，故胜；及奏报则言胜摆夷耳。此说得之史念祖家，俟访实之。若然，则
今年以后滇边殆不可闲矣。

二月十四日（3月26日），读书论学。补录《台城路·为江宁高氏题〈瓮芳
录〉》词。作七绝《雨夜》一首。

《湘行日记》：雨，入夜不止。阅《癸巳存稿》，其中言"盰眙"一条太纤
曲。阅憨山和尚《金刚经决疑》一卷，说多明晰，胜于他家注释，惟于释典
文法嫌尚有小误耳。补录题《瓮芳录》词于此："烽烟已净闻钟鼓，开编尚
堪零涕。大地平沉，长星昼出，虎口逃生何计？微臣自异，列八瓮庭前，举
家同死。碧血谁收，千年魂魄化精卫。　凄凄石城遗曲，更堪枨触我，
无限伤喟。傅燮孤儿，阳原后裔，一样悲凉身世。年光逝水，问汉上铜仙，
几回清泪？听彻荒鸡，揽衾中夜起。"作七绝一首，《雨夜》："萍踪漂泊亦

萧疏,不向文君问酒垆。一种江南春雨夜,绛笺银蜡自钞书。"阅《唐人万
首绝句选》。

二月十五日(3月27日),赴许振祎招约,畅谈竟日,三更回寓。

　　《湘行日记》:雨,午后止。入夜月色致佳。许仙屏世伯招入署中,畅
谈竟日,三更回寓。仙屏述鲍武襄始末甚详:其初,应募时,以貌寝不得
挑;穷困欲自裁,赖黄翼升救之。后于曾营充喀什,犯法将斩,李元度救
之。卒成大功。其劳绩多为人所攘;及剿捻之役,刘铭传败而武襄大胜,
乃反被诬,几不得免,遂决志引病。此皆纪载所未悉者。今者大树飘零,
家难弥急,闻其遗孤在狱,病妇孀经,固非朝廷之本意;而刻薄之人,诚不
足与论事理也。

二月十六日(3月28日),偕刘可毅、王德楷游莫愁湖。

　　《湘行日记》:阴。偕葆真、木斋同游莫愁湖。湖上曾公阁,修尚未毕
工;花光柳色,春气宜人。葆真言溧阳之丝,为江南之冠,余皆不及浙丝;
江北之米,江南资之,农夫终岁耕,无一日之积云。昨仙屏布政云,有善占
天者言,四月黄水当入江南界。余谓以人事言之,亦所必然;特望天心仁
爱,或不尔耳。姑识于此,以观后验。温《尚书》一册。

二月十七日(3月29日),出城至下关候船,宿联升客栈。

　　《湘行日记》:阴,入夜大雨。是日出城,至下关候船,宿"联升"客栈。

二月十八日(3月30日),与志钧附元和船溯江。薄暮过大通。

　　《湘行日记》:早晴。辰刻"元和"船到,仍与仲鲁附船溯江。薄暮过
大通。是日东风。

二月十九日(3月31日),寅刻过安庆,未刻泊九江,申刻开行。

　　《湘行日记》:阴。寅刻过安庆。未刻泊九江,申刻开行。舟中阅潘
氏《读史镜古篇》,随手抄录之书,不知何人以之祸梨枣也。

二月二十日(4月1日),辰刻到汉口。午刻坐红船过江,宿斗级营保和客
栈。赴李有棻招约,畅谈至夜分始归。力沮袁山往河工投效。晤范钟。

　　《湘行日记》:阴,北风。辰刻到汉口。午刻坐红船过江,宿斗级营

"保和"客栈。武昌府李荔垣太守遣人来招寓署中，遂往拜之，畅谈至夜分始归栈。家兄袁山在署，将往河工投效，余力沮之，未知能听否？晤南通州范仲霖优贡(钟)，昔常闻之，张蔼卿、俞恪士、刘葆真屡称其才，今始见之也。阅电报，知伯愚竟未记名道府，鸾台凤阁终当胜粗官邪？此亦可见事有定命也。夜微雨。

二月二十一日(4月2日)，李有棻来，以《寿昌乘》交刊之。

　　《湘行日记》：阴。李荔垣来。温《尚书》二十八篇毕。夜读《庄子》四篇。以《寿昌乘》交荔垣刊之。

二月二十二日(4月3日)，偕志钧同移府署。读书论词。

　　《湘行日记》：晴。偕仲鲁同移府署。阅《汪梅村诗词集》，于咸丰、同治间事颇有见闻，惜才分稍隘，未足抒其胸臆耳；词笔尤近粗率。

二月二十三日(4月4日)，易顺豫来，冒雨同游曾文正祠，谈至薄暮始散。夜与李有棻、范钟谈至四鼓。

　　《湘行日记》：雨。仲鲁过江拜客。由甫忽来，伊于昨日始到汉口也，喜甚。遂冒雨同游曾文正祠，谈至薄暮始散。由甫去而仲鲁回，竟不得见。夜与荔垣、仲霖谈至四鼓。(是日清明。)

二月二十四日(4月5日)，同袁山、范钟同访黄鹤楼遗址。与志钧稍商明日行事。夜仍与李有棻、范钟谈至丑刻。寄家信。得志锐信。

　　《湘行日记》：晴。发家信。与袁山兄暨仲霖同访黄鹤楼遗址。午间督署遣人来云，明日有轮船赴湘，遂与仲鲁稍商行事。夜仍与荔垣、仲霖谭至丑刻。得伯愚信。

二月二十五日(4月6日)，卯刻登知津船，志钧送至船上。已刻开行，戌刻泊邓家口。

　　《湘行日记》：晴。卯刻登舟，船名"知津"；仲鲁送至船。已刻开行，戌刻泊邓家口，水程一百五十余里。温《郑君诗谱》、《毛诗传笺》。得《拟古宫词》一首："凤阁春深电笑时，昭容舞袖御床垂。《霓裳》未习浑闲事，自取邠王小管吹。"又，前数日所作一首，补录于此："河伯轩窗透碧纱，神光入户湛兰芽。春风不解伤心地,一夕齐开白柰花。"

二月二十六日(4月7日),夜泊新堤镇。不成寐,作《拟古宫词》一首。

　　《湘行日记》:晴。温《毛传笺》。(终觉郑《笺》多缭绕处,犹前十年之见也。)行程二百余里,夜泊新堤镇。因拖带二船,故轮行颇缓,又后船惮于夜行,故早泊也。天气骤暖,余体气素壮,不能御绵。岸绿如洗,波净如平,云光鸟影,宛在衣袂,良时佳哉,春游畅矣。夜不成寐,作《拟古宫词》一首:"鹎鵊声催夜未央,高烧银蜡照严装。台前特设朱墩坐,为召昭仪读奏章。"

二月二十七日(4月8日),午过岳州。晡时于鹿角洲遇易顺豫之舟。戌刻泊晴江湾。

　　《湘行日记》:晴,夜雨。东北风颇顺。午间过岳州。晡时(于鹿角洲)逮及易由甫之舟,各于船舷以手相语,惜其取道常德,不能同行也。戌刻,泊晴江湾,行二百四十里。温《毛诗传笺》数百叶。(《毛传》有"或曰",又有疑而未定之辞,足证当有附益。)子、丑间风雨大作。

二月二十八日(4月9日),泊靖港。读书论学。

　　《湘行日记》:阴。早雨,大北风,夜东北风尤大。泊靖港。温《毛诗传笺》毕。康成笺注《雅》多有演成口义者,盖后世《正义》文体所昉;其笺《小雅》尤多幽愤之词,陈京卿师《东塾读书记》曾言之矣。

二月二十九日(4月10日),至省,宿永丰仓"泰临"栈。作信数封。

　　《湘行日记》:阴雨。到省,寓永丰仓"泰临"栈。仆人以余待之不厚,径去不顾,可恨之至;僵坐驿馆而已。作信数封。

三月初一日(4月11日),访陈三立不遇。赴乡托龚苏田借得一仆。

　　《湘行日记》:晴。访伯严,云往平江未还。赴乡托龚苏田借得一仆。夜读《列子》,其理与佛学太近,真疑魏晋人伪作也;惟刘向目录已有此书,不可解。昔贾似道于宋末为官田,其害及数十世。今又于赋役为新法,受其害者更不知当几世也,可叹之至。

三月初二日(4月12日),大雨。闭门读书。

《湘行日记》:阴,大雨。未能出门。温《尔稚》一册。

三月初三日(4月13日),访皮锡瑞不遇。吊唁周、何两姻亲丧。投信各处,
　约次日拜访。

　　《湘行日记》:阴。投各处信,约次日往拜。访皮麓云不遇(吊唁周、
　何两姻亲丧)。

三月初四日(4月14日),移居城内富正街森发店。往拜陈三立不遇。晤罗
　正钧。寄信李桓。

　　《湘行日记》:晴。移居城内富正街森发店。往拜伯严,知是日回,出
　门未见。晤罗顺循。补作寄李黼堂信。

三月初五日(4月15日),往拜豫东屏枭使未晤;见其侄荫樾亭。往拜郭嵩
　焘不遇。夜宿陈三立处,谈至四更。

　　《湘行日记》:晴。夜微雨。往拜豫东屏枭使未晤;见其侄荫樾亭,人
　极循谨。往拜郭筠仙侍郎,以演剧称寿,未见。夜宿伯严处,谈至四更。

三月初六日(4月16日),往拜杨岳斌。访程颂藩不遇。

　　《湘行日记》:晴。拜杨厚庵宫保,忠诚肫笃人也,述台湾事不矜不
　诉,尤不可得;年六十七矣,精力尚有可为。访程伯翰不遇。
　　《杨厚庵宫保挽诗》:口如冯异不言功,心似营平最朴忠。水战暗符
　名将法(孙武兵法逸篇及伍子胥兵法,皆言水战。中兴制度,仿佛近之),
　山容真见大臣风(余戊子游湘,与公雅故。谈及剃须渡台,及鸡笼力战事,
　公惟引咎,自言无功而已)。阶前枯树英雄暮(公自言年岁已晚,国家除
　拜必不受,惟兵革无避耳),冢上灵芝孝感通(公母卒,庐墓三年)。麟阁
　勋成箕尾去,故人挥泪望征鸿。

三月初七日(4月17日),往拜豫枭使。访李桓。寄信志钧。

　　《湘行日记》:晴。仍往拜豫枭使,见之。旋即往拜李黼堂方伯。其
　所撰《耆献类征》已成书;目虽瞽,记忆之性尚佳。作寄仲鲁信。

三月初八日(4月18日),往拜郭嵩焘,留饮观剧。夜饮陈三立家,遂留宿。
　晤程颂藩。得志钧信。

《湘行日记》:晴。往拜郭侍郎,留饮观剧。谈及裕庄毅祠事,连日诸君子皆以为然,知事有成。夜饮陈伯严家,遂留宿。晤程伯翰,伊痛诋近日刘沅、王闿运诸人学术,甚有见。得仲鲁信。

郭嵩焘《郭嵩焘日记》:是日治十席款诸亲友,到者九席。文道希自京至枉谈,并留酌。

三月初九日(4月19日),与俞明震闲游肆中,夜宿俞明震处。杨岳斌、李桓来,皆不晤。

《湘行日记》:阴。同恪士闲游肆中,夜宿恪士处。杨宫保、李藟堂来,皆不晤。

三月初十日(4月20日),李桓来访。晚郭嵩焘来访。

《湘行日记》:晴。李藟堂来。

郭嵩焘《郭嵩焘日记》:晚次走访文道希、陈伯严,始知道希并未在陈处,仆辈之谬诞如此。

三月十一日(4月21日),阅李桓作赠余集。涂景涛招饮不赴。

《湘行日记》:晴。阅藟堂作赠余集。其中《梦痕录》一卷,述在吾乡事甚详;《明论》二卷,则目废后作,论虽不深,亦颇有合于事情者。是日先慈忌日。涂稚蘅招饮不赴。

三月十二日(4月22日),未出门。

《湘行日记》:大雷雨。未出门。

三月十三日(4月23日),赴荫樾亭招饮。陈三立、萧叔衡同席。梁鼎芬由粤到,未终席即往访之。留宿乡间,四更始寝。

《湘行日记》:晴。樾亭招饮,伯严暨萧叔衡在坐。早间闻星海由粤到,狂喜,未终席即往访之。一见异常惊喜,遂留宿乡间,四更始寝。星海述梁僧宝家难事,大可骇怪。又谓闻之张孝达云,僧宝竟改隶英吉利籍,自造小轮船牟利;此亦恐出忌者之口也。

三月十四日(4月24日),偕梁鼎芬同访陈三立、荫樾亭、程颂藩、皮锡瑞,皮锡瑞不遇。回宿陈三立家,晚郭嵩焘来谈。

《湘行日记》：晴。偕星海同访伯严、樾亭、伯翰、麓云，仍回宿伯严家。麓云不遇；伯翰夜到伯严处畅谈，四更始散。

郭嵩焘《郭嵩焘日记》：十四日。晚诣陈伯严、文道希谈。闻梁星海来省，王逸吾之侄婿也，因劾奏合肥落职，始自粤东来，以知文道希来此，相就一见也。

三月十五日（4 月 25 日），杨岳斌来谈。偕梁鼎芬同往拜之。赴陈三立贾太傅祠招饮，同席者荫樾亭、曾广钧、皮锡瑞、俞明震诸人。席散后宿俞明震家。郭嵩焘来谈。

《湘行日记》：晴。杨厚庵宫保来栈，稍谈，余偕星海同往拜之。伯严招饮贾太傅祠，樾亭、重伯、麓云、恪士诸人在坐。散后宿恪士家。午后微雨，入夜方止。郭筠仙来谈一时许。

梁鼎芬《陈进士（三立）宴集贾太傅祠》：往彦苦辛地，今人欢乐场。棂通花入座，径短竹为墙。论学皆英妙，怀忠忽感伤。独行日斜后，蜂蝶采香忙。

三月十六日（4 月 26 日），往看梁鼎芬。偕游朱氏园。

《湘行日记》：晴。往看星海。闻其昨夜大醉，力戒劝止酒，恐不能也，遂移寓乡中。偕星海同游朱氏园，值其宴客，遂昂然入坐；园中绣毯花大开，余皆未花也。

三月十七日（4 月 27 日），杨岳斌招饮，不赴。王闿运回访，与饮。

《湘行日记》：阴。小热。杨厚庵招饮，不赴。

王闿运《湘绮楼日记》：答拜文廷式、周给事……至少村处会饮。

三月十八日（4 月 28 日），杨正仪来。访郭嵩焘不遇。过陈三立、俞明震谈。

《湘行日记》：阴。杨芝仙来（正仪），厚庵宫保之冢嗣也。拜郭筠仙未见。到伯严、恪士处稍谈。

三月十九日（4 月 29 日），访曾广钧未晤。重阅《绝妙好词》。

《湘行日记》：早晴，午后风雨。拜重伯未晤。重阅《绝妙好词》，觉南宋人词亦颇有习气。近人不善学之，颇足厌也。

三月二十日(4月30日),偕梁鼎芬入城。赴曾广钧招饮。王闿运、俞明震、陈三立、罗正钧在坐。席间王闿运语不离势利,余面斥其鄙。席散后与梁鼎芬宿陈三立家。

　　《湘行日记》:雨。偕星海入城。重伯招饮,王壬秋、俞恪士、陈伯严、罗顺循(正钧)在坐。壬秋语不离势利,余面斥其鄙;罗、陈诸人,王氏之仆隶也,闻之极为不平。席散后仍与星海宿伯严家。伯严词多悖谬,余以故交聊优容之,然兰枯柳衰,咏渊明之诗,诚欲多谢少年之相知耳。

　　王闿运《湘绮楼日记》:因至重伯家,会梁星海、文道溪、陈子俊、伯严、顺孙,饮酒杂谈……夜得重伯片,言文道溪无礼,众皆不然之,未知何故。书生聚会,意气相陵,牵率老夫。责人无礼,徒示我不广也。既欲泯其迹,遂不复问。

　　梁鼎芬《曾广钧招饮第宅》:崇闳朴坚丞相府,我来肃肃循其庑。公孙爱客招文儒,虽我此间力不努。自注:同席湘潭王闿运、罗正钧,义宁陈三立,萍乡文廷式。

三月二十一日(5月1日),回拜杨正仪、郭嵩焘。夜与梁鼎芬同榻。

　　《湘行日记》:晴。回拜杨芝仙、郭筠仙,皆见。星海赴左子异筵席,大醉而归。夜与同榻,酒气甚醺,可笑也。

三月二十二日(5月2日),早餐后访荫槭亭、曾重伯。得仲鲁书。

　　《湘行日记》:晴。早餐访槭亭、重伯,皆见。得仲鲁书。

三月二十三日(5月3日),过李桓谈良久。作书六七封,托梁鼎芬代寄。

　　《湘行日记》:雨,微寒。访李黼堂,语谈良久;见其请裕庄毅祠稿,至是凡三易矣。作书六七封,托星海代寄。

三月二十四日(5月4日),偕梁鼎芬入城。陈三立、曾广钧诸人邀刘忠壮祠观剧,二更后散,宿陈三立处。荫槭亭、杨正仪来。

　　《湘行日记》:雨。偕星海入城。伯严、重伯诸人邀余与星海刘忠壮祠观剧,二更后散,宿伯严处。槭亭、芝仙来。

三月二十五日(5月5日),赴郭嵩焘招饮。陈三立、余肇康诸人同席。席未终而去。夜与梁鼎芬谈至三鼓;作送梁鼎芬词一首。

　　《湘行日记》:大雨。立夏。郭筠仙侍郎招饮,陈伯严、余尧衢诸人同席。余急于送星海之行,未终席而去。夜与星海谈至三鼓;作送星海词一首。

　　郭嵩焘《郭嵩焘日记》:午邀梁星海、文道希、张禹田、陈伯严、彭稷初、余尧衢、曾重伯小酌。星海、重伯、稷初均不至。道希又与梁星海约谈,甫登席而去,名士之未易与交接如此。

三月二十六日(5月6日),送梁鼎芬登舟,巳刻开行。皮锡瑞招饮不赴。

　　《湘行日记》:大雨。送星海登舟,巳刻开行。皮麓云招饮不赴。是日水几入城,送行极苦。

三月二十七日(5月7日),得志钧信。

　　《湘行日记》:雨。得仲鲁信,知其决不来湘,遂定日内回鄂。

三月二十八日(5月8日),访荫樾亭,定初四日偕行;往杨正仪、郭嵩焘、李桓、陈三立处辞行。

　　《湘行日记》:雨。访樾亭,定初四日偕行;遂往杨、郭、李、陈各处辞行。是日知裕庄毅祠禀已递故也。

三月二十九日(5月9日),过程颂藩辞行。

　　《湘行日记》:雨。仍往辞行,晤伯翰。

三月三十日(5月10日),杨正仪来送行。

　　《湘行日记》:雨。杨芝仙来送行。是日福安轮船到省。

四月初一日(5月11日),李桓来送行,赠菜、赠书。

　　《湘行日记》:晴。李黼堂来送行,病瘥远来,又赠菜、赠书,意甚殷厚。

四月初二日(5月12日),过荫樾亭,同往曾广钧处,旋偕上福安船。约初六启程。

　　《湘行日记》:晴。访樾亭,同往重伯处,遂偕上福安船。船甚大,遂定其中舱,又与之约初六启程也。

四月初三日(5月13日),过俞明震、陈三立稍坐。阅杨正仪所赠《长江图》、《奏议》。

　　《湘行日记》:访恪士、伯严,稍坐。阅杨芝仙所赠《长江图》、《奏议》;闻其欲于九江造船厂及机器局,此说乃与李仲约相合也。

四月初四日(5月14日),未记事。

　　《湘行日记》:晴,晚间微雨。

四月初五日(5月15日),往候荫樾亭。樾亭以诸事未集,行期推迟一日。夜检书。晤陈曾佑。

　　《湘行日记》:早晴,午后大雨。往候樾亭,欲将行李登舟,而樾亭以诸事未集,拟迟一日。午后苏田招饯家中。夜检书。晤陈苏生(曾佑)同年于县署中,文章华赡,吐属名贵,真清士也。

四月初六日(5月16日),访荫樾亭,欲同登舟,而福安船因故欲改十三日行。

　　《湘行日记》:晴。仍访樾亭,欲同登舟,而福安船以故欲改十三日行矣。闻其意欲待曾氏之戚袁某者,又陈湜欲其拖带余尧衢。是以迟延,可恨之至。

四月初七日(5月17日),访荫樾亭。

　　《湘行日记》:晴。仍访樾亭,嘱其以排单告仲鲁稍迟之故;余又欲先借"福安"驶至湖北,于日内开行,樾亭云商之重伯,事未可也。

四月初八日(5月18日),访荫樾亭、陈三立、俞明震。

　　《湘行日记》:晴。访樾亭、伯严、恪士,皆见。炎热异常,大类入伏。阅《楞严经合辙》一册。

四月初九日(5月19日),作字千余。

　　《湘行日记》:晴。作小楷千余。异常之热。

四月初十日(5月20日),微恙。

　　《湘行日记》:晴。入夜大风、骤雨、雷电。日间发痧,颇委顿。

四月十一日（5月21日），督行李登舟。早饭樾亭处。陈曾佑为刻印章见赠。

《湘行日记》：晴。余督行李登舟。天气大寒，极似初冬，时气不正，行旅之患也。早饭樾亭处。苏生为刻"道希"二字印章见赠，刀法斩绝，极类汉印，可宝也。

四月十二日（5月22日），未记事。

《湘行日记》：晴。

四月十三日（5月23日），与荫樾亭登船，闻改十六日开行。

《湘行日记》：晴。舟中闻改十六开行，焦灼之至，樾亭亦无如何也。

四月十四日（5月24日），阅《李文恭奏议》。

《湘行日记》：晴。阅《李文恭奏议》十余册，其才甚敏，然未仁能任大事者。

四月十五日（5月25日），到乡间小坐，阅《陆宣公奏议》。

《湘行日记》：晴，午后雨。仍到乡间小坐，阅《陆宣公奏议》。

四月十六日（5月26日），偕荫樾亭登舟。申刻开行，上溯十里，回泊原处。

《湘行日记》：雨。偕樾亭仍登舟。申刻略开，上溯十里，仍泊原处。入夜始知明日开行之信，盖是日曾家有婚事，群往贺喜，故竟不能成行也。

四月十七日（5月27日），被迫下船。

《湘行日记》：晴。舟已发火矣，而管带杨思庆者忽来，言曾总督之孙女将坐此船，欲余等移舟，情殊可恨。商之樾亭，亦甚怒。庆云船小，昨日始到，又闻拖带袁某二船，故意甚不欲。然事无如何，亦只好从之而已。

四月十八日（5月28日），早移登庆云船。与陈曾佑、荫樾亭早饭城中。午后开行，泊芦陵潭。荫樾亭得志钧书，知初九已去鄂。

《湘行日记》：晴。早移庆云船；管带梁冠臣，粤人也。苏生、樾亭同早饭城中酒肆。午后开行，约百余里，泊芦陵潭。是日樾亭得仲鲁书，知初九已去鄂矣。

四月十九日(5月29日),午过洞庭湖,夜泊红庙。

　　《湘行日记》:晴。午刻过洞庭湖,夜泊嘉鱼县属之红庙。

四月二十日(5月30日),申刻抵汉口,访李有棻。得志钧留信,又得其电信。夜宿李有棻署中,与李有棻、袁山、范钟夜谈。见柳省塘。

　　《湘行日记》:晴。申刻抵汉口,即过江访李芗垣。得仲鲁留信,又得其十六日上海电信,计已启程入都矣。夜宿芗垣署中,与芗垣、袁山、仲霖夜谈。见柳省塘(思诚)进士。

四月二十一日(5月31日),赴李有棻招饮。荫樾亭、柳省塘同席。寄信志钧、梁鼎芬,电致志锐。夜宿李有棻署中。

　　《湘行日记》:晴。芗垣招饮,樾亭、省塘同席。作信寄仲鲁、星海,仍电致伯愚。夜仍宿芗垣署中。

四月二十二日(6月1日),赴璞玉招饮,并为照小影。往拜左绍佐。辞李有棻过江,李有棻照行。夜热不寐。

　　《湘行日记》:晴。樾亭之亲戚璞琢之参将(璞玉)招饮,并为照小影,用干电甚速也。拜左笏卿山长,稍坐。辞芗垣过江,芗垣照行,辞之不得,受之颇愧耳。夜热不能寐。

四月二十三日(6月2日),以大风舟不能行。午后偕荫樾亭同过汉阳。登晴川阁。晚饭于汉口金玉楼酒肆,二更归舟。作《登晴川阁望江汉》七律一首。

　　《湘行日记》:天明大风起,舟不能行。午后偕樾亭同过汉阳,登晴川阁望江,惊风动天,万窍怒号,足洗烦懑。晚饭汉口之金玉楼酒肆,二更归舟。作《登晴川阁望江汉》七律一首。

　　　　按,此诗见《文道希先生遗诗》,题曰《大风登晴川阁望江汉》:洪流浩浩天欲动,云色漫漫风与奇。南北东西莽无极,我来凭槛一观之。中年哀乐不自得,千古英雄空尔为。笑向山僧索茗饮,谷城黄石真吾师。

四月二十四日(6月3日),辰刻开船,泊沣阳口。

　　《湘行日记》:晴。辰刻开船,行三百余里,泊沣阳口,蕲州属。温《仪礼》七篇。

四月二十五日（6月4日），申刻过九江，夜泊马当。

《湘行日记》：晴。申刻过九江，夜泊马当。温《仪礼》完毕。

四月二十六日（6月5日），泊大通。与荫樾亭登岸。

《湘行日记》：晴。行三百余里，泊大通。与樾亭登岸，观其廛市萧条，不类近江镇市也。阅《楞严经》。

四月二十七日（6月6日），申刻过芜湖。夜泊牛形河。

《湘行日记》：阴。船本两轮，坏其一，又所拖带两船皆重载，故其行颇缓。申刻过芜湖，夜泊牛形河，通和州含山之水也。夜东风大作，大雨。阅《楞严经》毕。

四月二十八日（6月7日），以大风船不能开行。得《满庭芳》词一首。与荫樾亭联句五言长律一首。

《湘行日记》：风大，不能开行；雨亦时作时止。闷甚。夜拟秦少游词，得《满庭芳》一首：“蘸水兰红，黏天草绿，征帆初过潇湘。别时不觉，别后转凄凉。前路烟波浩渺，行行远触绪堪伤。云间雁，月明孤影，愁绝楚天长。　　思量。他日事，心期暗卜，灯穗成双。但千万丁宁，莫损年芳。稳系同心结子，便鸳鸯头白何妨！风兼雨，梦魂难度，欹枕听寒江。”此词微具北宋体。然以示王木斋，又将谓有所指矣。岂非痴人前不宜说梦乎！明到金陵，将以示之，为一笑也。与樾亭联句五言长律一首。

四月二十九日（6月8日），到江宁，寓状元境集贤栈。

《湘行日记》：薄晴。到江宁，寓状元境集贤栈。

九月初三日（10月7日），张鼎华卒。先生有诗悼之。

《寄于晦若》：采生大兄大人赐览：前陶兄行，拟作一书，以病不克。……弟廷式顿首。九月初四日。此信作就未发，初五日忽得伯愚、仲鲁来电，知张延秋于初三日病故，良可悼惜。旋发一电告星海，日来未有回电；想彼已知悉也。延秋聪颖绝世，晚节以病养品，尤有进境。俄然沦谢，痛何可言！十年之交，于兹已矣。今岁出京，执手言别，便云后会未必可期,岂知斯言竟成语谶。吾兄闻之,当亦悼叹弥襟也。拟作挽诗一二章,叙述交谊;学荒笔弱,遂未必成。将来别传一篇,当仰赖于大笔矣。匆匆不尽欲言。弟又及。

《追悼番禺张延秋编修鼎华》:重到燕台第几春,潇潇夜雨独伤神。金环再世知何地(君平生不信轮回之说,及病危时,不言不食者竟日,忽醒告人曰:"轮回之事,乃竟有之。顷者有一船载男女数百人投生,余亦在其中,将生崇文门内小京官某家。"自是不复言矣),玉树长埋惜此人(君美丰神,幼慧。五岁时于客座中,有以"两仪生四象"索对句者,君应声曰:"五岳视三公。"客叹诧,以为得未曾有。十三岁应戊午京兆试,中式副榜。十六遂举京兆,时人咸以卫玠目之。余识君在粤东,君误采时名,见顾于光孝寺。时年三十余,犹白晰少年也)。命薄幸无妻子累(君卒时,年四十三,生平未尝娶妻),情多独与友朋亲(朋友闻凶耗者,无不哭失声,君于友谊可知矣)。枣花零落风流尽,莫向旃檀问夙因(君尊甫给事公与某寺僧善。君生时,见其借宅云)。

九月初四日(10月8日),致函于晦若。到浙后颇病。

《寄于晦若》:采生大兄大人赐览:前陶兄行,拟作一书,以病不克。又以近状皆陶兄所悉,故不具述。比维潭潭幕府,起居清吉,定符远颂。弟到浙后辄病,泻痢之后,继以疟疾,殊为委顿。病稍愈,即拟入都,而署中无人,又虑到京之后,资用艰窘,是以迟迟。然犹欲于九十月之交行,未知能如愿否耳。迩来颇阅八股,写大卷,然此事正未可必;明岁当复如何,能为我预设一谋否?所深感也。蔼兄当已到津;久未得音问,念甚。河务绝无所闻,惟于《申报》"乞振书"中,略观一二,殊不足据。哀鸿遍野,隐忧方大,而豫抚振抚一折,乃沾沾自喜,上不足生朝廷警惧之心,下不足息百万灾黎之怨;谁任其咎?徒为此固位之见,良可鄙也。关东水势若何?南中往振者措词危迫,而始终未见特旨抚恤及发帑赈济,然则灾区之广,殆言之者过欤?我兄近在畿辅,见闻必确,祈有以告我。浙中之事,无足可述。大抵昏、贪二字,可以分赠抚、藩。三场点名之时,因兵丁误殴生员,遂几哗变。许藩司被殴两拳,自谓幸逃虎口也。士心之怨,士习之乖,俱可见矣。顺德学士以"权道教人"命题,具以深意。然使事仍当行否?学士识解宏远,而办事异常谦谨,出使真其所任。我兄以为然否?久病新愈，不复多述。祗请撰安，不一一。弟廷式顿首。九月初四日。此信作就未发，初五日忽得伯愚、仲鲁来电，知张延秋于初三日病故，良可悼惜。旋发一电告星海，日来未有回电；想彼已知悉也。延秋聪颖绝世，晚节以病养晶，尤有进境。俄然沦谢，痛何可言！十年之交，于兹已矣。今岁出京，执手言别，便云后会未必可期，岂知斯言竟成语谶。吾兄闻之，当亦悼叹弥襟也。拟作挽诗一二章，叙述交谊；学荒笔弱，遂未必成。将来别传一篇，当仰赖于大笔矣。匆匆不尽欲言。弟又及。

九月初八日(10月12日)，梁鼎芬有诗寄赠。

梁鼎芬《节庵先生遗诗》卷二《戊子重九前一日追忆枣花寺之游书二十字寄文三京师》：月去人数尺，梦回天一方。穿衣更趺坐，明日是重阳。

十二月十九日(1月20日)，长善卒。先生协助志锐在广济寺设灵位。

《寄于晦若》：晦若大兄如晤：昨得来示，知悉一切。仲鲁于十九日出京。先是十八日，得乐初年伯病重之电，云脾虚痰喘，嘱携好肉桂来。次日早又得电，知未刻长逝矣。弟与颖兄抑讣音不使得知，因此处不便成服，又仲鲁新病，恐其在途加病也。颖兄等于本月二十五日在广济寺为位成服，哭三日止；余事俟灵柩回旗时举办也。……弟廷式顿首。腊月二十七。巽弟均此。

十二月二十七日(1月28日)，致函于晦若。

《寄于晦若》：晦若大兄如晤：昨得来示，知悉一切。仲鲁于十九日出京。先是十八日，得乐初年伯病重之电，云脾虚痰喘，嘱携好肉桂来。次日早又得电，知未刻长逝矣。弟与颖兄抑讣音不使得知，因此处不便成服，又仲鲁新病，恐其在途加病也。颖兄等于本月二十五日在广济寺为位成服，哭三日止；余事俟灵柩回旗时举办也。前闻人云，吾兄已奏留北洋，有"才识闳远"之誉。卢龙参军，不胜于白鹿院长乎？一笑。铁路竟停，此火灾之由。吾故曰"宫门失火，殃及铁路"也。亲政三十四条，明发者八条；余二十六条，兄见之否？若据传说，则"坤之上六，乾之上九"，伏羲"十言"之教，不论消息乎？迩者上下之间，又微有不靖之气。栋挠而鼎折，弊之在上也；甚嚣且尘上，弊之在下也。滔滔黄河，吾其济乎？愿兄明

以教我。蔼兄到京已屡见,力劝其作时艺,尚未暇也。弟日写大卷,看八
股,思不出位,如是已矣。天寒笔秃,手腕欲死,不能多作。专请年安。弟
廷式顿首。腊月二十七。巽弟均此。

秋冬间,在浙得粤友电,知陈树镛殁。

　　《怀旧绝句》:比余饥驱南北,戊子在浙江得粤友电,则庆笙死矣。天
不欲昌东塾学派,遽夺此人,百身何赎! 其所著《汉官答问》,广雅书局刊
之,豹文一斑,未足彰全体也。

秋冬间,在杭州,汪瑔有诗寄赠。其后北上入都。

　　《冬夜寄怀芸阁杭州》:之子别来久,相思岁渐阑。西泠今夜月,南国
有人看。文字供羁旅,江湖警早寒。追随乡县近,归计惜艰难。

　　　　案,此诗录自汪瑔《随山馆稿》续稿卷上,清光绪随山馆全集本,注
为戊子作。

编年诗:《忆俞恪士》绝句三首、《雨夜》(萍踪漂泊意萧疏)七绝一首、
《拟古宫词》(凤阁春深电笑时)(河伯轩窗透碧纱)二首、《拟古宫词》(鹡鸰
声催夜未央)一首、《登晴川阁望江汉》七律一首、《相逢行酬赠重伯孝廉》。

编年词:《贺新郎》(别拟西洲曲)、《桂殿秋》(吹玉笛)、《齐天乐·题高
氏瓮芳录》(烽烟已静闻钟鼓)、《满庭芳·拟秦少游》(蘸水兰红)、《台城
路》(笛声吹冷关山月)。

光绪十五年己丑(1889 年),先生三十四岁

二月,册工部侍郎长叙之二女为瑾嫔、珍嫔。将入宫,居志锐家,先生曾
　　授文。

　　《清续文献通考》卷二百八十五帝系考三:瑾贵妃他他拉氏,工部侍
郎长叙之女。光绪十五年二月封瑾嫔……珍贵妃他他拉氏,工部侍郎长
叙女,光绪十五年二月封珍嫔。

　　张尔田《清列朝后妃传稿》云:瑾妃,他他拉氏,满洲镶红旗人。侍郎
长叙女。光绪十五年封瑾妃。珍妃,他他拉氏,瑾妃妹也。与瑾妃同
日封。

《钱谱》：魏元旷《光宣金载》云："珍妃、瑾妃，长叙之女，志锐之从妹也。皆有宠于德宗。将入宫，居志锐家，师文廷式请授文。"按陈诗《文道希先生遗诗序》、汪曾武《萍乡文道希学士事略》，皆云珍妃为广东将军长善女，先生曾授书者也。今据《德宗景皇帝实录》及张尔田《清列朝后妃传稿》皆云侍郎长叙女，则陈序及汪事略俱误。志锐本长叙子，出嗣长善后，二妃原为其亲妹。魏元旷谓为从妹者，亦误也。胡思敬《文廷式传》言先生"客广州将军长善署时授二妃读"者，其说亦误。先生客长善署，在光绪三年，时瑾妃才四岁，珍妃二岁耳。陈声暨《陈石遗先生年谱》卷四云："景帝瑾嫔、珍嫔，皆编修文廷式女弟子。"王伯恭《蜷庐随笔》云："珍、瑾二妃为其女弟子。"皆误。冒鹤亭先生言：先生与志锐世交，二妃称先生为三哥，授读非事实也。

二月十七日（3月18日），赴袁昶招集，濮子潼、沈曾植、张謇、刘家力、刘家荫在座。

袁昶《袁昶日记》：日暮邀止潜、子培、季直、芸谷、二刘小集。昶褊性，雅不喜人诋訾先辈，而客有云云者，不禁怅讶。二更归。

春，在京师与嘉应黄遵宪纳交，黄遵宪为述祖父嘉应事迹。

《纯常子枝语》卷二：此事喻君作行状遗之。己巳春，廷式在京师，州人黄公度观察遵宪为述之，乃得其详。

《钱谱》：公度于次年庚寅春出国，其冬在海外作《岁暮怀人诗》，中有怀先生者一首，则公度识先生，当在本年。

《赠黄公度参赞》：行踪十载遍垓埏，回视齐州九点烟。欲为金轮开世界，未容玉斧画山川。岛夷史续《吾妻镜》（公度著《日本国志》四十卷），清庙谁传《我子》篇（公度以西学多近墨家，尝考订《墨子》经上下篇）。携手黄金台上望，即今谁荐贾生贤？

黄遵宪《人境庐诗草》卷六庚寅在伦敦所作《岁暮怀人诗》第七首《文芸阁编修》云：岛夷史读《吾妻镜》，清庙书传《我子》篇。写取君诗图我壁，自夸上下五千年。

三月十七日（4月16日），赴沈曾植兄弟粤东馆招饮，座有张謇、郑孝胥、叶昌炽等人。

叶昌炽《缘督庐日记》卷五：己丑三月十七日晨返馆，知子培昆仲见招，午后赴之，见文芸阁廷式、张季直謇及闽县郑苏盒，席散至会馆。

郑孝胥《郑孝胥日记》：沈子培、子封邀饮粤东馆。午后赴之，在坐者季直、芸阁及苏州叶菊裳。

五月二十九日(6月27日)，考内阁中书。

《高阳李文正师挽诗》：己丑岁，余考内阁中书，文正与汉军徐协揆、常熟翁尚书、钱塘汪侍郎实阅卷，取余卷第一，始得谒见。

翁同龢《翁同龢日记》：晨起再检得上选者共二十本。未初各携上选聚徐公处请定甲乙，迟徊久之(取八十本)。乃定。柳门所取为第一名。余曰或者江西名士文廷式中。

六月初一日(6月28日)，取为第一名。

翁同龢《翁同龢日记》：晨起徐、李两公来，以第一名起讲引《汤诰》"乃吕刑"语，意甚游移，余曰此逸书也，柳门亦持之，良久乃定。

朱沛莲《清代鼎甲录》：(文廷式)先以举人于十五年考中书，获第一。

六月初二日(6月29日)，参加复试。

翁同龢《翁同龢日记》：复试者东西分坐，辰初二刻局门出题(第一交卷才二刻，敏捷可喜)。

六月初三日(6月30日)，拜谒翁同龢。

翁同龢《翁同龢日记》：乃拆封填榜，四刻许毕(福公标之)，径归。客来甚多，文廷式来见。

六月十三日(7月10日)，致函于式枚。

《寄于晦若》：采生兄长：前半月许曾发一函，计已登览。日来淫雨可畏，墙塴屋摧，不绝于耳。今日晴光燩然，虽病热，亦觉佳矣。仲鲁兄近在坟地，去城十里，而音问不通者五日，良可怪叹。不知近畿被灾，竟何景象。弟应酬未了，泥潦又不能出门，然借此日读得数卷书，得失亦未可算也。颖兄百日将满，家计更穷。居丧之费，葺屋之资，无可措画。官至三品，不能自赡。乃知古有请外之举，真善政也。闻俄、德使者，业已报满；

长崎之任,亦将易人。四顾心驰,愿求自试,未知山公启事,信不渝否? 吾兄从容之时,代为一探消息,乃深盼也。巽之不甚常见,因雨所阻。吉林之使,竟至三易。吾兄视此事将来若何? 归结贵宗人,此举为是为非,望一评之。前数日又连得粤电,子展乞援之意甚急。其第二电,云"司已详,事有阻",未知何故? 我兄有可为力之处,谅无不尽,不待鄙言。然以势论之,复官必得,早晚诚未可必耳。有盛世丰者,其胞侄与弟同年,在粤亦有往来,以商起家,颇通洋务。意欲投效以谋一事,归为光宠,意不在利。求介绍于兄,辞以不能;然老者似非无用,聊一及之。蔼兄处近接信否? 闻在沪州统兵二营,或四营,壮哉备兵使矣。有信时,望代达候讯,至感。今日偶得七律一首,别纸录寄,请烦改削。不尽欲言,敬请撰安。弟廷式顿首。六月十三夜。

六月二十七日(7月24日),赴畿辅先贤祠雅集,张华奎、袁昶、沈曾植、王仁东、黄绍箕为饯行。

　　袁昶《袁昶日记》:午后,与霭卿、子培、旭庄在畿辅先贤祠置酒,为黄、郑、文三君饯行,中弢亦在座。诸君各出难端,是非蜂起,多有名言。然名言信美矣,犹滞于相数形名,未若微言之有味也。吾尤佩子培之能微言也。

　　按,《袁昶日记》此节有袁昶之子荣按语云:"黄、郑、文三君即黄公度、郑太夷、文芸谷也。"

六月二十九日(7月26日),赴江标之招,至陶然亭,杨锐、黄绍宪、叶昌炽等人在座。

　　叶昌炽《缘督庐日记》卷五:己丑六月二十九日至陶然亭,应建霞之招,见杨叔乔、文道希、黄季度。

九月,出都,袁昶酬先生以诗。时方草《西域释地》。

　　袁昶《安般簃集·诗续己》有《酬文道希二首》云:扶疏未尽豫章奇,小中惊人示戟支。烂漫吞胸九云梦,滑稽贮腹一鸱夷。归心忽动萝衣兴,尘爵何堪剑璏吹。庐阜靓深云似海,待镵山石写雄词。　　委沙抟翼帝京篇,役役谁能以德全。羯羠会须谙静者,蜉蝣何暇议松年。诛茅佳处真堪隐,释地编成莫浪传。已乞一车元晏赐,杜门归去抱三渊(君方草《西域释地》)。

九月九日(10月3日),在苏州,郑文焯代邀饭。

王闿运《湘绮楼日记》:小坡代文道溪要饭伎家,辞以非异烛可往,有意联络,近世故也。

九月十一日(10月5日),过缪荃孙谈。

缪荃孙《艺风老人日记》:晴。周濂舫来。文芸阁、张子馥来,言河水大涨,舟不能过横塘桥,灵严之游且作罢论。

九月十二日(10月6日),同费念慈、缪荃孙、张祥龄游虎丘。

缪荃孙《艺风老人日记》:雨。屺怀约同芸阁、子馥游虎丘。在舟中小饮。先至吉勇烈公祠,荷亭最胜。雨稍止,过虎丘寺。在拥翠山庄啜茗。四山如泼黛,乱云如堆絮,草树沮洳,天地阻塞,尚不能晴霁也。再上千人石,子馥颠,幸未伤。再上虎丘寺大殿看山,反不如拥翠山庄之佳,因山在西面,有石观音殿蔽之,眼界较窄。又游张公祠。回寓。

九月十三日(10月7日),过缪荃孙早饭。赴缪荃孙邀饮,张祥龄、郑文焯、吴观乐等同席。与郑文焯、王闿运、张祥龄有《浪淘沙慢》(胜游续秋凉)联句词。

缪荃孙《艺风老人日记》:芸阁来早饭,屺怀烹惠山泉,啜茗。偕季文、小坡、子馥公请芸阁,吴子佩大令(观乐)同席。

《浪淘沙慢·联句旧作,时同社道羲有浮湘之赋,歌以饯之》:盛游续,秋凉积水,望转晴堞。(壬秋)单舸冲风未发,繁弦带雨已阕。(叔问)正漠漠歌尘□暗结,过重九、菊瘦谁折。(子复)念去后湘波荡帆影,衔杯镇凄绝。(道羲)望切,碧云渐满空阔。暂载酒囊琴缘溪去,细雨蝉共咽。(壬秋)嗟吴霜鬓缕,能几销别。壮情漫竭,携夜珠、帘底窥人如月。(子复)岚翠侵衣愁纹迭,幽花谢、旧芳未歇。(道羲)待重认、沙痕莲瓣缺。(壬秋)怕江上、乱落芙蓉,澹暮色,谁家笛里飘红雪?(叔问)(郑文焯《比竹余音》)

九月十四日(10月8日),缪荃孙来访。

缪荃孙《艺风老人日记》:出拜文芸阁、汪南陔、李子璈、张顺卿(瑛)、姚公夔。

九月十五日(10月9日),赴叶昌炽锦公所招饮,缪荃孙、邹福保、秦夒扬、费念慈同席。

缪荃孙《艺风老人日记》:叶鞠裳招饮于云锦公所,文芸阁、邹咏春(福保)、秦□□(夒扬)、屺怀同席。

九月十六日(10月10日),与郑文焯、王闿运游闾门。

王闿运《湘绮楼日记》:晴,小坡约游闾门,携真步至汪园,待道溪至,与同往。

夏秋间,在南昌与德化蔡东孙同寓南昌城北东岳庙,谈艺析理。

《怀旧绝句》序文:德化蔡东孙校官泽宾,学术雅正,制行修洁,安贫自乐,屏绝于请。尤熟于唐人诗,手钞唐集数十种;曾注《渊明集》,书已成,殁后未知能刊行否。己丑夏秋间,同寓南昌城北东岳庙,乐数晨夕,谈艺析理,甚相得也。

秋,乞假南归,往返粤楚之间。

《德圃公夫妇八旬寿序》:……己丑秋,乞假南旋,由粤而楚,越今夏,而沆吾邑。

十二月,作《东塾读书记》跋。

《东塾读书记》跋:吾师之殁,八年于兹。山川邈然,神明在斯。书未及半,存者已而。《说文》谁上,礼堂不思。嗟余后死,抚卷涟洏。己丑十二月,受业弟子萍乡文廷式题。

冬,过翁同龢谈。

《闻尘偶记》:己丑冬间,翁叔平尚书常语余云:上御毓庆宫,一日忽于马褂上重加马褂。尚书询其故,上曰寒甚。尚书曰:上何不衣狐裘?上曰无之。盖上平日便服甚稀,狐裘、羊裘各一,适狐裘裂缝,修治未毕故也。尚书曰:内库存料甚多,上何不敕制进?上曰:且徐图之。尚书述此时,谓余曰:世家子弟冬衣毳温,孰知天家之制,其俭如此。

编年诗:《赠黄公度参赞》、《重到广州作》、《己丑岁暮寄怀梁大节闇》、《雨中同缪筱珊费屺怀两翰林张子馥孝廉游虎邱五律一首》、《苏州青阳地作》。

光绪十六年庚寅(1890 年),先生三十五岁

三月初一(4 月 19 日),致书于式枚。经沪入都,抵京十日,颇患暑病。春曾受聘于江西书院。

　　《寄于晦若》:采兄如晤:此次来京,竟似相避,遂使胸中之言,郁而不宣,殊怅怅也。到京十日,颇患暑病,故作此信亦复不畅,敬候起居而已。星海仍在沪,又欲东行,怅怅何之! 弟留数十金为其旅费,聊尽绵薄而已。又,其去粤之时,积负四千有余。即论避债,只当远去,然殊无归宿;居者亦难为谋也。巽之仍未来,迟迟可怪;又闻回河南,信否? 弟今岁江西书院,实同鸡肋,不足自活。加以近在省城,士风浮嚣,尤非善地。榜后虽不中,亦必他图也。于杨于江,岂谓迁居,聊择近地,休息数年耳。若其不得,竟亦何术? 南丰俎谢,竹林遂孤。一岁内外,江表必易使矣。使弟得从容于江淮间,亦十年之计也。兄能预为设算否? 去岁广州,早睹王、魏诸人必被弹劾,恐为怨府,故不敢留,非有高远之意。在沪遇巽之,已略及之,恐未能达鄙意也。伯愚四兄述兄驰马,盘旋中度,纵舍如一,此可羡也。弟虽不善骑,尚颇有胆。出京时必值秋爽,何妨借数日之暇,进而教之。手此。祇请撰安。不复一一。廷式叩头。三月初一夜。

　　张氏族谱《三修序》:……庚寅春,予叨馆选。清光绪十八年岁在壬辰夏月谷旦翰林院编修加一级年姻愚弟文廷式敬撰。

三月初三日(4 月 21 日),先生与张謇同往谒翁同龢尚书。

　　翁同龢《翁同龢日记》:晴,午大风起,黄沙涨天,夜稍上。始入直,于书房明间跪安,略讲,未至巳初即退。倦息片时入署。张季直(謇)、文云阁(廷式)同来见,郑苏庵(孝胥)稍后至,竟未见,三君皆名流。

三月二十七日(5 月 15 日),致书于式枚。

　　《寄于晦若》:采兄如晤:本日得信。拟作二篇《春秋》文,精切传作

也。《四书》艺则缩本袁简斋耳。然命意与弟初意合,起讲首句尤合。此自是一必售之格也。今将首艺寄上。此即闱中清稿。此文用典处似尚斟酌;惟盛祭酒以为太板,亦中我病。售与不售,只可听之,自谓尽力矣。乞兄一品题之。大卷近写得颇收敛,若幸而得中,殿试完卷,高二甲诚可望也。麻兄作未见,度颇佳。巽之文颇发皇,前半微落窠臼,然自是卖货。今年江南、四川,首题用《公羊》说者(湖南亦有之),几七十卷。诡遇之伎,亦几穷矣。可笑!张季直文未见;袁爽秋以“微云淡河汉”二语目之,子培以为确切;其大意系用皇《疏》之说。弟场后酬应虽忙,每日仍不碍作书,惟读诵稍辍耳。廓兄写白折极勤,每日五开;考差之志(非名字)锐甚,当可得也。余容续布。专复。即请迻安。弟廷式顿首。三月二十七夜。明仲文作两大比,以天地、帝王分柱,气甚好;二、三场亦佳;策题极不佳。不寄矣。

四月初十日(5月28日),会榜揭晓,中恩科贡士,同日户部带引见。

　　翁同龢《翁同龢日记》:(三月初八日)举场午正封门,实到六千百二十四人。

　　翁同龢《翁同龢日记》:(三月十三日)二场题:《“履和而至”四句》;《“曰休征”至“雨若”》;《“受小共大共”至“之龙”》;《秋七月辛巳豹及诸侯之大夫盟于宋》;《乐由中出故静》。

　　翁同龢《翁同龢日记》:凡知名士皆无闻,名士惟文云阁得中。是日户部带引见。

　　叶昌炽《缘督庐日记》:会榜揭晓,芸阁获隽。

四月十七日(6月4日),复试一等第一名。

　　翁同龢《翁同龢日记》:阅卷派出徐桐、麟书、翁同龢、许庚身、嵩申、潘祖荫、祁世长、孙诒经、廖寿恒、徐郙、薛允升、汪鸣銮。一等七十二,二等一百十,三等一百廿六,四等四。文廷式一等一,招翰昭四等一。

四月二十一日(6月8日),殿试。

　　翁同龢《翁同龢日记》:(四月二十日)晴。寅正三刻诣西苑门,宣下派福锟、徐桐、麟书、翁同龢、嵩申、徐郙、廖寿恒、汪鸣銮为殿试读卷官。

至万善殿南书房拟策问目八条(问四字,此次改二字,省得牵强)。

翁同龢《翁同龢日记》:寅正一刻开门,捧题官先行,余等朝服同行,入中左门至保和殿,以题纸陈殿中东案,待王大臣到。卯初点名,三刻毕,福公入请题纸授礼部堂官,堂官跪接置廷中案上,鸿胪赞,三跪九叩,余等行礼复赞,士子行三跪九叩礼,礼部官散题纸,士子跪接三叩,兴,余等乃退。

翁同龢《翁同龢日记》:(四月二十二日)晴,热极。衣冠答收掌,卯初上殿(常服挂珠),收掌分卷,供事送阅(每人四十一卷,后二人四十卷),细心检阅夹批条,申初始阅毕,后转三桌,则眼已花,地坐腰脚酸楚不可支矣,以卷包好画押交收掌。徐、廖、汪三公招饮,露坐剧谈,夜发病。

翁同龢《翁同龢日记》:(四月二十三日)晴热如昨。卯初入殿,次弟转四桌毕,诸公亦各转桌毕,时午初矣,倦卧半刻,未饭。午正集殿上议前十本,各持一二本交徐相国品定,余卷居第一。余等复加评次,颇有所易,遂定,顷刻间升沉顿异,岂非命耶。徐相竟无前十本之卷,可谓公道,一破俗例矣。随定二甲三甲,次弟粘签,供事动手,侍读等督之,余等亦督之,以前十卷交福公。

四月二十四日(6月11日),殿试一甲第二名。旋充国史馆协修、会典馆纂修、本衙门撰文。

翁同龢《翁同龢日记》:寅正一刻齐赴西苑门,先闻有起,随发十本下,余等入至诗本处。卯正召见读卷官于勤政东室,福公捧十本(去封加束)。入跪案旁,余等鳞次跪,最后一人拆而奏。上曰所取皆好。拆封至第二,奏文廷式名,上云此人有名,作得好。拆封毕,臣具对吴鲁本好,第四一卷写不佳而策翔实。即退出写名单递上,俟发下用朱笔判甲第于卷首,持名单出至门外桥东,奏事官唱名,良久始齐,入门报齐即引见。……一甲:吴鲁、文廷式、吴荫培。二甲:萧大猷。

刘洪辟等《昭萍志略·人物志》:庚寅恩科进士,复试一等第一名,殿试一甲第二名及第。授翰林院编修,旋充国史馆协修、会典馆纂修、本衙门撰文。

胡思敬《戊戌履霜录·文廷式传》:庚寅举进士,翁同龢得其策卷,置一甲第二,声誉噪起。

四月二十五日（6月12日），赐进士及第，出身有差。

李鸿藻《李鸿藻年谱》：赐吴鲁、文廷式、夏曾佑、董康等赐进士及第，出身有差。

四月二十六日（6月13日），诣礼部恩荣宴，不愿行叩拜礼与礼部司员辩。

翁同龢《翁同龢日记》：巳初诣礼部恩荣筵，朝衣敬俟。直至午初二刻福相始来，可入宴矣，而鼎甲不愿行叩拜礼，文廷式力言古者拜非稽首，引说文字义与礼部司员辩。两协揆皆怒，往复久之。迨余等出而鼎甲三揖，余答一揖，观者愕然，退易衣归。徐相欲传三人至翰林院申斥之，其实何足道。

四月下旬，谒潘文勤于米市胡同。

《闻尘偶记》：余记庚寅殿试授职后，谒潘文勤师于米市胡同。坐定，有新留馆前辈豫泰来谒，文勤斥之云：汝不信吾言，丁忧甫百日后即往散馆，然有旧例，吾无奈汝何也。今乃补服朝珠来谒师门，此用何说？是亦不可以已乎？遂送客。文勤重丧服，严师训，他人莫能及也。

五月初八日，得一甲第二，颇有物议。

翁同龢《翁同龢日记》：外间以文廷式得鼎甲颇有物论。

六月初七日（7月23日），招饮蒯光典、黄绍箕、黄绍第、沈曾植、江标、曾广钧、叶昌炽等于庆和堂。

缪荃孙《艺风老人日记》：奔赴文芸阁庆和堂之约，蒯履卿、黄仲弢、叔颂、沈子培、江建霞、曾颂伯（广钧）、余□□（□□）同席。

叶昌炽《缘督庐日记》：阴。公请王心斋夫子及道希招饮，皆在庆和堂。见陈玉苍、沈子培、吴蔚若、饶从五、礼卿、可庄、仲弢、建霞。

六月二十七日（8月12日），赴王颂蔚、冯煦江苏馆招饮，程秉钊、黄绍第、黄绍箕、黄绍第、费念慈、缪荃孙、叶昌炽在座。

缪荃孙《艺风老人日记》：冯梦华、王苾卿约江苏馆小酌，程蒲孙、文道希、黄仲弢、叔颂、屺怀同席。

叶昌炽《缘督庐日记》：晴，苾卿、梦华招江酥馆□暑，见芸阁、蒲孙、仲弢昆季、筱珊、屺怀。

七月初六日(8月21日),御史刘纶襄劾先生试卷有"闾面"二字未经签出。

　　翁同龢《翁同龢日记》:御史刘纶襄言殿廷考试弊端,并劾文廷式试卷有闾面字未经签出,奉谕一道,派昆冈查对原卷,据实具奏;又劾吏部于内阁侍读一缺有意迟延。

七月初九日(8月24日),缪荃孙来晤。

　　缪荃孙《艺风老人日记》:乔茂萱来,同过伏魔寺,晤毛鹤西(瀚)、文道希、方长孺。

七月,始读《宗镜录》。

　　《宗镜录》札记跋尾:光绪十七年八月十三日,读此《论》百卷竟。距去岁七月初读时,凡四百日矣。

八月初一日(9月14日),赴叶昌炽江苏馆招饮,程秉钊、黄国瑾、缪荃孙、冯煦、王颂蔚同席。

　　叶昌炽《缘督庐日记》:晴。在江苏馆觞客,芸阁、蒲孙、再同、筱珊、梦华、蒿隐共六人,日昳始散。

　　缪荃孙《艺风老人日记》:叶鞠裳约江苏馆小酌,文芸阁、程蒲孙、黄再同、莳卿同席。

八月初六日(9月19日),翁同龢送三十金为童公墓志润笔。

　　翁同龢《翁同龢日记》:晴……送文芸阁三十金为童公墓志润笔(不受,仍拟送之)。

八月初七日(9月20日),过翁同龢辞行,并以昨赆致之。

　　翁同龢《翁同龢日记》:……文芸阁来辞,以昨赆致之,意殷然也。

八月十二日(9月25日),访张佩纶。

　　张佩纶《兰骈馆日记》:文芸阁编修来见。廷式己卯世侄,晦若至交也,合肥师称其有志趣。

八月,假归出都,过天津,李鸿章资赠甚丰。

胡思敬《戊戌履霜录·文廷式传》:庚寅……假归,道出天津,李鸿章大加礼遇,资赠甚丰腆。

十一月,撰《萍西文氏族谱》序。

《萍西文氏族谱》序:□□□序百族谱世□□,学盖尝盛矣。姓有苑、官有谱、世族有志,朝廷以是定流品,士大夫以是通婚姻者,不仅如刘勰所云:普,注序世统,事资周普已也。谱原纪世必其绵绵延延,阅世无玷,而世借以重也。富贵势厚,抑末矣。士能读,农能耕,为国家留淳朴敦厚之气,则流品可嘉而仰为婚姻者此也。文氏历朝以忠孝节义显于廷,而其培养所积郁,流衍散之野。亦诞降嘉种,为世瑞也。灌阳魁天下士,而起家以服畴食亩。然则吾之望我族于富贵势厚外者,讵有穷乎? 造立宗派,自明来萍,三百年于兹矣。时公由蜀迁永新固塘,更由吉徙萍。香龄公来相宅我造立,而忠孝节义灿于前,瑞平野者续于后。有干有年,厥父蓄后,弗弃纯朴敦厚之气。凿于逐末,而储于务本者,舍此其谁与归。将来服畴食亩,为灌阳之发迹。抑惟在野之瑞贡于廷,而忠孝节义初无加损于其间。《易》曰:剥极而复,非世运也。盖君子之世,不绝也。沉之扬之,伸之晦之,留此真气于孙孙子子,勿替引之,为之先而美以彰,为之后而盛以传,试为纪世。兹谱有欣慕焉。我宗人存此世于千百年以前,而延此世于千百年以后,爱谱世次,而请序于余。余亦同出庐江而徙古吉州,深惧先泽之就湮,以忠孝节义自勉,固为我宗人共勉。序其颠末于以勖劝两存。是为序。皇清光绪十六年纪岁庚寅,仲冬月谷旦。赐进士及第翰林院编修国史馆协修加一级同宗文廷式拜撰。

按,此文录自萍乡高洪年先生整理稿。

本年冬,在粤,有诗赠汪瑔,汪瑔依韵答之。

《赠汪芙生瑔》:闲观岁月逝骎骎,七尺匡床著作林。茶罢略披柱下史,梦回初听海潮音。目无余子独怜我,后有千秋谁见心? 君著书,名《无闻子》。待约看梅共樽酒,垆灰拨尽话深沉。

汪瑔《次韵答文芸阁编修廷式》:南极文章半流寓,西园翰墨几儒林。知君能作元和颂,老我初闻正始音。崔芷岁华须共气,咏梅天地见初心。衰翁不解苏门啸,未必樵歌响亦沈。

　　按,《次韵答文芸阁编修廷式》诗录自汪瑔《随山馆稿》续稿卷下,清光绪随山馆全集本,注为庚寅作。

编年诗:《赠汪芙生瑔》、《杨厚庵宫保挽诗》、《燕台杂诗》。

文廷式年谱长编卷三

光绪十七年辛卯(1891年),先生三十六岁

二月初三日(3月12日),汪瑔卒,先生作"抗心古淡,处世元同,平生自署无闻子;谈艺十年,论交两世,后死应题有道碑"联挽之。

> 金武祥《粟香随笔·粟香四笔》卷七:挽汪芙生联,特多佳者。文芸阁太史云:抗心古淡,处世元同,平生自署无闻子;谈艺十年,论交两世,后死应题有道碑。

春,在广州谒陈澧祠,有诗悼之。

> 《菊坡精舍谒先师陈兰甫京卿祠》:先生有道堪千载,文范云亡倏九年。撰杖威仪今已矣,傍檐梅柳故依然。再传定有真儒出,百卷曾无一字偏。日迈月征怀往训,此心长饮在山泉。
>
> > 按,陈澧卒于光绪八年,故云:"文范云亡倏九年。"

五月初四日(6月10日),未刻,由广东省城启行。泊石门。

> 《旋江日记》:未刻,由广东省城启程。用"广济"小轮拖带,行二十里,泊石门。是日大雨;申刻开霁。

五月初五日(6月11日),卯刻启行。迟缓异常。作书子展,请易一船。泊官窑。得子展复。

> 《旋江日记》:卯刻开行。北风,西水转急。小轮机器既旧且坏,迟缓异常。不得已作书致子展。请易一船来:未知能如愿否。行五十余里,泊官窑,已薄暝矣。阅《朱子语类》卷一百四一卷,述自己用功处,令人悚然。其惬心者,略节一二于后:某所以读书自觉得力者,只是不先立论(方

子)。三十年前长进;三十年后长进得不多(涧)。某旧年思量义理未透,直是不能睡。初看子夏先传,后倦,一章凡三四夜,穷究到明,彻夜闻杜鹃声(过)。三更后得子展书云:遣"紫电"船,明日赶来拖带。

五月初六日(6月12日),卯刻开行。泊庙头。

《旋江日记》:晴。卯刻开行。小轮搁浅一时许。是日行四十里,泊庙头。读《朱子语类》三卷。夜大风。闻紫电船已到西南相待矣。

五月初七日(6月13日),泊四会南港汛。夜有小轮同泊。往说其拖带,强而后可。录《补晋书艺文志·丙部》,作五律《粤江雨望》一首。

《旋江日记》:大雨竟日,晚止。南风甚顺。"紫电"船竟未来。舟行六十里许,泊四会南港汛。读《朱子语类》一卷。日来自录《补晋书艺文志·丙部》,每日数千言,手腕欲脱。殊自笑也。作五律一首,题为《粤江雨望》,已录入《文集》。夜有小轮同泊,问之,乃厘局遣往清远提饷之船也。因往说其拖带,强而后可。

五月初八日(6月14日),卯刻启行。广济轮拖带。夜泊清远县。作《舟行清远、英德,宿雨新霁,山川清峭》诗一首。

《旋江日记》:阴雨,北风。卯刻行。遣"广济"轮归。小轮拖带甚捷,行百二十里,夜抵清远县泊。读《朱子语类》八卷。读语类胜于读文集,以精神如告也。朱子谓读《论语》较有益于《诗》、《易》,即此意。得诗一首,《舟行清远、英德,宿雨新霁,山川清峭》:"征雁归犹昔,峡猿声未远。山川互超忽,岁月何悠缅。岩悬彩旭鲜,林带残露泫。烟稠识村近,帆欹知岸转。沧波坐移人,前尘若在眼。〔扣〕舷歌屡发,采若心未展。渺然忆同怀,望云寄微款。"

五月初九日(6月15日),卯刻开行。午泊峡山寺。晚泊白鹤汛。作邹唐冀妻《静宜轩遗稿》序。

《旋江日记》:晴,东北风。卯刻开行。午刻入峡,泊峡山寺两刻许。丙子曾登此山;今以暑热,不复继前躅矣。行六十五里,泊白鹤汛。读《朱子语类》四卷。论谢太傅处,未叶余心。太傅大半是英雄,朱子错看了也。作邹唐冀妻《静宜轩遗稿》序一首。

五月初十日(6月16日),泊黄城口汛。

《旋江日记》:晴,午后南风甚顺。行一百里许,泊黄城口汛。读《朱子语类》八卷。救荒之政,别纸记之。对孝宗语,言将帅多由内官。余读封事时已考之,更当作一文,详论南宋任将始末也。

五月十一日(6月17日),**申刻过英德;夜泊妙味。**

《旋江日记》:晴,无风。行七十里许。申刻过英德;夜泊妙味。("妙味"二字,据舟人口音;恐未谛,俟考。)读《朱子语类》四卷。言《大学》纲领处,则朱氏一家之学也。

五月十二日(6月18日),**晚泊隆头引。**

《旋江日记》:晴,无风。行六十里,晚泊隆头引(三字亦恐未真)。读《朱子语类》四卷。自达摩入中国,而释氏之学一变;慧能出,而心学盛行。宋一代儒家,皆取佛学而改头换面者也;周子却兼有道家。然自是之后,儒者能卓然自立者,殊不乏人,此则得其益而不受其害者也。但使五伦不废,世法恒存,何必斥庄、老,诋刹利,而后为儒者卫道之功哉?昔戴子高致书陈兰甫师云,当尽阅释藏,摘其蹈袭儒家之言,尽发其覆。余阅释典多矣,未见其依附中国之迹也。

五月十三日(6月19日),**过朱子畲通守船,停舟略谈,托带致邹唐冀信,并其妻诗集三册。泊大坑口。**

《旋江日记》:阴,午间微有南风。过朱子畲通守船,停舟略谈;托其带邹唐冀信,并其妻诗集三册。申、酉间风雨并作,是日行六十余里,泊大坑口。读《朱子语类》四卷。朱子极严紧,而及门诸人似皆不足以启发,宜所以传之不谛也。临褚河南书《圣教序》,毕一过。

五月十四日(6月20日),**泊罂子窑。**

《旋江日记》:阴,未、申间大雨。行五十余里,泊罂子窑。读《朱子语类》五卷。论取士一卷,其弊至今日甚一日,不知将来何所底止也。

五月十五日(6月21日),**泊河西尾。**

《旋江日记》:晴,无风。行六十余里,泊河西尾,去韶州城五里。读

《朱子语类》三卷,使人悚然时光之迅速,恐淹留而无成也。朱子训寿昌处,深通禅学,名儒固博通如是。

五月十六日(6月22日),寅刻至韶州至清关。从周倎来谈。往拜张赓飏。归舟,甘开臣、张翰卿、刘芝寿来访。午饭从周倎司狱署中。夜饭张赓飏府署中。二更归舟,夜不成寐。

　　《旋江日记》:晴。寅刻到韶州至清关。从周倎来。旋往拜张翰卿太守(赓飏)。归舟,甘子元之子开臣来,张翰卿来,刘芝寿来。午饭从周倎司狱署中。夜饭张翰卿府署中。二更归舟,月白如昼。苦热不能成寐,读《朱子语类》一卷。会馆首事云,已定戏及筵席,留明日上半日,莫开(船)〔行〕也。

五月十七日(6月23日),晨至江西会馆。首事刘姓等八人皆集,尹育堂、张赓飏等在座。半席即行,诸人皆送至舟中,时已午刻。戌、亥间泊下墟。

　　《旋江日记》:晴。晨至江西会馆,首事刘姓等八人皆集;有广东知县尹育堂在坐,乃因事来韶者,熟识也。演楚南如意班;请张翰卿见陪。余半席即行,诸人皆送至舟中,时午刻矣。开船后热极,为启程以来所未有。申刻起西南风,入晚转大。戌、亥间始泊;船行五十里许,泊处名下墟。读《朱子语类》三卷。训门人语多痛切,数十世后如见其心,来学所当奉为矩矱也。论兵刑处,则寥寥数纸,未满所资之意。

五月十八日(6月24日),晚过杨溪汛,泊江口。

　　《旋江日记》:阴;午后大雨。舟行约五十里,傍晚过杨溪汛,泊江口。舟人云,水程七十,殆未确也。读《朱子语类》三卷。论治道一卷,可谓洞见本原;"随时"二字,则大旨取之老氏。

五月十九日(6月25日),午后抵乐昌。往盐埠拜姚筠,遇沈少麟。往拜方友升,不遇。晚赴姚筠招饮。二更归舟。

　　《旋江日记》:晴。午后抵乐昌。往盐埠拜姚俊卿(筠)学博,沈芝麟之弟少麟亦在此。〔旋〕往拜方总兵友升,已由新开路赴郴州矣。问之俊卿,以为此路必难开就;而张委员光祯在省时为余言,则以为必成。姑俟之耳。俊卿邀晚饭。埠中小有园池;是日余颇不适,得此聊以避暑。二更后回舟,已雇定泷船矣。读《朱子语类》五卷。

五月二十日(6月26日),姚筠、沈少麟送行。巳刻启行。泊白马泷下。

　　《旋江日记》:阴雨。俊卿、少麟来送。巳刻开行。泷船局促,为行役
之至苦;若韩昌黎、李公垂所述之险,则殊不尔也。行六十里,泊白马
泷下。

五月二十一日(6月27日),过韩泷,入寺略观。泊罗家渡。

　　《旋江日记》:阴,未、申间大雨。行一百里,泊罗家渡。过韩泷时,登
庙一阅,龛黑帐霉,令人悄然。

五月二十二日(6月28日),巳末至平石;夜宿广生店,不能成寐。

　　《旋江日记》:晴,申刻一霎雨。巳末抵平石,宿广生店,夜不成寐。

五月二十三日(6月29日),抵大坪。入店酣眠。

　　《旋江日记》:晴。行四十五里,至大坪。途中峻岭颇多,楚、粤分疆,
山脉顿异。到店后大雨,天气骤凉,酣眠竟夕。

五月二十四日(6月30日),良田打尖。偕陈树屏阅其家祖莹。晚至郴州,
宿大生店。晚饭后,妻弟陈为镒来。

　　《旋江日记》:晴。尖于良田。偕陈树屏阅其家祖茔,所谓"螃蟹形"
者。傍晚至郴州,寓大生店。晚饭后,妇弟陈璞臣来。行李未到;借帐被
为榻,虮虱极多,睡不安寝。

五月二十五日(7月1日),午间行李始到。晚宿陈为镒家。往拜陈家各房,
晤少山、炼臣、伯修、鼎臣、翰臣诸人。

　　《旋江日记》:晴。午间行李始到。晚宿璞臣家,寓在西塔街,是日
到,拜陈家各房,晤少山、炼臣、伯修、鼎臣、翰臣诸人。

五月二十六日(7月2日),为人作字,夜归店宿。

　　《旋江日记》:阴。为人作字甚多,夜回店宿。

五月二十七日(7月3日),偕陈为镒、少山、炼臣游叉鱼亭。由白鹿堂、护碑
亭登苏仙岭。访义帝冢,游橘井。赴陈氏招饮,四处均不能终席。舆中得

《登山》绝句一首。夜宿陈为镒家。

　　《旋江日记》:阴雨。偕璞臣、少山、炼臣游叉鱼亭,遂由白鹿堂、护碑亭登苏仙岭。山极高,韩昌黎云郴州如在天上,此山又郴州之最高者。归途笋舆忽散,余冒雨奔下,足力极健,尚可为济胜具也。访义帝冢,游橘井。是日陈氏招饮者四处,均不能终席矣。舆中得《登山》绝句一首:"山鸟招人一再呼,登山聊问意何如? 凌云直上三千级,猛觉迢迢与我疏。"夜宿璞臣家。

五月二十八日(7月4日),乘小船至瓦窑坪。伯修请早餐。少臣诸人送至苏桥。陈为镒、树屏、鼎臣送至瓦窑坪。坐谭未寝。

　　《旋江日记》:晴。登舟;由小船到瓦窑坪。伯修请早餐。少臣诸人送至苏桥;璞臣、树屏、鼎臣送至瓦窑坪。树屏忽大病,吐泻数十次。坐谭未寝。

五月二十九日(7月5日),泊十八湾。

　　《旋江日记》:晴,午后大雨。舟行二百余里,泊十八湾,过耒阳二十里矣。读《大乘起信论纂注》一卷。阅《东方交涉记》十二卷。以英人论俄事,而曲英直俄,甚矣俄人之狡也!

六月初一日(7月6日),夜半过衡州。

　　《旋江日记》:阴,微雨。舟行三百七十里;夜半过衡州。读《大乘起信论》毕。此书以"止观"教人入手。其所云"施门",即"檀波罗密";"戒门",即"尸波罗密";"忍门",即"羼提波罗密";"进门",即"毗梨耶波罗密";"止观门",即"禅波罗密"也。马鸣已专重禅,不待达摩矣。

六月初二日(7月7日),抵橘洲。

　　《旋江日记》:晴。抵橘洲。

六月初三日(7月8日),抵湘潭。宿袁州宾馆。袁安臣来。

　　《旋江日记》:晴。抵湘潭,寓袁州宾馆。袁安臣来,醴陵人,候选训导,前在萍故交也。

六月初四日(7月9日),移寓石阳宾馆。

《旋江日记》：晴。移寓石阳宾馆，同人以余原籍庐陵，而袁馆太小，故见邀。馆中祀信国公。

六月，归萍乡。为幼妹办理姻事。

《张氏族谱三修序》：……庚寅春，予叨馆选，辛卯乞假回籍。

《寄于晦若》：……幼樵世叔下顾寒族，俯及昏议，惊喜过望，所不待言。惟去岁弟还乡时，已为幼妹办理姻事，适同县优贡知县彭树华者……弟期廷式顿首。四月二十二日亥刻。

六月，撰萍乡张氏族谱《三修序》。

《三修序》：自《周礼》设立辨昭穆、奠世系之官，而后世之谱法以起。谱也者，原以定亲疏、别尊卑、笃恩义，亘古敬宗收族之良规也。前之人有以修之，后之人无以继之，则前虽可考，后之亲疏何由定、尊卑何由辨、恩义何由笃？甚矣谱固非一修而可不至再至三也。今登官张氏三修族谱，诚得敬宗收族之要矣。吾萍张氏不一，惟登官最盛其族。美亭先生为余堂祖姑父，琼笙与余为诸生同年，德屏又与九舍弟廷楷同游泮水。姻谊、年谊，重迭相联，因悉其家世。自明成化七年，基祖海定公由安福梅溪迁萍，卜居登官，绵延三百余年，人丁蕃衍。或选于朝、或贡于学、或游于胶庠、或登于仕版，代有伟人。庚寅春，予叨馆选，辛卯乞假回籍。琼笙同年持所订三修族谱见示，并述族意，请予序，予受而览之。条分缕晰，体例详明，窃叹张氏诸君子之用心至周且厚也。吾尝见世之为谱者矣。或如崔氏之三祖易位者有之，或如薛氏之五房失序者有之。今张氏族谱距初修四十余年而即续修，距续修三十余年而复谋三修。其所以拳拳于此者，恐年代久远，混淆莫明，数典而忘，致来籍父之讥。兹既及时汇修，尚何有崔氏、薛氏之衍哉！细阅终篇，始迁祖而上，派系昭垂；始迁祖而下，脉络分明。前所已辑者，重寿梨枣；前所未辑者，补付剞劂。由是亲疏定、尊卑辨、恩义笃，而敬宗收族之良规，即于是乎在。予尤有感焉。张氏人文蔚起，诸君子皆负命世之行才，将策射金门，名标台辅，本敬宗收族之忱，以助成一代雍熙之化，匪特为家之庆，且为国之光矣！则张氏谱牒之修，岂惟是定亲疏、辨尊卑、笃恩义云乎哉？是为序。清光绪十八年岁在壬辰夏月谷旦。翰林院编修加一级年姻愚弟文廷式敬撰。

　　按,此序文录自萍乡高洪年先生整理稿,据高洪年先生考证,结合文氏行踪,此序文所作时间为辛卯秋日,故系于此。

八月十三日(9月15日),读《宗镜录》百卷竟,写就《宗镜录》札记批语。

　　《宗镜录》札记跋尾:光绪十七年八月十三日,读此《论》百卷竟。距去岁七月初读时,凡四百日矣。

九月二十一日(10月23日),张謇来访。

　　张謇《张謇日记》:晓沧招饮。诣文道希。

秋,撰《青山乌石叶氏族谱续修序》、《德圃公夫妇八旬寿序》。

　　《青山乌石叶氏族谱续修序》:尝闻积厚者流光,郁久者必发。自古至今而知此理之毫厘不爽者,匪征之于数,实信之于德。今观叶公辉儒老先生之谱,始自诸梁,源流世系,累代簪缨,洵足夸耀于简册,何至今在萍功名仕宦,未能灿然昭人耳目,岂积之未厚也,郁之未久也?式访闻君族,雅号旧家。乡居笃耕,勤俭自守,俨然有隐士风,一切嚣薄习气丝毫不染。然又非村僻自囿。间遇公事,能仗大义,较尺寸株守者大相径庭。读书如华翁、黄玉坡师,先式而冠军郡,偶谈论,觇其底蕴,发皇正未有艾,自当先式而达朝。何屡困场屋,未能获隽?瑞翁与式有文墨交,浑朴有余,未了芹宫愿。小翁才思敏捷,素所仰慕,兼以书法圆润,伟器也,亦困厄若斯,是读书未可凭,德抑未可凭耶?式尝过河南,经叶县,见夫连村接壤,二十里无间者,非皆叶公后裔乎?富贵利达,原难指数。后过粤东,又见叶君绍贤、叶君启卓等,居大位,享大名,不下数十。他如福建之叶君大倬,典湖南乡试;直隶之叶君松轩,任陕西巡抚。即江西之新建,润书、润香,兄弟同榜;泰椿、人俊,叔侄连科。以式见贵族之达者,所在多有。式未见者谅亦不鲜。景武乡先生,宋进士也,今数百年尚无嗣响,岂天地清淑之气钟于彼不钟于此,是又不然。则且徐而待,殷殷然莫改初心;则且缓而图,汲汲然当立大志。以德为体,以学为用。达则见诸当时,不达亦能芳诸后世。况有君族之积累,断未有不达者,君其勉之。式将盛京以俟之。赐进士出身、内阁中书、钦点一甲二名、姻愚弟文廷式顿首拜撰。

　　《德圃公夫妇八旬寿序》:皇上御极之十有七载,海内协雍。民生敦庞,咸若其性。朝多黄耇,野有鲐背。生斯际者,每于务闲之余,奉觞上寿,以娱其长老。而余姻丈德圃先生与姻母李孺人,均以是年,前后诞辰,族姓子弟欲为之谋觞于室,而以序来属。廷式寄外日久,岁时不习过,凡乡先生之硕德而耆年者,末由瞻仰,而备闻其实。己丑秋,乞假南旋,由粤而楚,越今夏,而汔吾邑。时有以先生之寿为言者,卒未敢效世俗俪妃之词,昧诗人颂祷之义。嗣阅先生弟子钟蕃所作以征序者,推阐先生之生平与得力于孺人之内助,觑缕而详尽焉。于是知先生之寿固有自,乃得扬言以进于众,曰:宇宙庞鸿纯厚之气,物得之而遂昌,人得之而寿考。而于其中,能力持本根,导迎善气,昭兹来许,则尤强固植立,久而弗衰。先生承累世积庆之后,处优游可乐之时,惧隳先业,撑持门户,挺然以艰钜自任,而尤拳拳于宗祀之或替,经纪祭田,用光祀典,蠲除修洁,旦暮必躬亲香火,矻矻然历十数年不倦,而丰俭出入,权子母以供祭费,常充然而有余,谓祀事所关,毋俾家声自我忝也。今之在庭跄济,无少长老幼,群然序立,酬酢燕笑,咸以有事为荣,非先生之力与?然则为子弟者,欲有以寿我先生,固亦情之不容泯耳。夫推不忘本始之意,而尊祖、而敬宗、而收族,旁及于急公近义之事,皆此一念之所发也。先生于族祖之莫继者,倡言建庙以祀焉。于里中,襄举公舍,殷殷诚后己者以公诚,又喜以立瘵泽枯为事,亦可谓得天之独厚矣。尝诵天保之诗,而叹古人上下之间,其相与致其颂祷者,非徒夸张谀美之词为也。其颂之以日升月恒,南山松柏。而先之曰单厚,美其仁也;曰多益,美其义也;曰戬谷,美其尽善也;曰孝享,美其承先也;曰质曰尔德,美其懿愿而理无不贯也。盖谓有是德,而天必保以是福云尔。士之特行可风,为间里间所推重,岂或外乎?荀子曰:美意延年。先生兹验已。顾虽中年棘于世故,而孺人操作,遣画米盐,凌杂不以相烦,使先生之精神无泛应,益得以畅其所为,而毕遂其志者,又孺人之力也,抑尤有进焉者。先生方寄心似续,常缱绻不自安,孺人怂恿置侧室,至时以惠逮下,三十年来,无勃溪之声,得贞道矣。卒之世嗣蕃昌,孙曾并见,天之报施不爽。如妃匹之际,生民之始,万福之原,而有不并享其寿耶!吾闻先生貌魁梧,腹尺,工饮啖。虽年登太耋,性情闲适,每与后进宴聚,辄接席举觥,示老人之无颓志。将见蹩躠林泉,时蔬花果,供采撷四时而有也。晴和佳日,先生与孺人扶杖偕行,膝下弄含饴,相提携语笑,尤可以乐而弥永其年矣!

　　　　按,此序文录自萍乡高洪年先生整理稿,据高先生考证,统系于此年。

十二月二十三日(1月22日),同人聚饮于两湖书院讲堂之楼,在座者王咏霓、章寿康、陈三立、易顺鼎、杨锐、屠寄、汪康年、夏曾佑等人。

　　夏曾佑《夏曾佑日记》:晴,访诸利宾。督署诸君招饮,在两湖书院讲堂之楼,在座者王子裳、文芸谷、章硕卿、易硕甫、杨叔峤、屠敬山、陈伯岩暨穰卿也。

　　编年诗:《粤江雨望》、《舟行清远、英德,宿雨新霁,山川清峭》一首、《登山》绝句一首、《春日广州作》、《菊坡精舍谒先师陈兰甫京卿祠》。

光绪十八年壬辰(1892年),先生三十七岁

正月,李鸿章七十寿辰,先生撰联贺之。

　　《合肥相国赐寿图》:天佑圣清,锡公难老;相有大度,保我后生。受业年愚侄文廷式。

二月初三日(3月1日),皮锡瑞来访。

　　皮锡瑞《师伏堂日记》:至文道希处问问,云有信言在苏州,日内将到京矣。

　　　　按,皮锡瑞本月初在江西南昌。皮名振《皮鹿门年谱》光绪十八年云:二月初一日,在南昌得文三桥镌图印三方。一云枕流漱石,一云临风弄月,一云安分自足,尝以为一生出处之兆。……三月,赴礼闱,未第。……四月,南下至南昌。

二月初十(3月8日),赴王仁堪宴,遇郑孝胥,作诗数首,谈至二鼓始去。

　　郑孝胥《郑孝胥日记》:午后……可庄夜宴客,文芸阁来,写诗数首示余,谈至二鼓乃去。

二月十八日(3月16日),皮锡瑞来访,不晤。

皮锡瑞《师伏堂日记》：饭后至法马路永安街长源泰谢筠亭处问文道希，云住长春栈。至栈中，道希出门。

二月过镇江，晤梁鼎芬，后北上取道入都。梁鼎芬有诗赠之。

《怀梁节庵焦山用东坡自金山放船至焦山诗韵》：山林之乐君所耽，远辞岭海来江南。我知焦山信福地，三壶可四二别三。人生入世损真气，吐丝自缚僵如蚕。孰能游戏万物外，俯仰天地心无惭？天公爱尔太英绝，长安人海空潭潭。纵之八极任挥斥，如虎出柙风云酣。古鼎千年出光怪，夜闻精魅妖狐谭。神明坐镇百灵慑，毒螫未发先诛戡（去岁洋匪美生结党，欲踞焦山起事，故及之）。圣朝有道迈周《雅》，孤臣放逐分自甘。寒泉幽籁足禅悟，野蔬苦笋供饕贪。朵殿论思梦不到，单于系颈材犹堪。遥想闭门傲风雪，夜与梅花同一庵（起句唱韵，宋人多不依步，今特借用"耽"字）。

《再迭前韵追怀东坡索节庵和》：神仙中人昔苏耽，灵踪遍历江之南。有窍欲凿混沌七，参禅直证菩提三。文人已死精气在，至今有墓飞金蚕。婆娑一晌八百载，远览前哲空增惭。层楼甲观起空际，峨舸大舰趋江潭。沧波直泻海门失，广乐毋乃天公酣？我生于世百无用，独习腐儒迂谬谭。咄哉之子亦避世，蒲团依倚古佛戡。阻风未易求白堕，离乡不复思黄甘。江风山月不论价，即此已是天公贪。薜萝被径子长往，长杨奏赋吾宁堪。才疏语堕更惆怅，愧无玉带留山庵。

梁鼎芬《节庵先生遗诗》卷四《壬辰二月送文三北上》：百炼难为绕指柔，危词感耳我难厦。十年别是寻常事，一夜春生断续愁。风乱已闻狂似虎，官闲正合拙如鸠。安能遽赠青松色，惆怅空山不可留。

三月二十五日（4月21日），皮锡瑞来访，未晤。

皮锡瑞《师伏堂日记》：……至成子蕃、文道希处，皆未晤。

三月二十八日（4月24日），过皮锡瑞略谈。

皮锡瑞《师伏堂日记》：……文道希来，略谈。

四月十二日（5月8日），过皮锡瑞略谈，杨惠皆至，同往阎忱处，遂同听戏。

皮锡瑞《师伏堂日记》：文道希至，未得畅谈。杨惠皆至，同往阎忱处,遂同听戏。归至琉璃厂,买墨合、朱拓等件。

四月二十二日(5月18日),致函于式枚。

《寄于晦若》:采生兄长如晤:前日得接赐函,拜悉一切。陶兄电报亦至,以本月二十到粤矣。其改官一节,为国朝二百余年满洲未有之举,而在陶兄则不得不然。盖以手颤则难于大考,以足疾则苦于传班,诚不如外任,尚可作高文良之望也。幼樵世叔下顾寒族,俯及昏议,惊喜过望,所不待言。惟去岁弟还乡时,已为幼妹办理姻事,适同县优贡知县彭树华者。今得来书,恨不得更有一妹。望兄婉达感谢之忱,是所深祷。弟散馆之赋,无一字不庸,无一语不俗,较之兄之所作,不啻天困;而滥列第十,可为内愧。弟平日于试事,从未有惨淡经营,求必胜之心,而得以无咎,真卫青之天幸也。容民血症复发,日内未能赴津;其意欲南归,度师相必不放耳。旅费一节,承问感极。弟乃长贫无可救药,告穷又非所屑,其不饿死,亦将必有天幸。姑为待之;若一夏无法,秋凉再拟南行,亦未可知。渊明所谓“饥来驱我去,不知竟何之”,少陵所谓“艰难为远客,干请伤直性”,二者乃时时交战胸中,未知所税驾耳。公颖远行,果如愿否?今之使才,大抵且做且学,如秦皇求仙可矣,何必深考邪?夏会元散馆名次,正与兄等;其前者深公殆亦有针芥之合,如闻有为之道地者。或不至如前车之覆,亦未可料。吾乡江关一席,几以十万得之,视彼潼关,数盈三倍。沿江二千里,竟得若此者四五人。沦胥以铺,翘足可待。吾兄犹或宋或唐,忽而夷甫,忽而安石,广征古事,弟皆以为无当于事情也。前与容民言,吾兄每遇一事,必有多少成案旧样,填委胸中;弟以为兄不独成案为累,即新闻亦为累。境杂而神疲,恐无人无事之时,亦皆苦境;不独天津足病,即保定亦足病矣。《易》简而天地之理得,敢以此为箴言。今日游南河泊归,甚觉劳倦。不尽百一。复请撰安。弟期廷式顿首。四月二十二日亥刻。

四月二十七日(5月23日),张謇来久谈。

张謇《张謇日记》:电告叔兄。与子培、子封、道希、檖卿久谈。

四月上中旬,散馆考试,列一等第十名。

《寄于晦若》:采生兄长如晤:……弟散馆之赋,无一字不庸,无一语不俗,较之兄之所作,不啻天困;而滥列第十,可为内愧。弟平日于试事,从未有惨淡经营,求必胜之心,而得以无咎,真卫青之天幸也。……弟期廷式顿首。四月二十二日亥刻。

春,代翁同龢草撰《壬辰会试录》序稿。

《壬辰会试录》序稿:光绪十八年壬辰春,会试届期。礼臣以考官请,奉命以翁同龢为正考官,而以臣祁世长、臣霍穆欢、臣李端棻副之。既得士如额,择其之尤雅者,恭呈御览。臣例得飏言简端:窃惟言者,心之声也。其洪纤巨细、抑扬抗坠之节,则内视乎其学,而外亦因乎其时。故审声以知音,观文以论世,大概可知矣。自东汉以来,诸生试家法,文吏课笺奏,盖皆以言取人。《虞书》曰,敷奏以言,然后明试以功。此诚选举之程法也。臣以猥陋,十年之间,两典乡试,再典会试。竭愚暗之识,蕲无材弃,以报国家。然而兢兢之虑,有发于夙夜而不自知者:夫人有众于曩时,而学校之设或未遍;事有异于先代,而经纬之道或未通。乡里之士,攻帖括,言声病已矻矻不晬矣;及任之以事,其耳目之所涉历、念虑之所搏执,其能撄繁然而不乱乎?学之陋而辞之驳者,既不可取矣。然数千年来,儒家独任九流之弊。若荀卿、韩婴所谓争"大儒"、"雅儒"者,果易成其一二乎?国家养士二百余年,魁儒硕彦,咸出科目。如李光地、汤斌、陆陇其之根极性理、博通天人,则圣祖光明俊德之为之也。如朱珪、阮元、秦蕙田之甄综古今、闳识远览,则高宗久道化成之为之也。乃者潢池弄兵,骆秉章、曾国藩、胡林翼诸人起而平之,指挥大定,则文宗知人善任之为之也。上之所以兴化,下之所以报称,其大彰明较如此。臣诚不自揆,窃愿推朝廷旁求之盛心,故不敢以小疵弃大纯,不敢以一艺定取舍。观其文词而才术可知也,阅其对策而记问可知也。使天下之士,咸式于三代之古训,又能择后王、识四裔,其造就岂可量哉!《书》称殷宗立贤无方,《诗》颂文王济济多士。臣敢不殚竭愚忱,冀收效于万一焉。谨序。

五月初三日(5月28日),引见庚寅科散馆人员,得旨业经授职。

《清实录·德宗实录》卷三一一:引见庚寅科散馆人员。得旨:文廷式、吴荫培业经授职。二甲庶吉士朱益藩、郑叔忱、陈光宇、许晋祁、杨捷三、刘成杰、姚士璋、吴怀清……光绪十八年五月庚申。

五月初四日(5月29日),访缪荃孙。

缪荃孙《艺风老人日记》:蒯履卿、文芸阁、胡荫南凤藻来。

五月十四日(6月8日),过翁同龢看帖。

翁同龢《翁同龢日记》:晚,文芸阁、陶心耘来看帖,一时多始去,心耘题观款,并借我《十三行》去,欲复刻之。

五月十七日(6月11日),往缪荃孙处送金元拓本。

缪荃孙《艺风老人日记》:承芸阁送孟县金元拓本来。

五月二十日(6月14日),缪荃孙来访。

缪荃孙《艺风老人日记》:出拜崧镇帅、李木斋、蒯履卿、陆伯昆、文芸阁。

五月二十一日(6月15日),赴广和居冯煦招集,黄绍箕、黄绍宪、蒯光典、袁宝璜、叶昌炽、缪荃孙在座。

缪荃孙《艺风老人日记》:出赴广和居梦华之约,黄仲弢、叔融(绍宪)、蒯履卿、文芸阁、袁渭渔(宝璜)、叶鞠裳同席。

五月二十三日(6月17日),致函于式枚。

《寄于晦若》:采生长兄如晤:前十许日,得接回信。旋得陶兄电报,知已到济宁,陆行到德州,计期二十六七可以到津。吾兄见时,当不能无感也。岁月不居,聚散之迹,俄阅十年。岂惟恒河之水,惊人面皱,叹逝伤离,足损神智矣。陶兄经历大事,跋涉艰阻,每一念及,令人怅慨。今安抵津门,诚可心慰。而都中亲友吊唁,哀答纷纭,尤宜节啬精神,料理丧事。望兄善为导说,抑其哀思也。连日得雨,旱象已失。中书一场,既在京师,不容不考。杨叔峤诵管缄若时文云:是以前此之屏斥为未足,又从而益之也。引喻至切,可发一笑。蔼兄仍就道班,巽之入翰林,皆能适如所愿。来函嘱见司农,伯愚述其意,欲为我谋鹿洞,此大可乐。考中书后,当可一见司空。弟素未觌面,来函以为所习,兄误听耳。伯愚布置家事,极有条理,预备一切,皆已就绪;陶兄大可省力。惟刻无暇晷,竟不能专函奉寄,嘱弟代达,想能谅之。伯愚近欲出洋,非为家计,将以阅历。前者巽之函中,已叙端倪;伊亦当别柬言志。兄谓此事何如? 如以为可,尚宜代谋,窃谓交涉之事,无有已时,伯愚气体博大,历练数年,才识自异,视洪、许辈,似可过之。弟今岁俟陶兄到都,丧事既毕,秋凉之后,仍拟南行。粤中久离,意欲一往江南;能得一馆,尤所便安。数年以来,立志粗定,所以自处者甚审,不欲为兄预言之也。素位而行,无入不得,不待五十而知前此之非矣。迩来见何异书? 或能饷我。伯愚嘱向兄索周按察所刻《约章通纂》一部,亦可以知其旨趣也。雨窗乍凉,神明俱爽,乃知世间无处不浩浩落落;妄钻故纸驴年,诚可浩叹耳。专此。祇请撰安。不复一一。弟廷式顿首。五月二十三夜。

六月初三日(6月26日),皮锡瑞作书寄先生。

皮锡瑞《师伏堂日记》:作书寄都中,贺汪颂年,并致书龙芝生丈、欧节吾、文道希两同年。

六月初六日(6月29日),与盛昱往李盛铎处看南宋本《周礼礼记注疏》。夜致书于式枚。

《寄于晦若》:采生长兄如晤:连日甚热,今日得雨稍凉。适从李木斋编修处,与盛二祭酒看南宋初《周礼礼记注疏》,归作书与兄,以当谈宴。来函询及林敔伯之房师,则邹咏春也。来函询及教习,则高(赓恩)、曹(诒孙,已出京。荣庆改派庞鸿文)、张(亨嘉筠)、朱(祖谋)、冯(煦)、刘(世安)也。伯愚詹事得保后,勇于营运,见二王三枢密,皆面允之,其意甚乐。惟詹事钝人也,听言之理,未为所长。惟以势观之,或不至漂,则师相之工于为谋耳。张得少农,援蒙古杨公之例,本在意中。皖藩查复,以收属员为门生,并受贽敬作主,以其在护抚任内所为,措辞似尚妥当,闻已留中不发矣。坎巨堤一事,近议若何,能告我一二否? 都中诸事,不能尽写,料尊处必有所闻矣。近读《晋书》至《海西公传》,乃知桓宣武自是异才。宋儒以论议束缚天下,如此俊杰之士,岂可厚非! 暇当作论以明之,知非袁彦伯不能晓也。洛才拟十二三出京。此人志趣尚好。又接浙人信,知渊弟在杭;年内纵迹若何? 已有几子? 念甚。巽之常见。据伊云:闻之余寿平言,师相近有小恙。度以暑热而然,得雨自愈。维摩诘所谓"唯众生病我是以病"也。应酬太繁,用度不继。七八月仍拟出京。东西南北,何地最佳? 吾兄多谋足智(此四字小说屡见;恭维的当,故用之),尚望教我。乔秃翁往拜未见;车中遇之,拱手而过,已见其睢睢盱盱之态,可谓□士之甚。武之泰州自乾隆以来,有周泰谷学派。一传而为李晴峰、张某。张在黄岩山被阎文介所杀;李则传教南方,徒众过四千人。其首徒则山东知县黄某;后徒则蒋文回(字子明),其党以为曾子也。来京师数月,毛、乔、刘(孚京)、杨(士晟)辈,靡然从之,奉为神明,天津其徒极广。兄闻其绪论否? 请一访之。又,天津有候补县丞张宾王者,亦扶乩之教主也。武清有李鉴涛者,一在礼之教主也。天下无道,言有枝叶,岂不可怪! 泰州之学,旧为弟言,以"心息相依"、"转识成智"为主。上句出道家,下句出《坛经》。虽非其所能,尚属有本。然察其处心积虑之处,则别有在也。明儒学案,凡有一人,必立一二字以为宗旨,其源皆出于台教之"止观";其流弊则为安清道友、大乘教之乱民矣。奈何! 倦不复写。祗请撰安。六月初六夜四鼓。弟期廷式顿首。

六月,东事初起,与志锐上疏发译署、枢廷酌改要电事。

　　《闻尘偶记》:朝鲜兵事初起时,凡有要电,均由译署、枢廷酌改而后进御,其蒙蔽之术,为古今所罕见。余与伯愚疏发其覆。上震怒,切责之。故庆王于吾二人尤所切齿也。凡督、抚条陈电达总署者,总署或奏、或不奏、或改易字句而后奏,悉由王大臣一二人主之,余虽同事,不敢过问也。李穆门员外(舜宾)尝告余云:闽督谭钟麟电请以兵船游弈海面,署台湾抚唐景崧请派战船扰日本海边,此两电五六月到京,迄今九月,上竟未之见。他类此者甚多。专擅之弊,前古所未有也。

闰六月八日(7月31日),偕志锐、左绍佐、延煦游极乐寺、望西山,赋绝句二首。

　　《闰月八日偕志伯愚詹事(锐)左笏卿刑部(绍佐)延煦堂郎中(煦)同游极乐寺望西山率赋二绝》:地贫僧守半残庵,雨过山流深色岚。且喜飞蝗不相害,稻田旆旆似江南。　　西山变态有千万,吾辈交亲无二三。不问花开问花落,夕阳无语只红酣。

闰六月十八日(8月10日),赴李文田招饮天宁寺,李慈铭、黄绍箕、王懿荣、志锐、王颂蔚、蒯光典、冯煦、陈逎声、沈曾植、沈曾桐、刘岳云、费念慈、叶昌炽、刘世安、李盛铎、江标、缪荃孙在座。夜致函于式枚。录少作《补晋艺文志》。

　　缪荃孙《艺风老人日记》：晴。热。……顺德师招饮天宁寺，李慈铭、黄仲弢、王连生、志伯愚、王莆卿、蒯礼卿、冯梦华、陈蓉署（通声）、沈子培、子封、刘佛青、费屺怀、叶鞠裳、刘静阶、文芸阁、李木斋同席。

　　叶昌炽《缘督庐日记》卷六：闰六月十八日，仲约侍郎招天宁寺，偕嵩隐、佛青、梦花、礼卿、道希、建霞、西蠡、木斋、静偕、仲弢、子培、子封、艺风、柚岑。秋暑甚酷，席散徘徊，至日映，始进城，天宁寺在彰义门外，乔木千章，浮图百尺，幽旷之致，较龙泉、悯忠诸刹为胜。

　　《寄于晦若》：晦若兄长如晤：前月得接复函，以仲鲁兄将到京，拟得闻起居然后发信。乃至今未接沪上启行电信，殊不可解。巽之迟迟亦未赴津。新吾回京，借知一切；想日来酬应纷繁，暑热得无苦也。颖兄海外之行，大约十居八九。惟其意必欲弟与之偕。以交谊论，殆不可辞；而翘翘车乘，良足深戒。意欲请假一年，仍居幕客，似于公谊私情，两无所憾；但自顾庸猥，亦恐于彼无益。请兄为我酌之。且论兵事国体之学，于美亦诚无大益；而地优民逸，聊可嬉娱，又非志士之本怀也。湖湘使者，转旋不易，将来能开电线、行小轮否？晋抚召见，竟不能对一辞。齐虏以口舌得官，仍以此败，可笑也。阅新疆近日来信，俄人竟以三千余兵游弈境外，竟不可测。而新疆文武各官，慨然请战，有轻视俄人之心，虽不知天下大势，而义勇可嘉也。戊辰殿撰，因绘图之误，毅然以险要与人，岂有弃珠崖之卓识乎？府尹不得副宪，盖以蝗孽之故。前者薄游海淀，民不患蝗而患潦也。府尹于入见之时，不知为蝗，欣然而喜，以为将升巡抚也。有人告以有蝗则大骇。故其奏对，以为蝗方游历空际，未敢遽陈云。寿阳病几殆，得方长孺治而稍有喜色。济宁则饮啖如常，而履地如绵，不能着靴，医家以为病尚深也。弟一月以来，录少作《补晋艺文志》，几十万言；如此小小补苴，而检阅群籍，良亦不易。若过津时，当以稿存兄处，请改削也。顺德侍郎到京，宴集颇数。若不南行，当同伊出棚，为阅一二府试卷，胜于枯坐京师也。顷由礼卿处夜谭归，已三更，不及详叙。祗请迩安。弟期廷式顿首。闰六月十八夜。

闰六月二十一日（8 月 13 日），与木斋宴客，席间木斋出示所藏宋元本书籍及石谷画册卜玉京小象。

　　　叶昌炽《缘督庐日记》：赴木斋、道希招，观木公所藏宋元本书籍及石谷画册卜玉京小象。

七月初七(8月28日)，过缪荃孙。

　　　缪荃孙《艺风老人日记》：……文云阁来。

七月十四日(9月4日)，致书皮锡瑞，荐表侄程世龙从皮锡瑞受学，云秋后欲出京。

　　　皮锡瑞《师伏堂日记》：阅课卷。文廷楷来见。道希有书二纸，云有表侄程世龙，欲受业门下，教作时文。予对法和言，尽可前来。法和言道希欲出洋，以都中赋闲清苦，恐考差未必得。道希书中必得秋后欲出京，而四方爰爰靡聘之言。得意人尚如此，矧在我辈?

七月十六日(9月6日)，赴缪荃孙江苏馆招饮。

　　　缪荃孙《艺风老人日记》：招王子裳、柯瑟庵、文芸阁、张燮钧、陆纯伯、叶鞠裳、江剑鸦、王扞郑、汪若渊小饮江苏馆。

七月十八日(9月8日)，皮锡瑞作书致先生。

　　　皮锡瑞《师伏堂日记》：……下午作书复文道希。

七月二十七日(9月17日)，谒翁同龢。

　　　翁同龢《翁同龢日记》：……门人文云阁来见。

七月二十九日，致函于式枚。

　　　《寄于晦若》：采兄侍史：陶兄自津回，得读赐书，并衣料二件，何太区区也。(兰甫师以为"并"字训"皆"，不可如此用法。弟忆《汉书·王褒传》云并献《中和》、《乐职》三章，已如此用法，请一检之。)陶兄述殡仪之盛，以为伟观。兴庆首行，召南分陕，固其宜也。颖兄使事，其占为需;在事诸人，若茹若吐。吾兄善悟，可思而得之。然颖兄之长，在不忮不诈，而其所短在于听言不明;处于今时，故事事见其拙矣。昨者锡山钦使又电求卸任。以弟揣之，恐将得英、法，则于事倍难。昔人朝受命而夕饮冰;今之诸贤,皆自以为功名之路,何其才具,百倍古人?弟之不敏,窃多惧耳。至弟一身,所谓"乘流则逝,得坻则止",诚知庸猥,何敢远比巽之?而来信两两并举,毋乃过誉而扬之九天乎?皖抚又为御史中丞所劾。此次推波助澜,题中应有之事;即无此奏,而庐江知县他日讦告,亦必不免。新疆之事,竟至坐刘尚书以不应妄设卡伦之咎,一何谬戾!崔烈弃凉州之议,复见于今。他时俄人东西并进,屏蔽全无,任事者将受其弊;而今时首祸诸臣,墓木朽矣。元子之叹,责将谁归?前者问吾兄选期,或云在笏卿前,或曰在其后。果得一缺,诚能供职京师以不?(按,青鹤本原刊由龙沐勋点作"诚能供职京师。以不",并于"以不"下加按语曰"此处似有夺误"。)又来示引"敦体"二字云云,此未合千年以来事理。观之吾兄此等见解,欲以劫持一时之口则可,欲以洞观天下之心则不可。履虎尾而咥人,百数十年来,其谁不惴惴?然廉耻之道尽矣。吾兄通儒,犹作此语,殆近日聪明汩没于簿书之间,不复知批牍示谕而外,尚有人心也。弟于颖兄,诚如来示,虽受谤何所不可;且及其尚壮,亦深愿为海外之行,以长学识。师相之训,良合鄙怀。使久居京司,迭掌文衡,以至卿相,诚非其愿。聊复云云者,寒窗寥寂,与兄盱衡古今,犹似许楼、虞寺相对之时,不复知世上更当有何事耳。容民不南行否?念甚。余不一一。祇请箸安。七月二十九夜。弟期廷式顿首。

七月,为承龄撰《大小雅堂集》跋。

《大小雅堂集》跋:《元》有之:文以见乎质,辞以睹乎情。是故鄄琅磊落者,其失夸;离娄连犿者,其失碎。绮则缛,朴则僿。强也健,而偄也弱。弊也久矣。《大小雅堂诗词集》,承尊生阁学所作也。举要以会新,体奥而文炳。推其诣极观变之心,憬乎若思,茫乎若遗,恤恤乎履艰怀贞,而世莫之知。自沉渊之贤、镜机之子、山居之彦,皆其所师也。抑而为长短之言,则金荃之吐纳华实,白石之振掉风骨,蔑以加焉。国朝二百余年,经术彪炳,而艺苑寥阒。道光之间,龚、魏荡而不制,梅、刘朴而不赡。锄薵斸阻,见乎斯《集》,诚质有其文,情载乎辞者矣。嗟余凡猥,欲从末由。闻祎言于贤孙,察瑰光而钦宝。凤宵循诵,略通闳旨。敬为题后,深愧不知而言、而不昧乎商榷前藻之意也。光绪壬辰七月。萍乡文廷式跋。

八月初四日(9月24日),过沈曾植、沈曾桐兄弟谈,见翁同龢。

　　翁同龢《翁同龢日记》:阴。晚晴。……入署。散后出城访李菀客,
大病初起,谈良久。访沈子培、子封,并晤文云阁于坐。

八月初七日(9月27日),赴翁同龢招阅试卷,沈曾植、沈曾桐、冯煦、费念
慈、陈逎声皆至,以闻祁世长卒而散席。

　　翁同龢《翁同龢日记》:阴晦濛濛,闻昨晚西北有风,有晴意,颇
寒。……归家忽闻祁子禾昨日亥刻长逝,为之凄哽,方邀沈子培、子封、冯
梦花、文云阁、费芑怀、陈蓉曙阅昨日试卷,诸公皆祁公弟子也,草草一饭
去。余举杯即起,驰往恸哭,见何润夫、杨渭春二人而已。嗟哉! 朝廷失
一正人,不独友朋之戚也。归后惘惘不适,回忆春闱竟失二客矣,人事何
可量耶!

八月十七日(10月7日),致函于式枚。

　　《寄于晦若》:采生兄长:前信久未得复,以吾意为谬耶? 长夜无事,
聊以相哄博一笑耳。兄好言本朝掌故,弟好言历代风气,此始末之异也。
顺德侍郎将按临天津。弟有纸四张,价本五两,请侍郎师书以备刻石,乞
代为一催也。公颖危得驻藏。(弟意驻藏惟广东按察最宜。兄谓然否?)
仁和论及;而庆邸抵之,可谓相爱。孝感侍御劾戊辰殿撰,信是好言官,而
掇拾及琐事,则类明人攻讦之旧习也。陶安本月验看,下月引见后,即可
起程。今年伊已四次到津,真"飞去飞来宰相衙"矣。帕米尔俄兵已退,
而凉督始奏送地图;其地有温泉,足水草,甚足可惜。又刘毅斋所奏设卡
伦档案,今始检出,亦可笑也。两月不得节庵信;闻伊游黄山回。前年闻
伊以安徽山不肯往,今乃遇"曲赦"矣。(此二字翁叔甫所言,甚切,故用
之。)吾乡欲行小轮船;接同乡公信,原呈无故将弟等在京姓名亲到,亦只
可听之。比又闻为江督所驳,未知信否;北洋曾见原呈否? 幸告吾。夜深
不及一一。专请箸安。容民同此致候。弟期廷式顿首。八月十七夜。祁
尚书予谥,想已知之;拟者以"清"、"恪"、"诚"、"慎"四字进。

九月初一日(10月21日),缪荃孙来访。

　　缪荃孙《艺风老人日记》:拜陆凤石、伯葵、曹慧斋、敏斋、志伯愚、仲

鲁、文芸阁。

九月初八日（10月28日），李慈铭以茹氏《易》学二种转赠先生，以为致谢。

李慈铭《越缦堂日记》：得子培书，以李木斋编修盛铎所刻《木犀轩丛书》共二十七种见诒，文芸阁编修转赠者也，即复谢，以茹氏《易》学二种转诒芸阁。

九月初九日（10月29日），赴叶昌炽招饮，先生携有《赵东潜集》，叶昌炽亟假归。袁昶、陈遹声、缪荃孙、李盛铎、刘世安、沈曾植、王颂蔚、柯逢时同席。

叶昌炽《缘督庐日记》卷六：晴。答刘振青。省馆燕客，重黎、荣曙、子培、筱珊、木斋、静偕、道希、蒿隐，共八人。巽庵先辞，子封未到。道希携有《赵东潜集》，世罕传本。亟假归，篝灯读之，其辨西湖非明圣湖，足破成化《杭州府志》之谬说，叙武林金石录遗事，摹写丁龙泓石墨之癖，可敬可感。

缪荃孙《艺风老人日记》：叶鞠裳招饮江苏馆，袁磌秋、沈子培、刘静阶、李木斋、王莆卿同席。

袁昶《袁昶日记》：缘督太史招集。

秋，先生抱病。

《水调歌头·病中戏答友人》：卿用卿家法，我与我周旋。胸中一事无碍，便算小游仙。借问封侯万户，何似买田二顷，耕凿赖天全？可笑兰台史，只欲勒燕然。　众生病，吾亦病，不关禅。灵光皎皎孤映，空水共澄鲜。说法何须龙象，相笑从他蜩鷃，总付大中千。倦即曲肱卧，火宅已生莲。

龙榆生《云起轩词评校补编》：《水调歌头·病中戏答友人》，叶恭绰曰手稿注壬辰秋日作。

十月初三日（11月21日），致函于式枚。

《寄于晦若》：采生长兄左右：谢苍平来，知兄患癣，此属末疾，故未笺候。今日得读来示，具悉已愈。以弟言之，久坐不行动，当系致癣之由。岁莫无俚，何妨来京小住一月，以为行散之举，度府主当慨允也。陶兄本日出京,携两妾一子,怅惘而行。天寒道远,弥复可念。此虽下策,然徒淹京曹,适为无策,故不阻而劝之矣。颖事未能即发,而阁学连漂两黜。势利之徒,顿觉冷淡。颖兄自筮仕以来,其寥落未有如今日者。平心而论,"拙宦"二字,诚不能免。然不攀援,不卑屈,终不失为士大夫本色,毋庸怅怅也。兄观人之术,较胜于弟;然于朋辈中,知之而不肯言,言之而不能尽者亦至多。颖兄事与蔼青,其得失亦相似,要皆可平流进取,而未足当盘根错节。此可吾二人言之,而不必告人者也。今之时势,进退之间,何可不审?何可不预?若来去自由者,惟我等江介孤生,志无所求,气不肯下,差足傲一世耳。世族高位,岂足语此! 西事,兄信所云,乃俄国之惯技:其政府且认错其边境,且进兵谋人疆城,莫巧于此! 兄以为其诚邪?亦不欲措词而以此塞弟之问耶?戊辰被劾,复奏即其所自为,可笑之至。户部满左侍郎,近以为上设琉璃屏风,慈圣闻之怒甚,令其批颊自责,久乃教出,而槅扇遂撤。即此一事,而慈圣之力遵旧制,圣人之恪敬慈训,举可概见,懿美之事也。吾乡小有兵事,奏报颇不实。总兵申某,亦极为骚扰。大安里为吾乡南路,武功山纵横近四百里。其匪首祭旗时,凡九千余人,大风折旌,散者过半,得无大害。然知县顾家相,不惟不撤委,且当优保,谬矣。弟得信较迟,则且可置之不问也。延理少召见时,上颇称其奏考据详明;而召见总理大臣,又怪总署之事,何以外间能详闻之,此当有先入之言也。西行之说,此时且可不提。究之于仕宦绝无益,不忍峻拒者交情耳。处今之事,立身之际,不敢为名;仕宦之途,不敢求达,思之烂熟矣。痡瘵之间,自觉愉适,但不欲为他人言,恐反以为矫妄也。一笑。复请撰安。十月初三日。弟期廷式顿首。

十月二十日(12 月 8 日),致函于式枚。

《寄于晦若》:采生兄长:前半月许,曾发一函,计已登览。十七日美使忽放芜湖道。闻当时承旨,系即赏四品卿衔,为出使大臣;仁和以旧样更正也。嘉定侍郎即日至其婿处(有成九郎中闻之),亦大骇诧,以为不在单内放人,为总署向来所无云云;且谓颖受伤甚重。颖今日见庆,亦云不详何故,可速打听云云。据此推测,可以知十之四五。惟颖难作善后文字,现与之力筹补救。曾文正所谓"好汉打脱牙和血吞"者,非无可为;然颖兄心力不紧,精彩不扬,未知能猛加锻炼否耳。至交之中,如张大员外、志四太侯,皆亟愿其扬于王廷,字号有属,而二人皆痴呆汉。所失不同,而不可以处变则同,奈何!弟与巽之,前半月已料其深不妥矣。周侍郎、陈御史(懋侯)皆病(闻陈希龄亦卒),一时许而卒。柔脆至此,亦甚可诧。林御史前月底有奏,言极切直,闻有乘舆箴之意,惜未得其详。今岁不能出京,只可作消寒会,习白折,作试帖,以尽本分。每日读经书白文数十叶,颇觉有益;惟穷窘益甚。度津门亦无可为,故不复作妄想耳。容民近日兴会若何?念甚。余不一一。专请箸安。弟期式顿首。十月二十日。

十一月初九日(12 月 27 日),致函于式枚。

《寄于晦若》:采生兄长:前数日得接来信,未及即复。河冰已合,岁暮栖迟,怅何可言!颖兄之事,亦不必深求其故;但孙武所言"善败者不亡",故劝其以"坚忍"为处败之方,固无有高于此者。前月林御史(闽人)一折,论及宦寺,以为此辈小则鼠窃狗偷,大则招权纳贿,离间骨肉。迩来有美缺美差,皆先闻应放何人、已得某路,既而皆验云云。词极切直。其不继义乌而去者,可谓幸而不幸。比来洪耷复劾永氏一事,不发;而劾贵同年阁读一事,则已将杜权拿获(折中言其交结),少司寇面上大不好看。先派翁、怀,昨改派汉军协揆矣。豺狼当道,而所问者獾貔之类,深为不满人意。杨霈霖事,诚如来示所言,江督挟前嫌,于吾乡之人,皆以刻待,其鄙贱之故态也。尝言湘中诸人,于中兴最有功者皆前死;雍容而享其成者,大抵皆"李蔡为人在下中"耳。江督最无功,而仕宦最腴美。观其所为,较张靖达相去几许!尚弱于开县,遑论其他?俄使词劲,在九月二十三以后;总署未复奏驻藏折时,尚稍逶迤也。考之前史,新疆与西藏毗连,本有大路;俄将来必开通此路。珂乡边防,十年以后,棘于滇、粤;前函不为预谏,正恐高加索人舆地之学,胜于忙兀儿,筹之旧矣。白折久未写,向来亦少写,且结体太大,不能缩小,无足省观。扇面未写。每晨温经如故。来函赞《易》《诗》之文彩,当时昌黎读书之法,当与兄同,弟意不到此也。徐仲虎来京屡见。三十年洋务大师,而落拓如此,度吾师相必见而哀之。闻伊有应保之案,未知是可办否。拙而谋进,弥不合时宜矣。昨晤左刑部,伊又云:选缺依散馆名次,兄乃在前,将见缺矣。如是能来供职否?若出缺早,尚有考差,请聊一查之。巽之近常见。贵同年陈鼎封奏,其初传者以为有罢科举等事,其实乃以伏莽甚多,宜勤弋获耳。此等言语,与禁

非刑亦不相上下,宜其姓字之相近也。夜深不及多陈,手此敬候兴居曼
福。十一月初九日。廷式顿首。

十一月二日(12 月 20 日),晤缪荃孙。

　　缪荃孙《艺风老人日记》:文芸阁、沈子培来。

十一月十六日(1893 年 1 月 3 日),赴全浙馆宴集,缪荃孙、沈曾植、沈曾桐、
徐建寅、志锐、黄绍箕、李盛铎同席。

　　缪荃孙《艺风老人日记》:沈子培、子封、文芸阁约小饮全浙馆,徐仲
虎、志伯愚、黄仲弢、李木斋同席。

十一月二十五日(1 月 12 日),缪荃孙来还书。

　　缪荃孙《艺风老人日记》:还文芸阁《东潜类稿》二册。

十一月二十七日(1 月 14 日),过翁同龢。

　　翁同龢《翁同龢日记》:……文云阁来,面而去。

十二月十三日(1 月 30 日),记录《知过轩谭屑》部分内容。

　　《知过轩谭屑》:印度攻野人山地,名"息马"。使臣薛福成电云:在中
国界内。云贵总督电云:在界外,界内地名"息麻",现安谧无事,界外百
二十里地名"息马",印人方用兵云。然无论界内界外,印度之兵即英国
之兵,俄若启衅新疆,以窥西藏,英必借端以窥我滇边,三数年后,边事不
可问矣。壬辰十二月十三日记。

十二月十四日(1 月 31 日),缪荃孙来访。

　　缪荃孙《艺风老人日记》:拜李木斋、志伯愚、文芸阁、陆伯逵、费屺
怀、缪和卿介臣。

十二月十八日(2 月 4 日),卧病。始读《左传正义》。

　　《纯常子枝语》卷一:壬辰十二月十八日起至癸巳正月十四日止,读
《左传正义》一过,岁事峥嵘,疾病萦绕,如马上观花,非有心得也。偶有
所见,录于右方,诸家论撰,未遑检阅,存之家塾以示儿辈,不足供大雅之
一噱耳。

冬,撰木犀轩藏刻本《通介堂经说》题记。

《通介堂经说》题记(光绪十八年冬):远翁,浙江绍兴人。自其父游幕广东,遂习刑名。历佐岭南节度使幕。晚年仕广西,官至候补知府升用道,曾一署庆远府知府。年七十四卒。生平著述甚多。有《说文段注订补》、《说文部首考》、《乐解考》等书;《经说》凡数十帙。已刊者仅十三卷;又有《灵洲山人诗录》六卷,已刊。余年十四五,先君命见翁,谈论至洽。乙亥至京师,与翁同寓保安寺,凡五阅月。晨夕讲贯,精神矍铄。不久归广西,即闻其殁故。遗书恐悉散落矣。今于木斋前辈斋中见此,如对先友,为之黯然!壬辰冬日,萍乡文廷式记。

本年,代徐郙草撰《大小雅堂诗词集》序稿。

《大小雅堂诗词集》序稿:自国家以丰功盛烈统一区夏,武达文通,于是设八旗学校,又特重满洲科目。名臣世家,藻采彪炳,迈于曩昔矣。昔者金源、蒙古,享国日浅,耶律文正父子而外,若马伯庸、萨天锡、丁鹤年,咸以词章显称海内,至于余廷心,而规摹汉魏,抑扬潘、左,卓然成家,不独其忠义足以传后也。吉林承尊生布政,以科第起家,仕道光咸丰间。于时天下久治,外侮内寇,相迭窃发。而君浮沉郎署中十余年,乃出官黔中。黔中瘠贫,又贼之巢穴。筹防守策,军兴日不暇给。君间关夷险,艰苦之余,郁抑奇气,不获一试,慨然一发之于诗。故综其集而观之,其意缠绵,其词芬芳,及其忧生念乱,又不禁悯天人之穷,而深患乎治乱兴衰之故。盖始乎风,卒乎雅,远寻乎汉魏乐府之意,而于近世其亦适在马伯庸、余廷心之间。方君之殁也,年甫五十有二。盖骎骎向用,而中道顿丧。其不为余廷心者,所处之幸;而其事业之伟,不能及湛然与伯庸者,又其遇之穷也。迩者,公哲嗣某某,刊公之遗集,及《大小雅堂诗》四卷、《冰蚕词》一卷。《诗》又分子目:曰《南谯集》、曰《燕市集》,其侍宦滁州、还至京师之作也,出骚入雅,浸以大成;曰《礼部集》、曰《黔南集》者,则其久淹郎署及出守岩疆之诗。鸿丽博赡,而眷怀家国,有少陵忠厚之遗焉。其词则取法南唐,于宋人竹窗、圣与为近。近时南皮张尚书举国朝词人仅六家,而君与焉。其为名流推服如此!呜呼!使君得竟其用,本其性情,以推为治术,其培益元气,岂可量哉!君会试出先君房。余生晚,不及周旋,而与君哲嗣某某雅故。又君之贤孙某某观察、某某侍读,皆筮化中外,声誉赫然。眉山之门,其文福未有艾。刊既成,督序于余。余虽谫陋,谊不可辞,爰泚笔而为之序。

按,《大小雅堂诗集》四卷有光绪十八年刊本,内收《南谯集》、《燕市集》、《礼部集》、《黔南集》各一卷,附《冰蚕词》一卷。卷首有嘉定徐郙之序言,与此稿文字略有不同。故系于本年。

本年,集峄山碑字贺孙毓汶六十大寿。

《集峄山碑字寿孙莱山师六十》:年方金石,功在邦国;帝称经德,史纪世家。

按,孙毓汶生于一八三三年,字莱山,又作来衫,山东济宁州人。

编年文:《壬辰会试录》序稿、《大小雅堂集》跋、《通介堂经说》题记、《大小雅堂诗词集》序稿。

编年诗:《闰月八日偕志伯愚詹事(锐)左笏卿刑部(绍佐)延煦堂郎中(煦)同游极乐寺望西山率赋二绝》、《畅志诗》十首、《怀梁节庵焦山用东坡自金山放船至焦山诗韵》、《赠徐仲虎观察》、《壬辰小除夕偶书》(微暖苏人砚不冰)、《病中答友人》。

编年词:《水调歌头·病中戏答友人》(卿用卿家法)。

光绪十九年癸巳(1893 年),先生三十八岁

正月初二日(2 月 18 日),赴王颂蔚江苏馆招饮,李文田、李盛铎、蒯光典、陆继辉、叶昌炽、费念慈、缪荃孙同席。

缪荃孙《艺风老人日记》:王莐卿招饮江苏馆,李仲芳师、文芸阁、李木斋、蒯礼卿、陆蔚亭、叶鞠裳、费屺怀同席。

正月初三日(2 月 19 日),致函于式枚。

《寄于晦若》:采生兄长如晤:去腊曾发一函,计已登览。自十二月十二至二十七,封事之多,时局之变,又将与前十年同。如此伤寒传经,当事者亦不自知也。新正感冒,不能出门。徐仲虎有禀一件,托弟奉寄。其机

器局保案,已于十一月二十五奏准依议。今文报局保案,求换底衔,并欲得"尽先即补"字样。弟于年终,颇仗其力,不得不代达台端。或能为之着力,或能先为奏请,皆感谢无既。寒热大作,不能详尽。专请大安,顺贺新禧不愒。弟廷式顿首。正月三日。

正月十四日(3月2日),病中读毕《左传正义》,得札记一百三十余条。始撰《纯常子枝语》。

《纯常子枝语》卷一:壬辰十二月十八日起至癸巳正月十四日止,读《左传正义》一过,岁事峥嵘,疾病萦绕,如马上观花,非有心得也。

《寄于晦若》:采兄如晤:《日录》收到。《释禅波罗蜜》封寄。(此书功夫有次第。其空发论议者,稍缓阅之,何如?)去年(按,指癸巳)以来,随时所录,有《纯常子枝语》九册;就中可取者不过数十条。……弟廷式顿首。三月七日。

正月十六日(3月4日),致函于式枚。

《寄于晦若》:采生兄长赐览:十三日得接惠函,详尽周密,如获拱璧。弟病至今未能尽愈,右耳作响,饮食未能复元,故尚未出门。他无所苦矣。仲虎事承示照办,感荷之至。伊日内亦拟赴津一行。颖兄使事,去岁六月以前,确无异论;七月邸意始摇。度其故仍似有人龁齕之于西朝者。故派恒农以后,邸中再三(并托志觐来言)嘱其自己打听原故,非尽謷言也。若阁学能得,微事已解,则西皋虽有左兵之援,亦正非不可与争。兄意以为然否? 准官庶云:去岁召对时,上颇以左兵为非。特恐开边衅,故且听总署为之,以观其究竟,并告以已召刘锦棠矣。苏皋贪谷小材,何能任边事? 孰为推毂者,近于荐李元平矣。温经至《左传》,兼读《正义》,至今甫毕。其载管夷吾事,开口便说"戎狄豺狼,不可厌也。诸夏亲昵,不可弃也。晏安鸩毒,不可怀也"六句。一部《管子》所说不到,令人千载神旺,邱明信异才也。至凡例、书法,往往不可信;后人附益,以求其书之传耳。病中无事,又拟义山一诗,别纸录寄吾兄赏之。仲虎《议院章程序》,其前半诚杰作,后半稍懦耳。吾中国将来,能差胜印度,不化为奴婢沙虫者,必有奇伟绝特之士,纠集民会,联为一气,而后差可自立。此时未有端倪;十数年后,且看变故若何。因而用之,百年之后,可以大效。疆场之事,无可挽回,此则匹夫之微,与有责焉耳矣! 今岁考差,若能侥幸,颇欲得滇、蜀;未知命竟若何。一笑。病乏不能多写,专请撰安不腆。正月十六日。弟式顿首。去岁高燮曾、曹志清皆言内监招摇。近日竟稍戢,亦一效也。然克们泰(与刘太监亲家)则超擢矣。

正月二十日(3月8日),赴夏虎臣广和居招饮,缪荃孙、徐建寅、沈曾桐、费念慈同席。

> 缪荃孙《艺风老人日记》:夏虎臣招饮广和居,徐仲虎、文芸阁、沈子莳、费屺怀同席。

正月二十四日(3月12日),缪荃孙来长谈。

> 缪荃孙《艺风老人日记》:诣文芸阁长谈。

二月十三日(3月30日),赴宋育仁聚宝堂招饮,柯劭忞、沈曾植、陈遹声、杨宜治在座。

> 缪荃孙《艺风老人日记》:晴。宋芸子招饮聚宝堂,柯凤生(劭忞)、文道希、沈子培、陈蓉曙、杨虞裳同席。

二月十五日(4月1日),致书于式枚。

> 《寄于晦若》:采生兄长:久未接书,念甚。弟病亦久未愈,至今右耳作响。病中无俚已极,时邀仲虎作伴,故缓其赴津之期。今闻文报保案已到,伊欲见师相亲谢保举,于本日启程赴津。伊感谢吾兄(再,伊此次欲就近引见。一切如有可为,望兄与津道妥商,至感!)并誉其文,尤属喜不自禁。此次意欲在直隶当差,弟以为乃正办也。方今洋务人员,惟师相能知之而用之,舍此将安归乎? 其栖迟江南者近十年,乃适见拙耳。伯愚兄补阁学后,召见询家事甚悉,并及陶兄之改外,又问其家人之皆好,可谓亲切之至。询及通洋语否;又论帕米尔事,上言近来准良有一折,考究甚详。颖对亦颇简切。仲虎略知之,当能述也。颖兄夫人病已数日,故未作书。徐大理劾鄂督,牵及粤事。南皮骄恣,又办事极无条理,固必有论之者。然大理亦略过矣,独不念《大学》之似《中庸》乎? 康成入室操矛,得无类此? 一笑。英、法简使,尚无消息。颖此时气机尚畅,故静专以待之。平流进取,要自不妨,不值为此受挫折于权要也。巽之出洋事,殆作罢论,宏

农幕中,颇多不识字人,可笑之至。久病初起,春风煦人。鸣鸟相唤,小花将发。待仲虎还,尚欲为西山之游。人生行乐,及年岁尚壮,腰脚方健,当畅为之。若齿豁头童,仍守妻子、恋富贵,当为武陵桃花所笑耳。病中随手作笔记,得四卷,亦颇有可采,他日当呈览。胸怀卓荦,自谓是赞皇一流人;所不逮者,彼能记平泉之花木耳。兄闻之,得无轩渠一笑乎? 拉杂无叙,聊当面谈。专请箸安。万万为道自爱,不宣。二月十五日。弟功廷式顿首。

二月十八日(4月4日),谒翁同龢。

翁同龢《翁同龢日记》:(清明节)……文云阁来见。

二月二十七日(4月13日),赴江苏馆同人雅集,叶昌炽、李盛铎、刘世安、江标、王锡蕃、志锐、袁昶、缪荃孙、丁立钧、陆继辉、宋育仁、陈遹声、冯煦、左绍佐、柯逢时、周锡恩、王颂蔚、蒯光典、沈曾植、沈曾桐在座。

袁昶《袁昶日记》:午饭后,应云谷、屺怀、缘督、木斋、静皆、建霞之招。

缪荃孙《艺风老人日记》:晴。王季樵来……李木斋、文芸阁两榜眼、刘静阶、叶鞠裳、费屺怀、江建霞公请江苏馆。

叶昌炽《缘督庐日记》:晴。贺芑生、伯颖偕木斋、静皆、道希、建霞省馆宴客。王季樵、志伯愚、袁爽秋、缪小珊、丁叔衡、陆伟庭、宋芸子、陈蓉曙、冯梦华、左笏卿、柯巽庵、周伯晋、蒿隐、礼卿、子培昆仲,共十六人。仲弢昆仲、佛青、柚岑、柯凤孙皆先辞,端午桥、盛伯希不辞亦不到。

三月十八日(5月3日),送折卷于李鸿藻。

李鸿藻《李鸿藻日记》:寅初起,与润夫同用点心。……文芸阁送折卷,灯后为熊儿改岁丰仍节俭诗。

三月,撰《拟汇刻历代史志凡例》题记。

《拟汇刻历代史志凡例》题记:此辛巳秋,张靖达督粤时,菊坡精舍课题也。于晦若吉士嘱余拟作,遂撰此篇。期限三日,故勤举大略。稿久失去;友人辗转传抄,李木斋前辈得之,命写工录副见还。虽无足采取,而一时颇勤劬为之;留置家中,可为儿辈读史志之门径也。其有疏误,亦不复追改,存当日之真耳。癸巳三月萍乡文廷式自记。

三月,过江建霞编修,作《高阳台》(柳外轻盈)一首。

> 《纯常子枝语》卷五:太常仙蝶乾隆以来故实颇多。癸巳三月,余于江建霞(标)编修斋中见之,四足,钩吻能饮,与记载悉符。建霞绘图索题,余题《高阳台》词一首云云。

暮春,与熊亦奇、李盛铎在广济寺写白折,作试帖。

> 《寄于晦若》:采生兄长如晤:……弟与熊余波、李木斋两乡人,日日在广济寺,写白折,作试帖;恍然忆戊寅、己卯间光孝寺光景,然观河皱面矣。天下事何足控抟?乃知庄生所云,一受其成形,不忘以待尽者,真善处人间世之法也。……四月初三夜。廷式顿首。容民同此致候。

四月初三日(5月18日),致函于式枚。

> 《寄于晦若》:采生兄长如晤:前数日得接赐函,仲虎到京,又悉近况。红莲幕府,俄已十年,虽有栖迟之思,然足羡东南之美也。吏部稽勋司一缺,又为崔澄寰选去。度兄他日即得补实,亦未能供职曹司,此可不亟亟计较也。弟与熊余波、李木斋两乡人,日日在广济寺,写白折,作试帖;恍然忆戊寅、己卯间光孝寺光景,然观河皱面矣。天下事何足控抟?乃知庄生所云,一受其成形,不忘以待尽者,真善处人间世之法也。星弟来书,言香涛尚书去志甚决。此生有官癖,勇退非所长。又云:许阁学信,言俄人铁路若成,即与中国为难;明年必当揭晓。此事兄谓何如?山西荒年,不异丁、戊间。来自晋地者,万口一辞,以为护抚酿成大祲。贵乡少年专疏劾之,尚合公论;惟言官不言,而发之于轻俊之流,斯两失耳。济宁尚书,腿疾未痊愈。然入春以来,言者谑如,其有所惮邪?弟前见之,与之论诗,极称荆公古诗,又言其对仗工稳。其所论乃与兄多同。此于文事实有工力,恨多比匪人耳。弟欲得罗道台所绘地图一份,未知应用钱若干,请兄为我致之。伯愚四兄自得阁学后,声气颇通。度其出洋一席,亦无必不可得之理。而以弟观之,则太半失之。此时都中皆"桂棹不来,舍是奚适"?弟统察数年以来政事,略知其故。兄谓何如?陶兄今岁已派闱差。若无留恋秦淮之意,优差自意中事。弟今岁若战不得胜,七月便当措资斧出京,长安非窭人所能居也。杜牧之诗:"文石陛前辞圣主,碧云天外作冥鸿。"二语弟平生所喜,尝再三诵之。耳鸣已愈。作字甚苦;又文字之苦亦

颇繁,不复能一一宣备。仲虎感激盛情,言之不容口也。手此敬请撰安。四月初三夜。廷式顿首。容民同此致候。

四月初四日(5月19日),晤缪荃孙。

　　缪荃孙《艺风老人日记》:晤文芸阁。

四月初七日(5月22日),与刘世安、张孝谦过李鸿藻谈,薄暮方归。

　　李鸿藻《李鸿藻日记》:晴。卯初起,早间,竹艿来谈。午后略睡。刘静皆送折卷,临《灵飞经》全本甚佳,时正午睡未晤。吴自修乔梓送折卷,酉刻静皆偕巽之、芸阁同来,谈至薄暮方去。

四月十五日(5月30日),诣保和殿翰詹考差。

　　翁同龢《翁同龢日记》:……是日翰詹考差,斌寅正一刻登车,酉正二刻回家(是日考者凡三百三十九人,从来所无也)。……考差题:"泽梁无禁";"辞尚礼要不惟好异";"密林生雨意"(林。姚合郡中西斋诗)。

五月初二日(6月15日),晤翁同龢。

　　翁同龢《翁同龢日记》:拜西城客,晤志伯愚、文云阁,归午正过矣。

五月初三日(6月16日),赴丁立钧招饮,冯煦、沈曾植、沈曾桐、江标、叶昌炽在座。

　　叶昌炽《缘督庐日记》:晴。丁叔衡前辈招饮,同道希、梦华、子培昆仲、建霞。

五月十三日(6月26日),皮锡瑞致书,交王晋侯转寄。

　　皮锡瑞《师伏堂日记》:……作书寄文道希,交王晋侯转寄。

五月二十三日(7月6日),过李鸿藻久谈。

　　李鸿藻《李鸿藻日记》:自丑寅间又大雨,连宵达旦,至卯刻渐住。寅正即起,文廷式来久谈,朱小唐(琛,四川正考)来见。午后睡起,校阅会典。

五月二十四日(7月7日),致函于式枚。

　　《寄于晦若》:采生兄长如晤:前数日,得接手书。《栋鄂哀皇后行状》

在南省,未带行箧,伯希祭酒所藏刻本,又复难觅,只可迟之异日矣。《兰甫先生集》,家刻已成,与星棣编本颇有同异,曾见否?《雪花》一篇乃绝作,而家刻不录,岂将别出邪?《说长白山》一篇,则惟家刻有之;以本朝龙兴之地,为在汉封域内,乃定论也。《叔裕文集》未见;闻蒯礼卿称其《观海赋》,今证以兄言当信。英使一事,合肥师相本无不合;"泄漏"二字,非上命意所在,又并无责合肥之言,总署诗张为幻耳。都中人人所知,不复详述。此次考军机章京,本拟电告吾兄,因征南幕府不可无君,故竟不发。张次山侍御,闻尚有一片,劾鄂督任用私人,信否?颖兄兴致寥落,然其为人不能深与人结仇,是所长也。试差已放过半,大约无可复望。七月拟南下,过津来当可剧谭。惟患穷耳,差本非愿得。公谓如何?一笑。专请撰安。弟式顿首。五月二十四夜。

六月二十七日(7月10日),致函于式枚。

《寄于晦若》:二十六日得来教,引古察时,致可感佩。仲宝练习彝章,君卿深明典礼,非君谁为我张目者!至弟当时之争,实不愿以国家所进之士,行礼卑于陪臣。其实鸿胪所赞,竟未沿误;前此往复,不独礼部司员,昧事妄谭,即弟亦徒增词费耳。平生行事,不计利害,况此区区周旋之地乎!有不相谅者,听之可耳。前函所述,乃弟素志,非有激而言;而兄来信,置彼论此,微失其怡。今专以一言奉问:弟与兄相处殆二十年,自视不明;以兄观之,将来何所克堪?则为我定一默语之宜可也。素怀亦微有所尚,不能尽陈,略图容隐。敬奉来教,比来所费已足。不复一一。专此。复请采生一兄撰安。弟式顿首。五月二十七日。

六月初四日(7月16日),赴畿辅先哲祠雅集,叶昌炽、王仁东、沈曾植、沈曾桐、吴庆坻、丁立钧、费念慈、刘世安、江标、黄绍第在座。

叶昌炽《缘督庐日记》:旭庄、子培、子封、子修、叔衡招畿辅先哲祠,未刻到,见屺怀、静偕、建霞、黄叔雍、文道希。

六月初,自京寄书皮锡瑞论学。

皮锡瑞《师伏堂日记》云:……文道希来信一函,共观之。道希欲予勿讲常州及川学,予亦未得其详。常州即阳湖庄氏之学,予亦不尽谓然。

川学即廖季平一派,出自壬秋先生,分别今古文,各自为学,甚是,而亦多附会。道希与壬翁不合,故不谓然也。

六月十八日(7月30日),偕徐建寅游大光明殿,访《道藏》板。蒯光典邀约,遂携《易因》一册及《灵宝经》板一片归视之。

> 《芸阁偶记》:癸巳六月十八日,偕徐仲虎兵备建寅同游西安门外大光明殿。明世宗礼仙真之地,近已颓圮,然规模宏敞。有圆殿,拾级而上,殿中五色砖环铺,柱皆盘龙,中塑玉皇像,相传以为似明世宗也。余因访《道藏》板,则散置廊室,凡数十架。板广二尺许,长尺许,两面刻字。因问其完阙。道士顾姓,检《咸丰五年点检道藏存板目录》。余闻之道士云:文宗曾七至殿中。藏版存佚,亦奉命查点后钞存者也。余因嘱其代钞一份。细检全《藏》,犹得十之六七。因赴蒯礼卿前辈约,遂携《易因》一册及《灵宝经》板一片视之。尚当纠合同人,谋补板印行也。

六月二十二日(8月3日),李鸿藻得知先生放江南副主考消息。

> 李鸿藻《李鸿藻日记》:丑初起坐复睡,卯初起,雨声渐沥不止。早间袁升抄来考官一纸。江南:徐会沣、文廷式;陕西:丁惟禔、徐继儒。

六月二十三日(8月4日),过李鸿藻久谈。

> 李鸿藻《李鸿藻日记》:畅晴。子刻醒,起坐二刻复睡。阅竹艻来信。卯初起,约实君来复详属一切,致竹艻一函,并足银三千两,令张明与老李送往。辰刻进城,至受之处补祝,晤谈良久。回时到署。午后回寓用饭。饭后欲就枕,适文芸阁来,久谈,当将锡之旧仆于升荐往。芸阁行后,即作函告锡之,令于升明日前来。

六月二十五日(8月6日),致函于式枚。皮锡瑞得先生放江南副主考消息。

> 《寄于晦若》:采兄如晤:得赐海图后,久未复信。意欲俟七月乞假,南下过津,面谭一切也。二十二日命下:典江南试。菲才重任,惶悚异常,又不得与兄商酌,有所祗承,必有负乘之诮矣。颖之尚无消息,深为盼望。颖兄则东、直及春闱皆可望,途径较宽也。弟出闱后,当请假回籍。明年开河,由海道回京不迟。好在又是闰二月,时日不迫。今日得家信,宝书寄来课作数篇。此子蒙允隶门下,实为厚幸。其笔路似尚可学;唯制艺及

书法,未有门径。今年方十三,迟一日学习,尚不为迟。乞兄以余暇批改一二件寄还,孩童见奖励语,尤为踊跃。公乃今之六一,惜后生难望和仲兄弟耳。都中霖潦成灾,景象殊不佳,又烦师相硕画矣。顷定七月初二日启程。到南后须向陶兄妥问尊讯;望致伊信时,略示教言也。手此敬请撰安。六月二十五日。弟式顿首。

　　皮锡瑞《师伏堂日记》:……文道希放江南副主考,王晋侯着人来报喜。因至晋侯处道喜,其时道希之子公达、弟法和皆在。

六月二十八日(8月9日),晤叶昌炽谈。过李鸿藻辞行。缪荃孙来访。

　　叶昌炽《缘督庐日记》:六月二十八日,道希来,询江左人才,告以频岁饥驱,后起之秀不能举其姓氏。

　　李鸿藻《李鸿藻日记》:晴,热。子初醒,少坐复睡,寅正即起。日来因赈事丛杂,忙迫之至。四眼井人来,知仁外孙今早到京,闻之甚慰。饭后睡起,管士修来,交到荫老处赈银三千两。文芸阁来辞行,共谈良久乃去。为竹艻、实君作书,申酉间仁外孙来,李海亦来见。傍晚将寄通信件交高三,令其明日绝早出城。

　　缪荃孙《艺风老人日记》:拜文芸阁。

癸巳(光绪十九年)七月初二日壬午(8月13日),奉命典江南乡试,辰刻启程。由粉子胡同至谢公祠赴同乡饯席,旋出新义门。申刻尖于长新店,会徐会澧。晚宿良乡县城外。

　　《南轺日记》:阴。辰刻由粉子胡同启程,至谢公祠赴同乡饯席,旋出新义门。午间大雨,片刻即止,凉风袭衣,大有秋意。申刻尖于长新店,水灾初过,颓垣断壁,塞路横蹊。徐东甫前辈(会澧)已先待良久矣。晚宿良乡县城外,行李二更甫到。是日行七十里(知县刘焕)。

七月初三日(8月14日),卯刻启行。过弘恩寺,入寺略观。过窦店、琉璃桥。宿涿州城外。

　　《南轺日记》:晴。卯刻启行。二十三里过弘恩寺,憩舆少息。入寺略观,规度宏丽。寺僧以讼事牵绕,寂无一人。有长年告余曰:此明崇祯太子出家处也。太子以康熙时来归,圣祖为之立庙。(按正殿旁有碑,侍讲学士觉罗吴拜撰文,雍正八年立,亦云圣祖巡幸此地。)凡亡国之君,世子踪迹莫考,皆云托迹缁流。胜国一朝,建文遁迹于苍梧,唐藩潜身于台峤,并此而三矣。又二里至窦店。又十五里过琉璃桥。工程伟丽;经水之后,略有冲损。又二十五里宿涿州城外(知州赵文粹)。

七月初四日(8月15日),巳刻三家店打尖。宿新城县。县吏张丙哲至馆拜谒。

　　《南轺日记》:晴。三十里至三家店打尖,方巳刻也。途中泥甚泞,知昨日雨矣。又三十里住新城县。县吏张丙哲(蓬莱人,字泷西)郊迓,又至馆拜谒。询之,知涿州、新城水灾极重,方办急赈,待哺者数万人。连日所行官路,皆被水淤塞,舆行田禾及草树间,欹仄危苦,莫可名状。夜雨。

七月初五日(8月16日),晨起,自南关登小舟。起陆后行至十里铺。旋又登舟,至白沟河。舟泊雄县,起居驿馆。

　　《南轺日记》:阴雨,颇凉,未刻雨霁。晨起,由南关登小舟行八里许,起陆。行堤上约二三里,至十里铺。又登舟行二十里,至白沟河。又二十里,舟泊雄县,起居驿馆。知县王金铭以办赈未来。浑河水决,田庄被淹者不可胜计。昔时辙迹,沦入洪波。灌海微禽,变化何遽! 苇港纷歧,水虫跳踃,似江南矣。《释禅波罗蜜》卷一之下云:行时非说时,说时非行时。此台教禅也。某大师云:说取行不得的,行取说不得的。此达摩禅也。会意人当自知之。

七月初六日(8月17日),舟行约二十里后登陆。又行十余里,郑州打尖。宿任邱县。雄县道中得诗一首。

　　《南轺日记》:晴。舟行约二十里,登陆;行十余里,尖于郑州。又行四十里,宿任邱县。知县王惠兰,字仲芳,山东人,癸未进士。雄县道中得诗一首:"燕赵积高地,今同泽国忧。连桥低泛水,高树上行舟。策怅河防拙,颜为道殣羞(是日道旁有饥死一人,已不可救)。云中叫新雁,嗟尔稻粱谋。"夜梦甚异。

七月初七日(8月18日),丑刻起行。过崇德屯。巳初于河间府城打尖。过桑林铺。宿献县。知县苗玉珂来迓。

《南韶日记》：晴。丑刻起行，四十里至崇德屯(俗呼"三十里铺")；又三十里至河间府城，早尖，方巳初也。出河间城数里，浓柳夹堤，路平如掌，浅水萦带左右，水外麦豆黄碧，一望无涯，风景最宜可爱。三十里至桑林铺。又三十里至献县止宿。知县苗玉珂，字韵轩，山东临朐人，来迓。

七月初八日(8月19日)，卯刻启程。阜庄驿打尖，换马前行。包长清遣勇四名护送。宿阜城县。知县福清吴长钊来迓。

《南韶日记》：晴。卯刻启程。四十里至阜庄驿打尖，地属交河县。知县蒋文霖，阳湖人，以赴省未来。又五十里宿阜城县。知县福清吴长钊(字勉吾，癸未进士)来迓。至阜庄驿换马；又有直隶练勇营都司包长清，遣勇四名护送。早起甚凉，午间西风送爽，篼舆甚适。盛伯希前辈数云，途中舆夫，不习抬轿，每日必蹉跌数次。余行至此七日矣，而役夫皆矫健，泥潦塞途，绕道涉水，亦无怨言，颇觉伯希之言不实。或过此未可知耳(惟德州最劣，如盛言)。到馆一时许，同行者俱鼾睡。余细读《智者大师释波罗蜜》一卷。竟，出户一观，红日在檐，万籁皆寂，惟树上蝉声与鸟声，历历入耳，不知身在何处、是何境界也，殊有境、智两冥之意。自京师至王家营大道，余壬午十一月奔丧回粤，偕雪门长兄同行，及今十二年，如一梦耳！人生如白驹过隙，世事如傀儡登场，何足苦控抟邪？

七月初九日(8月20日)，寅刻起行，景州早尖。前行至德州，知州及参将赵得华渡河来迓。粮道恩焘遣丁来迓。申刻住宿。恩焘送食，收其半，谢之。

《南韶日记》：晴，午后稍热。寅刻起行，五十里至景州早尖(知州王兆骐，阳湖人)。又西十里，已入山东界。德州知州王修(安徽人，癸未进士)遣人办尖站。小坐，又二十里至州。知州及参将赵得华渡河来迓；粮道恩焘亦遣丁来迓。申刻住宿。舆中读太白七古，其沉郁极处，则神气飞扬，知其笔意与余略相似也。义山诗有当句(有)对七律一首，自是创格，近人撰杂体诗者遗之。徐东甫前辈言，皇上虽盛暑，召对臣工，亦不御扇。本朝家法之严如此。王筱珊知州言，今年黄河于五月间决二百丈，至今未复；然较去年灾略轻云。恩粮道叔涵送食物、小菜各八色，收其半，谢之。是日体中微有不适，服午时茶。

七月初十日（8月21日），天明启行，周世文出送。至曲录村打尖。过平原
县，知县程兆祥迎送。止宿平原。微恙，服药。

　　《南轺日记》：晴。天明启行，都司周世文出送。五十里至曲录村打
尖。又三十里至平原县，知县程兆祥迎送。又二十五里住宿，地名平原，
至二十里铺。仆人云，余所居室，前次随志仲鲁前辈经行时，有盛伯希祭
酒题诗。亟欲观之，则已为办差者洗去，裱新纸矣，怅然！是日大风，尘沙
眯目。体中尤不适，服厚朴花，略愈。旧例典江南试者，由此处起，应行湖
路至浦口。自甲子以后，安徽驿栈未复，故皆行山路，至王家营。此次由
徐东甫前辈致信福中丞，亦援甲子以来之例云。服霍香正气丸。余幼时
学无师法，读钱辛楣先生《潜研堂集》，乃得门径。今途中复读此书，服其
用力之勤，见闻之博，非洪景庐、王伯厚之所能及，无论余子也。记陈兰甫
师云，辛楣先生舆地、职官之学，不独前无古人，兼恐后无来者，岂不信
然耶？

七月十一日（8月22日），至瑜成桥打尖，行馆略驻。宿晏城驿。知县胡寅
恭遣人来迓。微恙，服药。

　　《南轺日记》：晴，风大而燥。舆中甚不适。行五十里至瑜成桥打尖，
禹城县属地。知县丁兆德（贵筑人）备行馆，略驻。又行五十里至晏城驿
住宿，齐河县属地。知县胡寅恭，湖北汉阳人，遣人来迓（癸酉举人）。是
日始知山东、河南两省主考名姓。山西尚未知也（既有报者，云是薛宝辰、
高枬）。夜服苏合丸。入山东境以来，办差厅壁所挂四条，皆抚拓古彝器。
盖潍县陈介卿之遗风也。考差之卷，乾隆间曾明发等第。戴吟梅《藤阴杂
记》载朱丕烈考三等，放江南试差，是也。翁覃溪《翁氏家事略记》，亦自
记其考差等第名次。至乾隆中年，则不发矣。至道光朝，宣宗必问曰：尔
记所取何人否？对曰：某某。宣宗即不悦，恐其漏泄也。复稍长，知此意，
遇问则对曰：不复记忆。宣宗乃喜。及穆宗以冲龄践祚，太后临朝，则拆
弥封之事，军机大臣任之。癸亥以后，凡放某省差，皆由军机大臣拟正拟
陪，候上点定。（此高阳相国为余言之，必不误也。）光绪初年尚仍其例。
至近日亲政后，则多出自特简，臣不得与闻者矣。向来阅考试试差卷，仅
派八人。近以与试人多，添派十人。今年阅卷，有志伯愚阁学（锐）、汪柳

门侍郎(鸣銮)诸人,故所传之信较确。惟余卷则未有见之者;或以为福相国所取第三,亦无的证也。然十人所取之第一,则刘世安(福)、刘学谦(昆)、吴士鉴(孙)、高照喆(陈学棻)、刘福姚(李端棻)、戴鸿慈(阿克丹)、邹福保(洪)、李盛铎(汪)、谢佩贤(志)、熊亦奇(王文锦),皆有实据;而其中得试差者,仅刘福姚及邹、谢三人。足知事由宸断,非臣僚所能擅拟矣。

七月十二日(8月23日),晨启行。过齐河县。于妒姬庙早尖。至崮山换夫马小歇。宿章峡镇。知县吴焕臣同年来迓。作《渡河》五律一首、《山行舆中口占》七律一首。

　　《南轺日记》:晴,风定。晨启行。二十里至齐河县,小歇渡河,三十里至妒姬庙早尖。壬午年行此至辛苦,故此地最所记忆。又三十五里至崮山,换夫马小歇。又十五里,宿章峡镇。渡河以后,即入山,为长清县属地。至章峡,知县吴焕臣(名鸿章,永平人)同年来迓。此地至长清县城五十里,以有谱谊,故欲一见,可感也。《渡河》五律一首:“马首见山色,王程渡向南。曾闻曲防誓,宁信阏流贪。风静波犹劲,天暆影不涵。朝阳起人意,堤柳绿毵毵。”又《山行舆中口占》一首:“山川最是初秋好,日淡风轻称葛衣。已过伏时河欲细,未经霜信树犹肥。岸埼积石马蹄碎,路转隔林蝉声(按,《文道希先生遗诗》此处作‘响’)微。地僻忽逢贤地主……”(结句改“遮眼文书浑懒阅,柳阴阴处又斜晖”。)是日咳嗽略愈,夜不服药。读《天召智者大师释禅波罗蜜次第法门》十卷,竟,皆加墨。

七月十三日(8月24日),卯刻启行,吴焕臣来送行。至殿台打尖。至泰安府城,知府康数、知县毛澂、参将恒明来迓。夜宿南关。

　　《南轺日记》:晴。卯刻启行,吴焕臣来送行。六十里至殿台打尖。沿途村落稍多,较壬午时略繁盛矣。暑气较盛,岂渡河后地气顿殊邪?又五十里至泰安府城,知府康数(字仲抚,甘肃安定人,壬戌进士)、知县毛澂(字叔沄,四川人,庚辰进士)、参将恒明(字月亭,正红旗满洲人,韩佳氏)来迓。宿南关。《释禅波罗蜜》卷,亦有“床敷”二字,即今人所谓“床铺”也。古无轻唇音,益信。钱辛楣先生记性最佳,为本朝第一人。其集中记赵居广画一条,可得其概。陈兰甫师述程春海侍郎之言云:辛楣先生晚年掌紫阳书院,曾以月夜与诸弟子谭论。偶及盐井事,先生历举盐井名目多寡,利弊洞若观火。弟子有不信者,归检四川、云南《通志》,则一一不爽。而先生平生踪迹,未尝至川、滇也。其博闻强识,而又留心经济如此。读《潜研堂集》,辛楣先生生于雍正戊申。以此推之,则卒于嘉庆九年,年七十七。诸书或云七十九者,误(《续疑年录》不误)。余于癸未由粤赴浙道中,阅王西庄《蛾术编》八十余卷。大抵西庄之说,与迮鹤寿之驳,皆如群盲扪象,无有是处;或人人所共知,而说之累纸不尽(今此书为仆人窃卖,余亦不复阅也)。以之拟赵瓯北《陔余丛考》,相去悬隔,无论《养新录》矣。世言史学,乃以钱、王并称,岂由婚姻得齐名乎?国朝人攻伪《古文尚书》,既确得证据,无可疑矣;而于伪今文《太誓》,则不信马季长之说,而深以为真。钱辛楣、王怀祖,皆大儒也,而不辨文体,不讲经义,繁引博证,以辩"《太誓》后得"之言。余谓若《大传》、《史记》所载为真《太誓》,则与《孟子》所引大不合;且《尚书》于祥异之事不甚侈陈,《禹贡》一篇,但云"锡圭告成",《高宗肜日》唯曰"越有雊雉",何得有"舟跃白鱼"、"军呼苍兕"而滥入二十八篇,为孔子所不删者乎?龚定庵经学本非专家,而其《太誓答问》一篇,则诚可作嘉定、高邮之诤友也。

七月十四日(8月25日),辰刻启行,知府、参将暨各官皆列送。渡汶水,过徂徕山。尖于崔家庄。晚宿羊流店。作《觉几铭》。

《南轺日记》:晴,热。辰刻启行,知府、参将暨各官皆列送。行二十余里,渡汶水,过徂徕山下。岱色苍劲,非复土山戴石之比,令人追忆孙明复、石守道耿介之风。又十余里,尖于崔家庄。晚宿羊流店,新泰县属境。知县徐致愉(宜兴人,甲辰世兄弟也,举人,宛平籍)以目疾未来。是日行一百五里。山路崎岖,颇形劳顿。途中两见莲花,芳香清郁,出京以来所未睹也。伤风未愈,又不欲服药,闷甚。齐河驿中,闻有巡抚家人,携千金礼物还京,为太夫人寿者,夜被劫掠,尚未破案。昨问恒参将,亦谓今年劫案颇多,幸皆获盗过半云。各省捕务废弛,邪党日滋,行旅者皆有戒心。此当求正本清源之术也。事动于几,其觉无机,而误觉者稀。噫!不赖此明微,其孰知气强之非?作《觉几铭》。羊流店为羊叔子故里,辛楣先生有诗。

七月十五日(8月26日),至翟家庄早尖。过新泰县城,换夫马。未刻止宿嶅阳驿。

　　《南轺日记》:晴,西南风。舆中甚凉。宿疾颇愈。至翟家庄早尖。过新泰县城,换夫马。未刻至嶅阳驿止宿(仍新泰县境)。是日行八十里。连山若波,浅沙如砥,陆程之佳境也。入泰安以来,民多癙瘠;语音低而不洪,略有数音与江北相近。词章之学,国初极盛,有明人之神韵风采,而一去其轻佻粗犷之习。王、朱并称,济以博赡,余子亦群趋雅正,实为盛治之音。至沈归愚诸人出,谬托正宗,全无诗意,变才人为学究,其咎良有所归。于时文网稍密,才智之士,悉心经史,而不复留意篇章,故文体日归平实,而诗中之比兴亡矣。得名诸家,词意皆浅,典丽可喜,而识度未闻。乱离以来,始复有讲求才翰者;然气萧而词杂,且多脉络不清。巨刃摩天,之乎未知,将谁企也! 乾嘉间诗,亦间有比兴者,在深思者察之,百中可得一二也。经史之学,以考据而明;诗文之才,则不由于考据,在养胸中之性情,而多读古文之名作,以求其神志气韵之所在。公开必读之上口,乃皆得一篇之益。否则,虽能为之注解征引,亦无益也。国朝诸先辈讲考据家,大抵以目治者多,而以口诵者少,故文式平浅,而诗亦变化无多。不可不知其弊也。因儿辈欲学词章,故写此,他日示之。

七月十六日(8月27日),早尖蒙阴县。知县濮贤恪迎送。晚宿垛庄司。

　　《南轺日记》:晴。早尖蒙阴县。知县濮贤恪迎送(字兰如,溧水人,现任河南开封府知府文遄之子)。晚宿垛庄司(沂水县属地。知县锡元,镶红旗人,字会一,丁丑庶吉士,原任广西臬司佛尼国春之子)。是日行一百一十里。山岭蓿深,林木葱蔚,山之西麓,为费县属境矣。濮大令言:今年山东盗贼横行。曹州府、镇皆能捕贼,则竟与开仗,互有胜负。前月嘉祥县有贼,扮作官兵营弁,往拜知县,携有伪造印文。知县见之,于是忽起肆劫,至今尚未破案。又,新例:官民皆不能领买洋枪,而盗贼人人有之,故往往不敌。徐东甫前辈言,此即流寇之机也。余以为然。阅《科场条例》:嘉庆十年,给事中汪镛奏请毋专重三场;咸丰元年,给事中王茂荫奏请毋专重头场。世风学术之变,于此可见。山东一省,内官有尚书、侍郎、府尹、三品卿、开坊翰林,而外任则督、抚、藩、臬及盐运司皆无之。道员实

缺者,亦惟吾房师李子嘉(肇锡)一人,现任云南迤道。东甫前辈偶谈及,
云山东人自嘲曰:"夫道一而已矣。"济宁孙尚书当国十年,而同乡寥落如
此,或谓其偏重乡谊,未必然矣。

七月十七日(8月28日),辰刻启行。过青驼寺,至伴城。与徐东甫各宿一
馆,口占五绝二首。

　　《南韶日记》:晴。辰刻启行。四十五里至青驼寺,兰山县属地。早
尖后,又行四十五里,至伴城。舆夫云,已出山矣。与徐东甫前辈各宿一
馆,以地无大屋舍也(知县许颂鼎遣人办馆。颂鼎字子缦,海宁人,丁卯举
人。余与其弟淮祥素习也)。自泰安道中见赴省试者,坐两人网车甚多。
数日以来,终日行,未遇一车一骑北上者。道路寥落如此,知仕宦、商贾尽
由海道;轮船揽载之利日丰,而中原愈萧条矣。偶占五绝二首:"槐枣连山
密,云烟过海新。六飞南幸路,千里不逢人。""村兵出相迓,面目狞以黑。
将毋咫尺间,化作绿林客?"阅竹垞诗,每至不转韵之七古,便觉弱而稚。
才力固有所使耶?

七月十八日(8月29日),早行,渡沂水,抵沂州府城。知县许子曼以下皆迎
送。薄暮仍渡沂水;止宿李家庄。

　　《南韶日记》:阴,未刻微雨。早行,渡沂水,至沂州府城。知县许子
曼以下皆迎送。子曼言,今年秋成甚佳,盗贼则时有也。薄暮仍渡沂水,
宿李家庄。青嶂初辞,碧波始见,疏雨洒衣,懔然有江乡之思。是日行九
十里(府经历张鸿声,号誉久。沂州营都司陈开勋,号子建)。沂州地颇
繁庶。即以兰山一县而论,行程两驿,每村落皆人烟稠密,井里开辟,颇有
江北之风。黄河改道以来,此处与淮、徐接壤,易于濡染。记龚定庵"渡
河"绝句(在《己亥杂诗》内)云:"安用迂儒谈故道,犁然天地划民风。"至
今日又知其说之未谛,立论固未易易也。夜四更雨。

七月十九日(8月30日),寅刻启行。至郯城之十里铺打尖。过郯城县城
外。止宿红花铺。勇营护送。续成七律一首。

　　《南韶日记》:阴。寅刻启行。五十里至郯城之十里铺打尖。饭后十
里过郯城县城外。又五十里至红花铺,止宿,已申末酉初矣。薄暮微雨。

（地仍属郯县界。知县仓尔爽,河南中牟人,仓景愉之子。）是日勇营护送甚殷勤,沿途翼肩舆而行者不下数十人。记壬午十一月二十一日,自李家庄启程,途中遇灵轜,题湖北候补道官衔。比至红花铺入栈,则壁间题字犹湿,凡绝句四首。第二首云:"朝夕从亲十八年,吟诗学赋绿窗前。何期转饷扬州去,一旦暌离隔九天。"余时荒遽,亦不甚记忆,雪门长兄志之。又其旁注云:"余父之渊,需次湖北十余年,今年夏以解饷赴扬州,卒于差所。"云云。末署"渤海女史张秀君题",知为张香涛中丞之胞侄女也。后与张蔼卿(华奎)谈及,知为黄仲弢(绍箕)编修续弦聘定之夫人。及余第六妹适周荟生编修,遂与往来,面质之而信。今重来至此,则店主以析产分店为两,房舍皆已改观;而余十二年仆仆南北,亦将四十矣。人生到处皆陈迹,岂不信哉? 余出都门时,作七律一首,得起四句,今续成之:"九朝文献重三吴,常譬人材海孕珠。况是明时须黼黻,要令奇士出菰芦。不才恐负文章责,经乱庶几民物苏。雨后西山添爽气,山灵知我素心无?"

七月二十日(8月31日),丑刻启程。尖于峒峿镇。止宿顺河集。夜宿迁知县来见。

　　《南轺日记》:阴晴不定。丑刻启程。行六十里,尖于峒峿镇,宿迁县属地。知县柏贵(丁丑进士,旗人)托故不来。已入江南境,而绝无入境情形,徐东甫前辈以为未之有也。午后又行六十里,住顺河集,去县城六里。是日清淮马步队迎候甚整。行馆之劣,以宿迁为最。夜宿迁县来见,言今年收成甚佳。

七月二十一日(9月1日),早尖养花集,晚宿众兴驿。代理桃源县知县谢国恩来迓。

　　《南轺日记》:雨,薄暮大雨,幸已到驿馆矣。早尖养花集,仍宿迁县界。晚宿众兴驿。代理桃源县知县谢国恩(字湛青,余姚人)来迓。宿迁、桃源之间,野旷人稀,树木繁茂。问之舆夫,言尚无种罂粟者,故不及丰、沛、萧、砀之生计,理或然也。项羽破秦,不收图籍,故不能定都关中。其亡国之基,在都彭城一事耳,他皆其末者也。余少时曾纵论之,凡数千言,指当时形势颇详,惜稿已失去。舆中偶忆及之,作五绝一首,隐括其语:"四战淮徐地,何须衣锦旋。大王学兵法,失学《地形》篇。"阅《申报》,

知京师初二、三日仍大雨。今年水灾正未有艾,可虑之至。

七月二十二日(9月2日),天明启行。早尖鱼沟渡。晡时抵清江浦。清河
　　知县翁延年来谒。松椿有帖来迓,仅以一片答之。

　　　　《南轺日记》:阴,有风,薄暮雨。天明启行。早尖鱼沟渡,故黄河运
　　河。晡时到清江浦,清河知县翁延年(湘潭人)来谒。旋登舟,未开行。
　　途中武员迎送甚殷,合字营及淮扬镇标皆列队齐整。惟漕督松椿,知有徐
　　东甫侍郎出差,而绝不言请圣安,可谓慢矣。余素知其人,故伊有帖来迓,
　　仅以一片答之。连日所行之境,绿杨万树,红蓼丛生,愈繁密处,愈觉萧
　　疏。乃知天地间自有此种清瑟之物,风疏雨骤,尤似秋深。余本野性,对
　　此辄有江湖之思。微吟二句云:“每当荻苇萧森处,便有江湖浩荡心。”盖
　　深知世变之巨,将来非一手一足之力所能挽。自维薄植,谨当力守“难进
　　易退”四字,庶可保其驽拙耳。江宁遣巡捕来接。从九程迪蕃,江西新建
　　人;把总马廷标,江宁人。

七月二十三日(9月3日),巳刻开船。至淮安府,小泊御诗亭。知府张球、
　　山阳县知县程鑫来晤。薄暮开船。泊平桥。购阅《淮安府志》。

　　　　《南轺日记》:早晴,午后阴。巳刻开船。东北风,一时许到淮安府,
　　小泊御诗亭下,水程三十里。知府张球(甘肃人,辛亥举人,广东知县张璿
　　之兄)。山阳县知县程鑫(号仙舫,安徽人)来见舟中。是日合字营全队
　　列送江干。章合才之旧队也,部伍甚整。(统带舒永胜。)薄暮又开船。
　　行四十里,泊平桥,仍山阳县界。读戴东原《孟子字义疏证》,说宋儒流弊
　　处,诚有洞中症结者;汉学家或不必扬其波,言宋学者则当引为诤友也。
　　闻淮安府知府言,梅小岩姻伯已于六月间去世,闻之黯然。先人旧交,加
　　以懿戚,日就凋落矣。小岩河帅年六十九。其生在道光乙酉,与先君同
　　庚,而驻世多逾十年,仕宦屡至二品,可以无恨。其平生可传处:熟精天
　　算,考究地图;每至一任,必实力办事;罢官之后,家无余财,此皆其可传者
　　也。其绘黄河地图,余友人张季直云,二百年来莫有明晰似此者。其为人
　　推服如此。购《淮安府志》阅之,于漕监河务,叙述皆简净有法,独惜于近
　　日军事未暇致详耳。萧令裕《清河县疆域沿革表自序》(见《淮安艺文志》
　　卷八)谓清河以泗水得名,泗水与淮水合流也。淮以北为泗口,古淮、泗之

会。淮以南为淮阴,古镇县之地。自元泰定间河夺汴渠以入泗,而泗口之名没。自明弘治间河绝北流以入淮,而淮阴之地潜然。古淮阴实跨今清河之宇;古泗口亦正得角城之名。角城、淮阴,中隔一水。《水经注》、《齐书·州郡志》历有据依云云。其说甚辨,惜未得其书阅之(令裕,嘉庆间淮安人)。

七月二十四日(9月4日),至宝应县。知县俞熙来迓,泊一时许。至刘家堡。

　　《南轺日记》:晴。舟行四十里,至宝应县。知县俞熙(德清人,荫甫年伯之堂侄)来迓,暂泊一时许。又行二十里,至刘家堡上泊,仍宝应县境。是日南风,舟行颇缓。江宁遣小轮船来拖带,以时日尚不促迫,遣之去。

七月二十五日(9月5日),入高邮州界。知州陆铣来晤。戌刻泊高邮州城外。

　　《南轺日记》:晴,南风。舟行四十余里,入高邮州界。知州陆铣(字弼臣,浙江人)来见。又行六十里,戌刻泊高邮州城外。读《同文韵统》毕。以守温之三十六字母,比附天竺字母处,最为明晰。惟"髥"字为"日"字所出,余未能读。注云:"髥"字为"麻"韵。开口呼半齿音,入"真、文"韵。以"恩"、"因"、"温"、"云"四字收声,则开口呼为"髥—恩",齐齿呼为"人",合口呼为"如—温",撮口呼为"犉"。而"日"字即"人"字之入声,故"日"字出于"髥"字母也。然则"人"字当读如广东音之"仁"字欤?

七月二十六日(9月6日),知州送出境。泊邵公堤畔。

　　《南轺日记》:晴,东南风。大舟行甚缓。知州送出境外。行五十里,泊邵公堤畔。记壬午泊舟于此,夜遇大风,与雪门长兄竟夜不寐,相顾凄恻也。潘文勤语余云:著书须及早;一入仕途,此事便废矣。陈兰甫师亦云:三十岁后之日月,迁逝甚速。余自二十七八岁以前,读书绝不作著述想。偶有所得,亦旋即忘之。及今读书,则攻坚、理繁两途,皆有所不暇。忽忽将四十矣,一事不成,二毛已见,奈何!春间以病困,友人多以年事不克见顾,奄顿之际,时取短书观览,辄复写录一二,迄今已得六七卷。审谛观之,乃正周永年所谓"落书摊之物"耳。黄山谷尝取兵家言"并敌一向,千里杀将"二语,以为有如此劲悍,而后可以读书。倘得数岁之暇,自问犹可有成;特不知天竟如何,命竟如何。书此以当息壤。

七月二十七日(9月7日),寅刻开船。未刻停泊。未过邵伯湖。

　　《南轺日记》:早晴,午间甚热,晡时风雨交作,夜雨止。终日东南风甚大。寅刻开船。至未刻仅行十二里,停泊,尚未过邵伯湖也。是日来求见者数人,皆峻拒不见。未知近日各省官吏何以如此不知礼律,抑有何事而必需于途中求见,真所不解,令人怅悒。

七月二十八日(9月8日),天明开行。巳刻抵扬州。稍泊启行。至三汊河。江督刘岘庄尚书遣小轮船来接,定明日天明开行。

　　《南轺日记》:丑、寅间大雨,雨止,阴转西北风。天明开行。巳刻到扬州。知府许宝书及甘泉、江都两知县(甘泉县李孟康,江都县林之蕃)昨已来接,未见,今日则皆往镇江见巡抚矣。稍泊启行,又二十里至三汊河。江督刘岘庄尚书已遣小轮船三号来接,定明日天明开行,由瓜步渡江。是日武员迎迓者甚多,参将彭仁寿再三求见,拒之。夜雨。余不甚解音律,而读书则能言其所以然。日来因问策撰乐律一条,详览论家之书,则作乐之原,惟戴鄂士《音分古义》深明其所以然。至隋、唐以后之乐,则先师陈兰甫先生《声律通考》,实能披郤导窾,非诸家所及。后世有欲振兴乐教者,据两书所言,参以声学之理,依永和声之盛,或可得其百一乎?徐新田多沿凌次仲之误,谓律自律,而声自声。此不过如谈音韵者,谓喉舌齿牙五音,与字母不相涉耳。要之只是空论。汪仲伊以"知乐大儒"推之;仲伊亦好此等笼侗之说,笼侗之说笼罩人者也。龚定庵绝句,沈子培以为其源出于袁随园;审观之不然,乃出于黄太冲也。

七月二十九日(9月9日),小轮船拖带,午刻到仪征,稍停。知县朱江遣人晤。酉刻尽,至观音门止泊。

　　《南轺日记》:阴雨。用小轮船拖行,午刻到仪征,稍停。知县朱江遣人来(江西举人)。出大江,西北风紧,波荡船颇摇动。酉刻尽,乃抵观音门(炮船厂南数里),止泊,去江宁尚二十里也。是日水程约百余里。入

夜大雨;雨止,大风。昨阅《申报》,知都中七月间屡得大雨。直隶水灾,
尚未艾也,奈何!《申报》载梅小岩姻丈以六月十八日辞世。拟作挽联,
以梅文穆、李恭毅二人比之,一言其算法,一美其政绩也。计出闱后寄去
太迟,因以中止。久不填慢词。夜雨空江,寂寥无寐,拈《庆宫春》调,依
谱一首。姜白石曾赋此阕,云过句涂稿乃定,无益而不能自已。余作诗文
素不属稿,才不逮白石而又粗率如此,宜其不工也,聊以寄意而已:"岸苇
平潮,渚莲销粉,暮云作尽秋色。凉入空江,萧萧夜雨,短篷清溜自滴。记
曾分手,黯春绪垂杨未碧。山围依旧,偏是孤灯,照愁今夕。　　旅怀坐
对茫茫,白发新添,此情谁识?连环解赠,凌波去后,岭竹斑痕犹积。袖罗
香减,怅天远难凭雁帛。初寒清警,幽梦醒时,隔江闻笛。"

七月,撰《敕赠儒林郎彭公晓沧传》。

　　《敕赠儒林郎彭公晓沧传》:士固有屈于其身而伸于其子孙者。其子
孙固贤俊多材,然必其祖、父有以积之久而后发之光也。萍邑处士彭公晓
沧先生,通才也。尝闻先观察公云:先生天资颖异,目数行下。与角艺,咄
咄逼人。老师宿儒咸惊异,以大器目。而尤善诗古文辞,于古法韩、杜,于
近尊袁、蒋,稿出辄攫去云。余官京邸,先生五子绍平以孝廉应京兆举,博
雅温笃,古君子也。暇则剪烛夜话,因相与各道其先德隐行,以卜家世之
盛衰久长,常灼然不谬。余于是因绍平而知先生之家教渊源,又因先生而
知观察公之称誉有真,非苟同流俗也。先生磊落不群,自幼与邑名士辈驰
骋文舍中,意气标举,试郡县辄冠偶,意谓取功名如拾芥。然偃蹇,屡试一
衿不得博。年甫壮,先生喟然曰:"是区区者而不余畀,余何能为?头颅如
许,吾何求而复与若辈争哉!"竟去,终其身。友朋皆劝勉,卒不出。家居
严肃,督诸子,终日断断,率漏数下。每课,文不中程,呵斥震怒,举家惶
恐。或终日不得一食。长子组卿先生,名诸生也。始得报,属曰:"士当务
其大者远者,一衿,小耳,勉为,毋自恃,忠孝可长久也。"又曰:"君子守身
若处女,女以从一为贞。汝今列胶庠,倘失身,匪昭昭贻羞,即冥冥堕行
矣!"以故诸子林立,一禀庭训,品端而行方。持家有法,傲慢之气,虽三尺
童男,不敢稍施于身。体性尤坦率,以古道自处,而尤以古道责人。族戚
邻里,虽长者皆畏惮,唯无他说,稍越分,面斥毋敢争。好善恶恶,老而弥
笃。他懿行多可纪,不录,无庸录也。先生纳粟以例贡生老。然雄心郁

勃,藏刀隐耀,终未一发其硎。逢佳节礼神,具衣冠,辄鞤蹙不乐,久之而后服。晚年期望尤殷,诸子入棘围,秋风至则起立旋走,或彻夜不寐。尝语同人曰:"得失固有命,然一闻报罢,梦魂犹惊也。"著有《桑鸡诗文稿》,藏于家。子某,孙某。论曰:国家设科取士,岁不下数千人。萍邑岁科,三载亦数十百人。而先生劳苦困踬,竟不得阶前尺地,稍为吐气扬眉。论者辄咎有司之不明。然而先生养其根而俟其实,加其膏而希其光,殆其所留者大,而所贻者远也。不然,年未强富,何勇退之不少迟也。先生将没,命诸子书挽云:"生本庸才,敢云手泽存经史;死无厚产,留得心田养子孙。"呜呼!此可以括先生之为人矣。大清光绪癸巳年孟秋月同邑文廷式撰。

按,此文录自萍乡高洪年先生整理稿。

八月初一日(9月10日),巳刻到江宁,泊舟旱西门外。未刻登岸。入行馆毗卢庵。舟中见罗章云。

《南韶日记》:大风雨。巳刻到江宁,泊舟旱西门外。知府以下皆来请见,辞之。未刻登岸。地主设行馆于毗卢庵,曾忠襄募建之佛刹也。(供给所总办知府罗章云有事乞见,与东甫前辈同见于舟中,亦无甚事也。)监临奎乐峰中丞俊亦以是日到宁。

八月初二日(9月11日),行馆无事,读《南华》十数篇。

《南韶日记》:晴。行馆无事,读《南华》十数篇,窗口前日影已过午矣。来问候者多人,晚阅门簿,乃始知之。

八月初三日(9月12日),读书论学。《南华》读毕。

《南韶日记》:晴,热。读《南华》毕。读《朱子文集》数卷。《答吕伯恭书》云:(卷三十三)《董氏诗》,建阳有板本,旦夕托人寻访纳去。其间考证极博,但不见所出,使人未敢安耳。近人辑《三家诗》者,颇疑董氏,不知朱子已先疑之矣。

八月初四日(9月13日),读书作联。

《南韶日记》:早阴,午后晴。仍甚热,且多蚊。北方天气信优于南方也。读《朱子文集》数卷。写对联十余副。

八月初五日(9月14日),读书。

《南轺日记》:阴雨,稍凉。略检书籍,得读《庄子》数篇,如闻鱼山梵音矣。

八月初六日(9月15日),巳刻赴江宁府署。请圣安毕,偕徐东甫入闱。内监试、收掌来见。未刻掣签分房。申刻各房官来见。

《南轺日记》:晴。巳刻赴江宁府署。督、抚、学政以下赵请圣安毕,稍坐,同人望阙叩头;又略坐,司、道以下参堂。毕,偕徐东甫前辈入闱。内监试、收掌皆来见。未刻掣签分房。申刻各房官来见。内监试:林文炳(号质侯,福建人,甲戌进士)　房官:

吴镜沆(镇洋县知县,河南光州人,庚午顺天举人;粤生。)

(江苏知县)龙璋(字念先,湖南攸县人,丙子举人;砚仙。)

(安徽知县)梁涛观(季沅,四川大竹人,己卯举人,癸未进士。)

(安徽知县)顾仲安(山东聊城人,壬午举人,壬辰进士;簏庭。)

(江苏知县)葛祥熊(宿迁知县。浙江人,壬午举人,庚寅进士;豫斋。)

(定远县知县)郑葆清(湖北黄冈人,丙子举人,癸未进士;德夫。)

(甘泉县知县)汪懋琨(山东济南人,丙子举人,丙戌进士;瑶廷。)

(江苏知县)王庆埏(浙江会稽人,戊子举人,壬辰进士;履安。)

(江苏知县)徐树锷(湖南长沙人,丙子优贡,乙酉顺天举人;定生。)

(安徽知县)戴朝普(湖南长沙人,乙酉举人,丙戌进士;秉召。)

(江苏知县)孙友萼(山东郯城人,癸酉举人,壬辰进士;花楼。)

(安徽知县)陈瑜(贵州贵阳人,壬午优贡举人,壬辰进士;豹初。)

(江苏知县)蒋子蕃(浙江奉化人,癸酉拔贡举人,曾随使日本,茉卿。)

(江苏补县)黄金钺(广东顺德人,癸酉举人,癸未进士;祐伯。)

(江苏知县)柯劭懋(山东胶州人,乙亥举人,己丑进士;敬儒。)

(江苏知县)邓暹经(湖南冈州人,壬午举人;梓琴。)

(江苏知县)陈焪(四川南阳州人,己卯举人,庚寅进士;榕盦。)

(江苏知县)张祖纶(湖南长沙人,壬午举人;坦臣。)

(内收掌)钱锡宾(浙江仁和人,乙亥举人,高邮州知州;鸿士。)

八月初七日（9月16日），回拜各房。斟酌头场题目。

《南韶日记》：阴。回拜各房；斟酌头场题目，皆例行事而已。读《参同契考异》一卷。

八月初八日（9月17日），晚见监临。

《南韶日记》：阴雨，午间止。刊刷题纸，一万九千余纸。晚见监临，知应试者实到一万七千九百余人，以恩科人数较少，南数省例然。（南省凡应试者，或本县有宾兴费，或祖祠有考试费，计三年所入，仅供给发。每遇恩科，则或减半，或竟不发，故寒士往往因此不能赴试。）闻顺天乡试考官消息。以《古今姓氏书辨证》所引邵思《姓解》，核对《古佚丛书》刊本，皆今本所有，信北宋以来旧帙也。

八月初九日（9月18日），为房官作联、扇。晚得沪报，知友人分校顺天乡试。

《南韶日记》：晴。为房官作联、扇十数事。读《能改斋漫录》数卷。晚得沪报，知友人中张巽之、刘静皆、朱艾卿、刘葆良、吴颖芝诸同年，皆分校顺天乡试。

八月初十日（9月19日），歇半日。仍写扇、对。四更始寝。

《南韶日记》：晴，热。稍歇半日。仍应酬写扇、对。夜四更始睡。

八月十一日（9月20日），卯刻发五经题。夜三鼓始发题纸与监临。复和徐定生所和《出都》诗。

《南韶日记》：晴。卯刻发五经题。仍得房官写十份，刻板刷二万张许。是日忌辰，至夜三鼓始发题纸与监临，略疲乏矣。闻闱中尚安静，可喜也。第九房徐定生和余《出都》诗。余提笔复和一首，虽不甚佳，而自喜其敏，姑录于后：壮才飞辔策天吴，郑重论文字似珠。肯让君家老骑省，还依故事小长芦。瑶光焰聚英灵在，沧海波回士气疏。重向东南话畴昔，元龙豪兴未应无。

八月十二日（9月21日），夜寝稍晚。目力微乏。

《南韶日记》：晴。夜睡稍迟，目力微觉耗乏，此前数年所未有也。

八月十三日（9月22日），与房官同校试卷。

　　《南韶日记》：阴，午后晴。江南今年天气，早晚甚凉，午间辄热，殊觉不适。始有试卷。坐堂上与房官同校。是日所荐，不及十卷。自道光朝专尚墨卷，其时以排字诠题坚卓为上。咸丰间，略重尤、王派，词藻炜如。同治及光绪初年，则低吟密咏；其清者妥帖铿锵，不清者则肤烂满纸而已。十年以来，又复一变：不拘格律，是风气之佳处；而不能切题，渐流于廓与杂；而文理不清，则亦士人心术之忧也。阅卷以后，不写日记。其有可记者，略录数则于后。

八月十三日（9月22日）至八月二十三日（10月2日），阅卷。

　　《南韶日记》：已荐来头场卷七百二十三本矣。大约近时八股风气最杂。其言《说文》及别解者，皆向来所有，不足为奇，而大致总多以"圣人防后世"立论，于是题为"美尧舜"，而文则皆作维《春秋》及防封神、防篡窃等类，不一而足。次题"上纬天时"，则言电线、气球。三题，理境题也，而体者则言驱夷狄、攻异教者十卷而七，而且其词大半吐露而不蕴藉。以此知江南、北人眼光心力，犹有可用，亦复可虑，在于当位者之善为裁成而已。

七月至八月间，拟《光绪癸巳恩科江南乡试策问拟答稿》。

九月初五日（10月14日），阅卷止。

　　《南韶日记》：止；共阅第一场卷八百七十本。末一本，乃第十三房荐，"恭"字八十九号，甚佳，即取中矣。（三场合荐，而第一场文字已甚玮丽。）有"发"字十九号一卷（下江），屡弃而屡取之；及三场对策，颇详博，而每道必总笼数语，则多不甚合。午间复阅，总校其第一、二场，均繁富，又策已对十之八，姑仍取之矣。及置案头，则十八房所荐三场卷适到。取阅之，第一卷为"发"字五十一号，则五策与"发"十九卷字字雷同，遂竟撤去。"发"五十一卷第一、二场本不取，其策誊字极劣，亦必不能细阅，而恰于此时相值，致此卷不能取中，亦不可谓非怪事也。

九月初六日（10月15日），阅卷。

　　《南韶日记》：余各房补荐三场，于是忙不可解。凡阅三场卷至千余，而不自以为倦，可谓喜事者矣，一笑。

九月十六日（10月25日），知五弟文廷桡中式江西榜举人。

《南轺日记》：知五弟廷桡中式江西榜第十七名举人，为之稍慰。

八月、九月阅卷期间，因袁祖光以误一字落副车争于徐会澧，不获。

袁祖光《绿天香雪簃诗话》（卷三）：先生癸巳主试江南，余以误一字落副车，先生力争于徐东甫先生不获，知己之感，不忘于心。

十月初，上书刘坤一，请代奏赏假回籍修墓。

《上刘坤一书》：……廷式奉命典试江南，现已事竣，应即回京供职。惟廷式原籍江西萍乡县，祖墓岁久失修，瞻望松楸，弥深感慕。江宁距江西本籍，一水可通。拟恳天恩，赏假两个月，自备资斧，回籍修墓。一俟假满，即行入都，恭复恩命。请为代奏。

　按，刘片得奉朱批：文廷式著赏假两个月，钦此。

十月初三日（11月10日），离宁，溯江西上。泊下关。

《南轺日记》：登舟，行十余里，泊下关。江安轮船拖行。

十月初四日（11月11日），泊西洲头。

《南轺日记》：晴。行六十里，泊西洲头。早起轮船上煤，未行。

十月初五日（11月12日），午过西梁山。途中与迪光弟、味琴侄谈。

《南轺日记》：晴。午过西梁山。

途中与迪光弟、味琴侄谈萍乡家事，深虑不才之子弟颇有其人；欲整顿家中义学祠费，为教养之地，惜力尚未能也。

十二月十九日（1月26日），致书于式枚。

《寄于晦若》：晦若兄长如晤：昨得赐函，敬悉一切。年事已迫，客居最乐。一室独坐，辄有横逸四海之志。但恨酬应纷冗，扰其神明耳。帕米尔一事，以乾隆内府图核之，实在界外；以《皇舆西域图志》考之，则实在界内。且无论如何，俄得塔什干全部，而我仅得帕米一地，亦何必额外克己，必送与人？师相信来，左兵气沮；既而曰：合肥老而息事，安能如此？

此必其幕府罗与于为之也。左兵为公堂官,公惧否?一笑。前数日,陈督五百里请办边防。疆抚又有电来,云俄人已再进一步(此约其辞。原电地名未悉也)矣。本月十二日,徐大理疏劾枢臣招权纳贿,闻其疏亦以左兵发端,言贻误边事至此,而枢臣漠不关心。折入,上色变,遣人持白西朝。西朝曰:令他们自己看去。又云:看完仍将原折送来。是日枢臣退朝,颜色沮丧。以弟度之,明年边事若起,必掣动大局。现在京师欲疏劾左兵者,尚纷纷未已也。顺德侍郎屡见,数以相法许我四十六岁后,当为四十万金富人。其外甥相我,云当十倍此数。顺德素贫窭,以四十万为极词耳。兄试亦以相法论之,我应有此豪富否?詹事使事,尽人力为之;世事元黄无定。今时王大臣,不独非用人之人,亦并无沮人之才,真所谓"奴辈"耳。运气若来,稍施伎俩,玩之股掌矣,兄何足多虑乎?仲宣观察未见。直隶水师学堂及税务所译各书各图,易购买否?颇有欲得之者。仲鲁书来,无悒悒语。优差之兆,于此可征。昨得江西信,小儿能作五百字论,虽无可采,而笔气尚畅。请兄一阅。今年十二,稍长即受业兄门下,庶望礼堂郑学,得一二之传也。滇边息马之役,弟处绝无图籍可考。未知洋人言印度、缅甸事,有无成书(晃西士加尼书,弟曾抄录,亦不甚详),乞示一二。如有新印舆图,尤望见赐。师相致总署信,能言大略否?余不一一。专请年安。腊月十九夜。弟廷式顿首。容民均此致意贺年。

编年诗:《癸巳元夜》、《读恭亲王〈萃锦吟〉奉题》、《山行舆中口占》一首、偶占五绝(槐枣连山密)(村兵出相迓)二首、《奉命典试江南出都门作》、《雄县道中》、《渡河》、《途中见新雁》、《长清道中》、五绝(四战淮徐地)一首、复和徐定生《出都》一首、《途中杂诗》四首、《深夜阅卷倦极偶书时已过重九矣》、《徐定生世丈(树锷)葛豫斋同年(祥熊)各和原韵再迭韵赠之》、《龙砚仙璋郑德夫葆清戴秉召朝普孙花楼友荸诸君皆有和章仍次前韵答之》、《徐东甫侍郎前辈次韵见赠仍依韵答之》、《仍迭前韵索诸同事和诗》、《九迭前韵答龙砚仙》、《望九华山示从子缉熙》。

编年词:《高阳台·为江建霞题〈太常仙蝶图〉》(柳外轻盈)、《庆宫春·泊金陵城下作》(岸苇平潮)、《念奴娇》(一村邻水)、《木兰花慢·寄王木斋》(听秦淮落叶)、《水龙吟》(落花飞絮茫茫)。

光绪二十年甲午(1894 年),先生三十九岁

正月初一日(2 月 6 日),瑾、珍二嫔晋封为妃。二十五日,谕以内阁学士志
锐补授礼部右侍郎。志锐,即二妃之兄也。

> 《清续文献通考》卷二百八十五帝系考三:瑾贵妃他他拉氏,工部侍
> 郎长叙之女。光绪十五年二月封瑾嫔,二十年正月孝钦显皇后命晋瑾妃,
> 十月降为贵人,二十一年十一月复封瑾妃,三十四年十月晋尊封皇考瑾贵
> 妃。……珍贵妃他他拉氏,工部侍郎长叙女,光绪十五年二月封珍嫔,二
> 十年正月孝钦显皇后命晋珍妃,十月降为贵人,二十一年十一月复封珍
> 妃,二十六年七月殉难,二十七年追晋封珍贵妃。

二月十九日(3 月 25 日),江南典试复命。

> 张荫桓《张荫桓日记》:……适苏藩邓小赤满俸,来京陛见,文云阁江
> 南典试复命,相与周旋。

二月十一日(3 月 17 日),过张佩纶畅谈。

> 张佩纶《兰骈馆日记》:二月十一日(3 月 17 日)阴。……午后,文芸
> 阁自籍入都,畅话。

二月二十三日(3 月 19 日),白虹贯日。

> 《闻尘偶记》:甲午二月二十三日,白虹贯日。

三月初二日(4 月 7 日),赴缪荃孙、王颂蔚、叶昌炽、费念慈、江标江苏馆招
饮。午后晤李鸿藻。

> 缪荃孙《艺风老人日记》:偕王莆卿、叶鞠裳、费屺怀、江建霞请文芸
> 阁等于江苏馆,到者十六人。
>
> 李鸿藻《李鸿藻日记》:午后会文廷式,申刻,保和殿复试一等关冕钧
> 来见;酉初,复会朱靖藩、豫三大人,祥茂商人马某来见。

三月三日(4 月 8 日),大风不出,寒夜独坐,赋小诗以示同志诸子。

> 《还京以来人事纷杂心如废井三月三日大风不出寒夜独坐聊赋小诗

示同志诸子》：人生那得如金石？朝朝走马长安陌。东观常翻未见书，明堂又上干时策。偶然失意君莫问，拄笏看云映山碧。林乌晨飞暮飞还，今古只在须臾间。伏义宁知阮生意，报书分明秋水间。

三月初六日（4 月 11 日），下午，过皮锡瑞，邀往东江米巷吃番菜。

　　皮锡瑞《师伏堂日记》：……下午文道希同年至，邀往东江米巷吃番菜。其地甚清静，乃洋人宴会之所。人云是台基，叫旗人妇女地。房中绣幔，此诚可疑。道希云地属洋人，不能过问。太阿倒持，一至此哉！道希云今科老名下中，有孙衣言之子、作《周礼正义》者尚在公车，属以宜用经义，二、三场宜加意。至暮始别。

三月初七日（4 月 12 日），赴江苏馆同人雅集，叶昌炽、缪荃孙、王颂蔚、费念慈、江标、黄绍箕、沈曾植、吴士鉴、陆树藩、端方、李经畬、李盛铎、刘世安、张孝谦、刘可毅、孙廷翰、孙诒让、刘岳云同席。致书于式枚。《纯常子枝语》已成九册之多。

　　叶昌炽《缘督庐日记》：赴省馆，偕艺风、蒿隐、西蠡、师许宴客。黄仲弢、沈子培、吴绸斋、陆洵伯、端午桥、李新梧、李木斋、刘静皆、张翼之、刘葆真、孙问清、孙仲容、文芸阁、刘佛青，共十四人。廉生、巽庵诸君皆未到。

　　《寄于晦若》：采兄如晤：《日录》收到。《释禅波罗蜜》封寄。（此书功夫有次第。其空发论议者，稍缓阅之，何如？）去年以来，随时所录，有《纯常子枝语》九册；就中可取者不过数十条。今来人似不甚可靠，俟托容翁（尚未得见）带呈请正可也。伯愚被论，实以救护月食时，诵周学熙文以为佳，遂为阅者所恶，故原奏以周为正文。其实高阳必欲置一等，非出于廓也。尊奏系指严察翰林八人一折否？朝论亦出两歧；然比来词馆诸事，办者皆颇失体。东海院长胸中，文昌、吕祖故实居多，于国故不甚措意也。近事颇有足述者，匆促未能详书。大约以为枢廷比来循谨缄默，事断自上者特多，欲强主威，诚英明举措也。余未能一一。帘官单想已得见；吾乡三人。然熊余波为王侍郎所取第一，竟不得一分校，不可解。舍弟复试三等五十余名；不四等，幸矣。手此敬颂台祺。不一一。弟廷式顿首。三月七日。

三月十七日(4月22日),过翁同龢长谈。

翁同龢《翁同龢日记》:……文云阁来长谈。

三月上中旬,致书于式枚。

《寄于晦若》:采兄如晤:本日得接来示;又前信亦接到,可不必追究信局矣。《禅波罗蜜》实有工夫次第。兄谓不解,得无嫌其浅近耶? 若然,则《大智度论》义蕴宏深,《宗镜录》词条丰蔚;二书皆一百卷。《宗镜》未携来;稍迟当以《大智度论》饷公也。弟皆曾读一过,略识意趣而已。若仁者见之,必能穷源至阿耨达池也。陈蓉老亟欲见之。场前遣人询刘户部如辉,则云不知其住址,但知在崇文门内赁小寓而已。场后亦尚未见。而来信云二十内外出京,或竟不贲临,又无从往候,奈何? 汤世叔意厚,又名德世族,岂有不愿之理? 俟见蓉老时,方能悉其详。又,小儿制艺,向来未令其学习;今寄来数艺,亦甚劣,恐不足当汤老世叔盛意耳。(尚有一篇未改,今特寄上,请兄批览,是幸。)莼老一折,亦至今未悉。颖兄前日召见,圣意甚厚。前者长秋谢恩一事,不被诘责者仅一人耳。陶安闻又病足,差事尚未得调,奈何? 舍弟闱作不佳,殆无可望。若有运气,亦当是乙未进士矣。余不一一。复请台安。弟廷式顿首。小儿读书似可有成。近虽议婚处多,弟在家皆谢却,以为俟十七八岁时,此子果有成就,再议不迟,不至误人家贤淑也。承示一切,自是所愿;俟见蓉翁后,再作书商之家人耳。又,却梦不欲求盛关道;委解铜来京,事可行否? 乞示。

三月二十六日(5月1日),诣保和殿翰詹大考。

《清实录·德宗实录》:光绪二十年甲午,三月乙未,谕内阁:考试翰詹,自光绪元年后,久未举行,著于本月二十六日在保和殿考试。所有应行豫备事宜,著该衙门照例办理。四月甲寅谕:此次考试翰詹各员,经阅卷大臣等校阅进呈,朕复加披览,亲定一等第一等六员,二等七十七员,三等一百二十三员,四等二员。其考列一等之编修文廷式,以侍读学士升用。

翁同龢《翁同龢日记》:是日翰詹大考,点名尚早。共实到二百零八人。赋题:"水火金木土谷"(以九宫之德皆可歌也为韵),论:"书贞观政要于屏风";诗题:"杨柳共春旗一色"(得林字,七言八韵)。

三月二十七日(5月2日),发书两函往于式枚。

《寄于晦若》:晦兄如晤:容民行时,匆遽而别,故未携书去。其实一无足观,不足供海舟之赏玩也。今年大考,为二十年未经举行之典。弟交卷尚早;闻酉刻上遣内监催促交卷者再。公颖奉派阅卷,至此时四点钟尚未回家。其等第无从摘抄,容明后日再发信,何如?又闻此次不令阅卷大臣先拆弥封,一切俟引见后再降旨,未知确否。余不一一。复请行安。弟廷式顿首。新吾卷子甚好,可望升迁。

《寄于晦若》:晦兄左右:折差去时,略涂数行,其时尚未得信也。四点半钟,廓轩阅卷回,始知弟名忝列第一;且云:未阅卷前,朱笔特写"文廷式一等"五字交下。疏贱小臣,忽蒙此非常知遇,将来不知应如何图报,实深惶悚!又,周锡恩、陈鼎、崔国因、费念慈、陈光宇五人(廓云,原谕次第如此),奉特旨勿庸取列一、二等云云。及阅定进呈,则周由二等改三等,曹赞善由三等改二等。至兄所欲探各人,廓已略为注出,有不记忆者数人而已。兹寄上吾兄。初三起程以前,尚可望一信。又,此次二百八人与考;一等五名,二等七十五名,三等一百二十六名,四等二名。余不一一。手此祇请撰安。三月二十七夜。廷式启。事伯述世丈、容民二兄,均此致候。

四月初三日(5月7日),过翁同龢。

翁同龢《翁同龢日记》:……归后,左子异(文襄第四子,送文襄全集,孝同)、文云阁皆来见,倦甚。

四月初八日,大考发榜,迁翰林侍读学士。上升用侍读学士谢恩折。

叶昌炽《缘督庐日记》(甲午):四月初八日,大考宣旨,道希、佩鹤、伯揆俱得学士。

胡思敬《戊戌履霜录·文廷式传》:甲午大考翰詹,上亲擢廷式第一,由编修迁翰林侍读学士,二妃力也。

刘洪辟等《昭萍志略·人物志》:甲午御试翰詹,取一等第一名。升授翰林院侍读学士,兼日讲起居注官,特派稽查右翼宗学。甲午会试磨勘试卷官,教习庶吉士,协同内阁批本,署大理寺正卿,加四级,覃恩加一级。负一时重望。

王闿运《湘绮楼日记》：遣人入城，索大考单，第一即间面也，实为可笑。此人必革，第一例不善终也。

孙宝瑄《忘山庐日记》：早诣署，当月退值，过新吾小坐，复至桂卿处即归，始知大考第一为文芸阁。

按，二十六日大考，二十七日阅卷。

魏元旷《光宣金载》：廷式及第，妃欲骤贵之，上为之大考翰詹，复朱书文廷式一等交阅卷房。廷式遂第一。

《为升用侍读学士谢恩折稿》：跪奏为恭谢天恩、仰祈圣鉴事：本月初八日，内阁奉上谕：此次考试翰詹，一等第一名文廷式，著以侍读学士升用，钦此。窃臣学本迂疏，世蒙秩养。句胫唱第，幸参芸馆之班；江介持衡，旋拜芝纶之宠。涓埃无补，兢惕方深。兹复渥被隆施，超迁华选。论俸则未周三岁，除官则骤历五阶。况当陶尧铸舜之余鉴，及坠露轻尘之末风。宠荣逾格，寤寐难安。臣惟有勉竭驽驹，倍勤职分。读书养气，益厉鹤鸣九泽之时；浃髓铭恩，惟觉鳌戴三山之重。所有微臣感激下忱，理合缮折叩谢天恩，伏乞皇上圣鉴。谨奏。

四月初九日（5月15日），皮锡瑞来道喜，未晤。

皮锡瑞《师伏堂日记》：……至文道希、张野秋处道喜，不晤。（初八，阅京报，见文道希以侍读学士用。）

四月初十日（5月16日），邀皮锡瑞粤东馆听戏。

皮锡瑞《师伏堂日记》：文道希请粤东馆听戏。席罢，又至湖南馆听戏。

四月十一日（5月17日），宴集公车诸名士皮锡瑞、孙诒让昆仲、杨锐、张謇。本年会试充会试磨勘试卷官。

皮名振《皮鹿门年谱》：文学士道希宴集公车诸名士，公及瑞安孙仲容诒让及其兄伯威、绵竹杨叔峤锐、南通张季直謇与焉。

刘洪辟等《昭萍志略·人物志》：甲午御试翰詹，取一等第一名。升授翰林院侍读学士，兼日讲起居注官，特派稽查右翼宗学。甲午会试磨勘试卷官……

四月十二日(5月16日),谓皮锡瑞、孙诒让下第,为人才消长之机,赠皮锡瑞《东塾集》一册,以粤东陈澧相许。

皮名振《皮鹿门年谱》:榜发。公被荐不售。副总裁汪柳门侍郎鸣銮,以不得公与杨叔峤为憾。文学士道希谓公与孙仲容下第,为人才消长之机,赠公《东塾集》一册,以粤东陈兰浦先生澧相许。

四月十六日(5月20日),过皮锡瑞,约明早饯别,见沈小岚。

皮锡瑞《师伏堂日记》:……文道希来,小岚出见,道希约明早饯别。

四月十七日(5月21日),缪荃孙来访。与皮锡瑞、沈小岚往万福楼小饮。

缪荃孙《艺风老人日记》:拜恽心云、李木斋、文芸阁、高熙亭、叶鞠裳、费屺怀、陆蔚亭。

皮锡瑞《师伏堂日记》:与小岚至道希处,同往万福楼小饮。楼临西四牌楼大街,为看万寿而谈逢此庆典,予不得留京一观盛事,有太史公留滞周南之憾,命也夫!命也夫!道希云诸公得会元卷,以为已得张季直,如探骊得珠,其余鳞爪可勿问矣,二十一日遂撤堂,各房不得荐卷。李木斋得一卷,欲荐不得,即孙仲容也。而张季直虽幸获批,止"斟酌饱满"四字,名次在六十名,"主司头脑太冬烘,错认颜标是鲁公",殆可移赠诸公乎?黄升属荐于道希处。道希欲得学差,不愿入南斋,特恐欲大用之,不肯放出耳。道希亦以人才太乏,有神州陆沉之惧。归将束装,而送行者甚众,节吾、鹿泉、龙氏昆弟、炳农、子勋、小宜、邹叔澂皆至,至夜始稍能检理。

四月二十日(5月24日),午饭后同缪荃孙、李盛铎、江标、盛昱至端方处观碑。

缪荃孙《艺风老人日记》:饭后,木斋、芸阁、剑霞、伯熙同至午桥处,碑石林立,真赝参半,然郭休、曹真、蔡俊各碑皆绝妙也。

四月二十一日(5月25日),致函于式枚。

《寄于晦若》:穗生兄长如晤:二十日观海,当归来也。海中风起浪涌,即念念生灭;月照波澄,即念念止观;万水不离一咸,即万性不离一识。于此归来,想所得不盈掌握,而洞彻大千矣。容民出房而不售;张巽老颜为得人,声誉蔼然,想已知悉。弟月内当补缺,又将充讲官,皆才所不任,恐惧实深。又舆马衣服,亦力所不支,奈何?望兄有以教我。考差事毕,亦懒于刺探消息,听之而已。皖抚为张次山御史一劾而去,盖出自宸断;新授李君,则合肥师相旧所识拔,近能吏也。四川事,户部于盐款亦列参;钟御史疏,丑诋尤甚,非吾旧居停所能忍受。以弟测之,即不开缺,亦当疽发背矣。此二十余日事,兄之所知,必多于弟,故不复一一致详。夜起将引见,聊书一一,以代面觌。敬请撰安,并望代候容民,不尽。四月二十一夜四鼓。弟廷式顿首。巽之日内当有信,已屡促之矣。

四月二十四日(5月28日),上《为授补侍读学士实缺谢恩折稿》。

《为授补侍读学士实缺谢恩折稿》:奏为恭谢天恩、仰祈圣鉴事:本月二十三日,内阁奉上谕:据吏部奏,黄卓元所遗翰林院侍读学士一缺,应将大考一等第一名、钦奉谕旨以侍读学士升用之编修文廷式奏补。奉旨:"依议,钦此。"窃臣猥以菲材,滥邀宠遇,初蒙特擢,旋得真除。迭颁朵殿之纶,卿云彰焕;幸视花砖之影,湛露恩酞。臣惟有心竭冰渊,学勤志谐。葵忱自矢,敢忘箴献以陈言;藜照分辉,愿效管窥而颂圣。所有微臣感激下忱,理合缮折叩谢天恩,伏乞皇上圣鉴。谨奏。

四月二十六日(6月30日),招饮缪荃孙等十八人于嵩云草堂。

缪荃孙《艺风老人日记》:文芸阁招饮嵩云草堂,集者十八人。

四月二十九日(6月2日),晤李鸿藻。

李鸿藻《李鸿藻日记》:晴。听朝宣考,未派,午后会胡胜、李盛铎、文廷式,午刻至酉正见新贡士二十位。

四月,为翁同龢撰《读史连珠》八十首进呈。

《读史连珠》:盖闻情之所生,不限于地;兴之所发,莫概于心。是以东山隐居,恒作"洛生"之咏;南阳高卧,时为"梁父"之吟。盖闻有无不问,分独尊于两仪;宠赂既彰,势莫危于万乘。是以求金非礼,《春秋》之义严;假马正名,君臣之分定。盖闻河山难恃,将化险而为夷;大道宁沦,亦何新之非故?是以黄龙塞下,已无高柳之城;白鹿原前,即是新丰之路。盖闻师律不严,威弧弗用;否倾未易,至论曷行?是以援鼓之臣,无祖逖渡江之志;怀书之彦,有郇模哭市之情。

　　按,《翁同龢日记》五月朔(6月4日)记云:"……两日请何锡之、联恩写进呈连珠(文芸阁所撰)。锡之者,辛亥世兄何子瀜之子也。"由此可知,该年五月朔,翁同龢请人钞写以备进呈,所用文廷式撰《连珠》稿,当即此篇。

五月初一日(6月4日),致函于式枚。

　　《寄于晦若》:采兄如晤:来函书法极佳,足与日日事小楷者一战,贤者固不可测也。崔澄寰此次选缺,太为取巧。前子培已函告我;知兄雅人,不斤斤较此矣。徐仲虎事,弟以为合肥一奏本在可有可无之列(弟如托人办理,仍可引见两次,为特旨班也),伊拙人犹刻舟求剑,行年五十,而蹭蹬若此,正坐不知机耳。一笑置之。来函云:"桂枭之名,已先告英使,未请旨之前,何以遽能预定?岂全由执政,可不俟上裁耶?"数语则洞中事情。果然二十九日具奏,忽奉严旨诘责,并询其何以先告英使之由。当时枢臣,悚惶无地。闻密致译署,或有仍以廓应诏旨之说。事之究竟,虽未可知,然欺蔽以干上怒,度诸臣不能不任其责也。弟察此事,必仍电询肃毅。其如何斡旋,弟亦略能预知其术,此时且不必明言。考差事竣,人言某人取,某人不取,纷为蝍蟖。士大夫眼孔如豆,此《韩非子·亡征篇》所未及也。大考差题,为《敬以直内义以方外论》,诗题:"河留鸟篆斜",得"留"字。星海书来,所生之子竟殇,亦甚可惜。鄂督事三奏皆明发。深源朱山,略有一二比拟;然识度清节,两不如也。将来唐抚之铜,与之并称,则为"铜铁郎舅",可与"冰玉翁婿"作对矣。天气骤热,贱体最所不宜。今日游南河泡归,略有倦意(日间已属巽弟发信,想能详悉),不能多写。肃请撰安,并贺节禧。五月初一夜。弟廷式顿首。容民兄同此请安。

五月初四日(6月7日),致书于式枚。

　　《寄于晦若》:今日风厉,灰尘障天。由署归,得惠书,知悉种种。第二人作巡抚者,尚有王文韶(曾抚广东)。与弟甲第名次、大考名次相同者,西庄而外,尚有庄侍郎(存与)、徐阁学(颋),及今兵部尚书。吾兄所举,特从其略。顾时移势异,惟务修身而已,岂能蹈袭前人哉?讲官本当前日引见,后以是日引见太多,临期撤去,改初十外矣。召见即起明日。

今年差事,未知可望否。若能见用,心之所喜,唯在广西。以其地僻而是非少,勤于职事,可以三年无过也。弟平生无他事长于人,唯常循止足之分。兹晨迁擢,已非所期。吾乡郑都官诗云:"五湖烟水非无意,未去难忘国士知。"但欲夙夜图一当以报国家,则奉身而行,得所借口。此语仅为吾兄言之;容民而外,慎勿使一人闻之,哂其迂妄也。鲁事度必无他。李秉衡之起用,多谓徐大理保折曾及之者;贵同乡阁学之超迁,亦由此也。薛使之折,于揣摩、率臆,两无所当。方今人材,于中国事犹堕尘雾中,况以测度四裔耶?《孙子兵法》,以"知己知彼"为要义。吾且欲得知己者与之言,而遍国中无与立谭矣。巽之信闻前日发,及今想已到。伯述署大名,何时到任? 其所言结姻事果何如? 余俟续述。专复。祗贺芹禧,顺颂撰安。五月初四日。弟廷式顿首。采生兄长史右。

五月初五日(6月8日),是日德宗召见。于礼部公所与李鸿藻谈。

李鸿藻《李鸿藻日记》:进内谢赏扇恩,到礼部公所与汪大人鸣銮、文大人廷式谈,次至吏部下处,与徐中堂久坐,翁六大人后至,谈至辰正方散。顺拜张中堂、孙大人梃。

五月初七日(6月10日),过翁同龢谈。

翁同龢《翁同龢日记》:……文云阁来谈。

五月十一日(6月14日),缪荃孙来晤。

缪荃孙《艺风老人日记》:拜恽心云、莒生、薛心庄、吕叔梅、李木斋、文芸阁、陆伯逵、叶鞠裳。

五月十六日(6月19日),邀饮缪荃孙等人于谢公祠。

缪荃孙《艺风老人日记》:李木斋、文芸阁、刘静安招饮谢公祠。

五月二十日(6月23日),致书于式枚。

《寄于晦若》:采兄如晤:顷得赐书,知微疴旋愈,甚念。讲官迟至二十四日方引见,如不翻牌子,便可望得。必有所陈奏,但恨文笔荏弱,不足以达其所见耳。东方事已竣否? 都人议论,全神在办庆典、图保举,不甚留心边事。或谓东学党之"东"字,即属日本说,信否? 又言日本近尚添兵,将来极费唇舌,信邪? 叶提督于兵事若何? 张状元以为吴壮武误用之,亦恐非笃论。此事弟仅得一二传闻,未敢置辞也。钱法极弊,每百金用不及八折,旅人病之。能由直隶、津海多运制钱来京,亦救急之善政也。洋务有无应议之事,如承教示,将以扬之王庭,幸无过咎。前书吾言"止足",即不借官职、不恋名位之根本,兄勿视为两事也。幼樵世叔精察天人,亦望代为求教。(又前闻撰有《讲官章程》,亦望赐录。)西苑增修事,得常熟讽言而明。圣明从善为转圜;准学士疏实已在后矣。星海书言,头颅痛连肩胛,陈按察医之未效。拟回焦山养病,未果。王编修以懋言,实甫志在殉母,投水者再,入寺者一,近又患痫。羲之云:癫何与盛德事? 似此则庐山终不能住。吾兄欲得一山,此须如佛家授记方可。大福不易得也,一笑。余续函不尽。专请撰安。五月二十日。弟廷式顿首上。容民同此致候。

五月二十四日(6月27日),上《为派补日讲起居注官谢恩折稿》。

　　《为派补日讲起居注官谢恩折稿》:奏为恭谢天恩、仰祈圣鉴事:五月二十四日,奉旨:文廷式著充补日讲起居注官,钦此。窃臣学谫才庸,遇蒙拔擢,抚衷维分,方惧弗胜,复兹渥荷宠光,俾司记注。近依彩仗,已超华省之崇班;常□丹毫,愿记彤廷之盛事。臣惟有勉修职业,自厉清严。稽古进言,必本三代正经之说;瞻天记动,敬识九重兢业之心。所有微臣感激下忱,理合缮折叩谢天恩,伏乞皇上圣鉴。谨奏。

六月朔,与李盛铎过翁同龢。

　　翁同龢《翁同龢日记》:……李木斋、文芸阁同来,正雨,久坐而去。两君皆分教庶吉士也。

六月初四日(7月6日),是日封事召对。

　　翁同龢《翁同龢日记》:是日文廷式封事召对。

六月初七日(7月9日),访翁同龢不遇,留书《东方时局论略》一本。

　　翁同龢《翁同龢日记》:……文芸阁来,未见,留书一本,曰《东方时局论略》(英国高丽总税务司邓铿撰),摘录数页。

六月初十日(7月12日),上《朝鲜事机危迫条陈应办事宜折》。

《朝鲜事机危迫条陈应办事宜折》：日讲起居注官翰林院侍读学士文廷式跪奏，为倭人要挟，朝鲜事机危迫，谨条陈应办事宜，恭折仰祈圣鉴事：窃惟中国屏藩之国，莫重于朝鲜，利害相关，形势相倚，人人所共知也。此次倭人无故忽用重兵，名为"保商"，实图朝鲜，亦人人所共知也。事涉数月，而中国之办法，尚无定见；北洋之调兵，亦趑趄不前。近闻倭人于朝鲜南五道已改官制，设炮台，征商税，又以四条挟我；必不可行，而议者尚怀观望，是使中国坐失事机，而以朝鲜俾倭也。夫以西洋强敌，越南之事，中国犹不惜竭兵力以争之，故能稍安十年。今以区区倭人，而令得志，如此数年之后，天下事尚可问乎？臣以为事无可疑，敌不可纵。谨就愚见所及，酌拟数条，为我皇上密陈之：一曰明赏罚。中国练海军，已近十年，糜费至千余万。责以一战，亦复何辞？然臣不能不谅创始之难也。顾臣所以不可解者，倭人之练海军，亦不过二十年，何以此次出兵，北洋即不敢与之较？臣闻丁汝昌本一庸材，法、越之役，避敌畏惧，至于流涕。俾以提督重任，实属轻于择人。又海军驾驶，尽用闽人，党习既深，选才亦隘。查英、法水师章程，科条严密，人以为苦。而中国则保举既优，得利尤厚，人每视为美差；而于测量、驾驶、炮准、阵法，讲求之人，十无二三；又复赏罚不公，贤愚莫辨。故不待有事，而皆知其无用矣。臣又闻叶志超近日亦有退保平壤之议。查牙山僻处一隅，已失地利，然犹足牵掣倭人汉川之师。若退扎平壤，则王京以南，尽为倭有矣。应请旨切责丁汝昌、叶志超等，务当实力抵御，以待兵集；如有怯懦退避情节，必用军法从事。使其畏国法甚于畏倭人，或可以收尺寸之效。其偏裨中有深通兵法能立功效者，应请不次超擢。从来战事即练兵之实，此古人经武之大法也。臣检各国师船表，倭人铁甲不过数艘。中国若能实事讲求，一转移间，不难与之折冲海上也。一曰增海军。从前因伊犁、越南两次办理海防，臣所知者，浙江藩库三百余万以防俄而尽，江宁藩库二百余万以防法而尽。由此推之，各省所耗，每次殆过千万矣。臣以为，与其节节设防，备多力分，款归无着，不如令各省合筹三四百万金，速购铁甲船一二号，快船七八号，配足军械，挑选水师，会同现在南洋、闽、粤各船，梭巡海道，北则游弈于对马、长门之滨，南则伺察于长崎、横滨之口，则倭人亦将多方设备，外足以分其谋韩之力，内足以生其下怨之心。而我之定海、台湾、琼州等处，皆得互相联络，将来南洋水师,即可由此经始。此一举而数善备者也。一曰审邦交。法、越之役,倭人阴以兵助法,故法人德之。英人喜倭人之改制,引为己类。俄人之欲得朝鲜,尤甚于倭。此次三国出而调处,其无实心求益于我,较然可知也。然以各国形势论之,则朝鲜之在东方,犹土耳其之在西方。土耳其扼黑海之冲,俄不得之,不能逞志于西洋。朝鲜扼黄海之冲,俄不得之,不能逞志于东洋。故居朝鲜之旁,而眈眈虎视者,俄之可畏,较甚于倭。倭人亦知之。故凡其积年筹画、伺便猝发者,非独与中国争一日之长,亦深虑俄人占一着之先也。今者内揆国势,外察敌情,万一果开兵衅,中国仅与倭争体制,各国必袖手旁观。倭人或阳予我以朝贡之名,而阴已得取朝鲜之实。若中国意之所在存朝鲜以拒俄,则英、德诸国,见我之老谋深算,虑无不竭力维持以保东方大局者。倭人知中国能见其大,兼隐受拒俄之益,亦必降心回虑,与中国别筹协力之谋。此天下大势所存,利害非一国受之,权力亦非一国能专之。将来为战、为和,为迎、为拒,皆当本此以相衡。此时英人之言,意或在此。近闻北洋大臣颇倚信俄人韦贝之说。臣闻韦贝在朝鲜时诪张为幻;此次急于出京,必将逞其诡谋,自益而损我。应请特谕总署,勿为所惑。至倭事既定,我之谋朝鲜者,或量为改制,或特设重兵,当预筹一劳永安之计,是在圣谟之密运耳。一曰戒观望。总署之设,原以办理洋务,而非以遥制兵机。前者法、越之役,各省事事禀命于总署,典兵者既预为卸责之地,总署遂隐窃本兵之权。顾忌太多,兵家之大忌也。且各国之事,如法人方言和而兵已攻基隆矣;俄人未尝失和而兵已取帕米儿矣。此时倭兵之在朝鲜,未必不师其故智,以和议欺总署,而伺便一击中国。前敌诸军,未接电信,虽有利便,不敢开炮。是常处于后而让敌以先,万无胜理。应请旨饬下北洋,无论旧练新募,速调万人。或由海道以迫汉川;或行陆路以趋王京,务使力足以敌倭人。如彼有狨然思逞情形,则我军不妨先发,一切可以便宜从事,惟不得借口退兵,致干军法。总署则但司传电及条款诸事,而不复遥制军情,似亦补偏救弊之要着也。以上数条,臣见闻褊隘,不能详悉。至于奇谋秘计,瞬息千变,亦非纸上所谭。顾臣所深虑者,李鸿章立功之始,借资洋人,故终身以洋人为可恃,而于中国治法本源、军谋旧法,皆不甚留意。至今日而天下之利权归于赫德,北洋之兵权制于德璀琳。故一有变端,旁徨而罔知所措,必然之理也。淮军之驻天津，已二十余年。宿将劲兵，十去六七。今所用者，大抵新进未经战阵之人。虽无倭、韩之衅，他日正烦宸虑。臣以为，宜令李鸿章慎择将弁中忠勇朴诚者，列保一二十人，送部引见，候旨录用，或即分统各营，或令身临前敌，庶使将士皆知共戴天恩，感奋思报，亦驭将之一术也。至朝鲜之事，有争无让，事在不疑，尤望宸断始终坚持，不为浮议所惑，则各邦不至环而生心。此治乱之大关键也。臣愚昧之见，是否有当，伏乞皇上圣鉴。谨奏。

六月初，上《敬陈管见折稿》及《请饬北洋大臣妥筹朝鲜兵事扼要制人片稿》。

　　《敬陈管见折稿》：奏为敬陈管见、仰祈圣鉴事：窃臣以疏远小臣，蒙恩超擢，兹复备员记注，学谫才陋，诚恐不克胜任。然区区之愚，有愿效其一得者，敬为我皇上陈之。臣伏读近日谕旨，凡职事之废弛、缉捕之疏懈、礼节之舛误，事事悉荷圣裁，每一训饬，无不肃观听而振颓靡。此诚致治之机，生民之大幸也。顾臣以为政有大小，事有先后；治必中其肯綮，弊必去其太甚。就时势而论，我皇上所亟宜留意者，大端有三：曰人材，曰民事，曰洋务。三者至今积弊皆已甚深，而所以整饬而维持之者，则在明其条目，得其次第，而不参以因循苟且之说，乃能期其效焉。我朝任官之途，科甲、恩荫、捐纳、保举四者并用。设科、任子，前代所行；保举亦官人成法。惟捐纳，则不得已而用之，非经久之制也。盖凡人之求仕，未有不欲正其始者。独捐纳一途，则输财之时，已预计取偿之地。而入仕之后，又每为士论所轻。此其心欲效忠于国者，盖十无一二焉。其余则竭智尽力以谋自利而已。光绪初年，朝廷尝决然停止矣；无何而巧仕者不便，疆臣又不知大体，于是以一时用费之缺，而坏经国远大之图。甚可惜也。臣闻近来所收捐款，岁不过数十万。国家何惜此区区之项，而令吏治久不肃乎？且每年各省局用之虚糜，劣员之侵蚀，实隐已偿捐款矣。既以行之既久难尽停，则内之郎中、员外、主事，外之道、府、厅、州、县，皆清要之班，出政治民之地，宜先不准捐纳。各种花样，名尤不正，应请概行停止，以维政体。臣尝默计光绪十年以前，每岁督、抚所劾者必百余人。近七八年，则所保者不下千百，而举劾者或经月而不见一人，或经年而不过数人。市恩滥保，姑息邀名，仕路何由而疏通？官方何由而澄叙？近来言者，颇陈保举之弊,而不知容忍劣员,任其恣肆,尤有害于民生也。应请旨严责各督、抚,如有袒庇劣员者,一经举发,从重究治。每到任及年终甄别,三年大计,不得但以一二□职佐杂塞责。吏治整饬,人材亦因以奋发矣。夫一时之用,可以震动天下之耳目;而所以培植而教养之者,则尤不在当时之近功。朝廷加一意焉,他日必获一效。此如草木受膏泽于天地,露雨肥硗,铢两不得而自隐也。若夫豪杰,故必养其廉耻,而后可得气节之士;实其节目,而后可以多干济之才。学校之教,既毕于三代矣,则夫惩劝之方,操取舍之法,不可不推求尽善也。民俗之厚薄,吏治为之。然吏治之所治者,衣食稍足之民耳。其穷极而无赖者,则不能尽责于吏治,而本原常在朝廷。数年以来,盗贼窃发者不下十数起;其小小劫掠,几乎无日无之。或以为会匪之悍,或以为散勇之多。文武员弁,劳于缉捕,而不思所以清其源,岂持久之道乎?臣以为兵兴至今四十余年,大乱虽平,元气未复。农民既苦下,工商之利又攘夺于外。加以风俗浮侈,远过昔时;舟车转徙,易于曩日。民气动而难静,实由于此。臣以为国家既收农家之赋税,则当思所以恤农;征商贾之赢余,则当思取以卫商。必使谋食较易,自不至流而为非。其事如归并各省厘卡、流通货物、开垦荒田、讲求水利、抵制洋货之类,条目繁多,臣未能一一遽举,要在任事大臣勿视为迂论、置为缓图而已。洋人交涉之事,虽曰"和议",实兵机也。其欲挠我之权、夺我之利者,皆兵家之术也。夫兵家之要,在于"知己知彼"而已。今世之持论者,必欲事事效之,此不知己之说也;或以为一切仍旧,可以久安,此又不知彼之说也。中国立国之根本,与西人异。尚礼义而绌诈伪,重公分而抑私情,此数千年治法之大防,不得与洋人合者也。民情达而无不伸之气,政事实而无虚饰之文,此洋人之所长,而中国所当略采其意者也。至于工艺器械之精利,营阵步伐之整齐,则中国古制颇与之同,相时制宜,去损取益,固不必震而惊之矣。今总署办理洋务既深闭固拒而恐人知,士大夫又若事不切于己而置之不讲,及一旦有事稍出于意计之外者,则茫然罔措,不得不托诸市井庸劣、一彼一此之人。有万国之环伺,无十年之预筹,可不谓狃安于目前乎。臣闻皇上深虑中外大局,即语言文字之末,亦不厌考稽。顾其事甚劳,而为益甚少。臣之愚虑,尤愿皇上深察其隐谋,于通商、传教诸事,力求所以制之。而中外大臣亦宜仰体圣心,默图良法,于数十年来洋务孰得孰失之故,一一明其所以然。观其由往事以察将来,则洋人意之所在,亦了然可睹矣。徒欺众人之耳目,幸己身之不见变端,大臣谋国之忠,谅不忍出此也。夫人材多则吏治修,吏治修则民生裕,然后整军经武,以备非常。自古以来,未有国平治而外人敢生觊觎者,此自然之理,必可收之效也。臣闻皇上几余每览《大学衍义》、《中庸衍义》诸书,深求治法。然则所以制治保邦之理,昔人固详言之矣;其所以因时而变通者,圣心必自有权衡焉。臣愿皇上宏大纲,持坚断,博采古今,详录众论,择其大者、远者次第行之,则天下幸甚。臣非敢妄议□政,念受特达之知,不敢同于缄默,略陈愚陋,不胜偻偻之至。是否有当,伏乞皇上圣鉴。谨奏。

　　按,据赵铁寒先生编《文芸阁先生全集》所见影印手稿,此折正式上奏日期为光绪二十年六月初四日(1894年7月6日)。

　　《请饬北洋大臣妥筹朝鲜兵事扼要制人片稿》:再,近来朝鲜内乱,中国调兵前往。其事秘密,外人无由得知。然闻日本遣兵已将万人,且据要地。臣思日本练兵以来二十余年,从未有此大举。此其深求诡计,盖非偶然。臣恐东渡之师,或狃于议和,日本乘其不备,潜师袭我,则仓卒之际,恐有损失。应请旨饬下北洋大臣,谋所以扼要制人之术,无使失算于前,复受侮于后;疆埸之事,庶有转机。臣愚昧之见,谨附片具陈,伏乞圣鉴。谨奏。

　　按,据《文芸阁先生全集》所见影印手稿,此折原附《敬陈管见折稿》之后,并有文氏尾批:"光绪二十年六月初四日。"当为《敬陈管见折稿》之附片。

六月十五日(7月17日),侍值文华殿。日本代理使臣小村寿太郎觐见。

　　《六月十五日承光殿侍班得诗一首》:是日,日本署使臣觐见。余询其事,乃以日本国主银婚之期中国赠以贺礼,彼答书报谢也。各国似此皆未尝亲递国书。庆亲王者,庸劣人也,以朝鲜有事,意欲见好,特为奏请。惜余先日未能详悉,劾其烦渎圣躬,严加申饬也。班退,作此诗。东夷冠带旧雍容,短后衣更效鞠躬。云气常依琼岛碧,日轮遥射海波红。靲任仔见陈阶下,颇牧终当出禁中。千古知言惟宋玉,微辞一赋大王风。

　　按,叶恭绰辑《文道希先生遗诗》诗题作"甲午六月十五日文华殿侍值退而有作"。又,"诗序"作"是日,日本代理使臣小村寿太郎觐见,

为其国君后银婚，我邦致贺，循例申谢也。此类之事，各国甚多，皆未尝
见其使臣。庆亲王奕劻方掌总理各国事务衙门，以朝鲜有事，欲示优
异于日本，特奏请允其觐见。惜余先日不及知，劾其烦渎圣躬，兼失国
体也"。

六月十六日(7月18日)，晤李鸿藻。

　　李鸿藻《李鸿藻日记》：子初大雨大风。军机处会奏。至西苑门递膳
　牌，申正后会文廷式、李盛铎、张孝谦，翁大人来信。

六月二十日(7月22日)，翁同龢来谒，未晤。

　　翁同龢《翁同龢日记》：……答文芸阁、志伯愚，未见。

六月二十三日(7月25日)，往拜翁同龢，未晤。

　　翁同龢《翁同龢日记》：……汪柳门、文芸阁来，皆未晤。

六月下旬，拟《战事已开请饬在事大臣力祛壅蔽折稿》。

　　《战事已开请饬在事大臣力祛壅蔽折稿》：奏为战事已开，请严饬在
　事大臣力祛壅蔽，谨披沥上陈，仰祈圣鉴事：窃惟倭、韩事起，四阅月矣。
　必欲保护朝鲜，力顾大局，然后唇齿之势日固，疆场之事可为，此皇上之
　心，即天下臣民之公心也。甘心让敌，图安目前，而不顾后患，此李鸿章之
　心，亦天下臣民所共见也。今海上之船已为日本所掳，朝鲜王京已为日本
　所据。我皇上赫然命战，而前敌之军士未奉将令；我皇上未尝允和，而驻
　英之使臣已得密电也。臣以为军事不足虑，边防不足办，而任事大臣敢于
　违皇上之意旨，而不敢摘李鸿章之谬戾者，乃天下之大患也。然臣闻前敌
　各军，有慷慨请行者，李鸿章皆抑而不用。铁甲各艘，尽收入口，而不使护
　送援军、断敌接济。本月二十一日之战，日本竟先开炮，用法人马江之故
　智矣，而李鸿章犹隐忍待之。津门人士来言，李鸿章密商枢廷、译署，不候
　谕旨，电致驻英使臣龚照瑗，嘱其托英国与日本议和，尽许其所要挟各条；
　而日人有进无退，示期五日决战。诸大臣置若罔闻。臣不知此等情形，皇
　上尽知之否。如果和战大事，皆不候谕旨而专辄为之，及有敌人电报又不
　复呈览，则此患较贻误封疆尤大，实微臣所不忍言也！臣诚不解任事大臣
　何以于皇上之意旨则多所依违，于李鸿章之密谋则曲为调护。今大局败

坏,敌焰日张,犹不思补救于将来,而希冀和议于万一,谋国如此,岂可谓成? 又闻日本近逼朝鲜国王,条目□多。该国王以□所劫持,概从允许;惟不认中国藩属一节,该国坚执不从。是其拳拳之忠,尚堪节取。臣恐救援不至,终为日本要盟;而疆臣又将以该国王负恩为辞,请置之不顾矣。总之,李鸿章一味求和,而朝廷责之以战,实非本意,故偃蹇不应,而固结私党,与为维持。夫上下不一心,而强与敌人从事,未有能济者也。臣以为此时宜责李鸿章以守天津、筹饷糈,而前敌之事,特派知兵大臣督办。将来无论为战为和,必俟宸断,而不许诸臣私商外洋,庶几大权不致旁落,边事或有转机矣。臣言太切直,明知众所不容,然念受恩至深,夙夜傍徨,欲茹不忍;且仰见皇上一人焦劳于上,而海内臣民愤激于下,徒为偷安富贵者壅隔其间,致坐失事机,隐生觊觎,其贻患实有不可胜言者,故敢披腹心为圣主一言,不胜悚惶迫切之至。是否有当,伏乞皇上圣鉴。谨奏。

七月初一日(8月1日),晚晤李鸿藻。

李鸿藻《李鸿藻日记》:晴,晚大雨一夜。早间张孝谦来久谈,午刻礼部当月处送来军机处知会一件,于初二日辰刻在西苑门内军机处会议。申刻差张明送还祁少爷书四种,晚间会陈存懋、文廷式,姚六老爷来信。

七月初五日(8月5日),上《敌纵飘忽宜预筹防剿折》及附片《纠参丁汝昌贻误事机请旨革职片》《纠参邵友濂张惶失措请予开缺片》。

《敌纵飘忽宜预筹防剿折》:日讲起居注官翰林院侍读学士臣文廷式跪奏,为敌纵飘忽,宜预筹防剿,恭折密陈,仰祈圣鉴事,窃臣伏读诏书,宣示战事,义正词严,薄海臣民无不同仇敌忾,区区倭夷不足平也! 惟近闻仁川海口倭船悉去,不知所之。以臣愚虑,南、北洋办防有素,闽、粤地形足守,倭人船械无多,皆未敢轻易窥伺。倭之行事,每仿西洋。度其狡谋,非犯定海,则扰台湾耳。定海一隅之地,不足以牵动大局。宜令本处自筹守备,而以舟师为之声援。敌人恫喝技穷,势将自退。台湾海道,北通江浙,南接广东。论其险要,北则基隆、沪尾,南则鹿耳门。鹿耳门地,潮涌异常,每至四月以后,舟难近岸;港外尚有炮台,形势扼要。闻法、越有事时,法船曾到,不过停轮数时,一闻炮声,即行驶避。此天险也,一勇将可守之地。惟基隆去沪尾约三十里,门户不甚严密,一望汪洋,船易入港。

度倭人之计,仍当骤攻台北。臣以为此时宜密饬南、北洋大臣,于数日内速调海军,会齐十艘,作为一队,梭巡江浙闽广之间。如敌人径犯台湾,则由福州或厦门驶往救援,水程不过二十点钟之久。即使江浙有事,援剿亦复不难。此制敌之要着也。臣查《万国公法》第四卷论交战之权有云:局外之旗,不能护敌国之货。今封港之后,应请旨饬海军,如遇船只可疑者,或稽察,或捕拿。总署先依《公法》遍行晓谕,俾可遵办。庶不致为敌人所惑,而海疆兵事必渐有起色矣。臣愚昧之见,是否有当,伏乞皇上圣鉴。谨奏。

《纠参丁汝昌贻误事机请旨革职片》:再,海军提督丁汝昌本无将略,臣前折已略言之。闻此次开船出海,只在近处游观数日,托言不见敌船而回。又欲请假,李鸿章抑而未许。平日高爵厚禄,克扣名粮,怠玩操练;一旦有事,既不能邀击敌船,又不能护送军士。巽懦规避,贻误事机,律以军法,罪在不宥。夫战阵之事,赏罚不明,而能使将士用命者,未之有也。应请旨将丁汝昌即行革职拿问治罪,以儆将来。仍令李鸿章于诸将中择忠勇有胆略者接统巡海,断敌接济。倭军铁舰无多;使我之海军得力,实足以制其进退,在诛赏间能作士气耳。是否有当,谨附片陈闻,伏乞圣鉴。谨奏。

《纠参邵友濂张惶失措请予开缺片》:再,台湾一省孤悬海外,然形势险阻,粮食充裕,制敌虽不足,而自守颇有余。臣闻台湾巡抚邵友濂抵任数年,毫无振作。一闻倭人有事,张惶失措,至欲募浙勇以资捍御,南省传为笑谈,似不足胜海疆之任。近闻朝廷已派刘永福办理台防。然封疆之事,巡抚不得力而专恃客军,必多偾事者矣。应否特予开缺之处,伏候圣裁。臣为慎重海疆起见,谨附片具陈,伏乞圣鉴。谨奏。

七月十八日(8月18日),往谒翁同龢,谈论时事,抵晚始归。

翁同龢《翁同龢日记》:入署治事,归后,文云阁、张季直先后来谈时事,可怕也,然耸人骨,抵晚始去。

七月二十四日(8月24日),偕李盛铎过李鸿藻谈。

李鸿藻《李鸿藻日记》:昨晚叔平来信,言鉴堂今日未申间来,星谋致登瀛书,二十八日欲约游南泡观荷,作函答之,告以无此清兴,无此余闲,不能往也。军机来片,明日会商。饭后睡时许,未申间苍伯昆仲来见,李鉴堂来久谈,木斋、芸阁至,谈至暮方去。娄姓来修脚。

七月二十六日(8月26日),上《请振刷军士激厉帅臣折》及附片《请饬刘坤一派员开采煤矿并严禁日货销售片》、《请派李秉衡赴津查察防务及李鸿章病情片稿》、《请特简大员管理福州船政片稿》。参北洋大臣李鸿章畏葸误国,挟夷自重。

《请振刷军士激厉帅臣折》:日讲起居注官翰林院侍读学士臣文廷式跪奏,为战事方兴,军心未奋,敬陈愚虑,恭折仰祈圣鉴事,窃惟言事之要,先时而发,每见嗤于众人;后时而陈,又无裨于实事。倭、韩事起,自夏徂秋。宣战以来,又将一月。群策并进,每渎宸聪。或已见诸施行,或难期其实效。既经会议,必协机宜。然臣有愚虑三端,尤望预筹至当。丁汝昌屡经弹劾,罪状昭然。林泰曾、刘步蟾怯懦昏庸,情尤可恶。虽经严旨切责,而李鸿章护庇有加,以为临敌不宜易将。夫两军将战,自不便改易元戎。若丁汝昌等,见风辄逃,永无临敌之时,安有易将之虑?如谓姑从使过,俾赎前愆,试问举朝大臣,孰能保其后效?有罪不罚,人谁畏威?倘使敌军仍来,正恐尺寸莫展。此海军之可虑者一也。平壤军士万五千人,分为四枝,莫相统摄。论其势众,则盛军七千最多。然传闻之辞,以为卫汝贵启行之始,逃散者二营;及至朝鲜,掳掠焚烧,民不堪命。纪律如此,安望有成?且军无统帅,则败不相救,胜则争功。若复互相猜疑,转授敌人以隙。此陆军之可虑者一也。海军既不得力,则转运尤难。而李鸿章本心,都无战志。属僚承其意恉,谁能力顾饷糈?又前敌诸军,不皆淮将。或粮发有先后,或器械有精粗,皆足生其忌心,怠彼壮志。况闻运道至今未定,粮台亦尚乏人,若此濡迟,深虞匮乏。此粮饷军械之可虑者又一也。凡此竭蹶不遑之端,皆由内外异心之故。比者乏材任使,故轻重悉听北洋。臣惟李鸿章曾立功名,任兼将相,筹防守者二十余年,费帑项者百千亿万。虽复侵寻暮气,要亦无以易之。然赏罚者国家之大权,是非者天下之公义。今者迁延规避,概不加诛,公论既抑而不伸,大权亦几于旁落。李鸿章如归诚君父,则不宜庇昏庸之将领,致误戎机;李鸿章即深畏敌人,亦宜择勇略之人材,自顾区宇。何乃欺朝廷则智,筹攻战则愚;抗廷议则勇,御敌兵则怯;甘受凌侮,屡失事机。晚节末路之难,臣不能不为该大臣惜也。应请旨特撤丁汝昌及林泰曾、刘步蟾三人;令李鸿章督饬海军,力图功效;其平壤诸军,或即令叶志超监护,或特命大臣督师,事权必专,庶免互相观望。至卫汝贵所统是否有掳掠情事,应令李鸿章详细查办,毋得护前。至于粮械,尤关要着,应派大员管理,庶几责有攸归。倭人近颇谲如,度必别生诡计。臣知其国小患贫,则欣然而喜;而自顾帅臣骄惰,又愍然以忧。时日易道,战争方急,而举中国之大安危,专在北洋,岂可不长思? 岂可不深虑? 臣所以临食忘餐,思患而不得预防之道也。惟深望朝廷,以赏罚之大权,振刷军士;采是非之公论,激厉帅臣。庶使收之桑榆,则天下幸甚,诚不胜区区之至! 谨专折具陈,伏乞皇上圣鉴。谨奏。

《请饬刘坤一派员开采煤矿并严禁日货销售片》:再,南洋机器、轮舶,多购倭煤。数月以来,彼国禁煤出口,遂致匮乏。遣员采买,远及衡、湘,深恐缓不济急。臣闻徐州利国矿及池州矿产煤皆极丰厚,以经理无术,遂致封闭。又沿江沿海,煤矿至多。前于光绪初年,曾经奉旨停采。此时军事既亟,似当设法变通。应请饬下刘坤一等速派干员,择地开采,以济要用。至开战之后,倭人货物,仍复销售如常,显违绝市定章。亦应请旨饬各省督、抚,严查禁止,以符定例。臣愚昧之见,是否有当,伏乞圣鉴。谨奏。

《请派李秉衡赴津查察防务及李鸿章病情片稿》:再,电报本以便通消息。比来各省电奏,均由北洋转达,殊非政体。而津海关道盛宣怀,实总其成,密电码号,皆有私录,诪张变易,听其所为。前者法、越之役,即有漏泄密电情事。李鸿章近来老病,凡有军事专听其言,一切密谋皆与商酌,盖由平日宦囊所积,悉交盛宣怀为之营运故也。而该员天性嗜利,专务逢迎,不知大体,深恐贻误事机。津中人来,谓防务至今未能整理。闻新任山东巡抚李秉衡向来办事认真,可否请旨饬令绕道天津,查饬一切,并察看李鸿章病体如何,是否有改易情性之处,奏闻以纾宸虑。又闻津中军械,所存无多;侵蚀挪移,皆所不免。若所言皆实,深以为虑。应如何查办严惩之处,出自圣裁。臣愚昧之见,谨附片具陈,伏乞圣鉴。谨奏。

《请特简大员管理福州船政片稿》:再,福州船政局,创始于前大学士左宗棠,而沈葆桢实踵成之。经营八九年,规模始定。其始制造不甚精良;后乃改造快船,颇称坚利。前之"扬武",近之"广乙",皆能与敌开战,胜负相当。以此推之,非无成效。惟督力之大臣,如吴赞诚、黎兆棠、裴荫森等,虽称勤谨,于西学素非所长,多受欺蒙,转滋口实。近年改归闽浙总督兼管。省城距马尾四十余里,不能按时督率,工役懈弛,成船益属寥寥。臣以为西法制造,本属专门,非一意讲求,不能精进。总督事务繁剧,万难兼顾船工;而已成之规模,若令废置,深为可惜。似宜仿驻藏大臣、领队大臣之例,设为专缺,特简廉公敏练、深通西法之员,畀以斯任。责令多造船,讲求节费;其有无成效,归南洋大臣查核。至一切委员、工匠,不得专用闽人,以除把持积习,必能渐有起色。是否有当,伏乞圣鉴。谨奏。

按,据《文芸阁先生全集》所载影印手稿,《请饬刘坤一派员开采煤矿并严禁日货销售片》、《请派李秉衡赴津查察防务及李鸿章病情片稿》、《请特简大员管理福州船政片稿》三件为《请振刷军士激厉帅臣折》之附片,正式上奏日期同该折。篇末有文氏手批:"以上四件,七月二十六日奏,折入,奉旨留中。"又,《请派李秉衡赴津查察防务及李鸿章病情片稿》入奏后,据《李鸿藻日记》(七月二十六日,8月26日):"寄谕李秉衡,过津时察看李合肥精神气体如何,从文廷式请也。"

范启璋《蠡园诗话》:"中日之战,丁雨亭以北洋兵轮降日。江西文廷式为谏臣首领,连名百余人,奏参直督李鸿章。未几,文被遣戍边。予有诗记其事云:卵石泰山相碰击,边关谪去有谁怜?朝命傅相往议和,伊多方要挟,是以赔款有二百兆之多。又有友人咏诗云:高爵纵能归燕颔,虚名贻笑效龙头。用班超、华歆事,切伯爵,切此事,亦佳句也。"

七月,与黄绍箕、沈曾植、沈曾桐宴聚于浙江馆。

《闻尘偶记》:若农侍郎术数之学颇多奇验,余别记之。惟其任顺天学政时,甲午七月考八旗科试毕,余与黄仲弢、沈子培、子封昆弟宴之于浙江馆,酒半,忽言曰:予近相安小峰御史(维峻)不出百日必有风波。余曰:大约以事革职耳。侍郎曰:尚不止此。乃冬间,而安侍御以忤旨谴戍,如侍郎言。

七月,朱一新卒,有诗挽之。

《朱蓉生侍御挽诗》:我朝迈前古,肃清宫府治。二百年宦官,不得与外事。贤王巡海疆,端坐独愁思。欲以慰慈闱,慨请偕内侍。名既非监军,事仅供给使。若比包衣人,往返安足累?北洋有大臣,功成窃高位。患得复患失,其情无不至。峨峨海晏船,王相共临贲。王处在上舱,相应居其次。独让而不居,百计媚宦寺。龚照瑷盛宣怀两道员,小心共陪伺。苏松与登莱,不久实缺畀。义乌真御史,学古敦节谊。懔然具弹章,降黜不敢避。吾闻秦博士,正先有高议。先时能见几,此道固不易。今年东事起,失机已三四。使相恃内援,觍颜益纵恣。秉枢懵敌情,大抵阘冗类。金珠津门来,交结事诡秘。廷臣虽交章,公论抑不试。嗟乎吾故人,竟陨图南翅。平生忧国心,耿耿终未遂。节庵亦慷慨,藏山深且邃。风尘方颒洞,志业未憔悴。吾庸恋金门,驽骞愧良骥。当食不能餐,悄悄忘监寐。誓以干镆锋,勇抉浮云网。忧来心如醒,四海身靡寄。椒浆奠君魂,感时衰泪渍。吾因节庵识蓉生,故诗中及之。

七月,致书于式枚。

《寄于晦若》:采生兄长如晤:不得信五十日矣。军书蜂午,想无暇及此也。容民近况何似?至为悬念。八月初一日启程来京,不改期否?甚愿得一谭也。陶庵今年以来,家信亦无一字,真不可解。闻信局言,近数日绝无轮船到津,亦未知信否。十年以来,文武娱嬉,酿成昏浊世界。一旦有事,瞠目张口而不知所为,固在意中。《管子·八观》之篇,外夷读之熟矣。唯事乃出于不得不理;但恐因以驿骚,或致吴广、陈胜,啸聚泽中,则忧方始耳。此所以夜观乾象,昼察人事,而不禁独坐叹息者也。都中论说纷然,见闻亦杂;视办法、越时事,人才犹觉不如。奈何!余容续函。专此。敬候起居,祗请筹安。不一一。弟廷式顿首。

七月,与沈曾植、盛昱、黄绍箕电致徐琪,营救康有为。

康有为《康南海自编年谱》:七月,给事中余晋珊劾吾惑世诬民,非圣无法同少正卯,圣世不容,请焚《新学伪经考》,而禁粤士从学。沈子培、盛伯熙、黄仲弢、文芸阁有电与徐学使琪营救,张季直走请于常熟,曾重伯亦奔走焉,皆卓如在京所为也。

八月初八日(9月7日),翁同龢来见。皮锡瑞修函致书,贺先生升迁,略谈时事。

翁同龢《翁同龢日记》：……答文云阁。

皮锡瑞《师伏堂日记》：修函致文道希，贺其升迁，略及时事。

八月二十日(9月19日)，上《请严饬海军与倭决战折》及附片《林国祥全力奋战请超擢任用片》、《张之万庇私忘公请予惩处片稿》、《请开去盛宣怀关道实缺以慎重军报片稿》。

《请严饬海军与倭决战折》：日讲起居注官翰林院侍读学士臣文廷式跪奏，为事机已失，宜亟图补救，谨具折密陈，仰祈圣鉴事：窃惟朝鲜一役，枢、译两署，专恃北洋，然始则调兵稽迟，继则海军畏怯，近且粮运濡滞，师徒挠败。以臣所闻，本月十四日，平壤诸军已有战败之耗。北洋来电，特种种掩饰耳。顾第就所言而论，平壤亦必不守，计倭人起衅以来，已及两月，攻威海后亦一月有余。而我之海军出战不能，运兵不敢。李鸿章以为不可轻于一掷。夫以十年备御之师，使之应敌，乃谓一掷，不知购此铁甲何用？遂使陆军远涉，饷械不继，是不忍掷一丁汝昌，而忍于掷平壤之万八千人也。李鸿章袒护劣员，贻误军事，罪无可辞；朝廷仅予薄惩，尤未足尽其欺饰之咎。臣以为海军不易将，则边事无可为。洋人用兵，凡两国战事，隔海者以先得海面为胜。倭船之最大者不过四千吨，我船则七千吨；其炮径大者不足四寸，我船则七寸有余；速率虽不及，而厚又过之。前者彼伪攻威海，正恐我军击其接济耳。乃李鸿章外中敌计，内合己私，借口防守，使海军逍遥无事，而迁延逾月，前敌竟不添一兵。故今日之失机，实出于筹画之疏谬，万万无辞者也。此时若仍恃该大臣一人调度，必至偾愡弃师，不可收拾。从前法、越一事，屡奉旨饬盈廷集议；此次事机，关系尤大，非合群策群力，断难希冀挽回。臣愚以为应请特旨，严饬海军选择勇将，令在洋面与倭决战；一面饬下廷臣，会议善法，以补将来，庶不致敌焰日张、藩封坐失，此诚今日之亟务也。臣不胜愤悒之至，谨披沥上陈，伏乞皇上圣鉴。谨奏。

《林国祥全力奋战请超擢任用片》：再，朝鲜小阜岛之战，倭人突出击我运船，"济远"既伤，"操江"被掳，独"广乙"兵船管带林国祥奋不顾身，与之鏖战，倭三舰皆受伤。及船身被炮将沉，犹能激厉士卒，开足机力，突撞倭"松岛"铁舰之腰，与之俱没。盖粤东四舶，本系木质轮船，惟船头碰铁一枝，尖利坚劲。该管带出全力以御敌，遂能尽此船之用。事后倭人深讳其败;而各国海军之观战者,均啧啧然称仰其人。幸船没后,凫水得救。似应请旨超擢任用,以为忠勇敢战者劝。是否有当,伏乞圣鉴。谨奏。

《张之万庇私忘公请予惩处片稿》:再,大学士张之万,向来宦绩,本无足数,近复年老昏庸,于好观戏剧、照应私人之外,一无所长。臣于琐琐之事,向不屑形之笔墨。惟闻该大学士于此次用兵,坚护淮军,而诋各军为不足用,征调稽迟。又与李鸿章同年进士;自入军机后,申以婚姻。故事□为之袒庇,顾私交而忘公义,非仅安庸劣之可比。且秉政十年,希荣恋职;疆场之事,一至于斯。四海之望,于何逃责!应否予以惩处之处,出自圣裁。谨附片具陈。谨奏。

《请开去盛宣怀关道实缺以慎重军报片稿》:再,电线舞弊,已屡经廷臣参劾。尤可怪者,每至事机败坏之后,则电线必断。盖所以挪展时日,便于矫饰听闻故也。津海关道盛宣怀久任此事,责无旁贷。非该员亲管电局,则诸事有所借口。可否请旨将盛宣怀开去关道实缺;如有漏泄、改易及私自断割诸弊,惟该员是问,庶能保护无虞。臣为慎重军报起见,谨附片具陈,伏乞圣鉴。谨奏。

按,据《文芸阁先生全集》所载影印手稿,《林国祥全力奋战请超擢任用片》、《张之万庇私忘公请予惩处片稿》、《请开去盛宣怀关道实缺以慎重军报片稿》为《请严饬海军与倭决战折》之附片。篇末有文氏手批:"以上八月二十日奏,奉旨留中。"

八月二十九日(9月28日),拟《合词吁请特起重臣以维国脉折稿》,于全浙馆约联名递封事,请起用恭亲王,列名者五十七人。

《合词吁请特起重臣以维国脉折稿》:奏为事关大局,贻误已深,请特起重臣,以维国脉事:窃维倭、韩之役,以地利民情而论,胜算皆自我操。乃以迟误迁延,致一败于牙山,再败于平壤。倭人喜出愿外,遂将近犯陪都。薄海臣民,无不愤叹。伏读前月两次谕旨,我皇太后既发帑三百万,又谕停颐和园受贺典礼。臣等仰维圣德,且感且惭。盖深宫恒以万姓为心,而臣等实怀多垒之辱也。伏念同治初年,外侮内讧,过于今日。于时皇太后定计于上,恭亲王禀承于下,遂能以次底定,中外乂安,二十余年,渐臻康阜。后以病蒙恩闲养;十年以来,宿疴闻已渐瘥。今者敌势日张,事机危迫。将士则毫无调度,饷糈又莫与筹维,任事大臣断不能辞其咎。

若圣慈仍与姑息,诚恐诸臣悚仄之后,莫展寸长。用敢合词吁请特旨起用恭亲王任事,必能感激图报,攻守兼筹。该亲王总理译署多年,夷情素所深悉;各国闻其起用,亦当倍固邦交。其措置规模,尤所素裕。如此,则军务可望转机矣。比来外间传闻倭人将以三路进兵,又有一月内力攻奉天之说。情势万分危急,臣等既有所见。不得不披沥上陈,伏望圣明俯垂鉴纳,天下幸甚!臣等不胜悚惶待命之至!谨合词恭折具陈,伏乞皇上圣鉴。谨奏。

按,篇末有文廷式手批:"此折合秦学士绶章、樊侍御恭煦等五十七人同奏,九月初一日上。蒙旨见廷式,谕以事属可行云。"

叶昌炽《缘督庐日记》卷七:八月二十九日同署诸君集议于全浙馆,道希属稿,列名者五十七人。

九月初一日(9 月 29 日),黎明至西苑门递折召对。懿旨起用恭亲王,管理译署、海军,会办军务。

叶昌炽《缘督庐日记》卷七:"九月初一日,黎明至西苑门,随同递折,道希召对。九月二日……懿旨起用恭邸,管理译署、海军,会办军务。"

按,《缘督庐日记》:"九月二日……懿旨起用恭邸",误记。

徐兆玮《徐兆玮日记》:九月初一日,文芸阁同年率编检五十余人亦请召恭邸,闻有旨召见,未知恭邸肯出任枢密否?

朱寿朋《光绪朝东华录》:谕,朕钦奉慈禧端佑康颐昭豫庄诚寿恭钦献崇熙皇太后懿旨,本日召见恭亲王奕䜣。见王病体虽未痊愈,精神尚未见衰。著管理总理各国事务衙门事务,并添派总理海军事务,会同办理军务。谕,朕钦奉慈禧端佑康颐昭豫庄诚寿恭钦献崇熙皇太后懿旨,恭亲王奕䜣,著在内廷行走。

九月初六日(10 月 4 日),上奏《军事危急非先除内奸难御外侮折稿》及《请饬查办卫汝贵及褒嘉汉诺根片稿》。

《军事危急非先除内奸难御外侮折稿》:奏为军事危急,非先除内奸,难御外侮,恭折密陈,仰祈圣鉴事:臣维自古误国之臣,其败露有先后,则受祸分浅深。唐之卢杞,宋之蔡京、贾似道,皆以专且久召大乱,而国事殆不为。我朝二百余年,大权未尝旁落。故臣下多庸懦之咎,而鲜有专恣之患。乃以今日兵事言之，枢臣之欺蔽、疆臣之骄恣，则不独我朝所无，即秦汉以来亦未有如是之甚者也。倭人之谋我已十余年。军械则造册而知，炮台、海道皆测量而得。日夜淬励，以伺我之瑕。而枢臣则酣歌恒舞于内，疆臣则安位养交于外，一若天下无事、长治久安也者。宋人所云招罗易制之人才，玩愒有为之岁月。盖祸机潜伏，已不待智者而知之矣。及朝鲜事起，倭人所要挟者，或可从，或应驳，若能明白宣示，兵端亦无自而开。乃竟迁延推宕，置之不顾。及六月之初，则人人皆知倭之必出于战矣，而任事大臣犹懵无所觉，一切惟李鸿章之命是听。调兵则彼日增而我无继，运饷则彼有路而我无从。委牙山一军以饲之，仁川海口以予之。在李鸿章之意，以为彼得朝鲜已满其欲矣。岂知北洋之军械、淮军之无用，久为倭所深悉；六月以前，其奸细已遍布于中国。此其志不仅在朝鲜，洞然而无疑也。牙山一败，我军据平壤，犹未尽失地利也，又委而畀之，不设援兵、不筹粮道，一如在牙山时，遂致溃败决裂，不可收拾。疆臣之乖谬如此，而枢臣之庇护之者尤可愤叹。我皇上有所谴责，则多方为之斡旋；盈廷诸臣有所弹劾，则极力为之壅遏。论者皆知其今日肆意欺蔽之恶，而臣则推原祸始，敢详悉为我皇上陈之：从古治国之道，人才在政治；况当四方环伺之际、国家多难之余。而枢廷诸臣自受事以来，政以贿成，门多滑吏，其间结纳赃私之状，昭昭在人耳目。士之稍有风节者，皆目为怪人；武臣之来京者，非有重资，则虽颇、牧之才，皆置之不顾。其精神所专注者，惟在严防言路，酬应外官。而徐用仪之在总署，则沿边之地悉让外人，教案之兴专雠百姓。此等怙权弄势之臣，得一人已足倾宗社矣；乃又联为党与，蔽塞圣明。数年之间，道路以目。若不致今日之祸，则臣言亦何敢上达宸聪，盖不待词毕而已遭斥革矣。比闻倭人以九万兵径趋北洋。天津来人，皆言备御疏乏，山海关以内尤觉空虚。臣闻此信，寤寐难安。宿将劲兵，零落殆尽。各省疆吏，大半当事之私人，当时既以贿得之，及今而责其内治外攘，必无可望。则一切之事，唯祈天幸而已！其措设之方，臣诚知其一无可恃也。臣诚愚憨，敢恳皇上立奋乾断，罢斥诸臣；然后整饬六师，广延奇士。下情既通，国势自振。汉、唐以来，救败之道，皆如此也。臣受恩深重，无可图报；时事艰危至此，臣何忍不一言！若此诸臣尚能支持，且所贻误或未至此，则臣言为谬，甘受严谴所不敢辞。若皇上洞察群情,不尽以舆论为误,则危急之际,何可再为因循?臣恐一月之内,军情将有不忍言者矣。臣不胜愤激,谨披沥上陈,伏乞皇上圣鉴。谨奏。

《请饬查办卫汝贵及褒嘉汉诺根片稿》:再,卫汝贵一军未发之前,人人知其必将溃败。及至朝鲜之后,则掳掠焚烧,无所不为。臣前疏已言之。此次平壤军败,皆言该军先溃,以致城不能守;及渡鸭绿江之后,所剩不过千人,余者尽入于倭。而李鸿章巧为弥缝,委罪他人,而置该镇于不闻。道路愤恨,情罪昭然。应请旨饬下裕禄、宋庆,查明实情。如果属实,即以军法从事。又洋将汉诺根,此次海战,极为出力。闻其受伤之后,来谒北洋,李鸿章拒而不见。如此则不独沮将士之气,且必寒〔他〕国之心。应请旨特予褒嘉,以酬劳勘。赏罚为用兵之大事,颠倒至此,尚望其能振乎!臣既有所见,用敢附陈,伏乞圣鉴。谨奏。

九月初八日(10月6日),同王木斋约赴谢公祠,议递联衔封奏阻款议,邀英人相助。

叶昌炽《缘督庐日记》卷七:木斋、道希约赴谢公祠议今晚递联衔封奏阻款议,及邀英人助顺。余谓款议必当谏英人助顺之说,仅有赫德一言,其枋国及议院未必允,未可遽以入告。

蔡元培《蔡元培全集》:辛巳。文芸阁读学又集同院诸君于谢文节祠,议上封事。传闻前日我遣□国居间与日本议和,日本要台湾,要兵费十九千万,议不成,而彼举倾国之师,取道黄海,其兵舶有自西贡来者,盖法郎西助之云。英圭黎以法倭之合,颇嫉之;德意志素洽与我,军兴,许我往购军器,其国人任于我者,皆加宝星(二事皆违公法)。此折请简重臣,结英德以伐倭,许以犒师转饷,闻两湖总督张之洞曾议及,无虑二千万。

九月初九日(10月7日),属稿,晨递《联衔密陈敌情叵测宜出奇计以弭兵衅折》,请联英德以拒日,樊介轩召对。

叶昌炽《缘督庐日记》卷七:"九月初九日,佩鹤来,知今晨递折,道希属稿,请联英德以拒日,樊介轩前辈召对。"

《联衔密陈敌情叵测宜出奇计以弭兵衅折》:日讲起居注官翰林院侍读学士文廷式等跪奏,为敌情叵测,宜出奇计以弭兵衅,恭折密陈,仰祈圣鉴事:窃维自古驭夷之道,不出和、战二端。能和而不能战,则和亦不可恃;战败而遂求和,则国必不复振。故孙子之论兵法曰:"善败者不亡。"盖操纵之方,补救之法,诚有转败以为功者也。朝鲜为我之藩属,有乱请兵,何能不应? 倭人无礼,多所要求,未即允从,遽尔生衅。在中国毫无欲战之心,而彼遂有失和之举。其敢于出此者,封疆大臣不能折其气,在廷大臣不能戢其谋,使彼有以窥我之短长。盖无论如何曲从,而识者知其必出于战矣。顾筹战之事未可轻易,而议和之举则非战胜之后,尤所难言;仓卒而成,必有贻无穷之患者。道路传闻,以为赔款割地之举,朘生民有限之脂膏,蹙祖宗世传之基业,度圣明在上,必不肯出此下策,以偷安一时。然倭人乘胜之时,震惊陪都,窥伺近甸。我虽布置严密,尤虑瑕隙未周。比闻倭将以倾国之兵,道出黄海。此时李鸿章既有暮气,而所调诸将,或多新募,或未成军。且闻倭人军械船只,多由西贡拨来,则其借兵法人,已属共闻共见。彼既私合他国以谋我,我何能以一国独受其弊? 战国之时,秦攻齐,则韩、魏救之;攻韩、魏,则赵救之。唐之借兵远及大食;宋之谋金兼约西辽。此时倭人得志,势将不利于英;法人与其兵谋,德国亦所深忌。故闻英人颇有借端与倭开衅之志,兵船五十余号已尽集南洋。德人亦特厚于我,凡将弁之效力于中国者,其主皆特赏宝星;又任中国购买军火,借资驭敌。此非偏有所厚也,卫我即所以自卫也。臣等愚见,以为宜及此时,特派亲信重臣与之商议,资其兵费,使伐倭人。闻英、德使臣皆已微示其意,湖广督臣张之洞亦经密与商谋,大约不过二千万金上下,便可遵办。倭人既暗约法、俄,何能禁我之密连英、德? 且与其议和而用为赔费,何如战胜而出以犒师? 得失甚明,可无疑议。虽他日或有恃功之意,如回纥之需索于唐,然两祸相权,其轻于受侮于倭则已多矣。事贵早图,若及倭兵已薄榆关,则恐缓不济急。用敢合词吁请宸断,速定戎机;转危为安,在此一举。闻北洋又待俄使言和;前已为其所误,今将更受其欺蒙。迁延岁时,寇且日迫,然后责其误国之罪,其可及乎? 臣等愚昧,际此时事艰迫,固当知无不言,不胜悚惶待命之至。谨合词恭折具陈,伏乞皇上圣鉴。谨奏。光绪二十年九月初九日。日讲起居注官翰林院侍读学士臣文廷式,翰林院侍讲学士臣文海,日讲起居注官翰林院侍讲学士臣秦绶章,日讲起居注官翰林院侍讲臣樊恭煦,翰林院编修臣陆系辉、臣丁立钧、臣黄绍箕、臣周克宽、臣华辉、臣冯煦、臣沈曾桐、臣陈遹声、臣徐世昌、臣

周承光、臣陈田、臣吴炳、臣柯劭忞、臣李盛铎、臣周树模、臣费念慈、臣王同愈、臣熙瑛、臣余诚格、臣吴嘉瑞、臣恽毓鼎，检讨臣陈曾佑，编修臣叶昌炽、臣吴荫培、臣余朝绅、臣曾广钧、臣鹿瀛理、臣谢佩贤、臣杨捷三，检讨臣阎志廉，编修臣汪诒书、臣蔡元培，修撰臣张謇，编修臣尹铭绶。

九月十二日（10 月 10 日），上《军务紧急敬举人材以资器使折》及附片《请饬令直隶候补道谭文焕募军片》。

《军务紧急敬举人材以资器使折》：日讲起居注官翰林院侍读学士臣文廷式跪奏，为军务紧急，敬举人材，以资器使，恭折仰祈圣鉴事：臣惟今日之时势，与古昔异。古者边防不过一隅，今之边防遍及寰海；古之遐裔大半鄙僿，今之遐裔颇著文明。是以古之边才，专重武猛之士；今之办理夷务，则非深通学问者不足以济其穷。当此情事孔亟，变故日多，兵谋使命，皆资材彦，似不宜拘泥常格，用人致多遗佚也。臣敢略举所知，用备采择：查有湖北候补道裕庚，器局宏达，才具敏练。自咸丰十年外洋兵事初起，即预军谋。同治年间，屡赞戎幕；平定皖、东、豫各捻，历著劳绩。光绪十年，刘铭传在台湾驭敌，一切筹画，多出其手。其后在安徽、湖北迭办洋务要案，措置得当，众所共推。实于洋情、军务堪称深通机变之才。该员现以祝嘏在京，若蒙恩命于总署、海军署加以任使，必能联络邦交，借资得力。又，直隶候补道徐建寅，才大心细，诚朴耐劳。同治年间，曾经山东抚臣丁宝桢以奇材异能保荐。后充出使德国参赞，"镇远""定远"铁舰，即其手定，洋人至今称之。其翻译机器书至数十种，于攻战防守之事，尤所熟谙。该员现办金陵机器局差。若蒙恩命饬下随同办理江海防务，必能规画机宜，确有把握。又，候选道员黄遵宪，规模远大，明练有为。前曾充出使日本参赞，深知倭人情弊；所著《日本国志》四十卷，巨细毕赅。又阅历洋务多年，应变之中，能见其大。闻该员现充新加坡领事官。若蒙恩命饬于南洋诸岛中招罗奇士，购运船械，必能阴谋制敌，有益戎机。以上各员，皆于时务极有裨益。臣为事变需才起见，见闻既确，用敢冒昧直陈，伏乞皇上圣鉴，采择施行。谨奏。

《请饬令直隶候补道谭文焕募军片》：再，闻倭人近日兵聚大同江内，诡秘难防。山海关至乐亭一带，甚为吃重。近闻有旨令吴大澂督勇万人相机防剿。但地势绵长，兵力既分，仍形单薄。查有直隶候补道谭文焕

向在贵州、广东带勇多年,忠勇素著。嗣在山东办理海防营务,颇称得力。可否饬下吴大澂,檄令就近赴山东等处,添募十数营,克日成军,择地扼扎,以资捍御之处,出自圣裁。谨奏。

九月二十二日(10月20日),上《条陈和议不宜太易折稿》及附片《请查办盛宣怀转运采买兵米弊情片》、《请饬海军迅图出洋及任汉诺根祀邓世昌片》。

《条陈和议不宜太易折稿》:奏为和议不宜太易,敬陈愚见,仰祈圣鉴事:窃惟自古驭夷之道,不外和与战之两端。和,固非中国讳言之事也。且天下必无疲民以逞,使之久罹锋镝,而不思弭兵者。倭、韩之事,其终必归于和,亦人人而知之也。然臣谓言和尤难言于战,且因言和而遂不筹战,则害有不胜言者。洋务之起,六十年矣。初困于英、法,继绌于德、俄。而文武娱嬉,优游养愿,不日进且日退,遂至今日而受侮于东倭。夫倭者,天下不齿之微国也。朝鲜者,又中国之手足也,其地较边省为近,不独非越南、缅甸之可拟也。乃不战而兵溃,两逃而遂失之。不治将弁之失律,不耻措置之乖谬,而惟以恧词归过朝廷。盖未战以前,人皆知北洋有弃朝鲜之志矣。　于是而有各国公同保护之议;于是而有偿兵费之议。此二说者,李鸿章与枢臣久已商定之言,至今日而借英使以宣露者也。故其战而求败,正欲使朝廷必出于此,以逐其徇倭之愿耳。臣谓今日之事,无论兵费不可偿,朝鲜不可弃,即使勉为一时之计,亦不宜使李鸿章干预此事。盖李鸿章,帅臣也。帅臣但宜言攻战,而不宜言和,此天下万国之公议。若使言和言战,仅恃李鸿章一人,恐天下各国从此但知有李鸿章,不复知有皇上矣。　且皇上试观今日倭夷之情伪,果爱我而欲和乎,抑力绌而未能遽进乎?如谓爱我而欲和,臣知诸臣亦不至若是之愚。如其力绌而未能遽进,则姑以和饵我,怠我之气,而后惟所欲为,必然之道也。法、越之役,草约既成,而基隆失矣。本月十五日,英使来议和,既已允之,而十七日倭夷于义州又进兵矣。以吃紧之岁月,而坐耗于言和;以支绌之金钱,而欲筹以饵敌。　谋国如此,深可愤叹!且今日交侵之患,岂独一倭?俄伺东方,英窥西藏。台湾、定海,海外孤悬,各国争先,惟恐或后。臣知此次和议若以苟且成之,必无一日之安,且有四方之虑,可预决也。臣之愚虑,窃愿皇上宸断,将诸臣酌定之和议,发交廷议。交涉大事,全局所关,其利害

天下共之,断非一二大臣率其私衷所可定议。仍当饬下将帅,速筹进兵。沿海各口,严加守御。必使倭人驯伏,就我范围,然后俯予息兵,方足以张国威而弭后患。臣受恩深重,知无不言。诚知触当事所忌,赖圣明鉴察之耳。不胜愤懑之至! 谨缮折具陈,伏乞皇上圣鉴。谨奏。

《请查办盛宣怀转运采买兵米弊情片》:再,津海关道盛宣怀,管理电报,诸多舞弊,曾经臣附片参奏。近闻本年派办转运采买兵米,浮冒多至数十万金,人言啧啧。又闻天津招商局突被火焚,兵米付之一炬。该员于局务转运,皆有专责,宜如何先事防范,乃竟全毁于火,难保无侵蚀后希图掩饰之弊。应请旨查办议处以示惩儆。是否有当,伏乞圣鉴。谨奏。

《请饬海军迅图出洋及任汉诺根祀邓世昌片》:再,近闻倭人知我战舰待修,一切仁川防守概行撤去。此时如有海军往攻,必能得手。即虚进声讨,亦足牵掣其北路之兵。拟请旨饬下海军,迅图出洋,毋再延缓,致失事机。洋员汉诺根,既著成效,应请授以实官。其余洋将,亦应酌给奖励,俾资得力。副将邓世昌,殉难勇烈,洋人慨慕,至铸铜像之。可否请旨,准于威海卫为建立专祠,以昭激劝。海战为中国自强之要道。赏罚之际,尤贵严明。臣愚昧之见,谨附片陈明,伏乞圣鉴。谨奏。

按,据赵铁寒《文芸阁先生全集》所载影印手稿,《请查办盛宣怀转运采买兵米弊情片》系《条陈和议不宜太易折》之附片,并有文廷式尾批曰:"以上九月二十二日入奏,奉旨留中。"然其上奏日期,据中国第一历史档案馆藏《请查办盛宣怀转运采买兵米弊情片》原件纸背墨批,作光绪二十年九月二十一日。

九月下旬,拟《联衔具陈敌情狡诈宜斥奸说以振国威折稿》。

《联衔具陈敌情狡诈宜斥奸说以振国威折稿》:奏为夷情狡诈,宜斥奸说,以振国威,恭折仰祈圣鉴事,臣闻《传》曰,弈者举棋不定,不能胜其偶。自古及今,未有日日欲和而战能胜者,未有使求和之人筹战而国事不贻误者。事变至此,上下一心,并智竭力以备战事,犹惧敌之未易平。乃近今枢密之地,调兵则分布无方,运饷则粮台未设,一切置之可有可无之列;而所恃为密谋秘计者,则在"和"之一字。诚使深通夷情,熟知敌计,不受大害,而能弭兵息民,岂非至愿! 然臣等采之舆论,验之时势,知和议之未易遽成;而枢臣之受其欺者,且至再至三而不悟。国事之危,即在旦夕,可为寒心！英使欧格讷之申和议也,于倭人要求之端,尚未尽露。即其所说者,则各国保护朝鲜、中国赔偿兵费二事。夫朝鲜固不可,然犹得谓今日兵力未能遽复,姑徇列邦之请,暂纾藩属之忧。至于赔偿兵费,已属万不可从。何则？中、倭大小显分,赔款颜面所关,必将传为讥笑。且倭人贫窘,正乏军赀,若得多金,购炮置船,后将窥我疆围,不知何以御之；各国复起效尤,又可翘足而待。养奸资寇,贻患何穷！而庸臣无策,但欲苟一时之安,信彼尝试之言,惊为莫大之幸。臣等实深耻之。然使敌人果有愿和之心,欧使决无不信之说,该大臣等实有凭据,然后仰达圣聪,犹可说也。乃一无把握,坐受欺诬,不独竟以琐渎宸严,更敢上烦慈虑,优游旬日,企听回言,徒有宰嚭信越之愚,未测张仪诳楚之诈。于是欧使不来,而俄使喀西尼亦托疾不至矣。我之军心因此而懈,我之国论由此而纷。虽复申饬司员、力防言路,而义州之倭兵日进矣,鸭绿之浮桥已成矣。其胜也,则将直薄陪都；其败也,仍可复申前说。敌人处处得计,而我则在在失机。一廷之内,心意各殊；旬月之间,和战数变。垂误至此,岂独敌人视为可侮,伏莽亦将从而生心。道光年间,和议既成,而金田匪起,有明征也。夫殷忧启圣,古有恒□；安危之机,间不容发。皇上若能独操乾断,抑塞邪说,则大有为之效,即在此时。若当军事万紧之际,犹任大臣异心,徇敌忘战,臣等知其贻误,有不忍言者矣。且未战之先,日日以和误我,使倭兵已集而我未尝益师者,非枢臣疆□误信英、俄两使之故乎！前事不忘,复为所惑,非唯不智,抑亦可耻之甚！应请严旨申饬,如再有徇和议、误国家者,交刑部治罪,以壹军心,以申公论。所关非细,臣等职在侍从清要之地,于国家大政事、大得失例得尽言,是以不惮再三渎陈,伏愿皇上圣览,训示施行,不胜迫切惶悚之至！谨奏。

　　　　按,据《文芸阁先生全集》所载影印手稿。此折是否正式上奏及何时上奏,未详。

九月三十日(10月28日),上《寇侵大邦事机危严饬枢臣以维国脉折》及《军火紧要纠参劣员贻误事机折》。

　　《寇侵大邦事机危严饬枢臣以维国脉折》:日讲起居注官翰林院侍读学士臣文廷式跪奏,为寇侵大邦,事机危迫,请严饬枢臣以维国脉,恭折仰祈圣鉴事:窃惟国事莫大于戎政,而敌国外患之敢于欺侮者,亦每视乎中国之人才。至玩寇养奸，而国随以病，即其身亦不自保者，伊古以来历历可数，诚不幸而今日有略似之者，臣敢披沥肝胆为我皇上陈之。士气之不振，人材之消乏，民生之瘠苦，至今日而已亟矣！木之既腐，其病必有所发。于是倭人乘机而窥伺朝鲜。然其绘我地图、购我军械者，已数年于兹，其意固不专在朝鲜也。及至悍然开衅，攻我陆军，袭我海舰；牙山既失，平壤旋复。斯时天下切齿，宵旰焦劳，即当盈廷一心，力筹攻战。而枢臣与疆臣各怀异志，但欲求和。不知倭人所攻必取，所谋必得，何恤于我而肯从和议哉？徒为所欺以延误岁月而已。其调兵也，散漫而无纪；其督将也，庇恶而行私。上心所属，必多方以误之；众论所许，必尽法以挠之。果尔，和议未成，而倭恒额之兵败于蒲石河矣。其地仅去兴京三百余里，其间则无险可扼，无兵可恃。五日之内，倭人若长驱直入，不知何以御之？诚使枢、译诸臣，数月以前，肯略分欺蔽君上之心以揣量敌情，损防抑言路之功以绸缪战事，何遽败坏至此！又闻倭轮三十艘直指大东沟，将图登岸。犹不思督海军以应敌，出奇计以捣虚；束手待攻，视若无事。我皇上奉皇太后之训，敬先思孝，眷念松楸；顾此诸臣，任其贻误，得毋奉太庙之牲币，而有恫于心乎？且枢廷之职，每有克伐，则受封赏之恩；而疆场侵陵，竟欲逭诛而佚罚，纲纪淆紊，国宪何存？臣职司记往，窃恐圣恩过于优容，不足以垂示于天下；应请旨将枢臣及北洋大臣交部严加议处，以存国法。是否有当，伏乞皇上圣鉴。谨奏。

《军火紧要纠参劣员贻误事机折》：日讲起居注官翰林院侍读学士臣文廷式跪奏，为军火紧要、劣员贻误事机，特疏纠参，仰祈圣鉴事：窃自兵事之起，军情、敌势，莫不知视船炮强弱为权衡。朝廷不惜重赀，欧洲各厂，亦莫不希求善价。宣战之初，即闻寄谕出使英法大臣龚照瑗办理此事。而迄今数月，纷纭变幻，一事无成。海内传为笑谈，各国为之扼腕；大臣不问，疆吏漠然。此臣所不能不一为皇上陈之者也。龚照瑗贪愚訾鄙，本为乡党所不齿。近来年老官高，益复精神困惫。其平日文理尚不甚通解；船炮利弊、专门精术，更何从下手考求？徒以李鸿章庇护私人，心念购办优差，余润可沾，畀之龚照瑗，以慰其贪婪之愿。且亦与张士珩、盛宣怀交通声息，可以互相关照，不至令侵吞私弊经比较而或露端倪。朝廷不察，堕其术中。现在倭人所购之船，克日将到东海；而龚照瑗所议者，一无把握也。倭人所购枪炮,陆续运过我境;而龚照瑗所办者,毫无头绪也。其请款则刻期难缓,其订议则画押复翻。其初谓大受客什所欺,其继乃仍倚客什为用。电文讹脱、奏报支离,不知其故为此以淆视听耶,抑天性昏谬、颠倒至此耶?随员信至,皖士言传,佥谓其蓄心侵蚀。第与一二私人密筹秘计,他人不得与闻。故商情隔膜,终无成议。方今海军战后,急待添船;陆军则招募日多,军械之需,尤属急于星火。平日所储之军械,既经张士珩盗卖于前;临事欲购之军械,复为龚照瑗延误于后。徒使千万貔虎,空拳白战,受困敌人。此而不惩,孰不可忍!龚照瑗交通津要,党护最多。应请皇上独伸乾断,立加谴斥,以速筹备而转事机。其订购船炮一事,或即令许景澄另行筹办,或询问洋员能否在华定议。阿根丁、智利,诸船名目,为天下各国所共知;即英、德民厂所造者,亦未尝不可从容商酌。但使经理得人,在华与在洋无异,非订由出使大臣即能节省经费也。臣为前敌久待军火紧要起见,谨专折陈闻,伏乞皇上圣鉴。谨奏。

九、十月间,撰《慈寿无量庆赞》为慈禧贺六十寿诞。

《慈寿无量庆赞》:臣闻最胜功德,施安乐于众生;大福庄严,善摄持于亿纪。御世以能仁为始,化推以应感为周。是以弥多罗之号(慈也),遍四天下而同钦;那由他之年,阅数俱泯而尤永。况乎宿植德本,广阐仁经。波句庶类,瞻宝网而洗心;缮那群情,荫华幢而介祉。因陀证果,瑞光开暗昧之途;大梵求言,法雨遍浮提之界。宜夫亿姟国土,翘忱诵八吉祥经;圆满菩提,福报证四无量寿者也。恭惟我全徽皇太后,上规斗极,俯协坤仪,萃岳渎而贡珍,合龡紘而纪绩。玉弨授略,止戈之武维扬;金箧书贤,官人之经允洽。荔芳桂华而作咏,孝奏天仪;珠联璧合以呈祥,泽覃区宇。旌别班行,如镜照物;陶淑治道,吴金在镕。固已戴日戴斗,乐职成歌;资始资生,与能演《易》。丹鱼在藻,赤雀依檐。译隒构而匪遥;奏《咸池》其何泰!臣闻《华严经》称慈氏佛曰:慈氏如来,是佛果极位。又云:世间所有广大慈,不及如来一毫分。钦惟我皇太后以天之德,行佛之慈,遍护绵区,胥融界海。威伸六幕,既返治于康平;泽畅九垓,更驱时于仁寿。三十年之宵旰,未弛尧勤;一二邑之丰穰,维殷舜问。里闾蠲复,斑白行谣;粟帛平施,率先嫔子。间阎辑庆,开茧馆以祈蚕;眷念农功,降玟阶而祷雨。仁亲敦乎行苇,系本固于苞桑。万感万应,启至理之津源;一哦一咳,□□黎之□识。凡此上德之不德,要皆慈仁之至仁。《佛说法经》又曰:凡修行业,欲睹慈氏,得遂宿心。非此时之谓欤?又,《平等觉经》云:卓德万殊,超不相及。诸天人民,蜎飞蠕动,都令其智慧为一,无有能计佛寿几千亿万岁者也。兹以光绪二十年,岁次敦牂,星明角亢,日躔析木,为圣慈周甲之辰。我皇上合万国之欢心,隆一人之孝养。恩膏渥洽,协气旁流。六纪正而泰阶平,六位乘而坤舆顺。臣谨按:畴人之纪数也,以六十递衍;释迦之应世也,以六度名经。盖首万行而成慈,必兼三才而得寿。于斯时也,银瓮□□,珠囊阐运。景星丽垣,青云干吕。姬馆之金镛玉管,未由写其徽音;祁堮之彩凤斑麟,无以彰其祎兆。臣窃维大地无边,尽蒙福祐;毗邪尽藏,难罄佛恩。敬拟十万偈之真言,仰称高厚;更合三千界之大众,共祝庞洪。臣不胜区区之忱,谨拜手稽首以献。尔时以神光遍照一切大千中千国土,曼殊师利菩萨、妙吉祥菩萨、功德宝□智生菩萨、大福光智生菩萨、一切微尘数菩萨及阿罗汉、须陀洹等,升妙峰山顶,十千光明而为照耀。见慈氏佛以大智慧、大福德为一切众生檀施福祐,各各随等,无有遗漏,如是成就无量无边功德。尔时诸菩萨现宝净云,置光明藏师子之座,合十万世界天人、天龙八部,共庆慈德。乃各各吐广长舌、扬微妙音,合掌恭敬而说赞言:巍巍金光明,普现佛慈德。含育诸众生,悉以慈惠力。维时大云护,震旦作金色。七重宝树华,众妙庄严饰。象王捧宝瓶,龙女侍案侧。愿以调柔心,永住安乐国。普为众生说,慈佛受记来。多陀阿伽陀,造化智慧该。变世损饶益,威神力为摧。摄伏阿修罗,震动如春雷。法雨既普雨,亿兆登莲台。五星呈联珠,天汉为昭回。调伏靡不遍,善导入无量。最胜智方便,一一为嘉贶。法蕴八十千,牟尼无尽藏。觉光照十方,至道还敷畅。熙熙肖翘类,幸生佛世界。推宥蒙五教,殷勤奉四诫。遍尝郁单味,渥液如流瀼。嗒嗒得安稳,优游信愉快。希有功德集,行切广大慈。东南西北方,恒沙土逶迤。嫭嫭群生业,淆讹堕愚痴,或感水旱报,翘诉寒与饥。能仁溥洪惠,悉以国财施。俯察群品心,瑞光生佛眉。仰祝答宰贶,应感昭灵奇。不可称量德,积福逾须弥。平等正觉心,成就世诸愿。婴髦沾仁粟,文武优邦宪。更开登进门,悉令多士劝。犹如种芬陀,广辟万千畹。琅琅三达明,皎皎十善论。无边功德海,圣果操右券。阆逢值岁纪,敦牂物庞洪。循环以复始,玉烛旋绥丰。六时叶元吉，六律奏旋宫。输诚六服遍，懿谟六经同。深观六妙门，鉴周天眼通。团执六坚法，日中纯化隆。具六波罗蜜，持六境界风。六轮等妙证，六种意乐融。以兹广推阐，莫测数量品。蔓树生蔓云，普地如普锦。俱蒙慧日照，各予甘露饮。八表感钦承，四序尽丰稔。谁知珠宫中，敛福倍勤恁。重费惜露台，清香凝燕寝。舆辇所游驻，妙华自然生。宝灯百万亿，日月同光明。琉璃为栏楯，金刚宝为城。音乐树列植，迦陵鸟和声。各以根本智，一一演天声。称祝佛恩荫，第一仁爱成。涂香旃檀香，众香莫名记。香气蒸为云，云中吉祥字。宿祐值嘉运，普观希世瑞。悠久无有涯，提和越同位。福山功德王，德光幢普智。持较慈恩福，妙胜不思议。德光格上下，祥瑞响然臻。朱华耀若木，丹毳仪韶钧。应时白象至，在囿驺虞训。圣皇泽圣孝，昊眷答精禋。俗原宏纲张，吏砥至化循。嵩呼溢寰宇，欢乐同登春。威德所覃及，六复难觏缕。西极贡玉环，南荒植铜柱。东穷出日地，北界长冰所。咸覆圆满智，不异众香土。文翰珥庞贡，侏僚靺任舞。睹史多天宫，纷纶雨宝雨。圣皇隆孝德，实以天下养。视衣燠寒节，问食调御相。宫殿妙胜同，千万逾昆岗。福祚垂无疆，矞乎莫能尚。尝闻佛四喻，山斤大海滴。地尘及空界，尽边尚可觅。唯佛寿无量，三常自延历。长燃般若灯，罗迦蒙启迪。圣皇舞彩衣，遍地铺黄金。珍草覆四寸，香树高千寻。芬馥优昙花，蔚成功德林。以此大慈力，永慰恒沙心。维昔颂贤圣，德纯始有虞。粒民邠室建，厉翼娥教敷。明序誉有娶，行与勤悫俱。周室叙任挚，仉天赞讦谟。持此大慈德，在彼何区区！如以萤烛焰，欲较摩尼珠。如以一勺水，等润于江湖。鹿苑八万说，广赞犹锱铢。景佛福德聚，诸佛难数计。城游昙无竭，地过迦维卫。轨则转亨冲，正勤为持世。榆樧香风翻，璎珞彤云丽。诸天扬好音，敷畅音无滞。直从今日始，下尽未来济。宏宣普贤愿，演习龙树偈。同颂慈氏佛，万岁亿万岁！

　　按，如文内所述，此稿系慈禧太后六十寿诞之进呈庆赞，故系于此，寿诞日期为十月初十日（11月7日）。

十月初四日（11月1日），联衔上《为军事危急合词具陈补救办法折》。

　　《为军事危急合词具陈补救办法折》：日讲起居注官翰林院侍读学士臣文廷式等跪奏，为军事危急，宜力图补救，谨拟办法条陈，恭折仰祈圣鉴事，窃闻倭人攻陷九连城之后，诸将退扎大高岭，逃兵溃卒，不复成军。倭又从皮子口登岸数千,旅顺、大连,同时告警。辽沈之情形既急,自广宁、锦州以达山海,处处可虞。若不豫谋补救之方,将何以应无穷之变?所有军情措置,有应急筹者,谨陈管见六条,伏祈圣明采择。一、用兵之道,必先有不败之地,而后制胜有权。近代火器日精,善将者莫不先讲营垒之法。况现在诸军奔溃,胆落心摇。苟无设险之方,恐不能为旦夕之守。京东千里,备御空虚。应请迅派知兵大员,驰往京东迤北一带,沿途相度地势,建置炮台,挖筑地营,以资守御。查欧洲各国,近都之地,炮台林立,以备非常。现我山海关内外,并无大枝劲旅,足资捍御。其京东迤北一带有险可扼者,必宜仿照西人近都炮台之法,择要兴修,克期竣事。即宽平地面,为兵行所必经者,亦以次建设。多为掎角之势,庶遏敌人内犯之冲。其建筑之法,请即用中法,聚泥沙、垒砖石为之,不必仿效西法,以致稽迟。至地营之法,上年法越之役,滇军用之,屡奏奇功,必当及今仿照挖筑。其要道之旁,有林木繁密、陂陀延属、可以屯兵设伏者,随地留心记出,以备出奇制胜之用。提督董福祥,将略最优,于用兵地形,必所夙究。似可即派该提督迅往筹备。俟甘兵一到,即可令其分布扼守,以备不虞。至由京到津、东南一带,亦关紧要。总兵牛师韩,卓著战功,才气可用,应亦令其任办此事。如蒙特旨派往,请饬其将南北洋测绘地图学生,电调数名随行。上海局刻《营城揭要》、《营垒图说》、《行军测绘》三书,亦宜携带备用。一、闻倭有木质兵船数十只,装运陆军,游弋于大连湾。海滨已有数千人乘隙登岸,往袭金州。果尔,则旅顺之危急,不问可知。请速电饬海军,迅赴大连湾,剿逐敌船,断其后路。否则敌人得并力围攻旅顺,水师袭其前,陆军袭其后,万一旅顺不守,则北洋之门户不保,而大局益难支矣。一、此次连战失利,实由军政不肃,赏重罚轻之故。卫汝贵罪不容诛,至今尚稽显戮。叶志超、丁汝昌,虽有微劳足录,而屡经贻误,一则仅加薄罚,一且滥冒恩施。功罪不明,人心何由振起?如不急为整顿,诸将相率效尤。将来节节溃散,处处奔逃,东路关隘几何,岂可再蹈覆辙?窃谓目前军事,第一以申明军法为先。应请皇上圣明独断,将卫汝贵立正典刑。叶志超情节较轻,亦应褫职遣戍。即宋庆孤军苦战,虽云力尽而退,亦不能不量加薄谴,以儆诸军,用示朝廷信赏必罚之意。闻九连城之败,宋庆电报,于淮军诸将,犹存假借之词。应请电谕申饬,令其据实陈明,毋稍瞻徇,自干同罪之罚。一、自我军弃义州之后,韩人援绝,不能不听命于倭官吏,文牍已用明治纪年。而民情汹汹,尚未肯遽更冠服。云霓仰望,情足哀怜。倭以朝鲜诸道略定,遂得专力以攻奉省。我前敌诸军,既不能坚守以扼其长驱之势,不得不别筹办法以为牵制之方。现在荣和募猎手于东山,复有旨招韩效忠等,令其助战。此诸人即令成军以出,器械不精,不足以当倭人大队。而习于沿边形势,又与韩人言语相通,如用轻锐果决之将,帅之过江,则平安、咸镜之间,所在必多响应。乘虚捣隙,随处招怀,但使倭有内顾之忧,即已掣其深入之势。此伐魏救韩之法,不须巨饷精兵,不必攻坚击锐,期以形势震荡之而已。一、闻兵兴以来,各关各口,洋员来告奋勇者极多。李鸿章蓄厌战之心,概不招收抚纳。其实此等洋人,大都学成而无由自见者。其志在立功名,以成声望。用之得宜,皆良将也。戈登、华尔,旧事可征。汉诺根东沟之战,津人感颂盈途,尤动欧人欣慕。楚材晋用,机势可乘。应请速电谕饬南北洋,于报效洋员,加意抚接,散致诸军之内,佐筹捍御之方。其汉诺根一员,径可实授提镇,假以统帅之权,与宋庆、唐仁廉等,相资为用。苟能深达其性情,随事善施驾驭,安见契苾、黑齿之俦,不可再见于今日哉?再闻智利有船数艘,均系新式铁甲,极为坚利,炮位俱全,情愿售于中国。请饬出使大臣许景澄,转行购买。时势危急至此,万不可惜费迟疑,以至贻误。一、总兵田在田,昏庸巧滑,本非有用之才。同治年间,在山东、淮北带兵,毫无功绩,为淮豫诸军所共知。比闻该员贿登荐牍,投托权门。现经招募成军,驻扎通州一带。此事窃有可忧。查该员成军太速,所招至滥,枭徒土匪,杂厕其中。有事难倚作干城,无事恐徒滋骚扰。闻抚臣李秉衡亦极言该员不可恃。辇毂之下,须备非常。似宜调扎他处,另择素有纪律之军,驻扎通州为妥。以上六条,臣等愚虑所及,谨合词具陈,伏乞皇上圣鉴,训示施行。谨奏。翰林院编修臣丁立钧、翰林院编修臣黄绍箕、翰林院编修臣熊亦奇、翰林院编修臣沈曾桐、翰林院编修臣李盛铎、翰林院编修臣费念慈。

十月十二日(11月9日),缪荃孙来访。上《请饬派洋员速率铁甲舰出海以救眉急折》。

　　缪荃孙《艺风老人日记》:拜恽心云、李木斋、文芸阁、费屺怀。

　　《请饬派洋员速率铁甲舰出海以救眉急折》:日讲起居注官翰林院侍

读学士臣文廷式跪奏，为天气渐寒，倭将决战，定、镇二舰可用，请饬派洋员速率出海，以救眉急，恭折仰祈圣鉴事：窃臣昨闻金州失守，大连、旅顺形势危急。宋庆竭蹶趋援，挫败之余，兵势甚单，亦恐难于得手。万一此军复挫，敌之长驱直进，势不可遏矣。倭人根本在水师，然大半木壳商船，不足以当铁舰。东沟之战，事有明证。臣闻倭之图我有年，徒以定、镇两船，彼无其敌，迁延观望。逮后与丁汝昌及海军诸将潜相结纳，知其必不出战，而后有今岁之事，惟所欲为。以丁汝昌前后行径观之，敌来则避，敌去则归。除汉诺根强率一战之外，从未与倭船一矢相遗，掣其兵势。则此说必非无据，大可见矣。敌能诱掖以堕我军威，我独不可用我利器以攻敌所忌乎？现在陆路既无可恃之兵、救急之计，惟有仰恳宸断，立即饬下督办军务处，电饬汉诺根即日驰赴海军，率领各船，直赴大连湾一带，截击倭船，断其后路。其聚泊者击散之，转运者邀毁之。夺其军火，略其衣粮，碎其攻具，收其利器。以我二铁舰纵横于彼数十木质兵轮之内，纵彼环攻聚击，无难闯出重围。彼诸船受我牵制，往来行师，处处不得自如；即登岸陆军，亦必胆破心寒，无能自奋矣。如此，纵旅顺暂失，无难规复。我之水军气盛，海面权力借可收回，非但辽阳之守御可坚，即全局亦为之一振。事有因败以为功者，此类是也。臣内访专家，外谘洋将，今日转关回捩，舍此别无良图。惟望皇上断以行之，严以督之，国家安危，在此一举。至如丁汝昌通倭背国，形同叛逆，留之适以涣诸将之心，杀之足以寒倭人之胆。近来屡奉严旨，仍复以倭人雷艇为词，潜逃威海。船坞且不欲救，安用此海军为？我皇上以万乘威权、九州公论，如不能诛此一人，则一切刑赏之权皆归无用矣。应请饬下恭亲王，密派干员，驰往军前，传旨将丁汝昌拿问治罪，以肃军政而维大局，天下幸甚！臣愚戆之见，谨披沥上陈，伏乞皇上圣鉴施行。谨奏。

十一月初三日（11月29日），上《为奉派稽查右翼宗学谢恩折稿》。

《为奉派稽查右翼宗学谢恩折稿》：奏为恭谢天恩、仰祈圣鉴事：十一月初三日，吏部奏派稽查右翼宗学，奉朱笔圈出翰林院侍读学士文廷式，钦此。伏念臣供职词垣，愧无寸效。复荷殊恩于广陛，俾稽学术于仙源。臣惟有自矢慎勤，谘求得失。武达文通之选，必资学问而始成；凤毛麟角之才，并荷陶甄而有造。所有微臣感激下忱，理合缮折叩谢天恩，伏乞皇上圣鉴。谨奏。

　　张荫桓《张荫桓日记》:(十一月初四日)……文云阁露章陈谢,王廉
生有封事,并在六项共谈。

十一月初七日(12月3日),《八声甘州》词送瑾妃、珍妃之从兄、礼部右侍郎
志伯愚(赏副都统衔)出为乌里雅苏台参赞大臣,盛昱、王鹏运、沈曾植皆
有词送之。

　　《八声甘州·送志伯愚侍郎赴乌里雅苏台参赞大臣之任,同盛伯羲祭
酒、王幼霞御史、沈子培刑部作》:响惊飙、越甲动边声,烽火彻甘泉。有六
韬奇策,七擒将略,欲画凌烟。一枕蓍腾短梦,梦醒却欣然。万里安西道,
坐啸清边。　　策马冻云阴里,谱胡笳一曲,凄断哀弦。看居庸关外,依
旧草连天。更回首、淡烟乔木,问神州、今日是何年?还堪慰,男儿四十,
不算华颠。

　　盛昱《八声甘州·送伯愚都护之任乌里雅苏台》:蓦横吹、意外玉龙
哀,乌里雅苏台。看黄沙毳幕,纵横万里,揽辔初来。莫但访碑荒碛,同人
属拓《阙特勤碑》。尔是勒铭才。直到乌梁海,蕃落重开。　　六载碧山丹
阙,□商量出处,拔我蒿莱。怆从今别后,万卷一身埋。约明春、自专一
壑,我梦君、千骑雪皑皑。君梦我,一枝柳枥,扶上岩苔。

　　王鹏运《八声甘州·送伯愚都护之任乌里雅苏台》:是男儿、万里惯
长征,临歧漫凄然。只榆关东去,沙虫猿鹤,莽莽烽烟。试问今谁健者,慷
慨着先鞭?且袖平戎策,乘传行边。　　老去惊心鼙鼓,叹无多忧乐,换
了华颠。尽雄虺琐琐,呵壁问苍天。认参差、神京乔木,愿锋车、归及中兴
年。休回首,算中宵月,犹照居延。

　　沈曾植《八声甘州·送伯愚之乌里雅苏台》:送萧萧、征马向边州,都
护出安西。正啼鸦噪晚,惊沙击面,烟树凄迷。灞上回头南望,鸂鶒夕云
低。谁识阳关意?兀坐渔师。　　揽辔而今焉向?黯兰生荪苦,天上相
思。偬回风北溯,乐莫乐相知。莽千里、龙沙雁碛,借天山、砥锷拂鲸鲵。
归须早,今年金印,斗大提携。

十一月初,代拟《翰林院联名特参专权误国之大臣折》。

　　《翰林院联名特参专权误国之大臣折》:奏为特参专权误国之大臣,

恭折仰祈圣鉴事：窃惟倭人犯顺，起自朝鲜，及于内地，兵连祸结，五月于兹。战既不胜，守必不固。天下嚣然，丧其乐生之气；而朝廷之上，亦廑宵旰之忧。风鹤频惊，骎骎内向，举世皆太息于将帅之失机、疆臣之偾事。而推原祸始，固积十年之蕴毒，以成此一发不救之祸机。谁秉国钧，实阶之厉？此枢臣孙毓汶之专权误国，事至今日，不能不明白切实为我皇上备言之。

孙毓汶纨裤庸才，自其少时，酗酒纵博，为乡人所不齿。遭逢际会，滥列清班。咸丰年间，曾以胁众从军，为僧格林沁奏参革职。夤缘复任，恣为逾闲荡检之行，狎优比匪，败坏官常，昼夜荒淫，酣歌恒舞，其时朝士大夫风尚为之一变。及乎柄政以后，优伶贼类，不绝于门；市侩匪人，恣意往来；赃私巨万，货贿盈车；秽恶之声，闻于道路。此则该枢臣之贪污劣迹，众目昭彰者也。然此犹其罪之轻者。国家设立枢垣，承旨传宣，职司喉舌，专矫明代阁臣秉笔弄权之弊。故历来当此任者，率清勤奉职，有具臣而无权臣。孙毓汶天性异人，骄恣忮刻。自入军机，视同侪皆昏庸阘冗，遂悍然以当国自居。其胁持之法，专以卖官鬻货之利，分甘同列，以顺适其意，而己乃独专威福之权。凡廷臣之有才望、敢言事者，必摧折之；凡疆臣之有干略、能任事者，必排挤之。所引进以供奔走者，则无赖阴狠之徒；所奖荐以示招徕者，率昏暮乞怜之士。其尤要关键，在抑塞言路，以便其私图，保其威福。此则孙毓汶一人之专长，亦即孙毓汶毕生之能事。十年以来，中外臣工，知有孙毓汶而不知有朝廷也，积威之渐，非一日矣。迨东事之兴，仓卒变生，手足无措，平日于洋情军务一无所知，于是一意与李鸿章相狼狈。一切调度指挥，阴依其意指，而阳托于主上之设施。倭之初动，可议和。和不成和，误于李鸿章之卤莽灭裂，而孙毓汶受命如响也。则疾首蹙额而告人曰：皇上轻率而言战。倭之既肆，必当战。战不成战，误于李鸿章之乖张悖谬，而孙毓汶推波助澜也。又疾首蹙额而告人曰：皇太后隐忍以求和。隐党疆臣，归过君上；牢笼同列，共肆欺蒙。其办理军务也，于大小臣工条陈，非奉特旨允行，则概行驳斥。署理总宪，遇有呈请代奏事件，禁不上闻。出使日本使臣汪凤藻有管见条陈，闻已呈递矣，而孙毓汶饬其改削，以深匿倭事之实情。丁汝昌特予撤任，闻旨已书就矣，而孙毓汶密令延阁不行，徐待北洋之申救。索董福祥之门包常例，大寒将士之心;任田在田以辇毂重防,阴为自卫之计。种种凭权逞臆,任意诪张,大抵任事者无一不加抑制,偾事者无一不予曲全。边事阽危,至于今日,犹复党同伐异,怙势作威,以国家数百万之生灵、数千里之封疆、数千兆之帑藏,甘心暴弃,用快恩仇。比来寅僚愤怼,里巷嘲讥,甚至外国使臣,亦以"国家事重、勿挟私见"之言,亲面揶揄;俯首受之,不能置辩。此其辱国贻羞,诸大臣相与隐护之,皇上固无从察知之也。

近以新简枢臣,事权相逼,疑皇上眷顾渐衰,乃益与李鸿章朋比为奸,行险侥幸。传闻李鸿章叠遣外国人私与倭人交结;孙毓汶亦与某国使署中人夜聚晓散,斗室密谋。揣其情形,无非潜树外援,曲成奸计。外间之言,谓割地赔费各款,朝廷虽踌躇斟酌,而孙毓汶、李鸿章已画有一定不移之局,勿论如何亏损,期于无不曲从。其实我与倭人和战大局,专视兵事之利钝以为转圜;即各国调停,亦必度势揆几,断不以我二大臣之屈体输情,遂勉与玉成之理。而孙毓汶、李鸿章者,情急智昏,以愚愎济其悖谬,唯欲专成款议,长保威权,而置皇上之天下于不顾。近来孙毓汶引北洋以恫喝朝廷,业已事事挟持,使皇上不得径行己意;今复以国家大议,擅为威柄,推其恣睢跋扈之意,直欲天下万国皆知和战之权不在皇上,而惟在孙毓汶、李鸿章中外二大臣。将来事定息兵,孙毓汶内挟李鸿章,李鸿章外挟诸国,以慑四海而令群臣,皇上将何以振乾纲而临大政乎? 稽我祖宗之朝,凡专擅弄权之大臣,如和珅、肃顺,举蒙显戮;即办理洋务辱国媚敌,如耆英、穆彰阿者,亦各严加诛谴,不事姑容。今孙毓汶实兼此四臣之罪,而朝列莫敢昌言,台谏为之结舌,坐使祸首罪魁泰然高视于百僚之上,臣等实耻之痛之。比闻街巷传言,孙毓汶有赃私银数十万两,黄金数千两,公然由汇号寄至原籍地方为安顿,何胆大昧良一至于此! 念自皇太后垂帘以及皇上亲政,因该枢臣貌似有才,无不礼遇有加,实心委任。而该枢臣之辜恩误国,一至于此! 其藐玩圣朝之意,已罪无可逃,乃至臣子怨讪之语,上及于深宫,我皇上能听其晏然而已乎? 总之,窃弄威福之臣,国有常宪。即非此次军情贻误,亦应立予严诛。该枢臣与李鸿章表里为奸,不惟备战之事,非所乐闻,无不从旁掣肘;筹和之策,不从己出,亦无不隐相阻挠。寇深势急,诸大臣已彷徨无策,若再用此人颠倒簸弄于中,大局尚堪设想乎? 伏乞皇上申乾纲,将枢臣孙毓汶严行治罪,以警其余,庶国法以申,朝纲以振,军事亦可望转机,宗社幸甚! 天下幸甚! 臣等不胜忧愤激切惶恐待命之至,谨合词具陈,伏乞皇上圣鉴。谨奏。

按,据《翁同龢日记》光绪二十年十一月初一、初二日记载,有封奏弹孙敏汶者,折稿作者为"文学士"。故系于此。

十一月下旬,接郑观应函,谈及日军暴行和欲占东北和台湾省的野心,并提出救时策略。

郑观应《与文芸阁学士书》:鱼笺往复,感愤同深,敬维道履胜常,贤劳聿著为慰。弟蒿目呼天,伤心斫地,孤忠独抱,无可与言。比闻大局日坏,倭锋弥肆,奉天根本重地,俱已震动,大连、凤凰、金州、旅顺次第退失,北洋毫无布置,丁禹廷统带兵轮、铁舰匿迹销声,汉能根亦非水师出身,两江、闽广之兵轮又不挑选胆略俱优之管驾赴北防会剿。旅顺闻船澳总办龚鲁卿减克各工薪水,众人激愤欲刺之。龚逃往津、烟,傅相札登莱青道,严饬返旅。各处所招之勇多未操练,且枪非利器,子药又参差不足,如此情形何以战?何以守?更何以和?中原全盛之局,糜烂不可收拾一至于此。谁秉国钧,谁秉国成,有心人所为痛哭流涕长太息也。近闻日人之意拟进逼北京,然后议和,其志甚奢,非但赔款,又思割地。而欧西诸强国如英、法、德、俄均遣铁舰来华,眈眈虎视,欲分据港口。又闻俄国与德、法不许日本占据东三省。如果占据,彼必合兵攻之。日本不得东三省,必索台湾,设鄙言不幸而中,无论如何和议,我国恐无安枕之日,故亟宜悉照日本变法,出榜招贤,伸明赏罚,如有奇材异能,屈居下位者,破格用之。兵船管驾无胆识者即行撤退。量才器使,实事求是。兼仿欧西军制,选定民团章程,就地练兵。并开韬略馆讲究将才,聘精于造枪炮者在腹省自行制造,免外人挟制。又多借洋款,振兴实业。广开学校,以育人材。我公抱管乐之才,怀匡时之志,必有良策以救危局,尚祈示悉,不胜翘盼之至。

十一月二十四日(12月20日),李慈铭卒于京师。

《清史稿·列传二七三·文苑三》:李慈铭,字爱伯,会稽人。诸生,入赀为户部郎中。至都,即以诗文名于时。大学士周祖培、尚书潘祖荫引为上客。光绪六年,成进士,归本班,改御史。时朝政日非,慈铭遇事建言,请临雍,请整顿台纲。大臣则纠孙毓汶、孙楫,疆臣则纠德馨、沈秉成、裕宽,数上疏,均不报。慈铭郁郁而卒,年六十六。慈铭为文沉博绝丽,诗尤工,自成一家。性狷介,又口多雌黄。服其学者好之,憎其口者恶之。日有课记,每读一书,必求其所蓄之深浅,致力之先后,而评骘之,务得其当,后进翕然大服。著有《越缦堂文》十卷、《白华绛跗阁诗》十卷、《词》二卷,又《日记》数十册。弟子著录数百人,同邑陶方琦为最。

宋慈袍《会稽李慈铭传》:慈铭自谓于经史子集及稗官、梵夹、词曲,无不涉猎而模仿之。所学于史为稍通,所作有古文、骈文、诗余、乐府、杂说、杂考、杂志,综之为笔记,所得意莫如诗,溯汉迄今数千百家,源流正变,奇偶真伪,无不贯穿,其长而学之,致力在杜工部。又曰:"余诗足以征闾里之见闻、乡邦之文献,而国是朝局之是非亦有足采焉。"识者以为知言。……所指授成名者为多,门下著录甚夥,有为友改从北面者樊增祥诸人,增祥挽诗云:"卢山驳杂新城浅,持较先生总未堪。"盖推许至矣。

十二月初一日(12月27日),致函于式枚。

《寄于晦若》:采兄如晤:颖兄住昌平已十五日。昨往看之,同游明陵。归途得读赐书,旷若发蒙;然词意何抑塞也。世积人而成,秦汉以来风气,至今日应扫地尽净,此天意主持之。有能明其必然,生当其时,各行其当然,所以俯尽人职,因以默察天心,不逆不亿,理固如是。庄生云:安常而处顺,哀乐不能入也。极奇倔可诧之事,以天眼观之,亦常且顺耳,岂足扰人神明哉? 来信云:和议若成,便作梅福。如能飘然而去,所不与吾兄同之者,有如皦日! 近作有《夜坐》绝句诗,第五首云:"五湖烟水非无意,未去难忘国士知。我诵宜阳旧诗句,治装应待受降时。"可谓言如符契矣。余不一一。复请撰安。容民均此致意。十二月朔日。弟廷式顿首。

十二月十二日(1月7日),安维峻发遣军台。

梁启超《戊戌政变记》:其时中东战事起,军书旁午,警报迭闻,西后惟以听戏纵欲为事,一切不关心,而政府及将帅皆西后之私人,皇上明知其误国,而不能更易。于是有御史安维峻抗疏言太后既已归政于皇上,则一切政权不宜干预,免掣皇上之肘。西后大怒,立将安维峻革职,遣戍张家口。上谕略云:朕奉慈禧端佑康颐昭豫庄诚寿恭钦献皇太后慈训,以孝治天下,薄海臣民所共见,乃有御史安维峻妄造谣言,离间皇太后及朕躬,殊为狂悖,安维峻著即革职,发往张家口,以儆效尤,钦此。此甲午年十一月间事,实西后翦除皇上羽翼第一事也。

按,梁启超误记,安维峻上疏发谴乃甲午十二月事。

安维峻《谏垣存稿·请诛李鸿章疏》:……李鸿章平日挟外洋以自重,固不欲战,有言战者,动遭呵斥。淮军将领望风希旨,未见贼先退避,偶见贼即惊溃。我不能激励将士,决计一战,乃俯首听命于贼。然则此举非议和也,直纳款耳,不但误国,而且卖国。中外臣民,无不切齿痛恨。又谓和议出自皇太后,太监李莲英实左右之,臣未敢深信。何者?皇太后既归政,若仍遇事牵制,将何以上对祖宗,下对天下臣民?至李莲英是何人斯,敢干政事乎?如果属实,律以祖宗法制,岂复可容?

《清史稿·安维峻传》:维峻以言获罪,直声震中外,人多荣之。访问者萃于门,饯送者塞于道,或赠以言,或资以赆,车马饮食,众皆为供应。

翁同龢《翁同龢日记》光绪二十二年二月十七日(3月30日):昨杨崇伊参文廷式折呈慈览,今发下,谕将文廷式革职,永不叙用,驱逐回籍。……闻昨日有内监寇万才者戮于市,或曰盗库,或曰上封事,未得其详。杨弹文与内监文姓结为兄弟,又主使安维峻言事,安发谴,敛银万余送行。

十二月十五日(1月10日),作《琴风余谭》自记。

《琴风余谭》:弹琴咏风之余,闻快事,掇绪论,辄随手录之,其味如啜茗,得其苦者以为隽也。三十年后,当以为旧闻、为常闻?不可知。不贤者识其小者。文武之策,属诸其人。渻于天地之间者谓之物,纷然起于心则谓之理、谓之欲。至常者怪,至怪者常。久居京师,当如柱下史,明于得失之故矣,然而不能明、不欲明,非古之车,非古之风,亦与其责耳矣。纯常子自志。光绪甲午十二月望日。

十二月十七日(1月12日),上《请饬令刘坤一驻扎天津整饬军务折》及附片《请扩充办理湖北枪炮厂片》、《漕督阘茸不能胜任请饬查办片》。

《请饬令刘坤一驻扎天津整饬军务折》:日讲起居注官翰林院侍读学士臣文廷式跪奏,为大军既集,宜筹控制之法,敬陈愚见,仰祈圣鉴事:窃惟军事之起,于今半年。前者淮军遇敌辄溃,败势几不可遏。既而宋庆受命帮办,聂士成收合余烬,勉力支持;朝廷于丧师失律之将不复姑息,军士始知惧奋。海城失后，我师日图进剿，倭人转而求守；虽未大克，而非复前日之鸱张豕突，略可见矣。近者两江总督刘坤一到京，奉旨授为钦差大臣。事权既专，局势自振。甘、湘各军，戎容猛毅，足以张我国威。臣知张荫桓之行，在圣明别有深意，非真乞和也。然臣观刘坤一之为人，忠诚鲠亮，条理秩然；而于权势之际，每有推而勿居之意。在服官固为美德，而兵事则非所宜。今受命以来，已逾旬日。诸军统将，不易一人；即军械、粮饷诸事，于李鸿章任用非人、措置乖方之处，亦未敢与闻。如此则所谓钦差大臣者，将来仅成二十一营之统帅而已，何以制偃蹇之疆臣？何以驭骄惰之将领？臣谓宜饬下刘坤一，驻扎天津，整饬军务：一则铁路通便，于关内外诸军易于联络；一则粮械转运，可以自行筹画，不致仰给于人。既受其事，当任其难；通州近畿，非帅臣所宜驻节也。至于钦差大臣之任，凡属将士，悉听指麾，固不必待亲调之营调齐始图防剿。现在各营军械多寡，既属不均，员弁勇怯，尤多物议。应请旨饬刘坤一迅行查明，分别遣撤调度，以资得力。其电报、机器等事，尤与军务相关。若复因仍贻误，隐忍相安，则李鸿章已优为之，朝廷何必重费经营，远调一刘坤一哉？夫军事得失，机势为先；始钝其锋，后将不振。该大臣若不早筹，不独无以酬君上之知，亦将无以为自全之地，后虽悔之，亦无及也。至于督办军务处，自当和衷共济，无有所隐，不待臣之赘言。臣为激厉帅臣、振兴军事起见，是否有当，伏乞皇上圣鉴。谨奏。

《请扩充办理湖北枪炮厂片》：再，兵兴以来，购买枪械，所费不赀。使各省皆有机器，能自造枪炮，何至受制若此？近闻倭人将由川沙厅登岸，攻我沪局。若然，则军械更属可虑。臣闻湖北枪炮厂能造快炮快枪，皆属新式利器。如能加意经理，足以接济各军。应请旨特派大员，广筹经费，扩充办理，以图有效。军务固未有已时，即将来防守事宜，亦必资精械。其各省未设机器局、厂者，应请饬下该督、抚等，迅筹添造。武库充实，国势自强，非细故也。愚昧之见，谨附片具陈，伏乞圣鉴。谨奏。

《漕督阘茸不能胜任请饬查办片》：再，军事未定，转运尤关紧要。海道既未能畅行，明岁漕粮或将改行河运，似非精明廉干之员，不能胜任。臣闻现任漕运总督松椿，莅任以来，毫无振作。营伍既听其缺额，属员专好其逢迎。甚至公事画行，付之妻女；地方利弊，悉听门丁。人言啧啧，当非无故。邓华熙素称"巧宦",署任之际,亦唯囊橐是营,不能整顿。当此转输万紧之时,阘茸之材,岂宜久居要地! 应请旨饬下张之洞,就近查办。如实不能称职,即宜特简贤员,力图整顿,庶于地方、粮运,两有裨益。是否有当,伏乞圣鉴。谨奏。

十二月中旬,上《请饬使臣体察情形预杜后患片稿》。

《请饬使臣体察情形预杜后患片稿》:再,臣闻上海传言,俄、法两国现已私下定约:如中国果以巨款偿倭,则此后各为所欲,断不让倭人独利。如中、倭约一定,即以五条要挟中国:一内地各省会一律通商,一各省厘金概行免抽,局卡概行裁撤,其余三条亦皆必不可行之事。若不允从,辄开兵衅云云。此等或未免恫喝之心,然各国嗜利忘义,要亦不出情理之外。应请旨饬询张荫桓、邵友濂,在沪体察情形:是否各国有此密意,若果和议吃亏之后能否决各国不启兵端,切实复奏,预杜后患。臣为慎重大计起见,谨附片密陈,伏乞圣鉴。军机处进呈当日折件片:本日文廷式、戴鸿慈、高燮曾、钟德祥封奏折片共九件,内有奉旨交臣奕劻、臣刘坤一阅看暨交督办军务处、神机营三件。各原奏今日不及呈递。臣等遵旨于明日恭呈慈览。谨奏。

十二月二十六日(1月26日),上《贼情险诈请申天威以作士气折》及附片《胡燏棻本不知兵请另简知兵大员认真募练片》、《息借洋款不可拘定一国请饬张之洞筹办片》、《请统一事权并严谴任意抗旨之陈湜片》、《京师情形吃重请破格用人以作新士气片》。

《贼情险诈请申天威以作士气折》:日讲起居注官翰林院侍读学士臣文廷式跪奏,为贼情险诈,薄海同仇,愿申天威,以作士气,恭折仰祈圣鉴事:窃自东事之兴,宵旰焦劳,臣民痛愤;敌情军报,日异月殊。当其初起时,倭倾国以争一日之命,则我之懦将骄卒,诚不能与之力争。若夫大连之防,旅顺之守,果使疆臣戮力,诸将协心,则金城汤池,非不可恃。徒以军无斗志,将有异心,遂使东方大局,溃败不可收拾;而倭人封豕长蛇之势,日益骄横。当此之时,山海门户,岌岌可危;良将劲兵,仓卒未集。计无所出,乃就美使以言和。庸臣无识,盖无足议。近日各省精兵云集,战胜守固,迥异从前。魏光焘、董福祥等皆知兵善战,非叶、赵、龚、卫之丧心卖国者可比。宿将视师，人思用命。朝廷不欲遽绝倭请，仍遣张荫桓等东行。而彼闻我遣使，乃益陷盖平，攻威海，蕲我以趋广岛，恫我以犯幽燕，变诈反复，愚侮百端。此夷情之狡狯，内怀不足，外示有余；大臣谋国者所宜洞悉情状，为之预防，不可误国计而张寇志也。夫以中国之广土众民，皇太后以神武肃清寰宇，五洲仰望，震慑声灵，皇上缵绪图功，薄海企观新政。上当法粤、捻之削平，棱威遐厉；下当师法、越之前事，以战为和。十万雄师，声罪致讨，不能遏兹小丑，固已有损国威；若使转机可望之时，仍复隐忍求和，隳士气而张敌焰，其何以与万国共立地球之上乎？臣请为皇上切言之。倭之强，万万不及法人。我能抗法人数路之攻，谓不能敌倭贼一隅之扰，无是理也。倭用兵师法德人，德将愿为我效力军前，譬如技击之家，率其师以角其弟子，犹谓不足相抗，亦无是理也。以二十万如火如荼之众，视为无用，而信一二臣奸罔欺蔽之言，必其有成，尤无是理也。向之屡败者，李鸿章及其党为之耳。今既命刘坤一视师，吴大澂出关，湘军锐士，万众一心，淮人亦心非其帅所为，思振奋以湔叶、卫弃师之辱。为今之计，但当专倚畀以壹诸将视听，明黜陟以作诸将精神。枪械购求不易，当先给精兵良将，为速战之资；粮饷转运至难，宜广筹善法良图，为久持之势。闻前水师教习琅威理致书李鸿章云：中国言战，可百年不匮。若倭人战，不十年，必亡灭矣。旁观论势，确有明征，非李鸿章苟安旦夕之论也。统观关内外形势，摩天岭为奉天东南险要，诸军虽强弱不齐，倭人势绌攻坚，此路必不能深入。辽阳扼奉省西南，长顺等角之于前，宋庆等掎之于后，但使两军能自立，倭必不敢越之，径犯陪都。牛庄为商旅之途，非战守之地，万全之策，本难予筹。然仅患在一隅，不足以摇全局。应请旨饬宋庆等，约束全军，力图进取，不必顾此失彼，为敌所牵制，蹈兵家之忌也。至于山海以内，近日情形，较秋冬间固已大异。旧有之兵，渐可出关。新到之兵，又将移扎。起关门以及大沽，可以进兵者不过二三路，而皆有一二万人当之。健将生军，日相磨砺，倭人未敢送死前来。观其趑趄威海，且却且前，则其不敢直犯大沽与不敢径犯奉天，同一情状，步步回顾，非果锐深入之计决矣。我重兵环列京东，虑胜待时，简军练器，不以前敌之小胜负而轻于变计。成师而出，待其狡愤不能自忍，而后以全力制之。众寡相悬，劳逸复异，一胜之后，形势自生；已败之局，何不可转？已失之城，何不可复？何所畏而谨受小丑之恫喝、且谨受李鸿章之恫喝乎？且倭小国，敢于侮我者，正由久悉李鸿章手握重兵，昏耄骄悖，将士离心，以彼少年锐往之酋当之，自必势如破竹耳。如见我庙谟明肃，命帅得人，分数精严，卒乘辑睦，未战而气象已殊，倭安得不思变计哉？如是而战，战可胜也；如是言和，和亦易也。抑臣更就和议一说为皇上熟筹之。自古强邻启衅，朝臣之强者言战，弱者言和，两议交争，往往盈廷聚讼。而执两用中之主，常借言战者以立国家根本，务使武士奋于外，谋臣奋于内，发扬蹈厉，日振动以折敌人之气。故兵以久战而益强，即息事言和而国威亦不挫。以旧事言之，则新疆之约，俄知我廷臣坚执，故受我使臣之争辩，而边衅不开；越南之役，法见我将士骁腾，故就我疆吏之范围，而兵端骤弭。皆借主战之力以成罢战之功。以外事言之，则普、法之和，由法人之言战者举国同声，普度无以压制之，故许以和也；俄、土之和，由土人之甘战者万死不挠，诸国度无由分裂之，故助之和也。彼二国虽甚败而不亡。惟朝鲜伈伈伣伣，攘垢忍辱，率国人听命于党倭素著之臣，一于和而不敢有他，卒未尝动倭一念哀怜，而宗社因之以烬。由此观之，慷慨激昂之气可以战，亦可以和；偷惰苟且之思不能和，并忧不能自立。事理晓然，得不深思长虑乎？且今之和议，固大有不可解者。英、法、俄、德之调停，虽未必助我以抑倭，亦非助倭以削我；倭不受而摈之，李鸿章等何事从而摈之？田贝庸奴，受倭饵而为其鹰犬，美之政府且不甚以所行为然；倭有利而重之，李鸿章等何事从而重之？当今中国强弱之形，于五洲各国形势相为轻重。谋国者必兼察各国人心之向背，而后可屈伸进退黾勉以求一日之安。西洋各国之不愿倭势过强，昭昭矣。万一使者失辞，举中国之全利一矢口而全以畀倭，与之定约，彼各国环视而起，倭之所求可令均沾乎？倭独得过望，他国能勿觖望乎？倭之告各国曰：中国愚暗多疑，善待之不知感，恶视之不敢恨。西报之议倭事也，咸谓中国必堕倭逼和之计。各国政府尚欲持重以保太平，喜事者早料其必归于分裂。外情如此，可为寒心。在臣固未知大臣之密计何如，而旁观之言，其危悚至于此也。臣愿皇上召诸臣而加之申警：战不可恃，诘以和之可恃者安在；战之患在于糜财弃地，和之利其能不糜财不弃地者，究竟如何？反复筹思，不存成见，但使有保国息民之善策，臣僚士庶孰不愿弭兵革而享太平？顾如今日之求和，诚恐诸臣苟以偷数日之酣嬉,而国家将贻无穷之患害耳。张荫桓等虽已启行,今贼势日逼,则和事万无可讲。应请旨特撤使臣还京,示天下以必战之意,则国体存而民志亦固,可以贻百世之安,在此举也。臣不胜忧愤迫切之至,谨披沥上陈,伏乞皇上圣鉴。谨奏。

《胡燏棻本不知兵请另简知兵大员认真募练片》:再,广西按察使胡燏棻,以浙人冒籍安徽,与李鸿章拜认师生,屡膺保荐,遂致超擢。该臬司才本中人,现在天津办理粮台,头绪纷繁,已形竭蹶;且前者汉纳根洋练一事,尽意阻挠。近闻有饬令该臬司训练大枝劲旅之说,无论其本不知兵,而既握饷权,又综兵柄,诚恐才力支绌,贻误滋多。所有练兵事宜,应请特简知兵大员,认真募练,方于时局有裨。愚昧之见,是否有当,伏乞圣鉴。谨奏。

《息借洋款不可拘定一国请饬张之洞筹办片》:再,近来军饷支绌,不能不借资洋款。当六七月间,洋商之愿贷者颇多,以户部与总理衙门于贷息再四迟疑,因循不决,北路军情一紧,遂令各商裹足不前。而汇丰洋行,乃乘隙独专其利。该洋行本非巨商,夷人素不相信。天津买办吴懋鼎,外结李鸿章,内结赫德及张荫桓为护符,把持借款。近闻所借五百万镑,屡经反复而后定,本年所付不及十分之一,其余尚无定期,且有不准中国再向他国另借之说。其为把持,已可概见。万一届期不付,则数百营军饷,何从支应? 实于大局有关。臣愚以为借款一节,不可拘定一国,尤不可专任一商。贷息之重轻,视乎军情之缓急;时局艰紧,不可过事推求。署两江总督张之洞,前在粤东办理此事,最合机宜。应请饬下该督臣设法宽筹,早为布置,不可专待"汇丰"一款,以为揸柱。至购办军火,该督臣亦极留意;并令多方筹备,以期接济东征,俾无缺乏。见闻所及,不敢不据实上陈,是否有当,伏祈圣鉴。谨奏。

《请统一事权并严谴任意抗旨之陈湜片》:再,用兵之道,事权不一,无以图功。刘坤一既驻山海关,海军自应归其调度,方足以资策应。丁汝昌既经奉旨拿问,乃竟迁延不来;一切用人行军,仍专恃李鸿章办理。其不能转败为功,举国共知之矣;且朝廷即欲姑息李鸿章,亦宜早与量移;若使罪衅更深,恐有任法伤恩之事,转非保全之道也。臣又闻江苏按察使陈湜奉命驻扎辽阳,乃竟置若罔闻,直赴沈阳,显存规避。似此自任私意,抗违朝旨,恐开尾大不掉之渐,与军事瞬变、移缓就急者有异。应请旨严加谴责,以儆效尤。该臬司多募游民,鬻卖营官;伊子分统,颇有刻扣,声名甚劣,颇为湘军之玷,未足恃为前敌锐师也。应请旨一并查办。臣谨附片纠参,伏乞圣鉴施行。谨奏。

《京师情形吃重请破格用人以作新士气片》:再,近来大兵纷纷出关,刘坤一驻关调度,京师所存者,惟董福祥、程文炳数军。若开冻之后,关内一有警报,恐尚须续赴前敌。臣闻署广东陆路提督张春发,将略优长,谋勇兼著。前在越南,与法人接仗多次,洞悉洋情。若使募二三十营北上,必可深得其力。广东炮台坚固,水师提督郑绍忠素得民心,似已足资防守。京师情形吃重,尤宜广集将才。又,前湖北抚臣胡林翼有言,兵事用提、镇不如用参、游,用参、游不如用都、守。以其官卑资浅,戮力求进之心较盛故也。臣以为,此次用兵,统领大都实缺提、镇,非无忠勇之士,而富贵既极不肯尽力者有之,菁华既竭不能复振者有之。若拔异材于末位,起豪杰于沉沦,则朝廷既有非常之知,士亦必有非常之报,断然而无疑也。臣又闻已革云南鹤丽镇总兵覃修纲,善用地营,曾以胜敌;总兵衔副将刘良星,霆军旧部,诚朴有为,皆战阵之长材,足收臂指之效。且军中用人,不拘一格,或精测算,或解韬钤,至于一艺之长,皆应采录。倘蒙圣明诏举人才,天下必多奋然兴起。国势之振,恒必由斯。此又臣区区之愚,所愿皇上破格用人,以作新士气者也。是否有当,谨附片具陈,伏乞圣鉴。谨奏。

军机处进呈当日折件片稿:本日文廷式、端良、恩溥各封奏,除文廷式所保张春发一员,遵旨电询酌带旧部北上外,余无可办之件。谨将各折片恭呈慈览。谨奏。

冬,东事危迫,力主迁都、预筹持久以敝敌之法。

《闻尘偶记》:至甲午之役,倭人由辽渐迫,太后恒令顺天府备车二千辆,骡八百头,然始终不行。张孝达制军、李约农侍郎皆主西狩之议。余亦以为不顾恋京师则倭人无所挟持。俄王保罗之败法主拿破仑第一,空都城以予之,是良法也。沈子培员外、蒯礼卿检讨则主暂避襄阳。而内城旗人汹惧,尚书孙燮臣师致书李约农云:勿奏请迁都,若倡迁议,必有奇祸。盖李是时方考历代迁避之得失,欲有所论也,得是函而止。既而寇愈迫,翁尚书亦主迁,孙尚书毓汶则主乞和,两人争于传心殿。孙之言曰:岂有弃宗庙社稷之理。翁亦不敢尽其辞,然密遣人询李所考历代得失,盖讲幄之间当偶及之。而是时所传上谕"慈圣暂避,朕当亲征"云云,则实无其事。近时《中东战纪本末》《中东战辑》所载,多属讹传,故附订之。余乃疏言,此时战既不足恃,和更不宜言,惟有预筹持久以敝敌之法。同时黄仲弢、沈子封数前辈联衔所奏四条,亦兼及迁都之计。夫倭人用兵以来,陆兵固未敢深入,我军虽屡,然密布山海关内外者已二十余万,倭兵不及五万,纵每战皆捷,何能径入神京。王翦破楚尚需六十万人,彼节节留守则前进力单,彼悉索前驱则后路可断。使朝廷深知兵法,及此时明赏罚、作士力,择将而用之,谋定于内而不摇,虽不出走可也。不然则空都城而予之,彼必不敢来,即来,亦易于围攻。即不能围攻而出于和,亦不过咸丰庚申之役,而不敢过于诛索。乃一误再误,终于不可收拾者,将骄而惰,士窳而残,官府疑忌,天水违行,宁使敌人得志,而不使上得行其志者,其成谋固结,非一朝夕之故也。

冬,寓宣武城内,与李盛铎、沈敬甫朝夕谈聚。有《冬夜绝句》组诗。

《冬夜绝句》组诗自序:甲午冬,寓宣武城内。于时海水群飞,物情惶骇。惟余寂寞闲居,虽有危苦之词,不改萧旷之度;乐与李木斋前辈、沈敬甫同年,昕夕谈聚,淡然镬汤中避热也。

冬,就姚氏所记事告谢希铨御史。

《闻尘偶记》:近人姚氏记东事,差胜于沪上所刊各书,是非亦稍允矣。然其言召三品以上会议,则无其事也。甲午冬,余告谢石杉御史请之;乙未春,陆凤石祭酒又请之,皆未允。盖朝廷意在秘密,故始终未尝一议。姚氏于都中事悉未知也。

本年,撰《昭萍乔岭谭氏三修支谱序》。

《昭萍乔岭谭氏三修支谱序》:氏族之学,古史家之一大宗。唐以前尤□门重之。其征引于《世说注》、著录于《隋书·经籍志》者不下数十种也。自宋以后,选举盛而世禄衰,门第不甚重,朝廷不复用九品以甄叙天下士,于是此学稍废,而各家谱牒之学兴焉,所以奠世系、敬宗收族,意美而法良也。大江以南,人文蔚兴,宗法尤重。吾乡虽僻在一隅,而家各有谱,谱皆有法,如乔岭谭氏之谱,盖能酌用古今,而足为氏族之学者也。兹谱之修,只自茂祥公而下,一一伦次其昭穆,分派正,立法严。其家传,非实有可传者不妄为立传,无《后魏书》强相附传之弊。祭规、家范亦复斐然可观。信乎非子孙之贤,不能述其家风若是之懿美也。夫谭氏自占籍萍乡以来逾三百年,诗书之业,久而益盛。今观其谱,彬彬然有大雅之风,岂非前者有以传,后者有以昌乎?悠久之泽,杞世之倏起忽落者□去何可胜数也。吾家与谭氏世为婚姻,知之最详。余与谭君凯臣为文字交,别十年而君之学益进。今归展墓,乃以续修谱序諈诿。余不敢辞,故为述。其今于史氏之大法与足以广业者略述如右。若夫续修之难,与谭氏人文之茂,则旧序已详,不复赘焉。赐进士及第、诰授奉政大夫、翰林院编修、会典馆协修、国史馆协修、加四级、姻愚弟文廷式拜撰。

按,此文据汪叔子先生《文廷式集》(增订本)录入。

本年,叶恭绰受先生赞赏,纵览先生家藏书。

俞诚之等《叶遐庵先生年谱》:先生尝以小启向文公达乞葡萄酒,文先生道希大赏之。……先生复纵观文道希先生及友人梅蔡诸家藏书,日率以十册为常。

本年,派教习庶吉士,协同内阁批本,署大理寺正卿,加四级,覃恩加一级。

刘洪辟等《昭萍志略·人物志》:甲午御试翰詹,取一等第一名。升授翰林院侍读学士,兼日讲起居注官,特派稽查右翼宗学。甲午会试磨勘试卷官,教习庶吉士,协同内阁批本,署大理寺正卿,加四级,覃恩加一级。负一时重望。

编年诗:《还京以来人事纷杂心如废井三月三日大风不出寒夜独坐聊赋小诗示同事诸子》、《六月十五日文华殿侍值退而有作》、《冬夜绝句》十首、《朱蓉生侍御挽诗》、《雁》、《吊明长陵》、《闻道》、《广王右丞夷门歌效阮文达》、《冬夜绝句》。

编年词:《八声甘州·送志伯愚侍郎赴乌里雅苏台参赞大臣之任》(响惊飙)。

光绪二十一年乙未(1895年),先生四十岁

正月初一(1月26日),有诗《乙未元日口占》绝句二首。午时黑风起于棋盘
街一带,前门城门吹闭一扇。

《乙未元日口占》:袖中自有活国手,三十九年奔电如。至竟不惭臣
朔饿,当年曾读帝魁书。　　吾皇仁孝冠寰瀛,七政焜煌在玉衡。小丑莫
矜钩爪利,王师早筮丈人贞。

《琴风余谭》:乙未元日午时,有黑风起于棋盘街一带,前门城门吹闭
一扇。

正月初八日(2月2日),赴蒯光典安徽馆招饮,王颂蔚、冯煦、黄绍箕、沈曾
植、沈曾桐、费念慈、叶昌炽在座。

叶昌炽《缘督庐日记》:晴。礼卿招安徽馆,同蒿隐、梦花、仲弢、子培
昆仲、道希、屺怀。席散,同游厂肆。……闻威海南岸炮台失守。又闻倭
以四百人守海城,我军不能攻。

正月十五日(2月9日),有《元夜》绝句一首。

《元夜》:凤阙张灯海宴开,年年宣示万年怀。魏公高踞金銮殿,不见
渔阳鼓吏来。

正月十七日(2月11日),上《海军失律请将在事人员分别惩办折》和《时势
阽危恳恩录用旧臣以维大局折》。

《海军失律请将在事人员分别惩办折》:日讲起居注官翰林院侍读学
士臣文廷式跪奏,为海军失律,请旨将在事人员分别惩办,恭折仰祈圣鉴
事:臣闻威海失后,海军旋覆。此中情弊,不问可知。丁汝昌向来驻"定
远"船,而"定远"被轰之时,乃适在"镇远",其为先知预避,情节显然。自
去岁以来,盈廷弹劾,严旨拿问,而李鸿章护庇益悍,率至以国家利器殉于
凶人之手,此实人神所共愤,天地所不容。又刘步蟾性本金壬,加之怯懦,
素无一战之绩,朝廷误信北洋,委之重寄。今日之事,谁任其咎? 又,海军
营务处道员罗丰禄,阴险奸诈,惟利是图。闻倭人水师将弁皆所狎习,海

军不战之故,该员实主其谋,故令军械缺乏,人心涣散,其罪不在丁汝昌、刘步蟾下。应请旨分别正法拿问,以泄天下之愤。其会办北洋海军营务处道员张翼、总办北洋水师学堂道员严复,亦有应得之咎,应请旨一并议处。严复性尤狡猾,主持闽党,煽惑众心,似应从重查办。倭人毁我铁舰之后,冰泮必犯北洋。李鸿章纵无求败之心,岂有御敌之用?皇上以天下为重,即不忍加诛,亦宜速为改移,以救然眉之祸。至一切辑和将帅,扼守险要,臣尚当勉竭愚虑,随时上陈,不胜忧愤迫切之至。伏乞皇上圣鉴,谨奏。

《时势阽危恳恩录用旧臣以维大局折》:日讲起居注官翰林院侍读学士臣文廷式跪奏,为时势阽危,恳恩录用旧臣,以维大局,恭折仰祈圣鉴事:窃惟尧有怀襄之难,而克明俊德,卒致时雍;周有集蓼之虞,而多士图功,遂贻哲命。毖外患必修内治,定祸乱必赖人才,明鉴昭彰,著于典训。臣窃见我皇上宵衣旰食,勤政爱民,一事之微,悉经宸虑,宜近无不肃、远无不怀;然而节廉之风未彰,富庶之效未著;用兵逾年,师徒挠败。此皆臣下未能务学术、殚心虑,贻误国事,而朝廷所以旁求俊乂、振兴民望者亦未尽也。臣见闻隘陋,不足尽知天下之士。窃见前户部尚书崇绮,操履清正,识量渊深,进退之间必于礼义,虽门第崇赫,而服膺儒术过于寒素,士论翕然奉为楷模。前通政司通政使黄体芳,秉性朴忠,风裁峻整,慨然自任名教之重,彭鹏、郭琇殆即其人。前国子监祭酒盛昱,义存风轨,学究天人,持身敬于席珍,论事洞如观火,尤明于边备得失、地理险易之故,众莫能及。以上三臣,其立朝莅事并有成效,曾荷圣明任使,无俟臣之赘言。前以养疴,皆辞职事,其静退之节,足以激懦惩贪。惟当国家多事之秋,正属臣子致身之日。该臣等优游京辇,已历岁时,趋奉阙廷,谅堪黾勉,伏望皇上特加录用,并列班联,则骐骥涉险,必获千里之功;钟镛在悬,可谐七始之咏。转移至捷,收效至神。《汉书》言"汲黯在廷,淮南寝谋",实销患之良规,非儒生之迂论也。至于下采岩穴之彦,旁及降谪之人,圣衷当有设施,臣亦未敢遽及。谨援引古义,上渎宸聪,惟采纳而施行之,必有风草之效。臣不胜悚仄之至!是否有当,伏乞皇上圣鉴。谨奏。

二月十四日(3月10日),上《和战皆不可恃请饬廷臣详密筹议以扶危局折》《请饬李秉衡详查海军失事情形片》《请饬查究采买军火等事并派妥员经理片》、《军机处进呈当日折件片稿》。

《和战皆不可恃请饬廷臣详密筹议以扶危局折》：日讲起居注官翰林院侍读学士臣文廷式跪奏，为和战两事皆不可恃，请特饬廷臣详密筹议以扶危局，恭折仰祈圣鉴事：臣惟今年以来，威海失后，事机大坏。倭攻辽阳以解海城之围，依、长之军回援辽阳，而营口又失。关东大局震动。近闻倭寇有间道入古北口之说，又有攻歧口、洋河口之说。臣度其两者并用，以窥我京师，必然之理。我之军士散布，枪械不齐，能否抵御，诚无把握。是以议和之举，出于不得已而然。然我之可许者，至偿费让地而止耳。地不可让，天下同心，且其流弊不可胜数，臣姑弗具论。而以各国旧事及近日传闻考之，则倭之所要挟，有出于偿费让地之外者。李鸿章所恃，伊藤、陆奥之交而已。不知倭之大事，议院主之，其君相不能尽主之也。各国旧事，赔款多者，必驻兵国都，俟收数毕而后撤。又倭人近议欲中国撤榆关、津沽之兵，而后允其开议。臣不知李鸿章能擅允至此否。如此等可允，则无以为国；如尚不能允，则其徒往取辱，为张荫桓之续，无疑也。且倭之情计亦可见矣：我初托各国议和，则猛攻旅顺；迨张荫桓往，则猛攻威海；今李鸿章将往，已力扑营口；计其行踪既至，彼且径犯天津。我之求和也，如醉如迷；而彼之进攻也，乃不夺不餍。方今时势艰危，战胜之难必，大臣必详言之矣。和议之难成，大臣亦尝知之，而为我皇上言之乎？臣恐李鸿章电报未来，而国事已不可问矣。应请皇上特责任事大臣：战事既无把握，和议若不能成，又当奈何？毋有所讳而不言，毋有所惮而不发。谋之于早，乃无后悔。若犹玩愒时日，侥幸于李鸿章之一行，则适授操纵之柄于敌人，懈军心而隳民志耳。若一旦仓卒为敌所迫，致有非常，谅诸大臣不能辞其咎也。臣尤愿皇上广谘廷议，集思广益，以尽事势之变，折中而行，毋徒为偾事大臣所误，天下幸甚！臣为事机危迫起见，是否有当，伏乞皇上圣鉴。谨奏。

《请饬李秉衡详查海军失事情形片》：再，此次战事败坏至此，其咎海军当居大半。丁汝昌畏怯自尽，不足蔽辜；且虚实尚未可定。刘步蟾、邱宝仁等，平日侵蚀饷项，结党营私，至酿大败，至今未奉谕旨宣示惩办。臣以为胜败兵争之常事，赏罚朝廷之大公。虽挫衄之余，刑政岂可不肃？似应请旨饬下李秉衡，迅将海军失事情形，并平日致败缘由，详悉查明奏闻，以行军法；力求善后之策，以救将来。但使海道不尽予敌，兵事犹可为也。臣愚昧之见，是否有当，伏乞圣鉴。谨奏。

《请饬查究采买军火等事并派妥员经理片》：再，购买军火，不可专信一人。洋人曼德，性情险诈，曾经弹劾。此次唐仁廉购买，及汉纳根采办，皆曼德承理。至今三、四月，杳无到华消息。或其才具不足规画此事，或阴受倭人指使，均未可知。应请饬下督办军务处查究。近闻程文炳又欲领款购置军火。该提督亦偶信洋人，漫无把握。届时若复不到，战事何以支持？款项支绌之时，岂能浪费不得实用？似应请旨饬下部臣及督办军务处，嗣后如有采买军械等事，应派妥员经理。事有责成，可期必得；俟运到后分拨各营，庶得及时应用，款不虚糜。是否有当，伏乞圣鉴。谨奏。

《军机处进呈当日折件片稿》：本日翰林院代奏丁立钧等请饬廷臣详议早定大计折；文廷式奏和战两不可恃请详密筹议折，又奏请饬李秉衡详查海军失事情形片，又奏采买军火应派妥员经理片；陆宝忠奏程文炳勇营缺额克减口粮折，又奏参田在田吞蚀饷银、闪殿魁勇营逃散请旨饬查片。除闪殿魁遵缮电旨令刘坤一查奏外，余均奉旨存。王鹏运奏割地请和万不可行折，奉旨存。又奏蓟州等处被灾情形片，遵缮寄信谕旨一道。谨将各折片恭呈慈览。谨奏。

三月初一日（3月26日），上《和议难成恳速断大计以抒天下之愤折》及附片《请开学校讲习武事片》。

《和议难成恳速断大计以抒天下之愤折》：日讲起居注官翰林院侍读学士臣文廷式跪奏，为和议难成，吁恳天威速断大计，以抒天下之愤，恭折仰祈圣鉴事：臣惟倭人肆横，借端开衅，破我属国，犯我近畿，我皇上不忍生民罹于锋镝，隐忍屈己以蕲于和。德璀琳不克，继之以张荫桓；张荫桓不克，继之以李鸿章。李鸿章虽庸毫无能，固我邦之将相也。要我以赔款，则曰可议；迫我以让地，则曰可行。而不意战尚未停，已多要挟；上相在彼，仍攻台、澎。臣不知李鸿章等徇倭之心至此而稍醒悟否，皇上勉从大臣求和之言至此而可稍加诘责否。臣逖听之下，决眦嚼齿，愤不欲生。臣前疏策倭之言，诚不幸至此而悉验也。我皇上据天下之大势，统四万万之人民，竟无一人焉足以捍患难、定倾危、分宵旰之忧者乎？至此而犹不撤李鸿章回国，坐受侮辱，凡在臣民，皆当愧死矣！夫战事尤博簺也，其机在气。气专则锋利,乃能制人而不制于人。今虽屡挫之余,诚使坚忍不挠,上下一心,唯战是务,誓不与倭人并立,劘以岁月,臣犹敢信倭之不足平。无如敌不肯和,我则坚求之;敌必欲战,我则姑应之。兵法曰:明其为贼,敌乃可服。今督战则称之曰"贼"曰"寇",求和又重之曰"君"曰"王",士气安得而不隳,军心安得而不懈乎?从来多难之际,必令乌萰献纳,袍泽同仇。慷慨之言,激昂之气,在庸臣诚多不便,在国家岂有所伤?臣愿皇上亟惩前失,广纳群言,特旨撤李鸿章回国;遣使告倭人欺侮之罪于友邦;诏下言尺土一民皆当与倭为仇,永不复言和议。以十倍之地,仗至顺之理,卧薪尝胆,誓灭倭人,而谓始终不足以相抗,臣不信也。至于战洋人与剿土匪异,御今日之夷患与历代异,臣固思之至熟。愿皇上合群策群力而用之。非常可喜之论,臣固未敢遽言。实事求是之功,臣诚知其次第。今日固非无可转之机,而无如任事者之狃于成见,失大有为之日也。臣戆愚无状,不任区区之忱,谨缮折密陈,伏乞皇上圣鉴。谨奏。

《请开学校讲习武事片》:再,倭人勇敢之性,材武之力,皆不如我。其所以屡胜者,将士出于学校,练习有素故也。今者购械则专用洋器,战阵则仍狃旧法;或且仓猝召募,即以出师。不教民战,圣经所戒。臣愚窃愿皇上率先天下,破除成见,开学校以讲武,本节制以练兵。俾横经之士,并识军谋;一介之夫,咸知阵法。风气一变,国势自强;一年之间,决有成效。此即洋员汉纳根洋操之意;不必待战事之毕,而始图整顿也。又,武进士、举人、生员,皆年富力强,尤宜教以战阵,以资捍卫。庶干城之选,即出于兹,似亦国家长养人材之一道也。臣愚昧之见,谨附片具陈,伏乞圣鉴。谨奏。附:军机处进呈当日折件片稿:本日,文廷式奏和议难成请旨撤李鸿章回国折,又奏请讲求武备片,均奉旨存。谨将原折片恭呈慈览。谨奏。

三月十二日(4月6日),上《倭攻台湾请饬使臣据理争论折》及附片《请勿轻许日人条款片》。

《倭攻台湾请饬使臣据理争论折》:日讲起居注官翰林院侍读学士臣文廷式跪奏,为倭人狡计专攻台湾,请饬使臣据理争论,以固民心而维国脉,恭折仰祈圣鉴事:窃臣于和战大局,言之再三,明知天听不回而不惮冒渎者,诚以服膺经训,荷戴殊恩,陈善责难,是其职事,不敢有所隐以负神明也。今日台湾之事，尤为存亡所关。李鸿章之行也，其秘计在割台湾，曾与孙毓汶、徐用仪密议于美国使署；虽大臣秘之，而举国皆知之。其言谓以散地易要地，夫奉天固要地矣；台湾关系江、浙、闽、广之得失，可谓之散地乎？乃近日有停战二十一日之说，曰"停北不停南"。同隶皇上之土宇，同为皇上之人民，何爱于北而恶于南？五洲万国，有此停战之法否？且恐倭之有所牵制，则停海战之攻以利之；虑倭兵饷之不足，则每日偿兵费以资之。此李鸿章父子恐台民之不受割，而劝倭人专力攻之也。其心路人所知，其事天下所骇。夫战而失地，出于势之无可如何，百姓虽死亦无所怨。若朝廷隐弃之而不言，奸臣巧割之而不恤，四方之人，谁不解体？不独各国环起之可虑，当日金田粤匪，岂不由和议苟且召之乎？天下者，列祖列宗所留贻，尺寸之土皆关神灵缔造，皇上不得误信一二人而轻易弃掷者也。应请旨饬李鸿章与倭辩论，若不能一律停战，则毋庸虚受此名，堕其术中。倭之欲离间民心久矣，安可复授以隙？此事径行，臣知不能苟安，而益增危乱，断断然也。伏望皇上念大业之艰难，鉴民心之不可失，天下幸甚！臣有幽忧之疾，故敢终为一言，谨缮折密陈，伏乞皇上圣鉴。谨奏。

《请勿轻许日人条款片》：再，臣近闻倭人条款已到，索地索费，颇骇听闻，大致欲仿照德、法故事办理。臣案法之于德，败挫已极，至献其都城为质，而后论和。今我国家全盛，无异昔时，所失者八九州县之地而已。其再三议款者，盖圣人好生之仁；其万死不愿和者，实天下从公之义。倭人何恃而敢猖狂至此！然力阻和而必于战，臣非将帅，所不敢言。惟望议和大臣，既推皇上爱民之心而曲意以和，尤当体皇上裕远之谟而毋徇于敌。若割敌兵力未到之地，及偿款至万万以上，皆足使中国一蹶不振，不可许也。群臣日夜椎心，万民翘足待命，皇上君临天下，忍听其无所控诉乎？臣冒渎已深，然伏自思惟，若有一毫私意于其间，无所逃罪。望圣明垂念而慎行之，今日能挽一分，则天下受百分之益矣。区区之忱，伏祈圣鉴。谨奏。

三月二十五日(4月19日)，上《联衔具陈日人要挟过甚请饬使臣展缓商议折》。

《联衔具陈日人要挟过甚请饬使臣展缓商议折》：日讲起居注官翰林

院侍读学士臣文廷式等跪奏,为倭人要挟过甚,一切应允,无以自存,拟请特饬使臣展缓商议,以防巨患,恭折仰祈圣鉴事:窃惟和战两端,必权利害。战败而愿和者,原以冀目前之安;若既和而祸不旋踵,且从此不能复振,则不待智者而知其决不可从。比闻倭人所索十款,事事出情理之外;而我使臣昏聩无识,事事允从,辱国病民,莫此为甚。臣等请略言其巨谬者:偿兵费至二万万,而已踞之城邑不能赎回,未攻之台湾又欲割取。夫普、法之战,至于国都已献,犹退出所侵之地,而后取偿。今倭之待我,迥非其例。查欧俗以战胜索地为格外之诛求,以割地予人为非常之耻辱。土耳其一开此例,群起乘之,遂至分裂不可收拾。波斯、阿富汗战虽屡挫,竟不割地乞和,至今尚能为国。成鉴昭然,岂可妄蹈覆辙!且通商遍及内地,土产悉变洋货,其为流弊,何可胜言!长江上下,中国大利所钟;沿江口岸虽开,内地犹可经营于出货之区,以保其商利。税厘所入,以供国用;无藉之民,赖以得生。今一旦听倭入其中,以机器改造土货,此后茶、盐、磁、铁,下至羽毛、竹木,倭人巧于制造,一切将皆为垄断,小民既无以为生;且其货皆为洋货,则中国之厘金亦不可复得,关税又减,利源更微。不知将来国债何款取偿,国用何从筹办?又闻所有军械皆应缴出,得力将帅一概交俘。此尤开辟以来未有之事,不知我使臣何以概行画诺,岂有所仇于中国耶?倭人条款繁碎,文字含糊,又有"一事不实力奉行,一日不能撤兵"之说。查各国立约,必有约之界限,而后事有所止。"实力奉行"之空语,果何所底止乎?若此后事事必如其意,则我之受屈难堪,稍不如彼意,即可谓之"奉行不力"。然则自今以后,彼得时时责我违约,我将终不能责彼撤兵。如此而和,果何所益?又闻行船尚别有章程,通商尚别有章程,其苛细纠葛,更不知若何亏损。夫倭用兵期年,渡鸭绿江后六阅月矣,而其兵力西不及榆关,北不至沈阳,岂爱我而不前?亦其钝而不能进也。今一旦资以厚利,予以膏腴,撤己之防,养彼之锐,自古及今,未有如是之拱手授人以柄者也。彼既永远驻兵,则我购船置械,皆可谓之违约,虽欲变法自强,其道无由。此次缴械交俘,以后召募,民谁肯应?不知更以何者立国?何恃与各国周旋?此约若行,大变可计日待也。臣等固伏愿圣意更加详审,饬令使臣与之力辩,即勉强画诺之后,仍有可商,崇厚之事,是其旧例。《万国公法》所载,凡举国不从之事,即成约亦为废纸。比者津、沪传言,谓英、俄各国,皆有责言;法国于滇、粤又生窥伺。与其中、倭私和,而动旁观之新衅,何如广求朋助,而抑悍敌之凶锋?臣等愚忱,欲求皇上特饬总署速请各国斟酌条款,务在可行,以免事后之悔。至李鸿章受伤甚重,现在能否痊愈,尚未可知。李经方资望太浅,断难肩此重任。立约之事,亦可借此宕延。海内喁喁,惟望朝廷慎之又慎而已。总之,事关安危,苟有一分之挽回,必有一分之利益。倭之欲和急于我,固无虑因此速召其兵。惟我愈下,斯彼愈骄,故敢悾悾睢至此;揆之事势,断不可从。臣等职司记注,于天下大政事、大得失,例得进言。谨合词恭折具陈,伏乞呈上圣鉴。谨奏。光绪二十一年三月二十五日。日讲起居注官翰林院侍读学士臣文廷式,侍讲学士臣秦绶章,四品衔詹事府左春坊左庶子臣戴鸿慈,詹事府右春坊右庶子臣陈兆文。

《琴风余谭》:先是(乙未)二十五日,余约讲官四人递公折。人皆以为事已成,可不必说也。余曰:譬犹父母病重,即不可治,岂得不进药邪?总理衙门章京等于二十三、四日亦递说帖争款事。于是一说帖一奏,京师传钞,始知条款荒谬如此。至二十九日而翰林阖署公折上,两书房亦有公折。三十日,近支贝勒、贝子、公等公折及都察院公折并上。四月初一日,内阁阖署公折亦上。其一二人联衔及单衔具奏者亦十余折。闻上意稍移,未知能卒有补救否?闻各行省举人,皆具呈都察院代递。人情纷扰异常,可知李鸿章、孙毓汶、徐用仪等之干犯众怒矣。

三月二十八日(4月22日),李鸿章所议《马关条约》呈递到京。

《琴风余谭》:乙未三月二十八日,李鸿章所议条约到京,天忽大风,黄雾四塞。先后十余日天皆霁朗,是日独见此异。天之示警深矣;抑祖宗之灵有余恫邪?

《琴风余谭》:上召见汪侍郎鸣銮曰,孙毓汶逼我画押,徐用仪和之。鸣銮对曰:上言及此,天下之福。孙毓汶悍恶不可信。有大事,翁同龢、李鸿藻较可任。上曰:然。于是三十日电询刘坤一、王文韶守备之具,有"割奉天、割台湾、赔兵费断难允从。近日在廷臣工章奏甚多,议论颇正"之谕。

三月三十日(4月24日),往谒翁同龢,长谈抵暮。

翁同龢《翁同龢日记》:到督办处,旋到户、吏二处。归后文芸阁来,谈至黑,此人毕竟多材。

　　按,三月二十八日,《马关条约》递呈至京。

三月,沈桐寓先生斋中,记二月以后各衙门司员、各省公车事颇详。

　　《纯常子枝语》卷二十三:乙未二月以后之事,友人沈中书桐,时寓余斋中,曾一一载之,于各衙门司员、各省公车事颇详。

三月,邀约表弟汪曾武游龙泉寺。

　　汪曾武《人月圆》自注:乙未暮春三月,盛伯羲招饮,酒阑兴尽,主人邀客跨马踏青,道希复约游龙泉寺,即席歌《人月圆》代柬依韵答之。

二、三月间,与台湾巡抚唐景崧往返电商拒款保台事。

　　《闻尘偶记》:唐署抚未内渡时,殊有慷慨之志,二三月间往返与余电商,余能力争以犯不测,而唐则竟不顾其言,致命遂志,其难如此。或言交割之期若延两月,台地尚可支持,实不料其如是之速也。然唐既不能筹措于前,又仓黄奔遁于后,难以逃责备矣。

四月初三日(4月27日),上《联衔具陈和约断难遽就战事尤当预备折》及附片《联衔请饬查询李鸿章病情片稿》、《联衔请旨严催川广总督交卸接任片》、《合词纠参都察院迟延代奏京官联衔及各省举人公呈片》。

　　《联衔具陈和约断难遽就战事尤当预备折》:日讲起居注官翰林院侍读学士臣文廷式、四品衔詹事府左庶子臣戴鸿慈跪奏,为和约断难遽就,战事尤当预防,吁恳严饬沿海各路将帅,竭力防堵,用备不虞;一面联络邦交,协力相助,以挽危机,恭折仰祈圣鉴事:窃以倭夷要挟奇横,事事出情理之外,海内之人痛心疾首,争欲食其肉而寝其皮。数日以来,内而宗室王公、部院、谏垣,外而直省督抚、前敌将领,莫不交章谏阻。闻各省会试举人亦呈请都察院代递,至有痛哭流涕者。岂恶安乐而乐战斗哉?诚以二万万之兵费,罄中国十数年之力尚不能偿,又复割我岩疆,扼我海口,甚至以机器制造土货、内地遍设行栈,使编氓失其生业,虽欲苟安旦夕,有所不能,故不得不披肝沥胆,迫切直陈于君父之前也。臣等又闻俄、德、法三国,咸怀不平,谓毋遽许倭约;英人于台湾后亦必干预,或攘为己有,或借名保护,均未可知。中外人心如此,邻国情形如彼,虽我皇上深悯生灵茶毒,特为格外包涵,而事势实在难行,宜无不俯从舆论。而臣等窃有虑者,现在和议将成之说,外间既已周知,壮士灰心,兵备懈弛。当游移未决之际,万一奸细暗通消息,彼将为先发制人之计,直指长驱,虽未必震撼京师,而要挟成和,势所必至;臣不敢保李鸿章等不出此谋也。倭夷佳兵骄债,终取灭亡。我朝厚泽深仁,民心固结;直隶一带兵力已厚,当无他虑。今俄、德各国出持公论,中国臣民呼吁,我既废约有辞,彼当无从置喙。伏乞宸断电谕沿海各路将帅,加意严防,以守为战;尤在严明赏罚,振作士气。一面饬总理诸臣,甘言厚币,联络邦交,即以饵倭之资,为犒师之用,使三国协力相助,勿再猜疑,以误大局,天下幸甚! 臣等昧愚之见,合词具陈,伏乞皇上圣鉴。谨奏。

　　按,据文廷式自记,此折为戴鸿慈拟稿。

　　《联衔请饬查询李鸿章病情片稿》:再,李鸿章回津之后,其枪伤平复与否,闻未据王文韶奏闻。津中传言,或谓其形同傀儡,诸事不知;或谓其深藏密室,不令人见。然则每日挟持之电,果孰为之? 又闻李经方尚未到津,其在何处迟延,益难测度。

　　臣等拟请旨饬下刘坤一诣李鸿章卧内,面询一切,将其患病情形详悉奏闻。如果人言属实,则前者和约画押直是倭人串通李经方等为之,可伸大义以废前说也。是否有当,伏候圣裁。谨奏。

　　按,文廷式手稿中,此件与下录《联衔请旨严催川广总督交卸接任片》、《合词纠参都察院迟延代奏京官联衔及各省举人公呈片》,手迹连缀,并有尾批曰:"以上三片,四月初三日具奏,与戴少怀联衔。正折用少怀作,言和议断不可行! 恐奸人潜行、倭人战舰前来胁和也。"是据文氏自述,此片亦为上录《联衔具陈和约断难遽就战事尤当预备折》递奏时之附片;然据是日《军机处进呈当日折件片稿》,此片未见记载,则此片是否上奏,俟考。

　　《联衔请旨严催川广总督交卸接任片》:再,四川总督刘秉璋、两广总督李瀚章,皆蒙宸断特予开缺,臣民悦服。惟伊等既已开缺之员,呼应既属不灵,精神亦断难振作。而刘秉璋至今尚未交卸,李瀚章亦仍前办事,窃恐非宜。拟请旨严催新任即日到省,或派员接署,以顺舆情。臣等愚昧之见,是否有当,伏乞圣鉴。谨奏。

《合词纠参都察院迟延代奏京官联衔及各省举人公呈片》:再,都察院为通达民情之所。闻近日凡有京控之案,均遭驳回,人言啧啧,已成怨府。此次各京官联衔及各省举人公呈,闻该堂官已允代奏,尚属知所缓急。惟闻事隔七八日,尚未进达宸聪。事关大计,如此迟延,使我皇上不得洞悉民情,未知何意!应请旨严行切责,以儆惰顽。谨附片纠参,伏乞圣鉴。谨奏。

三月末四月初,朝野激愤,和议几沮,且夕汹汹,先生别有日记记之。

《闻尘偶记》:倭人电来,意在李鸿章。比其行也,一议于美国使署,再议于传心殿,举国皆知其赔款割台,而犹不谓其并弃辽也。倭人电询李鸿章,有让地之权否?又电云,有概行让地之权否?马关约至,在廷皆知事在必行,不复有言。余独以为公论不可不伸于天下,遂约戴少怀庶子(鸿慈)首先论之。都中多未见其约款,余录之,遍示同人。俄而御史争之,宗室贝勒公、将军之内廷行走者争之,上书房、南书房之翰林争之,于是内阁、总署及各部司员各具公疏,大臣中单疏者亦十余人。于是各省之公车会试京师者,亦联名具疏,请都察院代奏。都察院初难之,故迟迟不上。余乃劾都察院壅上听、抑公议,上命廷寄问之,裕德、徐郙始惧,不数日悉上,时和议几沮。(先是忧危日甚,人不聊生,至是士庶心益愤,且夕汹汹,余别有日记。)上连召见公载泽、侍郎汪鸣銮诸人,皆以为和若必行,亡将不远,上亦不能无动。无如中外之势已成,劫持之术愈固,事遂不可挽矣。

按,先生乙未所记日记存佚不详。

《汪表》:本年会试,各省赴试公车集聚辇下,亦群起具呈争款事,往诣都察院请代递。江南举人五十四名,以汪曾武为首,联衔公呈;廷式预为之点窜呈稿,以曾武者,即廷式表弟也。又江西孝廉百二十人所递公呈,列名者文廷楷、文廷桄、文景清、彭树华等亦皆廷式之家人。

按,详见光绪三十一年三月末四月初所奏之《江西举人程维清等请改定和议条款公呈》及光绪二十一年四月初二日之《江南省举人汪曾武等为和议窒碍难行请饬改议公呈》,后一折据汪曾武言,系先生改定。

四月十一日(5月5日),上《恳恩赏假回籍修墓折》及《为赏假回籍修墓谢恩折稿》。

《恳恩赏假回籍修墓折》:日讲起居注官翰林院侍读学士臣文廷式跪奏,为恳恩赏假回籍修墓,恭折仰祈圣鉴事:窃臣自祖、父以来,久宦粤东,归葬萍乡。臣祖晟,咸丰九年在署嘉应直隶州任内殉难,蒙恩予恤,后归葬南昌。坟墓分隶两籍,涉境辽远。臣自己丑考取中书,供职京师,于今七年。癸巳冬间,江南试竣,蒙恩给假回籍,因急于复命,未敢稽延。去冬得接家信,因夏秋间雨水过多,南昌祖、父坟茔,均有冲损情形。近闻春间大雪尤甚,若不及早修理,更恐损坏日多。为此寝馈难安,用敢冒昧陈请赏假三月,回籍修墓。事竣之后,赶即回京当差。蝼蚁之忱,伏惟鉴察,不胜悚惶之至。谨恭折具陈,伏乞皇上圣鉴。谨奏。(上谕:昨据通政使顾璜、侍讲张仁黼奏请赏假回籍省亲,当经允准。本日又据翰林院侍读学士文廷式奏请赏假修墓,文廷式著赏假三个月,回籍修墓。现在时事多艰,在京各员,务当尽心职守,嗣后不得纷纷请假,以杜效尤。钦此。)

《为赏假回籍修墓谢恩折稿》:奏为恭谢天恩、仰祈圣鉴事:本月十一日,内阁奉上谕:翰林院侍读学士文廷式奏请赏假修墓,文廷式著赏假三个月,回籍修墓,钦此。窃臣得伸蚁悃,仰荷鸿慈,值寰海之销兵,受帡幪之曲被。望觚稜之丽旭,暂隔云霄;幸松柏之成行,得沾雨露。臣进礼退义,敢忘训诲之周详;浃髓沦肌,实感生成之优渥。所有微臣感激下忱,谨缮折叩谢天恩,伏乞皇上圣鉴。谨奏。

四月十五日(5月9日),过翁同龢斋辞行。

翁同龢《翁同龢日记》:文芸阁来辞行,知昨日子初换约矣,并照会三件送交矣。

四月中旬,出都南归,与沈曾植、王鹏运唱和赠答,寄慨时事。

胡思敬《戊戌履霜录・文廷式传》:反劾鸿章畏葸,挟夷自重,鸿章嗛之,欲中以奇祸。盛昱闻其谋,劝令少避。乃乞假回籍修墓。

皮锡瑞《师伏堂日记》:阅《申报》,与诸公言同。文道希乞假三月已见报,必将归矣。

《虞美人・乙未四月乞假出都作》:无情潮水声呜咽,夜夜鹃啼血。

几番芳讯问天涯，不道明朝已是隔墙花。　　衰兰送客咸阳道，休讶归期早。铜沟涨腻出宫墙，海便成田容易莫栽桑。

《八归·乙未四月答沈子培刑部见赠之作》：洪流带郭，平芜纤绾，南陌乍染浓碧。斜阳浅映城闉处，犹认乱鸦催暝，飞燕愁夕。葵麦参差春色老，好料理江湖归楫。恰难忘、载酒经过，寂寞子云宅。　　谁信苍梧路阻？凭将心事，唤醒西京铜狄。曾蛟潭底，拜鹃林下，此意无人知得。向西风捣麝，吹起香尘遍今昔。铃声紧，别愁如海，旷野星稀，苍凉歌主客。

《三姝媚·王幼霞侍御见示春柳词，未及奉和，又有送行之作，赋此阕答之》：莺啼春思苦。看湖山纷纷，尚余歌舞。折柳千丝，殢酒痕、犹沁锦襟题句。倚遍危阑，瀽暮色、飘残香絮。似绣园林，一霎鹃声，便成今古。

当日花骢联步。共游冶春城，踏青归路。夜半承明，听漏声、疑在万花深处。可奈东风，吹不散、浓雾凄雾。好记灵和旧恨，清商自谱。

王鹏运《木兰花慢·送道希学士乞假南还》：茫茫尘海里，最神往，是归云。看风雨纵横，江湖濆洞，车骑纷纭。君门。回头万里，料不应长往恋鲈莼。凄绝江天云树，骊歌几度声吞。　　轮囷。肝胆共谁论。此别更销魂。叹君去何之，天高难问，吾舌应扪。　　襟痕。斑斑凝泪，算牵裾何只惜离群。烦向北山传语，而今真愧移文。

沈曾植《渡江云·赠文道希》：十分春已去，孤花隐叶，怊怅倚阑心。客游今倦矣，珍重韶光，还共醉花阴。长亭短堠，向从来、雨黯烟沉。人何处、匣中宝剑，挂壁作龙吟。　　登临。秦时明月，汉国山河，尽云寒雁噤。行不得、鹧鸪啼晚，苦竹穿林。寻常总道归帆好，者归帆、愁与潮深。苍然暮、高山流水鸣琴。

沈曾植《永遇乐·再赠道希》：银管频催，瑶华重折，别怀奈许。瀽日晖晖，春城梦梦，还是鸠呼雨。东风酒泛，南风草长，那更北风铃语。问归程、桃花万点，寻源知向何处。　　挐音去了，延缘谁见，海水天风今古。白马潮回，青牛气杳，身世原无住。　　垄前麦秀，庞公来往，拥鼻试吟梁甫。西江水，马驹蹴踏，付堂头举。

汪曾武《三姝媚·道希表兄南归，赋词赠扇半塘，并书和韵，促游海上以续诗盟。依调奉酬，即和原韵，兼寄夔笙、乙庵于京师》：离群情味苦。况春归、愁看乱红飞舞。只慰相思，把素纨贻我，遍题名句。洗尽繁华，还细认、墨痕堆絮。谁写闲愁,绝调姜张,自成千古。　　回首江亭联步。记选韵《花间》,探芳村路。续梦迷茫,问雪泥鸿爪,酒醒何处? 好挂轻帆,偏怕触、沧江烟雾。且待逢君商略,重寻旧谱。

春,作《祝英台近》感春词,王鹏运和之。作《木兰花慢》送黄绍箕解官赴开封奉亲。

　　《祝英台近》:翦鲛绡,传燕语,黯黯碧云暮。愁望春归,春到更无绪。园林红紫千千,放教狼藉,休但怨连番风雨。　　谢桥路,十载重约钿车,惊心旧游误。玉佩尘生,此恨奈何许。倚楼极目天涯,天涯尽处,算只有蒙蒙飞絮。

　　王鹏运和作《祝英台近·次韵道希感春》:倦寻芳,慵对镜,人倚画楼暮。燕妒莺猜,相向甚情绪。落英依旧缤纷,轻阴难乞,枉多事愁风愁雨。

　　小园路,试问能几销凝? 流光又轻误。联袂留春,春去竟如许。可怜有限芳菲,无边风月,怎都付等闲花絮。

　　《木兰花慢·送黄仲弢前辈解官奉亲赴大梁,即题其载书泛洛图》:春明门外路,看迤逦,接天涯。任当道豺狼,处堂燕雀,起陆龙蛇。莫邪。且藏匣底,饱河鱼洛笋即为家。满载英华书画,闲吟嵩少烟霞。　　京华。聚散等抟沙。世事一长嗟。是楚泽椒兰,齐邱松柏,秦国蒹葭。灵楂、不浮天上,铸玲珑无术教皇娲。他日刘郎重到,玄都认取桃花。

五月十五日(6月7日),晤于式枚、易顺鼎、梁鼎芬于上海。

　　易顺鼎《魂南记》:抵上海。晤刘康侯,伊接厦门电信,言基隆已失、署抚已逃;为之愕然,未肯遽信。时于晦若、文道希、梁节庵俱在上海。晦若已辞合肥相国馆席;道希以翰林学士争和议不得,请假南归;节庵则主讲钟山书院,自南京来,将返粤东,不期而遇。异乡羁旅,忧患中转获友朋聚首之乐。

五月十八日(6月10日),偕梁鼎芬、李有棻赴黄承暄招饮。

　　《汪表》:十八日,应黄承暄招邀,偕梁鼎芬、李有棻同至上海县署宴饮。

五月,先生与于晦若、梁鼎芬自沪电邀陈三立与志钧、黄遵宪至江宁会商,三人复电约先生等至湖北,志钧称事繁而不来,陈三立以于晦若为李鸿章幕僚而拒谈。

> 郑孝胥《郑孝胥日记》:入署,晤宝子年……又言,文芸阁、于晦若、梁星海自上海电致志仲鲁、陈伯严、黄公度,令来江宁会晤;三人者复电,令文等至湖北。既而志仲鲁称事繁不来;陈伯严言,于乃李幕,难于谈论,亦不至;独黄公度以奉差至汉口,遂归江宁。

五月,经沪抵金陵,与黄遵宪、梁鼎芬、王德楷等人宴集,填词酬唱,以志悲欢,有《吴船听雨图》记之。

> 《云起轩词钞》附黄公度《贺新郎》词:乙未五月,芸阁南归,饮集吴船。各抚《贺新郎》,以志悲欢。同作者梁节庵、王木斋也。

> 《冬夜绝句》组诗自注:黄公度、梁星海今夏同在金陵,游宴致乐,有《吴船听雨图》记之,曾联句填《摸鱼儿》词一阕,余有句云:"人易老,办桐帽棕鞋,不走邯郸道。"今颇自愧其言也。

五月,与黄遵宪等饮集钟山,黄有诗送之。

> 黄遵宪《人境庐诗草》卷八(乙未):泼海红霞照我杯,江山如此故雄哉。马蹄蹴踏西江水,相约扶桑濯足来。

闰五月十一日(7月3日),过翁曾桂,见皮锡瑞。

> 皮锡瑞《师伏堂日记》:往翁小山廉访处,见面亦谦和。文道希亦至,先到我处,相左,同头到彼处,尚未归,复相左,在廉访处得见。谈时事,云木子耽耽求回任,夔师不敢更置北洋事,岘帅欲求脱身,彻湘军,不知后事如何。辽东地尚未归,又将有倭使至,不知为何事也?

闰五月十三日(7月5日),皮锡瑞将《大传疏证》、《孝经疏》托文永誉转示先生。

> 皮锡瑞《师伏堂日记》:……文公达至,欲见《今文尚书》。予以《大传疏证》、《孝经疏》示之,嘱转示乃翁。

闰五月十四日(7月6日),皮锡瑞来久谈。

> 皮锡瑞《师伏堂日记》:饭后至文道希处久谈,云江南有曹元璧者,三

礼最精,有《礼经校解》已刊,恨未见。

闰五月十七日(7月9日),过皮锡瑞,未得畅叙,约明日席公祠再会。

　　皮锡瑞《师伏堂日记》:……文道希来拜,尚未得畅叙,约明日席公祠再会。夜雨甚大。

闰五月十八日(7月10日),病,未至席公祠。

　　皮锡瑞《师伏堂日记》:……饭后又大雨。下午往席公祠,赴陶华封同年招饮。道希病,不至。

闰五月二十五日(7月17日),皮锡瑞来,未晤。

　　皮锡瑞《师伏堂日记》:……遂至沈鉴澄、文道希处,皆不晤。文公达与其表弟来见,携《声律通考》二本。

六月十九日(8月9日),回籍修墓,欲将豫章各书院分为八科,课以有用之学。

　　刘绍宽《刘绍宽日记》:文芸阁学士廷式请假修墓回籍,欲将豫章各书院分为数科,课以有用之学:一文学科,一政事科,一言语科,一艺学科,一格致科,一杂学科,一陆军科,一海军科。

六月,离赣,皮锡瑞有词赠之。

　　《云起轩词钞》:乙未答皮鹿门同年见赠之作,鹿门善化人,原籍江西清江。时掌教江西经训书院。

六月,过金陵,至上海。江海关道黄祖络、上海县知县黄承暄招饮于味莼园。寓刘麒祥署中,临行亡去奏稿二册。为《浩山集》题句。先生与袁世凯、陈炽、曾广钧等拟开报馆,相与讲求中外掌故,后以强学名其会。

　　《申报》:(一八九五年九月二十九日)文芸阁学士廷式由江西原籍赴金陵,附某轮船来沪。江海关道黄幼农观察、上海县黄爱棠大令,皆有桑梓之谊,设尘宴于张叔和所建味莼园。又十一月十一日《申报》:翰林院侍读文芸阁学士前由上海启行时,失去衣箱三只,函请黄大令饬捕,缉获车夫彭心发,讯不承认,爱提夫头夏小弟等八名收所。前晚大令升坐花厅,谕以文大人来信,请即严追,因箱内除洋银二百圆外,尚有紧要公文,于上轮船时失去。尔等既是夫头,应查明追缉……限十日内缴案。又《申报》:(一八九六年二月五日)翰林院侍读文芸阁学士前过申江北上,临行失去衣箱三只,内有紧要公件,函请上海县饬捕严缉。大令饬将扛夫夫目唐阿弟等到案收押追缴。尚有陈炳泉未到,饬差赶传去后,日前将陈解案。……前晚经帮审委员曹明府升坐花厅,陈供:……埠上夫头甚多,文大人失箱之时,小人实不在场,不知详细。……明府以唐等业已认赔,遂饬具以后谨慎当差,不敢疏忽,切结存查,饬释。

顾家相《五余读书廛随笔》:芸阁……主眷日隆,名震中外。尝指陈时事,拟成奏稿七篇,置枕箱中,其语颇有侵合肥者。道出上海,箱忽被窃。时黄爱棠观察承暄方官上海令,为之追还,原物纤细毕具,而奏稿竟不可得,盖早入合肥之手矣。

胡思敬《戊戌履霜录·文廷式传》:上海道刘麒祥,鸿章姻党也,闻其(文廷式)来,迎入署中,备极款洽,临别失行装四箧,麒祥为缉获之,扃钥完好如故。及归启视,他贵重物具在,唯亡去奏稿二册,中一疏语涉离间,甫脱草未上也。麒祥得之,大喜,以献鸿章,鸿章密白太后,且授意御史杨崇伊劾之,遂削职。

按,《钱谱》云:此事乃乙未秋先生入都销假,道经上海时所发生。胡思敬以为在乞假回籍修墓时,未确。又为先生严缉失物者乃上海令黄爱棠,非上海道刘麒祥,且失物亦未缉获,《申报》所述可证。惟顾、胡俱谓文件入李鸿章手,则可信。

《浩山集》题句:生人之祸患,实词章之幸福。

按,据汪辟疆为章士钊《论近代诗绝句·文道希》诗所作之注语,此系文氏在甲午战争后为欧阳述题于沪上者。见《京沪周报》第二卷第十八期。题撰之时应在光绪二十一年之夏秋间。根据文氏行踪,故系于秋间。

蔡尔康《上海强学会序后案》:乙未六月间,有拟开报馆之议,文芸阁著作郎廷式、袁慰亭观察世凯、陈次亮部郎炽、洪右臣给谏良品、王幼霞给谏会英、丁叔衡太史立钧、翁师傅之从孙弢夫太史斌孙、曾文正公之文孙重伯太史广钧、南皮尚书之公子君立孝廉权等凡十余人,相与讲求中外掌故,惟日孳孳,旋以强学名其会,而别设强学书局于京师……及至冬间,忽有常熟杨莘伯侍御崇伊具折纠参,特旨交巡城御史查明京师强学会流弊,严行封禁。林瑞山给谏灿垣不待查明,即行封禁。

五、六月间,在上海晤王韬谈,曾言三代以后必议成于下,而后施行于上。

王韬《致谢绥之函》(10月2日):

绥之大菩萨先生大人阁下:昨奉环云。欢喜无量,展读大著,回环铭诵,顿觉游兴、诗兴勃然而生,然勃然而生者仍截然而止,直至今日乃复相续。前日闻阁下知和议已成,读其节目,不禁太息欷歔,痛哭流涕。每读一节,韬为拍案。及至终篇,蹶然扑地,拯救百端,乃始回生。此真忧国忧民,忠君爱上,求之今人中绝无其人。逢有友人自吴门来者,辄询近况,或云愈矣,或云尚未。若以阁下之痛愤不欲生为无足重轻者,此国之所以日弱也。呜呼!世之有心人能有几哉!近有北来诸君,栖迟海上,每询以都门举动若何,措置若何,则皆以讲好罢兵,天下已安已治矣,复何所虑。因循粉饰,虚骄蒙蔽,苟且浮惰仍如故辙。长夜漫漫,何时复旦。积弊之深,积习之重,非大有力者不足以挽回之也。弟老病颓唐,几无生人之趣。数月来肝胃气痛、齿痛、腰脊痛,食为锐减,几欲呼祝宗而祈死矣。闻苏杭两郡人,以日人在彼开埠通商,多购田亩为谋利计,殊可叹也。杭人特以重资延肆习西学者,教以西国之语言文字,以立其始基,此亦足以开风气之先声。将来西学西法之兴,其或滥觞于此乎。闻之又为喜而不寐,怦然心动。朝廷之上,虽狃成见,而草野之间,自有转机。文道希尝言,三代以后必议成于下,而后施行于上。特虑上非所重,则下亦难行耳。迟之又久,怠心乘之矣。无论帖括之学不能废,而为富贵利达所圄,终难出此范围。以天下之大,积弊之久,而欲以一二儒者转移风气,盖亦难矣。

七月初一日(8月20日),王颂蔚病逝,年四十八。

叶昌炽《缘督庐日记》:蒿隐卯刻溘然长逝。

翁同龢《翁同龢日记》:闻王绂卿竟卒,伤痛伤痛!此人文章政事皆有轶群之才,而止于此,命矣夫。

王季烈《先考苇卿府君事略》:竟于乙未七月初一日,骤染时疫,殁于京师。

七月,入都销假,与张孝谦,于式枚,梁启超,汪大燮,沈曾植,英人李提摩太,美人李佳白、毕德格筹议强学会。

> 《闻尘偶记》:余乙未秋间入都销假,后具一疏,中有云云。

> 梁启超《与穗卿足下书》(八月二十七日):此间可言之人,仍无过重伯。顷芸阁已返都,能言传教,心折曹溪,几为投体,此人自是可人也。

> 贺新培编《徐世昌年谱》:回京,与张巽之、于晦若、文芸阁、梁卓如、汪伯唐、沈子培、英人李提摩太、美人李佳白、毕德格议设强学会。

> 梁启超《致徐世昌书》:……午后返强学会,有张巽之、于晦若、文芸阁、梁卓如、汪伯唐、沈子培、英人李提摩太、美人李佳白、毕德格。二李皆能谈中国经史。

八月十四日(10月2日),致电张之洞。

> 张之洞收文学士来电:慎闽事。见洋行传单,又屡询洋人。虽不无恫喝,而决难弭伏,已可概见。事大于川案。公度事势,若何可了?余当函告。式。盐。

八月,在京师成立强学会,先生实预其事,与沈曾植皆有"副董"之名。

> 汪大燮《致汪康年诒年书》:京中同人,近立有强学会。……陈次亮、沈子培、丁叔衡皆有正董之名,沈子封、文芸阁皆有副董之名,其余褚伯约、姚菊仙等无不与会事。

> 胡思敬《戊戌履霜录·文廷式传》:翰林院侍读学士文廷式、户部郎中陈炽,方纠四方名士,立强学会于京师。

> 《逐臣踪迹记》:京师强学会以立……当数十人,互相讲论,而文廷式实预其选。

> 张元济《戊戌政变的回忆》:丙申年前后,我们一部分同僚,常常在陶然亭聚会,谈论朝政,参加的一共有数十人,当时并没有会的名称,只是每隔几天聚会谈谈而已。在一起聚会的人,我现在记得有文廷式、黄绍箕、陈炽等,那时候康有为还不在北京……是时上文所记的同僚与梁启超在北京创设强学会。

> 吴天任《何翙高先生国炎年谱》:秋,先生与文芸阁(廷式)、梁任公、杨叔乔、谭复生等结强学会于京师,研究新学。

> 梁启超《戊戌政变记》:康有为以为望变法于朝廷,其事颇难。……

于是自捐资创《万国公报》(《中外纪闻》)于京师,遍送士夫贵人,与梁启超、麦孟华撰之,日刊送二千份。乃倡设强学会于北京,京朝士大夫集者数十人,袁世凯、文廷式与焉,英、米人士亦有列名会员者;每十日一集,集则有所演说。时张之洞为南洋大臣,闻而善之,寄五千金以充会中之用。

伍纪《辛亥革命里面史》:戊戌政变以前,文廷式创强学会于北京,康有为赞许其宗旨,首先加入。康有为公车上书一举,耸动朝野视听。康之友僚,多为强学会会员,及时排挤文廷式,拥康取而代之。强学会遂成康有为之势力。

八月二十四日(10月12日),偕强学会诸同志饯别康有为。

康有为《康南海自编年谱》(乙未):(八月)二十四日同会诸子公饯唱戏,极盛会也。

康有为《汗漫舫诗集》诗:割台行成后,与陈次亮郎中炽、沈乙庵刑部曾植、丁叔衡编修立钧、王幼霞侍御鹏运、袁慰庭观察世凯、沈子封编修曾桐、文道希学士廷式、张巽之编修孝谦、徐菊人编修世昌、张君立刑部权、杨叔峤中书锐,同开强学会于京师,以为政党嚆矢,士夫云从。御史褚成博与大学士徐桐恶而议劾,有夜走告劝解散者。是时袁、徐先出天津练兵。同志夜饯观剧。适演十二金牌召还岳武穆事,举座咸欷歔,李玉坡大理至泣下。即席赋此呈诸公。未几,余亦告归,留门人梁启超任之。山河已割国抢攘,忧国诸公欲自强。复社东林开大会,甘陵北部预飞章。鸿飞冥冥天将黑,龙战沉沉血又黄。一曲欷歔挥泪别,金牌召岳最堪伤。

按,康有为于乙未八月二十九日出京,经天津,游山海关,九月十二日至上海。

九月初七日(10月24日),往谒翁同龢。

翁同龢《翁同龢日记》:文云阁学士来,赵次山廉访来,皆见。

九月初八日(10月25日),致电张之洞。

张之洞收文学士来电:常熟言,尊处近无电奏。意存关切。务须照常电奏,并陈明字数难少之故。断勿怼怯。又苏沪铁路,请即奏办云。萍乡旱歉,望公筹赈。式。庚。

九月十六日(11月2日),上《谭碧理未堪资镇抚请饬查处片》。

　　《谭碧理未堪资镇抚请饬查处片》:再,整军经武,必择将才。臣闻江
　南提督谭碧理,本少战功,只以善于逢迎,滥居高位。近来营务废弛,标下
　竟无可用之兵。是以去岁今春,战事方殷,南洋大臣刘坤一等,不闻资其
　防守。及部议裁兵节饷,该提督多方阻挠,哓哓争论,以致营伍腾怨,事殆
　不行。似此庸冗之员,何足以资镇抚!应请旨饬查,如果不能得力,即予
　开缺,似于兵制稍有裨益。是否有当,谨附片具陈,伏乞圣鉴。谨奏。附:
　《军机处进呈当日折件片稿》:本日翰林院侍读学士文廷式奏《统筹善后
　请维持湖北铁厂折》。奉旨存。又,奏参江南提督潭碧理片,奉电寄谕旨:
　著张之洞查明具奏。谨将原折片恭呈慈览。谨奏。

　　　按,此片见《文芸阁先生全集》排印手稿,稿末有"此片九月十六日
　　上"等字,当是文廷式奏稿之附片。然未见正折《统筹善后请维持湖北
　　铁厂折》。

九月十七日(11月3日),偕李盛铎过李鸿藻谈,至暮方归。

　　李鸿藻《李鸿藻日记》:晴。辰正二刻到军机处,午正二刻散,答拜于
　次堂,久谈。回寓小食,睡数刻,文廷式、李盛铎来谈至暮。淑宜回寓。李
　映庚来书。

九月十九日(11月5日),午赴强学会宴集,张孝谦承办,于式枚,徐世昌,梁
　启超,汪大燮,沈曾植,英人李提摩太,美人李佳白、毕德格在座。晚赴广
　和居宴集,郑孝胥、沈曾植、沈曾桐同席,归与郑孝胥同车。

　　徐世昌《韬养斋日记》:归,子封在寓。午后同其赴强学会宴集,巽之
　承办,座有于惠〔晦〕若(式枚)、文芸阁、梁卓如、汪伯唐、沈子培、英人李
　提摩太(字菩岳)、美人李佳白(字启东)、毕德格(字子明),二李皆能读中
　国经史,启东作山东滨海语,菩岳仿佛中国官话,言及立志向学,万国会
　通,同享升平,令人有无限山河之感。

　　郑孝胥《郑孝胥日记》:夜,芸阁、子培、子封来,邀至广和居。去时搭
　子培车,归坐芸阁车。

九月二十日(11月6日),与王鹏运、张祥龄、王以敏等集于四印斋联句,随

后又与王鹏运、成昌、王以敏、张祥龄集于四印斋,联句为张饯行。

《齐天乐·乙未九月二十日集四印斋,用张叔夏过鉴曲渔舍会饮韵联句》:青鞋踏遍苍松路,长安故人稀少。道希万里风沙,千条柳色,秋入塞垣幽窈。子苾离心似草,问谁共餐英,小园霜晓。半塘且访东皋,此生宜向醉乡老。子蕃　谁家今夕梦好?敞纱窗银烛,光被遮了。梦湘易水东流,医巫北峙,齐入乱云孤抱。道希新愁旧恼,尽付与江头,去帆烟鸟。子苾后夜怀君,展尘休更扫。半塘

《沁园春·用稼轩韵集四印斋饯张子苾联句》:横览九州,地棘天荆,君去何之。道希叹终南山色,谁吟秀句?灞桥流水,我起悲思。子苾狂拨秦筝,轻挑赵瑟,回首京华云共飞。子蕃平生泪,拼仰天洒尽,化作长霓。梦湘

榆关西去崔嵬。且漫著、心情恋故溪。半塘看儒冠虽误,一囊书剑,穷边好树,十丈旌旗。道希缚取降王,功成上相,留得青山头白归。子苾书生志,愿凭阑酾酒,桥柱同题。梦湘

《沁园春》:满眼关河,一醉依然,天涯故人。梦湘尽长歌击筑,声皆变徵,对花命酒,笔尚如神。半塘人海藏身,金门习隐,凭仗骚坛张一军。道希投鞭去,问汉关何在,秦月应存。子苾　今宵细数悲欣。莫孤负樽前别酒温。子蕃叹铜仙已老,苍鹅出后,夷歌又起,白雁来辰。梦湘五岳填胸,百年弹指,老子婆娑且弄孙。半塘归休好,待蓬莱清浅,重问庄椿。道希

《最高楼·联句用司马昂父韵》:吹短笛,看月破边愁。依旧上心头。梦湘遥天新雁无书尺,小庭凄蜍伴灯篝。半塘篆烟微,琴意悄,画屏幽。道希写乌丝、日下多同调。忆明湖、旧雨而今少。子蕃问尘世、几英流。怀沙有志人何在,封侯无命梦都休。梦湘学屠龙,看射虎,两悠悠。半塘

九月二十三日(11月9日),赴杨锐广和居招饮,王秉恩、郑孝胥、丁立钧、沈曾桐同席。

郑孝胥《郑孝胥日记》:过大兴永,遂至广和居,赴杨叔峤之约,王雪澄、文芸阁、叔衡、子封等皆在。日斜,叔衡来,以创立学堂稿示之。

九月二十八日(11月14日),赴袁世凯招饮,徐世昌、褚成博、陈炽、丁立钧、沈曾植、张孝谦同席。

徐世昌《韬养斋日记》:晚,慰廷约饭,座有文芸阁、褚伯约、陈次亮、

叔衡、子培、巽之。与巽之、叔衡、慰廷谈至三更后始散。

九月,替翁同龢传语张之洞,务照常电奏。

　　黄浚《花随人圣庵摭忆》录《张文襄公年谱初稿》:九月,翁文恭以公三旬中电奏不至,属文芸阁学士传语,务照常电奏,并陈明字数难少之故。

秋,萍乡大旱,请于张之洞借官帑十万金以救灾。

　　顾家相《五余读书廛随笔》:乙未萍乡大祲,张文襄调署两江,芸阁请于文襄借官帑十万金以办赈粜,此为历来成案所未有,非文襄之阔达,芸阁之见重于文襄,曷克臻此。

　　　按,《汪表》云是年十二月,朝命报可,发帑十万赈灾萍乡。

　　《闻尘偶记》:乙未七月二十四日,江西南昌澹台门外雨血,着地皆赤。是年,江西萍乡大饥。

十月初二日(11月18日),遇翁同龢。

　　翁同龢《翁同龢日记》:……贺兰孙孙弥月,遇樵野、文芸阁,遂留饭。

十月初三日(11月19日),致函于式枚。

　　《寄于晦若》:采兄如晤:久未接函。(昨始接信,系九月二十七所发,七日始到,太迟。)知虫沙之变,正未有艾,无处说起。渊弟中举,必应有之事。明年会试若不改期,可望张通州之选也。楷弟得隽,与兄家谱谊,第一次;然香芹二兄之子,竟得解元,此事又可傲兄也。沧海横流,科第世界,从此将变,我等犹斤斤较量邪? 一笑。合肥督师,久合舆论。潼关一隤,专恃高贤,毋疑前数年"杜老比哥舒"之谶,则天下蒙福矣。鄂督来京,以徐世昌一奏而发,实则并无实在信置之处。此时尚未起程,交代其一端也。倭兵甚众,其谋我已十余年,而伺间一发。我之枢廷,招权纳贿,酣舞恒歌,实有以召之。惟前敌诸军,亦太无理矣。今则既成燎原之势,而中外仍即以和了事。夫战屈而求和,非和也,降也。彼有必胜之理,又何以受降为哉? 天意不可知,以人事卜之,殆无可幸者。越南事息后,弟屡言十年之后,祸发高丽,将不可支,今竟然耶? 名山之约,如何可期! 姜文随便居住,自是天下公论,廷旨亦无可致诘。然以弟观之,此才仍当为世用,终不能享萧闲之福也。督师何日起程? 吾兄必同行,能便道一见否？万感交集，言不能尽意。复请台安。十月初三日。弟廷式顿首。容民并望致意。如行止，必望一函，并示地址，至要。渊弟已到否？念甚。复试二等第四十名。

十月十三日（11月29日），赴陈炽粤东馆之招，徐寿朋、张孝谦、沈曾植、郑孝胥在座。

> 郑孝胥《郑孝胥日记》：午后，出过张弼余、陈征宇，遂赴陈次亮之邀于粤东馆，在坐有徐靖斋寿朋、张巽之、子培、芸阁。

十月十九日（12月5日），往谒李文田。

> 《闻尘偶记》：李仲约侍郎临终前一日，执余手言曰："合肥与李莲英日日相见，图变朝局，汝等当小心。"既而曰："吾不能与常熟款语，然合肥、济宁各怀不遑，以吾亲家张荫桓为枢纽，二人一发千钧，皆在张一人，胡为至今不去也？"

十月二十日（12月6日），李文田殁，先生有"鲁连蹈海，杞妇崩城"联挽之。

> 《闻尘偶记》：李若农侍郎（文田）学问赅洽，晚节尤特立不苟。将死，语不及私，惟谆谆以朝局为虑。见汪、长二侍郎被黜时，病已笃矣，犹喘息言曰：吾病死不足惜。但某相国与某宦者，朝夕聚集，密谋欲翻朝局，吾亲家某侍郎亦与其谋，可若何！不越日卒。故余挽联以"鲁连蹈海，杞妇崩城"拟之，沈子培刑部挽联以"威公泪尽，苌叔心孤"拟之，皆所谓知其深者也。李仲约侍郎临终前一日，执余手言曰："合肥与李莲英日日相见，图变朝局，汝等当小心。"既而曰："吾不能与常熟款语，然合肥、济宁各怀不遑，以吾亲家张荫桓为枢纽，二人一发千钧，皆在张一人，胡为至今不去也？"忠诚之心，将死弥笃，乃至不避至亲，迄今思之，可为流涕。

> 李渊硕《顺德李文诚公行状》：其时有风传，有谓将召公秉枢轴者。公知时不可为，频欲归耕垄亩，而迹近趋避，迟迟不敢请，日夕焦忧，须发俱白，揽镜自照曰："吾容貌改易，今岁不罢官则必死。"九月二十九日，命公管理户部三库事务。十月初，天气严冷，连日查三库，遂感寒疾，喘病大作。殁之前三日，侍郎汪鸣銮、长麟被黜，旨称上年召对，信口妄言，迹近离间。公见邸钞，咨嗟太息，不复语，不饮药，然梦中谆谆呓语，皆朝廷天

下也。十月二十日戌时,病终官舍,年六十有二。

　　翁同龢《翁同龢日记》:本月十五日敬事房传知礼部,珍、瑾二妃俱奉懿旨先复位号。是日奉明发一道,饬办津卢铁路。夜半风起。闻若农喘甚。

　　翁同龢《翁同龢日记》:十月二十一日(12月7日),闻李若农于昨夕戌刻长逝,为之哽塞。

　　叶昌炽《缘督庐日记》:十月二十二日(12月8日),闻李仲约前辈作古,虽未著弟子籍,雅有知己之感,即往哭之。

　　翁同龢《翁同龢日记》:十月二十三日(12月9日),哭李若农,为之摧绝,若农身后萧条,差囊尽买书矣,其子渊硕年十五,号踊如成人,可怜可怜。

　　　　按,《钱谱》云:“(十月)二十三日,李仲约侍郎殁。”失审,据此应为十月二十日。

十月二十一日(12月7日),上《时势艰危请饬中外大臣力图振作折》及附片《请严饬南北洋大臣认真整顿海军片》、《广东会匪潜图叛逆请派大臣严缉片稿》、《沈寿龙等贪污狼戾请饬查办片》。

　　《时势艰危请饬中外大臣力图振作折》:日讲起居注官翰林院侍读学士臣文廷式跪奏,为时势艰危,请饬中外大臣力图振作,恭折仰祈圣鉴事:窃惟《大学》之道,首重“新民”;《春秋》之义,必通权变。前者战事不振,隐忍求和,薄海臣民实深愤激。然不能无望者,既和之后,修学校,整武备,务民事,裕财用,以期亡羊补牢,有备无患。乃及今半年以来,朝廷之议论仍复不齐,中外之人才未闻特达。一学堂也,此省议增而彼省议减;一制造也,此处开拓而彼处停工。铁路屡议而举办无时,练兵有言而章程未定。理财之途至广也,而搜剔于厘捐民欠,则所得无几而敛怨已深;用人之术至多也,而征求夫笃老疲癃,则未必无才而所收亦隘。王文韶用揣摩之术,是以言二年以内不必有为;刘坤一得便己之方,是以拥十数万之兵翛然高卧,徒使我皇上焦劳于上,枢府诸臣奔走于下。臣可决其一事未办,而各国之环而伺者又狡然而思逞也。他日款无可借,时无可为,而后追悔今日之犹疑废弛、玩愒失时,不亦晚乎!甘肃之回匪,剿平非一日事,广东之叛民又将起矣;台湾之割地,痛尚未定;滇边、粤地之婪索又难拒矣。古人云:厝火积薪,自以为安。今则已在水深火热之中,犹晏然而自逸,诚可怪也!恭亲王旧勋宿德久值廷枢,翁同龢、李鸿藻皆屡膺重任,其勤勤于国事,外廷亦无异辞。而慎重之中,不免转有纡回之处。盖时至今日,无可因循;且万国之环而观我者,更有迫不及待之势。波兰、土耳其之事,令人寒心。在诸臣或尚有委蛇,臣愚以为作新之功,在宸谟英断而已。臣于中外之故,略明得失,幸与从官,故敢进言。伏愿皇上明谕中外大臣,振刷精神,毋囿积习,毋殉私人,毋怯担当,毋怀观望,合群策群力而为之,庶有前沉后扬之一日耳。臣不胜忧虞企望之至,谨具折上陈,伏乞皇上圣鉴。谨奏。

《请严饬南北洋大臣认真整顿海军片》:再,中国沿海七千里,欲固疆宇,不能不复设海军。然用不得人,则不如不设。直隶道员罗丰禄,贪壬阴诈,万口同声。前者既设法倾轧琅威理而去之,于是主张闽党,立意不战,举十数船以降于敌,为我朝二百年来未有之耻。臣前者曾经弹劾,乃蒙国家隐忍,于大赏大罚竟不举行。近闻北洋大臣王文韶,又受其蒙蔽。降将溃卒,收罗至数百人,皆罗丰禄巧为说辞。他日所购铁甲,又将归其驾驶。若果如此,诚不如购送敌人之为愈也。该道员始以千总,旋改文员。充当海军营务之后,毫无功效,遂保举至记名关道。在烟台等处广开店铺,经营闽人将弁产业。大东沟一战,欲救方伯谦,私改汉纳根电报。后经汉纳根查出,且欲控之朝廷,始由北洋奏正军法。总之,罗丰禄实为汉奸。海军复设,断不可用闽人旧党。此事关系至大,应请旨严饬南、北洋大臣,认真选择,速加整顿;于降敌弁卒,不准复留一人。臣查外洋海军,半出水师学堂,半由沿海渔户招充水手,战时且有勒充之举。王文韶等能稍为留意,不患无人;不得以"暂资熟手"巧为搪塞之语。臣实为慎重军事起见,伏乞圣鉴,采择施行。谨奏。

《广东会匪潜图叛逆请派大臣严缉片稿》:再,广东会匪,潜图叛逆,事在九月中旬。臣得信最早。然闻现任两广督臣谭钟麟,至今尚无办法。窃恐首犯未获,暗长潜滋,终成大患。臣生长粤东,深知该会匪等以南洋群岛为根本,以澳门、香港水域岛屿为聚集,以沿海岛屿为分支;有所谓"草鞋会"者供侦探之役,有所谓"红棍会"者利枪矛之用,有所谓"白扇会"者任书写之事,三会合为一;又或分为"红莲"、"大乘"等教,又或即以天主教为护符。其党与不下数十百万,遍布于各府、州、县,非一时所能解散。朝廷若顾念南服,则宜采威重明决之大臣,如张之洞、李秉衡者,为之督、抚,密设方略,严加访缉,兼约洋人,为吾伺察,庶可有济。至因时制变之道,固非书牍之所能尽。臣为慎重地方起见,是否有当,伏乞圣鉴。谨奏。

《沈寿龙等贪污狼戾请饬查办片》:再,江西吏治败坏,虽屡经惩创,而漏网尚多。如新淦县知县沈寿龙,贪暴妄为,息借商款,府派只五百两,沈寿龙借端勒派城外"王恒聚"五百两,各行店九百余两。又委员勒派永泰墟、三湖墟等处八百余两。此外,各典铺五百两、三百两不等。统计四千余两。仅批解一千五百两,余均入己。民人黄秉彝控监生皮品华一案,该县拘皮品华、黄聂氏,各诈赃数百两,勒两造具结完案;廪生胡懋修、董兰馨过付。又屡向属下铺户娄诈银洋,久则勒充捐项;由县丞程炳棍经手,借"王恒聚"五百元,作为捐修县署;乡征设局,尽责百姓供应。民怨沸腾。又,大庾县知县刘光焕,贪酷异常。盗劫重案,不报不缉:祐源村朱泮龙家被劫,盗用洋枪击毙其子。因失单内开有契纸,该县不查署内契尾,辄将事主责押,诈赃数百两,而劫案置之不问。邓炳珠控陈汇江掘冢抛骸,受屈上控,发回复讯。该县往勘,即宿陈家;收受多金,将邓炳珠迭次酷责,朦详拖案。廪生张家剑控谢鸿恩盗卖伊祖坟一案,该县勒谢鸿恩缴洋银千六百元入署,而置案不办。诸如此类,不胜枚举。又,莲花厅同知崔祺,昏纵贪虐,信任官亲伊继耕、潘松亭、家丁阳占魁、常京山等,鱼肉平民。乡局征收,亦以官亲为之。每日督带亲兵、差役数十人,按户逼催,所索规费,多于正供数倍。伊继耕讹诈谢敬斋不遂,潘松亭讹诈王景瑞不遂,该同知皆立发兵锁拿;谢敬斋及佺敷恩、王景瑞先后刑毙,其财物均被抄没。官亲曹秉礼逼毙郭伦初之父,范仲麟逼毙贺禄生,禀报即被刑押,勒写休结。彭王氏与王子红姑侄互控,曹秉礼、阳占魁知彭王氏家富,唆令崔祺将原抱刑押;恨彭乘风上控,带兵上门,开销至千余金。其兵皆用刺配军犯,尤为扰害地方。常京山在乡逼淫妇女,经生员王之璠面斥,常捏廪发兵焚抄,院司有案。茶陵匪徒欧阳寒山,率众焚劫,逼毙邹兴发之父,后拿获到案,家丁受贿释放,控院、控京有案。生员颜镳、监生贺庆祥、武生王庭桂等,皆因控家丁索诈被笞,多者至万四千。诸所作为,尽出情理之外。又，前代理鄱阳县知县郑榜诏，因瓜代在即，设法将县署案卷尸格，受贿私改。一二旬内，得赃二三万金。以上各员，皆贪污狼戾，实为病民之尤。臣既有所闻，适以江西察院无人，用敢附片直陈，为民请命，恳恩饬查惩办，以肃吏治。是否有当，伏乞圣鉴。谨奏。

十一月十二日（12 月 27 日），过翁同龢长谈。是日瑾、珍二妃行受册宝礼，复妃位号。

　　　翁同龢《翁同龢日记》：是日上诣皇太后前问安，瑾、珍二妃行受册宝礼……午饭，诣督办处孤坐，二刻遂归。文芸阁来长谈。

十二月初九日（1 月 23 日），请编洋务书。

　　　汪大燮《致汪康年诣年书》（光绪二十一年腊月二十七日）：……连日（原注：初八、九等日）陈其璋谓天下普开学堂，文芸阁（廷式）请编洋务书，陈事发译署议。

十二月十一日（1 月 25 日），上《外交日繁请编类成书以资典学开治法折稿》及附片《请特旨停捐举人片稿》、《请严饬刘坤一振奋精神讲求洋务片稿》、《参奏龚照瑗贻误封疆片稿》、《商务议约请谕枢臣坚持定论片稿》。

　　　《外交日繁请编类成书以资典学开治法折稿》：奏为外交之事日繁，请旨编类成书，以资典学而开治法，恭折仰祈圣鉴事：窃惟经济大原在学问，学问根柢在图书。六艺备而道生，九流博而术具。自天子达于士大夫，苟有志于开物成务，未有不造端于博学详说者也。宋臣之纳诲于君也，以《贞观政要》；明臣之纳诲于君也，以《大学衍义》。世变事殊，所值之时不同，则所用之书亦异；要以网罗浩博，纲领分明，择之至详，而后用之有效。伏念我皇上万几之暇，典学弥殷。问经史于疑承，诹方言于译史。祈寒暑雨，讲帷当临。近以时事多艰，则礜箴曦诵，卮言杂说，有若《洋务要言》、《盛世危言》等书，并蒙宣取，上尘乙览，九重向学，薄海钦风。惟此诸书，论说各限方隅，事物未云明备。即论语言文字，圣主考文之学，亦非一二翻译所能裨益高深。臣尝考前代帝王之学，以经筵进讲为重；国朝圣学，则以开馆编书为先。恭惟圣祖仁皇帝以钦若奉天时，则集儒臣编《数理精蕴》、《历象考成》，而算术集百代之大成；以职方识地德，则命专家绘《内府舆图》、修《一统志》，而版章察九州之全势；以《几暇格物编》研动、植形生之理，以《音韵阐微》握象鞮译寄之原。当时罗刹怀威，荷兰服义，北戡准噶，西闬卫藏，良由圣智日宏，无微不照，文思光被，武节以昭。综康熙六十年计之，三藩之变，噶尔丹之变，罗刹之侵边，第巴之毁教，其事体皆足以震撼一时，而不慭不悚，旋踵底定。圣谟之广运，则圣学之日新所布濩也。世宗宪皇帝、高宗纯皇帝，继事述志，缵承勿替。于是以《历象后编》竟《考成》之绪，以《同文韵统》广《音韵》之通，修《图志》、《同文志》以定西陲，修《盛京通志》、重绘《舆图》以昭东顾。而又于香山试金川之碉楼，狝木兰莅蒙人之较猎。躬御西国火枪，名品十余，载在《通典》。一时流风所被，形响相因，士大夫多通敏之材，将帅亦极精微之思。丰功盛烈，炳铄寰区。盖人材以化养日生，才智以见闻日扩。国家太平之盛在乾隆，而识者溯厥渊源，佥谓康熙一代君臣，上下以学相资，讲习编摩，积而成此。然则拨乱反正之略，安内攘外之功，其必不在乎无稽之言、弗询之谋，其将在乎敬教劝学，兴物前用，显谟承烈，成效昭然，诚可以一言决而终身行之者矣。方今阳九厄运，元二灾年，事变迭生，海飞潮沓。而士大夫各持目论，诸卿相亦未有讦谟。国有大疑，则拱手结舌罔知注措，图新、由旧二者皆难；徒叹息乎乏才，不知其弊固由于不学。臣之愚计，窃愿皇上遵列圣之宏规，修百王之坠典，特开文馆，汇纂西书。凡今日切要事宜，邦交为一类，国用为一类，商务为一类，兵学为一类，广搜博译，提要钩元，分别部居，加之论断。每成一卷，进取睿裁，神笔点定，示之准则，萃万国之图书，为一王之大法。皇上讲求于上，公卿百执事讲求于下，不及一年，人才辈出。西俗视艺学之精粗以觇国家之强弱。有此一举，亦足令其改视易听，阴消窥伺。折冲尊俎，其为用加，购船炮修铁路固万万不啻也。其承修即用翰林官，其总裁简命大学士、各部堂官，其采访翻译即用总署及同文馆人员。先辑已译之书，续翻未译之书。随译随编，日新月积。但得成书过半，边情洋务，人人昭晰无疑。纵令事变纷来，亦且应之有具，譬之设条例以待事，集方药以应病。事有执简驭繁、百举百效者，此类是也。至于经武之方，则除开设学堂、储才、习器以外，臣尤愿皇上师乾隆中设健锐火器营意，简选八旗子弟、侍卫近臣，讲习新器，营构坚垒，日相磨砺，以备心腹干城之用。皇上于各式新械，亦宜随时宣取，躬自试验,以作士气,以示法程。凡此皆转移要道、根本至计。惟断自宸衷,特旨行之,天下幸甚!臣不胜恫愊屏营之至,谨专折具陈,伏乞皇上圣鉴。谨奏。

《请特旨停捐举人片稿》:再,捐纳举人,本非政体。乃去岁以军兴匮乏,言官条奏,部议勉从,于是限之以百名,重之以二万金,蕲在踊跃输将,而名器未滥。然臣闻开捐以来,已逾一稔,而捐纳者不过二人。朝廷有鬻卖科目之名,部库无广纳金钱之实。夫明经可售,唐代贻讥,名实两伤,不如其已。臣愚伏望特旨停捐举人,以示天下以必取真才之意。是否有当,伏乞圣鉴。谨奏。

《请严饬刘坤一振奋精神讲求洋务片稿》:再,论治于今日,非独当知古今,更应兼通中外。两江地大物博。从前诸事,以河、漕、盐为三大宗。自通商防海以来,则息息与外国相通,而非复寻常措置所能绝窥伺而图整顿。刘坤一素有清名,历任封疆,尚无大失。惟兵事则狃湘军之暮气,洋务则守昔日之迂谈;精神颇近衰颓,局面亦伤狭隘。臣闻张之洞署任之日,于练陆兵、开铁路、设商局、行邮政诸事,皆已次第开办。此等图新之举,非有深识定力,蕲于必成,则朝令夕更,最足失信商民而贻讥敌国。刘坤一即未必存成见,而新旧交替之际,宵小每从而设辞,务改前人之所为,以遂其私见。一反一复,而地方之受害匪轻。臣以少贱久历幕僚,深知此病。似应请旨严饬刘坤一,振奋精神,讲求洋务,知己知彼,乃可有为。毋受劣员之蒙蔽而坐失机宜,毋图省费之虚名而实多废弛。炮台必考求新式,商务必广集公司。此真卧薪尝胆之时,而非鸩毒晏安之日也。若摭拾其短,骤肆讥弹,臣固有所未忍;若任其将有为之地、可为之时,泄沓迁延,致生他变,则臣职在讲帷,固有应尽之责矣。伏望朝廷督责该督,力戒因循,庶保全其晚节,而地方亦有裨益。是否有当,伏乞圣鉴。谨奏。

《参奏龚照瑗贻误封疆片稿》:再,出使大臣龚照瑗,性本卑污,办事种种谬戾。臣去岁曾经参奏。乃近者缅界一事,尤为贻祸无穷。光绪二十年中、英滇缅界之约,南一段在湄江左右,旧为车里宣慰土司地,画归中国。车里之南一段,议留为瓯脱,归中国管辖。论车里十二孟土司全界,四孟在湄江之西,八孟在湄江之东、孟瓦江之西。《滇缅界约》指车里全界归我,而界线仅画至湄江西岸而止。法人以湄江上游左右系越属南掌柬浦寨故地、下游左右缅甸曾以归暹逻,欲攘湄江以东为己有。英欲以孟瓦江为界,法欲以湄江为界,皆争在车里。两国相持,以瓯脱为转圜之地。瓯脱既归我管辖,则车里全界在内,既不违英之约,亦可止法之争。二十年九月,英、法会勘车里界。该大臣职守所系,自应详求利害,明告总署。乃该大臣懵无所知,希图苟且省事,遽电总署,言我争车里图虚言受实祸;不惟弃瓯脱,并欲置车里于不问不知。车里既入《滇缅界约》,而界线未定,我弃不问;归英则触法忌,与法则违英约。总署误信其言,遂致以车里之猛乌乌得酬法;而英索野人山补偿及梧州通商,法索龙州修接铁路,相继而起。该使臣贻误封疆,咎有应得。至其购买船只,息借洋债,事事惟图己利,不顾国家。似此庸妄之员,不知朝廷何以笃加任信、贻讥外洋!臣不胜愤懑,谨附片参奏。是否有当,伏乞圣鉴。谨奏。

《商务议约请谕枢臣坚持定论片稿》:再,臣闻近日商约开议,于"内地制造"一节,视若无关轻重,节节退让,任敌欺侮。全权惮于坚执,翻译巧肆诪张;朝野忧骇,莫知所届。臣请为皇上切言之:今日国帑空竭,仰屋无筹,惟恃借款为挹注之资;而借款亦仅仗海关为保偿之本。若内地制造税则一坏,则各国皆在中国自行制造,岂复有入口洋货?无入口货,则无入口税矣。出口土货,凡皆洋商贩往外洋以备制造者。若制造皆在内地,则亦并无出口税矣。无入口、出口税则无海关,无海关则兵费何由偿?已借之款何由还?将来练兵购船等事何从筹款?止条约数字之文,而国家命脉悬诸掌握!臣前疏论和议时固已先虑及此矣。且议约异于要盟,停议亦非失信。日人未肆咆哮,大臣何故自生疑畏?此事理之大谬者也。马关之约无可言,然所失仅二万万,尚有数可稽;若此约不力持,则所失不止十倍、百倍,无数可纪矣。税则为中国自主之权;倭人尚不能以无道行于朝鲜,岂能以无道行于中国!持以坚忍,必就范围。此天下公义,华、洋同声,不能以李鸿章畏徇敌人而置度支性命于一掷也。臣不胜忧愤迫切之至,伏愿皇上密谕枢辅,坚持定论,勿为敌人挟持、草率定议,天下幸甚!谨附片密陈,伏乞圣鉴。谨奏。

岁暮,有《冬夜绝句》组诗,又消寒会,约王鹏运作艳词,托体风怀,暗咏时事。

《冬夜绝句》组诗自序:甲午冬,寓宣武城内。……今岁已期矣。寸阴当惜,况在徂年;风号壒扬,不异畴昔。去岁有《冬夜绝句》,爰赓续之,志南北之游踪,叙友朋之欢宴。世有知者,得无叹其未谙时变乎?

《云起轩词钞》附王鹏运《高阳台》词:乙冬消寒,道希约作艳词,因循未果。秋风容易,触绪怀人,作此寄之。

本年冬,志锐来信。

《闻尘偶记》:志伯愚侍郎书来言,乌里雅苏台乙未岁见雪亦略迟,自五月至七月皆有鲜花、鲜菜,向来所罕遇者也。

本年,主持编译之《新译列国政治通考》书成。

《新译列国政治通考叙》:叙曰:此书凡"学校"、"军制"、"官制"、"刑律"、"礼俗"、"商务"、"税则"、"国用"、"邦交"、"邮电"、"宗教",凡十一门,为书二百二十卷。书成于光绪二十一年,迄今又数年矣。

本年,汪曾武入都,先生督之为词。

汪曾武《萍乡文道希学士事略》:予与君为中表兄弟,乙未计偕入都,叙述戚谊,备荷爱挚。促予填词,王君幼遐、沈君子培引为同调,予之得解音律者,君之教也。

本年及上年,李鸿藻询以时事,先生所论,李每是之。

《高阳李文正师挽诗》序:己丑岁,余考内阁中书,文正与汉军徐协揆、常熟翁尚书、钱塘汪侍郎实阅卷,取余卷第一,始得谒见。公道光甲辰举人,与先大夫同年。及余入翰林,公又为教习师,故数接谈燕,奖劝兼至。甲午、乙未,国事危急,公不恤下问,凡所论说,公每是之。

编年诗:《刘融斋中允发初白解嘲诗云欲使岁寒心皜皜傲霜雪余行年四十早见二毛明知有涯之生何待无常之信客游非乐不如旋归成物有心或须悠久辄引其意以寄所怀》、《乙未元日口占》绝句二首、《元夜》绝句一首、《春感》一首、《四十初度自警》、《感事》(当年铁骑重防秋)、《赠沈子培丈》、《再迭前韵酬子培丈》、《三迭前韵即题子培所撰蒙古源流事证》、《冬夜绝句》组诗续上年作。

编年词:《祝英台近》(翦鲛绡)、《虞美人》(无情潮水声呜咽)、《八归·乙未四月答沈子培刑部见赠之作》、《三姝媚》(莺啼春思苦)、《贺新郎·赠黄公度观察》(辽海归来鹤)、《念奴娇·答皮鹿门同年见赠之作》(十三年事)、《广谪仙怨》(玄菟千里烽烟)、《贺新郎·赠梁节庵》(髯也今殊健)、《木兰花慢》(春明门外路)、《天仙子》(曲曲阑干浅浅池)、《望江南》(游侠好)五首、《齐天乐·乙未九月二十日集四印斋,用张叔夏过鉴曲渔舍会饮韵联句》(青鞋踏遍苍松路)、《沁园春·用稼轩韵集四印斋饯张子苾联句》(横览九州)、《沁园春》联句(满眼关河)、《最高楼·联句用司马昂父韵》联句(吹短笛)、《鹧鸪天·即事》二首(劫火何曾燎一尘)(腊鼓声中醉一杯)、《满庭芳·江永舟中偕易硕甫联句用周美成韵》(去国装轻)。

文廷式年谱长编卷四

光绪二十二年丙申(1896年),先生四十一岁

元旦,有试笔诗三首。

《丙申元旦试笔》三首:

六龙回辔敞云天,迢递春城北斗悬。玖石陛前新论议,黄金台上众才贤。试从邹衍谈天后,重溯轩辕铸鼎年。海水万重星四野,苍生系命好筹边。

晓宇曈昽金扇开,九衢毂转殷轻雷。揆天绘日间平德,燮化调元郉魏才。御马锦鞯辉趬起,蕃王茸帽簇毰毸。迂生滥厕鹓行末,冀见寰瀛献赆来。

胸次崔嵬不可删,放怀直到五云间。其鱼鲂鲔谁能御? 我马元黄且未还。沧海东来能撼岳,太行北去更无山。凭谁重作丙丁鉴,览古忧时独厚颜。

正月二十八日(3月11日),因争提调事,与掌院有违言。以小疾乞假数日。

叶昌炽《缘督庐日记》:正月二十七日晨往会典馆,见唐椿卿前辈,知道希因争提调,与掌院有违言,甚可笑也。

《高阳李文正师挽诗》序文:……丙申正月,余以小疾乞假数日。公由园退直,即遣人问曰:"果有疾耶? 断勿续假。"盖知余意欲去也。旋被论劾,语稍侵公。迄今年,余未敢通问。于《邸钞》见饰终之典,遂作此诗存之集中,不寄挽下。

是月,始笔时事为《闻尘偶记》。

《闻尘偶记》:闻事不记,释家之智;闻事辄录,史家之学。余前者略

述近闻,聊同《默记》。俄而天衢有棘,海水群飞,身列史官,职居讲幄,既与其事,当尽其言。是非在人,毋庸私著。和戎经岁,嬉游任时。砚水不干,嘉谈易忘,随而笔之,命曰《闻尘偶记》。后有览者,知其意焉。丙申正月,罗霄山人书于京邸。(补记:是年二月被劾出都,其有所录,半出追记,略示微意,不求详也。卷中未经诠次,重钞时当依时代排比分为二卷。)

是月,孙家鼐请先生总理官书局事宜。

> 汪大燮《致汪康年论年书》(光绪二十二年二月初二日):……再者京都书局已租定虎坊桥宅一所,每月二十八金,闻地尚宽敞。孙寿州请文芸阁总理其事,且住局。芸阁欲与子培共理之,寿州亦极能受善言,局面或可妥帖。惟不知子培尚愿为此否耳。申事究竟如何? 已散之人心尚能收否?

二月初四日(3月17日),上《条陈养民事宜折》及附片《请饬同文馆及外省广方言馆添聘俄文东文教习片》、《请各省开矿片稿》、《请修理京师街渠片》。

> 《条陈养民事宜折》:日讲起居注官翰林院侍读学士臣文廷式跪奏,为条陈养民事宜,恭折仰祈圣鉴事:窃维国家之设官,以为民也。然数千年来,于理财之道,但谋所以取民,而不谋所以养民,使各尽其一手一足之烈,而国家从而征之、税之,于是乎大利不兴,众力不集,民几不能自养,而国家亦因而患贫。时至今日,筹款之法已穷;邮政、银行诸端,未易一时措办。有以开源之说进者,或疑其迂阔而远于事情。臣以为为民兴利,计其效,远者三年,近者一年,亦可谓神速矣。中国地大物博,万里膏腴,西人推为天下第一大富之国。而国用匮乏、民情困苦如此,则养民之道失其传也。五十年来所言西法,皆仅枝叶,其本在富国养民而已矣。此乃中国三代圣人之古法,"礼失而求诸野"可也。法国百年以前,上下贫窘;后乃兴种树之利,严伐树之禁,立劝民栽树之官,遂富甲欧洲、纵横四海。故英、美擅工商之利,而法、德、奥、意诸国,其大利皆在于农。中国从古重农,自应以农事为急。而农政之要,则以开渠种树为先。应请旨明谕天下,各就本省可开之水道、固有之利源,董劝民间,妥筹兴办;民力不足,官助其成;

不得故事奉行,亦不得借端苛扰。唐人讲水利,元代重农政,史书具在,成效昭然。至中国现有四大利,可以立致富强者,臣请为皇上详晰言之:一曰蚕桑之利。《禹贡》九州,桑土居其七。今蚕桑之利,仅存江、浙,则昔多今少可知矣。意大利种桑育蚕,垂百余年,而其丝之柔韧洁白,终逊中国。西人考求既久,始知中国蚕丝冠于各国,皆因太湖之水百倍肥腴;距湖稍远者则否。故大湖大泊,皆宜蚕桑。即太湖一隅,每岁之利将及万万;使推之洪泽、巢湖、鄱阳、洞庭及滇池、昆明等湖,皆种桑育蚕,如太湖之侧,则数万万金之大利已在掌中矣。二曰棉花纺织之利。近年洋纱洋布销售中国者,岁值六千余万金。土布之利,全为所夺。向日西人织布皆用木棉,产于美国、印度两处。近中国自立纺织,各厂始知华棉丝长色白不及洋棉,而温暖坚厚过之。然洋棉每石需洋三十余元,华棉则每石十余元耳,故近年洋船回国,出口棉花骤增,至二千余万。而江西、安徽、湖广、江浙各省所出棉花,尤称上品。西人考求全地球人数,衣布者十人中止得三人,衣绸者十人中不及一人;此两项利源,有加无已。应请旨饬下江浙、安徽、江西、湖南北、云南各督抚,先筹款购买桑秧,沿洪泽、巢湖、鄱阳、洞庭、滇池、昆明等湖,广行栽种,劝谕民间大兴蚕利;高燥之地,遍植棉花。责成本地绅耆,详细开导,提款设局,官为维持,然后集款招商,广立缫丝织布各厂。使所出之蚕丝、纱布,媲美洋工。比及三年,其收利何止万万。大利所在,人所必趋。惟须实力实心,不得假手吏胥,徒增扰累。此大利之在南方者,其事至顺而易也。三曰葡萄酿酒之利。北方数省,每岁销洋布四千万金。除羊毛、草帽边值银五百万金外,余无一物可以相抵。是岁耗三千五百万金矣。民安得不贫? 法国有人游历北省,谓自黄河以北,无地不宜葡萄。即奉天一省,如能广种葡萄,其利已可敌法兰西一国。因葡萄性喜天寒,最宜沙土故也。查法国葡萄制酒之利,岁合中国银数九万万两;酒值一两,税亦如之,法国岁需,全资酒税。近日洋酒华人亦喜饮之,每岁入口已千余万。中国开此利源,无此重税,则物美而价必廉,即不能尽夺法国之利,而已可杜洋酒之源,是为北省之民岁增数千万金之进款矣。惟制酒葡萄其种与中国异,枝多、实繁、本大,略如吴越人之种桑。应请旨饬下出使法国大臣密派专员考求此事,购觅佳种,雇募西人,选购制酒机器来华。于直隶、山东先行试办,逐渐推行,则其事不劳而集矣。四日畜牧之利。畜牧为北方大利,古有明征,非止牛羊供食、驼骡负重也。西人剪羊毛以织呢羽;收驼毳以制毡绒;牛乳马湩,饮食必需。美国之北方,遂以此攫无穷之利。中国如东三省、热河、口外七厅、锡金河套及甘肃、新疆等处,地广人稀,最宜畜牧。小民愚昧,创始维难;边帅疆臣,又多习故安常,不知通变。应请旨饬下出使美国大臣访订精于畜牧及织造呢绒毡毯之人,至沿边相度,然后购买机器,开辟围场,提款派员,管理牧政。数年以后,美利大兴矣。此二事者,为北方绝大利源。创办之时,应先令使臣延订妥人,博求良法,以立中国富强之基。不得敷衍因循,贻误大局。俟试办有效,然后将其法行之内地,各督、抚及边疆大臣董劝商民,一律兴办。此利之在北方者,其事稍逆而亦非难也。以上四事,本皆中国旧法;虽参用机器,兼资人工。可养无数贫民,即可销无穷隐患;既为闾阎广生计,更为国家增税厘。所谓因利而利,百姓足而君足者。较之搜骨剔髓,剜肉补创,害中于民,而国终受其祸者,其优绌、劳逸、迟速,相去何如也!惟中国可兴之利甚多,亦甚易,略举数事,以例其余;而大要仍在疆吏得人,先集巨资,力除积弊,刻刻以养民为念,则富国丰财之本计,已隐寓其中矣。愚昧之见,是否有当,谨恭折具陈,伏乞皇上圣鉴。谨奏。

《请饬同文馆及外省广方言馆添聘俄文东文教习片》:再,办理洋务,专资翻译。现在俄罗斯、日本交涉之事日繁,而通俄文、东文者绝少。每有文报,辄苦乏人。似宜请旨饬下同文馆及外省广方言馆,添聘俄文、东文教习,加增学生额数,俾得成材,以供象译之用,似于洋务不无裨益。臣愚昧之见,是否有当,谨附片陈闻,伏乞圣鉴。谨奏。

《请各省开矿片稿》:再,开矿之事,上裨国用,下益民生。满、汉臣工,屡经陈请。乃既蒙皇上采纳,复有部臣主持而行之。各疆臣或任意迟延,或借端挠沮,卒使良法美意废遏不行,时事艰难至于此极。推原其故,厥有八端:中国伊古以来,居官者以言利为戒。有明矿税之祸,尤为妇孺所知。鉴古虑今,则疑于招谤,一也。循例援案之事,疆臣不须思索,可见施行。开矿则无例可循、无案可引。则苦于用心,二也。一言开矿,即须集资。官办则无款可提,且虞异日之亏短。商办则无人可信,更防成效之难期。则艰于措施,三也。人情安常习故,因循观望,苟且惰怠,又惑于风水之说。开办之始,难保不稍有争端。官吏因之遂生疑阻。则嫌于多事,四也。开矿见功以后,利之所在,人所必趋。工人累万盈千,弹压匪易。则惮于聚众,五也。定例:商人开矿,十分取二。较泰西各国二十分而税一,本属太苛。又虑及洞老山空,工人星散,此项矿税无出;部中驳诘,大费周章。则畏于受累,六也。各疆臣名位已高,惟欲保全,别无希冀。开矿见功,未必遽加褒赏;开矿有过,或将贻累子孙。属员望风,更相附和。则慊于无赏,七也。疆臣年皆近耄。开矿之事,旷日始成。安能劳精费神为此分外不可知之事?则难于持久,八也。有公、有私,而其断断不欲开矿之心,则一而已矣。方今天下大势,民穷财罄,识者寒心。而中国矿产之丰盈,复甲于地球各国。如人有重宝窖藏于地,而日日不免饥寒,愚莫甚焉。故欲富则必开矿;而以责之疆臣,决无能开之一日,不过迁延时日,卒以“无矿可采”一奏塞责耳。欲破群疑,别无奇策,臣请为我皇上陈之:矿蕴于山、藏于地,非可携而怀也。志乘有记载,土人有传闻,西人之游历者有撰述,矿师识苗望气,一目了然。今中外所艳称者,川、滇、二藏、东三省及齐、晋、江、皖、湖南北、新疆等处,应请饬下出使大臣,访订泰西各国著名矿师数人,议定薪水,咨送来华,听候录用。特派查矿大臣数员,携带矿师,周历各省;各省现开之矿若干,未开之矿若干,开采是否有利,转运是否得宜,一律绘图贴说,详悉查复。然后明降谕旨,准民集资开办,官为保护;商力不足,酌提官款助之;减轻矿税,二十分而取一。地方官吏,稽查督责,统照盐法之例;有成效者优加奖励,敢阻挠者予以严惩。持以十年,而各省矿产不开、国计民生不富者,未之有也。否则上下相蒙,内外相循,行查驳诘,徒托空言,即开矿一端,而天下官吏之泄沓因循,已可概见矣。仍惟圣明迅断施行,天下幸甚!谨附片密陈,伏乞圣鉴。谨奏。

《请修理京师街渠片》:再,王道荡平,会归有极。古圣王邦畿千里,表正万邦,整齐画一之规,先自近始。未有堂堂上国,声明文物,四海所瞻仰,而听其街衢污秽、水泉咸苦,横生疾疫、贻笑邻封者也。隋文帝初都咸阳。苏绰奏言:咸阳建都日久,秽浊之物,阏塞地气,井泉咸涩,瘟疫繁多。请于咸阳北牛首山另筑一城徙居之,名曰“长安”。唐代因之,享国弥永。京师自辽、金、元三朝建都于是,明永乐间稍迁而左,另筑新城,迄今亦五百余载。当日沟渠街道各有专官,岁岁修治,不惜巨帑。乃相沿日久,名存实亡;咸丰间改用大钱放项,再经折扣;延至今日,遂一切废弃不修。以致街巷崎岖,沟渠湮塞;合城井水,苦涩不堪;秽气熏蒸,酿为疾疫。去夏大疫,城内外传染不治者至十余万人。伤心惨目,莫此为甚!夫辇毂之旁,耳目所接之地,芜浊若此,废弛若此,毒害生命之多又若此,何以为八方起化之原、万国同风之治乎!去冬雪泽稀少,转瞬春温将发,其伤损人命又不知几何,我皇上爱民如子、上体天心,岂忍听斯民自生自灭乎?今有言之而欲行之者,则必曰款项难筹也、办理不易也。国家每岁出入逾万万金,所糜费侵渔者何限?乃于上关国体、下全民命之事,而独靳之哉?若云街道难修,则用江宁碎石筑马路之法,运西山之土石以填之,可以一律平坦。上年芦沟桥运土之铁路,固犹弃置道旁也。若云沟渠难浚,则沟之浅者浮于地面、沟之深者入地数寻,自用新法造新沟;并于道旁另筑明沟,与暗沟相表里。如其办理得人,大约六十万金已足。嗣后派兵巡守,及常年修理之费,则取之车捐、房捐,日捐数文,已能敷用。其尤要者,宜用自来水管之法,引京西洁清之泉水,以济京师,俾万姓食德饮和,永除疾疠。以旧有井水,专供浣濯之需。一转移间,而道路坦平,沟渠通达;天居严重,而民气安和。我国亿万载无疆之休,即基于是矣。愚昧之见,是否有当,伏乞圣鉴训示。谨奏。

二月十七日(3月30日),为御史杨崇尹所纠,被革职,永不叙用,驱逐回籍,不准在京逗留。俄人欲聘往俄京,教习中华孔教,先生拒而不受。

　　《德宗景皇帝实录》(卷三八六):二月十七日,上谕内阁:御史杨崇伊奏词臣不孚众望请立予罢斥一折,据称翰林院侍读学士文廷式,遇事生风,常于松筠庵广集同类,互相标榜,议论时政,联名执奏。并有与太监文姓结为兄弟情事等语。文廷式与内监往来,虽无实据,事出有因。且该员于每次召见时,语多狂妄,其平日不知谨慎,已可概见。文廷式着即革职,永不叙用,并驱逐回籍,不准在京逗留。此系从轻办理,在廷臣工,务当共知儆戒,毋得自蹈愆尤。

　　叶昌炽《缘督庐日记》卷七:二月十七日,道希为杨辛伯所纠,牵涉松筠庵公折及内监文姓事,革职,永不叙用,驱逐回籍,毋许在京逗留,钩党之祸近在眉睫,明哲之士所当深戒。

　　翁同龢《翁同龢日记》:昨杨崇伊参文廷式折呈慈览,今发下,谕将文廷式革职永不叙用,驱逐回籍。……闻昨日有内监寇万才者戮于市,或曰盗库,或曰上封事,未得其详。杨弹文与内监文姓结为兄弟,又主使安维峻言事,安发谴,敛银万余送行。

刘绍宽《刘绍宽日记》:文芸阁学士廷式奉谕斥革。闻学士旧有奏请废太后,孙仲容先生闻亟称赏之。

胡思敬《戊戌履霜录·文廷式传》:及甲午假满还朝,夷祸初起,主战,反劾鸿章畏葸,挟夷自重。鸿章嗛之,欲中以奇祸。盛昱闻其谋,劝令少避。乃乞假回籍修墓。上海道刘麒祥,鸿章姻党也,闻其来,迎入署中,备极款洽,临别失行装四箧,麒祥为缉获之,扃钥完好如故。及归启视,他贵重物具在,唯亡去奏稿二册,中一疏语涉离间,甫脱草未上也。麒祥得之,大喜,以献鸿章,鸿章密白太后,且授意御史杨崇伊劾之,遂削职。

《中外日报》:文廷式既不得志于前,从留京观望,参预强学会事,深宫致有所闻,更恶其聚党昌言,指摘朝政。方欲加办,适有人参奏,词连内廷太监文姓,谓与文廷式往来报礼,即日有旨革职驱逐回籍。俄人闻之,使其驻京公使某氏趋文之寓,极致殷勤,云欲年出修金六千元,聘往俄京,教习俄人中华孔教,文廷式以早受恩遇,天子素知之深。不久必有后命,不敢多受外国之恩为辞。其时上海各报纸多风传文廷式偕中国文士四百余员,应聘入俄,其实文廷式爱国心挚,未尝与诸人偕行也。

二月十八日(3月31日),宋育仁、沈曾植、沈曾桐、夏曾佑、吴庆坻、张华奎、汪大燮等人为先生饯行。

夏曾佑《夏曾佑日记》:晴。……晚与渭春、濂甫、芸子、子培、子封、子修、蔼卿、渭如、伯唐饯道希。

二月中旬,拟《条陈教士事宜折稿》。

《条陈教士事宜折稿》:奏为条陈教士事宜,恭折仰祈圣鉴事,窃臣维治天下之大事,不外养与教两大端。臣前举养民数事,仰蒙圣明采鉴,将见施行。于育才之方,臣亦尝反复于古今得失之故、中外政教之理。而知选举之弊,易而科目;科目之失,变而保举;保举之穷,滥为捐纳。或是此而非彼,或与甘而忌辛。然大抵皆断断于取士之虚名,而不永教士之实理。是失在本源,而图其枝叶也。忧之田亩,不勤树艺,而听其自蕃自殖,纵不芜废,尚蕲其丰年乎!(下缺)

　　按,《文芸阁先生全集》所载排印手稿。此折是否完稿上奏及何时上奏,未详。

二月下旬,出都至上海,与陈三立、麦梦华、冒广生、梁启超、汪康年等人相见欢叙。其间遇日本古城贞吉,获赠所撰《支那文学史》。

　　汪曾武《萍乡文道希学士事略》:……究不免丙申之削职。乃反沪,陶情诗酒。

　　《致汪康年梁启超麦孟华书》:沪上淹留至五十日,为平生三十一次到沪最久之一次,非为公等,别无所谓也。欢叙之乐,如何可忘?

　　《日本古城贞吉字坦堂相遇沪上赠余以所撰支那文学史索诗别后却寄》:沧海横流剩此身,头衔私喜署天民。岂知零落栖迟地,忽遇嵁崎磊砢人。定论文章千古在,放怀世界一花新。停云自此长相忆,何处桃源欲问秦?

二月下旬,先生被劾出都。吴保初赠诗,先生致书吴保初。

　　吴保初《文芸阁学士获谴作诗送之》:廊庙江湖事本同,几人投劾去匆匆。弹章已落奸谀胆,清议能生台阁风。早把一官轻敝屣,便看鸷鸟脱樊笼。送君苦忆江南好,草长莺飞二月中。

　　吴保初《再送芸阁》:疾风欢劲草,故宅冷松筠。江海几人去,行藏一叶身。不愁沙射影,终虑海生尘。何日回天怒,除书访逐臣。

　　《致吴彦复书》:彦复仁兄足下,城闉相隔,过从遂疏。获谷以来,三蒙垂顾,尤复惠以佳章,过相奖饰,虽非所任,敢不免旃。行期匆促,未及诣别,尤深惭悚。弟虽无状,然于出处之际,无所固必,惟离索之感,极不能忘。风雨如晦,望同志君子勿替素心耳。吾兄质厚气清,同辈凤推,江海阻修,愿崇明德。不欲尽言,途中得诗一首,录呈郢政。万望为道自爱。廷式顿首。《潞河舟次》:春色在杨柳,北风犹峭寒。城阴连岸暝,浦浪激云宽。蔬少厨人计,钟残旅梦安。箧书留谏草,未折寸心丹。

三月,至汉口,与黄绍箕、志钧、梁鼎芬、顾印愚、纪钜维、张权作琴台燕集。

　　《琴台燕集诗时同集者黄仲弢梁节庵志仲鲁顾印伯纪芗聪张君立》:我身江海思归客,一事无成鬓霜积。纵横百代兴废事,烂漫九陌莺花迹。

攻驹虽然十二闲,长嘶朔风想沙碛。放归正感圣泽厚,一笑自振翀天翮。
冥冥深雾锁闾阎,习习凉风生肘腋。故人袭组居汉皋,鸾凤旧侣参游翱。
朝披官牍治万艘,夕偕词人赋离骚。牙期旷世有同调,气谊直并琴台高。
阳春一曲世罕和,欲换宫徵非吾曹。暮春花竹秀如绮,浮萍野凫泛芳沚。
清尊引满荷深罚,险韵冥搜多吊诡。自然奇响答天籁,不用繁音惊里耳。
为君敛手操幽兰,旷野不忧来虎兕。

四月二十五日(6月6日),谒皮锡瑞,云将往湖北,索观其著作。

皮锡瑞《师伏堂日记》:……文道希至,云将往湖北,索观予著作。

四月二十六日(6月7日),皮锡瑞作书致先生。

皮锡瑞《师伏堂日记》:……致书文道希、夏定九。

五月十一日(6月21日),为郑观应《待鹤山房诗集》撰序。

《待鹤山房诗集序》:余与罗浮待鹤山人交十年矣。知其性情,喜其经济,然见其规模天下之大计而阒然不欲仕于朝,总揽五洲之得失而暗然不欲见于世,密而窥之,盖有道者也。先是法、越之争,君尝与彭刚直公谋渡海效奇策,往返数万里,事垂济矣,而有尼之者,竟不行。既而倭、韩事起,君益阴有所规策,其议论之公,筹虑之远,识者知之,外人不得而闻也。和议既成,海内愤激,君乃进其所著《盛世危言》一书。天子嘉许,既备乙览,复命总理各国事务衙门开刻,以变天下之观听。君虽不出,荣观著矣。顾以其暇日为诗,余久乃得见之。其辞和而不流,直而不激,尤合于道。盖君性喜道家言,于元牝谷神长生久视之说,骎骎有得,见于面、盎于背,虽日日驰骋于经世之务,而淡然独与神明居。宜其作为诗歌,无尘杂嚣竞之习,其所养者素也。方今世变亟矣,有心人所托而逃者,不于此,则于彼。君慨然远览,为冥鸿乎? 为仪凤乎? 为龙伸而蠖屈乎? 诗以言志,吾又窃欲竟观君之志矣。篷窗无事,书此质之。君应轩渠而笑曰:唯子知我也! 因泚笔而为之序。丙申长至日,匡庐山人萍乡文廷式。

五月,撰《摩高岭刘氏续修谱序》。

《摩高岭刘氏续修谱序》:谱法,欧苏为最,欧惟谱其世之所亲,苏惟谱其身之所出。二者之谱虽皆准,夫史迁诸侯王年表,其详略间有不同,而其心之拳拳于尊祖敬宗收族者,究未尝不同也。故自宋至今,凡有事于家谱者,取法欧苏而用之,庶几其有合于宗法焉。吾萍刘氏,宗派甚多,而其居新安里之摩高岭者,实为汉景帝子赵敬肃王后。苍公子尝以事谪。不得嗣。父阴城侯职,遂徙广平之肥乡居之。三十五世涣公,守成都,遂家西蜀;四十二世偶公,簿安福,遂家蜜湖;五十五世信里公,迁庐陵第四塘;六十三世大金公,迁萍乡杉木,时为元至顺朝也。生子三:长均用公、次均德公、三均财公,后以所居地滨溪涧,每当春夏之交,山水暴发,址辄圮。乃各为迁徙计,均德公迁沂源、均财公迁九江,后裔均未叙。均用公乃徙摩高岭,即今谱之为始祖者。公之后裔,蛰蛰绳绳,其发越正未有艾耳。予昔随先大父壮烈公宦东粤,政暇辄为予语曰:吾萍摩高岭刘氏,世德相承,为乡里所称述者久矣。积厚者流光,息深者达薵,当不爽也。嗣予堂叔景云与其族裔俨珊翁订婚媾,予时归里,复晤其妹婿泗亭,风度翩翩,出人意表。则知先大父之言不诚信而有征哉。然犹未悉其宗派之所自出也。光绪二十一年秋八月,方假归,复晤其族裔叔明先生,盖名孝廉也,学养纯粹,品行端方,非公事,足迹不履城市,遇有重远事宜,身任之。他日秉铎宣猷,即古之二疏不是过。时年七十有奇矣,精神矍铄,耳目聪明,较在京邸聚谈时尤为强健。其诸为鲁灵光殿,肖然独存者欤? 老成典型,予为矜式者久之。酒阑烛爇,纵谈天下事,夜将分,语娓娓不倦。且有事家谱,征予数言弁诸简端。予何人? 予何人? 敢承斯命? 然又未获以固陋辞。谨案其手授世系图,断自均用公为始祖。自均用公而上,如杉木、如第四塘、如蜜湖、如成都、如广平,皆一一如前书之,并附以图说,重其本也。而其后嗣,房分派析,率五世为图,递推递衍,如循环然。其名号字行、仕宦行谊、生卒葬祔、妻妾子女,皆系诸图后。昭穆序而无或违、尊卑明而无或紊,其法洵兼欧苏而有之。此殆与欧苏二公之心异世而同揆者矣。后之续斯谱者,诚知心前人之心为心,敦孝悌之行,尽爱敬之道,将见寖炽寖昌。则刘氏之盛于前者,不又有在于后者乎。传曰:公侯子孙,必将复始。数过时可,其间必有名世者,则其功烈又乌可量乎哉! 予适以假满回京,南船北马,为期甚迫,不暇叙,于心终不忘。抵燕后乃得于邸次为叙其巅末,邮寄以归之。时大清光绪二十二年岁次丙申孟夏谷旦,赐榜眼及第翰林院编修、诰授资政大夫、钦加二品衔、日讲起居注官翰林院侍读学士、咸安宫总裁、上书房行走前充江南乡试副考官、加五级、纪录五次、同里姻谊文廷式顿首拜撰。

　　按,此文录自萍乡高洪年先生整理稿。

五月间,往返赣鄂之间,办理煤矿事宜。

　　盛宣怀致陈宝箴函(五月初六日 7 月 16 日):芸阁学士拟用机器开挖,惠及梓邦,谅亦乐观其成也。

　　盛宣怀致郑观应电(五月初八日 7 月 18 日):萍乡如用机器起重吸水,确可大举,望速与芸翁商妥,即请香帅派马克斯由江西赴萍,择定煤层深厚处开一大井,以便将大冶提煤机器拆往,必须每日能出好煤三百吨方值得花费讲求运道,芸翁大手笔,必见得到此。

　　盛宣怀致陈宝箴函(五月初十日 7 月 20 日上海):然此两旬内所到之煤,仍多换杂,竟无一船全好之煤。船户作弊,无法挽回。适遇文芸阁学士过鄂面商,伊有堂弟文廷钧愿认萍乡一路,当即专责赴萍采运。芸阁拟用小轮船至湘潭拖带,取其行速,则难为弊。

　　盛宣怀致张之洞电(郑观应转)(五月十一日 7 月 21 日):前与文芸翁面商用机器起重吸水,庶有把握,可否请饬马克斯先由江西赴萍一看,开一大矿,否则土法挖煤,质难一律,出数无定,新炉不能开,甚有关系。如遣马克斯去,应派何人同往,乞与芸翁酌夺。

　　郑观应致盛宣怀函(五月十四日 7 月 24 日):芸阁兄拟于日内返萍,意欲大有作为。

　　盛宣怀致南昌电(五月二十七日 8 月 6 日):芸阁在鄂面商,以土挖无法取水,拟用机器起重吸水,故请香帅派矿师往勘。惟由南昌至萍乡如何走法? 水路若干? 陆路若干? 乞查示为感。

七月,王鹏运寄赠《高阳台》词,沈曾植和之。

　　王鹏运《高阳台·乙冬消寒,道希约作艳词,因循未果。秋风容易,触绪怀人,作此寄之》:罗袜侵尘,翠绡封泪,星河慵问秋期。巫峡荒唐,玉楼云雨霏微。猩红漫说秋花艳,问年年肠断谁知? 算何如、花是将离,草是相思?　　玉纤禁否西风冷? 想深闺刀尺,夜怯琼丝。爇遍沉檀,多生难忏情痴。瑶阶玉软春如海,记夜寒吟袖同支。看笼烟一抹遥山,愁锁修眉。

沈曾植《高阳台》和作:借月溯愁,笺天诉梦,碧城十二星期。拥髻归来,夜阑露细风微。中庭种树成红豆,那寒心鹦鹉先知。判酬他扇底秋心,弦上秋思。　　当年对影闻声地,剩花溅泪萼,柳袅愁丝。罗带同心,有情天亦怜痴。荒唐梦峡归云晚,甚神娥犹妒腰肢。祝芳风莫胃飞花,莫斗纤眉。

《高阳台·次半塘乙庵韵见寄之作》:灵鹊填河,惊乌绕树,秋来一样心期。帘额风轻,金炉篆袅香微。云楼雾幕参差起,黯瑶情未许人知。写银笺四角中央,难寄离思。　　凄凉茂草褰衣处,尽江河日暮,泪下连丝。猛拍阑干,凭他蝶醒莺痴。重阳萧索青芜国,来信云,七夕前三日,得信在重阳日,故云。恁霜寒篱菊能支。莫教人刬尽琼华,留映宫眉。

八月初七日(9月13日),在长沙。

王闿运《湘绮楼日记》:文间面已至长沙。

八月,洋矿师来萍勘矿,招致反对。

《恽积勋致郑官应函》:⋯⋯闻其事因《汉报》而起,查该报内称,洋矿师系由文绅廷式邀来招股购机取煤等语。萍民素畏机器,谓能使山崩地陷,田园庐墓悉被震伤,而借煤为业之人又恐官招新股,夺其现成之利。揭帖内归怨文绅廷式,遂指斥不遗余力,汹汹疑惧。采煤委员文廷钧因与文绅系昆弟行,亦避嫌不敢出头置辩。虽经顾令剀切晓谕,并撰就释疑四条及辨明机器情形,并将《汉报》加以评论分给绅士传谕开导。而时中秋令节,各绅未克来城,诚恐棍徒倡闹,童生附和,势必酿成事端。

按,《汉报》于光绪二十二年(1896)七月二十三日刊载文廷式带洋矿师来萍勘矿之消息。(《湖北省档案馆·汉冶萍公司档案史料选编》)

《萍乡县匿名书函》:合邑列列先生阁下,敬启者,吾萍去岁旱灾为数百年来所未有,易析情状,即郑监门亦所难图,公等为民请命,减可谓力救桑区矣。今幸天眷穷黎。早稻丰收,方以为剥极必复,含哺之乐,可以渐臻。顷悉有一大害莅萍,较之旱灾加于千万,敢为公等痛哭陈之。近闻吾萍有人在湖北勾引洋人来萍。开取煤矿,且已与洋人私立合同包办十年,十年之外岂不更立合同？似此满而复更，更而复满，就煤炭一项而论，则吾萍之精华尽、元气伤矣。大害一也。……杞忧子谨启。八月初二日。

《童生揭贴》：敬达列列，近据《汉报》，邑人被革之员文某邀同洋矿师来萍取煤。此系吸萍之髓而煎萍之膏也。而尚宾堂竟闻允借公所假馆洋人，以作育人才之区，为拔本涸源之举，于事为不祥，于人为犯顺，于地方为陷害，于土产为竭空。诸公乃瞻徇情面，甘为洋奴招附腥膻，污我清净。且后洋人踞此，始则崩坏陵谷，断绝地脉，继则铲伤庐墓，水绝人文，竭本地之精华，绝士民之生路……合邑童生暨军民人等公白（八月初十日）。

《八月十五日揭贴》：洋人不日可到，凡我合邑人等务要预备军器，齐心攻击，以免无穷之害。此白。

八月二十二日（9月28日），于萍乡致书卢洪昶。

《致卢洪昶书》：鸿唱仁兄大人阁下：连日会谈，颇罄积臆。敝乡僻陋，款客之处，必多不周，以为歉也。萍煤独办，虽竭力经营，而攻之者要不免多为谣诼；得台驾亲往勘验，谅已得其苦心。惟厂户、窿户终有希冀官办加价之意，必须窒其妄念，事乃归宗。昨所面商"明分暗合、添一商办"之法，既不使佳煤弃置，又可免业户居奇，似极妥协。如行旌到津、汉时，能面陈于督办、总办之前，依此办法各立合同，并能由地方官禁止多歧亡羊之处，实于官、商两有裨益。乡居辽远，不及走送。祗请筹安不尽！愚弟文廷式顿首。八月二十二日。

九月初九日（10月15日），作《点绛唇》词，寄慨时事。

《点绛唇·丙申九日》：风急天高，兴来欲射横空雁。平芜楚甸，漠漠清霜染。　　不省题糕，也少悲秋伴。登临健，兰芳菊艳，高想横汾宴。

九月，始撰《罗霄山人醉语》。

《罗霄山人醉语》小序：吾乡东南，有罗霄山焉。山之高数千仞，仰攀云霓，俯临大壑，登之者累欷，危乎不可留，久焉则不复怀思尘世矣。其中多神仙，时见时隐，善为观者，三年五年乃一遇之，恍惚之间，晞然无言，即言亦不可得闻。树之涛、云之影、鸟兽之奔骇，寥寥萧萧，天光临之，足以醉其性。既醉之后，或时有言，起辄书之。古今一晌，是非一齐，无所可否,以是为寄然而已矣。丙申秋九月。道希。

八、九月,寓萍乡。

《寄于晦若》:……八、九月中寓萍乡,则如居深山,与世复隔矣。……
腊月二十四日。弟廷式启。

九月下旬,与许寅辉、盛宣怀、卢洪昶等在汉阳集会,会议萍煤大局。

宗福致盛宣怀电文(九月二十四日):萍乡许委员已来厂,文学士即
日可到,会议萍矿大局。此事分合,极难处置,合则为商挟持,分则又恐树
敌,关系甚大。

十月初九日(11月13日),自萍乡来汉阳见郑观应。

《郑官应致盛宣怀函》:大人阁下,敬禀者,十月初八寄三十三号谅登
记室。昨文芸阁自萍乡来,请将月交二千吨之煤改添焦炭,且云杨笙林湖
南人,与萍人不合,恐滋事不宜用,当电达,已蒙电谕准即照办。应仍嘱其
查明年内可到若干,速复核定。兹将来缄呈阅,一切仍候卓裁。

十月初十日(11月14日),于汉阳致书郑观应。

《致郑观应书》:陶斋老兄大人侍史,昨谈甚畅;诸事承教,尤所深感。
唯萍乡煤事,尚有数则应商者,略具于后,敬候酌裁。一、萍煤转运至艰,
途中走漏搀杂,弊端至多。近虽多派押运,沿途又设稽查,然仍恐防不胜
防。且闻马鞍山左右亦有可采买烧炼之煤,价银在三两六钱以下,似不必
专用萍煤。拟请将"广泰福"包运每月二千吨之煤,改添一千吨之炭。弟
在萍时亲验,增添炉座,十一月后必能如数。此层贵局若允照办,弟当函
告萍局酌妥,再令其补禀候批可也。一、"广泰福"购买小轮将到。惟在
上海开船时,沿途船关,必须贵局文移方能经过;又湘、鄂两省均须立案。
日内当饬"广泰福"具禀台端,望分神照办,至感至感。一、卢洪昶欲在上
栗市办炭,栗市离萍颇远;又欧阳耀斋等自有一二煤窿,或可开办。弟自
愿其有成。至萍乡县之煤,则弟回乡后各绅士纷纷约同分办,弟亦概允,
今已于弟所开之外,又开八处,皆归"广泰福"经理采办,实已无余。若卢
洪昶来,不过为奸人播弄,实属无益有损。又闻有杨笙林者(此人名字屡
改,实即"炽昌盛"之东家,萍邑人人恨之),亦已奉委帮董。此人湖南湘

阴人,前在萍邑办"炽昌盛"时屡有控案。今年以来,包办彬州煤炭,至今于贵局成效可睹。乃不自悛改,又私向卢姓诡弄。若使其办萍煤,必致闹事,一切可虑。请电致杏孙京卿,此人断不宜用!勿谓弟言之不预也。一、去岁萍乡赈款,尚余三万余金,闻欲以此项买煤还江南。若然,则明年一年运道船只皆大不便,贵厂用炭必有不足,望先设法防之,两有裨益。其余各事,弟一时思虑尚有未尽,容随时函告。手此。敬请勋安不戬!如弟廷式顿首。十月十日。

十月二十六日(11月30日),与盛宣怀谈萍煤事宜。

《郑官应致盛宣怀函》:……据恽委员云,广泰福已将好山及今年烧出之火砖买定,恐非洪昶之力能敌,势必致放价争买,徒为渔人得利。已将情形另禀等语。昨邀芸阁来谈,云非把持,现右帅各绅皆拨款相助,与铁厂合办均可。虽各同乡来缄云,其力可专办萍煤,伊亦不以为然等语。

十二月十一日(1月13日),谒皮锡瑞谈。

皮锡瑞《师伏堂日记》:……文道希来拜,云萍乡煤系采买,铁矿尚未开;湖南轮船,香帅不欲行,恐洋人借此来开马头。

十二月二十四日(1月26日),致函于式枚。

《寄于晦若》:采兄如晤,腊月二十四日,乃得十月二十六日赐书。邮政不修,淹滞至此。开缄发椟,有如觌面,欣慰无似,惟鸵鸟卵竟不见惠,失前约矣。一笑。在鄂时,闻星海云:得仲弢信,时时见公意气舒闲,迥异畴昔。九万里之风涛,足以增人意气,与仙山楼阁,正复无异。惟临睨故乡,令人悒郁。此事百年以内,恐无可以适志之一日耳。弟出京后,身心泰然。平生不计毁誉事。既为逐臣,尤不当与闻朝政,故《邸抄》中事,非得《申报》《汉报》,未尝一观。八、九月中寓萍乡,则如居深山,与世复隔矣。公度事闻又有转圜,是否?出使以言语为重。罗、伍二使,殆以此也。仲鲁腊月间忽销差,大不可解。处膏腴之地,为人所指目,诚不如卸去为得。但回金陵后,不致赋闲方妙。星海去焦山度岁,闻开正回粤,亦是长策。来函论苏诗,具有深意。弟平日喜诵杜樊川"文石陛前辞圣主,碧云天外作冥鸿"二语,迄今思之,正如预谶。然不压于萍乡馆之墙(弟行后十余日,而所居之室,夜中墙仆),不沉于“安和”船之触,或尚无获罪于天之事,差自怵惕无咎耳。今年仍回萍乡度岁。明春局面稍定,当可出游。萍煤颇有起色,虽余利无多,然能依例而行,一年所需,尚可取给。烦兄随处维持耳。佛法云:冤亲平等。耶苏之说,则爱极雠仇。其词与孔子“以德直报怨”之说略殊,然其效则蟠天际地,所愿与公共勉之。一切爱憎争竞之心,弟十年来消除略尽矣。近作有《谈仙诗》五百字,伯严极赏之。又有词五六首,天寒未能写寄。中原旧学,行将废弃;然吾辈贞元朝士,岂能改面目以徇流俗?处必穷之地,正自无悔矣。宝书于学术流别,正知一二。惟出口不清,作中国语言,尚有不审的处;外洋音韵,析极豪芒,非其所任。九弟到阁,当在一二年间。此等应有尽有之事,不必论及时世也。子培、子封昆弟想常见。陈次亮请假出京,闻于枢署有未洽,未知信否。令兄明年能考小军机否?既已在京,便当循例趋公,不可非驴非马,徒事落人后,而在己亦鲜谛当之义。想拙规尚可听耶?岁暮天寒,不能一一。专复。敬请台安,顺贺年禧。腊月二十四日。弟廷式启。

除夕,有《戏题》诗二首。

《丙申除夕戏题》:日月随天竟左旋,中原犹是太阴年。虚舟已自能藏壑,激箭何须叹逝川?玉斝频斟千日酒,金丹还傲十洲仙。债台高矗青云表,不要渠家压岁钱。　　一念新罗顷刻旋,吾庐与鹤话尧年。愿游衡岳依明瓒,莫向罗浮访稚川。岁月催人俄已晚,江湖托迹宛如仙。闲愁不复撩眉影,尚有人赊买酒钱。

编年诗:《丙申元旦试笔》三首、《丙申除夕戏题》二首、《为徐鞠人同年世昌题北江旧庐图》、《双莲》、《出京作》、《养疴有作》、《留赠李博孙工部》、《琴台燕集诗时同集者黄仲弢梁节庵志仲鲁顾印伯纪芗聪张君立》、《途中却寄京师诸友》、《潞河舟次》、《归日作》、《舟至湖口得诗一首》、《答沈子培刑部寄赠五律一首》、《鹡鸰》、《萍乡郊行杂诗》、《张蔼卿兵备同年挽诗》、《寄李禹九先生》、《日本古城贞吉字坦堂相遇沪上赠余以所撰支那文学史索诗别后却寄》、《谈仙诗》。

编年词:《鹧鸪天》(璧满花秾世已更)、《上西楼》(红愁绿怨谁家)、《鬲梅溪令·咏鸾枝花》(妆台常记别离时)、《点绛唇·丙申九日》(风急天高)、

《高阳台·次半塘乙庵韵见寄之作》(灵鹊填河)、《风流子·江楼夜眺》(卷书抛短枕)、《虞美人·题朱艾卿洗马同年小像》(临风玉树青春里)、《鹧鸪天》(著意寻春春已阑)。

光绪二十三年丁酉(1897 年),先生四十二岁

新春在湘,有《春光好》词作。

> 龙榆生《云起轩词评校补编》:《春光好·新年》(新酒熟)叶恭绰曰亦丁酉作。

正月十七日夜半(2 月 18 日),长沙、湘潭地震。

> 《闻尘偶记》:丁酉正月十七日夜半,长沙、湘潭地震。

正月中下旬,自湘返萍。湘江舟中作有《好事近》词。

> 龙榆生《云起轩词评校补编》:《好事近·湘舟有作》(翠岭一千寻)叶恭绰曰原注丁酉作。

二月十三日(3 月 15 日),皮锡瑞约十五日便酌。

> 皮锡瑞《师伏堂日记》:以小轮事询伯严,云文芸阁汉皋船十六七可开行,可以附载,约十五便酌芸阁、实甫共谈。

二月十四日(3 月 16 日),皮锡瑞接先生函,云汉皋船未到。

> 皮锡瑞《师伏堂日记》:道希来函,云汉皋船尚未到。

二月十五日(3 月 17 日),赴陈三立邀饮,并打诗钟,赴宴者有皮锡瑞、易顺鼎、邹代钧、张通典、王德楷、熊希龄等。

> 皮锡瑞《师伏堂日记》:下午,赴伯严饮席。道希、实甫先到,正打诗钟,拈"弃"字、"金"字,限第三字。予挥纸得数联云:"逸书弃稷疑真伪,正史金源记废兴。""明主弃才东野句,圣人金口子云书。""珠崖弃地原非策,铜狄金人亦解愁。""郑国弃师文不隐,宋朝金狄谶先传。""便欲弃家寻五岳,懒从金地证诸天。"嗣又拈得"渊"字、"字"字,限第四字。予得"下及泉渊王者德,右行文字墨家书。""裹革文渊真烈士,画眉正字是神

童。"客至,催入席,未交卷。席上,道希言曾限"又"字、"壶"字,第三字,甚难。予归得数联云:"诗家又旦新城派,仙诀壶公缩地方。""莫讥又相非仁者,应识壶公是异人。""书辞又曰多疑义,词谱壶天有慢声。"是日在坐有邹沅房、张伯纯、王木斋、熊炳山。见有谕书院诸生,云"以褒衣博带之伦,效砖石瓦块之计",为之失笑。诸君言缅甸亡甚惨,妃主皆拍卖;分突厥后,将分中国,皆可骇也。

四月初六日(5月7日),在金陵,缪荃孙来访。

　　缪荃孙《艺风老人日记》:晴。校《艺文志》二。出拜曾经郭丙熙、赵湘浦、文芸阁、袁仲鲁。

四月初九日(5月10日),在志钧宅,郑孝胥来访。先生于十一日赘婿,遣人送喜饼至皮锡瑞。

　　郑孝胥《郑孝胥日记》:午后,过文芸阁,在志仲鲁宅,辞以无会客处,翌日当来谈。

　　皮锡瑞《师伏堂日记》:……文家送喜饼至,道希于十一日赘婿,即李洛才之子。

四月十日(5月11日):过张謇、郑孝胥。皮锡瑞写对联并烛、炮、酒送于先生。

　　张謇《张謇日记》:文道希来。

　　郑孝胥《郑孝胥日记》:文芸阁来。

　　皮锡瑞《师伏堂日记》:写对联并烛、炮、酒送文道希,皆收纳。

四月十一日(5月12日),谒皮锡瑞,云有船将至,可同行。郑孝胥、张謇明日邀约。

　　皮锡瑞《师伏堂日记》:……文道希至,云伊有船名汉皋,将至,可同行。

　　郑孝胥《郑孝胥日记》:午后,过季直,约明日共宴芸阁,与缪小山三人。

四月十二日(5月13日),赴缪荃孙、郑孝胥、张謇金陵吴园招饮。获缪荃孙赠《常州词》红本一部。

缪荃孙《艺风老人日记》（丁酉日记）：雨。校《艺文》史类三。接仲修信，约郑苏堪、张季直公请芸阁于吴园，并请杨仁山、曹巽甫、徐积余、吴鉴泉。送芸阁《常州词》红本一部。题吴夫人淑娟百花卷。

郑孝胥《郑孝胥日记》：宴客吴园，抵暮乃散。

《缪小山前辈、张季直修撰、郑苏龛同年招饮吴园，别后却寄》绝句四首：水风萧瑟似秋漪，侧帽临流半醉时。眼缬忽开春未老，浓阴漠漠柳如丝。　忽忆海东风日丽，拟开隙地种樱花（苏龛曾游日本）。不知富士山头雪，可似吴王苑里霞。　百年词派属常州，玉佩琼琚集胜游。却是止庵怀抱恶，东南日夜大河流。　于湖才笔龙川略，我觉张卿似过之。写取心情烦驿讯，春松秋菊可同时。

四、五月间，与陈三立有把臂入林之举。

陈三立《与汪康年书》（二十二）：秉三、祝庞之饮，乞君酌量。或秉三改作日间二三点钟，则于夜间谢局仍无碍也。明夜与文三有把臂入林之举，即请明告秉三来使，兼传知祝庞为要，祝似住同安里。是否竟定二钟？穰老。立顿首。

五月三十日（6月29日），夜，乘船去沪赴鄂。

郑孝胥《郑孝胥日记》：文芸阁及其弟狷阁来，芸阁自言今夜上江船，其弟未行。

按，郑孝胥于五月二十七日至沪，六月二十二日始去沪还宁。

五月，在上海始晤日本永井久一郎。

永井久一郎《西游诗续稿》自叙：明治丁酉五月来客海上，暇时与士大夫结文酒交，且作姑苏金陵汉鄂游，偶得若干首。……南船北马随感成吟，所得者固未可以言诗也。今将去海上归东京，取衍旧草，连记诸家唱和，为西游诗续稿二卷，即请文芸阁学士教正。将以问世，盖愿聊志游览之迹，不忘友交之谊焉耳。明治庚子三月于海上大虹桥北客楼禾原永井久倚装书。

按，由此情况可知本年五月先生初识永井久一郎。

五月，与梁启超、陈三立、谭嗣同等在沪上论女学创立之事。

梁启超《与盛宣怀书》：女学一事，实今日中国开民智之根本，超于五月间，与陈伯严吏部、文芸阁学士、谭复生太守诸君，有意于是，嗣以力量绵薄，未克即举，久已置之，今得莲山太守主持，实可望致大成。

谭嗣同《与汪康年书》（十四）：女学堂略与苏龛商之，学堂功课嗣同谓自从方言、算学入手之外，惟有医学一门与女人最相宜，他学皆今时所不能用，苏龛甚以为然。至其中条理办法，苏龛到沪自必能撼所见也。闻其到月底乃能成行。

六月初四日（7月3日），至鄂。

《致汪康年梁启超麦孟华书》：六月四日到鄂，酷暑如蒸，便觉罪恶法界，等无差别。我等俱是凡夫，一合相中，未能游戏神通，不能不有所苦，奈何！

六月初五日（7月4日），致汪康年、梁启超、麦孟华书。

《致汪康年梁启超麦孟华书》：穰卿、卓如、孺博三君同览，沪上淹留至五十日，为平生三十一次到沪最久之一次，非为公等，别无所谓也。欢叙之乐，如何可忘？即此知说群说会为天地古今第一至言妙道矣。六月四日到鄂，酷暑如蒸，便觉罪恶法界，等无差别。我等俱是凡夫，一合相中，未能游戏神通，不能不有所苦，奈何！伯严已启程否？度其情形，欲留海上歇伏，未知泉源不涸竭否？一笑。公度何时出京？晤时道念。以后赐函，望寄汉口永宁巷"广泰福"转交，必可收到。初到不及详函。泐请撰安，伏惟为道自爱。弟廷式顿首。六月五日。别有寄古城坦堂诗笺一封，乞转交为盼。

五、六月间，在汉口，借铁厂办理行轮事宜。

《闻尘偶记》：丁酉五月十三日，夜四更许，湖北武昌府数十里内地鸣，声如驴噪。……《申报》、《新报》或言满城鬼哭。余至汉口，或言自荆、宜至蕲、黄，往往夜深辄闻鬼哭。未知五行沴戾，何以至是？岁饥民困，讹言繁兴，聊复记之。

熊希龄《鄂与湘合办行轮敬求批赐速办上谭继洵书》：年伯大人钧鉴，敬启者，湘、鄂合办小轮，连日与黄小鲁观察熟商，意见均合。惟列名一节,仍坚以丁忧为辞,继则拟令其子庆曾孝廉出名合办,侄亦未便十分相强。惟鄂势涣散,未能一心,此次王中书竭力联络,颇非容易,殷实公正之绅,咸以无事为福,深恐一与官涉,而官得以挟制鱼肉之也。前日议及行轮,王中书以函约沙市邓绅,不敢拆阅,其畏官亦有如此者。正绅既畏不出,则将来办非其人,流弊滋大。以此次湘人悉化畛城,鄂尚懒于从事,而欲其独立一帜,恐更难矣。异日假冒行轮之人,必接踵而起也。且湘、鄂议尚未成,文道羲前辈借铁厂为名又增三轮,复有黄守谦者亦托人函致湘绅,愿以六轮归入湘股,均岌岌有喧宾夺主之势。所以湘绅益持重而不敢轻举,盖惧彼胜我衰,反为借口者诟骂,于创议之人殊百啄难以相解也。中国人同办一事,精神智虑,皆先销磨于题外之语言应酬及一切调停之术,于题中应有文章反未做到,故侥幸而得成功者小矣。光阴迅速,日复蹉跎,乘时为之,犹恐不及。侄每以一事无成同归于尽为恨。兹事虽微,而坚持隐忍迁就之心,无不毕用,至理有所不能喻,力有所不能逮,则亦无可如之何也。现闻鄂绅合办禀稿已缮其〔具〕,小鲁观察之可否列名,均求年伯裁夺为祷。兹将文道羲前辈所刊告白一纸及鄂绅往来愿信送呈,乞年伯察阅。鄂之情形聊具于此。侄因上海尚有未完之件,长沙各绅屡函催归,商办学堂诸事,拟十一日附招商船赴金陵及沪,月杪旋湘,容临行时再面陈也。如鄂禀已呈,敬求批赐速办,或不至迟而生变。即有未经列名之正绅,以后欲合同办事者,仍可由年伯陆续饬令归入此局也。专此肃丹,恭请福安。侄熊希龄敬启。六月初十日。

秋间,计划在萍乡修造小铁路。

盛宣怀致天津钱绍电报:(光绪二十三年九月初二日)芸阁在萍乡准用机器造小铁路,望后即派矿师、工程师前往,限半年完成。

秋,游南昌翠岩寺,遇庐山至善禅师。

《怀旧绝句》序文:丁酉秋,余游南昌翠岩寺,已倾圮,仅余数椽,遇庐山至善禅师栖息于此,年八十四矣。专修净土,每日诵佛号二万声,数十年不辍。余讽以接引后进,虑有未备,而禅师殷勤恳到,劝余念佛,真可谓善者机也。其念佛之法,标举《普贤行愿品》,以"念念相应"为主,异于散心念佛者。迩来支那末法不绝如线,至善与石埭杨仁山居士,盖其卓卓者矣。

秋，先生八弟文廷华中式举人（《族谱》）。

十月，偕妻陈氏、族兄炜、九弟廷楷等赞助中国女学堂，又参加农学会。

> 《汪表》：经元善、严信厚、郑观应及梁启超等议立中国女学堂于上海。因偕妻陈氏、族兄炜、九弟廷楷等赞助之。按，廷式又参加农学会，亦附系于此。

十月，感德人占胶澳而作《翠吟楼》（石马沉烟）。

> 《闻尘偶记》：丁酉十月，德意志国取山东胶州，先取船澳，总兵章高元让之。信息甫闻，举朝震骇。时补祝慈禧太后万寿，自十月初间演剧，至十八日方竣，保举甚优，铺陈亦丽，以为曲意事洋人，可得其欢心，而不虞德人之猝发也。

> 《罗霄山人醉语》：中国则自曾惠敏任译署后，极意联英，然未得其要领也。朝鲜兵事起，英合于倭，玩我于股掌之上，乃知英之不足恃矣。俄而和议既成，俄人合德、法为我索辽地于倭，于是改而亲俄，遣重臣，立密约，以为俄可以护我也。一切整顿变更之政悉视为缓图，分隔汉人之见更倍于曩日。乃丁酉之冬，德人忽取胶州，俄人袖手不置一辞，又始知俄人之不足恃矣。迩日俄且索我旅顺、大连湾，英且欲保护长江，倭人迫不及待又将与我为难，于是朝廷皇皇焉，以特科岁科为求人材之地，以昭信股票为借国债之根本，毅然裁兵为节省费用。临渴掘井，且大臣之才皆不足洞见时势之本末，所行者其效亦正可睹耳。

> 《翠楼吟·岁暮江湖，百忧如捣，感时抚己，写之以声》：石马沉烟，银凫蔽海，击残哀筑谁和？旗亭沽酒处，看大艑风樯轲峨。元龙高卧。便冷眼丹霄，难忘青琐。真无那。冷灰寒柝，笑谈江左。　　一笇。能下聊城，算不如呵手，试拈梅朵。茗鸠栖未稳，更休说山居清课。沉吟今我。只拂剑星寒，欹瓶花妥。清辉堕。望穷烟浦，数星渔火。

十一月初三日（11 月 26 日），乘江裕轮船赴沪。

> 缪荃孙《艺风老人日记》：启程乘江裕轮船赴沪。同舟张赓三、李洛材、文芸阁、恽叔畬长谈。

十一月初五日（11 月 28 日），缪荃孙来晤。初四日抵沪，与李智俦寓鼎鼎栈。

　　缪荃孙《艺风老人日记》：诣鼎鼎栈，晤文芸阁、李洛材。

十一月十八日（12 月 11 日），与弟文廷华赴汪康年、康广仁、郑观应二十七号洋饭馆招饮，立德夫人、李提摩太、福开森、郑孝胥在座。

　　郑孝胥《郑孝胥日记》：汪穰卿、康幼博、郑陶斋邀晚饭于二十七号洋饭馆，单中有立德夫人、李提摩太、福开森及文芸阁昆仲。

十一月二十七日（12 月 20 日），缪荃孙来晤。

　　缪荃孙《艺风老人日记》：出拜文芸阁、志仲鲁、李六材。

十一月初，致信梁鼎芬，谈及洋人瓜分中国之野心。

　　陈庆年《横山乡人日记》：晴，薄暮，在梁节庵处宴聚。……节庵席间又得文芸阁名廷式自沪上来书云：轮中晤美人福开生详说此事云：俄现在与中联合，无辞举兵；乃与德合谋，令借教案事据胶州湾；复以福建饵法，伊即得以谋据东三省，并荐食黄河以北。奥允助德，意允助法，五国合纵，以拒英倭。瓜分之议，已有成约。闻英已有兵船五十艘开至香港矣。德使告我总署亦云：德意旨所在，不受商六条之议，盖亦姑为之辞耳。

十二月初五日（12 月 28 日），赴梁鼎芬招饮，陈庆年在座。

　　陈庆年《横山乡人日记》：……晚，梁节庵招饮，始识文芸阁名廷式学士。

十一月至十二月间，康有为入都，过上海，得先生密札数通。

　　胡思敬《戊戌履霜录·文廷式传》：康有为戊戌入都，过上海，得廷式密札数通，交通宫禁，约事成援之出山。事觉，密旨令江西捕治，逸去，不知所之。

　　康有为《康南海自编年谱》：……十月还上海。中国人满久已，美及澳洲皆禁吾民住。又乱离迫至，遍考大地，可以殖吾民者，惟巴西经纬度与吾近，地域数千里，亚马孙河贯之，肥饶衍沃，人民仅八百万，吾若迁民往，可以为新中国。……时经割台后，一切不变，压制更甚。必虑必亡，故欲开巴西以存吾种。乙未之归,遇葡人及曾游巴西者,知巴西曾来约通商招工,其使来至香港而东事起,巴使在香港候吾事定。至数月,东事益剧,知不谐,乃归。吾港澳商咸乐任此,何君穗田擘画甚详,任雇船招工之事。于是,拟入京举此。适胶州案起,德人踞之,乃上书言事。

冬,闻粤中故人如叶衍兰、陶福祥辈先后凋谢,作《霜叶飞》(海风吹老欹檐树)词追忆之,兼怀梁鼎芬。

　　《霜叶飞·丁酉冬间,闻粤中故人,如叶兰台、陈孝直、陶春海辈,先后凋谢。余少长岭南,一时名流,咸得款接,如许涑文侍讲、颜夏廷兵备,则父执也。李仲约侍郎,久相契识,后为余朝考师,张延秋、姚枢甫两编修,林扬伯、明仲昆季两主事,许天倬副贡,陈庆笙秀才诸人,并文酒追从,乐数晨夕。十余年来,仅有存者,新阡宿草,杳漠何期。诚知天道变衰,早死未为不幸,特文字结习,犹不能忘;海水客游,偶填此阕,谱入笛声,当不减山阳之赋也》:海风吹老欹檐树,幽窗凉夜偏早。前尘依约越中山,问甚时重到? 忆俊侣、英游不少,金鞍宝马呼銮道。更珠江浩渺。良月滟、笙船众花,齐映欢笑。　　因甚耆彦风流,十年前后,新坟尽长秋草。江山满目泪沾衣,是而今怀抱。算不及、魂归朱鸟。波涛万顷珠沈了。待近约、梁鸿去,谓梁节庵。按依清真应作六字句。踏遍千山万山斜照。

冬,在沪上与英人李提摩太论学。

　　《罗霄山人醉语》:今日欲改文字以归简易者,余所知已有数人。度世变之亟,或不免行之。然余谓中国文字,自是天地间最简之学,今习而不察。又后世文繁,自滋其弊耳。西人李提摩太尝谓中国文繁,余应之曰:中国文不繁。李提摩太请其说,余告之曰:西人拼音,凡数万音;而中国所用之音,不过数千。其简一也。西人字典不下十万字,其常用之字,亦将近万;而中国所有之字,除别体讹体外,不过一万,所常用之字,不过四千。其简二也。且数千之音,太半分以四声,道之语言,则平上去三音,不甚分别,是音尤简矣。各国语言,凡衬字余音,皆著之笔画;中国则以数虚字形似之,而一切起音收音概置不用。此所以简而足用也。问曰:然则中国学童每至七八年、十年,犹有文理不通者,其故何欤? 余曰:此求工求雅之过,非文字之咎也。中国文法,大半沿之周秦汉者十七八,沿之唐宋者十二三。若近千年之名物,则不登于文字,近五百年之语言,则不书之简牍。是学者读古书,通文理,其中已兼两次翻译之功,安得不迂缓乎?且闾里之女子,乡井之细民,但能阅戏文,看小说,不一二年,便可亲笔写家信。若谓非十年不可,岂此等人之聪明转过于在塾肄业者乎?故但令识字能书之后,即改学化学、算学等艺,度其用文字之功,虽至愚之人,三年,无不能操笔记事者矣。以是言之,不必再造简便字也。或曰:日本高丽,何以皆有本国简字?中国独不宜效之乎?余曰:日本、高丽语言本与中国不同,且其言必兼用起语收声,而后人人能识。若中国则各行省虽有言语不同之病,而一字为一言则举国同之,不必再学各国拼音之法,转令民间多一事也。惟中国骈体诗赋等作,必敷陈古事,不作今言,此则施之今日,不过绣其鞶帨,当任学者自为之,无容过为鼓舞可也。

　　按,此时李氏自英国复来沪继任广学会总干事。

　　编年诗:《萍乡道中雨雪》、《海上春日杂兴》四首、《高阳李文正师挽诗》、《题张樵野侍郎运甓斋话别图》、《怀旧绝句》(持诵佛号念相应)。

　　编年词:《念奴娇·题壁》(一村临水)、《霜叶飞》(海风吹老欹檐树)、《翠吟楼》(石马沉烟)、《春光好·新年》(新酒熟)、《好事近·湘舟有作》(翠岭一千寻)、《摸鱼儿·惜春》(恁啼鹃苦催春去)、《南歌子·闺情》四首、《如梦令》(卍字阑干才倚)、《踏莎行·题明叶蕙绸鸳鸯传奇》(英宪传经)、《西江月》(削竹闲栽)、《清平乐·有忆》(画罗双凤)、《侧犯·咏梅用白石道人咏芍药韵》(乍又来去)、《摸鱼儿·为黄仲弢题吴彩鸾骑虎图》(倚苍岩翠藤无路)。

光绪二十四年戊戌(1898 年),先生四十三岁

正月初七日(1 月 28 日),有绝句一首。

　　《戊戌人日作》:索居不报故人书,地僻休停长者车。今岁春迟花信晚,忍寒还守北山庐。

二月十四日(3 月 6 日),《中德胶澳租借条约》签订。

　　《闻尘偶记》:胶州为德人所踞,事固至难。而中朝之许之者,至举山

东一省俾之，矿产为其所有、铁路代其筹办、凡有兴办悉听其命，可谓至奇。又以海权授之，中国船之经黄海者受其约束，然则他日载军火、运漕米皆不得自由矣。乃总署犹秘之，虑廷臣之争、督抚之争，则仅宣示曰允立教堂而已，允赔款、办人而已。余在朝时，犹能预探其消息，而集众争之；今则事已定，而督抚之知信息者不一二人也。陈伯严吏部曰："举五千年之帝统、三百年之本朝、四万万人之性命，而送于三数昏妄大臣之手，从古及今未有可痛如此者也。"俄人因此而取旅顺、大连湾，固有使之不得不然者耳。

　　按，《中德胶澳租借条约》由李鸿章、翁同龢与德使海靖于二月十四日签订，次日谕准。

二月二十五日（3月17日），先生在湘，访皮锡瑞不遇。

　　皮锡瑞《师伏堂日记》：大风，颇寒……伯严正会客，未晤。文芸阁来矣，未见面，不知伊近作何事？

二月，在汉口为其表弟汪曾武点定其《味菰词》稿，并题辞。

　　《味菰词》题辞（光绪二十四年二月）：仲虎天资明敏，自幼喜读古文，下笔千言立就。间作诗词，颇有隽句，诗工七律，词则小令为佳。每作必就予商榷。天生美质，人咸欣羡。乙盦、半塘诸君辄相矜许，岂偶然哉？戊戌仲春，年愚表兄文廷式书于简端。

三月十二日（4月2日），赴王仁东一品香招饮，晤江瀚。

　　江瀚《江瀚日记》：清晨，过伯浩观察、颂年编修谈。午刻，旭庄太守招饮一品香，苏堪司马已先到。晤文道希学士、黄仲弢编修暨农学会蒋伯孚、罗叔蕴二君，散后复诣敬如军门、子渊编修，快论良久始归。晋甫观察惠顾，彼此相左。为蔡作信稿。是日阴，时有小雨。

三月十六日（4月6日），江瀚、王仁东来访。

　　江瀚《江瀚日记》：晨，旭庄来谈，同访芸阁学士，并晤建霞编修。饮于宝丰楼，散归。下晡，复与王游张园。仲勉过访，不值，留字订宝德番菜馆一聚。晚，出询不得，怅怅而返，足见饮啄前定，皆非偶然也。是日晴。

三月十七日（4月7日），往谒江瀚，逢费念慈，旋同诣蒋黼、罗振玉处谈。

　　　江瀚《江瀚日记》：朝饭后，屺怀编修来访，芸阁学士踵至。旋同诣农
　　会报馆蒋伯孚、罗叔蕴处一谈。费、文先行，余复造次申观察，景张、怀西
　　庶常，梅生太守，苏凫司马，均晤。

三月十八日（4月8日），同江瀚赴蒋黼、罗振玉万年春招饮。后赴王仁东邀
　　约，余思诒、罗贞意、志钧、洪述祖在座。

　　　江瀚《江瀚日记》：晚，伯斧、叔蕴招饮万年春同芸阁，践旭庄约。晤
　　余易斋、罗诚伯、志仲鲁、洪荫之。是日雨。

三月十九日（4月9日），赴余思诒招饮，王仁东、罗贞意、志钧、洪述祖、江
　　瀚、蒋黼、罗振玉、姚文藻、曾广铨在座。

　　　江瀚《江瀚日记》：次申来谈。作一笺致建霞，当有报章。夜赴易斋
　　酒局，同座皆昨晚所会诸君，唯增姚赋秋及敬诒耳。散后，偕曾游衍，复小
　　酌而归。是日晴阴。

三月二十一日（4月11日），过郑孝胥谈。

　　　郑孝胥《郑孝胥日记》：午后，诣公司，芸阁来谈久之。

三月二十三日（4月13日），道遇江瀚。

　　　江瀚《江瀚日记》：诣建霞快谈，接屺怀复书。同赓虞乘马车游张园，
　　中途遇芸阁、敬如。晚，饮海天春番菜馆。散后留连于歌吹间，夜半始返。
　　是日晴。

三月二十六日（4月16日），邀江瀚同曾广铨手谈。

　　　江瀚《江瀚日记》：少穆观察来谈。夜，汪穰卿暨其从弟仲虞招饮范
　　家。散席后，芸阁学士邀同敬诒太守手谈，余不解此，勉徇其意，延至鸡鸣
　　乃归。是日晴。

三月二十八日（4月18日），江瀚因先生索观其著致信先生。

　　　江瀚《江瀚日记》：晚，华亭招饮海天春。复赴万年春践杨笵甫、陶月
　　如之约，同座渊若编修、梅生太守。晨，作一笺致芸阁学士，以其索观拙著
　　故也。是日阴，时有小雨。

闰三月初二日(4月22日),过郑孝胥,议立亚西亚协会,商议以初五日为第一会。与江标等人就兴亚会创立之事预约宗方小太郎于日新里李盛铎寓会面谈判。

郑孝胥《郑孝胥日记》:文芸阁来,议立亚西亚协会,欲以初五日为第一会,而以余及文、何(嗣焜)及郑陶斋出名召客,勉诺之。

宗方小太郎《宗方小太郎日记》:六时,前任御史文廷式、湖南学政江标等就兴亚会创立之事希望与余谈判,请求于日新里李(盛铎)寓会面。从吉田宅上车,到四马路找寻所谓日新里,不得。不得已回寓。

闰三月初四日(4月24日),过郑孝胥,改在初六协会。

郑孝胥《郑孝胥日记》:文芸阁来,改于初六协会。

闰三月初五日(4月25日),赴宗方小太郎邀约,始识宗方,痛论时事,并与宗方、姚文藻共进午餐。

宗方小太郎《宗方小太郎日记》:往叩姚赋秋,柬邀文廷式。至,自称江西人,文天祥之后裔。前任御史,曾谏皇太后,弹劾李鸿章,触忌讳罢官,当世名士也。年齿四十余,亦快人也。痛论时事。三人共进午饭,归。

闰三月初六日(4月26日),午后,同张謇、郑孝胥过郑观应处。是夜集会。宗方小太郎致信介绍青浦奎吾、松平正直二氏。

郑孝胥《郑孝胥日记》:午后,诣公司,季直、芸阁来,遂同过郑陶斋。是夜来会者二十余人,日人来者四人。

《集成报》闰三月十五日(5月5日):日本(木夏)梁川子爵武扬,合亚洲各国显宦名流,讲求振兴之策,而以渡边子爵洪基副之,继又改称亚细亚协会。今驻沪日本小田切总领事,睹中国民智未开,义关唇齿,复创办于沪上,曾商上海道蔡和甫(钧)观察、盛杏荪(宣怀)京卿,均谓甚愿其成,惟公忙不能兼顾,邀文芸阁(廷式)学士、郑苏龛(孝胥)部郎、何梅生(嗣焜)太守、郑陶斋观察主席。因郑观察病尚未痊,不能出门,假座于广福里待鹤书屋。

《湘报》第69号转载《大公报》、《兴亚大会集议记》云:除主席文、郑、何、郑外⋯⋯与会者为日本领事小田切、三井洋行总办小宝三吉、三菱洋行总办某君、日本领事翻译官某君、志仲鲁观察、张季直殿撰、江建霞太史、严小舫观察、薛次升观察、施子英观察、姚稠臣太史、曾敬贻部郎、杨子萱太守、沈仲礼观察、汪穰卿贤书、盛揆臣孝廉、陈敬如军门、李洛才大令、经莲珊太守、唐杰臣观察、李谷生司马，本馆主人吴剑华亦与其列。

宗方小太郎致信介绍青浦奎吾、松平正直二氏。

　　宗方小太郎《宗方小太郎日记》：接明日青浦奎吾、松平正直二氏将抵上海之报，遂写介绍信致汪康年、文廷式等，托松仓转交。

闰三月初七日(4 月 27 日)，与何嗣焜、郑孝胥约日人小田切万寿之助于郑观应宅。

　　张謇《张謇日记》：道希、眉孙、太夷约同会小田切万之助于郑陶斋寓。按，"小田切万之助"应为"小田切万寿之助"。

闰三月十日(4 月 30 日)，置酒招饮张謇等人。

　　张謇《张謇日记》：道希复置酒。闻日廷又遣其大臣来沪，图兴协会。

闰三月十二日(5 月 2 日)，赴盛宣怀招饮，缪荃孙、郑观应、郑孝胥、何振岱同席。

　　缪荃孙《艺风老人日记》：晚间杏荪约晚饭，郑陶斋、文芸阁、何梅生、郑苏龛同席。

闰三月二十三日(5 月 13 日)，往谒郑孝胥。

　　郑孝胥《郑孝胥日记》：芸阁来。

闰三月二十七日(5 月 17 日)，访沈曾植于晋升客栈，逢郑孝胥、费念慈。夜与张之洞、汪康年、郑孝胥谈，共饭，两点始散。

　　郑孝胥《郑孝胥日记》：午后，诣公司，费屺怀来，过永兴里访琴南、啸桐二同年，不值。遂过子培，已移入晋升东栈，逢费屺怀、文芸阁。……十点归寝，寐未熟，有叩门甚厉，南皮来唤，视钟十一点余。遂登楚材船，南皮与芸阁、穰卿方谈，因共饭，至二点乃返。

四月初，致函王颐丞。出借大红船四号与湘潭转运局。

《铁厂电报抄存》(光绪二十四年)湘潭去电:四月初六前月共运五二一〇余吨,甚慰。本月务要多运,文芸翁有大红船四号,订明借与我局装煤,每月约用钱百四十串。运局开,不收运价,领即向长沙西门外广泰福船局龚仲甫验收,余函详。宣。鱼。

《湘潭王颐丞来电》:虞电敬悉。煤焦遵当设法赶运。船事昨接文学士函,即由龚交罗绍益带来,内亦言船暂归局,月支工食百四十千,不支水脚,蒙宪允专派"江泰"来往拖行,准其搭客,费归渠自收用等因。当以提调前奉等谕已派邱令验收,遂面告罗,候邱令到再定,并另函达提调。

《盛宣怀致王颐丞函》:……本月煤炭务须多运,湘潭大船既属缺少,文芸阁学士有大红船四号,现与订明借归我局。装煤船上人工等项,每月约用一百四十串,悉归转运局开支,所装煤炭不收运价,惟船上搭客之费允归彼收,借资弥补。除由文学士函饬广泰福船局龚仲甫查照外,兹将原函附上,即望速向龚仲甫验收。在文学士,目前只想节省用费一百四十串,在转运局可得四船装煤,彼此有益。将来俟煤矿得手,此船总须属与我局也。现在如何办理,并与详细订明,示悉为要。除已电复外,此颂升祺不一。

四月二十三日(6月11日),光绪帝颁定国是诏,宣布变法,百日维新开始。

《清史稿·德宗本纪》:乙巳,诏定国是,谕:中外大小诸臣,自王公至于士庶各宜发愤为雄。以圣贤义理之学植其根本,兼博采西学之切时势者,实力讲求以成通达济变之才。京师大学堂为行省倡,尤应首先举办。军机大臣、王大臣妥速会议以闻。

《定国是诏》:数年以来,中外臣工讲求时务,多主变法自强……嗣后中外大小诸臣,自王公以及士庶,各宜努力向上,发愤为雄,以圣贤义理之学,植其根本,又须博采西学之切于时务者,实力讲求,以救空疏迂谬之弊。

四月二十七日(6月15日),协办大学士翁叔平开缺回籍。

翁同龢《翁同龢日记》:一时许同人退,恭读朱谕:协办大学士翁同龢近来办事多不允协,以致众论不服,屡经有人参奏,且每于召对时,咨询事件任意可否,喜怒见于词色,渐露揽权狂悖情状,断难胜枢机之任。本应察明究办,予以重惩,姑念其毓庆官行走有年,不忍遽加严谴,翁同龢著即开缺回籍,以示保全。钦此。臣感激涕零,自省罪状如此,而圣恩矜全,所谓生死而肉白骨也。随即趋出,至公所小憩。

四月,张之洞奉旨回鄂办沙市教案,先生与沈曾植、费念慈乘江清轮送至焦山。宿仰止轩,得观明人杨继盛手札。

《戊戌四月同张孝达尚书沈子培刑部费屺怀编修同游焦山宿仰止轩观明杨忠愍公手札即题其后》:东下蛟鼍为谁怒,南飞乌鹊夜频惊。寂寥忠愍祠边宿,想见英灵发大声。

按,费念慈《归牧集》中有《南皮师奉命北觐既抵上海有旨回鄂办沙市教案与乙庵道希同送之焦山遇大风雨留宿禅房适云闲上人以听经来山中携琴见访题名于杨忠愍公墨卷尾道希有诗次其韵》诗。

沈曾桐《百研斋日记》:香帅邀四兄同至镇江,游蕉山。

四月,与沈曾植晤谈。

沈曾植《护德瓶斋客语》:道希极论三藏义谛,拈慈悲二字作世出世间一切圆相,根器殊异,于此可见。同乘车过宜城桥,诵"双悬日月照乾坤"之句,慨然远想,谓:"世间至此,非此无由定国。"予谓:"中朝党论,疑忌多方,病状益深,药方不敢轻试,庄子所谓至言不出俗言胜者,今之谓欤?"道希言及糠(即指康有为)曰:"此伧耳,何能为?"予曰:"世界益低,人才益瘁,仆至今日乃不敢藐视一人。"道希征其故,曰:"此禅家所谓草贼也,草贼终须大败,第不知须费几多棒喝。仆老矣,且去国以后,理乱罕闻,政恐意气褊激,诸公未免将为此人鼓动耳。"

按,《沈曾植年谱长编》记沈曾植闰三月二十日(5月10日)自嘉兴至上海,四月十八日(6月6日)抵扬州。所记此次晤谈事,当在四月间。

四月,赴洪述祖招饮,为日人永井九一郎洗尘,志钧、小田切万寿之助等同席,先生有诗步永井九一郎韵。

永井九一郎《戊戌四月重来海上赋此呈亚细亚协会诸君子》:海外重联缟纻欢,邻交同是此心丹。看棋莫笑输筹易,当局应知下子难。几处名园人已换,一年春色梦初残。绿阴幽草淞江路,独着乌巾对碧澜。

永井九一郎《洪荫之大令(述祖)招饮余及文芸阁学士(廷式)志仲鲁观察(钧)姚子芳明府小田切富卿领事为余洗尘红袖侑酒清歌助兴席间率赋》:雨余新水涨长江,万里重来驻客艭。妆阁今番寻约到,诗坛几辈望风降。恼人国色花千朵,得意春风燕一双。佳会不常须尽醉,鲥鱼上市酒盈缸。

《和禾原君韵》:同洲赠缟话新欢,醉听清歌七返丹。铁铸六洲成错久,钢经百炼化柔难。冲霄龙剑光仍灿,照座莺花夜未残。翦烛欲论兴废事,天河不动感微澜。　　春风吹暖白蘋江,嘉客来游泛海艭。叔度风裁容我接,元龙豪气为君降。筐中剑术千人敌,镜里花光一笑双。酒半更添诗思绮,夜珠如月胜兰缸。

按,禾原即日人永井九一郎,又号禾原、来青阁主人。

六月二十四日(8月11日),得沈曾植书。

《芸阁丛谈》:六月二十四日,得沈子培刑部书,云:"糠孽(借耶律文正诋邱长春语,隐康字)大名,遂满宇宙;南城谈士,卷舌无声。假留我辈数人,何至令渠跳梁至此? 自仆观之,今之骂'糠'者,皆张'糠'之焰者也。寿州以两奏遣之,韩陵片石,赖有斯人。世事非变法不可为。而变法之机,为此君卤莽灭裂,中生□(变)阻。伍、文败,而神策北军、终南士大夫,遂无敢复议□(变)法者。数往知来,可为长太息者也。"数月以来情形,此纸颇得其实。暑雨微凉,聊复录之。

夏间,搭乘张之洞座舰楚材号自沪上至镇江。

《小田切向日本外务省汇报机密第六十号》:文廷式与湖广总督张之洞、前任巡抚陈宝箴同被认是该国渐进派的领袖人物。其与张、陈两官交往甚密。本年夏间,张总督自上海返回武昌,曾让他乘坐自己的座舰楚材号,同行到镇江。此为一例。两江总督刘坤一也很器重该人。先前下达捕拿密旨时,刘坤一回答说:"该人目前正在海外漫游,俟其归国后再予惩办。"由此而加以保护。此次文氏由湖南经湖北到达本地,消息早已传到刘总督的耳中,但其故作不知。(小田切万寿之助致外务次官都筑馨六,第60号机密信,1898年11月23日发,29日收,《日本外交文书》第31卷

第 1 册）

七月十三日（8 月 29 日），申时，有大星陨于南方，光晕五色。

　　《芸阁偶记》：戊戌七月十三日申时，有大星陨于南方，光晕五色。湘中居人见之者甚众。

七月十五日（8 月 31 日），回籍扫墓，与萍乡知县顾家相和部分绅士商议创办萍乡学堂。下旬，赴鄂往筹学堂经费，未果。

　　翁曾桂《奏为查明遵拿革员文廷式并未在籍事》：本年七月中元，该革员回籍扫墓，并兴办学堂，经费不敷，欲向总办官煤局委员筹商资助，适煤局委员因公赴鄂，该革员复往湖北就商，而委员已于七月下旬回萍乡。

八月初一日（9 月 16 日），回萍，筹商资助学堂经费事未果。

　　翁曾桂《奏为查明遵拿革员文廷式并未在籍事》：该革员亦由鄂折回，于八月初一日到县，筹商未妥。

八月初三日（9 月 18 日），杨崇伊上《吁恳皇太后即日训政折》，指斥先生参与创立南北强学会及大同学会，外奉孙文为主，内奉康有为为主，要求慈禧即日训政，密拿大同会中人，分别严办。

　　杨崇伊《吁恳皇太后即日训政折》：掌广西道监察御史臣杨崇伊跪奏，为大同学会蛊惑士心，紊乱朝局，引用东人，深恐贻祸宗社，吁恳皇太后即日训政，以遏乱萌，恭折仰祈慈鉴事。臣维皇上入承大统，兢兢业业二十余年，自东瀛发难，革员文廷式等昌言用兵，遂致割地偿款。兵祸甫息，文廷式假托忠愤，与工部主事康有为等号召浮薄，创立南北强学会，幸先后奉旨封禁革逐，未见其害。乃文廷式不思悔过，又创大同学会，外奉广东叛民孙文为主，内奉康有为为主，得黄遵宪、陈三立标榜之力，先在湖南省城开讲，抚臣陈宝箴倾信崇奉，专以讪谤朝廷为事，湘民莫不痛恨。……风闻东洋故相伊藤博文即日到京，将专政柄。臣虽得自传闻，然近来传闻之言，其应如响。伊藤果用，则祖宗所传之天下不啻拱手让人。臣身受国恩，不忍缄默，再四思维，惟有仰恳皇太后追溯祖宗缔造之艰，俯念臣庶呼吁之切，即日训政，召见大臣，周谘博访，密拿大同会中人，分别严办，以正人心。庶皇上仰承懿训，天下可以转危为安。臣愚昧之见，缮折密陈，伏乞皇太后圣鉴。谨奏。

八月初五日（9月20日），离萍到长沙。

　　翁曾桂《奏为查明遵拿革员文廷式并未在籍事》：九月初三日（10月17日）复于是月初五日外出，闻系取道湖南醴陵县，有前往长沙之说，是否赴上海，抑至广东，无从查悉。

八月初十日（9月25日），京师政变后第四天，慈禧夺权，密旨缉捕先生。

　　《随手登记档、电寄档》军机处密电两江总督寄刘坤一、江西巡抚翁曾桂，已革翰林院侍读学士文廷式，是否在籍，抑在上海一带，著刘坤一、翁曾桂密饬访拿，押解来京。

　　陈寅恪《寒柳堂记梦未定稿》：……兹有可附言者，即先君救免文芸阁廷式一事。戊戌政变未发，即先祖、先君尚未革职以前之短时间，军机处廷寄两江总督，谓文氏当在上海一带。又寄江西巡抚，谓文氏或在江西原籍萍乡，迅速拿解来京。其实文丈既不在上海，又不在江西，而与其夫人同寓长沙。先君既探知密旨，以三百金赠文丈。

　　陈小从《庭闻忆述》十首之三：竭泽而渔国本伤，擒拿密旨到三湘。天丧斯文独能挽，巧演搜捕戏一场。自注：戊戌八月政变，慈禧复出夺权，对已革翰林侍读学士文廷式犹有余憾，必欲置之死地。尝降密旨谓："无论行至何处，着即就地正法。"当时文廷式正隐藏长沙某处，密旨抵抚署，右铭公压下未发。先祖密遣心腹，携银至文住处，劝其速逃。当时适有文之同里某候补知县，来抚署告密，并言：如去捉钦犯，彼可带路。先祖伴与应付，估计文已脱险，始虚张声势，派人扮演了一场捉拿钦犯的闹剧。

　　舒之《〈闻尘偶记〉小注》：戊戌变法失败，密旨命逮廷式。廷式既避匿出走，莫知所之。而文龢方居家南昌，遂遭受官府严诘逼询。其时胥吏呵斥、逻者伺门之情状，不难想见。

八月十三日（9月28日），江西巡抚翁曾桂奉旨查拿先生，未获，电告总理衙门。

　　《总理衙门清档，（01—38）》：奉初十日电谕……钦遵。查省垣有该革员寓所，即密饬南昌、新建两县前往查拿。旋据复禀，该革员并未在省，询据其族弟内阁中书文廷楷声明,其兄早经外出,曾接其七月底自湖北来信云,八月初间拟往上海或出洋游历。以后未接续信,不知下落等语。当即一面电达督臣刘坤一,一面知照湖广督臣张之洞。一体访查,拿押解京。仍密饬该革员原籍萍乡县令访查踪迹,如有下落,即行拿解。请先代奏。翁曾桂。文。

八月十七日(10月2日),刘坤一电告查拿未获。

《总理衙门清档,(01—38)》:奉旨饬拿文廷式等因。当即饬遵派员于上海等处严密访拿,并电西抚于该革员原籍一体查缉。旋据上海委员禀复,该革员今春二月间到沪,因江西新设学堂于六月初回籍,至今未来。又准翁曾桂电称,据该革员族弟文廷楷声称,伊兄七月底从鄂来信,八月初拟往上海或出洋游历。以后未接来信,不知现在何处各等语。互证参观,恐尚在湖北逗留。业经坤一电饬江汉关道俞钟颖,迅速访拿,毋稍疏纵。并饬派赴上海委员实力稽察,毋使出洋。一候获到,即行起解。请代奏。坤一。铣。

是月,隐匿湘潭,其间有《读〈孟子赵岐注〉札记》、《撷芳录》等著作。

《读〈孟子赵岐注〉札记》序:戊戌八月,习坎中借此遣日,略有数则可存者耳。

《撷芳录》后跋:戊戌八月,寓湘潭一粟河唐氏家。坐对农亩,晴窗多暇,虽忧患中,而天君泰然。故读经哦诗,不废清课。……道希自记。

九月,隐匿湘潭,荒村读《易》。

《撷芳录》前记:荒村读《易》,无书可证,仅恃石刻印本,字小多讹,聊以遣日而已。其研理之精、措辞之妙,间钞一二。偶有所见,随笔书之。匪以考经,忧患时心力以此寄耳。戊戌九月记。

秋冬间,借陈宝箴、蔡乃煌策划之力,坐官船离湘行至汉口。十月初,在日驻上海总领率代理小田切万寿之助、绪方有邻的帮助下,再由族兄文炜、族嫂冒氏夫妇坐日商船天龙川丸护送,十月十九日抵达上海。后来东行日本的计划未获日本官方允许,遂留上海。

陈三立《清故苏松太道蔡君墓志铭》:(蔡君)尤慕效传载侠烈之行,

屡急人之难,倾身为尽力,多所拔济。戊戌政变,诏捕文学士廷式,文方客长沙,阴幽策出之于境,游海外乃免。

《冒淑人墓志》:光绪己亥,嫂氏冒淑人殁于上海。越二年,余兄述庭将葬诸萍乡之某地,以状来嘱铭诸幽。余惟嫂氏素以贤称,顾余尤厚,凡患难颠沛所以恤存之者皆至,曷敢以不文辞……当余为世所厄,则毅然排众议,偕述庭兄送余至沪上。风雪严厉,道路辽夐,不复言病。呜呼!此士大夫所难!余敢忘淑人之义耶?故洒涕而铭诸幽。

《小田切向日本外务省汇报机密第六十号》:他(文廷式)的存亡对清国将来的气运多少有所影响,所以小官计划暗暗地在当地抢救他。又因为他从湖南潜伏的地方送密使或者打秘密电报而对小官有所依靠,所以小官经过种种考虑以后,秘密地委托在汉口的东肥洋行主任绪方二三策划救护他的策略。但是路走岔了。他跟弟弟廷楷一起突然来到汉口。所以绪方等遵从小官秘密委托的主旨,改变他的服装而让他坐大阪商船会社的轮船天龙川丸,格外派遣行员护卫他,旅途中很顺利,十九日抵达上海。文廷式说:最近北京政变的时候,他在湖南长沙府,突然巡抚陈宝箴劝他赶快逃遁,所以急急忙忙地到该府附近的偏僻地方避难。当时在何处发生了什么事情完全不明白,以后北京的事情明白了一点,越来越感到他处境的危险,进退维谷。恰好那个时候陈巡抚事务交卸完了,在回到本籍时,吩咐地方官员让文廷式坐官船,送他到汉口,所以侥幸避免被捕获……文廷式最初的计划是,在顺利地逃脱到上海以后,马上漫游本国。但是,眼下急进党当中失败者康有为正在本国,而他一派跟康有点有反目的历史,所以同时留在本国不仅不是好事,而且难以预料,疑心很深的北京政府,或者怀疑他跟康党勾通,做出鱼目混珠的观察。如果发生那样的事情,对他的将来非常有害,所以劝他现在暂时观察形势,然后漫游本国……驻上海总领率代理小田切万寿之助(印)明治三十一年十一月二十三日。

《日本外务省次官都筑答复小田切机密第三十四号》:关于清朝前任翰林院侍读学士文廷式的来历及救助文廷式之事,从上月二十三日第六十号机密文件的报告中已得知。对于他渡航来日本之事,正如您所说的"时机还未成熟",并且,渡航之事,可以说是对文廷式没有任何利益可言。所以还是让他断了渡航来日之念为好。或者,即使他坚持渡航来日的话,请您伺机转告他:对于此次救助之事,不要抱有任何从帝国政府领取金钱的想法。

　　《宗方小太郎文书·近代中国秘录》十月初六日(11月19日):……然而长期潜藏终非善策,文欲赴日一行,诉说其志向。遂遣其三弟文廷直(化名王姓)至上海,请求上海日本领事予以保护,随即化名(文廷式改姓龚,文廷楷改姓毛),由湖南潜行至汉口。其于当地,经日本领事及日本侨民斡旋帮助,变服易容,乘商船会社汽船赴上海。然文廷式颇畏过境九江,缘曩日于江西省创设新式学校,屡与江西巡抚起争执,以致互抱怨恨。因此,从汉口由一日本人护送同行。

　　　按,汤志钧《戊戌变法人物传稿》云:"光绪二十四年(1898)政变作,廷式虑祸及,乃走日本。"陈诗《文道希先生遗诗序》:"戊戌政变,虑祸及,走日本,与扶桑诗人游处。庚子乃归国。"汪曾武《萍乡文道希学士事略》:"君乃走日本,二年归国。"光绪二十四年张謇《张謇日记》(十一月初一日):"寿伯茀、李柳溪自日本回,知文道希在日本。"此属误传。

十一月,在沪上。

　　　皮锡瑞《师伏堂日记》(十一月初五日):……文芸阁闻尚在上海。

　　编年诗:《和禾原君韵》二首、《戊戌人日作》、《中秋夜作》、《有感》(久拼草野化沙虫)、《愤吟效韩致光》、《夜坐》、《荒村与彭鸿逵表弟夜话》。

　　编年词:《点绛唇》(布被新霜)、《点绛唇》(青女司霜)、《鹧鸪天·赠友》(万感中年不自由)、《清平乐·冬日》(川流昼夜)、《更漏子》(翠蜃疏)、《南歌子·咏蝶》(著雨花如绣)、《虞美人》(眉上雅黄钗上凤)、《玉楼春》(南来北去经行惯)、《玉楼春》(洞天福地何森爽)、《踏莎行·为人题照》(淡淡修眉)、《菩萨蛮》(帘波轻漾屏山悄)。

光绪二十五年己亥(1899年),先生四十四岁

正月二十五日(3月6日),先生游龙华,二月二十日再游龙华,有《齐天乐》

（芳塘水暖凫翁浴）词记之。

《云起轩词钞》：己亥正月二十五日游龙华，道中梅花盛开，然天寒春迟，孤艳迥绝。二月二十日再游，则桃花如海，夹岸杨柳，新绿垂阴，菜花初黄，梅花亦未尽落，江南春色，使心怦怦，乃知时光感人，非寄之语言，不能自己也。（《齐天乐》词序）

三月初十日（4月19日），陈夫人卒，葬新建西山王家乡。

《萍乡文氏四修族谱》卷三：（廷式）配湖南郴州任广东广州府通判调署嘉应直隶州知州陈善圻三女，诰封夫人，生于咸丰九年己未三月十二日吉时，卒于光绪二十五年己亥三月初十日丑时，葬新建西山王家乡。子二：永誉；敦书（夭）。女一，适江苏仪征江西试用知县李九龄。侧室罗氏，生于同治十二年癸酉〔十一月〕十三日吉时。

四月初八日（5月17日），入夜，高桥谦、中西正树、毕永年至寓所会谈，夜深始散。

井手三郎《井手三郎日记》：高桥、中西及毕永年（改名安永松彦，着和服）三人同行，入夜，毕至文廷式寓所，同志四人会谈，夜深始散。

四月初九日（5月18日），午前同毕永年往谒井手三郎、宗方小太郎。正午邀宗方小太郎、唐才常、毕永年、山田良政等共享西餐。

宗方小太郎《宗方小太郎日记》：午前，毕永年、文廷式、唐才常、山田良政、中西正树、高桥谦、志贺、中岛等来访。正午，文廷式做东，与唐、毕、山田等共吃洋馔。

井手三郎《井手三郎日记》：毕永年、文廷式相偕来访，唐才常继来，长坐杂谈。

四月十一日（5月20日），午前往宗方小太郎寓所送姚文藻信。晚与汪康年招饮于家中，与宴者宗方小太郎、中西正树、高桥谦、井手三郎、唐才常、毕永年、李心荣、谭祖培、沈圭等数人，十时始散。

宗方小太郎《宗方小太郎日记》：午前高桥谦、山田良政、中西正树、胜木恒喜、汪康年、毕永年、李心荣、张灿、谭祖培等来访。文廷式送苏州姚（文藻）信来。晚，文廷式、汪康年两氏请客，赴文氏寓，来会者中西、高桥(谦)、井手(三郎)、唐才常、毕(永年)、李(心荣)、谭(祖培)、沈(圭)及另外数人,十时散。

四月十七日(5月26日),与毕永年同住,午后,井手三郎来访毕永年,未遇。

> 井手三郎《井手三郎日记》:午后五时,往文廷式宅,访毕(永年),未遇。

四月十九日(5月28日),赴四马路一品香,宗方小太郎、中西正树、高桥谦、井手三郎等人招饮,汪康年、唐才常、张通典、狄葆贤、毕永年等在座,九时始散。

> 宗方小太郎《宗方小太郎日记》:……夜七时,与中西、高桥、井手等至四马路一品香,宴请文廷式、汪康年、唐才常、张通典、狄葆贤、毕永年等,九时散。

四月二十日(5月29日),宗方小太郎来谈。

> 宗方小太郎《宗方小太郎日记》:外出,访文廷式,午时归。

四月二十三日(6月1日),午后往谒宗方小太郎。

> 宗方小太郎《宗方小太郎日记》:午后文廷式、姚赋秋来访。姚氏本日自苏州归来云。

四月二十七日(6月5日),赴姚文藻石路普庆里谢新卿家招饮,井手三郎、白岩龙平、宗方小太郎在座,十时始散。

> 宗方小太郎《宗方小太郎日记》:夜,姚氏于石路普庆里谢新卿家请客,文廷式、井手、白岩、余,主客共五人,十时散。
>
> 井手三郎《井手三郎日记》:当晚七点半,应姚所招,赴大马路妓馆所设宴会。文廷式、白岩龙平、宗方北平及余,主客共五人,有妓数人,弹琵琶、调胡琴。姚文藻素与游乐。据云凡文藻发起之宴,往往流于此风。

四月二十九日(6月7日),午前往谒宗方小太郎,午后宗方小太郎来谈。

> 《宗方小太郎日记》:午前,多田龟毛、白岩龙平、桥本吉良、文廷式等来访。……午后,访文廷式,谈话移时,归。

四月,作《落花诗》十二首。

　　《知过轩诗钞》(影稿):《落花诗》十二首自注"己亥四月作"。

五月初二日(6月9日),夜与文廷华往谒宗方小太郎。

　　宗方小太郎《宗方小太郎日记》:夜,文廷式携其弟来访。

五月初六日(6月13日),赴白岩龙平新太和招饮,汪康年、姚文藻、吉田顺藏、井手三郎、宗方小太郎在座。

　　宗方小太郎《宗方小太郎日记》:夜应白岩之约赴新太和,文廷式、汪康年、姚文藻、吉田、井手、余,六人也,九时散。

五月初七日(6月14日),午后,宗方小太郎来叙别。

　　宗方小太郎《宗方小太郎日记》:午饭后至领事馆访船津、深泽诸氏。往访汪康年,不在。叩姚文藻,亦不在。旋历访白岩、香月、渡边、牧、井手诸氏,终抵文廷式处,叙别归。

五月二十日(6月27日),午后,往谒宗方小太郎。

　　宗方小太郎《宗方小太郎日记》:午前十一时,船达上海……午后,姚文藻、文廷式来访。

五月二十一日(6月28日),携姚文藻、文廷华、邵鹏飞谒宗方小太郎。

　　宗方小太郎《宗方小太郎日记》:午前,姚文藻、刘学询来访。刘广东香山人,拥一千五百万之资,本次携西太后之密旨,将与庆宽共赴日本者也,殷切催予同行。予有所见,未遽应之。谈话移时乃去。文廷式、姚文藻、廷式之弟等携天津连庄会首领邵鹏飞来访。

五月二十二日(6月29日),午前,宗方小太郎来谒。

　　宗方小太郎《宗方小太郎日记》:午前访文廷式。十一时应刘学询之邀赴其住宅。

五月二十五日(7月2日),招饮宗方小太郎、张某等于大马路状元楼。

　　宗方小太郎《宗方小太郎日记》:夜文廷式于大马路状元楼请客,来会者张某(江西人,张良之后,全国道士之总持也)等七人,散会后,姚赋秋送来请帖,予辞之。

五月二十八日(7月5日),午前,往谒宗方小太郎。午后与赵梦石联名送夜会请贴于宗方,宗方辞之。

> 宗方小太郎《宗方小太郎日记》:午前文廷式、白岩、那部、水谷等来访。……午后……刘学询、庆宽二人做东,文廷式、赵梦石联名送来夜会之请贴,辞之。

五月三十日(7月7日),午前,往谒宗方小太郎。

> 宗方小太郎《宗方小太郎日记》:午前……文廷式来访。

六月初一日(7月8日),送宗方小太郎返归东京。

> 宗方小太郎《宗方小太郎日记》:予是日将乘西京丸陪西太后之密使刘、庆等一行归京。早起整顿行李。九时上船,坐上等舱,与宇都宫少佐同舱。同行者:刘学询(问刍)、庆宽(小山)、姚赋秋、蔡燕生(金台)、邵鹏飞(梦石)等。中岛真雄、井手三郎、白岩、山根、荒井、牧、文廷式、上田、牛岛、成田等来送行,十一时开船。

六月十一日(7月18日),井手三郎偕宫崎寅藏来访。

> 井手三郎《井手三郎日记》:与宫崎同访文廷式寓,谈将来之事,颇觉兴味。

> 宫崎寅藏《浮萍日程》:(文廷式)年齿五十左右,丰颜细目,一见为支那上流人物风采,谈论机慧,颇有风味,亦足称智者。

六月十二日(7月19日),与白岩龙平回访宫崎寅藏。

> 宫崎寅藏《浮萍日程》:文廷式、白岩龙平来船回访。

八月,在沪遇师中吉,交信嘱其来港觅宫崎寅藏。

> 《梁铁君致康有为密函》:长素先生大人阁下……近荣、庆两党相倾,西后拟废立,事甚急,京师震动。刚毅来粤拟筹款五百万,近议厘金改作坐厘,归七十二行代抽,四处罗掘,鸦片烟熟膏抽厘,亦已承办矣。香涛办哥老会极严杀了数人,故湖南诸公奔走出沪,(师中吉)遇文廷式,交信嘱其来港觅宫崎,故诸公到港亦曾识宫崎及少白等人也。惟师则主意极定,

外联宫崎、少白,而内防之。湖南诸公亦深信服师。师且云:文廷式有异志,欲自立者。师之忠勇可爱,诚不愧复生之友耳。谨此布达,即请台安。煦拜。八月十五日晚。

夏秋间,代刘树棠草拟《代拟海防吃紧请调废员来浙襄理折稿》。

《代拟海防吃紧请调废员来浙襄理折稿》:奏为海防吃紧、襄理需才,吁恳天恩电调废员以资臂助事,窃○受事以来,正当意大利婪索沙门湾、朝廷定议驳斥之时,昕夕筹防,百端待理。数月以来,意人虽尚未大举,然兵舰、运船,麇集海面,来往无定。而内地匪徒,借端闹教,温、台一带,骚动异常。浙省道府,人才虽多,而曾任海疆、通知洋务者,实不数觏。臣查花翎三品衔、已革前署广东按察使、雷琼道杨○○,胆识俱优,才猷卓著。前在广东,历任德庆、香山、番禺各州县,清理词讼、修茸堤工、认真团练、惩办积匪等事,政绩昭著。经历任广东督抚臣张之洞、李瀚章、刚毅奏奖在案,咨升补罗定直隶州知州,改归道班引见后,奉旨以道员遇缺提奏。○年○月,特蒙圣恩简放广东雷琼兵备道。经前任广东抚臣马丕瑶奏参,奉旨革职、永不叙用。该员在粤之时,正当法越、倭韩两次滋事,筹防、筹饷,卓有成劳。历任各缺,香山、雷琼等处,皆迤近海壖。其在香山时,办小揽各都团练保甲,募设水陆壮勇,购置船艇器械,内外晏然。任雷琼道,莅任未久,力筹防务,增募委英炮台弁勇及亲兵多名,率同所部琼军,认真操练。饷不添支,兵皆能战。时奉旨息借商款,广东限五百万。该员素为商民所悦服,禀求督臣李瀚章电调该员赴省,妥议章程,因得集银二百五十万,分批解京;并自报效银四千两。查户部奏定集款至一万两以上,准将筹集之人先行奏奖。李瀚章未及核奏,仅予署理按察使。而马丕瑶到任未久。辄误信倾轧之词,空言论劾,此公论所以不能不为人材惜也。该员被劾以后,旋经督办铁路大臣盛宣怀会同升任直隶督臣王文韶、湖广督臣张之洞奏明,派委该员为汉口一局协理商董。奉朱批:该衙门知道,钦此。现在浙江饷绌兵单,虽蒙圣恩特授李光久按察使办理防务,然沿海千里,险隘分歧,陆兵既难于遍防,饷糈尤艰于筹画;又一切渔团保甲等事,在在皆应举行。非得谙练干济之材,不足以资任使。杨○○历经洋务,皆能措置裕如。可否仰恳天恩,饬下总理衙门,电行湖广督臣张之洞。即饬该员迅速来浙,办理海防等务,必有裨益。如蒙俞允,应俟防务稍松后,再由臣专折送部引见,以符定例。臣为军务需材起见,专折具陈,不胜屏营待命之至,伏乞……云云。

按,汪叔子先生言,该折稿以浙江巡抚之口气缮作,且内中所言意大利通索浙江三门湾,事在光绪二十五年间,所言按察使李光久受命督办浙省防务,事在是年四月;而其时之浙抚,即刘树棠。故推断当系文氏代刘树棠草拟者,撰时则应在是年夏秋间。故将此折稿系于本年。

九月初五日(10月9日),午前,往谒宗方小太郎。

宗方小太郎《宗方小太郎日记》:午前文廷式、汪甘卿、张通典、李岳蕻等来访。

九月初九日(10月13日),在上海与内藤湖南(本名内藤虎次郎,号湖南)谈。

内藤湖南《燕山楚水》(与文廷式笔谈内容之译文):

予(内藤湖南自称,下同):久闻大名,不意今蒙枉过,实喜出望外。仆此次之游踪,先经京、津,在津得与严、王二君晤见。闻沪上多士,皆精通洋务者,若得承先生绍介而遍访之,则幸甚焉。

文(文廷式,下同):伯乐所过,冀北群空。仆恐不足当君之意也。

予:先生即为仆所言者。桓温问豪杰于王景略,岂非当面错过豪杰乎?

文:君不败于枋头,仆不思慕东晋,何可以此相戏? 况君至此已达十日,岂可以一二可谈之士奉渎高听乎?

予:国人某,昨由武昌归沪,其云谒见张香涛制军之状,礼数甚繁,颇异所闻。敝国近来此事疏简,达官贵人亦皆通名刺即得相见,故国人大都已不娴于繁重之礼仪,彼亦以此颇受烦苦。由此琐事而推及其余,贵国维新之事,似犹未可以时日待而言之矣。

文:禅家有云,水浅不是泊船处。贵国之贤哲,岂可以南皮尚书决吾国之隆替,而津津乐道哉!

予:豪杰之士,其不待文王者,而踵起于草莽,果可指日为期乎?

文:若不得其时,则十年百年,或未可期。然若得乎其时且得乎其势,则诚可谓如泰山之云,不崇朝而天下皆雨也。

予：姑以敝国之事为例，百年以降，志士仁人，杀身取义，盖不下数十百辈，而后有维新之变，且其影响得可如此之迅疾也。若坐待时机，则将奈斯民涂炭者何！

文：既当知其例之所同，又当知其例之所异，然则时机或不远矣。

予：以先生之所见，如其时机果至，则当从何处着手？

文：近人所议与贵国联合者，欲借贵国之兵力耳，此诚不足道也。余意当以贵国之人才，办有用之事，纲举而目张，或可使来者有成例之可循。此乃敝国汲汲所冀得幸存于同洲之大要，先生以为然否？

予：借兵力之论，不过一时权宜之计；贵国革弊之事，则非一时权宜之计所能济。欲用吾国之人办理诸事，以成一定之例，先生所见甚是。然吾邦人而通晓贵国之情弊者，未必甚多；若悉循敝国之成例而行之于贵国，则未免枘凿。殷鉴不远，见在台湾。

文：权实兼施，因革互用，贵国之士若肯相助以为条理，则主其事者，亦必当有以权衡之也。

予：抑将以一纸之令，而欲使全国尽奉行之乎？是则即去岁维新之举失败之所由。其着手之次第，仆愿恭闻高教。

文：今日而若言次第，则无次第也，此实须待临时而为因应者，若弈棋然也。国手落子，虽着着皆有次第，而亦不能不因敌之变而变也。

予：然一代治法之定，则不可似围棋之因敌而变者。敝国三十年来，稍有起色，亦唯国是一定之故也。

文：贵国一姓相承二千余年，故可先定国是，而后徐徐改之。敝国今日之事，则非其例也。盖治法之厘定，其在今日，采列国之长，救千年之弊，规模既立，宪法自行，实亦非难事。其所难者，在递嬗之际、尊攘之术耳。若如英才得以立国，则一切举而行之，诸所次第，必不紊乱，君其待之。

予：时运之变，先当有掀天翻地之举。敝国幕府之政，久为人心所厌，故必倾覆之，而后国势一变。贵国今日此等之事，未识亦犹可作如是观否？

文：贵国以天皇之名为号召，其事顺而行易，故数十志士，乃能为功。敝国情形，同之乎，抑或异之乎？

予:仆在北京之时,曾往游长城,而所过州县,皆残散不治,即其寺观,亦皆颓败。因以思之,所谓千年之弊,虽在康熙、乾隆极盛之日,亦未尝革除也。特其以府帑余羡,得以粉饰一时之太平耳。今而欲革此根深蒂固之弊,谈何容易!衡之以敝国三十年来之事,其有甚难为力者也。立折冲御侮之策,虽曰至难,然比之于此革除积弊,仆犹以为易事也。先生以为然否?

文:仆持此见亦久矣,《管子·八观篇》谓"觇国者当如是也"。异日将与先生一一剖析其详。且得贤人君子而为请益,岂数纸空言所能了哉。无兵则国且不足以立,更有何治法乎?此难易之说,诚仆获教既多者。然今日适有登临之约,他日当续为求教。请辞。

按,此笔谈内容见于内藤湖南《燕山楚水·禹域鸿爪记》,原刊为日文,今所见译文有二,一为汪叔子先生编订《文廷式集》时,录吴杰先生助译之文,一为中华书局出版近代日本人中国游记《燕山楚水》吴卫峰先生之译文,本谱所录为吴杰先生之译文,以其简洁达意而已。

九月十三日(10月17日),午后,往谒宗方小太郎。

宗方小太郎《宗方小太郎日记》:午后文廷式来访。

九月十八日(10月22日),宗方小太郎来谒,未晤。

宗方小太郎《宗方小太郎日记》:往访姚赋秋、文廷式等,不在。

九月二十一日(10月25日),往谒宗方小太郎。

宗方小太郎《宗方小太郎日记》:文廷式来访。

十月初五日(11月7日),抵汉口,报宗方小太郎。

宗方小太郎《宗方小太郎日记》:午后文廷式报抵汉口。

十月,至长沙。

《撷芳录》后跋:己亥十月,重来长沙,检此残帙,恍如一梦。道希自记。

十月初六日(11月8日),午前,往谒宗方小太郎。午前同出。后赴一品香宗方小太郎、绪方有邻、橘三郎宴请。致书宗方小太郎。

　　宗方小太郎《宗方小太郎日记》：午前，文廷式来访。午前同出，邀绪方、橘至一品香宴请文廷式。于东肥晚餐，九时归。内藤虎次郎从上海抵达。长崎权藤、上海深水十八、东京龟雄及文廷式信到。

　　《致宗方小太郎书》：顷叨盛馔，谢谢！闻小轮仍可直抵长沙，昨所探误也。江西梅宅信已作就附上；如台旆惠然肯往，则吾乡人士自当趋接不暇，幸不吝教耳。弟到湘后，如有赐函（或友人见寄之信），乞转寄"长沙省城南门外碧湘街龚永昌木厂收下转交文永誉收启"，必能收到，感荷不尽。余续谈。泐请宗方先生大人台安。弟文廷式顿首。十月六日。

　　大驾起程来湘，亦乞先赐一电，以便预接。濑川领事处乞致意，归途当奉候。

十月初七日（11月9日），午前，过宗方小太郎告别，将往湖南。

　　宗方小太郎《宗方小太郎日记》：午前，文廷式来告别，本日将赴湖南云。

十月二十三日（11月25日），皮锡瑞来访。宗方小太郎得信。

　　皮锡瑞《师伏堂日记》：文公达来，云乃翁亦至，住碧湘街。往见，相顾太息，云彼事不甚紧，因子弟入保国会，查在家安分否？不安分即拿问，无进京字样。

　　宗方小太郎《宗方小太郎日记》：文廷式从湖南来信。

十月二十五日（11月27日），过皮锡瑞谈。

　　皮锡瑞《师伏堂日记》：文道希至，云近著述教源流，源极详，恨未得见。彼欲托我代刻，一则恐人骇怪，一则恐不寄刻资也。谈近事，云荣、庆相见带刀，刘、庆密约已作罢论，亦因俄人不允故也。

十一月初七日（12月9日），派人告请白岩龙平上陆来宿，白岩约游湘潭。

　　白岩龙平《白岩龙平日记》：文廷式派人来告曰，已下榻而待，请上陆来宿。答以明早向湘潭之故，不得答厚意，却请其同赴湘潭一游，使者唯唯而去。

十一月初八日（12月10日），晨起登舟，见白岩龙平，与其同游湘潭。

白岩龙平《白岩龙平日记》:天明起来洗面,有客上舟,即文芸阁也。云出寓时天未晓,带仆整行李,以同湘潭之游。寒暄叙毕,谈湖南诸务,多所创闻。

十一月十一日(12月13),与蒋恭锴往谒白岩龙平,留偕与饭。白岩留书于宗方,托为代交。

白岩龙平《白岩龙平日记》:文与蒋恭锴来,蒋系江建霞旧交,家有九十余岁老母,不仕官,不出省,而官绅来往尤广,家资亦殷实云。带鸡鸭暨礼物数点相赠与。蒋、文留偕与饭。北平与南溟未到,宫阪亦未来,写书由蒋、文托袖交。

十一月十三日(12月15日),宗方小太郎致柬,报抵长沙。晚宴请宗方一行,九时始散,并派人送至船上。

宗方小太郎《宗方小太郎日记》:半晴。午前三时驾顺风出靖港。十一时泊省城长沙之小西门外,行程七十里。径致柬文廷式,报抵达。午后上岸,入南门,过南大街,巡览古玩铺,出小西门,归船。文廷式之家人来问,交付白岩龙平、荒井甲子之助所留之书信,白岩等昨日已离此地下汉口云。五时至南门外之碧湘街访文廷式,早晨外出未归,其子某及族人刘某出迎。待至日暮,文归来,备酒肴款待,畅谈至九时辞归。文氏派人送至船上。

十一月十六日(12月18日),过皮锡瑞,介日人聘皮氏办同文学堂并报馆主笔,皮氏辞而不就。

皮锡瑞《师伏堂日记》:学士到我处云,有东人宗方氏,号白岩,久居华地,拟来此开同文会,仍兴学会、报馆,将先拜官绅,闻我之名,亦将来拜,有谋报馆之事,可以托之。余不敢再侧足焦原。

十一月十九日(12月21日),宗方小太郎送名刺来,报归。午后三时,派轿迎接宗方一行至碧湘街之公馆,夜设宴招饮,谈至三更始散。

宗方小太郎《宗方小太郎日记》:阴。诘朝开船。午前十一时达长沙,泊小西门外,行程四十里。径送名刺给文廷式,报归来。午后三时,文氏派轿子迎接我一行。即刻上岸,至碧湘街之公馆。夜备盛馔招待。谈话至三更,乘轿归船。

十一月二十日(12 月 22 日),宗方小太郎来谒,与弟文廷直留宗方吃晚餐,畅谈至八时许。

　　宗方小太郎《宗方小太郎日记》:是日正值冬至之节,文廷式与其弟廷直留余辈吃晚餐。八时乘轿归船。据文氏所言,清历本月五日,军机处发出密电,命刘坤一努力筹防南部七省,兼接济军饷兵器。另,军机大臣训谕各省督抚:自今若遇中外交涉之事,率由道理办理之,决不可擅自枉屈,"和"之一字,非但不可出诸口,并且不可存诸心,我有战心,始可言和,云云。前年胶州湾事件以来,各国要挟多端,靡所底止,顿然出此决断,似欲以国家之存亡为赌注,开折冲御侮之生面。处今日之世,舍此策别无良法也。

十一月二十一日(12 月 23 日),与宗方小太郎、李权杰、皮锡瑞、袁杰、黄福恒、冈幸太郎、绪芳有邻等会饮于碧湘街公馆。

　　宗方小太郎《宗方小太郎日记》:雨。午后王一清来访,蒋恭锴赠来《湖南通志》及《罗泽南集》各一部。午后三时乘文氏所送之轿,冒风雨至碧湘街公馆,李权杰(号华棠)先在焉。少焉,本地名士皮锡瑞(号麓云)、袁杰(号吉云)、黄福恒(号伯华)等来会,围桌会饮。皮氏学问博通,新党中之翘楚也。黄乃长江水师提督黄翼升之侄,家道甚富。入夜辞归。据李姓所言,散布于长沙城内外之□□会员分为四股,其数近八千,虽无首领其人,然会中之通事理者能通力合作,保持统一,不致纷扰云。是日寄蔡道台及蒋、皮等数氏《同文会规则》。长沙、善化二县令派差役来我船,言保护之事,辞之。

　　皮锡瑞《师伏堂日记》:午后到道希处一叙,东人宗方小太郎、冈幸太郎、绪芳有邻在坐。其意欲在此办同文会,先开同文学堂,俟英立码头,再开报馆。致祭酒书,不知何说,祭酒复书恭,惟辞以老病,不肯任事,立言颇为得体。予亦辞以此举自属开通风气,保全大局,甚善;然阻力甚重,非得总署应允不可,但有成议,无不乐从。

十一月二十二日(12 月 24 日),午后,往宗方小太郎船上叙别。申时,赠牛肉、蔬菜与宗方。

宗方小太郎《宗方小太郎日记》:雨。是日离本地,归汉口。北风甚劲,不能开船。午后文廷式来别,李权杰、张焯、郑淑彝、周炳炎、吴庆琪等来送行。晡时文廷式赠来牛肉、蔬菜,粮道蔡乃煌送名刺来,表送行之意。

十一月二十四日(12月26日),过皮锡瑞谈。

皮锡瑞《师伏堂日记》:道希至。予言党祸、兵祸又起,彼云:党祸不足虑,现在空捕康、梁,并王照不问。因康到澳门之故,二人讪长信太甚。长信宁亡大清,必诛康、梁,不至株连他人。至兵祸,旧党多主张战,闻意兵只三千,轻之。意已两次请战,未动,恐有谋也。方画地六百里,尚不满意。日本必不求助中国,当是中国求助于日,而日人以此推卸耳。言我气色较前开朗,未之敢信。

十二月初三日(1900年1月3日),由长沙省启行。泊下矶港。

《东游日记》:由长沙省会起程。北风甚大,午阴。舟行二十里,泊下矶港。

十二月初四日(1月4日),泊靖港。

《东游日记》:阴,北风。舟行五十里,泊靖港。途遇永吉汽船。询之,乃十月中搁浅,日来水长五尺,甫能动轮,将仍赴湘潭也。靖港龙王庙,顾亭林以为塑明太祖像极似。余去年春间与陶榘林观察同往观之,香烟薰绕,不见真容,且经兵劫后重塑者,亦必不若前。今不复诣矣。

十二月初五日(1月5日),因大风雪仍泊靖港。

《东游日记》:大风雪。舟不能行,仍泊靖港。

十二月初六日(1月6日),过湘阴。旋行三里许泊舟。

《东游日记》:晴。是日小寒节。舟行五十里,过湘阴;又三里许,北风大作,遂泊舟不行。湘阴濒江,有洞庭庙、伏波庙,未知其所祀即马将军否,未暇问也。

十二月初七日(1月7日),泊黄茅滩。

《东游日记》:天明行十里许,北风大作,继以雨雪,舟不得进,遂泊黄茅滩。夜甚寒,二更后有月色。

十二月初八日（1月8日），泊岳州南津港。作《夜渡洞庭》五律一首。口占七绝一首。

　　《东游日记》：早阴；巳刻风定，天气明澈；夜月澄霁，惟霜气寒冽。舟行百余里，泊岳州南津港。《夜渡洞庭》五律一首：雪月幻湖光，空明夜气长。荒洲时见火，迴浪远疑霜。枯苇迎征棹，饥乌集去樯。荆吴路修阻，游子漫思乡。又口占七绝一首：舟人祈福向灵君，我有狂言愿彻闻。借取重湖八百里，肆吾十万水犀军。

十二月初九日（1月9日），泊岳州城外。待问津轮船来岳州。午间由岳阳门入城。出南门归舟。作家书。

　　《东游日记》：晴，南风。移舟泊岳州城外。问轮船公司，昨始开两轮赴武昌（一"永清"，一"问津"）。拟别附民船，旋闻公司有电促问津来岳州，姑待之。午间由岳阳门入城。城中商瘠民贫，不抵一壮县也。积雪初化，泥深难涉。出南门归舟。夜风定月朗，读书可娱。（岳州亦新设邮政局，作家书付之。）

十二月初十日（1月10日），乘篮访鲁肃墓。旋至小乔墓。作《清平乐·题巴陵二乔墓》词一阕。

　　《东游日记》：晴，东北风。候轮舟未至。乘篮访鲁肃墓。墓题"吴鲁公肃墓"五字，光绪十五年巴陵知县某所题，可谓不典。土人相传，棺悬穴中，未入土也。旋至小乔墓。入门有庙。庙左有冢，冢高十尺，题"二乔墓"；墓上女贞木一株。环冢有回廊，廊尽一室，题曰"欢轩"，用《江表传》语也。府、县《志》以为二乔姐妹合葬于此。近年有岳州知府沈廷镇者，集资修此轩亭，改题"小乔"。同一不可考，何必改作乎？鲁肃墓，《寰宇纪》、《舆地纪胜》必应载之，惜行箧并未携也。道士钟姓，强聒不已，兴尽回舟。（范致明《岳阳风土记》有鲁将军庙，无鲁将军墓。）《清平乐·题巴陵二乔墓》：巴邱停棹，香冢聊凭吊。眉样君山青未了，一例湘娥缥缈。

　　当年夫婿英雄，而今荒草吴宫。休问芳魂在否，年年点缀东风。（起二句一作"佩环声杳，日暮巴陵道"）。

十二月十一日（1月11日），登岳阳楼。游宫仙亭。附新裕小轮行。夜泊城陵矶。

　　《东游日记》:晴,南风。若初九日不待轮舟,此日亦可到鄂矣。天时人事,岂可量哉?登岳阳楼,观木、石刻,恶札满壁;张得天之书、江太常之诗(昱),差强人意耳。(记其官为太常,与太常卿江繁,先后未知误否,俟检。是乾隆间人。)出南门游宫仙亭。仙书吕纯阳言:"惟有城南柳树精,分明知我神仙过",盖即此地。荒冢累累,杨柳萎矣。正殿祀岳鄂王,报平杨么之功云。(《岳阳风土记》作"松树";记杨么是太湖贼。而此庙碑言是洞庭,或误。当检史证之。)庙颇倾圮;久驻兵弁,新移城陵矶,以开埠通商之故。登楼四顾,形势历历:前对君山,沧波重重;后瞰金鹅,伸颈欲啄。或云吴三桂用兵之处也,废炮数墩,犹在高岭。(岳城客山高,主山低,故利于侨寓。)闻新裕小轮开行,急附舟登程。夜泊城陵矶。洋关虽开,商贾寥寥。闻十月以来,关税才二百金耳。

十二月十二日(1月12日),晨起开轮。过宝塔洲。夜泊簰洲。

　　《东游日记》:晴,南风。晨起开轮,夜泊簰洲。过宝塔洲时,轮舟拖带之巴杆船装载有数百捆纸,查验还税,停滞一时许。薄暮转东北风。

十二月十三日(1月13日),申刻抵汉口,寓《汉报》馆。

　　《东游日记》:晴,北风。申刻到汉口,寓《汉报》馆。阅各报,始知山东乱事已蔓及直隶。又闻法人要索各款,殆不可从;四川又有连陷四城之说;意大利事虽不遽起,亦未敉平。百忧攒心,四郊多垒,夜不成寐,但玩月色。王把总言,大汽船往宜昌者,近已绕道城陵矶,可载客。若如其言,则余滞岳州时,已失附一船矣;恐议之而未行,不足据也。

　　宗方小太郎《宗方小太郎日记》:五时,文廷式从湖南抵达,留于我馆。夜领事请客,因文廷式来,辞之。

十二月十四日(1月14日),赴宗方小太郎、景贤招饮。致书沈曾植。

　　《东游日记》:晴。宗北平招饮西菜馆,景维行招饮月华楼。作书致沈乙庵,索《大藏经》字函第十帙,未得复。光州有举人梁元太,字肇川("太"或是"泰"字),奇士也,年已五十。北平为余言之。

　　宗方小太郎《宗方小太郎日记》:午前于广恒信宴请文廷式,又邀文之友人景贤。夜,景氏邀饮于月华楼,八时散。

十二月十五日(1月15日),沈曾植渡江来访。日本濑川领事邀早餐。同访郑孝胥,三人畅谈竟日。夜亥刻附璯和轮舟启行。

《东游日记》:晴。沈子培刑部渡江见访。日本濑川领事邀早餐。访郑苏龛同年。与培、苏两君畅谈竟日。夜亥刻附璯和轮舟开行。郑苏龛诵其挽江建霞诗,有句云“不出固应全首领,独存真欲裂衣冠”,语意沉愤,真不易得也。

郑孝胥《郑孝胥日记》:与子培同来局。文芸阁来访子培,谈至晚,即乘瑞和船赴沪,云将赴日本东京。

宗方小太郎《宗方小太郎日记》:文廷式将游日本,求予写介绍信。即作书致西乡(从道)侯、桦山(资纪)伯、犬养(毅)、佐佐(友房)等诸氏,与之。正午,濑川(浅之进)领事宴请文廷式及予等,三时辞归。晚濑川来访。七时至瑞和轮船,送文廷式赴上海。

十二月十六日(1月16日),巳刻过九江。夜过安庆。

《东游日记》:早晴。巳刻过九江,泊舟一时许。午后北风大作,虽江行而有泛海之势,白日亦晦昧无色。夜过安庆。同舟陈户部(昌昙,字立堂)稍谈片刻。言湖南有黄菊圃者,能通太乙数,人以生年月日时请算,黄但检书中七八字与观,则始终备矣。曾闻蔡伯浩粮道言之,亦以为甚验也。

十二月十七日(1月17日),平明过芜湖。巳刻过江宁。薄暮抵镇江。

《东游日记》:阴。平明过芜湖,巳刻过江宁。又三十里许,见乌龙山新修炮垒,用本山土筑,色与山同。先是光绪初元,余游江宁,寓梅筱岩姻丈署中(时官江宁布政使司),曾偕其子侄同至乌龙山,观所筑炮台及机厂;时统兵者为吴筱轩提督(长庆)。后炮台屡改,机厂亦移。前时用黑色,兼在山下,今则两层各有炮座。若以西法论之,未知今昔优绌若何?然使敌舰得攻此垒,则金陵已在掌握中矣。薄暮抵镇江。

十二月十八日(1月18日),午刻抵上海。访文廷华。夜寓长春栈。

《东游日记》:阴,微雨。午刻到上海。实甫八弟尚寓汪甘卿家,访之,知白隆已行。夜寓长春栈。

十二月十九日(1月19日),遇日人本田幸之助于文廷华处。游张园。拜客数家。晚赴井手三郎招饮,与佐原希元、沈兆祉、文廷华夜谭。

《东游日记》:阴。于实甫弟处遇日本人本田幸之助,诗人也,评量古今,而以杭董甫、厉樊榭二人为宗主。近时东人诗学由清淡改浓缛,极有可观,森槐南与本田、野口三人,其标帜也。遂游张园,藏园已拆毁,惟红梅二株依然。拜客数家。晚赴素行招饮,与希元、小沂、实甫夜谭,甚眠迟也。

十二月二十日(1月20日),未记事。

《东游日记》:雨。

十二月二十一日(1月21日),徐建寅、姚文藻来晤,不遇。夜沈兆祉来。

《东游日记》:早晴顷许,终日沉阴。徐仲虎、姚子芳来,均不遇。夜沈小沂来。

十二月二十二日(1月22日),偕佐原希元、文廷华游愚园。遇苏理文谈。晚登杏花楼小酌。

《东游日记》:晴。偕希元、实甫游愚园,遇苏理文由非洲回,述英、脱战争事。晚登杏花楼小酌。见利马窦《天文髓》二十卷抄本,颇讲占验,盖伪书,有天启八年吾乡欧姓一序,亦不足据。

十二月二十三日(1月23日),晤英吉利副领事白尔。晚郑观应来谈。

《东游日记》:阴雨。晤英吉利副领事白尔,能华言,谈商事甚悉。日本总领事署理小田切万寿之助,为王爵棠中丞作六十寿联,属实甫弟书之,联云:持节至波罗海边,三疏乞雄师,岳立早孚天下望;举觞看皖公山色,五云晖岁朔,江声为贺使君来。爵棠以元日生,明岁年六十。甲午使俄一役,已定请兵购船诸事,为人所尼,几以获咎,其事可称也。晚郑陶斋来谈。

十二月二十四日(1月24日),阅报。

《东游日记》:阴,夜雪雹,寒甚。阅报,将聚集百僚,知国必有大政矣。

十二月二十五日（1月25日），姚文藻来谈。于时政颇为留意。

　　《东游日记》：阴霾雨雪。午间中外日报馆传单：已为穆宗立嗣。子芳来言，法人尚有他信，已调兵东来，未知信否？若各国干预内政，则大势可危也。上御宇二十五年，勤俭忧劳，盖无一日得天下之奉，今乃脱然高蹈，所谓黄屋非尧心者，庶几见之，天容永固，当自此始尔。

十二月二十六日（1月26日），颇留意时事。

　　《东游日记》：午间薄晴。闻中外人心愤激，闲坊冷市，论议亦复纷哝。国事民情，隐忧何极。

十二月二十七日（1月27日），阅报。郑观应来谈。

　　《东游日记》：竟日雨，夜大雨雪。阅报知寓沪绅商及耶苏教会有电至译署，请上仍亲政。又郑陶斋来，言得盛杏荪京卿电云：大厦非竹头木屑所能支也。

十二月二十八日（1月28日），过文廷华。汪康年来谈。晚与佐原希元谈。

　　《东游日记》：大雪，午后止。往实甫弟许，途中玉树交枝，璀璨天地，亦奇景也。汪穰卿来，言得湖北信，郑苏龛、梁星海将赴都伏阙上书，未知确否？晚间又闻希元言，昨寓沪之绅商发电者，皆交南洋查办，其列名于首者为经观察元善，业已被逮云。

十二月二十九日（1月29日），午间得京电。姚文藻约迁居兴申里。

　　《东游日记》：晴。午间得京电，皇太后懿旨饬部检查万寿典礼，以皇上明年六月二十六日为三旬万寿庆辰故也。薄海臣民当可稍慰，数日以来，汹汹之甚，或冀少息乎。子芳约迁居兴申里，若东游不果，当移居耳。夜街市悬灯颇盛，今岁沪上商贾获利者多，故无窘迫气象。（阅《日本略历本》，一月一日四方拜，亦男子桑弧蓬矢之志，此礼俗之可纪者。黄公度《日本国志》未载，是当补也。《倭名类聚抄》以此为庶人礼。）

十二月三十日（1月30日），迁居兴申里。夜姚文藻招饮李宅。

　　《东游日记》：阴雨竟日。午间闻明年皇上三旬万寿，以正科作恩科，余一切祝嘏典礼概不举行。是日迁居兴申里，夜子芳招饮李宅。宗人文范夫言,苏州文姓元时有改冯姓者,故至今有冯姓冢墓文姓兼祭之。又言自文文肃后,家训但许耕读,不许入仕,故至今二百余年,未尝有一人名列搢绅者。

十二月,作《东游日记》前记。

《东游日记》前记:余昔时舟车南城咸有程记,闲居讲肆,亦有日历,博辩古今,综观人物,致足乐也。既而思之,明镜之照,不留其影;飞鸟之过,孰遗其音?课诸己也,人命存于呼吸;观诸物也,万象著于森罗。盖可以无记而记、不言而言也。于是辍翰二十余年。岁暮远游,扁舟寂寥,属有纸笔,又复写记。江山犹昔,风雪萧然,非有好怀,聊以永日。过恒河而皱面,未改童心;题汉腊以编年,敢忘旧学?己亥十二月,萍乡纯常子书。

编年诗:《落花》十二首、《怀旧绝句》十首、《夜渡洞庭》五律一首、《己亥十月重过九江口占》、《己亥人日口占》、《同实甫八弟感事七言长句》。

编年词:《齐天乐》(芳塘水暖凫翁浴)、《渔家傲·古意赠今人》(姜愿苎萝村下住)、《踏莎行·为人题照》(舞蝶娇春)、《清平乐·题巴陵二乔墓》(佩环声杳)。

光绪二十六年庚子(1900 年),先生四十五岁

光绪二十六年庚子正月初一日(1 月 31 日),李宝嘉、杨宜治、井手三郎、佐原希元、姚文藻、汪钟霖、文廷华等来晤。晚餐李宝嘉家。

《东游日记》:阴,午后微雨。伯元、虞裳、素行、希元、子芳、甘卿诸君并来,实甫弟亦来。晚餐李伯元家。

正月初二日(2 月 1 日),未记事。

《东游日记》:早晴,少顷阴雨。三日以来爆竹声稀,以英人禁之之故。天雨迷闷,游人冷落,沪上新年所未有也。

正月初三日(2 月 2 日),往友人各家贺年。午后游张园。晤日本领事小田切万寿之助。

《东游日记》:雨。略往交友各家贺年。午后游张园,士女畏雨,无一

人至者。池水初活,远树蒙烟,小桥一弯,荡漾粼翠,乃真有园林景象,胜于平日也。晤日本领事小田切君。是日阅报,知王公近臣均荷万寿推恩之赐。

正月初四日(2月3日),山根立庵、西村时彦以诗见赠。晚晤王德楷。

　　《东游日记》:薄晴,寒甚。山根虎臣以诗送余东游,有"沧海横流悲故国,蓬莱清浅泛孤舟"之句,合作也。西村时彦亦见赠五律一首。晚晤王木斋,云志伯愚侍郎由乌里亚苏台见寄唐《阙特勤碑》一纸。音问阒然,俄已四载,万里之隔,有如晤语,喜复怅也。

　　山根立庵《送文芸阁学士之日本》:登楼休复说离愁,不是寻常汗漫游。沧海横流悲故国,蓬莱清浅泛孤舟。包胥恸哭能存楚,苏代纵横岂为周。到日诸贤当倒屣,声名早已去瀛州。周岸登曰:"孤臣去国,东海茫茫,易水之歌,同一悲痛,英雄肝胆,有相契于微者矣。"

正月初五日(2月4日),访客数处。夜集杏花楼为佐原希元贺生日。

　　《东游日记》:立春,晴。访客数处。夜集杏花楼,同人为希元贺生日也。

正月初六日(2月5日),偕王德楷游张园、愚园。

　　《东游日记》:晴。偕木斋游张园、愚园。木斋送《阙特勤碑》来,自《双溪醉隐集》后,见者颇稀,近年始有拓本。行箧无《唐书》,惮于作考记。《辽史》有"夷离堇",则"勤""堇"之音,固东北夷虏所有也。碑右边有字一行,当是突厥文,惜不可识。

正月初七日(2月6日),过徐建寅略谭。借阅新译《法律医学》。赴井手三郎招饮。亥初始散。

　　《东游日记》:晴。访徐仲虎京卿略谭。借阅新译《法律医学》,乃西人之《洗冤录》也。其中异同甚多,且西人身理。实有与中国异者。国家设医院、改刑律,此等书宜汇同参考,更以年年所得修改之,此明慎之法也。夜阴,数日以来寒甚。素行招饮酒楼,亥初始散。

正月初八日(2月7日),决定附山城丸东游日本。到友朋处辞行。赴郑观应招饮。

《东游日记》：晴。日本"山城丸"到。定附之东行，因到各知交处辞行。傍晚陶斋招饮。

正月初九日（2月8日），徐建寅、狄葆贤、姚文藻、王德楷来晤。赴汪康年、幼宜招饮。口占绝句一首。

《东游日记》：晴，入夜雨。仲虎、楚卿、子芳、木斋并来。穰卿、幼宜招饮。余易斋招饮未赴。其来函云善夫在座。余不知善夫何人，询之穰卿，乃知为宋芝洞改字也。口占一首："腊破春归江上晴，水边篱落未闻莺。剑囊琴箧粗料理，又作东溟万里行。"

正月初十日（2月9日），赴唐才常、狄葆贤招饮。小田切万寿之助招饮并赆行。郑观应、姚文藻、顾森书、沈兆祉送行。夜戌刻登舟。佐原希元欲送至长崎。

《东游日记》：晴。笏臣、楚卿招饮。小田切领事招饮，兼赆行。陶斋、子芳、纶卿、小沂诸君来送行。夜戌刻登舟，舟中复与诸君子畅谈。希元独送至长崎，交谊可感。

正月十一日（2月10日），辰刻开船。左目微恙。

《东游日记》：晴。辰刻开船。水色自黄而青、而黑，舟行安稳。余左目红肿，避风不能登篷顶眺望，亦一苦也。

正月十二日（2月11日），申刻见五岛山。亥刻抵长崎。

《东游日记》：晴。申刻见五岛山，亥刻抵长崎，月色佳朗；有医人登舟，验舟中人身体，言有病人，故是夜不得登岸。

正月十三日（2月12日），舟始入港。偕佐原希元至酒楼馆小酌。饭后投书三井洋行，晤伊泽良立，复游长崎商品陈列所。登诹访山。观诹访神社。申刻回舟。五点钟许，舟仍开行。作《长崎小泊》一首。

《东游日记》：医者来四五人，乃定舟中病人非疫气也，舟始入港。若有疫气，则当停泊港口十许日矣。窃以为定例之未善，他日各国必当更改，此时医学未精，故无善法耳。偕希元至酒楼馆酌，饱啖鲸鱼，笑拈梅蕊，良用破寂。饭后投三井洋行书，晤伊泽良立，复游长崎商品陈列所，瓷漆丝竹之品良多。上诹访山观格兰脱手植树,树则成阴,而其人往矣。又观诹访神社,知日本神教与中国祭山川、祭社稷之类同出一源。目病未瘳,游览殊草草,申刻回舟。希元附"西京丸"返沪,五点钟许,舟仍开行;月明风净,夜眠安善。

　　《长崎小泊》一首:未甘华发老风尘,鳌眼波红更问津。云锁神山盘俊鹘,风回玄海有潜鳞。可无徐市行时俗,如见田横岛上人。酒所忽惊春浩荡,梅穰松翠及时新。

正月十四日(2月13日),晨抵马关。十二点钟开行。

　　《东游日记》:晴。晨抵马关,所谓赤间关也,有古庙,为合肥媾和地。余目疾畏风,亦不愿经此辱地损人神智,遂不登岸。马关对海地名门司,市廛修整,日本人言十年前绝无居民,知成邑成都,在人为耳。十二点钟开行,南望筑肥前后,北窥安艺周防,萨摩、长门、岩户森列,秋津一州宛在眉目也。内海风景,行人比之长江,海水湛碧,群山背峙,斯为异矣。

正月十五日(2月14日),晨抵神户。中西正树自东京来迓。饭后欧阳述至旅馆相晤。旋浴温泉,登酒楼。深夜始归。

　　《东游日记》:晴。晨抵神户,同文会中人中西正树君已由东京来迓,可感也。饭后理事官欧阳立斋同年到旅馆相晤,因入署稍谈。旋浴温泉,登酒楼。当垆之人婉娈宜客,又呼艺妓五六,鹍弦象拨,齐奏和歌,翩舞应答,疑若可解。月色皎白,深夜始归。岩内君云:日本樱花,非梨非杏。然曾游四川峨眉山中见之,又经奉天金州,此花亦繁;虽振艳于神山,非绝迹于震旦,特无言自芳,未经题品耳。暇日当检《广群芳谱》、《全芳备祖》诸书证之。

正月十六日(2月15日),午后游大阪。偕李凤年、中西正树同行。历游书肆,观炮台、陆军团队所。晚酌于中国酒楼,三更许归神户。

　　《东游日记》:晴。午后游大坂,偕李君凤年及中西君同行,历游书肆,观炮台及陆军团队所。晚酌于中国酒楼,三更许归,神户雨雪。

正月十七日(2月16日),午间乘汽车行。欧阳述、李凤年送至车栈。过西京琵琶湖等处。

《东游日记》:晴。午间乘汽车,欧阳立斋暨翻译李君(凤年)并送至车栈。是日过西京等处,行八百余里。外览之景,以琵琶湖为最佳。电机所发,无物不应;亦深悟唯心之学,不隔形骸,默参消息,未防渗漏,使人身毛皆竖。

正月十八日(2月17日),晨至东京。永井禾原、白岩龙平、国友、田冈、本田、田边为三郎、田锅安之助诸君相迓。李盛铎遣车来,先至旅馆,乃往相见,絮谈良久。赴田边碧堂、白岩龙平招饮,漏深始散。李盛铎仍同至旅中稍谈。

《东游日记》:晴。晨至日本都城,即江户旧地,今为东京。永井、白岩、国友、田冈、本田、田边、田锅诸君已在车边相迓,握手道故,欣然语笑。木斋遣车来,因先至旅馆,乃往相见;三年之别,沧海生桑,絮谈久之,宏琐兼及。田边、白岩邀至酒馆,选舞征歌,漏深始散。木斋仍同至旅中,稍谈而别。

正月十九日(2月18日),早起偕白岩龙平过访同文会诸君。午饭于使馆。饭后至华族会馆,与近卫公爵、长冈子爵稍谈。登三王山啜茗。赴永井禾原香雪轩楼招饮,有诗赠永井,永井和之。同席者森槐南、本田幸之助、田边为三郎、永阪周二、三桥、白岩、岩永,共九人,作诗数章。

《东游日记》:大雨。早起偕白岩访同文会诸君。午饭于使馆。饭后至华族会馆,近卫公爵、长冈子爵在此相待,叙谈少时。登三王山啜茗,东指美洲,南临沧海,北望北海道,而西则吾中国也。《管子·海王》之篇,孰知其意哉?永井禾原君招饮"香雪轩"楼,同集者森槐(大来)南、本田幸之助、田边为三郎、永阪周二,暨永井君之弟三桥,又白岩、岩永,共九人,作诗数章,情韵交美。

永井久一郎《庚子二月文芸阁学士东游入京次日过访邀饮香雪轩席间赋呈》:其一:管鲍交情何足云,高轩忽过意殷勤。当年禁苑常随驾,今日翰林应忆君。文旆影浮瀛海水,吟衣痕带楚天云。征歌聊拟长宵饮,小阁春寒酒未醺。其二:三国兴亡何足云,艰难世局记奇勋。武昌城古临江水,文正庙高连楚云。一木还能支大厦,千秋谁是起斯文。道咸遗老几人在,中外如今只仰君。

《赠日本禾原侍郎》:

平生熟读计然书,一舸江湖信所如。谁料饱餐鲸鲙客,却来频钓四腮鲈。

洞箫吹彻起乡思,张俭无家浪走时。重过浔阳江上路,寒沙枯荻诵君诗。禾原《九江舟中》诗有"寒沙枯荻茫茫水"之句。

大海风掀不尽澜,百灵杂沓满真丹。知君别有苍茫意,醉倚危楼冷眼看。

永井久一郎《次文芸阁学士见赠韵却呈》:蓬山留得太平书,炼骨钦君意自如。万里归家犹是客,湖南秋味饱莼鲈。茫茫寒水动相思,无限悲欢再会时。何料浔阳江上路,愧吾俚句入君诗。余《九江舟中》有"寒沙枯荻茫茫水"句,君赠余诗,有"重过浔阳江上路,寒沙枯荻诵君诗"句。只手何人挽倒澜,忧时只剩寸心丹。荻花枫叶秋将尽,相遇偏为隔世看。感事,故云。

正月二十日(2月19日),清浦奎吾约谈片刻。与高平稍谈。往观上议院。饭后往拜南条文雄、中西正树,皆不遇。内藤虎之助来谈良久。

《东游日记》:晴。清浦奎吾约谈片刻,外部次官高平略谈。往观上议院,规模亦颇宏敞,演说选举事甚久,惜吾不解东语,未知其意所在也。饭后往拜南条文雄,未遇。亦往候中西正树君,不遇而归。内藤虎之助来谈甚久。各国制度无纯美亦无尽非,立法而行,又随时斟酌损益之,斯为美耳。左右佩剑,相笑不休,我所不取。若参以宗教家之言,预揣不可知之事,以为治道在是,则尤矮人观场,只见其不知量也。

正月二十一日(2月20日),发信中国。永井禾原来谈。偕白岩龙平游上野动物院。旋游帝国图书馆。赴李盛铎红叶馆招饭,夜深始散。

《东游日记》:阴。发中国信。永井禾原来谈。偕白岩子云游上野动物院。上野之地,乔木参辣,山谷回互,气象极有可观,而动物院殊未满人意:鸟无灵鹫,兽缺雄狮,独角之符拔、四手之猩猩并未得见,大蛇绝无,巨象惟一;惟熊类数头,鬈髯狞猛,差足壮观瞻耳。旋游帝国图书馆,阅书者百余人;检其篇目,余所欲睹之书亦近百种,因购其目录而归。椒微招饭"红叶"馆,夜深始散。

正月二十二日(2月21日),早过野岐君。旋访本田种竹。南条文雄君来稍谈。佐佐友房来晤。

《东游日记》：早访野岐君，见；因访本田种竹，图书四壁，皆华文，宋、元、明、清四朝集部略近百种；又，所游之地，皆携断瓦文石而归。其好事可熹也。南条文雄君见顾，匆匆略叙数语，约改日畅谈。佐佐友房来寓，去岁游欧洲归，纵论大势，以为英不战俄而战脱者，以其形势相近、利害所重也；又谓英之沙侯为第一流人，德之国主英伟无匹。其说如此，要之真欲用世者也。

正月二十三日（2月22日），早过李盛铎。午赴野岐约。席散往下议院观议。归游书肆。

《东游日记》：晴。早访椒微。午赴野岐约。席散往下议院观议。归游书肆，购哲学书数种。阅《东京图书馆一览》，有宋椠《大唐西域记》、《啸堂集古录》，及朝鲜人写本洪凤汉等《东国文献备考》二百三十五卷。颇欲往观，俟诸异日。《帝国图书馆和、汉书书名目录》又有安南吴士连《大越史记》，全书皆关亚洲故实，欲并观之。

正月二十四日（2月23日），往拜松平正直。偕李盛铎往观博物院。晚饭星冈茶寮，夜深乃散。欧阳述由神户到东京。

《东游日记》：晴。拜松平正直，见。偕椒微往观博物院，衣有裲裆，乐有箜篌、阮咸；图籍有宋本《广韵》、宋本《圣惠方》，皆足供考古者之玩。列藩之金银货币，各邦之尺度权量，则学者所有事也。余虽搜罗未富，而用意固善。此院为凡有国所宜设，盖禹铸九鼎以知神奸，此其遗意矣。晚饭"星冈"茶寮，夜深乃散。欧阳立斋由神户到东京。

正月二十五日（2月24日），偕李盛铎、欧阳述赴大森观梅花。得家信及文廷华见寄《念奴娇》词一首。

《东游日记》：晴。偕椒微、笠斋赴大森观梅花，天时太寒，花事未盛，然树古、干古，山亭空嵌，致足乐也。日本内务大臣西乡从道约见，未赴。晚归得家信，又实甫弟见寄《念奴娇》词一首，笔意壮阔。

正月二十六日（2月25日），往拜福岛。午间赴近藤宅中招饮，同集者清浦、近卫、野岐、矢野、田边、白岩、李盛铎、孔怀诸君，观剧。薄暮过佐原希元，见其母及弟妹。

《东游日记》:晴。往拜福岛。午间近藤氏招饮宅中,同集者清浦、近卫、野岐、矢野、田边、白岩诸君;余与椒微、孔怀,三汉人耳。乐奏能狂;言剧名《舟办庆》、《媪之酒》,凡二出,《舟办庆》者,演源朝臣避难之事,《媪之酒》则为老妪盗酒,大致与中国演剧同类,惟声调迥别耳。薄暮往佐原希元家,见其母及弟妹,门庭虽小,喜其辑睦。

正月二十七日(2月26日),偕欧阳述游横滨。饭冯孔怀家,旋偕游植物公会。四点半钟乘汽车回东京。赴福泽舍次郎招饮。晚过李盛铎处谭至深夜。

《东游日记》:晴。偕立斋游横滨,商市殷阗不及上海之半。饭冯孔怀家,旋偕游植物公会。四点半钟,由汽车回东京。福泽舍次郎招饮;闻得北京电,山东土人有与德意志铁路工兵开衅之事。晚至椒微处,谭至深夜。

正月二十八日(2月27日),过诣李盛铎、欧阳述,畅谈竟日。寄信上海。

《东游日记》:晴。诣椒微、立斋处,畅谈竟日。见椒微所购小学校博物器具,叹为有心人也。是日发上海信。

正月二十九日(2月28日),赴近卫招约,往观华族学校。旋往益孝田家略谈。本田、小林来,均未见。

《东游日记》:晴,大风。近卫招览华族学校,今改为学习院,有初学、中等、高等三种,体操、剑击、步武,亦兼有陆军规模,惟每年经费仅八万银圆,尚觉规模未廓也。旋诣益孝田家,略谭归。本田、小林来,均未见。

正月,为日本永井久一郎《西游诗续稿》作序。

《西游诗续稿》序:昔人有汉上题襟之集,今之沪渎,比之唐宋时汉上,有过之无不及也。日东禾原侍郎,以济川之才,驻沪理邮船事。余得见之,盛德若谷。及谈燕之际,挥毫翰,写性情,慨乎于靡丽之场。而有天下之志。所交皆一时胜流,知其清词者有之,慕其醉德者亦有之。然识其才足济时,而念在忧世者,盖亦仅矣。当波谲云诡之时,不有畸人抱坠绪而永之,诗其废乎?远览古人,延企将来,君其有迈洞之思,而不徒江湖之乐者也。乃者以诗属订。余故明其志,以诒当世。其兼有晚唐北宋之懿者,在其学问与其性情。阅者自知之,不劳赘说也。凡投赠唱和诸篇,悉附录者,严诗编杜集之例,盖姜湛园所云,欲使姓名牵连见于集中,则传世可久,亦其性情之厚也。光绪二十六年正月萍乡文廷式序。

二月初一日(3月1日),内藤虎次郎来晤,同往拜大内青峦,得赠《洞宗联珠集》。又偕中西正树过大隈重信久谈。晚过李盛铎处谈,归阅《僧史略》。阅上海报,知盛昱逝世消息。

> 《东游日记》:内藤来,同往晤大内青峦,洞下居士也,赠余《洞宗联珠集》。日本佛法,曹洞盛于临济,曹洞宗之寺一万六千,临济宗仅六千而已。大内所藏唐人写经甚多,有朝野鱼养及僧空海所书,皆可宝也。又偕中西君同诣大隈重信,日本前执政也。久谈后,观其园中养花,凡数千种,有印度、非洲各品,色皆奇艳。灵秀之气,何所蔑有? 以此知造物之无私也,然果有造物者乎? 晚至椒微处谭,归阅《僧史略》,赞宁文笔,盖五代末大家。其所著作,非契嵩、文莹所能及也。是日阅上海报,知故人盛伯希祭酒逝世,才志未伸,风流顿绝,为之伤感者久之。

二月初二日(3月2日),应约过伊藤博文处一时许。晚赴近卫霞山之招。于其家中见《源顺倭汉抄》稿本两卷、《唐六典校本》底稿数十册。过李盛铎,见影刻唐人写本《丧服小记疏义》一卷。

> 《东游日记》:微雨,午后阴。应伊藤博文侯之约,往谈一时许,政事才也,然神识未有过人处。晚赴近卫霞山之招,设席伊家,出所藏《源顺倭汉抄》稿本两卷,书法甚精,千余年来字画完好,真宝物也。又出其先人家熙《唐六典校本》底稿数十册,博引群书,字字校勘,凡二十年,乃成此书。晚得宋本,与所校处八九相应。日本改革以来,官制颇善,当时大臣能通知古今,故未易及矣。又在椒微处见影刻唐人写本《丧服小记疏义》一卷,无正文。

二月初三日(3月3日),偕李盛铎、白岩龙平往红叶馆,为三岛毅贺生日,见宗重望、樱井熊太郎诸人。晚饮于密多里亚酒馆。内藤虎次郎来访,得赠《日本美术史》,南条《梵木阿弥陀经讲义》诸书。

《东游日记》:晴。偕椒微、子云往红叶馆,为三岛毅贺生日,见宗重望、樱井熊太郎诸人,晚集于密多里亚酒馆。是日内藤来,见赠《日本美术史》、南条《梵木阿弥陀经讲义》诸书,言《金七十论会本》,亦大内青峦撰也,题他人名耳。

二月初四日(3月4日),早饭野崎家,遇地震。福岛安正来晤。赴大阪石埭晚餐之约,同席者森泰二郎、本田幸之助、速水一孔。

《东游日记》:晴。早餐野崎家,忽地震,窗棂格格有声。日本习以为常,有一月七八震者;房屋率低下,多用竹木,少用砖石,亦以此也。福岛安正来。大阪石埭约晚餐,石埭作诗、知医,未至中国,而甚慕华风,饮食居室,皆用华制,颇得其似,亦可异也。森泰二郎、本田幸之助、速水一孔同集。

二月初五日(3月5日),与板垣退助、片冈健吉等谈。访森槐南、重野成斋,皆不遇。晚赴宫崎寅藏招饮,席上晤孙中山。

《东游日记》:晴。板垣退助(日本从二位伯爵)、片冈健吉等约谈,皆自由党人也,必欲余谈政事,余无所言,略问其党中意旨而已。访森大来、重野成斋,并不遇。晚宫崎招饮。

内田良平著,丁贤俊译《中国革命》:三月上旬,文廷式抵达日本。他向孙中山说:"山东的义和团有发动起事的迹象,如果能到四五月举事,便将给予我党以可乘的良机。"孙听后大喜,但是最不如意的是为筹措军费而使他异常焦虑。到了五月,义和团果然开始行动,包围了驻北京的各国公使馆,各国也组织联军赴援,于是,战斗就这样开始了。

二月初六日(3月6日),往拜冈千仞。午后南条文雄来晤。晚偕李盛铎赴益田孝君招饮,近卫、清浦诸人在座。夜归,李盛铎来寓久谈。

《东游日记》:晴。访冈千仞,十七年前广东旧友也。颓然老矣,而劬书犹甚,问其子业成否? 以笔答曰:大学堂卒业,已考文科;然老夫所学汉土之学,不知今何所为大学、何所为文科也。午后南条文雄来,余询印土近教,皆一一告我,此当今佛门龙象也。余劝其著一书,以唯识宗遍摄近日哲学各派宗旨,南条以为然。益田孝君招晚饭,偕椒微往,近卫、清浦诸人同集。夜归,椒微来寓久谈。是日子云以病入医院调理。

二月初七日(3月7日),往观印刷局。龟谷行来晤。

　　《东游日记》:晴。往观印刷局,见湖北托制之银纸,款识未精,纸张较大,虑不便行用也。龟谷行来。

二月初八日(3月8日),得佐原希元、文廷华信。往观裁判所。与冈千仞、重野安绎诸君同游小西湖,略谈片刻。于李盛铎处遍阅上海各报。

　　《东游日记》:阴微雨。接希元、实甫信,言近日上海颇汹汹也。往观裁判所,余问清浦司法:日本判狱用陪审官否? 清浦言陪审官无益;荷兰判狱无陪审,今日本采荷兰法亦不用。余记井上毅《梧阴文稿》亦曾论之。日本虽取法于荷兰,实发端于井上也。冈千仞约同游小西湖,重野安绎在焉,尚有老者数人,亦有丽人三人,略谈数刻。是日在椒微处,遍阅上海各报。余问重野,欲得日本《兰陵王破陈乐》谱,前者近卫公固言可得也。重野未言及乐谱事,以笔答云:此间有雅乐部,明治以后属式部职(宫中官署),存肆不失隋唐乐之旧,外有高丽乐,大抵与《唐书·乐志》同,丽乐,今朝鲜亦不传。

二月初九日(3月9日),福岛安正约观陆军学校中之幼年、中央、士官三学校。归,西乡重道约见,偕冯孔怀往谈片时。晚与李盛铎谈至夜深,见其所购唐宋写经数本,及宋刻《大藏》零本。

　　《东游日记》:晴。福岛安正约观陆军学校中之幼年、中央、士官三学校。归,西乡重道又约相见,偕冯孔怀往谈片时。晚与椒微谈至夜深,见其所购唐宋写经数本,及宋刻《大藏》零本。西乡言,治国以民兵为本,而民兵以警察署为本。日本初办警察时,由鹿耳岛始,皆选精兵为之,后幸有成,而推之通国云。

二月初十日(3月10日),赴内藤虎次郎上野公园三宜亭邀约,同集者岛地默雷、村上专精、高楠顺次郎、藤井宣正、梅原融、岛田蕃根、高乔本吉、田代直树、松冈又五郎、上田三德诸人。与诸人晚餐西洋酒楼。宫崎寅藏来略谈。

　　《东游日记》:晴。内藤虎次郎约至上野公园三宜亭,岛地默雷(寓东京市曲町区中六番町六番地)、村上专精(本乡区弥生町三番地)、高楠顺次郎(芝城山町四)、藤井宣正、梅原融、岛田蕃根、高乔本吉、田代直树、松冈又五郎、上田三德诸人同集。岛田氏广求中土所佚释典(唐、宋、辽、金皆有),寄归杨仁山重刊。藤井撰《佛教史》。村上、岛地皆颇有传书。高楠年甚壮,而能通十数国语言文字,真奇士也。诸人约晚餐西洋酒楼。宫崎来稍谈。

二月十一日(3月11日),岛田蕃根来晤。申刻赴汉学家四十余人邀约,集于八百松间,仿柏梁体赋诗。同集者重野安绎、冈千仞、森泰二郎、长尾槙太郎、末松子爵、荒浪市平、藤田达芳、日下东作、成濑温、内藤虎次郎、岩谷修、饭尾麒太郎、松前让、龟谷行操岸、上柴原和、薄井龙之、大畑弘国、田代真树、入江为守(子爵)、速水一孔、手岛知德、本田幸之助、滨村藏六诸人。

　　《东游日记》:阴晴不定。岛田蕃根来。申刻,汉学家四十余人邀余集于八百松间,仿柏梁体赋诗。余起句云:"海山葱笼云气开。"森槐以南携诗来,重迭"颖"、"曷"韵七古。余即席和之。"颖"韵云:"平生所遇无不适,未暇雌雄较抗颖。""曷"韵结句云:"愿将秃笔写名都,自压燉煌记刘曷。"仓卒之间,颇赖腹笥未贫也。是日同集者:重野安绎、冈千仞、森泰二郎、长尾槙太郎、末松(青萍)子爵(末松名谦澄)、荒浪市平、藤田达芳、日下东作、成濑温、内藤虎次郎、岩谷修、饭尾麒太郎、松前让、龟谷行操岸、上柴原和、薄井龙之、大畑弘国、田代真树、入江为守(子爵)、速水一孔、手岛知德、本田幸之助、滨村藏六诸人,大抵皆名士。(有失去名纸者,不能悉记。)

二月十二日(3月12日),后藤邀往作书,晤座中有田水女士。往医院视白岩龙平病。过李盛铎剧谈。购得《义楚六帖》一部。

　　《东游日记》:晴。后藤邀往作书。座中有田水女士,云学汉文二十年,学《易》十余年,颇通筮法,曾在日本天皇宫中教皇女读书。诣医院观子云病,虽无痛楚,神气尚弱。往椒微处剧谈。以《礼记孔疏》,证此间由内府所影刻写本之《丧服小记子本疏义》,乃知真梁皇侃疏也,"三鬆"、"脱服"等说,皆与释文正义所引皇说合。冲远疏成之后,六朝旧疏荡然,得此一卷,真希珍也。《日本访古志》既未之载,黎纯斋、杨惺吾亦未之见,异哉!购得《义楚六帖》一部。虽释家类书,而引儒书正不少,晁氏《读书志》曾载其目,洪遵《泉志》亦引之;近数百年来我中土遂无有述及此书者,盖佚之久矣。书成于后周时,所见古书正多,可宝贵也。(是日地震。)

二月十三日(3月13日),来客甚多,酬对颇苦。午间偕中西正树游爱岩山,略观德川氏第七代、第九代墓祠。速水一孔来晤。李盛铎来夜谈。

　　《东游日记》:晴。来客甚多,酬对颇苦。午间偕中西正树君游爱岩山,遂入德川氏第七代、第九代墓祠略观,制度颇壮,幕府威福,尚可想见。速水一孔来。椒微来夜谈。

二月十四日(3月14日),偕中西正树拜访犬养毅,获赠日本匕首一具。夜始归寓。

　　《东游日记》:阴。午后大雨,入夜不止。偕中西正树君同访犬养毅,赠我日本匕首一具,三百年前作也。夜始归寓。

二月十五日(3月15日),得文廷华信。松前让来晤,将归北海道。与李盛铎、冯孔怀晚间集于湖月楼。

　　《东游日记》:晴。得实甫弟信。松前让来,将归北海道也。与椒微、孔怀晚间集于"湖月楼"。有艺妓属意于优伶者,席间屡出其照像与之接吻,又执笔作书寄之,问之,则此妓亦曾在学堂肄业者也。中川义弥言:近来国中风气,男子购妓者像,则往往秘藏,不敢示人;闺阁中购优伶像,则归呈诸父母之前,亦不见责,深叹习俗之弊云。

二月十六日(3月16日),得王子展书。长尾槙太郎、手岛知德、岛田翰林来晤。岛田约往观其所藏。午后往访白岩龙平。诣内藤虎次郎寓,见《古筝谱》、《觽箫谱》。是夜地震良久。

　　《东游日记》:晴。得王子展书。长尾槙太郎、手岛知德、岛田翰林〔来〕。岛田约往观其所藏。午后往看白岩子云,病已霍然矣。诣内藤寓,见《古筝谱》、《觽箫谱》,未暇借抄。诣岛田家,见绍兴九年九月十五日绍兴府雕造之《毛诗》单疏本:凡四十七册,每半叶十五行,每行之字参差不齐。又《尚书》单疏本,则北宋端拱本,日本皇室图书寮所藏,而岛田借出者也。此单疏本,中土早佚于元、明交替之间。两"疏"行数并同,惟"北宋"每段提行,而"绍兴本"《诗疏》则空一格接写,此其异也。又有《左传》单疏本,名为唐抄,余疑其自宋本抄出,未暇考也。又有旧抄本《论语》,皇侃疏。宋刻开元《史记》尤精:每半叶十行,每行大字十八,小字二十三;《列传》中,《老子》在《伯夷》前;题"建安黄氏"刻本。又有宋刻《经进东坡文集事略》,共六十卷,题"迪功郎新任绍兴府嵊县主簿臣郎晔上进"。其注即郎晔作,所谓"事略"也。每半叶十二行,每行二十一字。记张金吾之《爱日精庐藏书志》有此书二十九卷,而此则六十卷,完善信可宝贵。又有《新雕入篆说文正字》一卷,仅《说文》部首耳;后题"高丽国十四叶辛巳岁藏书,大宋建中靖国元年。大辽乾统元年"。据《朝鲜史略》,则"辛巳岁"乃高丽肃宗六年也。所题如此,其奉宋辽正朔,可谓谨矣。又,宋高宗御笔草书《韵宝》五卷,依礼部韵写草字大刻,旁注楷字;卷末题"赵与懃监刊",当是宋宗室也。又,卷子本唐人抄《汉书·扬雄传》一卷,前半失去数页,自"反骚"前数行起。《反离骚》"恐日薄于西山"句"恐"上有"何"字,"奚必云女彼高邱"句无"云"字,皆胜于今本。又,仿唐抄《文选》无注本二卷,自《高唐赋》后数行起,至颜延年《太子释奠诗》(记忆未真,或尚有一二首)止;后写"《文选》卷第十",《神女赋》实是"玉梦",此抄分明。然唐人诗云"止有襄山忆梦中",则唐人固有作"王梦"者,未可据此卷为定论也。张茂先《励志》诗:"田盘于游",此抄作"出般于游";"出"字较胜,与下句"居"字相应。又,北宋本《太平御览》一千卷,无所阙佚,真稀世之珍。台本《荀子》、宋刻《庄子成玄英疏》、宋刻《广韵》,皆黎纯斋《古佚丛书》之所本。《成玄英疏》有黎莼斋跋;所存仅五卷耳,后五卷则以坊刻足成者也。其余杜诗、苏诗、柳文、蜀本《黄山谷集》,宋元刻本颇夥;《道藏》四千余卷,弘治本亦具足。又有《文馆词林》第六百七十八卷,在黎刻之外。天已薄暝,不能悉观。岛田之书,言有家宪不许出户,匆匆一览,仅就记忆所及略书于此。筐中又未携《汉书》、《文选》,未知有误否也。余托其代抄《毛诗》、《左传疏》、《东坡文集》、宋高宗《韵宝》及《文馆词林》数种,已面相允,明当筹款付之。又岛田云,所作有《宋本论衡校记》。中土所刊《论衡·禄命篇》,缺去一叶。惜匆匆亦未得览也。是夜地震良久。又记《毛诗》单疏、《左传》单疏本卷末皆有"金泽文库"印，盖库中旧书也。金泽文库书已散矣；足利文库，虽千年旧地，今所藏宋、元板本亦不多。德川氏幕府旧藏枫山书，今悉入日本帝室，归图书寮，即本国人亦不许假阅。岛田恒借公事入内，故得纵观云。按《江户名所图会》卷六云：金泽文库旧址，在阿弥陀院之后，相传越后守平显时营建，内纳和、汉群书，儒书用墨印，佛书用朱印，印文楷字，竖"金泽文库"四字。后上杉安房守宪实执事时再兴；其后荒废，书籍散失。今所见两单疏，后皆墨印，真当时文库之遗。北条氏九叶繁昌，敦崇学问，其所藏庋犹足沾溉后人。幕府之世，固未可尽非也。（《左传疏》"金泽文库"四字亦摹写，则非库中书。）

二月十七日（3 月 17 日），偕内藤虎次郎往拜那珂通世，白鸟库吉、桑原骘藏在座，观《景教碑》影本。偕李盛铎赴手岛知德招饮，夜分始归。

《东游日记》：阴。偕内藤往那珂通世家，白鸟库吉、桑原骘藏在座，观《景教碑》影本。余尝立说，据《贞元释教录》，唐人称景净为"弥尸诃教"，即碑之"弥施诃"。弥施诃者，摩西之异译，近译又作梅瑟，实犹太教之古圣也。此为犹太教之古碑，而近时杨荣鋕、洪钧等皆坚信西人，以景教为基督教之聂斯托尔派，殆近附会。前曾与高楠顺次郎往复辩论，今那珂、白鸟亦与高楠同，皆误信西说。余曰：景尊弥施诃者，"弥施诃"必其名也，明西洋人阳玛诺释为"救世"（希伯来语）。近时杨荣鋕释为"弥撒"（高楠说同）。文义皆非。阿罗诃者，阿喇伯人称天神语，摩西旧称，回教沿之。若以为基督教，则碑中用西里亚文字，而称天独袭阿拉伯语，岂可通乎？诸君皆无以应，惟勉徇西人之信而已。余谓：纵为聂斯托尔派所立，则谓聂派祧耶苏而述摩西可也，谓此《碑》为耶苏教则决非也。余说详《枝语》，今不赘论。那珂著《支那通史》，近专考《元史》地理，将刻成书。白鸟赠余以所撰《唐阙特勒碑考》一卷，惜以德文行之，余不能读。又言今土耳其文与古突厥文大异，惟英人某者潜心考索，竟能读古突厥文，亦可惪也。手岛知德招饮，偕椒微同往，夜分始归。

二月十八日（3 月 18 日），偕李盛铎至岛田家看书。作《次韵内藤虎次郎见赠之作》一首。

《东游日记》：阴雨。偕椒微重至岛田家。岛田有小疾。其所藏古书，未及详阅，欲见其明抄本《宋会要》及《文馆词林》，则请俟异日也。见宋本《庄子郭象注》，"镜"字、"殷"字避讳，"慎"字不避讳，必在孝宗以前；宋本不足，以元刻补之，各得其半。又林尧叟《春秋直解》亦宋刻。又元刻《杨仲弘集》，有范德机序，字体略带行书，凡四册。又有北宋本《说文》、元刻郝天挺注《唐诗鼓吹》小字本，皆精善。《次韵内藤虎次郎见赠之作》：七国三边正纠纷，惊猿失木雁呼群。逍遥旷野思遗世，缥缈仙山忽见君。奇字每询刘贡父，兵谋还忆杜司勋。灵芝罜草今犹昔，重理蜻州百代文。

二月十九日（3月19日），赴同文会诸友偕乐园招宴，同集者近卫、长冈、榎本及犬养毅、中西正树、田锅安之助等凡十七八人。偕中川克一至浅草"朝仓"书肆，阅购书籍。

《东游日记》：阴晴不定。申刻雪霰。同文会诸友招宴于"偕乐园"，用中国肴馔，近卫、长冈、榎本及犬养、中西、田锅等凡十七八人。是日，偕中川至浅草"朝仓"书肆，阅购书籍。闻近年有福建力钧者来购旧本书，斥三千余金，故列肆中所存已无多矣。力钧曾撰《槟榔屿志》，余见其书。上藤一记作《儒道管见》一书，求余阅定。其言儒学甚正，而合古训。解《中庸》"未发"云：非谓无思无为、寂然不动之谓，谓性情弗激于物、而和顺之时也。解《孟子》"性善"云：谓人皆有善质，导而成之，则甚而圣人亦可至焉。皆与《东塾读书记》之说相合，是真知儒术者也。

二月二十日（3月20日），往上野琳琅阁购书。往白岩龙平处视疾。

《东游日记》：晴。往上野"琳琅阁"购书，有宋本《太平圣惠方》及影抄宋本《千金方》等书，以价昂未收也。往视子云，疾已全瘳矣。

二月二十一日（3月21日），岛田来晤。赴冯孔怀家中招宴，手岛知德在座。内藤虎次郎来访，未遇。

《东游日记》：阴雨。岛田来，见影抄北宋本《论衡》、《新序》等书。冯孔怀招宴伊家，手岛同坐。内藤炳卿来，未见。

二月二十二日（3月22日），分别赴宫崎寅藏、黎觉人招饮。

《东游日记》:雨。宫崎寅藏、黎觉人同年各招饮。

二月二十三日(3月23日),赴清浦奎吾、松平正直、佐佐友房红叶馆招饮。

　　《东游日记》:晴暖,始有春意。清浦奎吾、松平正直、佐佐友房同招饮于"红叶"馆。

二月二十四日(3月24日),未记事。

　　《东游日记》:阴雨。

二月二十五日(3月25日),招李盛铎、白岩龙平、觉人、秋水诸人集于冯孔怀家,白岩龙平不至。

　　《东游日记》:招椒微、子云、觉人、秋水诸人同集于冯孔怀家;子云不至。

二月二十六日(3月26日),赴剑堂招饮。平尾光来访。夜地震。

　　《东游日记》:晴,大风。剑堂招饮。夜地震。平尾光(字田水)女史来,言为余筮得《易·晋》之互体《蹇卦》;因覆车伤手,故久未来。嘱余稍留以避连蹇之患。余曰:独不见爻辞云"利西南"乎? 此东方,余未宜久处也。

二月二十七日(3月27日),过白岩龙平。晚偕李盛铎至湖月楼小饮。小室重弘来,赠七律三首。李埈镕来,未见。

　　《东游日记》:晴。访子云。晚偕椒微至"湖月楼"小饮。小室重弘来,兼赠余七律三首。李埈镕来,未见。

二月二十八日(3月28日),李埈镕来晤。往访屈山,其妻接谈良久。诣李盛铎夜谈。发信上海。

　　《东游日记》:晴。午后阴雨。李埈镕复来,朝鲜国主之侄,大院君李昰应之孙也,颇以国弱势危为惧。余告以力政治兵,孟子曰,未闻以千里畏人者也,埈镕深慰而去。访屈山,其妻接谈良久。仍诣椒微夜谈。是日发上海信。西京僧前田慧云,云:佛兰西礼氏去岁游日本,自言得《无著菩萨大乘密严经》于尼罗河畔,以为稀有,此大乘西潮之兆也。前者余闻南条文雄言,锡兰所藏小乘经典,西人颇复染指。余告以英人李提摩太曾于上海译《大乘起信论》,将以流播西土,因译笔未工,故尚未刊布耳。今佛兰西又有此事,或者慧灯遂将广照耶?

二月二十九日(3月29日),阅报。

　　《东游日记》:阴。阅上海报,无甚要事,知讹言将息矣。

二月三十日(3月30日),赴佐佐友房狐鳗亭招饮。冈本监辅赠其所著《铁鞭书》。绪方二三来。中川克一即席赠五古一首,依韵答之。

　　《东游日记》:晴。佐佐友房招饮"狐鳗亭",为食鳗之地,而以狐为名,不可解也。冈本监辅赠所著《铁鞭书》,凡四卷,已刻者仅一卷耳;崇儒重道,力戒浮薄,真鞭辟近里者,宜其不合时宜也。绪方二三来,明日当赴西京去。又中川克一即席赠诗一章(五古),余依韵答之。

　　中川克一原作:凤鸟于来仪,日照扶桑树。树古森参天,根深磐石固。翠盖鸾鹭巢,纠根麒麟护。腥膻不曾臻,凤兮得其处。雍雍何和乐,终日相亲附。文章钦孔姬,礼乐仰韶頀。倾盖勿相忘,同心必锡祚。不知荆棘里,猛鸷今正怒。

　　文廷式和韵:东方若木华,大海珊瑚树。英英群彦集,绵绵苞桑固。布新政丕焕,保旧德维护。然吾得善邻,择仁贵知处。华灯照绮席,感慨倾肺腑。清词润金石,名理兼武頀。如君怀笃谊,恺悌神所祚。持此忠信心,毋惮蛟龙怒。

　　按,录自曾文斌先生《文廷式与日本诗人题咏辑录》。

三月初一日(3月31日),游植物院。往品川访花未开。小酌于西洋料理。晚偕李盛铎、中川克一同饮于绿屋。

　　《东游日记》:晴暖。天气昭朗,因游植物院。种类甚多,勾萌始达,然皆有向荣之意,足使人知生理之条畅也。往品川访花未开。小酌于西洋料理(日本凡酒馆称"料理"。今用之,亦名从主人之意)。晚偕椒微、中川同饮于绿屋。

三月初二日(4月1日),偕二三人游三皇山。啜茗。

　　《东游日记》:阴雨。入夜大雨。偕二三人游三皇山,啜茗,庙中方有神事,道士绿挥落挥。落梅满地,樱花已开一树矣。

三月初三日（4月2日），与李盛铎及日本文士集于向岛之植半楼。

　　《东游日记》：晴。椒微修曲水故事，偕余约日本文士三十余人，宴于向岛之植半楼，到者二十四人，尽欢而散。

三月初四日（4月3日），偕宫崎寅藏访头山，不遇。到李盛铎处夜谈。

　　《东游日记》：晴暖。偕宫崎访头山，不遇。诣椒微夜谈。

三月初五日（4月4日），内藤虎次郎来谈。阅唐释义从《三大部补注》。

　　《东游日记》：晴。内藤虎次郎来谈，言日本变政所以能稍有成效者，以外势不迫之故，且其弊亦甚多，外人或谓事事皆美者误也。椒微招饮绿屋。阅唐释义从《三大部补注》，援引赅洽，立义坚确，台宗大书也。当嘱杨仁山刻补入《藏》，与《辅行传》《法华文句义》等书并传。窥基《唯识论述记》，为慈恩宗要书，且无此书，则《唯识论》竟不可读，此尤不可不急刊者也。

三月初六日（4月5日），早起游上野，观樱花。到李盛铎、白岩龙平处辞行。申刻启行，来送者二十许人。夜将晓到冈崎。

　　《东游日记》：晴。早起游上野，观樱花，开者十之五六。樱花无香，其色亦在碧桃、海棠之间，惟以能以高树发繁花，是其绝胜处。日本以樱为花王者，盖东方樱树至多，每连植数千万株，花时如云，绵蔓十里，故无能与之匹者。然则"王者"之称，徒以党众故也。使仅以一二株生人家庭院，则不过如丁香、海棠，聊供赏玩；若深山榛莽偶著此花，则必不及空谷幽兰，芳香自远也。日本人有《樱谱》，或以樱为扶桑，或以樱为樱桃之异种，后说胜矣。中川义弥以为在福建曾见两株，合之岩内所言，则奉天、四川、福建皆有之，疑中国物土所宜，惟既不结实，其花又不足供簪戴，故植之者希耳。走别椒微、子云。申刻发新桥，来送者二十许人，友谊可感。夜将晓到冈崎。

三月初七日（4月6日），过西京、大阪，午刻抵神户。招欧阳述、中川克一及李仪亭登山小饮。赴欧阳述风月馆招饮。夜深始散。夜宿欧阳述处。

　　《东游日记》：早晴。道过西京、大阪等，遂以午刻抵神户。招笠斋、中川及李仪亭登山小饮。笠斋复招饮于风月馆。俄而风雨大作，夜深方止。艺妓十弦、名酒再酌,良客中佳况也。鸟居赫雄来。夜宿笠斋许。

三月初八日(4月7日),登山城丸归沪。早十点钟开行。得永井九一郎信。

　　《东游日记》:阴,午后晴。仍乘山城丸归沪。得永井禾原信,已抵横滨,颇惜未一见也。早十点钟开行。

三月初九日(4月8日),船泊门司三时许。夜午抵长崎。

　　《东游日记》:晴。晓抵门司,船泊三时许。夜午抵长崎。

三月初十日(4月9日),舟泊长崎,西刻开行。

　　《东游日记》:晴。舟泊长崎,薄暮雨。酉刻开行。晚间略有风浪,同舟有呕哕者。

三月十一日(4月10日),舟行平稳。

　　《东游日记》:阴。日本人所谓"昙天"也,向晚稍晴。是日风力甚微,舟行平稳。

三月十二日(4月11日),寅刻雾下停舟。辰刻启行。午刻抵上海。佐原希元、文廷华、井手三郎来接。旋偕过小田切万寿之助略谈。夜宿昌寿里。

　　《东游日记》:寅刻雾下。停舟不行,辰刻日出乃行。午刻到上海,希元、实甫、井手君来接,因得知一切事。旋偕诣小田切领事,略谈,知日本外部已先有电告小田切矣。夜宿昌寿里。夜深大雨。

三月十三日(4月12日),沈兆祉、狄葆贤诸人来。王德楷来。

　　《东游日记》:阴雨。小沂、楚卿诸人来。王木斋来。

三月十四日(4月13日),小田切万寿之助来晤。午后游愚园。薄暮至张园,晤余思诒、沈瑜庆,立谈片时。晚偕佐原希元、文廷华赴曾紫庵招饮。

　　《东游日记》:晴。小田切来。午后游愚园,落红满地,江南春事已无多矣。薄暮到张园,晤余易斋、沈爱苍,立谈片时。晚曾紫庵招饮酒楼,偕希元、实甫往。夜雨。

三月十五日(4月14日),迁居兴申里。

　　《东游日记》:雨。迁居兴申里。

三月十六日(4 月 15 日),诣井手三郎谈。叶瀚来夜谈。

　　《东游日记》:雨。叶浩吾来夜谈。连日天气沉闷,微觉不适。诣井手谈,余言:日本近时政策,不论东方大局事有应办与否,但先以抑进步党为主,其他皆可缓也。进步党之意见,亦不论东大陆之事能办与否,但可以倾政府者,无不为也。故余在东京,不敢谈时事,固由不在位不谋政,亦知诸君之无暇及此也。井手拍手认可,而颇不满于其国执政云。

三月中下旬,晤日本永井久一郎,为评点诗作。

　　永井久一郎《西游诗续稿》自叙:明治丁酉五月来客海上,暇时与士大夫结文酒交,且作姑苏金陵汉鄂游,偶得若干首。……南船北马随感成吟,所得者固未可以言诗也。今将去海上归东京,取衍旧草,连记诸家唱和,为西游诗续稿二卷,即请文芸阁学士教正。将以问世,盖愿聊志游览之迹,不忘友交之谊焉耳。明治庚子三月于海上大虹桥北客楼禾原永井久倚装书。

四月初十日(5 月 7 日),赴丁惠康招饮,缪荃孙、汪康年、陆树藩、余思诒等同席。

　　缪荃孙《艺风老人日记》:叔雅招饮花媚卿处,益斋、道希、伯纯、穰卿同席。

四月十一日(5 月 8 日),缪荃孙来访。

　　缪荃孙《艺风老人日记》:诣余益斋、文道希、赵竹君、陆纯伯谈。

五月十七日(6 月 12 日),在沪,与文廷华赴姚文藻招邀,宗方小太郎、绪方有邻、井手三郎等同席。

　　盛宣怀《盛宣怀致陆宝忠函》:(五月二十日)伯揆仁兄大人阁下,别后甚念。事变之速,祸在眉睫。五月初十明谕,各国激而发兵。沽口现有兵船四十余艘。闻洋兵将大至,必有非常要挟,不止庚申、甲午之变也。……弟今日有专函与庆邸、荣、王两相,有办法四则,请公即面询燮相,能否上陈?如再迁延,哀的美敦书即至,无可换回矣。……毓佐臣为拳匪创乱之人,何无一人弹之者?公志切救时,目前必思弭外患,止洋兵,乃为保社稷至策,内乱不足平也。然非平内乱不能弭外患。近日线断,消息全无。……现在上海之文云阁及康党已招摇得意。此患尤在内外之间,势将瓦解。乞公速为当局言之,不可不速为定计也。

宗方小太郎《宗方小太郎日记》:十二时,应根津一之约,赴东和洋行,协议创立南京同文书院事,午饭后辞归。午后,姚文藻来访,约今晚七时兆贵里胡同卿之家召宴。五时,姚、绪方招邀,马车至同文会;七时,与井手、绪方同赴姚氏之约。文廷式兄弟及另二人出席。姚氏招说书者数人、琵琶弹奏者一人,皆高手也。我辈座谈,有江州司马之感。

五月十九日(6月14日),招饮井手三郎、绪方有邻、宗方小太郎。

宗方小太郎《宗方小太郎日记》:与井手、绪方同赴文廷式之约。至普庆里谢斐君家,说书者数人陪席,一人名梅花者,容色无双,徐琴仙之说书琵琶,号为江南第一,果如浔阳遗韵,闻之令人断肠。近年来中国士风日坏,每下愈况,每遇宴集,于寓所必有书场,绮罗纷杂,欢笑彻夜,豪奢已极,而谈论时势、讲究国是者,皆由此处而来,可慨哉!

五月二十二日(6月17日),午前过宗方小太郎,晚赴姚文藻招饮,汪康年、胡奇梅、辛仲卿、根津一、井手三郎等人同席。

宗方小太郎《宗方小太郎日记》:姚文藻来约,午后于西郊辛家花园召饮。午前,文廷式、佐原、汪康年及浙江人高子衡等来访,谈话移时。午后,与根津、井手乘马车同至辛家花园,赴姚赋秋之约。该园系辛仲卿所建。亭榭池沼,搭配相宜。雅洁可爱。辛氏乃金陵富贾,于其藏宝之所,展示所有古今书画古董。五时开宴。美味珍馐如山海杂陈。其豪奢令人瞠目。姚氏做东主,与席者文廷式、汪康年、胡奇梅、辛仲卿、根津、井手及余八人。

五月,代拟《沪上绅商电达各国文》,请助光绪皇帝复政。

《沪上绅商电达各国文》:京中祸变亟亟,西兵大至,说瓜分中国。上海绅商大震,连夜集议,为文电止各国政府,请求皇上复政,主议者翰林学士文廷式云。今从西报译出,其略如左。前翰林院学士文廷式,谨为我国大皇帝电告诸君,目下中国时事至此,殊可浩叹。各国现既有兵在京,即乘此机会,保我皇上出宫,迁往南京或武昌或上海,于三中选择一处,建作新都。在各国亦应彼此会同,布告天下,以"目下悉已合力保护中国,请光绪皇帝临御,治理万几"等语。京中所有六部衙门则悉予裁撤,另由新党中简选能员,以充执政大臣。并于新都内设客卿。其余各处,则概简良吏以治理之。总以振兴新政为务。京中大军,亦须尽行遣撤。另再招募精壮,由西人教习洋操,练成劲旅。或添派炮艇以保各处水路。其海关、邮政、电报等局,则请西人暂为管理,以华人之妥当者襄理其事。并设立通行银钱,及更改税则等章程,各处则均仿照日本,开作商埠。至中西交涉之事,则另设专部办理。其管理专部则亦须派有洋员。所有各国人之来中国者,无论何处悉准任意居住,游行亦听其便。传教,则无论中西教士一概予以保护。并由我光绪皇帝以"其命维新"等语昭告宇内。则众民允洽。目下之乱,可不动而自平,中兴之象亦可计日以待矣。况我光绪皇上力虽微薄,而办理新政之心则甚深切。即通中国民人,亦均有维新之意。故此时中国正应易为臻于郅治之时。至若民心思乱,实由旧党中人固执偏见所酿成,并非故欲为之也。各国欲瓜分中国。但中国此时人民数百万中,有学问者虽少,从事戎行,亦无所用,而其心则最为固执。一旦而忽由西人管理,其心定必不服。阻挠之事,亦必层出不已。至欲以兵力瓜分,固非难事,只须有兵万人,即可成就,仅得中国。而欲伏中国人民之心,则非历数百年工夫,断难有成。祸难之事,更将不知凡几矣。故现在不如保我光绪皇上,以治理人民。众民见皇上复辟,自必踊跃欣喜,心生感激也。特电致欧、美、日本诸君,请弗再生异念。即有此心,目下亦断不可行。总宜先任我光绪皇上复权,倘能治民妥善,则各西国应须相助为理。俾人民共享人类之福。中国民人见各国力保我光绪皇上,并无鲸吞中国之心,则从服之心,有不期然而然者矣。于太平何有哉。

六月初九、十日间(7月5日、6日),田锅安之助、佐佐友房约谈。

井上雅二《井上雅二日记》:田锅安之助、佐佐友房等来沪。了解了总部及政府意图的大略。打算建立一个通讯机关,因约汪、唐、文等人商谈。

六月,参加筹组爱国会的张园会议。

冯自由《中华民国开国前革命史》:唐、林至上海,初以日人田野橘次名义组织东文学社,阴则发起正气会,为运动机关……唐旋易会名为自立会,称其军为自立军。继以会名近于激烈,未易普遍,乃与六月间以挽救时局为辞,邀请沪上维新志士,开国会于张园,到者有容闳、严复、章太炎、文廷式、吴葆初、叶浩吾、宋恕、沈荩、张通典、龙泽厚等数百人。公推香山人容闳为会长,侯官严复为副会长,唐为总干事,林圭、沈荩、狄葆贤为干事。成立后声势日盛,大招清吏之忌。

唐才质《唐才常烈士年谱》:唐才常邀请上海维新人士集会于张园。到会者有海上名流、士绅、工商界、文化界人士数百人,成分颇为复杂。容闳、严复、章炳麟、文廷式、叶瀚、宋恕、马相伯、毕永年、唐才质、戢翼翚等应邀参加。大会公推容闳为临时会长,严复副之,"思用国会名义,号召国人奋起自谋以救中国"。

井上雅二《井上雅二日记》:汪康年、唐才常等一个月以前提出的所谓国会,今天终于在愚园召开了。出席者五十二人,均为民间人士。前美国公使容闳为主席,严复为副主席,决定二十九日再次开会,但章程等尚未制定。

六、七月间,赴湖南长沙。

俞廉三密折(庚子闰八月二十一日):窃臣于本年六月初间,访闻革员文廷式潜来湖南省城南门外藏匿,当饬枭司密拿。该革员旋即远扬,未经弋获。

《俞廉三奏报唐才中供词二则·唐才中即次丞供词》:文廷式于六、七月间到长沙,是来办孙革命党的事(又名三合会,广东人最多),约了富有会的张尧卿帮他散票。他们革命党,与康、梁之保皇会相反,彼此不合。他们久已水火,不能联成一气的。

七月初三(7月30日),许景澄、袁昶被杀,先生有《哀许侍郎袁太常》诗挽之。

《哀许侍郎袁太常》:荃德犹能察,兰薰信必锄。燕巢人自乐,鱼烂国将墟。梁剑揾爱盎,吴镂赐伍胥。风沙满燕蓟,归梓定何如?

《清史稿》(列传第二百五十三):许景澄,字竹筼,嘉兴人。同治七年进士,选庶吉士,授编修。明习时事,大学士文祥以使才荐。……未几,拳祸作，景澄召见时，历陈兵衅不可启，春秋之义，不杀行人，围攻使馆，实背公法。太后闻之动容，而载漪等斥为邪说。联军逼近畿，景澄等遂坐主和弃市。宣统元年，追谥文肃。袁昶，字爽秋，桐庐人。从刘熙载读，博通掌故。光绪二年进士，授户部主事，充总理各国事务衙门章京。……义和团起山东，屠戮外国教士。昶与许景澄相善，廷询时，陈奏皆忼慨，上执景澄手而泣。昶连上二疏，力言奸民不可纵，使臣不宜杀，皆不报。复与景澄合上第三疏，严劾酿乱大臣，未及奏，已被祸，疏稿为世称诵。追谥忠节，江南人祠之芜湖。

《晚晴簃诗汇》卷一百六十四：许景澄，原名癸身，字竹筠，嘉兴人。同治戊辰进士，改庶吉士，授编修，官至吏部侍郎。谥文肃。有《许文肃公遗诗》。

按，《晚晴簃诗汇》卷一百六十四收许景澄诗五题六首。

《晚晴簃诗汇》卷一百七十一（袁昶）：袁昶，字重黎，号爽秋，桐庐人。光绪丙子进士，历官太常寺卿。谥忠节。有《渐西村人集》、《袁忠节遗诗》。诗话云：忠节久在译署，周知四国。庚子之变，以不附和权贵，直言触忌，仓猝被祸，中外嗟惜。平生博极群书，出入仙释。其诗意新味古，兀傲自喜，殆如其人。《咏吴山水仙王祠》云："千年蘋碧终难化，八月怒涛空尔为。"又："江流不尽兴亡恨，抉眼苏台鹿上时。"直自写照。后与许文肃合祀西湖，诗中所说"林逋秋菊""水伯朱旗"，遂成谶兆。

按，《晚晴簃诗汇》卷一百七十一收袁昶诗二十二首。

七月二十六日(8月21日)，从湖南回沪上。

井上雅二《井上雅二日记》：……文廷式今天从湖南来，似乎事情没有成功。腐儒终难成事。

七月二十七日(8月22日)，唐才常被捕。

井上雅二《井上雅二日记》：唐才常等三十人被捕，计划大大受到挫折。

七月三十日(8月25日)，过井上雅二。

井上雅二《井上雅二日记》：给近卫公发出第六号秘密报告。上午访问了安村、小田切。西村、中村、管、文廷式、小越来了。

七月,陈诗、夏敬观从游。

　　陈诗《云起轩诗录》跋:迨庚子之秋。余作沪游。惊霆浊浪,八国师旅,方陵突中原。日薄崦嵫,江关萧瑟,被褐于道,歌"板屋"之诗。学士一见,奖成弗遗。余遂屡以诗篇请质,学士时复正其讹谬、匡其蚩陋。既久,不见辄讯人曰:"子言犹在沪耶?"

　　陈诗《文道希先生遗诗序》:是(庚子)秋,余从吴彦复师至沪,居于邻巷,袖诗抠谒。

　　夏敬观《忍古楼词话》:余作词始于庚子,时寓居上海,与萍乡文道希兄弟日相过从,道希颇授予作词之法。一夕,李伯元茂才于酒肆广征京津乐籍南渡者四十余人,为评骘残花之举。余首赋《念奴娇》词,道希辈颇击节叹赏,和者遂十余人。道希词云云。

　　冒广生《小三吾亭词话》:庚子辛丑之间,道希寓黄歇浦。其时带甲天地,京朝士夫多南还。若沈子培、子封兄弟、丁叔衡、费屺怀、张季直暨外舅黄叔公布先生,与余辈朝夕咸集,极一时文酒山河之感。道希曾赋《念奴娇》词云:江湖岁晚,正少陵忧思,两鬓衰白。谁向水精帘子下,买笑千金轻掷? 凄诉鹍弦,豪斟玉斝,黛掩伤心色。更持红烛,赏花聊永今夕。　　闻说太液波翻,旧时驰道,一片青青麦。翠羽明珰飘泊尽,何况落红狼藉。传写师师,诗题好好,付与情人惜。老夫无语,卧看月下寒碧。

　　汪曾武《萍乡文道希学士事略》:庚子拳匪难作,两宫西狩,乃归之沪上,旋返萍乡。

　　叶恭绰《文道希先生遗诗》叙:庚子谒师海上,师教以为诗之道甚悉,且举自作《过袄祠》七律为例;又喜绰所为《游仙》诗,以为雅丽,对人恒称道之。

暑月,日诣味莼园散步。

　　《江介隽谈录·文芸阁学士诗》:学士洽见博闻,好客爱士。喜剧谈,耽游宴。闲居沪渎,暑月,日诣味莼园,散步曲池疏柳下,曰:"经涉此间,便有诗意。"境遇穷厄,每无以卒岁,而高歌自如。得金辄又挥手尽,曰:"人生适志而已,守此戋戋者奚为?"其达观如此。

九月初一日(10月23日),下旨严拿先生。

> 王彦威《西巡大事记》卷三:光绪二十六年九月初一日,行七十里驻跸渭南县城。湖南巡抚俞廉三奏拿获富有票匪及严缉党羽情形折,又奏革员文廷式潜到湖南勾结匪党,请严拿正法片。奉朱批:文廷式著严拿务获,即行正法。

九、十月间,在沪上。

> 李希圣《致张亨嘉书》:文芸阁、宋伯鲁、张菊生、汪穰卿诸人,均在沪上。南中拿富有票颇急,株连甚多,惟不敢及于租界。十月十一日。

秋,有七律组诗四首。

> 《庚子七月至九月感作》:谁言国弱更佳兵,其奈狂王愤已盈。铁骑晨冲丹凤阙,金舆宵狩白羊城。何人能届横流决?今日真怜大厦倾。无分麻鞋迎道左,收京犹望李西平。
>
> 北狩烽烟越几时?西行旗鼓更堪悲。朝廷衮职尊蓝面,河朔军符授赤眉。目断汾流惟雁过,心惊沧海有龙移。孤臣泪洒荒江畔,忍痛新裁变雅诗。
>
> 淆潼形胜本天然,王气消沉九百年。但使东南漕底柱,漫愁烽火彻甘泉。羽觞露泡瑶池宴,仙掌晴开玉井莲。回首乌龙江上月,秋风清泪泣铜仙。
>
> 燕秦莽莽旧山河,到此谁挥落日戈?未必平原头可匦,更无延广剑横磨。漫天风雪尧年冷,误国衣冠宋鹊多。前后沉扬宁得料,霜晨揽镜未蹉跎。陈陶诗:"禁掖衣冠加宋鹊。"

十二月二十日(2月8日),致书宗方小太郎。

> 《致宗方小太郎书》:省邵梦石十月有信来,言郑子丹尚在京,有所图。弟不在沪,未复信,以后即未有来函。刘岘帅入京,大约无甚要事;鹿芝轩于十二月二十四始接任。刘有幕府与弟同舟,其意亦欲劝岘帅引退、非有重大军务不出云。姚赋秋君适在上海,病已全愈,惟与小田切君尚未款洽。将来此事,须赖君调停其间也。又闻阁下致信井手君,言弟"失陷泥中,而自讳落水",不禁大笑。俗语云:"拖泥带水",弟做上两字,君做

下两事〔字〕，不可半隐半现也。作书报复，烦下一转语，何如？初到匆遽，不及一一。泐请著安！十二月二十日。弟式顿首。绪方冈兄并望致意，不另函。

编年诗：《口占》（腊破春归江上晴）、《长崎小泊》、《次内藤虎次郎见赠之作》（七国三边正纠纷）、《赠日本禾原侍郎》、《赠田边碧堂》、《重渡海有感》、《樱花绝句》四首、《和野口宁斋赠诗韵》、《次韵山根虎之助归国留别之作》、《庚子七月至九月感作》四首、《庚子乱后沪上有赠》、《哀许侍郎袁太常》、《岁暮》（寰宇悲风激）（大道尘成浪）、《与冒鹤亭论词即书其水绘庵填词图卷后》、《为冒鹤亭题其先世菊饮卷子卷初失去亡友江建霞得之以还鹤亭》、《赠吴彦复》、《幽人》、《和陶连雨独饮》、《题陶渊明集后》、《鰕䱇篇用陈思王韵》、《依韵答中川克一即席赠五古一首》。

编年词：《忆旧游·秋雁庚子八月作》（怅霜飞榆塞）、《南乡子·病中戏作》（一室病维摩）、《念奴娇》（江湖岁晚）、《临江仙·金陵忆别》（檀板声停箫吹咽）、《虞美人》（鹭冠欹侧鸾腰袅）、《念奴娇·安垲地观剧纪事》（衣瓜夏五）、《少年游》（清矑映雪）。

光绪二十七年辛丑（1901 年），先生四十六岁

元旦，有五律二首。

《辛丑新年》：谪籍栖迟久，颓波感慨频。新年增白发，故国满青磷。星朗空江夕，花浓小槛春。迁生谋已拙，窥管验勾陈。　　谁解横刀出？真成下殿趋。亡秦三户在，哀郢两门芜。日月回玄运，风云感圣谟。会闻哀痛诏，寰海庆昭苏。

二月二十三日（4 月 11 日），在沪晤日本白岩龙平、田边碧堂，得野口宁斋托田边碧堂转交之《息轩翁遗集》及书信。

野口宁斋《致文廷式书》：文廷式身怀大才，却不为当世所容，成沦落流放之士，实为憾事。文君自身恐怕也引以为恨事吧。余不堪同情，深表慰藉，置金十元于封中。金虽少，微乎其微，不值一提，倘若能为君日常资用，幸甚。此金绝非不义之财，乃余卖文所得，望悦纳。

田边碧堂《致野口宁斋书》：拜启奉贺春安。小生三日出发，途中处处为事，于前天十日安全抵达上海。江南千里莺啼柳飞之风景，又可得以享乐。文芸阁先生昨日早早来访，其身体健康，言谈爽朗，让人可亲可敬。受托之书函已转交，包裹亦已交付。席上子云翻译亦在。文先生切问老兄之安，叙谈情谊。打开包裹，翻阅所赠《息轩翁遗集》，又见一信，仔细看后，堂堂七尺大人竟泪浮眼底，颇为感动。老兄情谊之深令小生和子云感叹不已。……（辛丑）四月十二日下午三时上海客次为三郎。啸楼兄台坐下。

按，此二书据日本关西大学博士邹双双《文廷式与日本人的交游——以与野口宁斋的交往为中心》一文录入。

六月，撰《郑陶斋观察六十寿序》。

《郑陶斋观察六十寿序》：夫造化之机，千变万化而不可穷，而能有以永久不敝者，无他，仁而已矣。孔子曰：仁者寿。盖所谓寿者，非独耄期颐养之谓。必能以造物为心，仁覆万物，忘己济世，而世亦以大老归之，然后有合于吾夫子之说焉。余兄事陶斋观察十余年。久而察其行事，读其著述，深维其爱世济众之心，殆无愧于仁者。岁辛丑六月，君年六十矣，制屏幛以称祝耆寿者，不下数十辈。余以为知之未必如余之深，因援笔而为之词，且蕲必其长生久视，以惠我俦类也。君之所自记于年谱者：救灾恤友，倡办善会；创修学堂；岁无大无则振之；有兵事，乡人困而不得济者，则设法归之；……凡此之类，殆不可更仆数。平生与人交，信而不疑。以此受人累，至再至三，乃倾其家财代人偿负犹不得解，而君终不悔。《周官》所谓"任恤"者，惟君能之。余尝以为，君之勇于为善，人或可能；至勇于为人任过，则斯世殆未易一二见也。夫善之所济者众，而君之心犹未概也。盖君少习西文，长通商业。于举世沉晦不通之际，独超然有以见致治之原，与中国二千年来浸微浸弱之故，非大更张之，不足以振骫骳之习，而张中国以敌欧美诸邦。于是运深沉之思，扩远大之识，成《易言》数十篇，后又广为《盛世危言》，若夫大声疾呼，以蕲当世士夫之一悟。光绪初年，刊于粤中。于时天下方昧昧，未重其言也。至法、越事起，疆场多故，十年而有朝鲜之役。天子忧心劳思，欲深悉中外利弊之所由，反复于富强贫弱之故，当必有先识远虑、言之剀切而明白者。于是大司空寿州孙公值毓庆官,以君书进。上览而善之。安徽巡抚顺德邓公,亦具疏进呈君书。上乃饬总理衙门用活字排印,布行宇内。盖从来著书之荣,未有比者。而君之启沃之志与振发聋聩之思,亦至此而少畅矣。君又有他著述,如译《各国战例》及《公侯鉴》诸书,皆有关于仁术。诗文并条鬯充沛,唯恐人不知,而言之必务益于世。其天性然也。君又好养生术,深明北宗,而不取容成、彭祖家言。尝入罗浮山,翛然野服,若与世相忘者。君曾以军事遍涉南洋各岛;又赞彭刚直幕府,多所规画。事定后,刚直将列之荐剡,请加懋赏,君则力辞。夫君非慕高尚之名,惟其有遗世之思,而后有忧世之实。盖两念正相成,而不知者乃以为相反也。自今以始,君之成就,殆不可量;而有仁术以享大年,必无以易余今日之言。故敢抠衣举觞,率先众说,以为君寿。君其可掀髯而一快乎! 是为序。

按,郑观应生于道光二十二年(1842)六月十七日,光绪二十七年辛丑(1901)六月十七日为六十岁计,此序文当在此稍前。

七月初七日(8月20日),有《玉漏迟》词一阕。

《玉漏迟·辛丑七夕》:懒寻天上巧,夜阑愁对,碧窗秋悄。细数更筹,重忆旧时怀抱。多少人间别恨,浑不解金风来早。灵约杳,一痕淡月,笼云凄照。 羡他碧汉无波,便万岁千秋,后期难了。自轸琴心,漫托彩鸾同调。一晌梦游处,恰又似浮槎仙岛。人易老,南楼几番清啸。"一晌"句,周草窗用五字句,今从之。

八月初七日(9月19日),缪荃孙来访。

缪荃孙《艺风老人日记》:拜孙孟延、汪穰卿、文芸阁。

八月初八日(9月20日),赴庞元济招饮,缪荃孙、沈曾植、严信厚、祝承桂、顾肇熙、王存善同席。

缪荃孙《艺风老人日记》:庞莱臣招饮,文芸阁、严小舫、祝少吟、顾缉庭、沈子培同席。

八月十日(9月22日),赴九华楼宴集,缪荃孙、志钧、沈曾植、沈曾桐、费念慈、刘湘生、汤寿潜在座。又赴祝承桂招饮,沈曾植、志钧、沈曾桐、费念慈、朱克柔在座。

缪荃孙《艺风老人日记》：赴九华楼早饭，仲鲁、芸阁、子封、子培、屺怀、刘湘生、蛰仙同点心。……祝少英招饮保安里本宅，文芸阁、志仲鲁、子培、子封、屺怀、强甫同席。

八月十三日（9月25日），赴王德楷招饮，费念慈、沈曾植、沈曾桐、缪荃孙在座。

缪荃孙《艺风老人日记》：王木斋约一品香小叙，屺怀、芸阁、子培、子封同席。

九月初，至金陵，寓陈三立处，次日偕游莫愁湖。

陈三立《与纯常相见之明日遂偕寻莫愁湖至则楼馆荡没巨浸中仅存败屋数椽而已怅然有作》：别来岁月风云改，白日雷霆晦光彩。乖龙掉尾扫九州，掷取桑田换沧海。崎岖九死复相见，惊看各扪头颅在。旋出涕泪说家国，倔强世间欲何待？江南九月秋草枯，饭了携君莫愁湖。烟沙漠漠城西隅，巨浸汗漫没菰芦。颓墙坏屋挂朽株，飘然艇子浮银盂，兀坐天地吟老夫。四山眩转眺无极，向日渔歌犹在侧。绝代佳人不可寻，斜阳波面空颜色。千龄万劫须臾耳，吾心哀乐乃如此。起趁寒乌啼入城，回头世外一杯水。

陈三立《文学士遗诗序》：君返自东瀛，复时与君游聚。过金陵，必主余家，流连啸咏，意气不衰。最后饮秦淮别去，遂永诀……独是君殁未十岁，国步骤改，九宇沸扰，余屡转徙穷海，老病复迫之，残夜孤呻中，追忆君箕踞挥麈，高睨大谈，往往揣君声音笑貌，浓眉皤腹，辟易千人之概以自壮。无如斯人不复得，景光之不可把玩，读君诗，益缠兴亡离合死生、博一瞬之感也。

九月初五日（10月16日），缪荃孙来晤。其后，访缪荃孙。

缪荃孙《艺风老人日记》：拜沈首府、王鹿峰、陈伯雅、薛次升、文芸阁、赵湘圃、秦伯虞、陈小山。文芸阁来。

九月初九日（10月20日），赴陈三立招饮，刘世珩、傅春官、俞明震、薛华培、茅戊年在座。

缪荃孙《艺风老人日记》：辛未。陈伯年招饮扫叶楼。刘聚卿、傅苕生、文芸阁、俞恪士、薛次升、茅子贞同席。

九月十四日(10月25日),赴缪荃孙、张謇、刘世珩招饮,志锐、俞明震、陈伯陶、薛华培、茅戊年、陈三立、王德楷同席。

　　缪荃孙《艺风老人日记》:丙子。偕季直、聚卿共请志仲鲁、文道希、俞恪士、陈伯陶、薛次升、陈伯年、茅子贞、王木斋小饮。

十月二十七日(12月7日),皮锡瑞来访,先生云往南京见陈三立,再到沪。

　　皮锡瑞《师伏堂日记》:午后归家。到碧湘街寿萱堂晤文道希,云明日将行,往南京见伯年,再到沪。

十月二十八日(12月8日),访皮锡瑞,皮锡瑞赠诗一首,并托先生面交陈三立书信。

　　皮锡瑞《师伏堂日记》:道希来,予写诗一首送之。致书伯年,托面交。

秋,由金陵至南昌,游百花洲。

　　《重至南昌百花洲作》:淡沱明湖宿雾收,西山朝爽恰当楼。一丘又被名臣占,是地新建沈文肃祠。半晌聊因胜地留。西狩鸾旗初返阙,东屯虎旅罢防秋。五年江海栖迟客,重向钟陵感旧游。

　　按,影稿本作《百花洲》,由诗中“西狩鸾旗初返阙”句可证此诗为辛丑秋日作。

十二月初一日(1月10日),募人抄录成蒙文《元朝秘史》一部寄赠内藤湖南并撰蒙文《元朝秘史》十二卷钞本题记。致书内藤湖南。

　　蒙文《元朝秘史》十二卷钞本题记:此书为钱辛楣先生藏本,后归张石洲,辗转归宗室伯羲祭酒。余于乙酉冬借得,与顺德李侍郎各录写一部,于是海内始有三部。其中部落之名、同功之将帅,汉文刊落者太多,得此可补其阙,又,元时蒙文今无解者,故元碑多不可读。若用此书,合陈元靓《事林广记》、陶南村《书史会要》各书,互证音译,或犹可得十之三四乎?日本内藤炳卿熟精我邦经史,却特一代尤所留意,余故特钞此册奉寄。愿与那珂通世君详稽发明,转以益我,不胜幸甚!清光绪二十七年十二月朔日萍乡文廷式记。

按,"蒙文《元朝秘史》十二卷钞本题记"系汪叔子先生代拟。汪叔子先生言:光绪二十七年冬,文氏应日本汉学家内藤湖南氏请赠内藤氏以蒙文《元朝秘史》十二卷钞本一部六大册,由白岩子云自上海归日本时转交。此篇即为文氏题于该钞本卷首者,该钞本现尚存日本。

《致内藤湖南书》:岁月易得,别来行及二年。思忆之情无时或释,想同之也。敬维令问昭彰,起居佳胜,幸甚幸甚! 时势之变,无可复言。仆闭门却扫,不与世事,此白岩君所知。近闻台端将入承明重讲席,为天下所钦仰,此可慰耳。蒙文《元秘史》,已募人钞写一部,敬以寄上。沈子培刑部云,伊所撰《蒙古源流事证》,承君转索,甚愿请益。惜前录清本,为胠箧者取去,兹已重写,成时即当奉寄也。仆前在贵国时,见岛田君家有《郎晔注东坡经进文稿》六十四卷。此书敝邦久佚。如能影抄见寄,足传眉山老人精神,感何可言? 一切抄写之费,当随寄还。渎请之至。天寒,诸望为道自爱。不宣。大阴历十二月朔日。文廷式顿首。

冬月,撰《芸阁偶记》叙。

《芸阁偶记》叙:余昔时闲居讲肆,皆有著述,博辩古今,纵观人物,致足乐也。既而思之:明镜之照,不留其影;飞鸟之过,孰遗其音? 课诸己也,人命存于呼吸;观诸物也,万象著于森罗。盖可以无记而记、无言而言也。于是将数年以来凡所见所闻者略记别纸,遣逐以后,随有写录,共得一卷。言语虽驯而多讥讽,至触忤时忌,是所不免,要在存其董笔也。时值辛丑冬月,天地闭塞,万物凋零,非有好怀,聊以永日。大雅君子,其无讥耶? 光绪辛丑岁冬月萍乡文廷式叙。

冬月,撰《沪上集》序。

《沪上集》序:辛丑以后,自元日起。凡有所作,录于此集。是岁冬月,始编定。纯常子记。

冬,与费念慈、孙诒让同订《周官政要》。

文廷式集中有《周官政要》五篇内容,即《友任》、《巫恒》、《官属》、《布教》、《史学》。汪叔子先生按语云:翁同龢于光绪二十七年冬尝阅《周官政要》,记作费西蠡撰而与孙仲容、文道希同订者,谓是比附《周官》而行新法之书。疑文氏此五篇即为该《周官政要》内之章节,或补续之作。

本年,撰《冒淑人墓志》。

> 《冒淑人墓志》:光绪己亥,嫂氏冒淑人殁于上海。越二年,余兄述庭将葬诸萍乡之某地,以状来嘱铭诸幽。余惟嫂氏素以贤称,顾余尤厚,凡患难颠沛所以恤存之者皆至,曷敢以不文辞!案状:淑人姓冒氏。如皋人。辟疆先生某世孙女也。曾祖某,某官。祖某,某官。父某,某官。淑人幼失母,为廉州君笃爱。稍长,明习诗礼,以端淑闻于戚郦。同治十三年,年二十,归于萍乡今官三品衔江苏候补道文炜,余同祖兄也。事尊妇,和先后,人无闲言。岁丙子,述亭兄以同知需次南湖。南湖者,洞庭湖中淤积之地,凡数十万亩,奸利丛积。大吏才述庭,使清厘垦辟之。俄而被水淹没。淑人于时偕往,穰则为筹廪积,荒则撤簪珥振之。民颂其惠不衰。述庭任乾州直隶厅事,地当边鄙。淑人则筹药物,聘良医,以恤穷民,兼及狱囚。述庭遂率设医局,后任沿为成例。尝曰:吾所为,分内事耳,无足言。及病重,谆谆言家事,犹以不能终事夫子为恨。呜呼,其可哀已!淑人所生一子、一女。子某,某官。女适某。淑人卒年四十五,而以劳瘁致病者已四五年,然不服珍异之药,不避艰阻之事。恒欲得一归省父母,竟不得遂,其尤可哀死也!当余为世所厄,则毅然排众议,偕述庭兄送余至沪上。风雪严厉,道路辽夐,不复言病。呜呼,此士大夫所难!余敢忘淑人之义耶?故洒涕而铭诸幽。其辞曰:于家宜,于官宜,嗟其令姿,兼有美才,曷不克寿,以昌其随。我赞其德,以塞夫子之悲。后有来者,视此铭辞!

本年,先生观叶恭绰所作《游仙诗》三十首,极赏之。

> 俞诚之等《叶遐庵先生年谱》:作《游仙诗》三十首,感时寄慨,为文道希、易实甫诸公所赏。

编年诗:《辛丑新年》、《挽徐仲虎》、《金陵怀古》、《重至南昌百花洲作》、《唐宫》、《夜坐吟》。

编年词:《蝶恋花》(漫卷真珠云影瘦)、《玉漏迟·辛丑七夕》(懒寻天上巧)、《疏影·秦淮有所赠》(凉蝉隐叶)、临江仙(我所思兮江上路)、《蝶恋花》(每到河桥临泊处)、《玉楼春》(南来北去径行惯)、《贺新郎·赠梁节

庵》(髯也今殊健)、《金缕曲·寿李木斋前辈即送其还京之作》(把酒为君
寿)、《长亭怨慢·和素君韵寄远》(听黯黯长安夜雨)、《清平乐》(春人
婀娜)。

光绪二十八年壬寅(1902 年),先生四十七岁

二月十四日(3 月 23 日),往谒江瀚,并与其同寓泰安栈,出示所著《纯常子
　　枝语》暨诗词等。

　　　　江瀚《江瀚日记》:午初抵上海,寓泰安栈。文道希学士同住,诣谈良
　　久,并承以所著《纯常子枝语》暨诗词等出示。夜,春仙茶园听戏。是日
　　雨,夜滋大。

二月十五日(3 月 24 日),诣江瀚谈。饭后与江瀚同赴王仁东招饮,酒后在
　　清和坊二巷花家碰和,往返均与江瀚同车,未二更归。

　　　　江瀚《江瀚日记》:作一笺寄屺怀。托周汇三换日本银圆,接济庸儿。
　　又属朱必谦代购书籍。道希来谈,饭后王旭庄太守招饮,遣马车相迎,同
　　座赵香圃观察、孙幼谷太守。酒后,复在清和坊二巷花家碰和。往返均与
　　道希同车,未二更即回。缘有戏局,余辞不赴故也。是日雨。

二月十六日(3 月 25 日),江瀚以他人所赠《山右石刻丛编》转遗先生。

　　　　江瀚《江瀚日记》:彦伯有信至。借旭庄肩舆往拜王爵棠中丞久谈。
　　访任逢辛观察,未晤。旭庄、爵棠先后来答,均延入。以砚孙所赠《山右石
　　刻丛编》转遗芸阁学士。晚,饮江南村番菜馆,招汪穰卿,以疾未到。夜,
　　观东洋戏。是日阴。

二月十七日(3 月 26 日),先生招饮九华楼,江瀚、王存善、陈仲谦同席,酒后
　　同赴公阳里凌钰卿家碰和。

　　　　江瀚《江瀚日记》:清晨,香圃、汇三、必谦来谈。芸阁招饮九华楼,晤
　　王子展、陈仲谦。酒罢同赴公阳里凌钰卿家碰和。晚饭后,复践旭庄清和
　　坊之约。是日阴。

二月十八日(3 月 27 日),赴王之春聚丰园招饮,与江瀚同车诣清和坊花家。

江瀚《江瀚日记》:巳初,坐马车至制造局,拜毛实君观察,遂留早饭。晤杨荆山大令,吴文鹿戚也。未正回寓,蔚丹已久候,略语。遂赴王旭庄、孙幼谷、林质侯、许申季、刘宣甫松柏园,同座罗少畊、赵香圃二观察,皆乡人尔。饮酒过多,饶有醉意,及践爵棠中丞聚丰园,李芊卿再三相劝,已不能多酌,仍与芸阁同车去。又诣清和坊花家,盖逢辛观察暨其亲家杨子萱合东也。忙忙奔走,可谓劳矣。是日晴。夜月。

二月十九日(3月28日),邀饮江瀚,江瀚因病未赴。

江瀚《江瀚日记》:昨逢辛座上晤汪子渊编修,失记。蔚丹、必谦偕至,余适感冒,头眩身热。玉长、实君来访,均未延入。香圃、道希招饮,更不克赴。有昨日之忙,故有今日之闲。静观物理,时复笑。安庆有电促归。是日晴。

二月二十日(3月29日),与江瀚同访费念慈,小坐即归。

江瀚《江瀚日记》:薛次申、俞恪士二观察俱匆匆晤言。与芸阁同访屺怀,小坐即归。实有不支之状。近二十年从未如此,大病也。仲谦、玉长、实君招饮,并辞之。是日雨

二月二十一日(3月30日),往谒江瀚。

江瀚《江瀚日记》:看南皮《张宫保政书》。芸阁过视。次申有约,不能践也。玉长、芊卿来谈,闻轮船已无房舱,正拟托子渊转商该局,适来访,当面属之,复恐不可恃,又函请爵棠中丞为我代谋。汇三一品香之约,谢以疾。是日晴。

二月,撰《新译列国政治通考叙》。

《新译列国政治通考叙》:叙曰:此书凡“学校”、“军制”、“官制”、“刑律”、“礼俗”、“商务”、“税则”、“国用”、“邦交”、“邮电”、“宗教”,凡十一门,为书二百二十卷。书成于光绪二十一年,迄今又数年矣。原夫五洲之大势,日新月异而不可知。近数年来,学术之变、交涉之繁,较之昔时,又不啻倍蓰。占躔度者喜光景之新,游艺林者惊论议之变。然则此书其可靳置矣乎?虽然,沿流而讨原,循根而求末,要学者所不废也。道光以来,志外邦者,以《瀛寰志略》《海国图志》为最著。顾徐书确而太简,魏书繁

而近枝;且唯明地舆,鲜及制度。江南制造局所译各书,兵制稍详,典章从略。译署曾译法国律例,又非通行各邦。今时坊间所编西学"丛书"、西国"通考",要皆以制造局所译声、光、电学等书掎撅数条,诧为新学;而于国政、民风、宗教各事,了无所得。学者欲考东、西洋制度文物与夫治兵理财之大要,难哉!乃者诏书改试士之制,专以外国政治为一条。于是时流翕然欲有所习,而苦无依据。其各国史志,间有译本,要颇详于事迹而无当于章程;"游记"等篇,尤为漏略。此书虽尚有遗阙,而于学校、官制、军制、国用诸门,则大之如英、法、俄、德,小之至于阿根廷、乌拉乖等邦,无不详悉具载。又如十年前各国之国债,与夫金银出入之数、商务物产之盈虚,皆可按牒而稽。又各国学校之多寡异同,则今日之建造大小诸学堂所当效法也。各国选举议员之法制,则异日立宪垂制所当取资也。其他可为法鉴者,尚不一而足。学者由是而深思之,则千百年之改革、五大洲之形势,亦彰彰著明矣。语曰:"前事之不忘,后事之师。"此书其亦在"不忘"、"可师"之列欤!书多荟蕞前人成说,又所采极博,故不复著所从出书名。助编辑者,泗州杨士钧采南之力为多。刊既成,遂率笔而为之叙。光绪二十八年二月萍乡文廷式撰。

三月,在上海与欧阳述谈诗并为欧阳述《浩山诗钞》题加评语。

《浩山诗钞》评语:近诗三卷,较前工力愈深,《无题》十首,及庚子感事各作,属词比事,颇似虞山。《水族博物馆》一章,为七古压卷之作。《补天歌》、《看杜鹃》二章,亦奇谲可喜。各体取径皆正,但再求深厚,即得之矣。正不必趋新派、作集字诗。新诗取悦一时,不久即当寂灭。终必以唐宋诸大家为归,所谓"不废江河万古流"也。壬寅三月,文廷式识于上海客舍。

欧阳述《浩山诗钞自序》:犹记壬寅三月,与文道希学士同寓沪上,深夜谈诗,学士举郑公苏龛、沈公子培之句,相与吟味。述因言近贤诗境,似非雍乾诸家所及。

五月十七日(6月22日),见皮锡瑞。

皮锡瑞《师伏堂日记》:饭后出城,见文道希,云以吃獐鹿肉,多生疮,服硝黄药渐愈……

暮春,先生还萍乡。

　　陈诗《云起轩诗录》跋:壬寅,烽燧清宴。学士春晚还萍乡山中,犹召剧饮,乃别。

七月至九月,卧病。

　　《病中读黄漳浦〈七夕洗心篇〉慨然有作》题下自注:"壬寅七月。"诗云:皓月年年影,沧江处处潮。揭来参物化,消息问参寥。石壁三芝秀,天花万叶凋。此中原不隔,银汉夜迢迢。千雀能雏鷇,孤鸾不杂枭。抟飞霄路迥,栖息故乡遥。麻粟经天旰,旃檀入夜烧。莫从前哲问,便合老渔樵。闷坐疏花事,微吟捡药签。休窥二酉富,时用六壬占。瓜鼻秋来熟,藤阴雨后添。得闲良不恶,萧洒老夫潜。仙山锁碧苔,行子不归来。但觉松篁长,犹令猿鸟猜。天风吹六合,尘世澹三灾。沧海何年买,桃梨信手栽。瑶检谁封禅,元珪或告功。有时天醉醒,莫问道污隆。瓠落庄生圃,榆生汉帝宫。南荣晞发后,敧枕听秋虫。独坐雨冥冥,庭花别样馨。微尘何聚散?流水忽渊停。朝岭看逋鹤,夜窗栖胤萤。寂寥千载事,应在太玄经。镜镜交光处,千花各斗妍。影从恒水变,声藉洛钟传。夕爨烧桐煮,朝华饵术鲜。天公知密意,不上道元笺。肃然当位立,何处是依凭?举拂时还触,调琴愧未能。风霜迷古路,云水谢行滕。倦藉桃笙卧,傍人唤不应。大可挂瓢去,为谁倚瑟歌?神归金鼎药,秋老玉山禾。何叶不辞树?无风亦起波。近来浑懒散,有梦只渔蓑。淮海微禽化,深惭达者机。久疑天不语,方信海能飞。积雪埋千嶂,荒风隘九垠。惟余衣上宝,回首故人稀。荡涤知无物,回环不可寻。海鸥能识伴,山鸟不闻音。北极驰高轨,东溟濯素襟。未随头共白,耿耿贯秋参。石室秋方静,星河晓欲残。岩前接龙象,木末爇椒兰。浩浩经千劫,寥寥此一丸。向来珍重意,持与世人看。

　　《卧病》题下自注云:"壬寅九月。"诗云:卧病淹旬朔,端居集百忧。江山如积晦,木叶已深秋。岁近龙蛇蛰,人争雁鹜谋。方同挚生愈,终作向平游。

十月二十四日(11月23日),词作《岁寒集》编定,自题小序。内藤虎次郎作书与先生。

　　《岁寒集》序:岁暮江湖,百忧如捣,感时抚己,写之以声。凡有所作,录于此编。光绪壬寅冬十月小雪,萍乡纯常子文廷式记。

内藤虎次郎《湖南文存补遗·与文芸阁》:《东国通鉴》一书,宽文刻板尚存西京一书肆,而印本绝少,顷命书肆刷印数部,闻贵国无传本,谨将一部奉寄沈子培编修。去年相见于燕京,畅谈两日,甚有得益。举所藏《吐蕃会盟碑》、西夏字《咸(感)通塔碑》见赠。弊邦无能读西夏字者,闻法人沙万能读之,泰西学者之精苦刻励,真令人愧死。

十月,在上海作《芸阁丛谈》叙。

《芸阁丛谈》叙:庚子、辛丑间,曾以所闻所见,略记别纸。遣逐以后,随有写录;日月消淹,凡得二卷。虽言语逊顺,仍多隐讳。张俨《默记》,所南《心史》,缄之铁匣,或千载而犹存;封以玉泥,书万本其何愧? 余识膺先觉,任重天民,自此以往,当维世教;横流遍野,敢以拯人! 旧闻姑以警世时、寓秃管;灿然天光,豪杰之兴,伫之同志。亦曰上下之宇,古今之宙,随时之义,如斯尔已。壬寅十月,萍乡文廷式道希父叙于海上秋爽斋。

十二月,撰《云起轩词钞》自序。

《云起轩词钞》序:词家至南宋而极盛,亦至南宋而渐衰。其衰之故,可得而言也:其声多啴缓,其意多柔靡;其用字则风云月露、红紫芬芳之外,如有戒律,不敢稍有出入焉。迈往之士,无所用心。沿及元、明而词遂亡,亦其宜也。有清以来,此道复振;国初诸家,颇能宏雅。迩来作者虽众,论韵遵律,辄胜前人,而照天腾渊之才,溯古涵今之思,磅礴八极之志,甄综百代之怀,非窜若囚拘者所可语也。词者,远继《风》、《骚》,近沿乐府,岂小道欤? 自朱竹垞以玉田为宗,所选《词综》,意旨枯寂;后人继之,尤为冗漫。以二窗为祖祢,视辛、刘若仇雠,家法若斯,庸非巨谬! 二百年来,不为笼绊者,盖亦仅矣。曹珂雪有俊爽之致,蒋鹿潭有沉深之思;成容若学《阳春》之作而笔意稍轻,张皋文具子瞻之心而才思未逮。然皆斐然有作者之意,非志不离方罫者也。余于斯道,无能为役;而志之所在,不尚苟同。三十年来,涉猎百家,榷较利病,论其得失,亦非扪籥而谈矣。而写其胸臆,则率尔而作,徒供世人之指摘而已。然渊明诗云“兀傲差若颖”,故余亦过而存之。且书此意,以自为其序焉。光绪壬寅十二月,萍乡文廷式。

本年,寄笺唱和"门存"诗韵。

《阅门存倡和诗戏题二律》云:"高谈咫尺近元门,何事来寻学究村?俗士晴窗窥日少,老夫午枕听涛喧。江山浩浩方招隐,风雨萧萧也断魂。谁到金华重问讯,牧羊仙客至今存。""诸君才力近苏门,诗派犹应薄后村。广莫风来多震荡,洞庭乐奏异啾喧。试赓太白《飞龙引》,重起庄生化蝶魂。一卷了然参世变,游鯈虽逝钓丝存。"又《诸君和章不至复奉一首促之》云:"儿戏从来笑棘门,征兵直拟到团村。回风转海澜初起,明月悬天夜不喧。钟阜千寻销王气,青溪一曲吊芳魂。江山如此诗情冷,可奈高斋旧句存。"又《自题元史详节复用前韵》云:"曾见兵威过铁门,角端遗事记南村。时来瀚海风云变,运去和林鸟雀喧。乞瓦绵城追战绩,班朱河水壮英魂。四千年内论人杰,俯仰犹钦霸烈存。"又《郊行书所见》云:"客行修竹不知门,鸟没平芜尽处村。被陇麦苗晴后雨,出林钟梵寂中喧。人耕下澨方畬草,节近清明欲礼魂。市处久思农业乐,瓦盆敲破古风存。"又《偶书》云:"谪居不望濯龙门,幻梦初回恶犬村。四海久嗟秦客赘,一廛宁避楚人喧。家无儋石堪容傲,地有兰荃足醉魂。满鬓霜华休便老,伯阳且喜舌犹存。"

编年诗:《立春杂咏》、《病中读黄漳浦〈七夕洗心篇〉慨然有作》、《卧病》。

光绪二十九年癸卯(1903年),先生四十八岁

正月,在萍乡,作《萍乡亦产水仙花与闽产不殊惟花朵略稀耳口占二首》。

《萍乡亦产水仙花与闽产不殊惟花朵略稀耳口占二首》题下自注云:"癸卯正月。"

六月,撰《石观前高阳许氏族谱》序。

《石观前高阳许氏族谱》序:昔庄子记尧让天下于许由,或曰荒唐之词。然以经典证之,则许大岳之胤也。尧典谘四岳,巽帝位,非让国之事乎?由是秩宗于虞、封国于周,明德之远,盖其宜矣。战国有许行者,为农家言,虽与孟子异趣,然实能绍乃祖炎帝神农之说;至汉而《说文》之学、

"月旦"之评,蔚然为后世宗焉;有元鲁斋、白云两先生出,继往开来,孔孟程朱之学卒以大显于世,诚一代名儒也。许氏之兴讵有艾乎? 吾邑冠泉许氏,溯其族谱,由汝南而南迁;至唐有讳现者,为睢阳太守远公之子,贞元中,为袁州刺史,遂家于萍乡之东乡。千余年来,才德相继、科第绵远,群推望族。顾中更变乱,族谱遗失,至国朝,猗氏公国鸿,始勤编辑,勒成一编。至今吾友琴缘缵而述之,订正条例,分列表谱,而叙次始详,甚盛业也。余惟六朝最重门第,唐初犹然,柳芳之论氏族,昭然可鉴。暨五代之祸乱,贾弼王宏之学,稍稍衰矣,至于宋,犹厪有存者。盖中外之错互、兴替之俄倾、州贯之迁变,久而不复可知,因其不可知,则可知者贵矣。宋周益公为丁维皋作百族谱序云:自微知著,由远及近,疏戚穷达,可指诸掌。盖丁维皋于谱学既微之后,勤求各家族谱,日积月累,以成此书。惜其不存,其必过于邓名世、凌迪知之书无疑也。今琴缘之谱,其足以应丁氏之求,必矣。琴缘淡于荣利,勇于任事,举世尚进而超然肥遁,有远游之风;天下滔滔,而潜心著述,又有文节之志。信乎其廉让足以继祖德而为世轨也。故其谱成而余乐为之序,且以勖琴缘,冀其改东山之志,而为门户计,欲济苍生,其未晚乎? 光绪二十九年六月赐进士及第、前日讲起居注官、翰林院侍读学士文廷式拜序。

　　按,此文录自萍乡高洪年先生整理稿。

十二月二十四日(2月9日),先生景况奇窘,费念慈致书盛宣怀,请收回先生名下萍乡煤矿所提公费以资助先生。

　　费念慈《致盛宣怀手札》(四十六):道希浪迹江湖,断弦以来,别无家室,景况奇窘。今宝书完娶之用,皆出友朋所赠,将来小夫妇度日之资,居大不易。弟近状又难兼顾,宝书虽有通雅修洋十元,不足糊口,笔墨生涯,又非的款可恃。……适为再四筹思,得一善处之法。从前萍乡所提公费,本是每月二百两,后分其半数与陈伯严同年数年矣。今伯严办农工商矿于江右,光景较前迥胜,而道希贫病交侵,与伯严是总角之交,尝亦为之慨叹。谨援周急不继富之例,请公自正月起改旧例,皆归道希,以半为道希养疴之需,半为宝书小夫妇度日之用,则拜惠实多。弟固感同身受,即伯严闻之,其为人敦笃古谊,亦必以弟为然也。务乞照允,即电达绍桢,至幸至幸!

按,费念慈此书作于光绪二十九年"小除夕"。

本年诏改科举,先生有《科举变制戏题人试卷后》七绝一首。两江总督张之
　洞入京,有读史绝句四首,其第四首张孝祥,为先生而作。

　　《科举变制戏题人试卷后》:何人真出一头地? 此际须成八面锋。我
　较晦翁评饮如,三淋筜酒味犹醲。

　　张之洞《读史绝句》第四首云:射策高科命意差,金杯劝酒颤宫花。
　斜阳宫柳伤心后,仅得词场一作家。

　　编年诗:《萍乡亦产水仙花与闽产不殊惟花朵略稀耳口占二首》、《山
居》、《科举变制戏题人试卷后》。

光绪三十年甲辰(1904 年),先生四十九岁

三月三十日(5 月 15 日),过张謇谈。

　　张謇《张謇日记》:文云阁来谈,此人毕竟多材。

四月初五日(5 月 19 日),晤黄漱芬。

　　《汪表》:与黄漱芬晤,言殊非昔。

四月十七日(5 月 31 日),缪荃孙来谈,获赠《藕香零拾》、《辽文存》及《文集》。

　　缪荃孙《艺风老人日记》:诣徐积余、文芸阁谈,送文芸阁《藕香零
拾》、《辽文存》及《文集》。

四月二十一日(6 月 4 日),见谭延闿,谈甚久。

　　谭延闿《谭延闿日记》:偕伯弢饭朱菊尊处。同乘车至下关,登瑞禾
轮船,枚长先在,同居一室,陈兰熏亦来,见文道羲,谈甚久。

四月二十二日(6 月 5 日),遇夏曾佑、丁惠康、吴保初。

　　夏曾佑《夏曾佑日记》:雨,下午晴。访叔雅、君遂,同至味莼,遇文
道希。

四月二十三日(6 月 6 日),到长沙。

皮锡瑞《师伏堂日记》:文道希到省,腿未愈,公达已授室矣。

四月,离萍乡至南昌,与沈曾植相见,有《题周东村栈道图》诗。后与陈三立同舟抵金陵,出视所著《纯常子枝语》,中有述宗教数卷,陈三立诧为奇作。

沈曾植《海日楼诗》:《甲辰首夏所作题周东村栈道图卷子》自注云:道希题此诗,问余若何? 余曰:"何忽作吴兰雪语?"希曰:"故应排纂妥帖。"余曰:"虞道园定不尔。"一笑而罢。越日,希别去,适金陵。重阅此诗,有感而作。(沈曾植方为南昌知府。)

按,又见《海日楼诗注》卷三,末署"甲辰首夏,洪州官阁北轩书"。(《寐叟题跋》二集下《书周东村栈道图文道希题诗后》自注)

陈三立《文芸阁学士同年挽词六首》第五首:"流略久湮沦,群喧妒道真。校文向歆后,随笔孔洪邻。双树从微喻,孤篷更暂亲。枕中宗教记,搜证恐无伦。"自注云:"今岁四月,与君由南昌同舟抵金陵,得阅所著杂记,中有述宗教数卷,可谓奇作。"

初夏,复至上海。与陈诗同游张园,品评人物。旋以病归萍乡,冒鹤亭送之登舟。

陈诗《云起轩诗录》跋:甲辰初夏,重来逆旅。出示《山居》排律、绝句诸篇,笑顾曰:"予近嗜皮、陆,趋于此涂。试为衡之,果似也欤?"诗受而读之,如遘《太玄》之经,曼哦"月蚀"之什,惊为鸿宝,假录一通。

陈诗《文道希先生遗诗序》:甲辰,复至沪,同游张园,品核人物,因出视《山居》诸篇,谓效皮陆在野言野。

八月,复游湘中。

汪曾武《萍乡文道希学士事略》:甲辰夏,复游沪,流连五旬,八月,走湘中。

冒广生《小三吾亭词话》:道希之以病归萍乡也,余送之登舟,惜别怀欢,黯然无绪。道希寻举六祖落叶归根,来时吃饭二语,遂别去。别未久,遽归道山。读其病中《南乡子》词云:"一室病维摩。且喜闲庭掩雀罗。煮药翻书浑有味,呵呵。老子无愁世则那。   莽莽旧山河。谁向新亭泪点多。惟有鹧鸪声解道,哥哥。行不得时可奈何。"道希四十始通籍,以大考第一，擢翰林院侍读学士。群小侧目，中以蜚语，忧伤憔悴，自戕其生。天丧斯文，后无来者，我岂阿其所好耶。

陈诗《文道希先生遗诗序》：……秋八月，复游湘中，病卒，年四十九。

八月二十四日（10月3日），作书与陈三立、王德楷，夜卒于萍乡家中。

沈曾植《清翰林院侍读学士文君云阁墓表》：光绪三十年甲辰夏，萍乡卝竭，越八月，星殒于文氏之宫，有光赫然。庚午，服集其舍，故翰林侍读学士文君云阁卒于里第，故无疾也。日晡时，作书与陈伯严、王木斋，已而进粥，粥罢就寝。夜中胸闷上气，姬某按抑定，挥手曰："止。"遂瞑。君于幽明昼夜之故，贞观洞明其去来，宜有大远恒常者，一旦洒然竟逝。呜呼，超化所及，岂常识所能臆测哉！余以文字言议与君契，相识二十年，上下古今，无所不尽。余尝窃以为先汉微言、东京纬候、魏晋玄风、宋元儒理，以君识学所积，专精一业，无不足以名家。顾君以资平议而已，终不屑屑纂述。君才于史部为尤长，穷其所至，亭林、竹汀，不难鼎足。晚颇亦有意于是，而日薄崦嵫，盛业不究，竹帛所存，千百什一。呜呼，其命也矣。君所论内外学术、儒佛玄理、东西教本、人材升降、政治强弱之故，演奇而归平，积微以稽著，于古学无所阿，今学无所阿，九州百世以观之。呜呼，岂得谓非有清元儒，东洲先觉者哉！后世绝学复昌，当有贵君如余言者。君生咸丰丙辰，卒光绪甲辰，年四十九岁。其扬历则光绪壬午科顺天乡试举人，庚寅科一甲第二名进士，授职编修，乙未岁大考翰詹，一等一名，擢侍读学士。以盛名抗直为忌者中之，罢官。戊戌政变，几陷不测，及今岁恩诏旷荡，大臣或议起君官，而君逝矣。至君行事，当在国史，非尺碣所能详，余概言其大者。铭曰："山有夷兮川竭，至人不再兮至言不灭。穹壤矢之，有如皎日。"

按，本表录自《同声月刊》第2卷第12期，错漏处据文廷式墓志铭拓片补正。郑孝胥《海藏楼诗》卷五有《闻文芸阁同年以八月二十四日卒于萍乡感赋》。八月二十八日，陈三立有《文芸阁学士同年挽词》六首悼挽先生。

编年诗：《酬王梦湘同年》、《山居杂咏》三首（雪山筒里勤求药）（石瀑才扃三尺瀑）（山谷老人亲种树）、《送张绍甄观察之上海》。

附　录

谱主相关传记资料

文廷式传
胡思敬

　　文廷式,字芸阁,号道希,江西萍乡人。初以举人入京会试,即负才名,与王懿荣、张謇、曾之撰称"四大公车"。庚寅举进士,翁同龢得其策卷,置一甲第二,声誉噪起。假归,道出天津,李鸿章大加礼遇,资赠甚丰腆。及甲午假满还朝,夷祸初起,主战,反劾鸿章畏葸,挟夷自重,鸿章嗛之,欲中以奇祸。盛昱闻其谋,劝令少避。乃乞假回籍修墓。上海道刘麒祥,鸿章姻党也,闻其来,迎入署中,备极款洽,临别失行装四箧,麒祥为缉获之,扃钥完好如故。及归启视,他贵重物具在,唯亡去奏稿二册,中一疏语涉离间,甫脱草未上也。麒祥得之,大喜,以献鸿章,鸿章密白太后,且授意御史杨崇伊劾之,遂削职。始珍妃、瑾妃幼时,随父任居广州,从廷式受学,甲午大考翰詹,上亲擢廷式第一,由编修迁翰林侍读学士,二妃力也。康有为戊戌入都,过上海,得廷式密札数通,交通宫禁,约事成援之出山。事觉,密旨令江西捕治,逸去,不知所之。

（胡思敬《戊戌履霜录》卷四,民国二年南昌退庐刻本）

清翰林院侍读学士文君云阁墓表
沈曾植

　　光绪三十年甲辰夏,萍乡卅竭,越八月,星殒于文氏之宫,有光赫然。庚午,服集其舍,故翰林侍读学士文君云阁卒于里第,故无疾也。日晡时,作书与陈伯严、王木斋,已而进粥,粥罢就寝。夜中胸闷上气,姬某按抑定,挥手曰:"止。"遂暝。君于幽明昼夜之故,贞观洞明其去来,宜有大远恒常者,一旦洒然竟逝。呜呼，超化所及，岂常识所能臆测哉！余以文字言议与君契，相识二十年，上下古今，无所不尽。余尝窃以为先汉微言、东京纬候、魏晋玄风、宋元儒理，以君识学所积，专精一业，无不足以名家。顾君以资平议而已，终不屑屑纂述。君才于史部为尤长，穷其所至，亭林、竹汀，不难鼎足。晚颇亦有意于是，而日薄崦嵫，盛业不究，竹帛所存，千百什一。呜呼，其命也矣。君所论内外学术、儒佛玄理、东西教本、人材升降、政治强弱之故，演奇而归平，积微以稽著，于古学无所阿，今学无所阿，九州百世以观之。呜呼，岂得谓非有清元儒，东洲先觉者哉！后世绝学复昌，当有贵君如余言者。君生咸丰丙辰，卒光绪甲辰，年四十九岁。其扬历则光绪壬午科顺天乡试举人，庚寅科一甲第二名进士，授职编修，乙未岁大考翰詹，一等一名，擢侍读学士。以盛名抗直为忌者中之，罢官。戊戌政变，几陷不测，及今岁恩诏旷荡，大臣或议起君官，而君逝矣。至君行事，当在国史，非尺碣所能详，余概言其大者。铭曰："山有夷兮川竭，至人不再兮至言不灭。穿壤矢之，有如皎日。"

（《同声月刊》第2卷第12期，错漏处据文廷式墓志铭拓片补正）

文廷式传

廷式，星瑞次子。字道希，号云阁。行八十三，郡院冠军，邑附监生。光绪壬午顺天乡试中式第三名举人，己丑钦取内阁中书第一，庚寅恩科进士，复试一等第一，殿试一甲第二名及第。授职翰林院编修，充国史馆协修，会典馆纂修，本衙门撰文。癸巳恩科江南乡试副考官。甲午御试翰詹一等第一，升授翰林院侍读学士，兼日讲起居注官，特派稽查右翼宗学。甲午会试磨勘试卷官，教习庶吉士，协同内阁批本，署大理寺正卿，加四级，覃恩加一级。诰授中宪大夫，晋授资政大夫。著有《补晋书艺文志》、《云起轩诗钞》、《词钞》，均刊行。另《纯常子枝语》三十二卷、《奏议》二卷、《画塈杂录》、《知过轩文稿》、《芳荪室谭录》、《美意延年室杂钞》、《补过轩文集》、《元史录正》、《维摩语》、《文氏世录》、《闻尘偶记》待刊。生于咸丰六年丙辰十一月二十六日辰时，卒于光绪三十年甲辰八月二十四日子时，葬邑北杨岐山凤形，有碑志。配湖南郴州任广东广州府通判调署嘉应直隶州知州陈善圻三女，诰封夫人，生于咸丰九年己未三月十二日吉时，卒于光绪二十五年己亥三月初十日丑时,葬新建西山王家乡。子二:永誉;敦书(天)。女一,适江苏仪征江西试用知县李九龄。侧室罗氏,生于同治十二年癸酉〔十一月〕十三日吉时。

(《萍乡文氏四修族谱》卷三)

萍乡文氏四修族谱序
陈三立

　　萍乡文氏,于吾江西为著姓。其原盖出于蜀之文翁,当后唐同光时,有时公者,以帐前指使来为镇,遂家于永新之固塘,信国公其十四世孙也。明正嘉间,始徙萍乡之湘东下市,最后乃析居县城,仍世有闻。余友云阁同年,尝为余称述其祖壮烈公死事状,节概凛凛,追文山矣。其尊人官粤,循声播闻,亦炳然有文翁之遗焉。而云阁博览强记,文采斐蔚,年少掇高科,为天子侍从臣,有名。才气横溢,高睨大谈,不可一世。与余交尤笃,虽不竟用以死,然固奇杰非常人也。国变后十有一年,其弟法和、颂平及族孙诏云,以四修族谱成,征序于余。去前修时几四十年,云阁之殁,亦二十年矣。匪独人事代谢,不可胜慨,而适于其间,遘古今未有之奇变,使云阁不死,与吾曹握手于天黝地黲之会,亦必有悲愤激发,无以自聊其生者。而政俗抗敝,人纪废坠,求如信国、壮烈其人者,何可复得?若文翁化民成俗之治,尤邈乎如三代之隆之不可以几,治家乘者,得无罢然以思,悄然以悲,不胜其俯仰今昔之怀,而大惧夫后此之沦胥,将莫知所届与。虽然,宗法吾国之所独也,世方以为病,欲一切扫荡之,以拯贫弱,跻富强。而文氏且勤勤然有事于谱牒,其亦可谓能自异于末流之趋,而知所本者矣。夫治乱更迭,文质递遭,若循环然。由今之道,吾未见其可常也。不靡而从之,因民之所习,存什一于千百,剥极则复,又恶知夫文翁、信国、壮烈之治行节义,不重光于天壤也。吾将于宗法之不尽亡者卜之矣。民国十一年壬戌冬月谷旦,义宁陈三立敬撰。

(《同声月刊》第 2 卷第 12 期)

文廷式小传
刘洪辟

　　文廷式,字芸阁,一字道爔,为壮烈公晟之孙,资政大夫高廉兵备道星瑞之子。附监生。光绪壬午中式顺天乡试举人。天才超轶，读书十行俱下，过目不忘，尤长于史学，誉噪京师，名公卿争欲与之纳交。己丑钦取内阁中书第一名，庚寅恩科成进士，复试一等第一名，殿试一甲第二名及第。授翰林院编修，旋充国史馆协修，会典馆纂修，本衙门撰文。癸巳恩科，充江南乡试副考官，所取多名下士。阅近人丛刊中，有梓其《南轺日记》者。甲午御试翰詹，取一等第一名，升授翰林院侍读学士，兼日讲起居注官，特派稽察右翼宗学，甲午会试磨勘试卷官，教习庶吉士，协同内阁批本，署大理寺正卿，加四级，覃恩加一级，负一时重望。遇事敢言，甲午中东和议，日人要挟过甚，廷式职司记注，一再陈谏。极言其不可从，有"辱国病民，莫此为甚"等语。而揭参首辅，语尤激厉。奏稿流传都下，见者以为贾太傅痛哭流涕之言不是过也。然卒以抗直为忌者所中，罢官归里，杜门不出。戊戌政变，几陷不测。至癸卯恩诏旷荡，大臣有议起廷式官者，而廷式遽于甲辰八月逝世矣，朝野惜之。著有《补晋书艺文志》、《云起轩词钞》，均刊行。《纯常子枝语》三十二卷、《奏议》六卷、《画墁杂录》、《知过轩文稿》、《芳荪室谭录》、《美意延年室杂钞》、《补过轩文集》、《元史录正》、《维摩语》、《文氏世录》、《闻尘偶记》待刊。其行实已宣付史馆，不复赘录。

（刘洪辟等纂修《昭萍志略·人物志》，民国二十四年刊本）

萍乡文道希学士事略

汪曾武

文君道希讳廷式，号芸阁，江西萍乡人。祖讳晟，娶同邑刘宫保金门公次女，为先祖妣太恭人胞妹。晟公官广东，守惠州，调嘉应。咸丰己未，遭寇难，殉焉。朝廷闵其节，予谥壮烈。父讳星瑞，击贼复仇，官粤东罗定州，擢高廉道。君为观察公第三子，髫年明敏，博识多闻，才识闳通，为陈兰浦先生入室弟子。初入吴武壮军幕，旋佐粤督张靖达幕，文檄敏赡，同辈钦服。光绪庚寅成进士，以一甲二名授编修。癸巳恩科，典试江南，得人最盛。甲午大考翰詹，超擢侍读学士。维时外交丛脞，内政不饬，孝钦显皇后纵欲恣肆，景皇帝慑其威，朝政不能自主。君感激宸知，屡上封事，直言极谏，有"何以见列祖列宗于地下"之语，后怒，投其折于地，议重遣。君遂乞假，朋侪服其知几，究不免丙申之削职。乃反沪，陶情诗酒。戊戌政变，太后怒责珍妃，妃为广东将军长善女,君曾授书者也,虑后威之不测,走日本,与扶桑诗人游处。迨庚子拳匪难作,两宫西狩,乃归之沪上,旋反萍乡。甲辰夏,复游沪,流连五旬,八月,走湘中,病殁客邸,年四十有九。君躯干雄伟,浓眉皤腹,耳白如欧公。晚号纯常子,自著《纯常子枝语》,引《庄子》"纯纯常常,以底于狂",寓伤感之意也。生平抱负奇玮,撰述宏富。公车入都,名动公卿,有"小刘金门"之目。寻擢巍科,迁讲幄侍从,九重知遇,与金门宫保后先济美。时值中日议和,输款割地,君忧愤世变,潜心时务,举凡朝政得失,臣工贤否,说论指斥,绝无顾忌。终为群小侧目,将出其构陷之计,欲置死地,君乃走日本,二年归国,卒以忧伤憔悴,赍志而亡,是可悲已。所著《补晋书艺文志》,已行于世。《纯常子枝语》稿本二十余册,《知过轩随录》四卷,《琴风余谭》一卷,《闻尘偶记》一卷,《春秋学术考》稿本十册,《文氏世录》一卷,君殁散佚殆尽。既为其弟法和、九表弟同年名龢者原名廷楷,甲午举人。以重价购归,未付剞劂,至今藏于家。其《云起轩词》,先为门人南陵徐乃昌所刊,久为后学师承矣。遗诗先印若干首,己巳门人番禺叶恭绰广为搜集,辑成巨帙,仿影宋本印行。予与君为中表兄弟,乙未计偕入都,叙述戚谊,备荷爱挚。促予填词,王君幼遐、沈君子培引为同调,予之得解音律者,君之教也。既而相遇沪上,为之点审《味莼词稿》。旋游日本归国,见君气宇不如畴昔,而挥麈雄谈,辟易千人之概,尚不改其常度。予以游幕武昌,匆遽别去,君之走湘,未之知也,讵料遂成永诀耶。又距料卒后七年,清祚竟斩,迄今海宇棼乱,不可收拾耶。老友唐蔚芝谱兄,征君行状,询之九弟,仅示著作目录,乃就所知者,杂缀成篇,以报蔚芝。回思往事,不仅人琴之痛,益增沧桑之感也。庚午八月,年愚表弟太仓汪曾武谨述。

(《词学季刊》第 2 卷第 1 号)

文廷式事略

朱沛莲

文廷式,江西萍乡人,字芸阁,号道希,咸丰六年生,光绪十六年庚寅殿试一甲二名,授编修。先以举人于十五年考中书,获第一。及殿试,阅卷进呈,名列第二,德宗曰:"此人有名,作得好。"十九年六月,为江南乡试副考官,旋迁侍读学士。二十年,大考翰詹,名列一等一名,超擢侍读学士。六月,疏言捐纳非经久之制,请概行停止,得旨,先行停止道府。尝劾孙毓汶,诋訾过当,德宗予以宽容;但慈禧恶其逆己意,以其语涉荒诞,欲加整饬。二十一年四月,赏假三月回籍修墓。二十二年二月,奏言各省开办矿务,疆臣任意迁延,或借端阻挠,推原其故,皆由畏葸。旋为杨崇伊参劾。当以廷式不孚众望,遇事生风,并与文姓太监结为兄弟,奏对狂妄,不知谨慎,革职永不录用,并予驱逐回籍,不准在京逗留。二十四年八月,慈禧再垂帘,电饬刘督坤一密饬访拿未获。二十六年九月,又著湘抚俞廉三严拿务获,即行正法。于是流徙江湖,赍志以殁。廷式才华迈群,工骈体,文词挺拔有伟气,意境尤高,诗备各体。劝帝变法维新图强,颇为慈禧及守旧派所痛恶。斥革后,遂致潦倒而终。三十年卒,年四十有九岁,时人惜之。有《云起轩诗文录》、《词钞》。

(朱沛莲《清代鼎甲录·文廷式事略》)

文廷式传

周维新

　　文廷式,字道希,一字芸阁,江西萍乡人。少时随父游广州,从名师学,以贫,赴庐江,入吴长庆军佐文书。未几,长庆荐入粤督张树声幕。既而往来南北,文名盛一时。清光绪十六年一甲二名进士授翰林院编修,十九年主考江南;二十年,大考翰詹,列一等第一,擢翰林院侍读学士,兼日讲起居注官。时中日事起,情势危机,廷式奏陈四端,略曰:"中国屏藩之国,莫重于朝鲜,利害相关,形势相倚,人人所共知也。此次倭人无故忽用重兵,名为保商,实图朝鲜,亦人人所共知也。事涉数月,而中国之办法,尚无定见;北洋之调兵,亦趑趄不前。近闻倭人于朝鲜南五道已改官制,设炮台,征商税,又以四条挟我,必不可行,而议者尚怀观望。是使中国坐失事机,而以朝鲜俾倭也。夫以西洋强敌,越南之事,中国犹不惜竭兵力以争之,故能稍安十年。今以区区倭人,而令得志,如此数年之后,天下事尚可问乎?臣以为事无可疑,敌不可纵。谨就愚见所及。酌拟数条,为我皇上密陈之:一曰明赏罚。中国练海军,已近十年,糜费至千余万。责以一战,亦复何辞?然臣不能不谅创始之难也。顾臣所以不可解者,倭人之练海军,亦不过二十年,何以此次出兵,北洋即不敢与之较?臣闻丁汝昌本一庸材,法、越之役,避敌畏惧,至于流涕。俾以提督重任,实属轻于择人。又海军驾驶,尽用闽人,党习既深,选才亦隘。查英、法水师章程,科条严密,人以为苦。而中国则保举既优,得利尤厚,人每视为美差;而于测量、驾驶、炮准、阵法,讲求之人,十无二三;又复赏罚不公,贤愚莫辨。故不待有事,而皆知其无用矣。臣又闻叶志超近日亦有退保平壤之议。查牙山僻处一隅,已失地利,然犹足牵掣倭人汉川之师。若退扎平壤,则王京以南,尽为倭有矣。应请旨切责丁汝昌、叶志超等,务当实力抵御,以待兵集;如有怯懦退避情节,必用军法从事。使其畏国法甚于畏倭人,或可以收尺寸之效。其偏裨中有深通兵法能立功效者,应请不次超擢。从来战事即练兵之实,此古人经武之大法也。臣检各国师船表,倭人铁甲不过数艘。中国若能实事讲求,一转移间,不难与之折冲海上也。一曰增海军。从前因伊犁、越南两次办理海防,臣所知者,浙江藩库三百余万以防俄而尽,江宁藩库二百余万以防法而尽。由此推之,各省所耗,每次殆过千万矣。臣以为,与其节节设防,备多力分,款归无着,不如令各省合筹三四百万金,速购铁甲船一二号,快船七八号,配足军械,挑选水师,会同现在南洋、闽、粤各船,梭巡海道,北则游弈于对马、长门之滨,南则伺察于长崎、横滨之口,则倭人亦将多方设备,外足以分其谋韩之力,内足以生其下怨之心。而我之定海、台湾、琼州等处,皆得互相联络,将来南洋水师,即可由此经始。此一举而数善备者也。一曰审邦交。法、越之役,倭人阴以兵助法,故法人德之。英人喜倭人之改制,引为己类。俄人之欲得朝鲜,尤甚于倭。此次三国出而调处,其无实心求益于我,较然可知也。然以各国形势论之,则朝鲜之在东方,犹土耳其之在西方。土耳其扼黑海之冲,俄不得之,不能逞志于西洋。朝鲜扼黄海之冲,俄不得之,不能逞志于东洋。故居朝鲜之旁,而眈眈虎视者,俄之可畏,较甚于倭。倭人亦知之。故凡其积年筹画、伺便猝发者,非独与中国争一日之长,亦深虑俄人占一着之先也。今者内揆国势,外察敌情,万一果开兵衅,中国仅与倭争体制,各国必袖手旁观。倭人或阳予我以朝贡之名,而阴已得取朝鲜之实。若中国意之所在存朝鲜以拒俄,则英、德诸国,见我之老谋深算,虑无不竭力维持以保东方大局者。倭人知中国能见其大,兼隐受拒俄之益,亦必降心回虑,与中国别筹协力之谋。此天下大势所存,利害非一国受之,权力亦非一国能专之。将来为战、为和,为迎、为拒,皆当本此以相衡。此时英人之言,意或在此。近闻北洋大臣颇倚信俄人韦贝之说。臣闻韦贝在朝鲜时诪张为幻;此次急于出京,必将逞其诡谋,自益而损我。应请特谕总署,勿为所惑。至倭事既定,我之谋朝鲜者,或量为改制,或特设重兵,当预筹一劳永安之计,是在圣谟之密运耳。一曰戒观望。总署之设,原以办理洋务,而非以遥制兵机。前者法、越之役,各省事事禀命于总署,典兵者既预为卸责之地,总署遂隐窃本兵之权。顾忌太多,兵家之大忌也。且各国之事,如法人方言和而兵已攻基隆矣;俄人未尝失和而兵已取帕米儿矣。此时倭兵之在朝鲜,未必不师其故智,以和议欺总署,而伺便一击中国。前敌诸军,未接电信,虽有利便,不敢开炮。是常处于后而让敌以先,万无胜理。应请旨饬下北洋,无论旧练新募,速调万人。或由海道以迫汉川;或行陆路以趋王京;务使力足以敌倭人。如彼有狡然思逞情形,则我军不妨先发,一切可以便宜从事,惟不得借口退兵,致干军法。总署则但司传电及条款诸事,而不复遥制军情,似亦补偏救弊之要着也。以上数条,臣见闻褊隘,不能详悉。至于奇谋秘计,瞬息千变,亦非纸上所谭。顾臣所深虑者,李鸿章立功之始,借资洋人,故终身以洋人为可恃,而于中国治法本源、军谋旧法,皆不甚留意。至今日而天下之利权归于赫德,北洋之兵权制于德璀琳。故一有变端,旁徨而罔知所措,必然之理也。淮军之驻天津,已二十余年。宿将劲兵,十去六七。今所用者,大抵新进未经战阵之人。虽无倭、韩之衅,他日正烦宸虑。臣以为,宜令李鸿章慎择将弁中忠勇朴诚者,列保一二十人,送部引见,候旨录用,或即分统各营,或令身临前敌,庶使将士皆知共戴天恩,感奋思报,亦驭将之一术也。至朝鲜之事,有争无让,事在不疑,尤望宸断始终坚持,不为浮议所惑,则各邦不至环而生心。此治乱之大关键也。"旋奉派教习庶吉士,协同内阁批本,署大理寺正卿。及鸿章战败,廷式联合翰林院三十六人奏参,复奏阻款议。二十二年慈禧太后渐干政,瑾珍二妃为太后所恶,降为贵人,廷式尝为二妃师,因而革职。戊戌政变,诏密捕之,乃潜渡日本,迨庚子军难作,始归国。三十年卒于萍乡,门人叶恭绰为刊《文道希先生遗诗》一卷,徐乃武(昌)刊《云起轩词》一卷,又《中兴政要》一卷,《晋书艺文志补》一卷,均刊行。未刊稿:《纯常子枝语》三十二卷,奏议二卷,《春秋学术考》十卷,《闻尘偶记》、《南韶日记》、《旋江日记》、《陈兰甫先生语录》各一卷,《知过轩文稿》、《补过轩文集》、《元史录正》、《画墁杂录》、《芳荪室谭录》、《美意延年室杂钞》、《维摩语》、《文氏世录》各若干卷。

论曰:廷式为学之途甚广,晚年遗心世务,著述颇多,然以其学识所积,苟专精一业,所诣不尤深远乎? 今读其遗书,多关清季故实,诗古文辞亦足以卓然名家,诚一代方闻之士也。

(周维新《江西近代乡贤列传·文廷式》,《江西文物》第 2 期)

文廷式传略

汪叔子

文廷式(1856—1904),字道羲(羲亦作巇、兮、溪、希),一字云阁(又作芸阁),号纯常,又号叔子、芗德、葆岩、匡庐山人、罗霄山人等。江西萍乡县(今萍乡市)人。清咸丰六年十一月二十六日(公元 1856 年 12 月 23 日),生于广东潮州府,时其祖文晟正署该府知府事。以父、祖久宦粤省,遂亦自幼生长岭南,曾自咏有"岭南即是吾乡"之句。

咸丰九年(1859),太平军石郭宗部攻嘉应州,廷式祖文晟方以惠州知府护篆该州,竭力拒守,城破被戕,清廷谥壮烈。廷式是年四岁,以随母先行潜逃出城得免。及七岁,父文星瑞摄罗定州事,陈金刚部义军凡三次围城,皆濒于危,鼓角之声、仓皇之状,予廷式印记极深。

既发蒙受书,多聪颖。爱《文选》,时时私读,尝以此为塾师所责。继入广州学海堂,季课大考,四季咸第一。同治十一年(1872)十七岁,始从学陈澧门下,为菊坡精舍高材生。

嗣以屡踬场屋,而家渐贫薄,遂出游幕,初依吴长庆帐下,继入张树声府中,居积年。光绪八年(1882)八月,以附监生领顺天乡荐,中式第三名,声誉稍著。渐与都中清流辈交接。唯于清流之鄙薄洋务,乃不以为然。当是时,洋务繁兴,廷式亦颇醉心于兹。致友人信中,有"试思今之亟者孰如洋务"之言,又批评世之谈时务者大抵虚侨恃气之人多、谈洋务者大半犹是外行。因孜孜考研西学、尤好读几何格致之书,一时科学先进如徐寿、徐建寅父子、黄楙材等,俱与相接为友。光绪十二年(1886),粤督张之洞将开译书局,即拟聘廷式与康有为为董理,既而不果。然廷式"西学"之已邀时望,拈此约略可知。

光绪十五年(1889),德宗大婚。他他拉氏姐妹以瑾嫔珍嫔入侍,亟获宠幸。继进授妃位。廷式以世交旧谊,与二妃季父长善、兄弟志锐、志钧等情好甚笃,且于二妃前居家时尝为之授读,又为预筹入宫邀宠之谋。迨德宗亲政伊始、帝党厥形初肇,廷式自成为内中一员。其仕途遭际,不数年间,亦缘此而迅进捷升。是年夏,得翁同龢、汪鸣銮援手,考试内阁中书夺魁。十六年(1890)春闱,复倚翁、汪、潘祖荫等汲引,甲榜获隽、殿试一甲第二。读卷大臣拆弥封,奏廷式名,光绪帝当殿宣语竟曰:此人有名,作得好! 是光绪帝固先已由珍瑾嫔处心识廷式其人久矣。旋授职翰林院编修,又任国史馆协修、会典馆纂修、本衙门撰文等。十九年(1893),以宸断特派,充江南乡试副考官。二十年(1894),大考翰詹,复看阅卷时,德宗专书朱谕干预,钦定廷式一等头名,超擢翰林院侍读学士,兼日讲起居注官。寻又派稽查右翼宗学、教习庶吉士、协同内阁看本、署大理寺正卿等。一时"圣眷"渥厚,引人注目。

虽如是,倘论廷式之思想,犹别有异,而未可遽与帝党他人作同日语。光绪十九年(1893)廷式与人笺内,已谓"吾中国将来,能差胜印度、不化为奴婢沙虫者,必有奇伟绝特之士,纠集民会,联为一气,而后差可自立"。明岁,又与郑孝胥、郑观应辈雁帛往还论开议院行立宪事。唯当光绪二十年(1894)六月初四,廷式以学士、讲官首上疏总论时政,则或者未便如私函之可晓畅无碍也,乃云时势之积弊甚深而亟宜留意者,大端有三:曰人材、曰民事、曰洋务。于人材,则请停捐纳、严甄别。于民事,则请垦荒田、讲水利、并厘卡、通货物、抵制洋货,以恤农、以卫商。于洋务,则谓中国立国之根本,与西人异。尚礼义而细诈伪、重公分而抑私情,此数千年治法之防大,不得与洋人合者也。民情达而无不伸之气、政事实而无虚饰之文,此洋人之所长,而中国当略采其意者也。至于工艺器械之精利、营陈步伐之整齐,则中国古制颇与之同,相时制宜、去损取益,固不必震而惊之矣。

既而甲午战争起。借乎全国人民反对日本侵略之爱国运动大潮推动,光绪帝党向慈禧后党之政争亦日趋激烈。廷式言战尤不遗余力。六月十日,廷式建陈明赏罚、增海军、审邦交、戒观望四策,献纳于朝。八月,疏请饬海军与倭决战。十月,复奏谓现在陆路既无可恃之兵,救急之计,惟有饬派洋员汉诺根驰赴海军、率领铁甲各舰,直赴大连湾一带截击倭船、断其后路。

战事初期,北洋大臣李鸿章执兵柄,多败绩。廷式偕志锐暨台馆诸人,屡上封事,厉词痛劾。指斥李鸿章贻误军国,罪无可辞。又纠弹枢臣与疆臣各怀异志、但欲求和,请旨将枢臣及北洋大臣交部严加议处。光绪帝欲起用恭亲王任战局,而宫谏、枢议俱格不行,乃阴令帝党发动朝争。八月二十九日,诸翰林、庶常等集商于全浙会馆,约联衔吁请,越日折上,恭亲王因得以出山。是折列名者五十七人,属稿者即廷式也。

九月初九,廷式偕李盛铎于松筠庵邀众再议合词封奏,次日遂呈递翰苑三十八人公折,请拒款议,而密连英、德,资其兵费、使伐倭人,以为转危为安在此一举。

十二月,廷式复奏请特撤张荫桓等议和使臣还京,示天下以必战之意。略谓:向之屡败者,李鸿章及其党为之耳。今既命刘坤一视师、吴大澂出关,湘军锐士万众一心,当专倚畀以壹诸将视听、明黜陟以作诸将精神,勿以前敌之小胜负而轻于变计,宜待倭狄愤不能自忍,而后成师而出、全力制之,则一胜之后,形势自生。是冬,廷式并有迁都以筹持久抗战之说,又尝告谢希铨侍御请召三品以上大臣廷议和战国是。而皆未闻报可。

来春,李鸿章奉旨赴东议约,日本索地索款,勒逼无厌。廷式再三几谏,力请撤使绝议,有"辱国病民莫此为甚"之痛语;尤亟言割台之事,断不可从。二、三月间,与署台湾巡抚唐景崧往返电商,谋画所以保台之计。

及《马关条约》签订,电讯至京,总署秘之,廷式既约戴鸿慈等上疏争之,并录约章遍示同人,倡言于众,使共争之于朝。时逢乙未会试之期,公车赴考,群聚辇下。江南举人联署上书拒约,廷式预为之点窜呈稿。又江西孝廉一百二十人之公呈,廷式家人文廷楷、文廷桡、文景清、彭树华等名姓,均显列其上;至若友朋、同乡辈弗论焉。都察院于各直省公车纷纷上书阻款,初犹难之,故迟迟不以代达。四月初三,廷式乃片劾都察院壅上听、抑公议。德宗览奏,命廷寄问之,察院堂官始惧,四月初六日起,诸呈乃得陆续分批而悉上。奈事挫于后党之压迫,光绪帝终不得已而违心准约。廷式不胜悲愤,是月末稍,请假回籍修墓,出都南下,将行,填《虞美人》一阕:"无情潮水声呜咽,夜夜鹃啼血。几番芳讯问天涯,不道明朝已是隔墙花……"犹伤台湾之被强割于倭也。

八月,假满回京供职。适值维新派康有为、梁启超等在都拟开强学会未成,廷式遂相协创建,与有力焉。盖廷式与康党诸子,彼此经学源流虽有不合,而变法自强之旨则犹互有大同。是故去岁七月康氏以所著《新学伪经考》遭劾,廷式即曾偕盛昱、沈曾植等为之电致广东提学使徐琪救护。及目睹甲午战争之败,刺戟弥深。康、梁等时专重所谓传教,于廷式亦深许以为能言传教之同道,非无因也。心悦诚服,如梁启超自述至曰心折曹溪、几为投体,尤其敬佩之亟。以故秋冬间京师强学书局成立,廷式遂膺"副董"之名。强学书局购书置器,介绍西学,聚讲办报,宣传维新;近代中国资产阶级公开社会政治团体即由此发轫。而后党暨诸守旧者嫉之,十二月初九日,遂以御史杨崇伊奏参京师强学书局植党营私,奉旨封禁。

当事之发也,昔之以趋时而缘附入局者纷纷匿遁,犹勉为维持冀图恢复者寥寥只二三子耳。廷式乃即日抗疏特请开馆译书,寓意辩护也。未几,又经李鸿藻等斡旋,并借胡孚宸奏请之故,朝命改为官书局,着孙家鼐管理。廷式复应孙氏之邀总司其事,且住局,兼主持局内"选书"一门。计自强学书局届官书局,廷式董理斯役,不过数月之暂,而广搜西书,组织编译,举凡泰西诸国之政、法、财、商、军事、外交以至教育、礼俗等等,莫不详细稽考,积稿盈箧,勒成二百数十卷,将垺百万言。可谓继江南制造局颇译格致(西方自然科学)新书之后,而开启广译时务(西方社会政治)新书之先河。惜夫当时未及刊刻,迟至廷式暮岁始获梓行,而印销殊有限,世人知之者罕也。

虽然,廷式支持德宗亲政,当光绪二十年(1894)冬,御史安维峻上弹章指斥慈禧太后既已归政于皇上而复遇事牵制,及安氏获谴褫职戍军台、敛银万余以送其行,咸廷式隐主其事;且广集同志、论议国政、联名执奏、至再至三,甲午东事则攘臂言战,战败又言变法,是故中外属目。慈禧后党并李鸿章等集恨于廷式,亦蓄之固已如三尺冰冻、非一日之寒矣。光绪二十二年二月十七日(1896年3月30日),德宗方驻跸颐和园谒侍慈禧太后,乃降有明诏,借口御史杨崇伊纠参词臣不孚众望,而加廷式以遇事生风、互相标榜、语多狂妄,及与内监往来事出有因等罪由,着即革职、永不叙用、并驱逐回籍、不准在京逗留。旨既颁下,朝野为之震动,中庸廷臣固自此惧惕钩党之祸迫在眉睫,维新派梁启超等更譬以为如青天起一霹雳。因廷式当兹之时,乃非特帝党之中坚、之健将而已矣,亦不仅其身份、地位、才力、影响有足以号召朝野者也,而尤以其思想、其实践,乃能既深得光绪帝之信任、又亟受维新派之钦服,且恰正总持书局、团聚双方,为帝党、维新派结合之关键人物,甲午战后开新之势,实赖以居中维系,伊人去留,所关岂浅尠哉欤! 新党魁首康有为论之,以为于是开新之风扫地,诚凿凿未为虚言也。

方廷式未去官之前,寄望于德宗,乐观形势、踌躇满志,跃跃颇欲有所作为。若丙申(光绪二十二年,1896)元旦试笔,赋诗曰:六龙回辔蔽云天,迢递春城北斗悬。文石陛前新论议,黄金台上众才贤。试从邹衍谈天后,重溯轩辕铸鼎年。海水万重星四野,苍生系命好筹边。光绪二十一年(1895)秋冬、二十二年(1896)孟春,廷式汲汲以新政为言,进谏光绪帝当宸德英断而图作新之功。以为时至今日无可因循,且万国之环而伺我者,更有迫不及待之势,请颁明谕饬中外大臣振刷精神,毋囿积习、毋徇私人、毋怯担当,而修学校、整武备、作民气、裕财用,以期亡羊补牢、有备无患。其条陈养民事宜,批判数千年以来理财之道但谋所以取民而不谋所以养民,复批判五十年来所言西法皆仅枝叶而不知其本在富国养民。而养民之急务,则可以蚕桑、棉花纺织、葡萄酿酒、畜牧此中国之四大利为先,请旨董劝民间妥筹兴办。并严参疆臣迟延挠阻开矿,请特派查矿大臣、延请泰西矿师,调查全国矿情,然后降布诏书,准民集资开办、官为保护,商力不足、酌提官款助之,减轻矿税、二十分而取一。廷式又以为治天下之大事,不外养、教二端,养民兼须教士。而由古之选举、科目迄近之保举、捐纳,类皆断断于取士之虚名、不求教士之实理,是亦失在本源而图其枝叶也。乃谓经济大原在学问、学问根柢在图书,世变事殊,所值时不同、所用书亦异。而近今虽如《洋务要言》、《盛世危言》等著,并多论说各限方隅、事物未云明备。处此事变迭生、海飞潮沓之世,国有大疑,士大夫及诸卿相辈遂于图新、由旧罔知注措,徒叹乎乏才,则其弊固在于不学。廷式因而奏言,宜应特建文馆、汇纂西书,择其邦交、国用、商务、兵学诸切要事宜,分部别居,随译随编,钩元加论,御笔点定,以萃万国之图书、成一王之大法,庶几上行下效、人才辈出,边情洋务,众皆昭晰云。

待廷式见逐归野,其言乃益恣肆无忌。光绪二十二年(1896)夏,旅次沪渎,与梁启超、麦孟华、汪康年诸人欢叙,说群说会。两三年间,其笔记时事,臧否朝政,愈以立议院达民情、兴学校作人才为立国富强之大本;究研泰西学术,及于民主、平等、廓密尼士(按当即 Communisme)、莎舍尔德玛噶里(按当即 Social democratie)。至称扬《抱朴子》所引述鲍生"无君"之说,亦以为其论甚伟、未可尽非,如西人之用议院亦足以治之。

光绪二十三年(1897)岁末,德人逼索胶州湾。康有为入都谋变法,中路与廷式晤于申江,有所密议;廷式授之秘札数通,以为康氏潜结内廷作先容。论者或以为兹事信疑难测,然其时珍瑾二妃已然复位,而廷式与妃兄志钧等仍联系未辍;并偕志钧在赣伙股兴矿。迨"百日维新"期间,又有二妃之弟志锜暗侦宫中秘讯输告康党之实情。则兹事亦未必无征也。

明年戊戌(光绪二十四年,1898)春三月康有为发起保国会于京师,廷式亲弟廷楷、廷桄等咸题名与会。四月,德宗宣布变法,"百日维新"揭幕。廷式于是月尝与张之洞、沈曾植、费念慈共游焦山,宿仰止轩,观杨继盛手卷,题诗其后有云:"东下蛟鼍为谁怒?南飞乌鹊夜频惊。寂寥忠愍祠边宿,想见英灵发大声。"按明代杨继盛,以直谏著称。忠愍,其谥号。而廷式曩日在都频频集众议政之处,及强学书局、保国会皆屡借以为大会之地,曰松筠庵者,亦即杨继盛之生前故居而又身后奉祀之所也。

夏秋间,廷式返籍扫坟,将偕乡梓士绅创学堂、倡新学,奔走于湘、鄂省会。而七、八月之交,顽固派倾力反扑,黑云盖地、浊浪喧天,京城政局顿然翻覆。八月初三日,乃仍由御史杨崇伊发难,上折攻讦新政,吁请皇太后训政。折内并诬劾廷式前与康有为等立强学会,虽经革逐、不思悔过,又创大同学会,外奉广东叛民孙文为主、内奉康有为为主,蛊惑人心,紊乱朝局。初六日,戊戌政变猝作,慈禧再出训政。发卒围南海馆,逮捕康有为不获,搜出书函百余封。其中即有廷式致康氏信件洋洋数千言,亦为逻者以辞句诸多失检、语涉不经不敬而上闻。初十日,遂有谕军机大臣等电寄江督、赣抚,令密饬访拿文廷式押解来京。同日,伪诏又称德宗有疾,并旨命追捕孙文。其时新党俊杰留京者谭嗣同等,多被缚下狱,既而有戊戌六君子之殉难。廷式则西走潇湘,匿迹湘潭。

荒村蓬舍,习坎之中,廷式靓经遣忧,其眷怀德宗之思固勿已矣,唯形诸楮墨、笔札之内,竟亦犹然有非议帝制者。如谓虞夏揖让、汤武革命,皆应天顺人,厥民尊之,曰后曰人。逮秦灭六国,徒以力服天下,民无以称之,而自尊曰"皇帝",后世习为故事,自是而神州气象一大变矣,云云。可谓矛盾自讼。冬,迁避上海。

时新党言治者,皆喜援引东邻明治维新为张本。廷式与日本人士交游,亦积有年月。青年时代即结识冈千仞于广州,颇询以蜻洲变法之得失。彼时中、法交镝于南疆,廷式远虑则已及异日东方倭、韩之衅。甲午东寇侵华,廷式愤恨之至。而战后,帝俄威逼之势甚嚣尘上,光绪二十四年(1898)首夏,日本领事小田切纠合华绅郑观应等,鼓吹宜仿日本变法、立宪自强,联合英、美、日诸邦同御帝俄,拟在华筹开亚细亚协会,廷式介入个中,亦颇积极。翌年,又尝与宫崎寅藏、平山周、白岩龙平、内藤湖南等交会于沪上。光绪二十六年(1900)新正,廷式乃应日本同文会之邀,渡海东行而有扶桑游。考察彼邦新政,极加留心;与东瀛学苑酬唱,情文并茂。然于日本政界巨头迭相招致约谈,则淡漠处之,终缄口弗与之言时事。唯东人宫崎寅藏,党与孙文,聚义密图中华革命大业,是岁初,为助革命派起义事有广州之行。既返东京,廷式乃勿惮嫌疑,而于酬酢十分繁忙之际,三旬之中,竟四度和宫崎聚谈或出行。更且秘晤孙文,议商举事。

廷式于孙文之党,原亦斥为反叛不道,兴中会“乙未广州之役”甫败,廷式尝疏请严予制缉。然自夺职退居林下,数年之后,时迁情移,持论亦随之改易,转而以为殆亦是列强分割之祸急、中国民心觉悟之先端欤,无复以“匪”、“逆”污之矣。及光绪二十六年(1900)春暮,廷式归自日本。入夏,华北义和团起;八国联军大举入侵,神州赤县,存亡危殆;唐才常等得康、孙两党支持,阴集志士,谋起事汉皋,行革命而求救国。廷式与才常故相知,才常戊戌年(光绪二十四年,1898)编刊《湘报》,廷式亟赞赏之;廷式庚子(光绪二十六年,1900)游东,才常偕狄葆贤为之饯行。才常暗设自立会起事机关,廷式之姻族亦有加入者。兹岁六月初间,廷式潜行入湘,秘居长沙南门外,邀约富有山堂头领张尧卿为辅佐,散票纠人,将为孙文革命派延揽会党之众。旋遭清廷当地鹰犬发觉,湘抚当饬密拿,廷式闻警远飏。七月,在沪出席唐才常等发起之“中国国会”。已而自立军败,才常等就义,廷式亦名入是案捕单中,为湘抚以孙文之党、叛反凶逆之罪奏闻。九月朔日,奉朱批特旨:文廷式著严拿务获、即行正法。

唯廷式虽已一度跻身革命行列,对于义和团,虽以“拳匪”称之,亦犹以为拼死抗击外寇、其事其志、要可悯念;而于德宗知遇之感激、于封建帝制之依恋,究未能斩断情缘。七月至九月,其咏“庚子事变”之诗,如:“北狩烽烟越几时,西行旗鼓更堪悲。朝廷衮职尊蓝面,河朔兵符授赤眉。目断汾流惟雁过,心惊沧海有龙移。孤臣泪洒荒江畔,忍痛新裁变雅诗”等类,大抵犹不离乎所谓屈《骚》忠悃之窠臼也。自后革命风潮此伏彼起、春风野火越燃越炽,廷式则"生怕袜罗尘涴,黄昏深下犀帷",遂未闻再现于革命实践矣。

光绪二十八年(1902),中外传言清廷王大臣有议请复起用廷式者,而廷式时已息影湖海,专意著述。然爱国忧时之心不泯,犹殷殷以借镜西法、立宪垂制为望,又与友人申发《周官》古义以阐论新政方略。二十九年(1903),廷式在萍乡约合县绅段鑫、黎景淑等发起备价收回当地上株岭铁矿。该矿原系清廷循照安源煤矿成例,定为政府国有,派员官办,于后派款无着,事遂中止。至是年借廷式等倡议之力,乃将该矿收回全归县有,以地主不一,统名之曰地方团体公有矿泉。明年,出赴南昌、金陵,继留连申江五旬,与朋侪游处,尚以在野言野自况。旋以病归萍乡。八月二十四日,卒于里第,年才四十九岁。

廷式文采奇丽,学问淹博,为晚清重要之词家、诗人兼学者。清季论词,向以常、浙诸派称大宗,而廷式不尚苟同,推崇辛、刘,深以流俗辈拟古之癖、柔靡之风、枯寂之旨为恶,谓当斐然有作者之意,写抒溯古涵今之思、甄综百代之怀。晚年手定《云起轩词》一卷。朱孝臧尝比之"拔戟异军成特起",足为近世词坛之上独树一帜之大家。诗,平生所咏约有千首,亦多感时之作。殁后他人辑有《云起轩诗录》、《文道希先生遗诗》等行世。廷式治学,以史见长。光绪中叶,尝与盛昱、李文田、洪钧等提倡西北史地研究,一时风尚甚盛。其史著,《补晋书艺文志》有刊本;犹有《元史西北地附录考》及《黄帝政教考》、《伊尹事录》等多种。而廷式涉猎极广,凡当时中学、旧学及西学、新学,各门各类,鲜勿论及,而每具特识。其笔记杂著,由是夥颐沉沉;身后散佚不少,今见在者,著名如《纯常子枝语》、《闻尘偶记》等已刊者而外,未及整理梓行之稿册尚堪以数十计。近人赵铁寒摭取文氏遗篇,纂为《全集》,然阙漏殊多,未足称备,当俟后来者继为之搜辑重编可也。

(原载《江西社会科学》1985 年第 5 期)

相关人物小传

安维峻（1854—1925）

字晓峰，号盘阿道人，晚年自号柏崖。甘肃秦安人。光绪六年（1880）进士，选翰林院庶吉士，后改授编修。十九年（1893），任都察院福建道监察御史，时称"陇上铁汉"。生性耿直，后因忤慈禧革职，发军台。撰有《四书讲义》、《谏垣存稿》、《望云山房诗集》、《望云山房文集》、《诗文杂集》等。主持编纂《甘肃新通志》一百卷。

（日）白岩龙平（1870—1942）

字子云。光绪十六年（1890）到上海，入日清贸易研究所。光绪二十二年（1896）创建中日合资汽车会社大东新利洋行。次年开始操办上海苏州间的航运业。任大东汽船会社长时，曾资助《亚东时报》。光绪二十七年（1901）着手开拓湖南洞庭湖航路，光绪二十八年（1902）成立湖南汽车会社。晚年任东亚同文会理事长。

（美）毕德格 Pethick William N.（? —1902）

字子明。清同治十三年（1874）来华，熟悉汉语和法、德等国语言。任美国驻天津副领事。后辞领事职，任李鸿章的英文秘书。光绪二十一年（1895）曾与英、美籍传教士李提摩太（英）、李佳白（美）等一同参加强学会。

蔡乃煌（1860—1916）

字伯浩，号絜园。广东番禺人。光绪十七年（1891）顺天乡试举人。以道员分发湖南，主矿物局、善后局，署督粮道。光绪三十三年（1907），迁邮传部左参谋，兼署右丞。光绪三十四年（1908）4月任上海道。旋盘下《中外日报》。1910年4月秉两江总督张人骏意,拨借官款创办闸北水电厂。后追随袁世凯,民国四年(1915)授江苏、江西、广东三省禁烟特派员。辑有《絜园诗钟》。

蔡元培(1868—1940)

原字鹤卿,改字仲申,又字孑民、民友,号鹤庼。浙江绍兴人。光绪十六年(1890)进士。十八年(1892)为翰林院庶吉士,二十年(1894)补授编修。光绪二十四年(1898),弃官南下,任绍兴中西学堂监督。光绪二十七年(1901),任上海南洋公学特班总教习。光绪二十八年(1902),同蒋智由等发起创立中国教育会,任会长,并创办爱国学社、爱国女学。光绪二十九年(1903),与陶成章等组织光复会,任会长。以反对满族贵族的封建专制,建立共和国为宗旨。光绪三十一年(1905),加入同盟会。光绪三十三年(1907),赴德国留学,入莱比锡大学。1911年辛亥革命后回国,历任临时政府教育总长、北京大学校长、中央研究院院长。1940年病逝于香港。有《蔡元培全集》。

长善(1829—1889)

字乐初,号大钵庵主。室名芝隐室。他塔喇氏。满洲镶红旗人。道光二十年(1840)报捐员外郎。道光二十七年(1847)任盛京刑部员外郎。同治五年(1866),累官山海关副都统。同治七年(1868)迁广州将军。光绪十年(1884)返京,授正蓝旗蒙古都统。光绪十四年(1888)授杭州将军。次年卒于任。有《驻粤八旗志》、《裕庄毅公泰年谱》、《芝隐室诗存》。

陈宝箴(1831—1900)

字相真,号右铭,晚号四觉老人。江西义宁人。举人。早年随席宝田部湘军镇压太平军,累官浙江按察使、布政使、直隶布政使、湖南巡抚。任湖南巡抚期间,与按察使黄遵宪、学政江标等办新政。支持谭嗣同等创办《湘学报》、《湘报》,开办时务学堂、南学会;兴办电信、小轮船、枪弹厂;设矿务局、铸币局等。力行新政。戊戌政变后被革职,永不叙用。

陈炽(1855—1900)

原名家瑶,字次亮,号瑶林馆主。江西瑞金人。光绪八年(1882)举人。官至户部郎中、刑部章京、军机处章京。光绪二十一年(1895)发起北京强学会,任正董。曾遍历沿海大埠,至香港、澳门,又旁考西书,留心天下利病,深研经济学。戊戌政变次年,郁愤而死。有《抱春林屋诗》、《庸书》、《续富国策》等。

陈澧(1810—1882)

字兰浦、兰甫,号江南倦客,读书处曰东塾,世称东塾先生。广东番禺人。道光十二年(1832)举人。官截选知县、河源县训导。后为广州学海堂学长数十年。晚年主讲菊坡精舍。学识渊博,对天文、乐律、音韵、算学皆作研讨,尤精地理学。治经会通汉、宋,不受门户限制,擅诗词、骈文。有《声律通考》、《切韵考》、《东塾读书记》、《忆江南馆词》、《东塾遗书》等。文廷式为其弟子。

陈锐(1859—1922)

谱名盛松,字伯涛,应试名锐,又字伯弢、伯韬,号裒碧。湖南武陵人。光绪十九年(1893)举人。官江苏试用知县、江宁知县、两江营务处提调、镇江知县。曾学诗于邓辅纶、王闿运,又与八指头陀等交善。辛亥革命后回常德,任教于湖南省立第二师范学校,后任省长公署政治顾问官、联合公立中学校长、湖南省教育会会长。为湘西三才子之一。有《裒碧斋集》。

陈三立(1853—1937)

字伯严,号散原,别号闲园、衍君、神州袖手人、蜕园、崝庐,晚号散原老人。江西义宁人。陈宝箴长子,陈寅恪、陈衡恪之父。光绪十五年(1889)进士。官至吏部主事。曾列名上海强学会,并助其父在湖南创行变法新政,赞助新学,曾荐梁启超为时务学堂总教习。戊戌政变后革职。卢沟桥事变后,北平沦陷,绝食忧愤而死。工诗古文,有《散原精舍诗文集》。

陈善圻(1833—1889)

字京圃。湖南郴州人。文廷式岳丈。曾任南海知县、嘉应州知州等职。

同治八年(1869)任南海,在西樵山创建三湖书院。其妻为魏源女魏秀均,曾重刊魏源的《海国图志》并作序,编有《澄海县舆地图说》。

陈诗(1864—1943)

字子言,号鹤柴,别号尊瓠、霍隐。安徽庐江人。诸生。家贫,少时曾居广州。后归皖,交同邑吴保初,年长于吴而师事之。光绪二十五年(1899)后居上海。民国后,居上海二十余年,鬻文自给。有《霍隐诗草》、《尊瓠室诗话》。曾受文廷式指点。

陈树镛(1859—1888)

字庆笙,一作庆森。广东新会人。陈澧弟子。精《三礼》学。尝辑陈澧遗文为《陈澧文集》,刻未半而卒。著有《饮食考》、《复古述闻》、《文献通考订误》、《汉官答问》等。与文廷式同门。

陈为镒(1863—1924)

字璞臣。湖南郴州人。陈善圻子。文廷式妻弟。光绪二十三年(1897)优贡。光绪二十四年(1898)创办任学会,又与潘仁瑶等发起创办郴州经济学堂,开办算学书院。与唐才常任《湘学新报》主编。

陈遹声(1846—1920)

字毓骏,又字蓉曙,号骏公,又号畸园老人。浙江诸暨人。光绪十二年(1886)进士,选庶吉士,授编修,出为松江知府。光绪三十三年(1907)授川东道,引疾归。民国后归里。有《畸园老人诗集》、《畸庐稗说》、《逸民诗选》、《鉴藏要略》、《历代题画丛录》。辑有《宋元明遗民诗选》、《玉溪生诗类编》。

陈宗侃(1846—?)

字孝直。广东番禺人。陈澧次子。同治四年(1865)补县学生员。清光绪五年(1879)己卯科优贡生。著有《说文释例提纲》、《毛传说文异同考》、《诗韵牵贯谱》。

陈宗颖（1855—1914）

字孝坚。广东番禺人。陈澧第四子。光绪十四年（1888）优贡生，授阳山县训导。工篆隶，善填词。有《达神旨斋词》。

成昌（1859—?）

字子藩、湟生，号子和、南禅、萨客达氏。满洲镶黄旗。光绪十四年（1888）举人。任四川夔州府知府。光绪三十四年（1908）在北京参加诗歌团体著湦吟社。能诗，兼工山水画。著有《退来堂诗词抄》、《湟生诗稿》、《绘境轩读画记》。

程秉钊（1838—1891）

又名秉铦，字公勘，号蒲荪。安徽绩溪人。同治九年（1870），受聘编修《江西通志》。光绪十二年（1886），入广东学政汪鸣銮幕府。清光绪十六年（1890）进士，改庶吉士。有《绩溪志乘》、《淮南子补注》、《龚定庵年谱》、《龚学斋古今体诗》、《琼州杂事诗》、《知一斋尺牍》、《丹荃馆诗余》（亦作《丹荃词》）。

程颂藩（1852—1888）

字伯翰，号叶庵。湖南宁乡人。同治十二年（1873）拔贡，朝考第一，授户部七品京官，签分户部江西司。光绪五年（1879），升主事，充本司主稿。以工书名于时。通音韵训诂之学，尤精《三礼》。有《程伯翰先生遗集》。

程颂万（1865—1932）

字子大，一字鹿川，号十发居士。湖南宁乡人。监生。官湖北候补道。光绪二十八年（1902），曾掌教湖北自强学堂。曾任湖南岳麓书院学监、湖北高等工艺学堂监督。民国后，退居武昌。有《楚望阁诗集》、《石巢诗集》、《鹿川诗集》、《鹿川文集》、《美人长寿庵词》等。

褚成博（1854—1911）

字伯约，号孝通。浙江余杭人。光绪六年（1880）进士，散馆，授翰林院编修。光绪十五年(1889),补授江西道御史,历任礼科给事中、惠潮嘉兵备道。十七年(1891),任河南乡试副考官。官至监察御史。有《坚正堂折稿》、《光绪余杭县志稿》。

狄葆贤(1873—1941)

字楚青,一作楚卿,号平子、平等阁主人。江苏溧阳人。光绪举人。戊戌变法时与谭嗣同、唐才常等交往密切。变法失败后逃亡日本。光绪二十六年(1900)返回上海,参与唐才常发起的正气会,组织自立军。曾创办《时报》、《妇女时报》、有正书局等。善诗、文,书法晋人,间作山水。有《平等阁笔记》、《平等阁诗话》。

丁惠康(1868—1909)

字叔度,一字叔雅,号惺庵。广东丰顺人。丁日昌子。诸生。官户部主事。年二十许游京师,与曾习经、陈衍、姚梓芳、吴保初等人相交,相与讲求新学。曾入岑春煊幕府,主办新学,赴日本考察学校。与谭嗣同、陈三立、吴保初号清末四公子。有《丁征君遗集》

丁立钧(1854—1902)

字叔衡,号恒斋、云樵、小跛道人。江苏丹徒人。光绪六年(1880)进士。改翰林院庶吉士,散馆编修。十七年(1891)典试湖南,历任武英殿协修、纂修、总纂,二十一年(1895),为北京强学会发起人之一。官至沂州知府。著有《历代大礼辨误》、《东藩事略》、《历朝纪事本末》等,尝主南菁书院,编有《南菁文钞》。目击国家忧患,撰著《历代边事》进呈光绪帝。

端方(1861—1911)

字午桥,号匋斋。满洲正白旗人。托忒克氏。由荫生中举,后为郎中。光绪二十四年(1898),任直隶霸昌道。历任陕西布政使、湖北巡抚、湖广总督。三十一年(1905),改闽浙总督,继受命出国考察宪政。宣统元年(1909)任直隶总督,被劾罢任。三年(1911)以侍郎衔督办川汉、奥汉铁路。同年,镇压保路运动并劾川督。至四川资州,被起义军处死。有《端忠愍公奏议》、《匋斋吉金录》、《匋斋藏石记》、《雪池寻碑录》等。辑有《列国政要》。

樊恭煦（1843—1914）

字介轩。浙江仁和人。同治元年（1862）举人，同治十年（1871）进士。历官编修、陕西学政、江苏提学使、杭州商务总会总理等职。卸任返杭后，任三善堂总董。擅书法。

范钟（1856—1909）

字仲霖，一作仲林，号中木。江苏通州人。范当世之弟。光绪二十四年（1898）进士。曾馆陈宝箴府寓，任两湖书院教习，河南、广东、山西巡抚文案、河南鹿邑知县。早年游湖湘，与陈三立、俞明震、文廷式交游。工汉隶、魏碑。有《蜂腰馆诗集》。

费念慈（1855—1905）

字屺怀，一字君直、迪孙，号西蠡，晚号艺风老人、归牧散人。斋有归牧庵、趱斋、传易堂。江苏武进人。光绪十五年（1889）进士。授编修。十七年（1891）任浙江乡试副考官，为言路指摘，遂弃官归，寄居苏州。擅金石目录之学，工书画，兼通晋魏各碑。有《归牧集》。

冯煦（1843—1927）

字梦华，号蒿庵，晚号蒿叟、蒿隐。江苏金坛人。光绪八年（1882）中举人。光绪十二年（1886）进士，授编修。二十七年（1901）迁山西河东道。二十八年（1902）迁四川按察使。二十九年（1903）改署四川布政使。三十一年（1905）迁安徽布政使。三十二年（1906）兼署安徽提学使。三十三年（1907）补授安徽巡抚，在位甫一岁而罢。善诗词、骈文、书法。有《蒿庵类稿》、《续稿》、《剩稿》、《随笔》、《奏议》、《蒙香室词》（一名《蒿庵词》）、《蒿庵论词》。编有《宋六十一家词选》。

傅春官（1878—?）

字苕生。江苏江宁人。优贡生。历任江西实业学堂总办、江西劝业道尹、浔阳道。光绪三十年(1904)调办江西农工商矿局,先后任江西农务试验场、江西实业学堂总办。光绪三十三年(1907)任江西农务总会总理。著有《江西农工商矿纪略》、《金陵历代建置表》、《金陵兵事本末》、《晦斋笔记》、《百无可斋近体诗》。辑有《金陵丛刊》。

(日)冈千仞(1833—1914)

字振衣、天爵,号鹿门。日本仙台藩人。明治维新后,曾任修史馆编修官,东京府书籍馆干事等职,后辞官办塾,名绥猷堂。光绪十年(1884)六月来华游历三百余日,有《观光纪游》、《观光续纪》、《观光游草》、《尊攘纪事》等。

(日)宫崎寅藏(1871—1922)

原名虎藏,初号腾空庵、白寅,后号白浪庵滔天。日本熊本县人。曾多次赴中国调研。光绪二十三年(1897)在日结识孙中山和陈少白。戊戌政变后,往香港迎康有为赴日。参与筹划惠州起义,列名中国同盟会日本委员,与黄兴、宋教仁、章炳麟等交往亦密。光绪三十二年(1906)创办《革命评论》。武昌起义后,随孙中山至南京,参加临时政府成立典礼。有《宫崎滔天全集》。

顾家相(1853—1917)

字辅卿,号勚堂、季敦,浙江会稽人。光绪二年(1876)进士,署江西东乡知县,补萍乡知县,曾镇压邓海山起事,又助成汉冶萍公司,补河南彰德知府。宣统三年(1911)春开缺,赴秦中守先人茔墓。辛亥革命后南下杭州,续修《浙江通志》。喜金石碑版,通天算、音韵。工诗文,亦能词曲。有《五余读书廛随笔》、《萍乡铁路公牍》等。

顾印愚(1855—1913)

字印伯,一字蔗孙,号所持,又号塞向翁,别署双玉堪。斋名楚雨堂。四川华阳人。光绪五年(1879)举人。屡应礼部试皆落选。入张之洞幕,历官湖北汉阳令、武昌县知县署武昌府通判。光绪二十九年(1903)任湖北乡试同考官。宣统二年(1910)与程颂万、梁鼎芬在北京相唱和,结闲山社。喜饮酒、作书。辛亥革命后穷愁潦倒,卒于北京。有《成都顾先生诗集》、《安酒意斋尺牍》。

顾肇熙(1841—1910)

字晫民,号缉庭。江苏吴县人。同治三年(1864)举人。五年(1866),纳资为工部主事。奉特简赴吉林,任分巡道。后官陕西凤邠盐法道署粮储道、台湾布政使、台湾道兼按察使衔。光绪二十一年(1895),《马关条约》签订后,渡海归,主招商局事。二十六年(1900),参与东南互保活动。晚居木渎。三十年(1904),创办小学堂,开风气之先。卒于里第。

郭嵩焘(1818—1891)

字伯琛,号筠仙,一作云仙,晚号玉池老人。湖南湘阴人。道光二十七年(1847)进士,选庶吉士,授编修。同治元年(1862),任苏松粮储道,后转任两淮盐运使。次年,代理广东巡抚。曾入曾国藩幕,官广东巡抚、兵部侍郎。光绪二年(1876)至四年(1878)任驻法、英公使。晚年辞职回籍,主讲城南书院。居养知书屋,学者称养知先生。有《养知书屋文集》、《诗集》、《使西纪程》等。

何嗣焜(1843—1901)

字眉孙,一作梅生或枚生,一字定庵。江苏武进人。诸生。光绪间历任张树声、倪文蔚、盛宣怀幕事。后任南洋公学总理,积劳病卒。有《存悔斋文稿》。

何振岱(1867—1952)

字梅生,号觉庐老人、梅叟,福建闽县人。光绪二十三年(1897)举人,曾入江西布政使沈瑜庆幕。民国后主持重修《西湖志》,参修《福建通志》。有《觉庐诗存》、《我春室文集》、《榕南梦影录》、《寿春社词钞》等。

洪述祖(1855—1919)

字荫之、荫芝,号观川、观川居士。江苏常州人。纳资为知县,旋任福建巡抚刘铭传文案,随至台湾。以渔利入狱八年,嗣任湖南巡抚俞廉三文案,复以贪污革职。曾纳资授道员得矿务局总办。民国后任北京政府内务部秘书。民国二年(1913),秉承袁世凯等人意旨刺杀宋教仁后,逃往青岛。民国六年(1917)在上海被捕。民国八年(1919)被处死。

胡思敬(1870—1922)

字漱唐,号瘦筼,晚号退庐居士、问影楼主。今江西新昌人。光绪十九年(1893)举人,次年进士,光绪二十一年(1895)补殿试选庶吉士。历官吏部主事,辽东道、广东道监察御史。张勋复辟,授都察院副都御使。有《退庐文集》、《驴背集》四卷、《丙午厘定官制刍论》、《盐乘》十六卷等。

胡先骕(1894—1968)

字步曾,号忏盦。江西新建人。哈佛大学博士,曾任北京大学、东南大学等校教授,中正大学校长,"中央研究院"评议员和院士,中华人民共和国成立后任中国科学院植物研究所研究员。中国植物学会首任会长。植物分类学家。有《胡先骕文存》、《植物分类学简编》。

黄国瑾(1849 — 1890)

字再同,号公瑕。贵州贵筑人。黄彭年子。光绪二年(1876)进士,入翰林院,官太史。曾主讲天津问津学院。性嗜学,工诗文,精考证,擅书法。撰有《训真书屋杂存》、《夏小正集解》、《殷氏说文假借释例》、《离骚草木疏纂》。

黄浚(1891—1937)

字秋岳,又作哲维。福建闽侯人。京师译学馆毕业生,留学日本。回国后在北洋政府中任职,梁启超任财长时聘为秘书。民国后任行政院机要秘书。先后任《国维报》、《社会日报》、《庸言》、《新申报》等杂志主笔。有《聆风簃诗》、《花随人圣庵摭忆》等。

黄栻材(1843—1890)

字豪伯。江西上高人。精算术、舆地之学。光绪四年(1878),四川总督丁宝桢曾派遣赴缅甸、印度等国游历。官弥勒县知县。与岑襄勤不合,乞归。会典馆开,奏调入都,居一年,乞假归省,卒于上海。有《西辖日记》、《沪游脞记》、《印度衍记》、《游历刍言》、《得一斋算学》等。

黄绍第(1855—1914)

幼名睦笙,字长生,一字叔颂、叔容、叔庸,号缦庵。浙江瑞安人。光绪十六年(1890)进士。累官编修、湖南乡试考官、江南乡试副考官。光绪二十一年(1895)列名强学会。戊戌(1898)后,历任道员、江楚编译局总纂、代理湖北提学使。光绪二十九年(1903),任宜昌川盐局总办。三十三年(1907),署湖北盐法武昌道。宣统三年(1911),武昌起义,挂冠归里。有《缦庵遗稿》。

黄绍箕(1854—1908)

幼名睦铃,字仲弢,一作仲韬,一字穆琴,号鲜庵,别号吻斋居士。浙江瑞安人。父黄体芳,从弟黄绍第。光绪六年(1880)进士。授编修。历任四川、湖北考官。列名上海强学会。二十四年(1898),授翰林院侍读学士。戊戌政变后,擢左春坊左庶子,旋充京师大学堂总办,出为湖北提学使,曾东渡日本,观学访查,采辑《中国教育史长编》。精金石碑版。有《鲜庵遗稿》、《广艺舟双楫论》、《汉书艺文志辑略》、《潞舸词》。

黄遵宪(1848—1905)

字公度,自号人境庐主人。广东嘉应人。光绪二年(1876)举人。历任驻日公使馆参赞,驻美、英、新加坡总领事。列名强学会,与汪康年创办《时务报》。后任湖南长宝盐法道、署按查使。助陈宝箴行新政,任《湘报》总办。戊戌政变后,被弹劾罢归。工诗,尤长古体,为晚清"诗界革命"的代表人物。有《人境庐诗草》、《日本国志》、《日本杂事诗》。

纪巨维(1848—1921)

字香骢,一字伯驹,号悔轩,室名"泊居",晚署泊居老人。纪昀五世孙。直隶献县人。拔贡生。任内阁中书。光绪十四年(1888),入张之洞幕,主持经心、江汉、两湖书院。博览群籍,精考据,善鉴别书画,工诗古文辞,旁及绘事。有《泊居剩稿》。

江标(1860—1899)

初名善裒,字建霞、建䫾,号师郈、师许,别署笪谂、秋景会主、灵鹣阁主。江苏元和人。光绪十五年(1889)进士。授编修。官至湖南学政。助陈宝箴办时务学堂,创《湘学报》。二十三年(1897),遭弹劾去职。戊戌变法期间,受命四品京堂,在总署章京上行走。未就任而政变起,被革职。次年卒于乡。所著《宋元本行格表》,可作版本鉴定之参考。又著有《红蕉词》、《灵鹣阁诗稿》、《黄荛圃年谱》等。辑有《灵鹣阁丛书》、《唐贤小集五十家》。

江瀚(1853—1935)

字叔海,别号石翁山民,室名慎所立斋。福建长汀人。光绪二十九年(1903)进士,官开归陈许道。先后主讲东川书院、致用书院。光绪三十年(1904)赴日本考察教育。归国后历任江苏高等学堂监督、学部总务司行走、学部参事官、女子师范学堂总理。民国后,任京师图书馆馆长、参政院参政、总统府顾问、京师大学代理校长、故宫博物院理事长。有《慎所立斋诗集》、《文集》、《孔学发微》等,曾辑刊为《长汀江先生著书五种》。

景澧(1853—?)

字东甫,满洲镶白旗人。曾任刑部右侍郎、吏部左侍郎、户部左侍郎。光绪三十二年(1906)改镶蓝旗汉军都统,迁广州将军。三十四年(1908)改内务府大臣。卒谥诚慎。

康有为(1858—1927)

原名祖诒。字广厦,号长素、更生、天游居士。广东南海人。世称“康南海”或“南海先生”。光绪十四年(1888)赴京应试,上书光绪帝,希求变法图存,受阻未上达。光绪十七年(1891)后在广州设立万木草堂,收徒讲学。二十一年(1895),主持公车上书,同年中进士。创办《中外纪闻》,组织强学会。二十四年(1898),授总理衙门章京。维新失败,流亡日本,组织保皇会。

辛亥后归国,策划复辟。有《新学伪经考》、《孔子改制考》、《日本变政考》、《欧洲十一国游记》、《大同书》、《万木草堂诗草》等。

柯逢时(1845—1912)

一名益敏,字懋修,号钦臣、逊庵、巽庵,别号息园。湖北武昌人。光绪九年(1883)进士,选庶吉士,三年散馆,授翰林院编修。光绪二十二年(1896)代理江宁府知府。二十五(1899)年放任云南迤南道,旋署理江南江安粮道。光绪二十六年(1900)任两淮盐运使,旋调江西按察使。后历任湖南、江西布政使和广西、贵州巡抚等职。三十一年(1904)任户部右侍郎,兼土药统税大臣。武昌起义前,授浙江巡抚,未赴任。喜藏书。曾校刻医书,刻印《武昌医学馆丛书》,并主修《武昌县志》。

柯劭忞(1850—1933)

字凤孙,一作凤荪、凤笙,号蓼园。山东胶州人。光绪十二年(1886)进士。授编修。历官翰林院侍读、国子监司业、湖南学政、贵州提学使、京师大学堂总监督。民国三年(1914),任清史馆代馆长、总纂。后任东方文化事业委员会委员长、故宫博物馆理事等职。有《春秋谷梁传补注》、《新元史》、《蓼园诗抄》。

蒯光典(1857—1910)

字礼卿,一作理卿,号季述,室名金粟斋,又号金粟道人。安徽合肥人。光绪九年(1883)进士。授检讨,典贵州乡试。二十年(1894),甲午中日战争起,发愤上书不达,遂乞假归。受张之洞及刘坤一聘,先后主讲江宁、两湖书院。二十四年(1898),以道员发往江苏,倡议建江宁高等学堂。三十二年(1906),授淮扬海道,加按察使衔。三十四年(1908),奉旨出任欧洲中国留学生监督。岁余,谢职归,诏以四品京堂候补,充京师督学局长。宣统二年(1910),赴南洋提调劝业会,未几,卒于江宁。有《金粟斋遗集》八卷、《文字蒙求广义》四卷。

赖鹤年(1843—1899)

字芸籽,一作云芝。清光绪元年(1875)中举人,十八年(1892)进士,后授翰林院编修;二十一年(1895)任按察使衔分巡台湾兵备道。历任四川洋务总局会办、川东兵备道、四川布政使兼重庆关监督。工诗,善书。有《双节堂文集》、《历代文宝》。

李宝嘉(1867—1906)

字伯元,又名宝凯,号南亭亭长。笔名有游戏主人、讴歌变俗人、二春居士等。江苏武进人。少擅制艺、诗赋,屡举不第。光绪二十二年(1896)到沪办《指南报》,尝被荐应经济特科,不赴。光绪二十九年(1903),应商务印书馆之聘,主编《绣像小说》半月刊。有《庚子国变弹词》、《海天鸿雪记》、《官场现形记》、《文明小史》、《活地狱》等。

李慈铭(1829—1894)

原名模,字式侯,一字法长。更名后,字莼伯,号莼客,又号霞川,晚署越缦老人、花隐生等。浙江会稽人。同治九年(1870)中举。光绪六年(1880)进士,补户部江南司资郎。十六年(1890)补山西监察道御史,转掌山西道,巡视北城督理街道。学识渊博,性狂傲。有《越缦堂诗文集》、《越缦堂日记》、《霞川花隐词》、《越缦堂读史札记》等。

李鸿藻(1820—1897)

字兰孙,一作兰荪,号石孙、砚斋。直隶高阳人。咸丰二年(1852)进士,选庶吉士,授编修。同治三年(1864)擢内阁学士,为同治帝师,署户部左侍郎。后任都察院左都御史、军机大臣,参与策划镇压捻军。曾任工部尚书,上疏反对修圆明园。光绪二年(1876),兼总理各国事务衙门大臣。历任兵部尚书、协办大学士、户部尚书、礼部尚书。光绪二十年(1894)中日战争爆发,奉命商办军务,复为军机大臣。次年任总理各国事务衙门大臣、礼部尚书。二十二年(1896)为吏部尚书。中法、中日战争中极力主战,以清流议政,名重一时。

李鸿章(1823—1901)

字少荃,号仪叟。安徽合肥人。与曾国藩、张之洞、左宗棠并称"中兴四大名臣"。道光二十七年（1847）进士。拜曾国藩为师，讲求经世之学。咸丰三年（1853），从侍郎吕贤基办团练，与太平军作战，累功擢道员。同治元年（1862），编练淮军。光绪元年（1875），上奏清廷，主张放弃新疆，移西饷以助海防。十年（1884），中法战争爆发，力主与法国妥协，又命各军严守北洋海防。十一年（1885），任海军衙门会办大臣。十四年（1888），北洋海军成军。十七年（1891），镇压热河反洋教起义。二十年（1894），"甲午战争"爆发。李鸿章指挥的北洋陆军遭惨败，海军覆没，被革职。二十一年（1895），赴日本订《马关条约》。二十二年（1896），出使欧美，订《中俄密约》。任总署大臣。二十五年（1899），任两广总督。二十六年（1900），庚子事变，调直隶总督、议和全权大臣。二十七年（1901），签订《辛丑条约》。九月二十七日卒。谥文忠。著有《李文忠公全集》。

李桓（1827—1891）

字叔虎，号黼堂。湖南湘阴人。廪生。咸丰五年（1855）以道员拣发江西，署广饶九南兵备道。后历任按察使、督粮道、布政使。同治元年（1862）任江西布政使兼署巡抚。次年调任陕西布政使。晚年专心著述，有《宝韦斋类稿》、《三山归棹小景诗》等，辑有《国朝耆献类征》、《国朝贤媛类征》。

（美）李佳白 Gilbert Reid（1857—1927）

字启东，美国传教士。生于纽约。光绪八年（1882），受美国长老会派遣来华，在山东传教。后返美。二十年（1894），中日战事起，复至北京。二十一年（1895），加入强学会。二十三年（1897），在北京创尚贤堂（International Institute of China）。二十六年（1900），义和团兴起，尚贤堂被毁，遂迁至上海。二十九年（1903），重建尚贤堂于上海。宣统三年（1911），创刊《尚贤堂纪事》。次年受聘为孔教会高等顾问。攻击革命运动，支持袁世凯称帝。民国十年（1921），在北京恢复尚贤堂。民国十一年（1922）创办《国际公报》。著有《中国排外骚乱的根源》等。

李经畬（1858—1935）

字伯雄，号新吾，别号谪洲。安徽合肥人。李瀚章长子。光绪八年

（1882）江南乡试举人,光绪十六年（1890）进士,选庶吉士,职编修,历任翰林院撰文、侍讲、实录观提调、兵部武选司员外郎。

李盛铎（1858—1937）

字椒微,号木斋。江西德化人。光绪十五年（1889）进士。光绪二十四年（1898）与康有为在北京倡设保国会,旋受荣禄之诫,乃除名不与会,并上奏劾会,又参与荣禄等策划政变。十月被清廷赏三品衔以四品京堂候补任出使日本大臣。二十七年（1901）任满回国,任顺天府丞。三十一年（1905）奉派出洋考察宪政,留任驻比利时公使,宣统元年（1909）卸任归国,授山西按察使。辛亥山西新军响应武昌起义,佯为附从,任山西军政府办事员,暗中为清军内应。清军复占太原后,被清廷擢为山西布政使兼署巡抚。民国成立后被袁世凯任为总统府顾问、约法会议议员、参政院参政。富藏书,有《木犀轩藏书目》。

（英）李提摩太（1845—1919）

字菩岳。英国基督教传教士。威尔士人。同治九年（1870）受英国浸礼布道会派遣来华。先后在山东、山西等地传教,光绪十六年（1890）受聘赴天津任《时报》主笔,次年至上海,任同文书会（后更名广学会）总干事。光绪二十一年（1895）加入强学会。曾办山西大学堂,任西学书斋总理。著译有《泰西新史揽要》、《留华四十五年记》等。

李文泰（1840—1913）

字叔宽,号小岩。广东吴川县人。同治九年（1870）乡试中举,次年会试不第,遂淡泊仕途,致力于授馆课童。后在广州书院执教,奖掖后学。著有《海山书屋诗草》、《海山诗屋诗话》、《意园集》等。

李文田（1834—1895）

字仲约,号若农,一作芍农、药农,别号畲光、双溪醉隐、一痴道人。广东顺德人。咸丰九年（1859）进士。授编修。官至礼部侍郎。同治九年（1870）提督江西学政,累迁侍读学士。光绪八年（1882）迁礼部侍郎充经筵讲官。谥文诚。长于史地之学。著有《元秘史注》、《元史地名考》、《和林金石录》、《朔方备乘札记》、《双溪醉隐集笺》、《和林金石录》、《和林金石考》、《和林诗》，与沈曾植合撰《元圣武亲征录校注》。

李翊煌（1850—1917）

字博孙。江西临川人。光绪十二年（1886）进士，用主事分工部，充会典馆万寿庆典处诸役，累劳保知府，指发河南，督怀庆清化镇官磺局，保三品衔，历领瓷业、总务、厘税，保以道员用。宣统二年署河南光州直隶州。民国后弃官还里，复以贫走寓上海。

李有棻（1841—1906）

字芴垣。江西萍乡人。同治十二年（1873）拔贡，翌年入京为内阁中书，充任玉牒馆誊录。官至江宁布政使，护理两江总督、广东高廉钦州兵备道道员。黜官归里后，主持南浔铁路修筑事。著有《卧云草堂文存》、《养闲轩诗钞》，另有《桑麻水利族学》四卷。

梁鼎芬（1858—1919）

字星海，又字心海、伯烈，号节庵。别号不回山民、孤庵、病翁、浪游词客、葵霜、藏山、藏叟等，斋号有耻堂、栖凤楼、食鱼斋、精卫庵、寒松馆等。广东番禺人。光绪六年（1880）进士。授编修。疏劾李鸿章，降五级调用。历主丰湖、端溪书院，广雅书局，钟山书院。官湖北武昌府知府、湖北按察使兼署理布政使、广东宣抚使。民国后，参与复辟。谥文忠。有《节庵先生遗诗》及续编。

梁启超（1873—1929）

字卓如，一字任甫，号任公，又号饮冰室主人、饮冰子、哀时客、中国之新民、自由斋主人。广东新会人。光绪十三年（1887）入广州学海堂读书。光绪十五年（1889）举人。师从康有为。光绪二十一年（1895），随康发动公车上书。同年8月，主办《万国公报》。列名强学会。任上海《时务报》主笔、长沙时务学堂总教习。戊戌政变后，流亡日本，创办《新民业报》。民国后，历任司法总长、财政总长、清华国学研究院导师。与蔡锷组织讨袁。有《饮冰室合集》。

林国赓(? 一?)

字扬伯。室名䩄录庵。广东番禺人。同治十一年(1872)选广州学海堂专课肄业生。光绪十一年(1885)贡生,任八旗官学教习。十二年(1886)补学海堂学长。十四年(1888)举人。二十六年(1900)应总督张之洞聘为广州广雅书院史学分校。张之洞移督两湘,任两湖书院分教。光绪十八年(1892)进士,选翰林院庶吉士,官吏部主事。丁父忧,不复仕。光绪二十一年(1895)主讲肇庆端溪书院。有《读陶集札记》、《元史地理今释》、《近鉴斋经说》、《读顾氏日知录札记》等。

林国赞(1850—1889)

字明仲。林国赓弟。广东番禺人。光绪元年(1875)选广州学海堂专课肄业生。光绪十一年(1885)举人。十四年(1888)六月补学海堂学长。十五年(1889)进士。有《三国志裴注述》、《三国疆域志补正》、《国臆说》等。

刘孚京(1855—1898)

字镐仲。江西南丰人。光绪十二年(1886)进士,任刑部主事曾出任广东河源、饶平知县。有《绣岩诗存》、《求放心斋集》。

刘可毅(1855—1900)

原名毓麟,字葆真,一作宝真。江苏武进人。光绪十八年(1892)进士,改翰林院庶吉士。光绪二十年(1894)四月,散馆,授翰林院编修。同年,清廷开办京师大学堂,聘为教席。庚子年(1900)义和团起,送家眷南归,返途中遇害,骸骨无觅。有《刘葆真太史遗集》。

刘坤一(1830—1902)

字岘庄。湖南新宁人。咸丰五年(1855)率楚勇在籍对抗太平军。次年投入刘长佑所部湘军。此后与太平军转战江西、湖南、广西等地。历任广西布政使、江西巡抚、两广总督、两江总督兼通商大臣。列名强学会。庚子年

（1900），与张之洞倡东南互保。次年又与张之洞连上三疏，请求变法，提出育才兴学，整顿朝政，兼采西学，多为清廷采纳。有《刘坤一遗集》。

刘麒祥（？—1897）

字康侯。湖南湘乡人。陕西巡抚刘蓉子。光绪十年（1884），随会办南洋事宜钦差大臣陈宝琛到沪，同法国公使谈判中国撤军越南与向法国赔款事宜。光绪十六年（1890），任江南制造局总办。光绪二十年（1894），署理苏松太道。次年六月离任。光绪二十二年（1896）十月，任苏松太道。

刘世安（1852—?）

字静皆，号淑民。汉军镶黄旗人。光绪十五年（1889）探花。十七年（1891），出任陕西乡试主考官。十九年（1893），出任顺天乡试同考官。二十年（1894），任甘肃学政。父刘绍基，为广州驻防八旗将领，官至将军。

刘世珩（1875—1926）

小名奎元，字聚卿，号葱石，又号苍石、一琴、枕雷道人、枕雷道士、季芝、砚庐、楚园、檵庵等。安徽贵池人。光绪二十年（1894）举人。官江苏候补道，历任江宁商会总理、湖北造纸厂总办、天津造纸厂监督、直隶财政监理官等。富收藏。喜文学，尤工词曲。刊书甚夥，有《玉海堂景宋丛书》五十二种、《宜春堂景宋元巾箱本丛书》八种、《聚学轩丛书》六十种、《贵池先哲遗书》三十一种、《暖红室传奇汇刻》五十一种及《李翰林诗集》等。

刘岳云（1849—1917）

字佛青、佛卿。江苏宝应人。光绪十二年（1886）进士。历官户部主事、员外郎、郎中、绍兴府知府。民国后，退隐不出。有《礼经通释》、《测圆海镜通释》、《矿政辑要》等。

卢洪昶（1855—1937）

字鸿沧，一作鸿唱。浙江鄞县人。十四岁至杭州进纺织厂，后转上海，供职于轮船，任轮船副理。清光绪二十年（1894）中日甲午战争时，所在船征为运输军备。后应盛宣怀邀请,参与汉阳铁厂等经营管理,提出在萍乡自炼焦炭之议。后主清政府船政,并在宁波等地兴办教育。先后任汉口交通银行经理、汉口总商会首届总理,第二、四届议董,第七、八届特别会董。

陆继辉(1839—1905)

字蔚廷。江苏太仓人。同治十年(1871)年进士,改庶吉士,授编修、直史馆。光绪二年(1876),历典试湖北、江西两省乡试。光绪二十年(1894)授陕西汉中知府,未赴。好金石,工绘事。有《金石萃编补正续编》、《龙门造像释文》。

陆树藩(1868—1926)

字纯伯,号毅轩。浙江归安人。陆心源子。光绪十五年(1889)恩科举人,因其父捐守先阁图书,特赏二品衔,赏戴花翎,任内阁中书本衙门撰文等职。光绪二十八年(1902)分发为江苏补用道,先后任驻江苏商议员、总办江苏商务局等。因救济善会而负下巨额债务和经营湖丝亏本,将皕宋楼藏书悉数售与东瀛。有《救济日记》、《吴兴词存》、《皕宋楼藏书三志》、《穰梨馆过眼三录》、《忠爱堂文集》等。

罗正钧(1855—1919)

字顺循,号劬庵。湖南湘潭人。光绪十一年(1885)举人,历官抚宁、定兴、清苑知县,天津、保宁知府,山东提学使、湖南学务处提调。主持创立并筹办山东省立图书馆并附设金石保存所。光绪二十八年(1902)受湘抚俞廉三委派,赴日本考察学务。民国后屏居不出,潜心著述。工书法。有《劬庵文稿》、《劬庵官书拾存》、《船山师友记》、《左文襄公年谱》、《王壮武公年谱》、《辛亥殉节录》等。

麦孟华(1875—1915)

字孺博,一作汝博,号蜕庵。别名句吴氏、先忧子、伤心人、聋僧人、佩弦子、佩弦生、曼倩、瑞博。广东顺德人。康有为弟子和女婿。光绪十九年(1893)举人。光绪二十一年(1895)参与公车上书,列名保国会。戊戌变法失败后,流亡日本,在横滨协助梁启超创办《清议报》。三十三年(1907)秋,梁启超、蒋智由等在东京组织立宪派团体政闻社,被推举为常务委员。有《蜕庵诗》。

茅谦(1848—1917)

原名为茅戊年,字子贞,号肺山。江苏丹徒人。茅以升祖父。光绪二十年(1894)举人。选授高淳县学任训导。入湖南学使张燮钧幕,游历湖南、安徽等地,其后赴南京主持师范学校。创办《南洋官报》,并担任主笔。有《水利刍议》、《肺山文存》、《肺山诗存》等。

冒广生(1873—1959)

字鹤亭,又字鹤汀,号鸥隐、疢翁,别署疢斋、小三吾亭长。江苏如皋人。冒襄后人。光绪二十年(1894)举人。历任刑部郎中、农工商部郎中、东陵工程处监修官,后以京察一等记名以道府用。民国初任农商部全国经济调查会会长。旋任温州瓯海关监督。有《小三吾亭诗》、《小三吾亭词话》、《小三吾亭笔记》、《四声钩陈》、《蒙古源流年表》等。

缪荃孙(1844—1919)

字炎之,一字筱珊,晚号艺风老人。江苏江阴人。光绪二年(1876)进士。授编修。历官国史馆纂修、总纂、提调,历主南菁、泺源、钟山等书院讲席,创办江南图书馆、京师图书馆。富收藏,擅版本,长于金石目录之学。早年曾协助张之洞撰成《书目答问》。民国三年(1914),任清史馆总纂。参与编纂《顺天府志》、《江苏通志》等。晚年寓沪。生平著作丰富,有《艺风堂文集》、《艺风堂藏书记》、《艺风堂金石文字目》、《辽文存》、《续碑传集》等;所辑刻的巨编甚多,有《云自在龛丛书》、《藕香零拾》、《对雨楼丛书》等。

缪佑孙(1851—1894)

字孚民,一字櫐岑、柚岑。江苏江阴人。缪荃孙从弟。光绪十一年(1885)举人。光绪十二年(1886)进士。官户部郎中、总理衙门章京。曾派赴俄国考察。有《汉书引经考证》、《俄游汇编》、《柚岑诗抄》。

（日）内藤虎次郎（1866—1934）

字炳卿，号湖南。日本秋田县人。毕业于秋田师范专科学院，先任小学教员，后为《明教新志》主编及《日本人》、《朝日新闻》、《台湾日报》、《万朝日报》记者。曾任《台湾日报》主编。光绪二十五年（1899）后多次来华，著《燕山楚水》。京都帝国大学东洋史教授。有《内藤湖南全集》。

倪文蔚（1823—1890）

字茂甫，号豹岑。安徽望江人。清道光十九年（1839）秀才，补廪膳生。咸丰二年（1852）进士。光绪八年（1882）以广西布政使授广西巡抚。次年调广东巡抚。光绪十三年（1887）任河南巡抚，后兼东河道总督。有《禹贡说》、《两疆勉斋诗文集》、《荆州万城堤志》、《黄河全图》等。

欧阳述（1869—1910）

字伯缵，号笠侪，一作立斋。江西彭泽县人。光绪二十年（1894）举人。捐内阁中书。光绪二十四年（1898）出使日本，任参赞兼署神户领事、横滨总领事，又充任参赞官。归国后捐安徽知府，奏保二品顶戴，任安徽总办巡警。改任江苏候补道。后任江西优级师范学堂监督四年。有《浩山集》。

区湛森（1854—1902）

字翅亨，号鹏霄。广东南海人。清光绪三年（1877）进士，钦点内阁中书，后再升为侍读，玉牒馆议叙，赐三品衔。

潘衍桐（1841—1899）

原名汝桐，字孳廷，一字孝则，号峄琴。广东南海人。同治七年（1868）进士，官至侍讲学士。光绪间，督浙江学政。光绪二十三年（1897）在广州创办《岭学报》并任主编。有《缉雅堂诗话》、《两浙輶轩录》、《尔雅正郭》、《朱子论语集注训诂考》、《拙余堂诗文集》。

潘祖荫（1830—1890）

字伯寅，小字东镛，号郑盦。江苏吴县人。潘世恩孙。咸丰二年（1852）

探花。授编修。累官侍读学士、大理寺卿、工部尚书、刑部尚书、国史馆总裁、军机大臣、兵部尚书,加太子太保衔。以疾卒于任。谥文勤。富藏善本书,好诗词书法,尤留心金石文字,曾辑《海东金石录》。有《攀古楼彝器款识》、《西陵日记》、《秦輶日记》、《沈阳纪程》、《潘文勤公奏议》、《滂喜斋藏书记》等。

庞元济(1864—1949)

字莱臣,号虚斋。浙江吴兴人。清光绪六年(1880)补博士弟子,援例为刑部江西司郎中。因助赈,特赐举人,加四品京堂。近代实业家。平生好字画碑帖,收藏书画极富。有《虚斋名画录》。

皮锡瑞(1850—1908)

字鹿门,一字麓云,湖南善化人。同治十二年(1873)拔贡,光绪八年(1882)举人。三应礼部试,皆报罢,遂潜心讲学著书。光绪十六年(1890)主桂阳州龙潭书院讲席。旋应江西学使龙湛霖之招游南昌。十八年(1892)移主南昌经训书院。甲午战后,马关订约,深忧时局,极言变法之不可缓。二十四年(1898)正月,湖南设南学会,留其居湘,延任学长。因守旧派肆意诋毁,四月仍赴江西主经训书院讲席。及政变作,遭弹劾,革去举人,三年后始开复。光绪二十八(1902)年,被聘创办湖南善化小学堂,留湖南讲学,任长沙府中学堂讲席等。有《师伏堂日记》、《师伏堂诗草》、《经学通论》、《今文尚书考证》等。

濮子潼(1848—1909)

字止潜,号紫泉,一作梓泉、紫铨,又号霞孙。浙江钱塘人。同治九年(1870),乡试中举。光绪三年(1877)二甲进士。改庶吉士。任职于军机处。二十七年(1901),授荆宜施道。二十九年(1903),升安徽按察使。三十一年(1905),迁江苏布政使。三十二年(1906),护理江苏巡抚。

钱徵(1833—?)

字昕伯,别署雾里看花客、尊闻阁主。浙江吴兴人。娶王韬之女。任

《申报》总主笔,曾赴香港考察报业。后任《申报》总编纂。曾主编中国最早的画报《寰瀛画报》。

乔树枏(1849 — 1917)

字茂萱,一字孟仙,晚号损庵。四川华阳人。光绪二年(1876)举人。以拔贡、举人为刑部主事,后转任吏部主事。光绪二十一年(1895)列名上海强学会。光绪三十二年(1906),以御史授学部左丞。

(日)山根立庵(1861—1911)

名虎之助、虎臣,字炳侯,号立庵、晴猎雨读居士。长门国荻市人。光绪二十四年(1898)来中国。主办《亚东时报》,既是主笔又兼发行;曾在《北支那每日新闻》、《顺天时报》等报刊担任主笔。有《立庵诗钞》、《立庵遗稿》。

沈锡晋(1836—1892)

字季蕃,一作继帆,号笔香。广东番禺人。沈宗畸父。同治十二年(1873)中举人,十三年(1874)进士。光绪二年(1876)散馆,以主事签分吏部,寻升员外郎,擢郎中。历掌文选、考功、稽勋、验封四司印。十七年(1891)京察一等,奉旨以道府用,旋任户部坐粮厅盐督,后以道员在任候补,并加二品衔。后授江苏扬州府知府。

沈瑜庆(1858—1918)

字志雨,号爱苍、涛园。福建侯官人。沈葆桢子。清光绪十一年(1885)举人,签分刑部广西司行走,后任江南水师学总办。光绪十八年(1892),委办宜昌加抽川盐厘局。张之洞移督两江,请为督署总文案兼总筹防局营务处。光绪二十五年(1899),主办上海吴淞清丈工程局。光绪二十七年(1901)秋,任淮阳兵备道。旋代理漕运总督,兼淮安关监督,升任湖南按察使,改顺天府尹。光绪三十一年(1905),调山西按察使、江西布政使、代江西巡抚。光绪三十四年(1908)八月,回任布政使,遭弹劾革职。宣统元年(1909)起,任云南布政使,调河南布政使,未上任,升贵州巡抚。民国成立后,避居上海。有《涛园集》。

沈泽棠(1846—1931)

字莅邻,又字芷邻,号忏庵。广东番禺人。沈世良子。同治十二年(1873)举人,官候选知县。诗人、书法家。有《忏庵词钞》、《忏庵词话》。

沈曾桐(1853—1921)

字子封,号同叔、𡏎宦,别号广严老人。浙江嘉兴人。沈曾植弟。光绪十二年(1886)进士。曾入李鸿章幕。二十一年(1895)发起北京强学会,任副董。后主管强学书局报务。二十八年(1902),任湖北乡试副考官。三十四年(1908),署广东提学使。宣统三年(1911),改云南提法使,未之任。有《芝峰诗草》。

沈兆祉(？—?)

字小沂。江西南昌人。光绪二十三年(1897)举人。江西阅经书院学生,先后师从欧阳中鹄、皮锡瑞。曾佐张百熙创办京师大学堂,任文案处总办兼司奏章事宜、上海译书分局总办内阁中书。列名保国会。光绪二十九年(1903)赴日考察。入民国后,依附袁世凯,为总统府内史,后任江西官矿督办。

盛宣怀(1844—1916)

字杏荪,又字幼勖、荇生、杏生,号次沂、补楼,又号愚斋、止叟。江苏武进人。秀才。同治九年(1870)入李鸿章幕,助李举办洋务。曾任轮船招商局督办、中国电报局总办、华盛编织总厂督办等职。光绪二十二年(1896)经张之洞、王文韶奏准,被任命为全国铁路督办,并承办湖北铁政局。次年创设中国通商银行。旋又开办萍乡煤矿,任汉冶萍公司总理。在执掌邮传部期间,激起保路风潮,遂被革职。辛亥革命后逃亡日本。返国后,继续出任招商局副董事长、汉冶萍公司董事会长。有《愚斋存稿》、《常州先哲遗书》、《经世文续集》等。

盛昱(1850—1899)

字伯希、伯熙、伯蕴,号韵莳、意园。宗室。满洲镶白旗人。光绪二年

（1876）进士,选庶吉士,散馆授翰林院编修,官至国子监祭酒。光绪十四年
（1888）典试山东,十五年（1889）引疾归。潜心金石之学,精于鉴赏。编有
《八旗文经》、《蒙古世系谱》,著有《意园文略》、《郁华阁遗集》、《雪屐寻碑
录》等。

师中吉（1857—1900）

又名师襄、师马炳,字鉴吾。湖南浏阳人。曾随谭继洵仕清,以军功保
都司。与谭嗣同相契厚,遂弃官相从,历游陕、甘、江、浙、湘、鄂等地。戊戌
变法失败后,加入自立会,参与唐才常光绪二十六年（1900）武汉起义。失败
后走上海,被捕就义。

石德芬（1852—1920）

原名炳枢,字星巢,号惺庵。广东番禺人。早岁师事陈澧。同治十二年
（1873）举人,九赴会试皆不第,遂开馆授徒。光绪二十八年（1902）,授广西
思恩知府,又移知镇安府。后入驻藏大臣兼川滇边务大臣赵尔丰幕,补川边
道。家以经营盐业致富,嗜藏书,家有“石室”“徂徕山馆”等藏书室。有《惺
庵诗词》。

释敬安（1851—1912）

俗姓黄,字寄禅,号八指头陀。湖南湘潭人。年十八出家湘阴法华寺。
遍访江浙名宿,后住持湘中诸寺及天童寺。民国后创立中华佛教总会并任
会长。圆寂于北京法源寺,起塔于天童寺前青凤岗冷香塔苑。长于诗。有
《八指头陀诗集》、《八指头陀诗续集》、《文集》等行世,今人辑有《八指头陀
诗文集》。

宋育仁（1857—1931）

字芸子,一字云岩、讲易,号道复,别号夷逸客、问琴阁主。四川富顺人。
光绪十二年（1886）进士。历官翰林院检讨、广西乡试考官、驻英法意比四国
使馆参赞。二十一年（1895）,参加强学会。后回四川发起蜀学会,创办《渝
报》、《蜀报》,掌成都尊经书院。戊戌政变后被革职。辛亥后任国史馆纂

修。民国五年(1916)任成都国学院院长兼四川通志总纂。中国早期资产阶级改良主义思想家。有《时务论》、《泰西各国采风记》、《周官图谱》等。

孙家鼐(1827—1909)

字燮臣,号蛰生、容卿、澹静老人。安徽寿州人。咸丰九年(1859)状元,授编修。累迁内阁学士。同治三年(1864),任湖北学政,后屡充考试阅卷大臣。历任工、礼、吏、户部尚书。庚子事变后,历任体仁阁、东阁、文渊阁大学士。光绪三十四年(1908)晋武英殿大学士,并充资政院总裁、政务大臣。与翁同龢同为帝师。列名强学会。掌管书局,主办京师大学堂。谥文正。后人辑有《太傅孙文正公手书遗折稿》。

孙廷翰(1861—1918)

谱名起焕,更名廷翰,字运章,一字文棻,号文卿,又号问清。浙江诸暨人。世居上海。光绪十五年(1889)进士,授翰林院检讨。曾担任国史馆纂修、文渊阁校理。嗜好古书、古画。

孙雄(1866—1935)

原名同康,字师郑,号郑斋,晚号铸翁、味辛老人、诗史阁主人。江苏昭文人。光绪甲午(1894)进士,官吏部主事、京师大学堂文科监督。民国后隐于北京。工诗文,精考据。有《师郑堂集》、《郑学斋文存》、《诗史阁壬癸诗存》、《旧京诗存》、《旧京文存》、《诗史阁丛刊》、《眉韵楼诗话》等行世。编有《道咸同光四朝诗史》。

孙诒让(1848—1908)

字仲容,一作仲颂,号籀廎居士,别署荀羕。浙江瑞安人。清同治六年(1867)举人,官刑部主事。淡于荣利,告归家居,从事著述。光绪中,以经济科特征,不赴;礼部奏征为礼学馆总纂,亦不赴。有《墨子闲诂》、《古籀拾遗》、《古籀余论》、《周书斠补》、《大戴礼记斠补》、《九旗古谊述》及《籀廎述林》等。

谭嗣同（1865—1898）

字复生，号壮飞，别署华相众生。湖南浏阳人。湖北巡抚谭继洵之子。光绪十年（1884）入新疆巡抚刘锦棠幕。鄙弃科举，喜好新学，曾佐陈宝箴湖南新政。光绪二十四年（1898）以徐致靖荐入京充军机章京，戊戌八月罹难。有《仁学》《莽苍苍斋诗》《寥天一阁文》《远遗堂集外文》等，今人辑有《谭嗣同全集》。

谭延闿（1880—1930）

字祖安，一作组庵、组安、祖庵，号无畏，别号慈卫、非庵、切斋。湖南茶陵人。光绪三十年（1904）进士，授编修，光绪三十三年（1907）组织湖南宪政公会。宣统元年（1909）任湖南咨议局议长。民国后，任湖南都督兼省长、民国政府主席、行政院院长、民政部部长等职。长于书，善颜体。喜吟咏，有《慈卫室诗草》《切庵诗稿》《非翁诗稿》等。

唐才常（1867—1900）

字黻丞、伯平，改字佛尘，一作笏臣，号游游子，又号洴澼子。湖南浏阳人。早年肄业于长沙岳麓书院。光绪二十年（1894）入两湖书院肄业。湖南维新重要人物，参与创办时务学堂、《南学会》《湘学报》《湘报》等。戊戌政变后，创立自立会，又建自立军。光绪二十六年（1900）七月在上海张园召开中国国会，自任总干事，宣称拥戴光绪帝当政。八月由沪到汉设秘密机关，拟发动"勤王讨贼"起义。八月九日起事，三天后失败。二十二日就义于武昌紫阳湖畔。今人辑有《唐才常集》。

陶福祥（1834—1896）

字春海，号爱庐。广东番禺人。陈澧弟子。同治十一年（1872）选广州学海堂专课肄业生。光绪二年（1876）举人，光绪五年（1879）七月补学海堂学长。光绪十三年（1887）主讲广州禺山书院。张之洞督粤，设广雅书局，刊行书籍，聘之为总校。张移督两湖，设两湖书院，聘之为书院商订规程，评校课卷，教士以"博观约取"为主。学海堂学长、禺山书院院长。富藏书，所藏珍秘本必钤"爱庐"印章。有《爱庐经学丛钞》《爱庐文集》。

陶邵学（1864—1908）

字子政,一字希源,号颐巢。广东番禺人,祖籍浙江山阴。光绪十五年（1889）举人,光绪二十年（1894）进士,授内阁中书,旋辞归,主讲肇庆端溪书院、星岩书院。光绪二十九年（1903）,改星岩书院为肇庆中学堂,任监督。卒于肇庆。工书法,通音律。有《颐巢类稿》、《琴律》、《补后汉书食货刑法志》、《续汉书刊误》等。

（日）田边碧堂（1863—1931）

名华,字秋谷,号碧堂,别号红稻道人。备中玉岛人。曾从森春涛、森槐南父子学。两度当选众议员,曾游历中国。后经营日清汽船会社,晚年担任教职,曾任大东文化学院教授、大东美术振兴会顾问。有《碧堂绝句》、《凌沧集》、《衣云集》等。

铁龄（1851—1891）

字希梅,一作西湄,号铁庵。瓜尔佳氏。满洲正黄旗人。清同治十二年（1873）举人,官户部员外郎,袭轻车都尉。有《柬园诗存》。

屠寄（1856—1921）

初名庚,字敬山,一作敬三、静山、竟山,号结一宧主人。江苏武进人。光绪十八年（1892）进士。改庶吉士。任京师大学堂教习、常州府中学堂校长。曾入两广总督张之洞幕,任广东舆图局总纂,修《广东舆地图》,并与缪荃孙在广雅书局整理《宋会要》稿本。民国后,任武进县民政长、国史馆总纂。有《蒙兀儿史记》、《黑龙江舆地图说》、《京师大学堂中国史讲义》、《成吉思汗陵寝商榷书》、《常州骈体文录》、《元秘史地理今释》等。

涂景涛（？—？）

字稚衡,一作稚蘅。湖南长沙人。光绪元年（1875）举人,官桓仁县知县,二十四年（1898）任奉天府尹衙署金州厅海防同知。有《春华山人诗录》、《卧知斋骈体文初稿》。

汪大燮 (1859—1929)

字伯唐,一作伯棠。浙江钱塘人。光绪十五年(1889)举人。历官内阁中书、翰林院侍读、户部郎中、总理衙门章京。经张荫桓保荐先后任外务部员外郎、右丞等职。三十一年(1905),任驻英公使。三十三年(1907),任考察宪政大臣。宣统二年(1910),任驻日公使。辛亥革命后,奉调回国。民国后,官至代理国务总理。编有《分类编辑不平等条约》。

汪康年 (1860—1911)

原名灏年,字梁卿,后改康年,字穰卿,号毅伯、醒醉生,一号直之,晚号恢伯。浙江钱塘人。光绪十四年(1888)优贡生,十五年(1889)举人,十八年(1892)贡士,二十年(1894)进士。参加上海强学会。与黄遵宪、夏曾佑办《时务报》。后办《时务日报》、《中外日报》、《京报》、《刍言报》。有《汪穰卿遗著》,辑有《振绮堂丛书》。

汪鸣銮 (1839—1907)

字柳门,号郋亭,一作郇亭。浙江钱塘人,原籍安徽休宁。同治四年(1865)进士。历任乡试、会试考官,江西、山东、陕甘、广东学政,吏部侍郎。光绪二十一年(1895),《马关条约》签订,力陈不可,被革职,永不叙用。既罢归,主讲杭州诂经精舍、敷文书院。有《能自强斋文稿》、《寒松阁谈艺录》、《清画家诗史》。

汪瑔 (1828—1891)

字芙生,一字玉泉,号毂庵、无闻子。原籍浙江山阴。国子监生。少随父游广东,佐府县为幕客,后遂占籍番禺。光绪初,刘坤一为两广总督,延主洋务,居幕府凡十年,主办外事交涉。后任总督曾国荃等皆得其赞助,国荃服其伟才。平生淡于仕宦,吟咏著作终老。有《随山馆稿》等。

汪曾武 (1871—1956)

字威子、仲虎、蛰云,号师麟、君刚、趣园、鹈鲛。斋名云在山房。江苏太仓人。文廷式表弟。光绪甲午(1894)举人,曾参与康有为发起的公车上书活动,嗣后官巡警部主事、民政部员外郎。民国后任平政院第一庭书记官。中华人民共和国成立后,被聘为中央文史研究馆馆员。有《趣园味莼词》、《外家纪闻》、《劫余私志》、《述德小识》、《平阳杂识》等。

汪兆镛(1861—1939)

字伯序,号憬吾,晚号清溪渔隐。浙江山阴人,生于广东番禺。少随叔父学于随山馆。清光绪十年(1884)选学海堂专课肄业。次年举优贡生,以知县用。光绪十五年(1889)举人。岑春煊督粤时,延入幕府司奏章。辛亥革命后,避居澳门,以吟咏、著述自适。有《微尚斋诗》、《微尚斋杂文》、《雨屋深灯词》、《棕窗杂记》等,辑有《碑传集三编》。

汪钟霖(1867—1933)

字岩征,号甘卿、蟠隐。江苏吴县人。光绪十九年(1893)举人,官直隶试用道等。曾在上海《字林报》任职,光绪二十三年(1897)参与创办蒙学会与《蒙学报》,后任驻奥使馆二等参赞。辛亥革命后回国,入江苏将军张勋幕府,继充冯国璋咨议官。晚年寓居南京。有《赣中寸牍》,编有《九通分类纂要》。

王秉恩(1845—1928)

字雪澄,一作雪岑,一字息存、雪城,号茶龛,斋号息尘庵、三好堂、怀六堂。四川华阳人。王闿运弟子。同治十二年(1873)举人。官广东按察使。张之洞督粤时,入张之洞幕,协助创办广雅书院及广雅书局。累官潮州知府、广东布政使、贵州按察使。民国后,寓居上海,自号茶龛。工书法,富收藏。有《养云馆诗存》,与罗文彬合撰《平黔纪略》。

王存善(1849—1916)

字子展。浙江仁和人。早年随父至广东,光绪中署知南海,官虎门同知,并管理广州税局。曾任中国通商银行办事总董、汉冶萍公司董事。光绪二十六年(1900)迁居上海,富藏书,精碑版。有《四明文献集》、《寄青霞馆弈选》。

王德楷（1866—1927）

字木斋,室名娱生轩。江苏上元人。文廷式好友。光绪二十三年（1897）副贡。曾客湘抚幕。五十后家渐没落,侘傺致疾,讷不能多言。富藏书。有《娱生轩词》。

王闿运（1833—1916）

初名开运,字纫秋,一字壬秋,五十岁后改今名,字壬甫（壬父）,号湘绮、朗斋、湘绮老人。湖南湘潭人。咸丰七年（1857）举人。入曾国藩幕。掌成都尊经书院、长沙思贤讲舍、衡州船山书院。光绪二十八年（1902）主办南昌高等学堂,旋辞归,下帷授徒于湘绮楼中。三十四年（1908）授翰林院检讨,加侍讲衔。民国二年（1913）任清史馆馆长,兼任参议院参政。复辟论起,乃辞职。有《湘绮楼诗文集》、《湘绮楼日记》、《尔雅集解注》、《庄子注》、《墨子注》。

王鹏运（1849—1904）

字幼遐,一作幼霞、佑遐,号半塘,晚号鹜翁。广西临桂人。同治十二年（1873）举人。历官内阁侍读、监察御史、礼科给事中。列名强学会。光绪二十八年（1902）主讲扬州仪董学堂。工词,为清季四大词人之一。著有《半塘定稿》、《味梨集》、《鹜翁集》,辑有《四印斋所刻词》。

王仁东（1852—1917）

字旭庄,又字刚侯,号完巢。福建闽县人。光绪二年（1876）举人。历官内阁中书、南通知州、江安督粮道。民国后寓上海。有《完巢剩稿》。

王仁堪（1849—1893）

字可庄,号忍庵、忍龛、大久、公定。福建闽县人。弟仁东。光绪三年（1877）状元。授翰林院修撰。光绪六年（1880）提督山西学政。十三年（1887）命在上书房行走。十五年（1889）充会典馆绘图处帮总纂官,次年改任总纂官。十七年（1891）出任镇江知府。十九年（1893）调苏州知府。有《王苏州遗书》。

王颂蔚(1848—1895)

原名叔炳,字笔侚,更名后字苇卿,号蒿隐。江苏长洲人。早年师从冯桂芬。光绪六年(1880)进士。选庶吉士,改户部主事,补军机章京。官至户部郎中。有《写礼庼诗文集》、《古书经眼录》、《写礼庼遗词》、《明史考证捃逸》等。

王韬(1828—1897)

初名利宾,字紫诠,号仲弢。别号弢园老人、天南遁叟。江苏长洲人。道光秀才。道光二十九年(1849)在上海受聘于英国教会所办之墨海书馆。曾游历英、法、俄等国。同治十三年(1874)在香港主编《循环日报》。晚年在上海主持格致书院。有《弢园文录外编》、《弢园尺牍》、《淞隐漫录》等。

王文韶(1830—1908)

字夔石,号耕娱,一作赓虞,晚号退圃。浙江仁和人,生于江苏嘉定。咸丰二年(1852)进士。同治三年(1864)任湖北安襄荆郧道盐运司,后由左宗棠、李鸿章举荐为按察使,十年(1871)升为湖南巡抚。光绪四年(1878)补礼部左侍郎,后调户部左侍郎、户部尚书。十三年(1887)任兵部侍郎。十五年(1889)擢云贵总督。二十一年(1895)调直隶总督、北洋大臣。二十四年(1898)以户部尚书协办大学士入直军机处,为军机总理衙门三大臣之一。二十六年(1900)后充国史馆副总裁、正总裁,授体仁阁大学士、政务处大臣、督办路矿大臣,又转授文澜阁大学士、武英殿大学士等。卒后追赠太保,谥文勤。有《王文韶日记》、《宣南奏议》、《湘抚奏议》。

王锡蕃(1850—1921)

又名锡藩,字季樵,号雅兰、康候。山东黄县人。光绪元年(1875)举人,翌年联捷二甲第十八名进士,选庶吉士,散馆授编修。两充顺天乡试同考官。光绪十七年(1891),充湖南乡试主考官。又历詹事府右春坊右中允、翰林院侍读学士、詹事府少詹事、礼部左侍郎(署)、福建学政。光绪二十四年(1898)被革职。有《经义约选》。

王瀣（1871—1944）

字伯沆，一字伯谦、沉一，晚自号冬饮、无想居士，别署檗生。江苏溧水人。早年就学于南京钟山书院。曾任教于南京陆师、两江师范等学堂，陈三立聘为管师。民国后任南京高等师范学校、东南大学、中央大学等学校教授。精绘画篆刻，尤工书法。卒于南京。有《冬饮庐诗稿》、《冬饮庐文稿》、《冬饮庐词稿》、《冬饮庐读书记》。

王以慜（1855—1921）

又名以敏、以慜，字子捷，一字梦湘，号檗坞。湖南武陵人。光绪十六年（1890）进士。官至江西知府。辛亥革命后，弃官归里，隐居不出。有《檗坞诗存》、《词存》等。

王懿荣（1845—1900）

字正孺，号廉生，又号濂生，别署莲生，建有天壤阁、海上精舍、天绘阁等藏书处。山东福山人。光绪六年（1880）进士。授编修。官至国子监祭酒。光绪二十六年（1900）八国联军进攻北京时，任京师团练大臣，城陷投井殉节。谥文敏。精金石碑版之学，富收藏，为发现和收藏殷墟甲骨第一人。有《汉石存目》、《南北朝存石目》、《福山金石志》、《攀古楼藏器释文》、《古钱精选》、《天壤阁杂记》、《天壤阁瓦文》等。

王咏霓（1838—1916）

字子裳，号六潭、旆夫、鹤叟、天球等。浙江黄岩人。光绪六年（1880）进士。官刑部主事、太平州知府、安徽省大学堂总教习。工诗文，善书，兼善篆刻。著有《函雅堂集》、《芙蓉秋水词》。编有《黄岩县志》、《黄岩集》。

文晟（1791—1859）

榜名凤，字梧生，号叔来。江西萍乡人。文廷式祖父。嘉庆二十四年（1819）举人，曾考取景山官学教习。大挑一等，以知县用，分发广东。补授茂名县知县，调补番禺县知县，升补南雄直隶州知州，特授惠州府知府。咸丰九年（1859），署嘉应州事。卒谥壮烈。精岐黄之术。有《宜亭诗草》、《系言摘存》及《医书》六种,曾校补《补注洗冤录集证》。

文守元(1759—1820)

原名岐元,字定斯,号融谷。文廷式曾祖。附贡生。考试不中,绝意仕途,潜心授读。诰赠奉直大夫,晋赠朝议大夫。著有《融谷诗草》、《请业录》、《四塞纪略赋》、《试帖课存》等。

文廷华(1872 —?)

字高生,号实甫,江西萍乡人。文廷式八弟。光绪二十三年(1897)举人,江苏候补知县。

文廷俊(1843—1901)

字观生,号雪门。太学生候选郎中,承袭骑都尉世职,诰授奉政大夫。曾游历南美等国。文廷式长兄。

文星瑞(1825—1882)

字树臣,号奎垣。江西萍乡人。文晟子,文廷式父。道光二十四年(1844)恩科举人,捐分福建同知,赏戴花翎。以随父剿匪有功,奏留广东帮办军务。后署理罗定直隶州知州、保升道员加盐运使衔、高廉分巡兵备道。袭骑都尉世职。著有《啸剑山房诗草》等。

文永誉(1882—1933)

字宝书,号公达,别署天倪。江西萍乡人。文廷式子。娶费念慈女。附荫生,历保知县分发江苏试用,后以直隶州用。嗣后服务新闻界,任《新闻报》主笔,又为《时报》辑副刊。有《天倪室集》。

翁同龢(1830—1904)

字叔平、笙阶、瓶生、声甫,号松禅、瓶庐居士。江苏常熟人。咸丰六年(1856)状元。官至户部尚书、协办大学士。光绪帝师。曾两入军机处,兼总理各国事务大臣。支持维新派变法。戊戌政变,被开缺回籍,后被革职永不叙用。卒谥文恭。有《瓶庐诗稿》、《翁同龢日记》。

翁曾桂（1837—1905）

字小山，一作筱珊。江苏常熟人。祖翁心存，父翁同书。以荫生补刑部郎中，参与"杨乃武与小白菜"案的提审、平反。光绪七年（1881）以京察一等出任湖南衡州知府。后调任常德知府、长沙知府。光绪二十年（1894）授江西按察使。光绪二十八年（1902）调任浙江布政使。

吴保初（1869—1913）

字彦复，一字君遂，号北山，晚号瘿公。安徽庐江人。吴长庆子。以荫补刑部郎中。光绪二十一年（1895）补刑部山东司主事。后辞官到上海。与谭嗣同、陈三立、丁惠康有晚清四公子之目。有《北山楼集》、《未焚草》、《寄簃文存》。

吴庆坻（1848—1924）

字子修，一字敬疆，号补松老人。浙江钱塘人。入俞樾诂经精舍问学。光绪十二年（1886）进士，改翰林院庶吉士，后授编修，入会典馆纂中外图书。三十二年（1906）任湖南提学使，赴日本考察学制。辛亥革命后，迁居上海，结超社、逸社等诗社，并参与续修《浙江通志》，纂定《杭州府志》。有《辛亥殉难记》、《补松庐文录》、《补松庐诗录》等。

吴士鉴（1868—1933）

字絅斋，号公詧，又号含嘉，别署式溪居士。浙江钱塘人。光绪十八年（1892）进士。历官翰林院侍读、江西学政、清史馆纂修、资政院议员。曾参与修纂《清史稿》。治史学、兼及金石碑帖，长于考证。著有《晋书斠注》、《补晋书经籍志》、《九钟精舍金石跋尾》、《商周彝器例》、《唐写本经典释文残卷校证》、《含嘉室诗文集》、《清宫词》等。

夏敬观（1875—1953）

字剑丞，一作鉴丞，号盦人、缄斋，晚号映庵，别署玄修、牛邻叟。江西新建人。早年中乡试。后入张之洞幕,办两江师范学堂。光绪二十六年(1900)七月,从文廷式游。官至江苏提学使。任三江师范学堂、上海中国公学、复旦公学监督。民国八年(1919),任浙江省教育厅长。有《忍古楼诗》、《忍古楼词》、《音学备考》、《词调溯源》等。

夏曾佑(1863—1924)

字穗卿,一作遂卿,号碎庵、碎佛,又号别士。浙江钱塘人。光绪十六年(1890)进士。授礼部主事。曾任泗州知州、两江总督署文案。二十三年(1897),与严复创《国闻报》于天津。后任安徽祁门知县,随考察宪政大臣出国。民国时任教育部社会教育司司长、北平图书馆馆长。提倡"诗界革命"、"小说界革命"。有《中国历史教科书》、《碎佛诗存》。

(日)小田切富卿(1868—1934)

名万寿之助,号银苔。米泽人。日本明治初期外交官。毕业于东京外国语学校。光绪十三年(1887),任天津领事馆随员,同年调任北京公使馆随员。二十三年(1897),被任命为驻沪总领事。三十二年(1906),辞领事职,进横滨正金银行,升任总裁。后任五国银行团日本代表。

熊希龄(1870—1937)

字秉三,别号明志阁主人、双清居士。祖籍江西丰城,出生于湖南凤凰。光绪二十年(1894)进士,授翰林院编修。甲午战后回湖南助陈宝箴、黄遵宪推行新政。光绪二十三年(1897)任长沙时务学堂提调,聘梁启超任中学总教习。光绪二十四年(1898),与谭嗣同等组织延年会,以助南学会活动。戊戌政变后被革职,走避沅州。光绪三十一年(1905)随端方等五大臣出洋考察宪政,任参赞,回国后在常德、醴陵办学。宣统元年(1909)任东三省财政监理官,次年改任奉天盐运使。辛亥革命后,参加统一党、共和党,任财政部长、热河都统、国务总理兼财政总长等。有《香山集》。

徐建寅(1845—1901)

字仲虎。江苏无锡人。徐寿子。从其父于金陵机器局、上海制造局,协助制造新式船炮枪弹。历任天津机器局、山东机器局总办,福建船政局提调。出使德国,任二等参赞,考察各国兵器制造。回国后升直隶候补道。光绪十二年(1886)会办金陵机器局,督造后膛枪。奉调湖北,总办全省营务。二十七年(1901),监造无烟火药,伤重致死。译有各国自然科学书籍多种。著有《造船全书》、《兵法新书》、《欧游杂录》、《化学分原》、《水雷录要》等。

徐乃昌(1869—1943)

字积余,号随庵,室名积学斋,晚号随庵老人。安徽南陵人。光绪十九年(1893)恩科举人。宣统三年(1911)元月始授官江南监法道兼金陵关监督。富藏书,以校书、刻书名于当世。辑刻丛书多种,有《积学斋丛书》、《鄦斋丛书》、《南陵先哲丛书》、《怀豳杂俎》、《随庵徐氏丛书》及续编等。著有《金石古物考》、《徐乃昌日记》等。

徐琪(1849—1918)

字涵哉,又字玉可,号花农、俞楼。浙江仁和人。俞樾弟子。光绪六年(1880)进士。授编修。累官山西乡试副考官、广东学政、兵部侍郎、内阁学士。民国三年(1914)任参议院参政,旋隐居不出。有《花砖日影集》、《云麾碑阴先翰诗》、《粤轺集》、《珂庵词存》等。

徐世昌(1855—1939)

字卜五,号菊人,又号弢斋、东海,别号水竹村人。直隶天津人。光绪十二年(1886)进士。授翰林院编修,先后兼充国史馆、武英殿协修。二十一年(1895),袁世凯在天津小站练兵时,兼管营务处。光绪二十七年(1901)任国子监司业。光绪二十九年(1903)以内阁学士任练兵处提调。次年署兵部左侍郎,旋授军机大臣、巡警部尚书。光绪三十三年(1907)任东三省第一任总督、钦差大臣兼管三省将军事务。宣统元年(1909)调任邮传部尚书兼津浦铁路督办。宣统三年(1911)任奕劻内阁协理大臣。民国三年(1914)任国务卿。七年(1918)任总统。十一年(1922)被直系军阀所黜,后迁居天津。有《退耕堂诗集》、《海西草堂集》。辑有《晚晴簃诗汇》等。

徐用仪(1826—1900)

字吉甫,号筱云,一作小云。浙江海盐人。咸丰举人。曾充军机章京,累官至总理各国事务衙门大臣、兵部尚书。光绪二十六年(1900),义和团起,忤慈禧,与户部尚书立山、内阁学士联元一起被处斩于北京菜市口,与先前被杀之袁昶、许景澄等五人被称作是"庚子被祸五大臣"。宣统元年(1909)追谥忠愍。著有《竹隐庐诗存》,编有《海盐县志》。

许景澄(1845—1900)

原名癸身,字拱辰,又字竹篑,一作竹筼。浙江嘉兴人。同治七年(1868)进士,选庶吉士,授编修。官吏部左侍郎。历任驻法、德、意、荷、奥、比、俄公使。光绪二十四年(1898),擢总理衙门大臣,兼京师大学堂总教习。二十六年(1900),因反对义和团被杀。谥文肃。有《许文肃公遗稿》、《出使函稿》、《许文肃公外集》。

许其光(1827—?)

字懋昭、耀斗,号涑文、叔文。广东番禺人。学海堂生员。道光三十年(1850)榜眼,授翰林院编修。咸丰二年(1852)六月,为湖北乡试副考官。同治五年(1866)五月,大考一等,擢侍读,旋改御史,累官清河道。编纂有文宗显皇帝《圣训实录》、《皇清奏议》等。

许寅辉(? —?)

字复初,自号独醉山人。江苏上元县人。光绪十九年(1893)春,应驻韩英使之聘,在英国驻朝鲜使馆办理文案,兼任翻译。光绪二十二年(1896)四月,赴萍乡督商萍煤采运。有《客韩笔记》。

许振祎(1827—1899)

字仙屏。江西奉新人。咸丰初年,以拔贡生参与曾国藩军幕,与太平军战于湖南、江西。同治二年(1863)成进士,授编修。历官陕甘学政、河南彰卫怀道、江宁布政使、两河总督、广东巡抚等。光绪二十一年(1895),升任广东巡抚。在豫期间还创办信陵、香瓣书院。有《督河奏稿》、《玉艺园集古法帖》。

愃龄(? —?)

字麓生。清光绪三十二年(1906)任赣榆县县令。

延暄(? —?)

字煦堂,满洲人。许姓。长赓子。不任官事。精鉴别,富收藏。

严信厚(1828—1906)

字筱舫,室名小长芦馆、小书画舫,号小长芦主人。浙江慈溪人。同治初年,以贡生入李鸿章幕,随军攻占潮州。同治十年(1871)任河南盐务督销。光绪十一年(1885)署长芦盐务帮办。以盐业起家,为东南富贾。官直隶候补道,赠内阁学士。光绪二十八年(1902)建立上海商业会议公所,任总理。光绪三十年(1904)任上海商务总会总理。精鉴赏,蓄碑版书画之属甚夥。辑有《小长芦馆集帖》。

颜培瑚(1809—?)

字铁山,一作铁珊,号夏廷,一作厦廷。广东连平人。道光十五年(1835)举人,道光二十一年(1841)进士,殿试钦点翰林院检讨。历任山西、陕西道监察御史,都察院吏科、刑科给事中,工科掌印给事中。咸丰元年(1851)恩科陕甘乡试副主考,后任江苏扬州府知府、淮安府知府、江苏候补道、淮徐扬海兵备道。赏戴花翎,钦赐按察使衔加一级。道光二十三年(1843)曾主讲惠州丰湖书院。工诗词、书法,有《自怡斋诗草》。

杨崇伊(1850—1909)

原名同槿,字思大,号正甫,又号莘伯。江苏常熟人。李鸿章之姻亲。同治九年(1870)举人,光绪六年(1880)进士。授编修。历官广西道监察御史、汉中府知府。二十一年(1895)冬,上疏弹劾北京强学会。二十二年(1896),劾文廷式广集同类,议论时政,致文被革职驱逐。鼓励慈禧太后训政,发动戊戌政变。三十四年(1908)八月,以浙江候补道丁忧回籍守制,寄寓扬州,后被江苏布政使瑞澄参劾,逐回原籍。有《杨崇伊书札》。

杨锐(1857—1898)

字叔峤,号钝叔,别号蝉隐。四川绵竹人。光绪十一年(1885)举人。入张之洞幕。后考授内阁中书。光绪二十一年(1895)参与发起强学会。光绪二十四年(1898)创立蜀学会,列名保国会。百日维新时,得光绪帝召见,参与新政,任加四品衔军机章京,参预新政。戊戌政变时被捕,张之洞设法营救不及,遂遇难。为"戊戌六君子"之一。有《说经堂诗草》、《杨叔峤先生文集》、《隋史补遗》、《晋书注》。

杨文会(1837—1911)

字仁山。安徽石埭人。同治二年(1863)于病中读《大乘起信论》后,一生钻研佛学。同治五年(1866)在南京创立金陵刻经处。曾受曾国藩委办谷米局、筹防局等差。光绪四年(1878)至光绪十二年(1886)随曾纪泽、刘芝田等赴英、法考察。晚年广事搜求,刊布佛像、佛经。光绪三十三年(1907)在刻经处设祇洹精舍。宣统二年(1910)任佛学研究会会长,定期讲经。有《杨仁山居士遗著》。

杨宜治(约1845—1898)

字虞裳。四川渠县人。同治六年(1867)举人,同治十三年(1874)七月,考取内阁中书,不久后被传内阁行走。历任太常寺少卿、总理衙门章京、刑部员外郎等职。光绪二十年(1894)曾随特使王之春赴俄唁贺。有《俄程日记》、《惩斋日记》。

杨岳斌(1822—1890)

原名载福,字厚庵。湖南善化人。行伍出身。咸丰三年(1853)曾国藩创水师,调为营官。屡迁参将、副将、总兵、提督。同治三年(1864),授陕甘总督,镇压西北回民起义。后会办福建军务,驻军台湾。有《杨勇悫公奏议》。

杨正仪（1844—?）

字芝仙。湖南善化人。监生。杨岳斌子。由工部主事改道员,分发云南,奏留福建,赏戴花翎。历任福建督粮道、船政道员提调、福建候补道。

姚礼泰（1848—?）

字柽甫,号叔来。广东番禺人。同治十三年(1874)年进士,翰林院编修。工书法。

姚文藻（1856—?）

原名湘,字芷芳,又作芷舫、子芳,号赋秋。江苏苏州人。甲午前曾为水师提督丁汝昌幕僚,又任仁川总领事,与当时驻韩公使袁世凯议论不合,挂冠而去。曾赴东瀛游历。任《申报》总编纂职,作首篇论说。后参与大东汽船会社创立和《字林沪报》经营。辛亥革命后,隐居上海,谋复官未遂。

（日）野口宁斋（1867—1905）

通称贯卿一太郎,号啸楼,别号唐宋皆师阁主人。长崎人。师森槐南。创办汉诗杂志《百花栏》。有《出门小草》、《三体诗评释》。

叶昌炽（1849—1917）

字颂鲁,又字兰裳、菊裳、鞠裳,自署歇后翁,号颂卢、缘督,晚号缘督庐主人。江苏长州人。光绪十五年(1889)进士。历官编修、国史馆总纂、会典馆编纂修、国史馆提调、天津学海堂讲习、甘肃学政。辛亥革命后迁上海居住。富藏书。有《藏书纪事诗》、《语石》、《奇觚庼词》、《缘督庐日记》等。

叶恭绰（1881—1968）

字玉甫,又字誉虎,号遐庵、遐翁,晚年别署矩园,室名宣室。祖籍浙江余姚,生于广东番禺。叶衍兰孙。毕叶于京师大学堂,留学日本,入同盟会。官邮传部路政司主事等。民国后曾任交通总长、财政部长、铁道部长等职。中华人民共和国建国后,曾任中央文史馆副馆长。有《遐庵诗稿》、《遐庵词》、《矩园遗墨》等,辑有《全清词钞》等。

叶衍兰（1823—1897）

字南雪、兰雪，号兰台、秋梦庵主人。广东番禺人，原籍浙江余姚。咸丰六年（1856）进士，改庶吉士，历官户部主事、军机章京。归里主讲越华书院。著有《清代学者像传》、《海岳楼诗集》、《秋梦庵词钞》等。

易顺鼎（1858—1920）

字实甫，又字硕甫、仲硕，号眉伽、哭庵、一厂、一厂居士、忏绮斋。湖南龙阳人。光绪元年（1875）举人。捐资得刑部郎中。光绪十三年（1887）以道员衔分发河南，治理贾鲁河。后因母丧，辞官隐居江西庐山琴志楼。曾两赴台湾，助刘永福抗日。后官广东钦廉道、高雷道。民国任铸局参事、局长。工诗词骈文。有《琴志楼诗集》等。

（日）永井久一郎（1852—1913）

字伯良、耐甫，名匡温，号禾原、来青阁主人。作家永井荷风父。曾受名古屋藩命令游学美国。历任日本帝国大学书记官，后任文部大臣官方秘书、文部省大臣官房会计课长等职。光绪二十三年（1897）四月出任日本邮船上海支店店长，同年五月赴任上海。光绪二十六年（1900）二月转任日本邮船会社横滨支店店长。有《西游诗稿》、《淞水骊歌》、《声应气求集》。

于式枚（1853—1915）

小名穗生，一作采生，字晦若。广西贺县人。同治十一年（1872），与文廷式同在广州菊坡精舍，从陈澧学。光绪六年（1880）进士。历官礼、吏诸部侍郎、广东学政、京师大学堂总教习、译学馆监督。光绪二十二年（1896）随李鸿章赴俄贺俄皇加冕，兼赴欧美诸国。辛亥革命后，寓居青岛。有《于文和公遗诗》。

于荫霖（1838—1904）

字次堂、次棠、樾亭，号悚斋。吉林伯都讷厅人。咸丰九年（1859）进士。曾任广东按察使、云南布政使、湖北巡抚、河南巡抚等职。著有《安徽清厘田赋条议酌存》、《悚斋遗书奏议》。

余思诒（1835—1907）

原名斯沛，字雨亭，又字翼斋、易斋，晚号草庐一翁。江苏武进人。通西语。光绪十一年（1885）冬，随驻英、俄公使刘瑞芬出使英国，期间游历英国、法国、德国、比利时诸国。历任驻美使馆参赞、驻古巴总领事、驻旧金山总领事等职。回国后任直隶武备学堂提调、天津电报招商局专办。光绪二十三年（1897）赴美国，二十六年（1900）回国，以道员分发山东候补。有《楼船日记》、《航海琐记》、《罗经差》、《风性说》、《古巴节略》、《归航陈迹》、《驻英日记》等。

余肇康（1854—1930）

字尧衢，号敏斋，晚号倦知老人。湖南长沙人。光绪十二年（1886）进士。任工部主事。后升武昌知府，迁汉阳知府。后升至山东按察使，改江西按察使。光绪三十二年（1906）因南昌教案罢官。后起复，授法部左参议。有《敏斋诗存》、《余肇康日记》、《敏斋随笔》等。

俞廉三（1841—1912）

字廙轩，一字虞仙。浙江山阴人。光绪十五年（1889）晋补冀宁道，授山西布政使，寻迁湖南按察使。戊戌变法时，赞助巡抚陈宝箴推行新政，遂升湖南巡抚，两兼湖南学正。卒于天津，谥敏僖。

俞明震（1860—1918）

字恪士，又字启东，号觚庵，别名明夷。浙江山阴人，生于湖南。光绪十六年（1890）进士。历官南京路矿学堂总办、甘肃提学使。民国任肃政厅肃政史，旋谢病归隐，寓居杭州西湖。工诗。有《觚庵诗存》。

袁昶（1846—1900）

字爽秋，号重黎，又号渐西村人。浙江桐庐人。光绪二年（1876）进士。授户部主事，充总理各国事务衙门章京。光绪二十四年（1898），提升为江宁布政使，调直隶，旋即调回北京，以三品京堂在总理衙门行走，授光禄寺卿，转太常寺卿。庚子义和团事起，反对围攻外国使馆，与许景澄被杀。谥忠节。工诗。有《渐西村人集》、《安般簃集》、《袁昶日记》等。

袁世凯(1859—1916)

字慰亭,一作慰庭、慰廷,号容庵、洗心亭主人。河南项城人。早年入吴长庆幕,随军赴朝鲜。后任朝鲜通商大臣。光绪二十一年(1895),派驻天津小站督练新军。二十三年(1897),升直隶按察使。二十四年(1898),向荣禄告密,谭嗣同等变法六君子因此遭杀戮,遂得慈禧宠信。官至军机大臣。民国后,任内阁总理,窃取大总统之职,改国号为中华帝国,建元洪宪,史称"洪宪帝制"。未几,罹患尿毒症病亡。

张鼎华(1846—1888)

字延秋。广东番禺人。神识绝人,博闻妙解,十三岁登科,同治十一年(1872)举人。光绪三年(1877)进士。授编修。主讲越华书院两年,以御史用,光绪十一年(1885),放福建副考官。

张赓扬(? —?)

字翰卿。江西鄱阳人。同治七年(1868)进士,官至刑部湖广司郎中。光绪十一年(1885)母逝丁忧,归里守孝。光绪十三年(1887),江西巡抚力聘主白鹿洞。

张华奎(1848—1896)

字蔼卿,一作蔼青。安徽合肥人。张树声子。光绪十五年(1889)进士,发四川以道员补用。十七年(1891)四川总督刘秉璋檄办滇黔边引盐务,悉心厘剔,有成效。旋署川东道,参与办理大足教案。十八年(1892)补建昌道。次年调署按察使,旋改署成绵龙茂道。二十一年(1895)再署川东道,参与处理成都教案。又与日本领事交涉重庆通商事宜,使日方未能尽如其愿。事后奉旨补川东道。

张謇(1853—1926)

字季直,号啬庵。江苏南通人。光绪二年(1876)入淮军将领吴长庆幕,

随军赴朝鲜。光绪二十年（1894）状元。授翰林院修撰。甲午战争中曾上疏
劾李鸿章妥协。二十一年（1895），组织上海强学会，列名为会员。本年得张
之洞、刘坤一的支持，在南通创办大生纱厂。后又兴办通海垦牧公司、大达
轮船公司、复新面粉公司、资生铁冶公司、淮海实业银行等企业，并投资江苏
省铁路公司、大生轮船公司、镇江大照电灯厂等企业。二十八年（1902）首创
通州师范，后又创办女师和中小学、图书馆、气象台等教育文化事业，把实
业、教育称为"富强之大本"。光绪三十二年（1906）清政府宣布预备立宪，
他参与发起预备立宪公会，任副会长。宣统元年（1909）被推举为江苏咨议
局议长。辛亥革命后任南京临时政府实业总长，拥护袁世凯，并组织统一党
与国民党对抗。袁即将称帝时，辞职南归，继续办实业和教育。著作有《张
季子九录》、《张謇函稿》、《张謇日记》和《啬翁自定年谱》。

张权（1862—1930）

字君立，号圣可，晚号柳卿、可园。直隶南皮人。张之洞之子。光绪十
七年（1891）举人，光绪二十一年（1895）康有为等人在北京成立强学会时，
参与其事，列名公车上书。光绪二十四年（1898）进士，签分户部。

张树声（1824—1884）

字振轩。安徽合肥人。廪生出身。咸丰二年（1852）在乡办团练。同治
元年（1862）随李鸿章到上海镇压太平军。后参预镇压捻军。十一年
（1872）任江苏巡抚。光绪五年（1879）任贵州巡抚，后升两广总督。中法战
争爆发，与潘斋新受李鸿章指使，不战而退，受舆论斥责，被免职。有《张靖
达公奏议》。

张通典（1859—1915）

字伯纯，号天放楼主，晚号志学斋老人。湖南湘乡人。光绪十五年
（1889）入曾国荃幕，任奏牍兼江南水师学堂提调。光绪二十二年（1896），
在长沙倡办矿务总局、宝善成机器厂以及和丰火柴公司。光绪二十四年
（1898），与谭嗣同等在长沙倡办南学会、时务学堂以及《湘报》、《时务报》，
后入张之洞幕，编练新军。光绪二十六年（1900），与章炳麟等在上海组织救

国会,并筹办上海制造局、上海广方言馆,又任两江学务处参议。光绪三十一年(1905),任芜湖两江中学监督。曾参与广州起义和苏州光复,后任南京临时政府内务司司长、临时大总统府秘书。民国三年退隐湘潭。著有《天放楼文集》、《袖海堂文集》、《志学斋笔记》、《匡言》十卷等。

张祥龄(1853—1903)

字子苾,一字子苹,号芝馥。四川汉州人。光绪二十年(1894)进士,改庶吉士,二十一年(1895)出任陕西怀远知县,后任长安、褒城、大荔知县。有《经支》、《黄金篇》、《六箴》、《受经堂文集》、《子苾词钞》、《半箧秋词》、《受经堂词》。与王鹏运、况周颐合作《和珠玉词》一卷;与郑文焯、易顺鼎、易顺豫、蒋文鸿联句成《吴波鸥语》。

张孝谦(1857—1912)

字恒斋,号巽之。河南商城人。光绪十五年(1889)进士。散馆授编修。早年拜李鸿藻为师。二十年(1894)为督办军务处文案章京。二十一年(1895)发起北京强学会,任总董,从事维新变法活动。曾随李鸿章赴日,参加《马关条约》谈判。二十二年(1896)强学会被封禁后,经李鸿藻推荐,主持官书局局务。

张荫桓(1837—1900)

字樵野。广东南海人。纳资为知县,数迁至道员。光绪二年(1876)授山东登莱青道。七年(1881),授安徽徽宁池太广道。八年(1882),任安征按察使。赏三品京堂,命值总理各国事务衙门。十年(1884),除太常寺少卿。十一年(1885),出使美、西、秘三国。光绪十二年(1886),除太常寺卿,转通政司副使。复值总署。十五年(1889)回国,仍值总署。累迁至户部侍郎。戊戌变法时,调任管理京师矿务、铁路总局。戊戌政变后遭弹劾充军新疆。光绪二十六年(1900)被杀。有《三洲日记》、《英轺日记》、《荷戈集》。

张之洞(1837—1909)

字孝达,一字香涛,号壶公,又号无竞居士,晚号抱冰。直隶南皮人。咸丰二年(1852)中顺天府解元,同治二年(1863)进士。历官编修、侍讲,湖北、四川学政,山西巡抚,两广、两江、湖广总督,体仁阁大学士,军机大臣。创办广雅书院、两湖书院。开办汉阳铁厂、湖北枪炮局。筹建芦汉铁路,督办粤汉铁路。为洋务派领袖之一。谥文襄。有《劝学篇》、《𬨎轩语》、《广雅堂诗文集》、《书目答问》等。

张仲炘 (1857—1913)

字慕京,号次山、次珊,又号瞻园。张凯嵩之子。湖北江夏人。光绪三年(1877)进士。授编修。历任通政司参议、江南道监察御史,江苏尊经书院山长。中日甲午战争时,屡劾李鸿章妥协退让。二十二年(1896),加入强学会,支持维新变法。戊戌政变后,又攻击维新派。民国二年(1913),在武昌创办《文史杂志》。有《湖北通志》、《瞻园词》。

章绶 (1788—1880)

字滁山。山东临清人。南昌县附生。避咸丰战乱,流寓南昌、新淦、浮梁等地。善书画,尤工篆刻。有《完璞斋吟草》。

赵于密 (1845—?)

字伯藏,号疏盦。湖南武陵人。由附监生报捐同知,捐升知府,分发江西试用知府。精鉴别,工山水,又善刻印,直追秦汉。民国后,在上海以鬻艺为生。

曾广钧 (1866—1929)

字重伯,号还远、伋庵、䑣庵、汲安,别号中国之旧民。湖南湘乡人。曾国藩孙。光绪十五年(1889)进士。历任翰林院编修、国史馆秘书、广西知府。光绪二十六年(1900)后即无心政事。入民国,领乡人辟湖田自养。后避乱至沪。有《环天室诗集》、《环天室词》等。

郑观应 (1842—1922)

字正翔,号陶斋,又名官应,号杞忧生、慕雍山人、罗浮待鹤山人。广东香山人。早年从英教士傅兰雅习英文。咸丰八年（1858）到上海学商，先后在英商宝顺洋行、太古轮船公司任买办。中法战争时，曾往暹罗、西贡、新加坡等地调查了解敌情。历任上海机器织布局总办，轮船招商局帮办、总办，上海电报局总办、汉阳铁厂总办、粤汉铁路公司总办。民国后，居上海，后卒于澳门。著有《盛世危言》、《罗浮待鹤山人诗草》、《易言》等。

郑文焯（1856—1918）

字俊臣，又字叔问，号小坡，又号大鹤山人、鹤道人、鹤公、鹤翁、石芝崦主人、冷红词客。奉天铁岭人，隶汉军正黄旗。清光绪元年（1875）举人，官内阁中书。工尺牍、刻印，长金石书画，精通音律，以词名家。有《樵风乐府》等。又著《词源斠律》、《绝妙好词校释》、《大鹤山人词话》等。批校词集极多，有《东坡乐府》、《清真集》、《白石道人歌曲》、《梦窗甲乙丙丁稿》等。

郑孝胥（1860—1938）

字苏戡，亦作苏堪、苏龛、苏盦，号太夷，又号海藏。福建闽县人。光绪八年（1882）举乡试第一。十一年（1885），入李鸿章幕，随办洋务。历官内阁中书、同知、驻日使馆秘书、神户及大阪理事、道员、总理各国事务衙门章京、京汉铁路南段总办、龙州边防督办。宣统三年（1911），授湖南布政使。民国后，任溥仪伪满洲国国务总理兼文教总长。工书擅诗。有《海藏楼诗集》、《日记》等。

志钧（1854—1900）

字仲鲁，号陶安。他塔喇氏。满洲镶红旗人。瑾、珍二女妃胞兄。光绪九年（1883）进士。二十一年（1895），列名上海强学会。二十六年（1900），任散秩大臣。八国联军侵入北京，与妻儿自缢死。谥贞愍。

志锐（1853—1912）

字伯愚，号公颖，又号廓轩、迂庵、穷塞主，晚号遇安。他塔喇氏。满洲镶红旗人。瑾、珍二妃胞兄。光绪六年（1880）进士。选庶吉士，授编修。光绪十八年（1892）春，由詹事擢礼部侍郎。中日甲午战争时，上疏筹划战守之策;又劾后党孙毓汶、徐用仪把持军机,触怒慈禧太后,与革珍、瑾二妃妃号同时,降授乌里雅苏台参赞大臣,释兵权。历迁索伦领队大臣、宁夏副都统。宣统二年(1910),迁杭州将军。次年,调伊犁将军,加尚书衔。武昌起义后为新疆起义新军所杀。谥文贞。有《姜庵诗存》、《廓轩诗集》、《穷塞微吟词》。

周锡恩(1852—1900)

字伯晋、伯盦、荫常,号是园。湖北罗田人。光绪二年(1876)以第一名被选为优贡生,入国子监深造。光绪九年(1883)进士,选庶吉士。授翰林院侍读学士。曾任陕西、浙江乡试考官。晚年迁居罗田石源河。有《寋芙蓉室集》、《传鲁堂文集》、《使侠记》、《易说》。

朱启连(1853—1899)

字跂惠,号棣垞。朱执信父。浙江萧山人,生于广东番禺。早年师事汪瑔,不喜汉学。客游公卿间,不得志,遂致力于古文。工诗。又善草、隶。喜弹琴,妙解声律。有《棣垞集》、《外集》、《琴说》、《琴谱》、《远暇室日记》等。

朱一新(1846—1894)

字蓉生,号鼎甫,又号质庵、拙庵、佩弦斋、无邪堂、约经堂。浙江义乌人。光绪二年(1876)进士,选庶吉士,授编修,转陕西道监察御史,以疏劾李莲英,诏责降主事。早受知于刘有铭、李文田。在翰林时,与袁昶、朱采、黄国瑾交游。张之洞官两广总督,建广雅书院,聘为主讲。重宋儒理学,务通经以致用。著有《佩弦斋集》、《无邪堂答问》、《京师坊巷志》、《汉书管见》、《东三省内外蒙古地图考证》、《拙庵丛稿》。

朱益藩(1861—1937)

字艾卿,号定园。江西莲花人。光绪十六年(1890)进士。授编修。累官翰林院待读、湖南乡试主考官、陕西学政、山东提学使、京师大学堂监督。宣统元年(1909),任宗人府府丞;宣统二年(1910)授都察院左副都御史。民国后,任溥仪师。曾出任京师大学堂总监督,擅楷、行书。

(日) 宗方小太郎 (1864—1923)

字大亮，号北平。日本肥后人。东亚同盟的鼓吹者之一。光绪十年 (1884) 来华。十六年 (1890) 起为日本海军部间谍。中日甲午战争时，潜入北洋水师军港威海卫、旅顺等地刺探军情，受日本天皇嘉奖。二十二年 (1896) 二月，在武汉接办《汉报》，自任社长。后筹办《闽报》，参与发起东亚同文会，任该会汉口支部主任。二十七年 (1901) 在上海创立东亚同文书院，任代理院长。民国十二年 (1923) 卒于上海。

邹代钧 (1854—1908)

字沅帆、甄伯。湖南新化人。历任清会典馆纂修、编书局总纂。光绪五年 (1879)，补博士弟子。光绪十二年 (1886) 从刘瑞芬出使英、俄，作《西征纪程》。创立舆地学会，致力于译绘中外地图，曾为张之洞编绘《湖北全省地图》。光绪二十一年 (1895) 发起并参加上海学会。二十四年 (1898) 到湖南助巡抚陈宝箴推行新政，主持《湘学报》舆地部分的工作。著有《蒙古地记》、《中俄界记》、《日本地记》、《五洲疆域汇编》等。

左绍佐 (1846—1928)

字季云，号笏卿，又号竹笏生。湖北应山人。光绪六年 (1880) 进士，授翰林院庶吉士。历任刑部主事、员外郎、郎中，都察院给事中，军机章京，监察御史，广东南韶连兵备道、雷琼道。光绪十三年 (1887) 主讲经心书院，编辑《经心书院集》，民国三年 (1914) 黎元洪荐入国史馆，以后即长寓北京。工诗。有《蕴真堂集》、《延龄秘录》、《竹笏斋词钞》、《竹笏日记》。

参考书目

一、相关文氏著述及研究著作

（一）文廷式相关著述

《补晋书艺文志》，《船山学报》（长沙），1915 年。

《陈兰甫先生语录》，《四维朔望汇刊》，1934 年第 1 卷。

《陈兰甫先生语录》，《安雅》，1935 年。

《纯常子文稿》，稿本，湖北图书馆藏。

《纯常子枝语》，稿本，哈佛大学燕京图书馆藏（张仁蠡跋语）。

《纯常子枝语》，民国三十二年刻本。

《纯常子枝语》，《安雅》，1935—1936 年。

《重校集评云起轩词》，龙沐勋校辑，《同声月刊》1943 年第 2 卷第 12 期。

《大元官制杂记》，文廷式辑，清光绪二十二年缪氏刻藕香零拾本。

《芳荪室词录》，1920 年长沙《大公报》（1350—1469 号）。

《芳荪室诗钞》，1920 年长沙《大公报》（1368—1469 号）。

《经世大典》，稿本，文廷式辑，辽宁省图书馆藏。

《经义业钞续编》，稿本，芝加哥大学东亚图书馆。

《罗霄山人醉语》，《同声月刊》1943 年第 3 卷第 2 期。

《旋江日记》，稿本，芝加哥大学东亚图书馆。

《旋江日记》，《青鹤》，1933—1934 年。

《南诏日记》，《青鹤》，1933—1934 年。

《琴风余谭》，《同声月刊》1943 年第 3 卷第 3 期。

《闻尘偶记》，《青鹤》，1932—1933 年。

《文道希先生遗诗》，叶恭绰辑，民国十八年铅印本。

《文廷式集》（增订本），汪叔子编，中华书局 2018 年。

《文廷式诗词集》，文廷式著，陆有富校点，上海古籍出版社 2017 年。

《文芸阁（廷式）先生全集》，赵铁寒编，近代中国史料丛刊续辑，文海出版社 1975 年。

《文芸阁批李莼客日记》，《甲寅》（东京），1915 年。

《越缦堂日记批注》，《青鹤》，1935—1936 年。

《芸阁先生书牍》（上、下），《同声月刊》1943 年第 3 卷第 7 期。

《云起轩词钞》，稿本，中国社会科学院文学所古籍善本室藏。

《云起轩词钞》，光绪三十三年南陵徐乃昌刻本。

《云起轩词钞》，《说丛》，1917 年。

《云起轩词补遗》，龙沐勋校辑，《同声月刊》1943 年第 2 卷第 12 期。

《云起轩诗录》，文廷式著，陈诗辑，光绪三十四年铅印本。

《云起轩随笔》，《大风》（半月刊），1940—1941 年。

《知过轩笔记》，稿本，芝加哥大东亚图书馆。

《知过轩随笔》，《青鹤》，1935—1936 年。

《知过轩日钞》，《青鹤》，1934—1935 年。

《知过轩随录》，《甲寅》（东京），1915 年。

《知过轩随录》，稿本，芝加哥大东亚图书馆。

《知过轩谭屑》，文廷式著，王尔敏、陈绛整理，《近代中国》第十八辑，2007 年。

《致赵福书》，小莽苍苍斋藏。

《致刘仲鲁书》，北京保利拍卖行 2016 春季拍卖会近代名人书札手迹 1301 号拍品。

《致吴彦复》，万卷名家收藏丛书。

《读〈三国志〉小乐府》（二十首之五），无聊斋藏。

（二）研文著作及文章

《纯常子词话》，施蛰存辑，《词学》（第五辑），华东师范大学出版社 1986 年。

《纯常子词话辑补》，陆有富辑，《词学》（第二十九辑），华东师范大学出版社 2013 年。

《江介隽谈录：文芸阁学士诗》，野民，《国风报》1910 年第 1 卷第 17 期。

《"今日真怜大厦倾"：〈诗钞〉中避忌讳未录的庚子动乱诗及其他——文廷式手录〈知过轩诗钞〉影稿本探析之二》，曾文斌，《萍乡学院学报》2017 年第 1 期。

《"六博争天数未终"：甲午、戊戌中拍案而起的文廷式——文廷式手录〈知过轩诗钞〉影稿本探析之一》，曾文斌，《萍乡学院学报》2016 年第 5 期。

《内藤湖南先生和文廷式》，（日）神田喜一郎著，刘美崧译注，《南昌大学学报》1986 年第 4 期。

《评文芸阁〈云起轩词钞〉王幼遐〈半塘定稿〉〈剩稿〉》，胡先骕著，《学衡》1924 年第 27 期。

《萍乡谱牒又见文廷式佚文》，高洪年，《萍乡高等专科学校学报》2013 年第 1 期。

《上海版文廷式族谱四修序考订》，高洪年，《萍乡高等专科学校学报》2010 年第 5 期。

《文道希遗诗选注》，曾文斌选注，岳麓书社 2006 年。

《文廷式的日本之行》，孔祥吉，《百年潮》2004 年第 3 期。

《文廷式夫人陈氏及其家世》，何东萍，《萍乡高等专科学校学报》2008 年第 1 期。

《文廷式甲午后词作探微》，林玫仪，《词学》（第十四辑），华东师范大学出版社 2003 年。

《文廷式年谱》，钱仲联著，《中华文史论丛》1982 年第四期。

《文廷式诗词研究》，陆有富著，中国社会科学出版社 2012 年。

《文廷式诗选注》，曾文斌选注，中华书局 2015 年。

《文廷式四种》，文廷式等著，广文书局 1970 年。

《文廷式佚文见萍东熊峰蔡氏续修族谱》，高洪年，《萍乡学院学报》2016 年第 5 期。

《文廷式佚文近见腊市文氏谱》，高洪年，《萍乡高等专科学校学报》2013 年第 4 期。

《文廷式佚文四篇》，高洪年，《萍乡高等专科学校学报》2008 年第 2 期。

《文廷式戊戌脱险研究综论》，张求会，《南昌大学学报》（社会科学版）

2000 年第 2 期。

《文廷式与日本文人的交游——以与野口宁斋的交往为中心》,邹双双,《萍乡高等专科学校学报》2011 年第 4 期。

《文廷式与徐建寅的友谊》,何东萍,《萍乡高等专科学校学报》2009 年第 5 期。

《文芸阁先生年谱》,钱萼孙撰,《同声月刊》1942 年第 2 卷第 11 号。

《文芸阁先生年谱续》,钱萼孙撰,《同声月刊》1943 年第 2 卷第 12 号。

《文芸阁先生年谱补正》,钱萼孙撰,《同声月刊》1943 年第 3 卷第 1 号。

《文芸阁先生词话》,龙沐勋辑,《同声月刊》1943 年第 2 卷第 12 号。

《文廷式其人、其作及其家系》,李锡正,《赣图通讯》1985 年第 4 期。

《文芸阁云起轩词与吴趼人小说》,陈友琴,《文章》1935 年创刊号。

《"潇洒老夫潜":抱遗民情怀遁迹萍乡"山居"的文廷式——文廷式手录〈知过轩诗钞〉影稿本探析之三(上篇)》,曾文斌,《萍乡学院学报》2017 年第 5 期。

《新发现文廷式的一篇佚文:敕赠儒林郎彭公晓沧传》,高洪年,《萍乡高等专科学校学报》2005 年第 3 期。

《云起轩词笺注》,何东萍笺注,岳麓书社 2011 年。

《中日甲午战争》,文廷式等,广文书局 1981 年。

《"自立军败于龙泽厚、文廷式告密"说辩讹》,汪叔子,《近代史研究》1982 年第 4 期。

二、他人著述

《八指头陀诗文集》,释敬安著,段晓华校点,上海古籍出版社 2016 年。
《半箧秋词》,张祥龄著,民国三年影印本。
《半塘定稿》,王鹏运著,光绪三十年广州刻本。
《裒碧斋集》、《续集》,陈锐著,民国十九年铅印本。
《北山楼集》,吴保初撰,孙文光点校,黄山书社 1990 年。
《碧湖吟社展重阳会诗》,郭嵩焘辑,光绪十二年刻本。
《比竹余音》,郑文焯撰,光绪二十八年刻本。

《檗坞诗存别集》，王以慜著，光绪三十一年刻本。

《蔡元培全集》第十五卷《日记》，蔡元培著，浙江教育出版社 1998 年。

《陈宝箴集》，陈宝箴著，汪叔子、张求会编，中华书局 2003、2005 年。

《陈炽集》，陈炽著，赵树贵等编，中华书局 1997 年。

《陈三立年谱》，马卫中、董俊珏著，苏州大学出版社 2010 年。

《陈三立年谱长编》，李开军撰，中华书局 2014 年。

《陈三立诗集、文集的版本及其佚诗、佚文》，刘经富著，《文史》2005 年第 2 期。

《陈寅恪家族稀见史料探微》，刘经富著，中华书局 2013 年。

《陈寅恪先生年谱长编（初稿）》，卞僧慧纂，卞学洛整理，中华书局 2010 年。

《陈寅恪集》，陈寅恪著，生活·读书·新知三联书店 2009 年。

《道咸同光四朝诗史》，孙雄辑，上海古籍出版社 2013 年。

《东塾续集》，陈澧著，陈之迈编，《近代中国史料丛刊》本，文海出版社 1972 年。

《国朝诗人征略》，张维屏编撰，中山大学出版社 2004 年。

《程颂万诗词集》，程颂万著，湖湘文库编辑出版委员会编，湖南人民出版社 2009 年。

《龙榆生全集》（九卷），龙沐勋著，上海古籍出版社 2015 年。

《观所尚斋诗存》、《观所尚斋文存》，夏孙桐撰，中华书局民国四年排印本。

《庚子勤王与晚清政局》（第二版），桑兵著，北京大学出版社 2015 年。

《庚子秋词》，王鹏运等著，有正书局民国十二年石印本。

《庚子事变文学集》，阿英编，中华书局 1959 年。

《光绪朝东华录》，朱寿朋编，张静庐等标点，中华书局 1958 年。

《光绪朝朱批奏折》，中国第一历史档案馆编，中华书局 1996 年。

《广州府志》（光绪），瑞麟、戴肇辰等修，史澄等纂，光绪五年刊本。

《光绪宣统两朝上谕档》，中国第一历史档案馆编，广西师范大学出版社 1996 年。

《光宣诗坛点将录笺证》，汪国垣著，王培军笺证，中华书局 2008 年。

《广清碑传集》,钱仲联主编,苏州大学出版社 1999 年。

《归牧集》,费念慈著,民国十七年刻本。

《郭嵩焘日记》,郭嵩焘著,湖南人民出版社 1981—1983 年。

《郭嵩焘诗文集》,郭嵩焘著,杨坚点校,岳麓书社 1984 年。

《郭嵩焘先生年谱》(上、下),郭廷以、尹仲容、陆宝千著,台湾"中央研究院"近代史研究所 1971 年。

《海藏楼诗集》,郑孝胥著,黄珅、杨晓波校点,上海古籍出版社 2003 年。

《湖南文存补遗·与文芸阁》,(日)内藤湖南著,《内藤湖南全集》第 14 卷,东京筑摩书房 1976 年。

《浩山集》,欧阳述撰,民国五年刻本。

《〈横山乡人日记〉选摘》,陈庆年著,明光整理,《近代史资料》,中国社会科学出版社 1989 年。

《胡先骕文存》,胡先骕著,张大为等编,江西高校出版社 1995 年。

《花随人圣庵摭忆》,黄浚著,中华书局 2013 年。

《海日楼札丛》,沈曾植著,钱仲联辑录,中华书局 1962 年。

《环天室续刊诗集》,曾广钧著,《清代诗文集汇编》影印环天室铅印本。

《黄遵宪全集》,黄遵宪著,陈铮编,中华书局 2005 年。

《黄遵宪师友记》,蒋英豪编著,上海书店出版社 2002 年。

《兼于阁诗话》,陈声聪著,上海古籍出版社 1985 年。

《渐西村人集》,袁昶著,《近代中国史料丛刊》影印光绪二十年刻本。

《江瀚日记》,江瀚撰,马学良整理,国家图书馆出版社 2016 年。

《江西近现代人物传稿》(第一、二辑),朱祥清主编,江西人民出版社 1989、1991 年。

《节庵先生遗诗》,梁鼎芬著,华东师范大学出版社 2012 年。

《金粟斋遗集》,蒯光典著,《近代中国史料丛刊》影印民国十八年刻本。

《近代诗钞》,陈衍编,冯永军、祝伊湄、束璧校点,华东师大出版社 2016 年。

《近代诗钞》,钱仲联编著,江苏古籍出版社 1993 年。

《近代名家评传(初集)》,王森然著,生活·读书·新知三联书店 1998 年。

《近代上海词学系年初编》,杨柏岭编著,上海教育出版社 2003 年。

《近代蜀四家词》,戴安常选编,四川人民出版社 1987 年。

《康南海自编年谱》,康有为著,楼宇烈整理,中华书局 1992 年。

《康有为先生年谱》,吴天任撰,台湾艺文印书馆 1994 年。

《康有为全集》,康有为著,姜义华、张荣华编校,中国人民大学出版 2007 年。

《李慈铭年谱》,张桂丽著,上海古籍出版社 2016 年。

《李鸿藻年谱》,李宗侗、刘凤翰著,中华书局 2014 年。

《李鸿章年谱长编》,刘忆江著,河北大学出版社 2015 年。

《梁节庵先生年谱》,吴天任撰,台湾艺文印书馆 1979 年。

《梁任公先生年谱长编》,丁文江、赵丰田编,欧阳哲生整理,中华书局 2010 年。

《庐山诗录》,易顺鼎辑,清光绪十九年刻本。

《冒鹤亭词曲论文集》,冒广生著,上海古籍出版社 1992 年。

《冒鹤亭先生年谱》,冒怀苏著,学林出版社 1998 年。

《缪荃孙全集》,缪荃孙著,张廷银、朱玉麒主编,凤凰出版社 2014 年。

《门存诗录》,陈锐辑,清刻本。

《皮鹿门年谱》,皮名振著,《民国丛书》第四编影印商务印书馆民国二十八年本。

《皮锡瑞全集》,皮锡瑞著,吴仰湘编,中华书局 2015 年。

《平等阁诗话平等阁笔记》,狄葆贤著,段春旭整理,凤凰出版社 2015 年。

《琴志楼诗集》,易顺鼎著,王飙校点,上海古籍出版社 2004 年。

《清词纪事会评》,尤振中、尤以丁编著,黄山书社 1995 年。

《清词玉屑》,郭则沄著,浙江古籍出版社 2014 年。

《清代宣南人物事略初编》,王汝丰主编,北京燕山出版社 2006 年。

《清何翙高先生国炎年谱》,吴天任著,台湾商务印书馆 1981 年。

《清季外交史料》,王彦威纂辑,王亮编,王敬立校,国家图书馆出版社 2015 年。

《清季名流学士遗墨》,郑海麟辑录,《近代中国》第十一辑,上海中山学社编,上海社会科学院出版社 2001 年。

《清末沈寐叟先生曾植年谱》,王蘧常撰,台湾商务印书馆 1982 年。

《清人诗集叙录》,袁行云著,人民文学出版社 2016 年。

《清人诗文集总目提要》,柯愈春著,北京古籍出版社 2001 年。

《清诗纪事》,钱仲联主编,凤凰出版社 2004 年。

《清史稿》,赵尔巽等撰,中华书局 1977 年。

《人境庐诗草笺注》,黄遵宪著,钱仲联笺注,上海古籍出版社 1981 年。

《忍古楼诗》,夏敬观著,中华书局 1937 年。

《沈曾植年谱长编》,许全胜撰,中华书局 2007 年。

《沈曾植集校注》,沈曾植著,钱仲联校注,中华书局 2001 年。

《盛宣怀年谱长编》,夏东元编著,上海交通大学出版社 2004 年。

《十朝诗乘》,郭则沄撰,张寅彭校点,《民国诗话丛编》本,上海书店出版社 2002 年。

《散原精舍诗文集》,陈三立著,李开军校点,上海古籍出版社 2003 年。

《散原精舍诗文集补编》,陈三立著,潘益民、李开军辑注,江西人民出版社 2007 年。

《散原精舍文集》,陈三立著,钱文忠标点,辽宁教育出版社 1998 年。

《粟香随笔》,金武祥撰,谢永芳校点,凤凰出版社 2017 年。

《唐才常集》,唐才常著,湖南省哲学社会科学研究所编,中华书局 1980 年。

《退耕堂集》,徐世昌撰,民国天津徐氏刻本。

《退庐文集》,胡思敬撰,民国十三年南昌退庐刻本。

《晚清东游日记汇编·中日诗文交流集》,王保平主编,上海古籍出版社 2004 年。

《晚晴簃诗汇》,徐世昌编,闻石点校,中华书局 2018 年。

《晚清佚闻丛考——以戊戌维新为中心》,孔祥吉著,巴蜀书社,1998 年。

《汪康年师友书札》,上海图书馆编,上海书店出版社 2017 年。

《忘山庐日记》,孙宝瑄著,上海古籍出版社 1983 年。

《王鹏运词集校笺》,王鹏运著,沈家庄、朱存红校笺,上海古籍出版

2017 年。

《汪穰卿先生传记》，汪诒年纂辑，中华书局 2007 年。

《王文韶日记》，王文韶著，袁英光、胡逢祥整理，中华书局 1989 年。

《汪兆镛诗词集》，汪兆镛著，邓骏捷、陈业东编，广东人民出版社 2012 年。

《翁同龢日记》，翁同龢著，陈义杰整理，中华书局 2006 年。

《翁曾翰日记》，翁曾翰著，张方整理，凤凰出版社 2014 年。

《戊戌变法档案史料》，国家档案局明清档案馆编，中华书局 1958 年。

《戊戌变法人物传稿》，汤志钧著，中华书局 1961 年。

《戊戌变法史事考》，茅海建著，生活·读书·新知三联书店 2005 年。

《遐庵汇稿》，叶恭绰著，《近代中国史料丛刊》影印民国三十五年本。

《夏敬观年谱》，陈谊著，黄山书社 2007 年。

《夏曾佑集》，夏曾佑著，杨琥编，上海古籍出版社 2011 年。

《湘绮楼日记》，王闿运著，吴容甫点校，岳麓书社 1997 年。

《熊希龄先生遗稿》，熊希龄著，上海书店出版社 1998 年。

《徐世昌与韬养斋日记》（戊戌篇），北京出版社编，北京出版社 2014 年。

《学山诗话》，夏敬观撰，张寅彭校点，《民国诗话丛编》本，上海书店出版社 2002 年。

《荀学斋日记》，李慈铭著，北京燕山出版社 1988 年。

《雁来红词录》，梁鼎芬著，《词学季刊》1935 年第 2 卷第 3 号。

《叶遐庵先生年谱》，遐庵年谱汇稿编印会编，《北京图书馆藏珍本年谱丛刊》（册一九九）影印民国三十五年铅印本。

《叶衍兰集》，叶衍兰著，谢永芳校点，上海古籍出版社 2015 年。

《一士类稿》，徐一士著，中华书局 2007 年。

《易顺鼎研究》，陈松青著，湖南人民出版社 2011 年。

《燕山楚水》，（日）内藤湖南著，吴卫峰译，中华书局 2007 年。

《艺林散叶》，郑逸梅著，中华书局 1982 年。

《袁昶日记》，袁昶著，孙之梅整理，凤凰出版社 2018 年。

《远暇室日记》（残本），朱启连著，广州博物馆藏。

《粤东剿匪纪略》,陈坤著,同治十年刻本。

《越缦堂诗文集》,李慈铭著,刘再华校点,上海古籍出版社 2012 年。

《越缦堂读书记》,李慈铭著,由云龙辑,上海书店出版社 2000 年。

《缘督庐日记》,叶昌炽著,江苏古籍出版社 2002 年。

《张謇全集》,张謇著,江苏古籍出版社 1994 年。

《张荫桓日记》,张荫桓著,任青、马忠文整理,中华书局 2015 年。

《张元济日记》,张元济著,张人凤整理,河北教育出版社 2001 年。

《张之洞年谱长编》,吴剑杰编著,上海交通大学出版社 2009 年。

《张之洞诗文集》,张之洞著,庞坚校点,上海古籍出版社 2008 年。

《张之洞全集》,张之洞著,苑书义、孙华峰、李秉新主编,河北人民出版社 1998 年。

《昭萍志略》,刘洪辟、李有棻等纂修,成文出版社 1975 年。

《郑叔问先生年谱》,戴正诚撰,《同声月刊》第 1 卷第 11 号至第 2 卷第 4 号,1941—1942 年。

《郑孝胥日记》,郑孝胥著,劳祖德整理,中华书局 1993 年。

《宗方小太郎日记》,宗方小太郎著,甘慧杰译,上海人民出版社 2017 年。

《尊瓠室诗话》,陈诗撰,林建福校点,《民国诗话丛编》本,上海书店出版社 2002 年。

三、民国报刊

《词学季刊》,1933—1936 年,上海。

《大风》,1925—1926 年,香港。

《大公报》,1915—1947 年,长沙。

《甲寅》,1914—1915 年,东京。

《青鹤》,1932—1937 年,上海。

《说丛》,1916—1917 年,上海。

《同声月刊》,1940—1945 年,南京。

《学衡》,1922—1925 年,南京。

《中外日报》，1898—1908 年，上海。

四、工具书

《词学论著总目（1901—1992）》，林玫仪主编，台湾"中央研究院"中国文哲研究所 1995 年。

《二十世纪日记知见录》，虞坤林编著，国家图书馆出版社 2014 年。

《近三百年人物年谱知见录》（增订本），来新夏著，中华书局 2010 年。

《近世中西史日对照表》，郑鹤声编，中华书局 1981 年。

《清朝进士题名录》，江庆柏编著，中华书局 2007 年。

《清代碑传合集》，钱仪吉、缪荃孙、闵尔昌、汪兆镛编，广陵书社 2016 年。

《清代职官年表》，钱实甫编，中华书局 1980 年。

《清代士人游幕表》，尚小明编著，中华书局 2005 年。

《清代人物生卒年表》，江庆柏编著，人民文学出版社 2005 年。

《清代各地将军都统大臣等年表（1796—1911）》，章伯锋编，中华书局 1965 年。

《清代官员履历档案全编》，秦国经主编，华东师范大学出版社 1997 年。

《清人别集总目》，李灵年、杨忠主编，安徽教育出版社 2000 年。

《中国历代年谱总录》，杨殿珣编，书目文献出版社 1996 年。

《中国历代人物年谱考录》，谢巍编撰，中华书局 1992 年。

《中国历史纪年表》，万国鼎编，万斯年、陈梦家补订，中华书局 2018 年。

《中国近现代人物名号大辞典》，陈玉堂编著，浙江古籍出版社 1993 年。

《中国近现代人物名号大辞典（续编）》，陈玉堂编著，浙江古籍出版社 2001 年。

《中国文学家大辞典（清代卷）》，钱仲联主编，中华书局 1996 年。

《中国文学家大辞典（近代卷）》，梁淑安主编，中华书局 1997 年。